HISTOIRE

DU

CONSULAT

ET DE

L'EMPIRE

—

TOME XVII

L'auteur déclare réserver ses droits à l'égard de la traduction en Langues étrangères, notamment pour les Langues Allemande, Anglaise, Espagnole et Italienne.

Ce volume a été déposé au Ministère de l'Intérieur (Direction de la Librairie) le 15 mars 1860.

HISTOIRE
DU
CONSULAT
ET DE
L'EMPIRE

FAISANT SUITE

A L'HISTOIRE DE LA RÉVOLUTION FRANÇAISE

PAR M. A. THIERS

TOME DIX-SEPTIÈME

PARIS
PAULIN, LHEUREUX ET Cie, LIBRAIRES-ÉDITEURS
60, RUE RICHELIEU

1860

HISTOIRE
DU CONSULAT
ET
DE L'EMPIRE.

LIVRE CINQUANTE ET UNIÈME.

L'INVASION.

Désorganisation de l'armée française à son arrivée sur le Rhin. — Détresse de nos troupes en Italie et en Espagne. — Opérations du prince Eugène dans le Frioul pendant l'automne de 1813, et sa retraite sur l'Adige. — Opérations du maréchal Soult en Navarre, et ses efforts infructueux pour sauver Saint-Sébastien et Pampelune. — Retraite de ce maréchal sur la Nive et l'Adour. — Retraite du maréchal Suchet sur la Catalogne. — Déplorable situation de la France, où tout avait été disposé pour la conquête et rien pour la défense. — Soulèvement des esprits contre Napoléon parce qu'il n'avait point conclu la paix après les victoires de Lutzen et de Bautzen. — Les coalisés ignorent cette situation. — Effrayés à la seule idée de franchir le Rhin, ils songent à faire à Napoléon de nouvelles propositions de paix. — Les plus disposés à transiger sont l'empereur François et M. de Metternich. — Causes de leur disposition pacifique. — M. de Saint-Aignan, ministre de France à Weimar, se trouvant en ce moment à Francfort, est chargé de se rendre à Paris, et d'offrir la paix à Napoléon sur la base des frontières naturelles de la France. — Départ immédiat de M. de Saint-Aignan pour Paris. — Accueil qu'il reçoit. — Craignant de s'affaiblir par trop d'empressement à accepter les propositions de Francfort, Napoléon admet la réunion d'un congrès à Manheim, sans s'expliquer sur les bases de pacification proposées. — Premières occupations de Napoléon dès son retour à Paris. — Irritation du public contre M. de Bassano accusé d'avoir encouragé la politique de la guerre. — Son remplacement par M. de Caulaincourt. — Quelques autres changements moins importants dans le personnel administratif. — Levée de 600 mille hommes, et résolution d'ajouter des centimes additionnels à toutes les contributions. — Convocation immédiate du Sénat pour lui soumettre les levées d'hommes et d'impôts ordonnées par simple décret. — Emploi que Napoléon se propose de faire des ressources mises à sa disposition. — Il espère, si la coalition lui laisse l'hiver pour se préparer, pouvoir la rejeter au delà du Rhin. — Ses mesures pour conserver la Hollande et l'Italie. — Négociation secrète avec Ferdinand VII, et offre de lui rendre la liberté et le trône, à condition qu'il fera cesser la guerre, et refusera aux Anglais le territoire espagnol. — Traité de Valençay. — Envoi du duc de San-Carlos pour faire agréer ce traité aux Espagnols. — Conduite de Murat. — Son abattement bientôt suivi de l'ambition de devenir roi d'Italie. — Ses doubles menées à Vienne et à Paris. — Il demande à Napoléon de lui abandonner l'Italie. — Napoléon indigné veut d'abord lui exprimer les sentiments qu'il éprouve, et puis se borne à ne pas répondre. — Pendant que Napoléon s'occupe de ses préparatifs, M. de Metternich peu satisfait de la réponse évasive faite aux propositions de Francfort, demande qu'on s'explique formellement à leur sujet. — Napoléon se décide enfin à les accepter, consent à négocier sur la base des frontières naturelles, et réitère l'offre d'un congrès à Manheim. — Malheureusement pendant le mois qu'on a perdu tout a changé de face dans les conseils de la coalition. — État intérieur de la coalition. — Un parti violent, à la tête duquel se trouvent les Prussiens, voudrait qu'on poussât la guerre à outrance, qu'on détrônât Napoléon, et qu'on réduisît la France à ses frontières de 1790. — Ce parti désapprouve hautement les propositions de Francfort. — Alexandre flatte tous les partis pour les dominer. — L'Angleterre appuierait l'Autriche dans ses vues pacifiques, si un événement récent ne la portait à continuer la guerre. — En effet à l'approche des armées coalisées la Hollande s'est soulevée, et la Belgique menace de suivre cet exemple. — L'espérance d'ôter Anvers à la France décide dès lors l'Angleterre pour la continuation de la guerre, et pour le passage immédiat du Rhin. — L'Autriche, de son côté, entraînée par l'espérance de recouvrer l'Italie, finit par adhérer aux vues de l'Angleterre et par consentir à la continuation de la guerre. — On renonce aux propositions de Francfort, et on répond à M. de Caulaincourt qu'on communiquera aux puissances alliées son acceptation tardive des bases proposées, mais on évite de s'expliquer sur la continuation des hostilités. — Forces dont disposent les puissances pour le cas d'une reprise immédiate des opérations. — Elles ont pour les premiers mouvements 220 mille hommes, qu'au printemps elles doivent porter à 600 mille. — Elles se flattent que Napoléon n'en aura pas actuellement 100 mille à leur opposer. — Plans divers pour le passage du Rhin. — Les Prussiens veulent marcher directement sur Metz et Paris; les Autrichiens au contraire songent à remonter vers la Suisse, pour opérer une contre-révolution dans cette contrée, et isoler l'Italie de la France. — Le plan des Autrichiens prévaut. — Passage du Rhin à Bâle le 21 décembre 1813, et révolution en Suisse. — Abolition de l'acte de médiation. — Vains efforts de l'empereur Alexandre en faveur de la Suisse. — Marche de la coalition vers l'est de la France. — Arrivée de la grande armée coalisée à Langres, et du maréchal Blucher à Nancy. — Napoléon surpris par cette brusque invasion ne peut plus songer aux vastes préparatifs qu'il avait d'abord projetés, et se trouve presque réduit aux forces qui lui restaient à la fin de 1813. — Il reploie sur Paris les dépôts des régiments, et y fait verser à la hâte les conscrits tirés du centre et de l'ouest de la France. — Il crée à Paris des ateliers extraordinaires pour l'équipement des nouvelles recrues, et forme de ces recrues des divisions de réserve et des divisions de jeune garde. — Napoléon prescrit aux maréchaux Suchet et Soult de lui envoyer chacun un détachement de leur armée, et dirige celui du maréchal Suchet sur Lyon, celui du maréchal Soult sur Paris. — Napoléon envoie d'abord la vieille garde sous Mortier à Langres, la jeune sous Ney à Épinal, puis ordonne aux maréchaux Victor, Marmont, Macdonald, de se replier avec les débris des armées d'Allemagne sur les maréchaux Ney et Mortier dans les environs de Châlons, où il se propose de les rejoindre avec les troupes organisées à Paris. — Avant de quitter la capitale, Napoléon assemble le Corps législatif. — Communications au Sénat et au Corps législatif. — État d'esprit de ces deux assemblées. — Désir du Corps législatif de savoir ce qui s'est passé dans les dernières négociations. — Communications faites à ce corps. — Rapport de M. Lainé sur ces communications. — Ajournement du Corps législatif. — Violents reproches adressés par Napoléon aux membres de cette assemblée. — Tentative pour reprendre les négociations de Francfort. — Envoi de M. de Caulaincourt aux avant-postes des armées coalisées. — Réponse évasive de M. de Metternich, qui sans s'expliquer sur la reprise des négociations, déclare qu'on attend lord Castlereagh actuellement en route pour le quartier général des alliés. — Dernières mesures de Napoléon en quittant Paris. — Ses adieux à sa femme et à son fils qu'il ne devait plus revoir.

Nov. 1813.

Napoléon venait de ramener l'armée française sur le Rhin, dans l'état le plus déplorable. La garde de 40 mille hommes était réduite à 10 mille. Les corps d'Oudinot (le 12ᵉ), de Reynier (le 7ᵉ), d'Augereau (le 16ᵉ), de Bertrand (le 4ᵉ), successivement réunis en un seul sous le général Morand, ne présen-

État des armées françaises à leur retour sur le Rhin, après la campagne de 1813.

taient pas 12 mille combattants le jour de leur entrée à Mayence qu'ils étaient chargés de défendre. Les corps de Marmont et de Ney (les 6e et 3e), destinés sous le maréchal Marmont à garder le Rhin de Manheim à Coblentz, ne comptaient pas 8 mille hommes sous les armes. Le 2e sous Victor avait tout au plus 5 mille soldats pour couvrir le haut Rhin de Strasbourg à Bâle. Les corps de Macdonald et de Lauriston (11e et 5e), réunis sous le maréchal Macdonald et dirigés sur le bas Rhin, n'avaient pas 9 mille hommes valides pour disputer le cours de ce grand fleuve de Coblentz à Arnheim. La cavalerie française formée en quatre corps, mal montée ou à pied, n'aurait pas pu présenter 10 mille cavaliers en état de combattre. Les Polonais réduits presque à rien avaient été envoyés à Sedan où résidait leur dépôt, pour essayer de s'y reformer. Enfin une masse de traînards sans armes, sans vêtements, portant avec eux les germes du typhus, qu'ils communiquaient à tous les pays où ils s'arrêtaient, repassaient la frontière en petites bandes. C'était presque une seconde retraite de Russie, avec cette différence qu'il restait environ 60 mille combattants sous les armes, et qu'au lieu de nous retirer sur l'Allemagne exaspérée, nous nous retirions sur la France, où nous trouvions enfin la patrie, mais la patrie épuisée et désolée. Le désastre de Moscou avait pu en effet ne paraître qu'un accident, grand comme notre destinée, mais la campagne de 1813 succédant à celle de 1812, attestait l'abandon définitif de la fortune, et la ruine d'un système qui avait contre lui l'intérêt autant que le bon sens des nations civilisées, et que le génie le plus vaste ne suffisait plus à soutenir contre la force des choses.

Si telle était la situation là où Napoléon avait commandé, elle n'était guère plus satisfaisante ailleurs, et ses lieutenants, soit en Italie, soit en Espagne, n'avaient pas été beaucoup plus heureux que lui.

Le prince Eugène, chargé de défendre les Alpes Juliennes, était parvenu en puisant dans les vieux cadres de l'armée d'Italie, et en les recrutant avec les conscrits du Piémont, de la Toscane, de la Provence, du Dauphiné, à se procurer 50 mille soldats au lieu de 80 mille qu'il avait ordre de réunir. Il en avait formé six divisions d'infanterie, et une de cavalerie, jeunes en soldats, mais vieilles en officiers, et avec leur secours il avait essayé de garder la Drave et la Save de Willach à Laybach, couvrant le Tyrol par sa gauche, la Carniole par sa droite. (Voir la carte n° 31.) Après s'être maintenu pendant les mois d'août, de septembre et d'octobre sur cette ligne si étendue, attendant toujours les Napolitains qui n'arrivaient pas, il avait vu les Autrichiens se présenter en masse aux débouchés de la Carinthie, son armée s'amoindrir par la désertion des Croates et des Italiens, et il s'était successivement replié d'abord sur l'Isonzo, puis sur le Tagliamento. La défection de la Bavière ouvrant tous les passages du Tyrol sur sa gauche, avait rendu sa position encore plus difficile, et dans le désir de couvrir à la fois Vérone et Trieste, il avait partagé son armée en deux corps. Il avait envoyé le général Grenier sur Bassano avec 15 mille hommes, tandis qu'avec 20 mille il tâchait, en manœuvrant entre le Tagliamento et la Piave, de couvrir le Frioul et Venise. C'était l'étude des campagnes du général Bonaparte qui lui avait inspiré l'idée d'envoyer le général Grenier dans la vallée de Bassano, car en remontant cette vallée, ce général pouvait se jeter dans le flanc des Autrichiens, tandis que le général Giflenga essayait avec quelques mille hommes de les contenir de front entre Trente et Roveredo. Mais il ne suffit pas d'emprunter leurs idées aux grands capitaines, il faudrait aussi leur emprunter la précision et l'énergie de l'exécution; or le général Grenier tâtonnant sans cesse, avait perdu un temps précieux, et le prince Eugène qui disposait tout au plus de 20 mille hommes pour résister à la colonne des Autrichiens venant de Laybach, avait craint d'être rejeté sur l'Adige, c'est-à-dire en arrière de l'ouverture de la vallée de Bassano, ce qui l'eût séparé du général Grenier. Il avait donc rappelé celui-ci, pour se retirer définitivement sur Vérone. Il avait ainsi abandonné aux Autrichiens la Carniole, le Frioul, le Tyrol italien, et gardé seulement les places, c'est-à-dire Osopo, Palma-Nova, Venise. La nécessité de laisser quelques garnisons dans ces importantes forteresses et la désertion l'avaient réduit à 36 mille hommes de troupes actives, tandis que les généraux ennemis, Hiller et Bellegarde, en comptaient 60 mille, indépendamment des insurgés tyroliens.

Une fois concentré sur l'Adige, le prince Eugène reprenant confiance, et se jetant sur les Autrichiens, tantôt à gauche vers Roveredo, tantôt devant lui vers Caldiero, leur avait tué ou pris sept ou huit mille hommes en divers combats. Il était parvenu ainsi à se faire respecter; mais ayant derrière lui l'Italie que les souffrances de la guerre avaient détachée de nous, que les prêtres et les Anglais excitaient à la révolte, et que Murat ne cherchait point à nous ramener, il était douteux qu'il réussît à se soutenir. Il ne pouvait répondre que de sa fidélité, et de la sienne, hélas, toute seule! La désolante nouvelle de Leipzig avait consterné et fortement ébranlé les cours d'Italie, quoiqu'elles fussent toutes d'origine française. Quant au prince Eugène, époux, comme on sait, d'une princesse bavaroise, son beau-père lui avait envoyé un officier pour l'informer des motifs impérieux qui avaient détaché la Bavière de la France, et pour lui proposer au nom de la coalition une principauté en Italie, s'il consentait à abandonner la cause de Napoléon. Le prince Eugène plein de douleur en songeant à sa femme et à ses enfants qu'il aimait, et qu'il craignait de voir bientôt privés de tout patrimoine, avait répondu que devant sa fortune à Napoléon, il ne pouvait se séparer de lui, et que réduit peut-être avant peu à chercher un asile à Munich, il était certain que le roi de Bavière aimerait mieux y recevoir un gendre sans couronne qu'un gendre sans honneur! Le prince Eugène après cette honorable réponse s'était borné à communiquer à Napoléon le récit exact de cette entrevue.

La fin de l'année 1813 avait été plus triste encore en Espagne qu'en Italie. On se souvient que Napoléon, à la suite de la bataille de Vittoria, profondément irrité contre son frère Joseph et contre le maréchal Jourdan, avait chargé le maréchal Soult d'aller rétablir nos affaires en Espagne, et lui avait conféré, pour rendre son autorité plus imposante, la qualité de lieutenant de l'Empereur. Le maréchal Soult, dont on se rappelle sans doute les démêlés avec le roi Joseph, revenant avec le pouvoir de faire arrêter ce prince s'il résistait, avait éprouvé une satisfaction d'orgueil que, malheureusement pour nos armes, il devait prochainement expier. Dans un ordre du jour offensant pour Joseph et pour le maréchal Jourdan, il avait imputé nos infortunes en Espagne non pas aux circonstances, mais à l'incapacité et à la lâcheté de ceux qui l'avaient précédé dans le commandement, ne prévoyant pas qu'il s'ôtait ainsi toute excuse pour ce qui devait bientôt lui arriver. Sur-le-champ il était entré en fonction, et s'était occupé de réorganiser l'armée. Au lieu de la laisser partagée en armées d'Andalousie, du centre, du Portugal et du Nord, ce qui présentait de graves inconvénients, il l'avait formée en simples divisions, à la tête desquelles il avait placé de très-bons divisionnaires, qui étaient nombreux dans cette armée dont la forte constitution avait résisté à tous les revers. Après l'avoir distribuée en dix divisions, dont une de réserve, il avait confié la droite au général Reille, le centre au général comte d'Erlon, la gauche au général Clausel. Ce dernier, après la bataille de Vittoria, ayant réussi par un miracle de courage et de présence d'esprit à gagner Saragosse, était rentré en France par Jaca, et venait de rejoindre le maréchal Soult avec 15 mille hommes. Ce mouvement avait, il est vrai, l'inconvénient de découvrir Saragosse, mais il avait l'avantage de concentrer nos forces contre les Anglais, qui étaient nos ennemis les plus redoutables en Espagne, et il était permis d'en espérer quelque résultat si ces forces, très-considérables encore, étaient bien employées. L'armée, sous le rapport des qualités militaires, n'avait pas d'égale, surtout depuis les pertes que nous avions faites en Russie et en Allemagne. C'étaient les plus braves soldats, les plus aguerris, les plus rompus à la fatigue qu'il y eût alors en Europe. Mais en même temps ils étaient, comme nous l'avons déjà dit, dépités, dégoûtés de se voir depuis six ans sacrifiés non-seulement à une entreprise funeste, mais à l'incapacité et à la rivalité de leurs chefs. Avec une confiance immense en eux-mêmes, ils n'en avaient aucune dans leurs généraux, excepté toutefois les généraux Reille et Clausel, et ils ne s'attendaient qu'à être battus. Ce défaut de confiance dans ceux qui les commandaient avait achevé de détruire parmi eux la discipline déjà fort ébranlée par la misère. Habitués à n'être jamais nourris, à vivre uniquement de ce qu'ils arrachaient à une population qu'ils haïssaient et dont ils étaient haïs, ils se regardaient comme les maîtres de tout ce qui était sous leur main, et, même rentrés en France, il n'était pas probable qu'on changeât beaucoup leur manière de penser, si on ne changeait pas leur manière de vivre. Déguenillés, hâlés par le soleil, irrités, arrogants, ayant à leur tête des officiers encore plus à plaindre qu'eux,

Nov. 1813.

Esprit des soldats qui avaient fait la guerre d'Espagne.

et qui n'osaient pas montrer leurs vêtements en lambeaux, ils présentaient le spectacle le plus navrant, celui de braves soldats aux prises avec le vice et la misère. Un grand général qui aurait su s'emparer d'eux, et qui les aurait reconduits à la victoire, en eût fait la première armée du monde.

Napoléon, de peur de désorganiser les seules provinces où la guerre d'Espagne n'eût pas été désastreuse, n'avait pas voulu retirer le maréchal Suchet de l'Aragon, et par le motif que nous avons déjà indiqué il avait choisi le maréchal Soult. Ce maréchal, qui avait une grande renommée, moindre toutefois en Espagne où il avait servi qu'ailleurs, n'était pas accueilli de l'armée avec une entière confiance. Cependant il pouvait beaucoup réparer. Il avait affaire à un redoutable ennemi, nous voulons dire à l'armée anglo-portugaise, comptant 45 mille Anglais et 15 mille Portugais enorgueillis de leurs victoires, plus 30 ou 40 mille Espagnols, les meilleurs soldats de l'Espagne. Il était certainement possible avec 70 mille Français de tenir tête à cette armée, plus nombreuse que la nôtre, mais inférieure en qualité, les Anglais exceptés.

Lord Wellington, même après la bataille de Vittoria, hésitait à pénétrer en France : aussi essayait-il d'assiéger Saint-Sébastien et Pampelune, bien plus pour se donner un prétexte de temporiser que pour se procurer ces deux postes, qui valaient au surplus la peine d'un siége. Pour protéger cette double entreprise contre les retours offensifs des Français, il avait distribué son armée assez habilement, et surmonté autant que possible la difficulté des lieux. Saint-Sébastien, comme on le sait, est situé au bord de la mer, presque à l'embouchure de la Bidassoa, et à l'extrémité de la vallée de Bastan; Pampelune, au contraire, capitale de la Navarre, est sur le revers de cette vallée, et dans le bassin de l'Èbre. (Voir la carte n° 43.) Lord Wellington avait chargé du siége de Saint-Sébastien l'armée espagnole de Freyre, aidée d'une division portugaise et de deux divisions anglaises. Ces troupes étaient naturellement près de la mer, à l'extrémité de la vallée de Bastan. Il avait aux environs de Saint-Estevan, au centre même de la vallée de Bastan, trois divisions anglaises prêtes à descendre sur Saint-Sébastien, ou à remonter la vallée, pour se jeter en Navarre au secours de trois autres divisions anglaises qui couvraient le siége de Pampelune, confié aux troupes espagnoles du général Morillo. Avec une pareille distribution de ses forces, le général anglais croyait être en mesure de faire face aux événements quels qu'ils fussent. Attaqué cependant avec promptitude et secret, il n'est pas certain qu'il eût pu parer à tout. Aussi n'était-il pas sans inquiétude, et se gardait-il avec une extrême vigilance.

Nov. 1813.

Siéges de Saint-Sébastien et de Pampelune.

L'armée française était échelonnée dans la vallée de Saint-Jean-Pied-de-Port, laquelle sert de bassin à la Nive, et court vers la mer presque parallèlement à la vallée de Bastan. Saint-Jean-Pied-de-Port, qui ferme le fameux défilé de Roncevaux, est la place importante du bassin supérieur de la Nive, comme Bayonne, située au confluent de la Nive et de l'Adour, en est le point principal vers la mer. On

Position occupée par l'armée française.

pouvait avec des chances à peu près égales déboucher de cette vallée, pour se jeter soit sur la colonne qui assiégeait Saint-Sébastien, soit sur celle qui assiégeait Pampelune, à condition toutefois de s'y prendre de manière à prévenir la concentration des forces ennemies. Il y avait quelques raisons de plus en faveur d'une attaque vers Saint-Sébastien. D'abord Saint-Sébastien était plus vivement pressé, ensuite le chemin pour s'y rendre était plus court et meilleur, car il suffisait d'y courir directement par Yrun, tandis que pour se porter sur Pampelune il fallait remonter toute la vallée de Saint-Jean-Pied-de-Port, et traverser le défilé de Roncevaux. On pouvait, du reste, adopter l'un ou l'autre plan, mais il fallait dans tous les cas agir avec beaucoup de précision et de célérité, si on voulait réussir et éloigner ainsi du territoire français l'ennemi prêt à y pénétrer.

Combats inutiles et sanglants pour dégager Pampelune.

Le 24 juillet le maréchal Soult s'était mis en marche à la tête de presque toute son armée, laissant le général Villatte avec la division de réserve en avant de Bayonne, et emmenant environ quatre-vingts bouches à feu qu'on avait tirées de l'arsenal de Bayonne, et attelées au moyen des chevaux sauvés du désastre de Vittoria. Le 25 il avait débouché dans la haute vallée de Bastan avec le corps du général d'Erlon, et dans la vallée de Roncevaux avec les corps des généraux Reille et Clausel. Ceux-ci n'avaient pas eu de peine à refouler sur Pampelune la division portugaise et les deux divisions anglaises qui gardaient l'entrée de la Navarre. Mais le comte d'Erlon, pour pénétrer dans le Bastan, avait eu beaucoup de peine à forcer le col de Moya contre le général Hill. Il en était venu à bout toutefois, avec une perte de 2 mille hommes pour lui, et de 3 mille pour l'ennemi. Tout aurait été au mieux si le lendemain 26 le comte d'Erlon avait pu être subitement ramené vers notre extrême droite pour rejoindre les généraux Reille et Clausel. Mais il avait fallu perdre la journée du 26 à le rallier, ce qui prouvait qu'on avait commis une faute en ne débouchant pas tous ensemble par le val de Roncevaux, pour tomber brusquement sur les divisions anglaises éparpillées à l'entrée de la Navarre. Lorsque le 27 au matin le comte d'Erlon était venu rejoindre sur notre droite les généraux Clausel et Reille, les Anglais étaient déjà dans une forte position en avant de Pampelune, au nombre de quatre divisions, dont deux anglaises, une portugaise, une espagnole, et dans un de ces sites où il nous avait toujours été peu avantageux de les attaquer. De plus ils allaient être rejoints par deux divisions accourant à marches forcées de la vallée de Bastan. En effet lord Wellington, averti de notre approche dans la nuit du 25, avait utilisé la journée du 26 que nous avions perdue, et avait reporté ses forces du Bastan en Navarre. En attendant que toutes ses divisions fussent réunies, il en avait quatre parfaitement en mesure de se défendre. Le général Clausel, dont le coup d'œil égalait l'énergie, n'était pas d'avis d'aborder de front la position des Anglais, mais de la tourner en se portant sur Pampelune. Le maréchal Soult n'ayant point partagé cette opinion, on avait attaqué presque de front un site formidable, et il nous était arrivé comme à Vimeiro, à Talavera, à l'Albuera, à Salamanque, de tuer beaucoup de monde à l'ennemi, d'en perdre presque autant, et de rester au pied de ses positions sans les avoir emportées. Le 28 juillet le combat avait recommencé, mais sans plus de succès, car les Anglais n'avaient fait que se renforcer dans l'intervalle, et le 29 il avait fallu repasser de Navarre en France, après avoir perdu de 10 à 11 mille hommes, et en avoir tué ou blessé plus de 12 mille à l'ennemi dans l'espace de quatre jours. Mais les pertes étaient bien plus sensibles pour nous que pour lord Wellington, vu que nous étions au terme de nos ressources, et qu'il était loin d'avoir atteint le terme des siennes. Les troupes s'étaient montrées plus braves que jamais, et si elles n'avaient pas réussi, elles étaient peu déçues dans leurs espérances, car depuis longtemps elles n'attendaient plus rien ni de l'habileté de leurs chefs, ni des faveurs de la fortune. Revenues bientôt à leur indiscipline, à leur mépris des généraux, elles s'étaient en partie débandées pour vivre aux dépens des paysans français. Aussi la désertion avait-elle promptement égalisé nos pertes et celles de l'ennemi, et chacune des deux armées comptait treize ou quatorze mille hommes de moins dans ses rangs. Malheureusement le trouble apporté aux deux siéges avait été de peu de durée, et lord Wellington se bornant désormais à investir Pampelune, avait tourné ses principaux efforts vers Saint-Sébastien, où le général français Rey soutenait avec 2,500 hommes un siége mémorable. Trois fois en effet il avait rejeté les Anglais au pied de la brèche après leur avoir fait essuyer des pertes énormes.

Quoique rebutée, l'armée touchée de l'héroïsme de la garnison de Saint-Sébastien, avait voulu aller à son secours, et le maréchal Soult revenu à la position de Bayonne, avait fait une tentative pour secourir cette brave garnison, qui soutenait si bien l'honneur de nos armes. Il avait passé la Bidassoa et attaqué la hauteur de Saint-Martial, gardée par l'armée espagnole et par deux divisions anglaises. Le sort de ce combat avait été celui de tous les combats livrés aux Anglais dans des positions défensives; nous leur avions fait éprouver des pertes égales ou supérieures aux nôtres, grâce à l'intelligence de nos soldats, mais nous avions été obligés de repasser la Bidassoa grossie par les pluies, et le 8 septembre nous avions vu succomber la garnison de Saint-Sébastien, après l'une des plus belles défenses dont l'histoire fasse mention. Très-heureusement pour nous il restait à lord Wellington dans le siége de Pampelune une raison suffisante de ne pas pénétrer en France du moins pour le moment. Le maréchal Soult réduit de 70 mille hommes à 50 et quelques mille, avait pris position par sa gauche sur la Nive, autour de Saint-Jean-Pied-de-Port, par sa droite en avant de la Nive, le long de la Bidassoa dont il occupait les bords. Sa gauche étant dans une vallée, son centre et sa droite dans une autre, il y avait dans sa ligne un ressaut qui présentait quelque danger. Pour qu'il en fût autrement il lui aurait fallu abandonner une portion du territoire français, et il devait naturellement lui en

Nov. 1813.

Efforts infructueux pour secourir Saint-Sébastien.

Reddition de cette place après la plus belle défense.

Retraite définitive sur la Bidassoa.

Nov. 1813.

Opérations du maréchal Suchet en Aragon et en Catalogne.

coûter de prendre une pareille détermination.

C'est ainsi qu'avaient été employés sur la Bidassoa l'été et le commencement de l'automne. De son côté le maréchal Suchet, à la nouvelle du désastre de Vittoria, avait pris le parti, douloureux pour lui, d'évacuer le royaume de Valence. C'était le cas sans doute de ne pas renouveler la faute commise à Dantzig, Stettin, Hambourg, Magdebourg, Dresde, et de renoncer plutôt à la possession des places les plus importantes, que de laisser après soi des garnisons qu'on ne pouvait pas secourir, et dont l'absence réduisait singulièrement l'effectif de nos armées. Mais les instructions réitérées du ministre de la guerre, fondées sur le prix qu'on mettait à garder les bords de la Méditerranée, avaient encouragé le maréchal à laisser des garnisons dans la plupart des places. Il avait laissé 1200 hommes à Sagonte, 400 dans chacun des forts de Denia, Peniscola, Morella, 4 mille à Tortose, mille à Mequinenza, 4 mille à Lérida, autant à Tarragone, avec de l'argent, des vivres, des munitions, de bons commandants, en un mot de quoi se défendre pendant une année. Après s'être privé de ces détachements il était rentré en Aragon à la tête de 25 mille hommes seulement, mais superbes, bien vêtus, bien nourris, regrettés partout des populations qu'ils avaient protégées contre les désordres de la guerre. Le maréchal Suchet avait d'abord voulu se replier sur Saragosse, mais Mina s'en étant emparé depuis le départ du général Clausel, il avait été obligé de gagner Barcelone, et de renoncer à l'Aragon pour défendre la Catalogne contre l'armée anglo-sicilienne, qui ne s'élevait pas à moins de 50 mille hommes. Jugeant que la garnison de Tarragone n'était pas en mesure de se soutenir, il avait pour un moment repris l'offensive, culbuté l'armée ennemie, joint Tarragone, fait sauter ses ouvrages, et ramené la garnison, de manière qu'il ne laissait plus en arrière que celles de Sagonte, Tortose, Mequinenza, Lérida, Peniscola, Morella, Denia. C'était bien assez dans l'état des choses en Europe! Ne voulant pas permettre à l'ennemi de prendre un ascendant trop marqué, il l'avait de nouveau assailli au col d'Ordal, et dans un combat des plus brillants avait contraint les Anglais à se retirer sur le bord de la mer.

Nov. 1813.

Retraite en Catalogne après avoir laissé des garnisons à Sagonte, Tortose, Lérida, etc.

Les événements de l'été et de l'automne avaient donc été un peu moins affligeants dans cette partie de la Péninsule que dans l'autre, mais là comme ailleurs en évacuant les places on aurait pu composer une belle armée, laquelle, forte au moins de 40 mille hommes, ne manquant de rien, conduite par un chef qui avait toute sa confiance, aurait contribué à défendre victorieusement nos frontières. Malheureusement au Midi comme au Nord la vaine espérance de recouvrer bientôt une grandeur chimérique avait altéré le sens si juste de Napoléon, et enlevé à la défense du sol national des ressources qui auraient puissamment aidé à le sauver.

Le maréchal Soult, en quête de combinaisons nouvelles, aurait voulu se servir de l'armée d'Aragon pour tenter quelque chose d'important contre lord Wellington. Tantôt il aurait désiré que le maréchal Suchet, traversant la Catalogne et l'Aragon, vînt le joindre par Lérida, Saragosse, Tudela, Pampelune,

Projet de réunion entre le maréchal Soult et le maréchal Suchet, abandonné comme impossible.

avec environ 25 mille hommes, tantôt que le maréchal, repassant les Pyrénées et faisant à l'intérieur l'immense détour de Perpignan, Toulouse, Bayonne, se réunît à lui pour déboucher en masse contre les Anglais. Le premier de ces plans exposait le maréchal Suchet au danger d'exécuter une marche de plus de cent lieues entre l'armée anglo-sicilienne qui était de 70 mille hommes, les Catalans compris, et l'armée de lord Wellington qui était de 100 mille, c'est-à-dire au danger d'être accablé par ces forces réunies, ou bien rejeté en Espagne, où il aurait été pour ainsi dire précipité dans un gouffre. Le second plan, en le condamnant à un trajet de cent cinquante lieues en France, livrait les places de la Catalogne et la frontière du Roussillon à l'armée anglo-sicilienne, pour un succès bien incertain, car il était douteux que le maréchal Soult n'ayant pas su battre l'armée anglaise avec 70 mille hommes, y réussît avec 90 mille, la force numérique ne lui ayant pas manqué dans les derniers combats. Tous ces projets avaient été jugés impraticables, et il n'y avait que la fin de la guerre d'Espagne qui, en faisant cesser l'alliance des Espagnols avec les Anglais, pût nous débarrasser des uns et des autres, sauf à voir les Anglais reparaître plus tard sur un point quelconque de nos frontières maritimes. Le 7 octobre enfin, le maréchal Soult s'était laissé surprendre sur sa droite, à Andaye, avait perdu 2,400 hommes, et avait été obligé de céder à l'ennemi une première portion du territoire français. Pampelune avait ouvert ses portes le 31, et lord Wellington n'ayant plus aucun motif de s'arrêter à la frontière, allait être amené, presque malgré lui, à la franchir.

Nov. 1813.

La situation de nos armées était donc fort triste sur tous les points : sur le Rhin, 50 à 60 mille hommes épuisés de fatigue, suivis d'un nombre égal de traînards et de malades, ayant à combattre les 300 mille hommes de la coalition européenne; en Italie, 36 mille combattants, vieux et jeunes, se trouvant aux prises sur l'Adige avec 60 mille Autrichiens, et ayant à contenir l'Italie fatiguée de nous, Murat prêt à nous abandonner; sur la frontière d'Espagne, 50 mille vieux soldats rebutés par l'infortune, défendant à peine les Pyrénées occidentales contre les 100 mille hommes victorieux de lord Wellington, et sur cette même frontière 25 mille autres vieux soldats, en bon état sans doute, mais ayant à disputer les Pyrénées orientales à plus de 70 mille Anglais, Siciliens et Catalans, tel était l'état exact de nos affaires militaires exprimé en nombres précis. Napoléon, il est vrai, avait prouvé cent fois avec quelle rapidité prodigieuse il savait créer les ressources, mais jamais il ne s'était trouvé dans une pareille détresse! Plus de 140 mille hommes de nos meilleures troupes étaient disséminés dans les places de l'Europe; il ne restait en France que des dépôts ruinés, qui déjà dans cette année 1813 s'étaient efforcés de dresser en deux ou trois mois de jeunes recrues, et leur avaient donné en officiers et sous-officiers tout ce qu'ils contenaient de meilleur. Sans doute il y avait encore dans les régiments qui rentraient en France de vieux soldats et de vieux officiers, mais on allait être obligé de leur envoyer

Résumé général de notre situation militaire.

2.

directement les conscrits non habillés, non instruits, pour qu'ils fissent ce que les dépôts n'auraient ni le temps ni la force de faire eux-mêmes, et ils allaient être contraints d'employer à instruire des recrues le temps qu'ils auraient eu besoin d'employer à se reposer, si même l'ennemi leur en laissait le loisir! Nos places qui auraient pu servir d'appui à l'armée, étaient, comme nous l'avons dit, dépourvues de tous moyens de défense. L'envoi d'un matériel immense au delà de nos frontières les avait privées des objets les plus indispensables. On avait à Magdebourg et à Hambourg ce qu'on aurait dû avoir à Strasbourg et à Metz, à Alexandrie ce qu'il aurait fallu avoir à Grenoble. Une partie même de l'artillerie de Lille se trouvait encore au camp de Boulogne. Ce n'était pas le matériel seul qui manquait. Le personnel des officiers du génie, si nombreux, si savant, si brave en France, était dispersé dans plus de cent villes étrangères. A peine avait-on le temps de former à la hâte quelques cohortes de gardes nationales pour accourir à Strasbourg, à Landau, à Metz, à Lille! Ainsi pour conquérir le monde qui nous échappait, la France était demeurée sans défense. Nos finances, jadis si prospères, conduites avec un esprit d'ordre si admirable, s'étaient autant épuisées que nos armées pour la chimère de la domination universelle. Les domaines communaux, employés à liquider les exercices 1811 et 1812, et à solder l'insuffisance de celui de 1813, étaient restés invendus. C'est tout au plus s'il s'était présenté des acheteurs pour 10 millions de ces domaines. Le papier qui en représentait le prix anticipé, perdait de 15 à 20 pour cent, bien que la presque totalité de ce qui avait été émis se trouvât dans les caisses de la Banque et dans celles de la couronne elle-même, qui en avaient pris pour plus de 70 millions. L'état moral du pays était plus désolant encore, s'il est possible, que son état matériel. L'armée, convaincue de la folie de la politique pour laquelle on versait son sang, murmurait hautement, quoiqu'elle fût toujours prête en présence de l'ennemi à soutenir l'honneur des armes. La nation, profondément irritée de ce qu'on n'avait pas profité des victoires de Lutzen et de Bautzen pour conclure la paix, se regardant comme sacrifiée à une ambition insensée, connaissait maintenant par l'horreur des résultats les inconvénients d'un gouvernement sans contrôle. Désenchantée du génie de Napoléon, n'ayant jamais cru à sa prudence, mais ayant toujours cru à son invincibilité, elle était à la fois dégoûtée de son gouvernement, peu rassurée par ses talents militaires, épouvantée de l'immensité des masses ennemies qui s'approchaient, moralement brisée en un mot, au moment même où elle aurait eu besoin pour se sauver de tout l'enthousiasme patriotique qui l'avait animée en 1792, ou de toute l'admiration confiante que lui inspirait en 1800 le Premier Consul ! Jamais enfin plus grand abattement ne s'était rencontré en face d'un plus affreux péril !

Certes si l'étranger victorieux qui soupçonnait une partie de ces vérités, avait pu les connaître dans toute leur étendue, il ne se serait arrêté qu'un jour aux bords du Rhin, juste le temps nécessaire pour réunir des cartouches et du pain, il eût fran-

Nov. 1813.

État moral du pays pire encore que son état matériel.

Ignorance où était l'Europe de la situation de la France, et sa crainte

chi ce Rhin qui depuis 1795 semblait une frontière inviolable, et marché droit sur Paris, la ville où naguère paraissait résider en permanence le génie de la victoire. Mais la coalition fatiguée de ses efforts extraordinaires, toute surprise encore de ses triomphes malgré deux campagnes successives qui se terminaient à son avantage, était disposée à s'arrêter sur le Rhin : dernier répit que la fortune semblait vouloir nous accorder avant de nous abandonner définitivement!

Plus d'une cause contribuait à cette disposition des esprits dans le sein de la coalition, mais notre gloire était la principale. Si la politique de Napoléon nous avait mis le monde sur les bras, la gloire qu'il avait répandue sur nous, la bravoure sans égale avec laquelle nous avions soutenu ses gigantesques entreprises, le souvenir de la nation française se soulevant tout entière en 1792 pour repousser l'agression européenne, donnaient à réfléchir aux puissances continentales, toujours les plus compromises dans une lutte contre la France. On nous haïssait beaucoup, mais on ne nous craignait pas moins. L'idée de passer le Rhin, d'aller affronter chez elle cette nation qui avait inondé l'Europe de ses armées victorieuses, chez laquelle il n'y avait presque pas un homme qui n'eût porté les armes, qui blâmait l'ambition de son chef, mais qui le soutiendrait peut-être fortement si après l'avoir ramené sur ses frontières on voulait les franchir, cette idée troublait, intimidait les plus sages des généraux et des ministres de la coalition. D'ailleurs après avoir expulsé Napoléon de l'Allemagne, qu'y avait-il de plus à prétendre? Fallait-il après un triomphe inespéré tenter de nouveau la fortune, échouer peut-être dans une entreprise téméraire, se faire rejeter au delà du Rhin pour n'avoir pas su s'y arrêter, rendre dès lors Napoléon plus exigeant que jamais, réveiller en lui des prétentions qui étaient près de s'éteindre, et se condamner à une guerre sans fin pour n'avoir pas su faire la paix à propos, pas plus que Napoléon n'avait su la faire à Prague? Et puis la guerre n'avait-elle pas été assez cruelle? Toutes les armées européennes portaient sur leurs corps des plaies larges et saignantes, qui attestaient ce que leur avaient coûté non-seulement Moscou, non-seulement Lutzen, Bautzen et Dresde, où elles avaient été vaincues, mais la Katzbach, Gross-Beeren, Kulm, Dennewitz, Leipzig, où elles avaient été victorieuses! Si on excepte les Prussiens, chez lesquels régnait une sorte de fureur nationale, excitée par l'influence des sociétés secrètes, le désir de la paix était général parmi les militaires de toutes les nations. Quoique fort braves et fort orgueilleux de leurs succès, les militaires russes avaient voulu s'arrêter sur l'Oder; ils le voulaient bien plus encore sur le Rhin, et ils pensaient que c'était assez d'être venus en combattant de Moscou à Mayence, et que pour eux il n'y avait rien à faire au delà. Les Autrichiens qui se battaient depuis vingt-deux ans, qui avaient rejeté le vainqueur de Marengo, d'Austerlitz, de Wagram hors de l'Autriche et de l'Allemagne, qui sentaient profondément le besoin de se reposer, qui dans la prolongation de la guerre ne voyaient qu'une sa-

Nov. 1813.

Disposition à négocier sur les bords du Rhin.

Motifs qui portent les coalisés, les Prussiens exceptés, à désirer la paix.

tisfaction pour la haine des Prussiens, un agrandissement d'influence pour les Russes et les Anglais, et peut-être des chances de défaite pour tous, étaient fort enclins à une paix qui cette fois paraissait devoir être durable. A la tête de ces militaires le prince de Schwarzenberg, importuné de la violence des Prussiens, de l'affectation de suprématie des Russes, de l'entêtement des Anglais, était fortement prononcé pour la paix, et dans le camp des coalisés sa haute raison n'était contestée par personne! Et, chose singulière, le célèbre général anglais lord Wellington, qui le premier en Europe avait tenu en échec la puissance de Napoléon, et dont la renommée grossie par l'éloignement n'avait cessé de s'étendre, semblait hésiter lui-même en approchant des redoutables frontières de France. Ce n'était pourtant pas la timidité qu'on pouvait lui reprocher, car en 1810 et en 1811 il était resté seul en armes sur le continent, risquant à tout moment d'être jeté dans l'Océan par les armées françaises. Eh bien, après la bataille décisive de Vittoria, livrée à nos portes, lord Wellington n'avait pas fait un pas, et malgré les incitations de son gouvernement, il déclarait qu'il y fallait penser sérieusement avant d'oser toucher au sol brûlant de la France! Hélas! ces ennemis qui tant de fois nous avaient méconnus, et tant de fois devaient nous méconnaître encore, nous flattaient maintenant! Ils ne savaient pas qu'un long abus de nos forces en avait presque tari la source, que le dégoût d'un long despotisme, que l'indignation contre une ambition désordonnée, avaient porté la France à s'isoler de son gouvernement, et à considérer la guerre plutôt comme faite à lui qu'à elle-même. Cette erreur de nos ennemis ne devait pas durer, mais elle était générale, et ils nous rendaient l'hommage de trembler à l'idée de toucher à notre sol.

Nov. 1813.

Cette disposition pacifique qu'on remarquait chez les militaires, les Prussiens exceptés, était moins sensible chez les hommes d'État de la coalition, mais elle était tout à fait prononcée chez l'un d'eux, M. de Metternich. Ce ministre profondément clairvoyant, qui, dans l'année 1813, avait montré un rare mélange d'adresse et de franchise, de résolution et de prudence, répugnait à commettre la fortune de l'Autriche à de nouveaux hasards, et sous ce rapport, comme sous beaucoup d'autres, se trouvait pleinement d'accord avec son maître. M. de Metternich et l'empereur François s'étaient décidés à la guerre, parce que l'Allemagne la leur demandait à grands cris, parce que l'occasion de rétablir la situation de l'Autriche, de sauver l'indépendance de l'Allemagne, était trop belle pour ne pas la saisir; mais ce but atteint, ils ne voulaient pas, pour reconquérir tout entière l'ancienne grandeur de l'Autriche, courir la chance de perdre ce qu'ils en avaient recouvré, courir la chance aussi de grandir outre mesure la prépondérance russe en Europe, la prépondérance prussienne en Allemagne, la prépondérance anglaise sur les mers! L'Autriche, assurée de n'avoir plus le grand-duché de Varsovie sur ses frontières septentrionales, de reprendre tout ce qu'on lui avait ôté en Pologne pour constituer ce duché, de regagner la frontière de l'Inn, le Tyrol, l'Illyrie, une part quel-

Dispositions particulières de l'Autriche.

Nov. 1813:

Le mariage de Napoléon avec Marie-Louise n'entre pour rien dans les vues modérées du cabinet de Vienne.

Sa crainte de détrôner Napoléon fondée sur la crainte de révolutions nouvelles.

conque du Frioul, de n'avoir plus à supporter la Confédération du Rhin, devait se tenir, et se tenait effectivement pour satisfaite. L'empereur François, constant dans l'adversité, modéré dans la prospérité, était fortement de cet avis, et M. de Metternich, ministre fidèle de sa pensée, le partageait entièrement. Du reste le mariage de Marie-Louise, imaginé uniquement dans l'intérêt de l'empire, n'ajoutait pas beaucoup à ces excellentes raisons. Mais, si on passait le Rhin, il s'élevait tout à coup une question qui ne s'était encore présentée à l'esprit de personne, excepté à l'esprit de quelques vieillards inconsolables, dont les regrets venaient de se convertir depuis peu en vives espérances, et cette question, c'était celle du renversement de Napoléon lui-même. Résister à sa domination insupportable, contenir si on le pouvait son ambition excessive, avait été d'abord le désir de tous ses ennemis; le renverser du trône de France n'avait été la pensée d'aucun. Pourtant vaincre un homme dont tous les titres étaient dans la victoire; après l'avoir vaincu en Russie, en Pologne, en Allemagne, le vaincre en France même, si on l'essayait et si on y réussissait, pouvait faire naître l'idée de s'attaquer à sa personne, et de lui ôter par l'épée une couronne acquise par l'épée. Cette idée seule ravissait de joie les Prussiens, et remuait le cœur si paisible et si modéré de Frédéric-Guillaume. Pour Alexandre, que Napoléon avait personnellement humilié, il n'avait pas rêvé une si éclatante vengeance, mais les événements la lui offrant, il n'y répugnait point, et ne demandait pas mieux que de la goûter tout entière. Pourtant en supposant le but atteint, que ferait-on du trône de France devenu vacant? Les Prussiens ne s'en inquiétaient guère, pourvu qu'ils eussent précipité du faîte des grandeurs celui qui les avait tant foulés aux pieds, et Alexandre pas beaucoup plus, car il se serait vengé lui aussi des dédains de l'orgueilleux conquérant. Mais la haine n'aveuglait ni l'empereur François ni son ministre; l'intérêt de l'Autriche les dirigeait seul, et le Rhin franchi, ils se demandaient ce qu'on ferait au delà.

Le mariage de Napoléon avec Marie-Louise, quoique l'empereur François fût un assez bon père, ne les touchait que médiocrement. D'autres considérations les occupaient. Aucune puissance au monde n'avait autant souffert que l'Autriche de l'esprit novateur, et n'avait eu autant de combats à soutenir contre cet esprit depuis trois cents ans. Pendant le dix-huitième siècle elle avait rencontré le grand Frédéric, et perdu la Silésie. Pendant la Révolution française elle avait rencontré Napoléon, et perdu les Pays-Bas, la Souabe, l'Italie, la couronne germanique. Si même on remontait jusqu'à la réforme protestante, on la trouvait sous Charles-Quint aux prises avec Luther, c'est-à-dire avec l'esprit novateur. La haine des révolutions était donc chez elle une politique traditionnelle, à peine interrompue un instant sous Joseph II, bientôt reprise sous ses successeurs, et aussi active que prévoyante sous l'empereur François et M. de Metternich. Ils se demandaient donc l'un et l'autre, avec un souci que ne partageait aucun de leurs alliés, à qui on donnerait à gouver-

Nov. 1813.

ner cette France si effrayante, qui tenait dans sa main, outre sa terrible épée, la torche non moins terrible des révolutions. Les Bourbons, qui leur auraient convenu sous tant de rapports, ils y songeaient à peine, parce que la France et l'Europe y songeaient moins encore, et qu'ils doutaient de leur capacité. Un soldat de génie, disposé à réprimer la révolution dont il était sorti, non par suite de préjugés qu'il n'avait point, mais par le double amour de l'ordre et du pouvoir, leur paraissait difficile à remplacer; et songeant moins à Marie-Louise qu'à la révolution française, prête à recommencer son redoutable cours, ils n'inclinaient guère à détrôner Napoléon.

L'Angleterre, par d'autres motifs, entre dans les vues de l'Autriche, et les appuie.

Satisfaits des résultats obtenus, craignant plutôt que désirant la vacance du trône de France, l'empereur François et M. de Metternich étaient d'avis, une fois parvenus aux bords du Rhin, d'adresser à Napoléon de nouvelles offres pacifiques, et, chose inattendue, l'Angleterre, l'ennemie si obstinée de la famille Bonaparte, se montrait en ce moment favorable aux vues du cabinet de Vienne. Le cabinet britannique ayant autrefois affiché le désir de rétablir les Bourbons sur le trône de France, ayant par ce motif essuyé pendant vingt années les attaques de l'opposition qui lui reprochait de soutenir une guerre ruineuse pour un objet étranger à l'Angleterre, semblait craindre ce reproche, et à force de s'en défendre, avait presque fini par ne plus le mériter. Lord Aberdeen, son représentant auprès des cours alliées, l'un des esprits les plus droits, les plus sages qui aient jamais servi l'Angleterre, était devenu, sous ce rapport, l'appui de M. de Metternich, et n'hésitait pas à dire que si Napoléon faisait les concessions nécessaires, il fallait traiter avec lui tout comme avec un autre, et le considérer comme un souverain parfaitement légitime.

Nov. 1813.

Arrivés au bord du Rhin les coalisés avaient donc un parti à prendre à cet égard. D'ailleurs certains antécédents les y obligeaient. M. de Metternich, le lendemain de la réunion de l'Autriche aux puissances belligérantes, et lorsqu'on était encore en Bohême, avait proposé et fait adopter quelques résolutions importantes, toutes conçues dans la vue de remédier à l'esprit de discorde ordinaire aux coalitions. Premièrement, puisque les souverains et leurs principaux ministres étaient réunis, il leur avait proposé de ne pas se séparer que la guerre ne fût terminée. Secondement il avait demandé et obtenu la nomination d'un général unique, lequel, ainsi qu'on l'a vu, avait été le prince de Schwarzenberg. Troisièmement, il avait posé comme but, non pas la conquête, mais la restitution à chacun de ce qu'il avait perdu. Or comme cette base, pour la Prusse et l'Autriche qui avaient subi depuis vingt années de si nombreuses transformations, pouvait être incertaine, il avait fait adopter pour l'une et l'autre la condition précise de leur état avant la guerre de 1805, et de plus il avait fait décider qu'on mettrait en dépôt, dans les mains de la coalition, les provinces reconquises. Enfin il avait obtenu qu'on divisât la guerre non pas en campagnes et par années, mais en périodes mesurées sur l'importance des résultats obtenus. Ainsi la marche et

Principes de conduite que M. de Metternich avait fait adopter par la coalition pour la bonne direction de ses affaires.

Nov. 1813.

Il résulte de ces principes la nécessité de prendre au bord du Rhin une nouvelle résolution.

l'arrivée jusqu'au Rhin devaient constituer la première période. La seconde, si on était contraint à l'entreprendre, s'arrêterait au sommet des Vosges et des Ardennes. La troisième, si on était absolument réduit à pousser la guerre si loin, ne se terminerait qu'à Paris même. Il résultait, sans le dire, de ces résolutions si profondément conçues, qu'à chaque période accomplie, on s'arrêterait avant d'entamer la suivante, pour examiner si la paix n'était pas possible.

Ainsi, par toutes les raisons que nous avons données, l'Autriche, sans prendre toutefois l'initiative d'une nouvelle négociation, voulait faire savoir à Napoléon que c'était le moment de traiter, elle voulait lui conseiller d'être plus sage qu'à Prague, et de s'attacher à conserver outre le trône, qui n'avait pas été mis en question jusqu'ici, mais qui pouvait l'être, une France bien belle encore, celle du traité de Lunéville. Les souverains et leurs ministres étant en cet instant réunis à Francfort, un hasard leur fournit une occasion de communiquer à Napoléon leur pensée véritable, pensée sincère alors, car le Rhin n'était pas franchi. La France avait eu à Weimar un ministre, M. de Saint-Aignan, qui à un esprit éclairé joignait un caractère doux et conciliant, et qui avait l'avantage, fort apprécié à cette époque, d'être le beau-frère de M. de Caulaincourt. Il était connu en effet de toute l'Europe que M. de Caulaincourt, dans la cour trop soumise de Napoléon, avait la sagesse de soutenir la cause de la paix, et ce mérite s'ajoutant à sa grande situation, en faisait aux yeux des étrangers le servi-

On profite de la présence de M. de Saint-Aignan à Francfort pour le charger d'une mission pacifique à Paris.

teur le plus respectable de l'Empire. Son beau-frère M. de Saint-Aignan avait été, par une assez brutale interprétation du droit de la guerre, considéré comme prisonnier lorsqu'on était entré à Weimar. On avait commencé par le reléguer à Tœplitz, puis on l'avait rappelé à Francfort, et dédommagé du reste par beaucoup d'égards d'un désagrément momentané. On lui avait proposé de se charger d'une mission à Paris, consistant à suggérer à Napoléon l'idée d'un congrès, lequel se réunirait immédiatement sur la frontière, et traiterait de la paix sur la double base des limites naturelles pour la France, et d'une indépendance complète pour toutes les nations.

Nov. 1813.

Ce fut d'abord M. de Metternich qui prit M. de Saint-Aignan à part pour lui offrir cette sorte de mission. Il lui affirma que l'Europe désirait la paix, qu'elle la voulait honorable et acceptable pour tout le monde; qu'elle savait que la France après vingt ans de victoires avait acquis le droit d'être respectée, et qu'elle le serait; qu'on n'entendait pas rétablir dans son entier l'ancien état des choses, que l'Autriche ne prétendait pas notamment reprendre tout ce qu'elle avait possédé jadis, qu'il lui suffirait de revenir à une situation convenable et rassurante; que c'était là le terme des prétentions de tous les princes alliés; qu'en preuve de cette haute sagesse chez eux, lui M. de Metternich était chargé de proposer à la France ses frontières naturelles, c'est-à-dire le Rhin, les Alpes, les Pyrénées, mais rien au delà; qu'il était temps pour tous de songer à la paix, pour l'Europe sans aucun doute, mais pour la

Langage de M. de Metternich à M. de Saint-Aignan.

France également, et pour Napoléon en particulier plus que pour aucune des parties belligérantes; qu'il avait soulevé contre lui un orage épouvantable; que l'irritation extraordinaire excitée contre sa personne allait sans cesse croissant, qu'elle inspirait aux combattants une rage guerrière difficile à contenir; que s'il y regardait bien, il verrait que les sentiments qui agitaient l'Europe avaient pénétré en France même, et qu'il pouvait arriver qu'il fût bientôt aussi isolé dans son propre pays que dans le reste du monde; que le temps de traiter honorablement était donc venu, que ce moment passé la guerre serait acharnée, implacable, poussée jusqu'à la destruction entière des uns ou des autres; qu'on ne se diviserait pas dans la coalition, qu'on ferait à l'union tous les sacrifices nécessaires; que la paix qu'on offrait on l'offrait de bonne foi, qu'on la proposait générale sur terre et sur mer; que la Russie, la Prusse, l'Angleterre elle-même la souhaitaient, qu'à cet égard il fallait mettre toute défiance de côté, car le désir d'arrêter l'effusion du sang était universel; mais qu'il ne fallait pas tomber encore une fois dans la déplorable erreur commise à Prague, où faute d'en croire l'Autriche, et faute de se résoudre à propos, on avait pour quelques heures perdues laissé échapper l'occasion de terminer la guerre à des conditions qu'on n'obtiendrait plus. En preuve de ce qu'il avançait, M. de Metternich introduisit successivement M. de Nesselrode et lord Aberdeen, qui répétèrent en termes plus courts mais aussi formels, tout ce qu'il avait dit lui-même. Lord Aberdeen affirma au nom de son propre cabinet, qu'on ne voulait ni abaisser ni humilier la France, qu'on ne songeait point à lui disputer ses frontières naturelles, car on savait qu'il y avait des événements sur lesquels il ne fallait pas revenir, mais il répéta qu'au delà de ces limites on était décidé à n'accorder à la France ni territoire, ni autorité positive, ni même influence, excepté celle toutefois que les grands États exercent les uns sur les autres, quand ils savent se servir des avantages de leur position sans en abuser.

Nov. 1813.

Quant à la sincérité de ce langage, M. de Saint-Aignan, d'après tout ce qu'il vit et entendit, n'en conçut pas le moindre doute. Il répondit que pris à l'improviste et n'ayant aucune mission, il pouvait tout écouter sans manquer à des instructions qu'il n'avait point, qu'il rapporterait fidèlement ce qu'on le chargeait de dire, mais qu'il vaudrait peut-être mieux, pour plus d'exactitude, lui remettre par écrit le résumé des conditions proposées. M. de Metternich n'y vit aucune difficulté, et remit à M. de Saint-Aignan une note fort courte, mais précise, contenant les énonciations suivantes.

Sincérité actuelle des ministres de la coalition.

L'Europe ne se diviserait point quoi qu'il arrivât, et resterait unie jusqu'à la paix. Cette paix devait être générale, et maritime aussi bien que continentale. Elle serait fondée sur le principe de l'indépendance de toutes les nations, dans leurs limites ou naturelles ou historiques. La France conserverait le Rhin, les Alpes, les Pyrénées, mais devrait s'y renfermer; la Hollande serait indépendante, et ses frontières du côté de la France seraient ultérieurement déterminées; l'Italie serait également indépendante, et on pourrait discuter les limites que

Résumé par écrit des conditions offertes à Francfort.

l'Autriche y aurait du côté du Frioul, ainsi que la France du côté du Piémont. L'Espagne recouvrerait sa dynastie : cette condition était *sine qua non*. L'Angleterre ferait aussi des restitutions au delà des mers, et chaque nation jouirait de la liberté du commerce telle qu'elle serait stipulée par le droit des gens, etc...

Sur ce dernier point seulement lord Aberdeen éleva quelques difficultés de rédaction, mais on laissa à M. de Metternich, qui tenait la plume, le soin de trouver les termes vagues que nous venons de rapporter, et on dirigea immédiatement M. de Saint-Aignan sur Mayence, en le rendant porteur des paroles les plus affectueuses pour M. de Caulaincourt. On fit dire à celui-ci qu'on le savait si honnête homme et si juste, qu'on était prêt à l'accepter comme arbitre des conditions de la paix, si Napoléon voulait lui confier des pleins pouvoirs pour la conclure.

M. de Saint-Aignan arriva le 11 novembre à Mayence, et le 14 à Paris. Il se hâta de remettre son message à M. de Bassano, qui le transmit sur-le-champ à Napoléon. Ce ministre était, il faut le reconnaître, considérablement changé. De sa dangereuse infatuation il n'avait conservé que les dehors. L'esprit, le caractère même, avaient cédé sous le poids des événements. Il eut donc la sagesse d'appuyer auprès de Napoléon les propositions de Francfort. Elles étaient certes bien belles, bien acceptables encore! Que pouvions-nous en effet désirer au delà des Alpes et du Rhin? Qu'avions-nous trouvé en outre-passant ces frontières si puissantes et si clairement tracées? Rien que la haine des peuples, l'effusion continue de leur sang et du nôtre, des trônes de famille difficiles à soutenir, presque tous tombés en ce moment ou tournés contre nous, parce qu'à une influence légitime sur des peuples voisins nous avions voulu donner la forme humiliante de royautés étrangères; et si enfin, par orgueil, ou affection fraternelle, nous exigions absolument quelque chose au delà du Rhin ou des Alpes, ne restait-il pas dans les termes employés pour fixer les limites de la Hollande et de l'Italie, le moyen d'obtenir de suffisantes indemnités de famille?

Il n'y avait donc pas une seule raison de refuser les propositions indirectes mais positives de Francfort. Aussi Napoléon n'y pensait-il pas le moins du monde, bien que son orgueil souffrît cruellement; mais il recueillait le triste prix de ses fautes, car il ne pouvait guère se montrer accommodant sans s'affaiblir. Ne pas accepter sur-le-champ les propositions venues de Francfort, c'était laisser à la coalition le moyen de se dédire lorsqu'elle finirait par connaître le dénûment de la France, la dispersion de ses ressources depuis Cadix jusqu'à Dantzig, son abattement moral, son détachement de Napoléon, lorsque surtout le peuple anglais, s'exaltant à la nouvelle des derniers succès de la coalition, voudrait en tirer les plus extrêmes conséquences. Il y avait ce danger, et c'était, en effet, le plus grave, mais il y en avait un autre aussi, c'était d'avouer soi-même ce qu'on craignait que la coalition ne devinât bientôt, en laissant paraître par trop de condescendance l'impuissance à laquelle on

Nov. 1813.

Raisons puissantes d'accueillir cet heureux message.

Napoléon, quoique n'étant pas disposé à refuser les propositions de Francfort, craint d'avouer trop clairement sa détresse en les acceptant immédiatement.

était réduit. De la part d'un caractère moins entier que celui de Napoléon, la condescendance aurait pu être prise pour de l'esprit de conciliation ; mais de sa part céder à l'instant sur tous les points, pour lier sur tous les points les puissances coalisées, c'était avouer une affreuse détresse. Aussi à côté du danger de résister, y avait-il celui de céder, effet trop ordinaire des mauvaises conduites, qui vous amènent à des situations où tout est péril, et où il y a autant d'inconvénient à reculer qu'à s'avancer!

Pourtant le plus grand péril étant de paraître intraitables, de fournir ainsi à ceux qui nous faisaient à regret les concessions de Francfort le droit de les retirer, il valait mieux consentir à tout, et tout de suite, au risque de laisser échapper un secret que du reste on ne pouvait pas cacher longtemps. Napoléon voulut par la promptitude de la réponse montrer un certain empressement à négocier, et n'ayant pris que la journée du 15 pour réfléchir, il fit répondre dès le lendemain 16. Mais la forme de la réponse n'était pas heureuse. Aucune explication sur les bases proposées, dès lors aucune acceptation de ces bases, désignation de Manheim pour lieu de réunion du futur congrès, lieu dont le voisinage indiquait la résolution d'entrer en matière sans retard, enfin phrase ironique, amère même contre l'Angleterre, à propos de l'indépendance des nations que la France, disait-on, demandait sur terre comme sur mer, telle était en substance la note expédiée, note qu'assurément on ne fit pas attendre, car on l'envoya immédiatement au maréchal Marmont qui commandait à Mayence, avec ordre de la faire parvenir sur-le-champ à Francfort. Le silence gardé sur les conditions était imaginé sans doute pour écarter l'idée d'un trop grand abattement de notre part, car il indiquait qu'on n'était pas prêt à tout accepter, mais c'était décourager la coalition si elle était sincère, et si elle ne l'était pas, lui laisser le moyen de se dédire.

Napoléon arrivé à Paris y avait trouvé le public dans un état de profonde tristesse, presque de désespoir, et en particulier d'extrême irritation contre lui. Sa police, quelque active qu'elle fût, quelque arbitraire qu'elle se permît d'être, pouvait à peine contenir la manifestation du sentiment général. Bien que personne, même dans le gouvernement, ne connût le secret des négociations de Prague, bien que Napoléon eût laissé croire à ses ministres et à l'archichancelier Cambacérès lui-même que les puissances avaient cherché à l'humilier jusqu'à vouloir lui ôter Venise, ce qui n'était pas vrai, le public était convaincu que si les négociations avaient échoué, c'était sa faute. On ne lui pardonnait donc pas d'avoir négligé l'occasion si heureuse des victoires de Lutzen et de Bautzen pour conclure la paix. On regardait son ambition comme extravagante, cruelle pour l'humanité, fatale pour la France. Après les désastres de 1813, ajoutés à ceux de 1812, on ne se croyait plus en mesure de résister à la coalition formidable qui sur le Rhin, l'Adige, les Pyrénées, menaçait la France d'un million de soldats. Les écrivains enchaînés ou payés, qui seuls avaient la faculté de composer des gazettes, et que personne ne croyait même quand ils disaient la vérité, avaient

Nov. 1813.

Le langage de ses écrivains n'obtient aucune créance.

reçu les instructions du duc de Rovigo sur la manière de présenter les malheurs de cette campagne. Les frimas avaient servi à expliquer les désastres de 1812, la défection des alliés allait servir à expliquer ceux de 1813. Outre cette explication on en cherchait une autre dans l'explosion imprévue du pont de Leipzig. Sans le crime des Saxons et des Bavarois, disait-on, sans la faute de l'officier qui avait fait sauter le pont de Leipzig, Napoléon, vainqueur de la coalition, serait revenu sur le Rhin apportant à la France une paix glorieuse. Aussi n'y avait-il pas de termes d'exécration qu'on ne prodiguât aux Bavarois et surtout aux Saxons. On annonçait de plus avec une insistance cruelle, et bien peu méritée, que le colonel de Montfort, très-innocent, quoi qu'on en dît, de la catastrophe du pont de Leipzig, allait être pour cette catastrophe déféré à une commission militaire. Personne n'ajoutait foi à ces assertions, et comme les menteurs qui, lorsqu'ils s'aperçoivent qu'on ne les croit pas, élèvent la voix davantage, les écrivains soldés répétaient avec plus d'acharnement le thème convenu, sans obtenir plus de créance. — Il veut sacrifier tous nos enfants à sa folle ambition, était le cri des familles, depuis Paris jusqu'au fond des provinces les plus reculées. On ne niait pas le génie de Napoléon, on faisait bien pis, on n'y songeait plus, pour ne penser qu'à sa passion de guerres et de conquêtes. L'horreur qu'on avait ressentie jadis pour la guillotine, on l'éprouvait aujourd'hui pour la guerre. On ne s'entretenait partout que des champs de bataille de l'Espagne et de l'Allemagne, des milliers de mourants, de blessés, de malades expirant sans soins dans les champs de Leipzig et de Vittoria. On représentait Napoléon comme une espèce de démon de la guerre, avide de sang, ne se complaisant qu'au milieu des ruines et des cadavres. La France dégoûtée de la liberté par dix années de révolution, était dégoûtée maintenant du despotisme par quinze années de gouvernement militaire, et d'effusion de sang humain d'un bout de l'Europe à l'autre. Les violences des préfets enlevant les enfants du peuple par la conscription, ceux des classes élevées par la création des gardes d'honneur, torturant par des garnisaires les familles dont les fils ne répondaient point à l'appel, employant les colonnes mobiles contre les réfractaires qui couraient la campagne, traitant souvent les provinces françaises comme des provinces conquises, convertissant en impôts obligatoires de prétendus dons volontaires proposés et consentis par leurs affidés, prenant à la fois denrées, chevaux, bétail, par la voie des réquisitions; une police soupçonneuse recueillant les moindres propos, enfermant arbitrairement ceux qui étaient accusés de les tenir, et toujours supposée présente là même où elle n'était point; une misère profonde dans les ports, résultant de la clôture absolue des mers; sur les frontières de terre, ouvertes naguère à notre industrie, des milliers de baïonnettes étrangères ne laissant pas passer un ballot de marchandises; enfin une terreur indicible et universelle de l'invasion, tous ces maux à la fois provenant d'une seule volonté non contredite, étaient une cruelle leçon, qui avait infirmé celle qu'on avait reçue des malheurs

Nov. 1813.

Sentiment profond des maux de la guerre.

Nov. 1813.

Réveil des partis.

Dispositions des révolutionnaires et des royalistes.

de la révolution, et, qui, sans rendre la France républicaine, la ramenait à désirer une monarchie libéralement constituée. Tous les partis longtemps oubliés, commençaient à se montrer de nouveau. Les révolutionnaires s'agitaient, mais à la vérité sans effet. Quelques-uns, en très-petit nombre, se rattachant à Napoléon par la crainte des Bourbons qu'ils haïssaient, voulaient bien le proclamer dictateur, à condition qu'il aurait recours à des moyens extraordinaires, et qu'il appellerait le peuple à un mouvement semblable à celui de 1792. Mais c'étaient des maniaques rêvant un passé actuellement impossible. Le mouvement de 1792 n'avait été qu'une explosion d'indignation de la part de la France injustement assaillie par l'Europe, et ce sentiment c'était aujourd'hui l'Europe qui l'éprouvait à son tour contre nous. Les royalistes, partisans de l maison de Bourbon, ranimés par l'espérance, excités par les prêtres bien plus nombreux, bien plus hardis en ce moment que les révolutionnaires, commençaient à élever la voix et à se faire écouter. La France avait presque oublié les Bourbons, dont elle était séparée par des événements immenses qui tenaient dans les esprits la place de plusieurs siècles, et elle craignait d'ailleurs leur manière de penser, leur entourage, leurs ressentiments; mais épouvantée de l'empire, persistant à repousser la république, elle en venait à comprendre que les Bourbons contenus par de sages lois, pourraient offrir un moyen d'échapper au despotisme comme à l'anarchie. Il n'y avait du reste que les hommes les plus éclairés qui portassent leurs vues aussi loin;

la masse laissait parler des Bourbons pour ne plus entendre parler de la guerre, qui dévorait les enfants, aggravait les impôts, et empêchait tout commerce.

Nov. 1813.

Lorsqu'un gouvernement commence à être en danger, on peut en apercevoir le signe certain dans l'état d'esprit des fonctionnaires. En 1813 et 1814 les fonctionnaires de l'Empire étaient tristes, découragés, abattus, et quoiqu'un certain nombre affectassent un zèle violent, la plupart sans le dire en voulaient à Napoléon autant que ses plus grands ennemis, parce qu'ils sentaient qu'en se compromettant lui-même il les avait tous compromis. Le péril avait rendu quelque indépendance aux fonctionnaires d'un ordre élevé. Ils avaient déjà dit à Napoléon à la fin de 1812, et ils lui répétaient bien plus à la fin de 1813, que sans la paix ils seraient tous perdus, eux comme lui. Les militaires du plus haut grade qu'il avait comblés de biens mais sans les en laisser jouir, se taisaient en montrant un sombre mécontentement, ou disaient durement qu'il ne restait aucune ressource pour soutenir la guerre. Les deux hommes les plus sensés, l'un de l'armée, l'autre du gouvernement, Berthier et Cambacérès, ne cachaient plus leur consternation. Berthier était malade; Cambacérès était tombé dans une dévotion qui, ne répondant à aucune de ses dispositions antérieures, était la suite visible de son profond découragement. Se taisant avec Napoléon comme on a coutume de faire avec les incorrigibles, il avait demandé à se retirer, pour finir sa vie dans le repos et la piété. D'autres personnages moins résignés, avaient manifesté plus ouvertement leur chagrin.

Sentiments des fonctionnaires.

État d'esprit de Berthier et de Cambacérès.

Ney, disait-on, avait laissé échapper des paroles violentes; Marmont avait profité d'une ancienne intimité pour hasarder quelques avis; Macdonald, avec un mélange de finesse et de simplicité un peu rude, avait dit son sentiment; M. de Caulaincourt avait réitéré l'expression du sien, avec son courage ordinaire et une sorte de hauteur respectueuse. Tous n'avaient que le mot de paix à la bouche. Enfin l'Impératrice, sans donner un avis, car elle ne savait qui avait tort ou raison, s'était bornée à pleurer. Elle était épouvantée pour elle, pour son fils, même pour Napoléon, qu'elle aimait alors comme une jeune femme aime le seul homme qu'elle ait connu.

Cette idée de la paix qui le poursuivait comme un reproche amer, importunait Napoléon, d'autant plus qu'après ne l'avoir point voulue quand il dépendait de lui de l'obtenir, il sentait qu'aujourd'hui, même en la voulant, il ne l'obtiendrait pas, et que cette paix longtemps repoussée s'enfuirait à son tour quand il courrait après elle, singulière et fatale vengeance des choses de ce monde! L'Europe certainement venait d'offrir avec bonne foi la reprise des négociations, mais on pouvait douter de cette bonne foi quand on n'était pas dans le secret de ses conseils, et il était probable d'ailleurs qu'elle ne persisterait pas dans une telle offre, dès que notre faiblesse, qui ne pouvait être longtemps ignorée, lui serait enfin connue. Napoléon ne croyait donc que très-peu à la possibilité d'une paix acceptable, ne l'attendait que d'une dernière lutte acharnée, soutenue ou sur la frontière, ou en deçà, et adressait à tous ses censeurs cachés ou patents les réponses suivantes : — Il est facile, leur disait-il, de parler de la paix, mais il n'est pas aussi facile de la conclure. L'Europe semble nous l'offrir, mais elle ne la veut pas franchement. Elle a conçu l'espérance de nous détruire, et cette espérance une fois conçue, elle n'y renoncera que si nous lui faisons sentir l'impossibilité d'y réussir. Vous croyez que c'est en nous humiliant devant elle que nous la désarmerons; vous vous trompez. Plus vous serez accommodants, plus elle sera exigeante, et d'exigences en exigences, elle vous conduira à des termes de paix que vous ne pourrez plus admettre. Elle vous offre la ligne du Rhin et des Alpes, et même une partie quelconque du Piémont. Ce sont là certainement d'assez belles conditions, mais si vous paraissez y accéder, elle vous proposera bientôt vos frontières de 1790. Eh bien, les puis-je accepter, moi, qui ai reçu de la République les frontières naturelles? Peut-être a-t-il existé un moment où il aurait fallu nous montrer plus modérés, mais au point où en sont les choses, une condescendance trop manifeste de notre part serait un aveu de notre détresse qui éloignerait plus qu'il ne rapprocherait la paix. Il faut combattre encore une fois, combattre en désespérés, et, si nous sommes vainqueurs, alors nous devrons sans aucun doute nous hâter de conclure la paix, et, dans ce cas, soyez-en sûrs, je m'y prêterai avec empressement. —

Nov. 1813.

Malheureusement ce que disait Napoléon devenait de minute en minute plus exact, car l'Europe successivement avertie de notre faiblesse, ne se prêterait bientôt plus à aucune concession, et pour avoir

Incrédulité qui accueille partout les paroles de l'Empereur.

la paix il faudrait l'arracher. Mais après avoir cru Napoléon trop facilement lorsqu'il ne disait pas vrai, on ne voulait plus le croire lorsque ce qu'il disait n'était que trop véritable. On ne voyait dans le langage que nous venons de rapporter que son intraitable caractère, son implacable passion pour la guerre (passion qu'il avait eue et qu'il n'avait plus), et beaucoup de gens qui se souciaient peu que la paix fût acceptable ou non, que la France eût ou n'eût pas ses frontières naturelles, pourvu que le trône impérial conservé conservât leurs places, disaient que *cet homme* (c'est ainsi qu'ils appelaient Napoléon), que *cet homme* était fou, qu'il se perdait, et qu'il allait les perdre tous avec lui. — Ainsi la vérité qu'on n'a pas voulu écouter lorsqu'il était temps de l'entendre utilement, on la retrouve plus tard, sous les formes les plus poignantes, non-seulement dans le cri des peuples, mais dans l'affliction des amis sincères, dans l'humeur silencieuse des amis intéressés, et souvent même dans l'insolence des plus vils courtisans, chez lesquels le désespoir d'une fortune perdue a fait évanouir le respect !

A toute opinion méconnue, et devenue implacable pour avoir été méconnue, il faut une victime, justement ou injustement choisie. Il y en avait une alors que toute la puissance de Napoléon ne pouvait refuser, nous ne dirons pas au public, condamné au silence, mais à sa propre cour révoltée des périls de la situation, et cette victime c'était M. de Bassano. On savait, sans connaître les détails, qu'à Prague la France aurait pu obtenir une paix glorieuse, et que l'Empereur l'avait refusée; on savait que dans le moment même l'Empereur venait de recevoir une proposition fort belle encore, et un murmure d'antichambre disait qu'il n'y avait pas répondu convenablement, et de toutes ces fautes on s'en prenait à M. de Bassano, dont l'imprévoyance et l'orgueil avaient, disait-on, causé tous nos maux. On prétendait que c'était lui qui au lieu d'éclairer Napoléon s'appliquait à l'abuser, comme si quelqu'un avait pu être responsable des résolutions de ce caractère indomptable. M. de Bassano, sans doute, avait été un ministre complaisant, mais plus complaisant que dangereux, car il est douteux que même en se joignant à M. de Caulaincourt, il eût pu faire prévaloir à Prague une détermination salutaire. Toutefois il aurait dû le tenter, et s'il n'avait sauvé la France, il aurait au moins sauvé sa responsabilité. On l'accablait en ce moment avec l'injustice ordinaire de la passion; et M. de Caulaincourt qui lui en voulait de ne l'avoir pas soutenu à Prague, M. de Talleyrand qui occupait ses loisirs à le railler sans cesse, assuraient qu'avant tout, pour avoir la paix il fallait persuader au monde qu'on la désirait, et que la manière la moins humiliante de le prouver c'était de renvoyer M. de Bassano.

Napoléon se résigna donc à ce sacrifice, première mais inutile expiation de ses fautes. Il savait bien que M. de Bassano n'était pas le vrai coupable, et que dans ce ministre c'était lui qu'on voulait frapper, et quoiqu'il n'en coûtât pas moins à sa justice qu'à son orgueil, il consentit à lui retirer les affaires étrangères, tant le danger était pressant, et tant il

Nov. 1813.

Le remplacement de ce ministre demandé comme un sacrifice nécessaire à la paix.

sentait qu'il fallait, au dedans comme au dehors, des satisfactions à l'opinion courroucée. Ainsi sous les gouvernements despotiques aussi bien que sous les gouvernements libres, les instruments des fautes sont punis, seulement ils le sont avec moins de ménagement pour l'orgueil du maître, qui est réduit à se condamner lui-même en les frappant, aveu fâcheux et la plupart du temps stérile, parce que le sacrifice arrive lorsque le mal est irréparable.

Les deux auteurs de la chute de M. de Bassano, MM. de Talleyrand et de Caulaincourt, étaient seuls capables de le remplacer. Napoléon songea d'abord au premier, qui avait en Europe plus d'autorité que le second, quoiqu'il inspirât moins d'estime. M. de Talleyrand, avec sa rare sagacité politique, voyait venir la fin de l'Empire; pourtant il n'en était pas assez sûr pour refuser la direction des affaires étrangères à laquelle il devait sa grandeur. Mais se défiant du despotisme de Napoléon autant que Napoléon se défiait de sa fidélité, il attachait du prix à rester grand dignitaire. Or, sur ce sujet, Napoléon s'était fait un système, c'était de ne jamais réunir chez le même individu le pouvoir ministériel et la qualité de grand dignitaire. Dans son empire, tel qu'il l'avait imaginé, les grands dignitaires, émanation de l'autorité souveraine, veillant de haut à l'une des branches de l'administration, avaient quelque chose de l'inviolabilité du monarque comme ils avaient quelque chose de son auguste caractère. Or, il ne voulait pas que ses ministres fussent inviolables, et M. de Talleyrand moins qu'un autre. Mais M. de Talleyrand tenait à l'être sous un tel maître, du moins autant que possible. Pour ce motif si mesquin on ne s'entendit point, et M. de Caulaincourt devint ministre des affaires étrangères. On n'en pouvait trouver un plus estimable, plus estimé, mieux accueilli de l'Europe.

Napoléon profita de l'occasion pour opérer quelques autres changements dans le ministère, les uns résultant de celui qui venait de s'accomplir, les autres projetés depuis quelque temps. En retirant à M. de Bassano la direction des affaires étrangères, Napoléon n'entendait cependant pas laisser sans emploi ce fidèle serviteur, et il lui rendit le poste de secrétaire d'État, qui le replaçait dans la plus intime confiance du monarque. C'était le ramener au point de départ de son ambition, mais il fallait céder à l'opinion déjà plus forte en ce moment que Napoléon lui-même. La secrétairerie d'État était alors occupée par M. Daru. Il y avait encore moins de motifs de laisser sans emploi un personnage dont le sacrifice n'était pas plus désiré par l'opinion que par le monarque. M. Daru, administrateur intègre, ferme, infatigable, sans cesse à la suite de Napoléon dans ses campagnes les plus difficiles, ayant partagé tous ses dangers, passait pour avoir en mainte occasion donné d'utiles conseils, et personne n'aurait vu dans son éloignement un avantage pour les affaires. Napoléon qui le pensait ainsi lui confia l'un des deux ministères de la guerre. Le général Clarke, duc de Feltre, avait l'administration du personnel, M. de Cessac celle du matériel. Ce dernier avait déjà rendu de longs services, et était capable d'en rendre encore; mais Napoléon, contraint de faire va-

Nov. 1813.

M. de Bassano reprend la secrétairerie d'État.

M. Daru est appelé à l'un des deux ministères de la guerre.

quer des places, lui accorda un repos anticipé, en y ajoutant du reste les marques de distinction les plus méritées. M. Daru succéda à M. de Cessac. Enfin le grand juge Reynier, duc de Massa, magistrat laborieux et intègre, mais âgé, ne pouvait plus supporter les fatigues d'une grande administration. Napoléon, quoique ayant pour lui beaucoup d'estime, l'avait déjà éloigné temporairement à la suite d'une longue maladie, et il choisit cette occasion de le remplacer définitivement par M. le comte Molé, dont il aimait l'esprit, le nom et la manière de penser. Napoléon ne voulant pas que ce remplacement devînt une disgrâce pour le duc de Massa, résolut de lui confier la présidence du Corps législatif. M. de Massa n'était pas membre du Corps législatif, et n'avait par conséquent aucune chance de se trouver sur la liste des candidats à la présidence que ce corps avait le droit de présenter. On ne se laissait pas arrêter alors par de telles difficultés. Il fut décidé qu'on apporterait un changement à la constitution au moyen d'un sénatus-consulte, et que le Corps législatif ne contribuerait plus à la nomination de son président par une présentation de candidats. Ce n'était pas le moment de donner des déplaisirs à un corps qui, suivant un exemple alors assez commun, semblait acquérir du courage à mesure que Napoléon perdait de la force; cependant on passa outre, et ce sénatus-consulte, moins indifférent qu'il ne paraissait l'être, fut préparé avec plusieurs autres plus utiles et plus urgents.

Il s'agissait, à la veille d'une lutte suprême contre l'Europe, de trouver des hommes et de l'argent, d'en trouver beaucoup, et rapidement. Or ces deux moyens essentiels de toute guerre étaient épuisés. Au mois d'octobre précédent, avant de quitter Dresde pour Leipzig, Napoléon avait chargé Marie-Louise de se rendre au Sénat afin d'obtenir la conscription de 1815, qui devait fournir 160 mille conscrits, et en outre une levée extraordinaire de 120 mille hommes sur les classes de 1812, 1813 et 1814, déjà libérées. Le Sénat n'avait pas mis plus de difficulté à accorder ces 280 mille hommes, qu'il n'en avait mis à livrer à Napoléon tant d'autres victimes de la guerre actuellement ensevelies dans les plaines de la Castille, de l'Allemagne, de la Pologne, de la Russie. Malheureusement ces immenses levées, dont le prompt succès était si désirable, étaient plus faciles à décréter qu'à exécuter.

Nov. 1813.

des hommes et de l'argent.

Parmi les 280 mille hommes dont l'appel avait été décidé en octobre, il fallait considérer comme ne pouvant rendre aucun service prochain la conscription de 1815 qui, grâce au système des anticipations, devait donner des soldats de 18 et de 19 ans, c'est-à-dire des enfants, braves mais faibles, et incapables de supporter les rudes travaux de la guerre. L'Europe avait vu périr des milliers de ces enfants, qui, pleins d'ardeur sur le champ de bataille, mouraient bientôt de fatigue sur les grandes routes ou dans les hôpitaux. Napoléon n'en voulait plus, et s'il avait demandé la conscription de 1815, c'était dans la pensée d'en former une réserve qui remplirait les dépôts et occuperait les places fortes. Il n'y avait donc à compter que sur les 120 mille hommes des classes antérieures. Mais cette

Appel de 600 mille hommes, au moyen de la conscription de 1815, et d'un recours à toutes les classes antérieures, jusqu'à celle de 1803.

levée, la seule utile, était d'une exécution difficile, parce qu'il fallait rechercher des hommes précédemment libérés, et qui, ayant déjà répondu à plusieurs appels par des remplaçants, se voyaient frappés jusqu'à trois et quatre fois. Aussi ces recours aux classes antérieures, tout en procurant la meilleure qualité de soldats, avaient-ils l'inconvénient d'exciter les mécontentements les plus violents, et d'exiger des ménagements qui rendaient les appels beaucoup moins productifs. Ainsi il fallait renoncer aux hommes mariés, aux individus jugés nécessaires à leurs familles, et tandis qu'on avait espéré cent mille hommes, on était heureux d'en obtenir soixante mille. Se fondant sur l'urgence des circonstances, Napoléon imagina de recourir à toutes les classes libérées antérieurement, et de prendre tous les célibataires qui n'étaient pas retenus chez eux par les raisons les plus légitimes. Évaluant à 300 mille les sujets qu'il pourrait trouver par ce moyen, il fit rédiger un sénatus-consulte qui l'autorisait à lever ce nombre d'hommes sur les classes antérieures, en remontant de 1813 à 1803. Ces 300 mille hommes joints aux 280 mille décrétés en octobre, portaient à environ 600 mille les levées qu'on allait exécuter durant cet hiver, et jamais, il faut le dire, on n'avait fait à une population des appels aussi exorbitants, aussi ruineux pour les générations futures. Ce n'était pas l'opposition du Sénat qu'on craignait, mais celle des familles, et il était fort douteux que, même la loi à la main, on les amenât à satisfaire à de pareilles exigences. Certainement si les

600 mille hommes dont il s'agissait avaient pu être réunis, instruits, incorporés à temps, on aurait eu plus de soldats qu'il n'en fallait pour refouler la coalition au delà des frontières. Mais avec le soulèvement des esprits contre la guerre, avec l'opinion régnante qu'on la faisait pour Napoléon seul, combien y en avait-il parmi ces 600 mille hommes qui répondraient à l'appel du gouvernement? Et combien de temps surtout aurait-on pour les convertir en armées régulières? Personne ne le pouvait dire. Napoléon néanmoins, habitué à la soumission des peuples, à l'incapacité et à la lenteur de ses adversaires, espérait obtenir une grande partie des hommes appelés, et avoir jusqu'au mois d'avril pour les préparer à la prochaine campagne. Ses plans furent fondés sur cette double supposition.

Nov. 1813.

Ces six cent mille hommes, qu'ils arrivassent un peu plus tôt ou un peu plus tard, il fallait les payer, et les finances de Napoléon, si bien administrées pendant quinze années, venaient, comme toutes les autres parties de sa puissance, de succomber par suite de l'abus qu'il en avait fait. On a vu comment ses budgets de 750 millions (sans compter 120 millions pour les frais de perception) étaient successivement montés à un milliard, après la réunion de Rome, de la Toscane, de l'Illyrie, de la Hollande, des villes anséatiques. La guerre ayant pris depuis 1812 des proportions gigantesques, le budget de 1813 avait été évalué à 1191 millions, sans les frais de perception. Les dépenses de la dernière campagne, celles du moins qui se soldaient par le budget, s'étant élevées de 600 à 700 millions, on

Moyens financiers employés pour solder les nouveaux armements.

4.

Nov. 1813.

État des finances.

Mauvais succès de l'aliénation des biens communaux.

estimait que ce budget atteindrait le chiffre, énorme alors, de 1300 millions (1420 avec les frais de perception). Ainsi en deux ans on était arrivé d'un milliard à 1400 millions de dépenses, et si on se reporte aux valeurs de cette époque, on verra quelle charge supposait un chiffre aussi considérable. Ce n'était rien toutefois si on parvenait à y faire face. Mais indépendamment des 100 millions d'excédant de dépenses, imputable à la guerre, les recettes étaient restées de 70 millions au-dessous des produits annoncés. C'étaient donc 170 millions qui par excédant de dépenses ou insuffisance de recettes, allaient manquer au service de l'année. Il y avait un autre déficit bien plus embarrassant encore. Ne pouvant recourir à l'emprunt, ne voulant pas recourir à l'impôt, Napoléon avait imaginé de vendre les biens communaux, et d'en réaliser la valeur par anticipation, au moyen des bons de la caisse d'amortissement. On avait appliqué 46 millions de ces bons au budget de 1811, 77 à celui de 1812, et 149 à celui de 1813. Or cette ressource avait complétement fait défaut. On n'avait pas pu vendre encore pour plus de 10 millions de biens communaux, par suite des formalités qui étaient longues, de la misère qui était extrême, et de la défiance qui était générale. Les bons émis ne trouvant pas d'emploi étaient exposés à une dépréciation croissante, et pourtant c'est tout au plus si on en avait offert au public pour 25 à 30 millions, et encore on avait eu soin de ne les distribuer qu'aux fournisseurs. Malgré cette précaution ils perdaient déjà de 15 à 20 pour 100. On aurait donc été privé tout à la fois des 272 millions à prendre sur ces bons, et des 170 millions manquant au budget de 1813, ce qui aurait constitué un déficit total de 442 millions, déficit écrasant à une époque où il n'y avait aucun moyen de crédit, si on ne s'était adressé à toutes les caisses de l'État et de la couronne, pour les obliger à recevoir des bons de la caisse d'amortissement. On en avait donné 10 millions à la Banque de France, 62 à la caisse de service, 52 au domaine extraordinaire, ce qui épuisait, ainsi que nous l'avons déjà montré, les dernières ressources disponibles de ce domaine.

Restait la caisse particulière de la couronne, renfermant les épargnes de Napoléon sur sa liste civile. Napoléon, comme nous l'avons dit ailleurs, grâce à un esprit d'ordre admirable, avait réussi à économiser sur sa liste civile 135 millions. Il en avait placé successivement 17 millions sur le Mont-Napoléon à Milan, 8 à la Banque de France, 4 dans les salines; il en avait prêté 13 à la caisse de service, et il en avait employé 26 en achats de bons de la caisse d'amortissement. Il restait, outre trois ou quatre millions pour les besoins courants de la couronne, 63 millions en or et en argent déposés dans un caveau des Tuileries, ressource extrême qu'il gardait précieusement, non pour se ménager en cas de malheur des moyens d'existence à l'étranger (basse prévoyance au-dessous de sa haute ambition), mais pour soutenir sa dernière lutte contre le soulèvement universel des peuples.

Sauf ces 63 millions, Napoléon avait donc vidé toutes les caisses pour les forcer à prendre les bons

Nov. 1813.

Recours
à l'impôt,
au moyen
de centimes
additionnels
sur
les diverses
contributions.

qui représentaient le prix des biens communaux. Ayant trouvé de la sorte l'emploi de 150 millions de ces bons, il restait sur le déficit total de 442 millions dont nous venons de parler, un déficit actuel de 300 millions environ, auquel on ne savait comment faire face, toutes les ressources se trouvant absolument épuisées.

Dans un tel état de choses il fallait de toute nécessité recourir à l'impôt. Au surplus, adressant à la population, à titre d'urgence, la demande énorme de 600 mille hommes, Napoléon pouvait bien au même titre lui demander quelques centaines de millions. D'ailleurs la ressource de l'impôt avait été jusqu'ici soigneusement ménagée, et c'était la seule qui demeurât intacte, bien que les contributions indirectes, impopulaires en tout temps, fussent alors fort décriées sous le titre de *droits réunis*. Mais les contributions directes pouvaient encore supporter une charge nouvelle, et même assez forte. En ajoutant 30 centimes seulement sur la contribution foncière de 1813, il était facile de se procurer 80 millions, presque immédiatement réalisables. Il était possible d'obtenir 30 autres millions par le doublement de la contribution mobilière. Il fut donc statué en conseil qu'on exigerait le versement de ces sommes dans les mois de novembre, décembre et janvier. On y ajouta une augmentation d'un cinquième sur l'impôt du sel, et d'un dixième sur les contributions indirectes. Ces surtaxes devaient produire tout de suite 120 millions sans de trop grandes souffrances, sauf à statuer plus tard sur les impositions qu'on exigerait pour l'année 1814. Avec ces 120 millions, avec les impôts ordinaires, avec le trésor des Tuileries, avec certains ajournements imposés aux créanciers de l'État, on avait le moyen de suffire aux besoins les plus pressants.

Nov. 1813.

Il s'agissait de convertir en lois ces demandes d'argent. Napoléon par un décret daté des bords du Rhin avait fixé au 2 décembre la réunion du Corps législatif, espérant pouvoir se servir de ce corps pour obtenir des ressources extraordinaires, et pour réveiller le patriotisme de la nation. Déjà un certain nombre des législateurs s'étaient rendus à Paris, et on ne les trouvait pas aussi bien disposés qu'on l'aurait désiré, car avec l'accroissement rapide du danger, et l'affaiblissement non moins rapide du prestige de Napoléon, l'indépendance renaissait dans tous les esprits. Il y avait donc à craindre des discussions fâcheuses, et d'ailleurs, si prompte que fût l'adoption des mesures proposées, elle ne pouvait pas s'effectuer avant le milieu de décembre, et la perception des centimes devait alors se trouver remise au mois de janvier, tandis qu'on en avait besoin sur-le-champ. On prit en conséquence le parti d'ordonner par simple décret la levée des centimes extraordinaires, ce qui faisait gagner un mois. Cette manière de procéder, absolument impossible sous un régime légal et régulier, était autorisée par plus d'un précédent. En effet, tantôt pour payer l'équipement des cavaliers votés par les départements, tantôt pour répartir plus également la charge des réquisitions en la convertissant en contributions publiques, les préfets n'avaient pas hésité à lever des centimes additionnels de leur

Par crainte de perdre du temps, et de provoquer des discussions inopportunes, on s'adresse au Sénat seul pour faire voter les levées d'hommes et d'argent.

seule autorité, et soit le sentiment du besoin, soit l'habitude de la soumission, personne n'avait réclamé. L'Empereur en présence du danger pouvait bien oser autant que les préfets, et un décret rendu le 11 novembre, le surlendemain même de son arrivée à Paris, ordonna les perceptions que nous venons d'énumérer. Le crime n'était pas grand, si on le compare à tout ce que le gouvernement impérial s'était permis en fait d'illégalités, et en tout cas il avait pour excuse la gravité et l'urgence du péril. Mais cet acte, comme bien d'autres, prouve quel cas on faisait alors des lois. Le concours du Corps législatif devenant moins nécessaire, puisqu'on avait prescrit par simple décret la levée des impositions extraordinaires, on ajourna sa réunion du 2 décembre au 19, afin de s'épargner des discussions inopportunes. La précaution, comme on le verra bientôt, n'était pas des mieux imaginées, car ces législateurs presque tous rendus à Paris, et y passant le temps à ne rien faire, ou à s'animer des sentiments de cette capitale, n'en devaient pas devenir plus indulgents pour un gouvernement bassement adulé quand il était tout-puissant, très-librement jugé depuis ses premiers revers, et menacé à la veille de sa chute d'un déchaînement universel. Un autre inconvénient de la convocation du Corps législatif qu'on avait voulu éviter, c'était l'obligation de faire élire la quatrième série (le Corps législatif était divisé en cinq), dont les pouvoirs expirant au commencement de 1813, avaient déjà été prorogés d'une année. Réunir des électeurs en ce moment pouvant être aussi dangereux que de réunir des députés, on décida de remettre à une autre année l'élection de la quatrième série. Cette mesure, celle qui abolissait les listes de candidats pour la présidence du Corps législatif, celle enfin d'un nouvel appel de 300 mille hommes, relevaient naturellement de l'autorité du Sénat, qui était censé toujours assemblé, et supposé toujours soumis, comme il le fut effectivement jusqu'à l'avant-dernière heure de l'Empire. On le convoqua donc pour le 15 novembre, et on lui présenta ces trois mesures.

Nov. 1813.

Nouvelle prorogation des pouvoirs de la quatrième série.

La réunion du Sénat fut entourée d'un appareil inaccoutumé. On voulait frapper l'esprit de la nation, parler à son cœur, exciter son dévouement patriotique. Malheureusement quand on parle rarement ou trop tard aux nations, on est exposé à être écouté avec défiance, ou mal compris. L'orateur du gouvernement raconta en vain les derniers revers de nos armées, il se déchaîna en vain contre la perfidie des alliés, contre la fatale imprudence commise au pont de Leipzig, il montra en vain ce que la France avait à craindre d'une coalition victorieuse, il toucha peu un sénat insensible et abaissé, et ne produisit qu'un genre de conviction, c'est qu'en effet le danger était immense, c'est qu'en effet il fallait demander de grands efforts à la nation, sans beaucoup d'espérance, hélas, de la voir répondre à un semblable appel après quinze ans de guerres folles et inutiles! Les 300 mille hommes à prendre sur les classes antérieures furent votés sans une seule objection. L'ajournement de l'élection de la quatrième série fut également accordé, par le motif qu'il était pressant de réunir le Corps législatif, motif singulier lorsqu'on ajournait du 2 décembre au 19 la réunion de ce corps, dont les membres étaient presque tous présents à Paris. Enfin, pour supprimer la liste des candidats à la présidence du Corps législatif, on fit valoir une raison non moins étrange, c'est qu'il serait possible que les candidats proposés ignorassent l'étiquette de la cour, ou bien fussent tout à fait inconnus à l'Empereur. Le Sénat ne contredit pas plus les motifs que le dispositif de ces décrets, et il les vota sans mot dire, comme il allait tout voter, jusqu'au jour où il voterait la déchéance de Napoléon lui-même sur une invitation de l'étranger!

Ces mesures politiques, militaires et financières n'avaient cessé d'occuper Napoléon depuis son retour à Paris. C'était un premier résultat qu'on aurait pu considérer comme heureux s'il n'avait pas été si tardif, que de transférer de M. de Bassano à M. de Caulaincourt la correspondance avec les cours étrangères. M. de Metternich, en recevant la réponse de M. de Bassano à la fois énigmatique et ironique, avait répliqué le 25 novembre, après en avoir conféré avec les cours alliées, et sa réplique contenait à peu près ce qui suit. On apprenait avec plaisir, disait-il, que l'Empereur eût enfin reconnu dans l'espèce de mission donnée à M. de Saint-Aignan un désir sincère de paix, qu'il eût désigné Manheim pour lieu de réunion d'un congrès, choix auquel on adhérait volontiers; mais, ajoutait-il, on ne voyait pas avec le même plaisir le soin que le gouvernement français mettait à éviter toute explication sur les bases sommaires proposées à Francfort, et on ne pouvait se dispenser de demander avant toute négociation l'adoption formelle ou le rejet de ces bases.

Déc. 1813.

Il fallait s'applaudir de voir les coalisés insister encore sur l'adoption des bases de Francfort, bien qu'il fût déjà douteux que dans ce moment ils le fissent de bonne foi, et on devait se hâter de les prendre au mot pour les empêcher de se dédire. La présence de M. de Caulaincourt au département des affaires étrangères ne laissait pas d'incertitude sur la réponse. Il insista auprès de Napoléon, et il obtint qu'on répondît comme on aurait dû le faire dès le 16 novembre. Sans perdre un instant il écrivit le 2 décembre qu'en accédant à l'idée d'un congrès et au principe de l'indépendance de toutes les nations établies dans leurs frontières naturelles, on avait bien entendu adopter les bases sommaires apportées par M. de Saint-Aignan, qu'en tout cas on les acceptait actuellement d'une manière expresse; qu'elles exigeraient de la part de la France de grands sacrifices, mais que la France ferait volontiers ces sacrifices à la paix, surtout si l'Angleterre, renonçant de son côté aux conquêtes maritimes qu'on avait droit de lui redemander, consentait à reconnaître sur mer les principes de négociation qu'elle prétendait faire prévaloir sur terre.

Acceptation par M. de Caulaincourt des propositions de Francfort.

Il est probable que donnée dix-huit jours plus tôt, cette réponse eût imprimé un tout autre cours aux événements. Maintenant elle laissait bien des prétextes à un changement de résolution de la part des puissances coalisées, si, mieux instruites de notre détresse, elles voulaient revenir sur ce qu'elles avaient offert à Francfort.

Déc. 1813.

Napoléon en se résignant aux limites naturelles, cherche à retenir encore des territoires au delà de ces limites.

En se résignant aux limites naturelles de la France, Napoléon se réservait néanmoins de retenir encore tout ce qu'il pourrait au delà de ces limites, et dans les instructions du plénipotentiaire que déjà il avait choisi (c'était M. de Caulaincourt), il établissait les conditions qui suivent. En concédant qu'il n'aurait rien au delà du Rhin, il entendait toutefois garder sur la rive droite Kehl vis-à-vis de Strasbourg, Cassel vis-à-vis de Mayence, et en outre la ville de Wesel, située tout entière sur la rive droite, mais devenue une sorte de ville française. Quant à la Hollande, il ne désespérait pas d'en garder une partie en abandonnant les colonies hollandaises à l'Angleterre. En tout cas il avait le projet de disputer sur les limites qui la sépareraient de la France, et de proposer d'abord l'Yssel, puis le Leck, puis le Wahal, frontière dont il était résolu à ne point se départir, et qui lui assurait ce qu'il avait enlevé de la Hollande au roi Louis. Il entendait de plus que la Hollande ne retournerait pas sous l'autorité de la maison d'Orange, et qu'elle redeviendrait république.

Conditions qu'il se propose de présenter au futur congrès de Manheim.

Quant à l'Allemagne, il consentait bien à renoncer à la Confédération du Rhin, mais à la condition qu'aucun lien fédéral ne réunirait les États allemands entre eux, et qu'en rendant à la Prusse Magdebourg, à l'Angleterre le Hanovre, on formerait de la Hesse et du Brunswick un royaume de Westphalie, indépendant de la France, mais destiné au prince Jérôme.

Napoléon voulait qu'Erfurt fût accordé à la Saxe en dédommagement du grand-duché de Varsovie, que la Bavière conservât la ligne de l'Inn, afin de n'être pas forcé de lui céder Wurzbourg, ce qui aurait obligé d'indemniser le duc de Wurzbourg en Italie.

<small>Déc. 1813.</small>

En Italie il admettait que l'Autriche eût, outre l'Illyrie, c'est-à-dire Laybach et Trieste, une portion de territoire au delà de l'Isonzo, mais à condition que la France s'avancerait dans le Piémont autant que l'Autriche dans le Frioul. Tout ce que la France avait possédé dans le Milanais, le Piémont, la Toscane, les États romains, constituerait un royaume d'Italie, également indépendant de l'Autriche et de la France, et réservé au prince Eugène.

Le Pape retournerait à Rome, mais sans souveraineté temporelle. Naples resterait à Murat, la Sicile aux Bourbons de Naples. L'ancien roi de Piémont obtiendrait la Sardaigne seulement.

Les îles Ioniennes feraient retour à l'un des États d'Italie, si Malte était cédée à la Sicile. Dans le cas contraire, les îles Ioniennes appartiendraient à la France avec l'île d'Elbe.

L'Espagne serait restituée à Ferdinand VII, le Portugal à la maison de Bragance. Mais l'Angleterre ne retiendrait aucune des colonies de l'Espagne et du Portugal.

Le Danemark conserverait la Norvége. Enfin on insérerait un article qui consacrerait d'une manière au moins générale les droits du pavillon neutre.

Telles étaient les conditions que Napoléon voulait présenter au futur congrès de Manheim. Malheureusement on était bien loin de compte, et malgré sa profonde sagacité, malgré la connaissance

<small>Les conditions exigées par Napoléon sont fondées sur l'espérance</small>

Déc. 1813.

d'un ajournement des hostilités jusqu'au mois d'avril.

qu'il avait de sa situation, au point de douter que la coalition pût lui offrir sérieusement les bases de Francfort, il avait encore assez de complaisance envers lui-même pour se flatter de faire écouter à Manheim de telles propositions. Il est vrai qu'en ce moment il nourrissait une espérance qui pouvait justifier ses derniers rêves si elle se réalisait, c'est que la guerre ne recommencerait qu'en avril. Si en effet les alliés, fatigués de cette terrible campagne, s'arrêtaient sur le Rhin jusqu'en avril, et lui donnaient quatre mois pour préparer ses ressources, il pouvait des débris de ses armées, et des 600 mille hommes votés par le Sénat, tirer au moins 300 mille combattants bien organisés, et avec cette force réunie dans sa puissante main, rejeter sur le Rhin l'ennemi qui aurait osé le franchir. Il est certain qu'avec 300 mille soldats se battant sur un terrain resserré et ami, avec son génie agrandi par le malheur, il avait de nombreuses chances de triompher. Mais lui laisserait-on ces quatre mois? Était-il raisonnablement fondé à l'espérer? Là était toute la question, et de cette question dépendaient à la fois son trône et notre grandeur, non pas notre grandeur morale qui était impérissable, mais notre grandeur matérielle qui ne l'était pas.

Activité déployée pour préparer les moyens d'une dernière campagne.

La première attention de Napoléon accordée

Du reste il se comporta non point comme s'il avait eu quatre mois, mais comme s'il en avait eu deux tout au plus, et il employa les ressources mises à sa disposition avec sa prodigieuse activité, naturellement plus excitée que jamais. Les places fortes étaient le premier objet auquel il fallait pourvoir. Elles étaient distribuées sur deux lignes : celles du

Rhin et de l'Escaut, couvrant notre frontière naturelle, Huningue, Béfort, Schelestadt, Strasbourg, Landau, Mayence, Cologne, Wesel, Gorcum, Anvers; celles de l'intérieur couvrant notre frontière de 1790 : Metz, Thionville, Luxembourg, Mézières, Mons, Valenciennes, Lille, etc. Nous ne citons que les principales. Tandis qu'on avait entouré d'ouvrages dispendieux Alexandrie, Mantoue, Venise, Palma-Nova, Osopo, Dantzig, Flessingue, le Texel, les places indispensables à notre propre défense, Huningue, Strasbourg, Landau, Mayence, Metz, Mézières, Valenciennes, Lille, se trouvaient dans un état de complet abandon. Les escarpes étaient debout mais dégradées, les talus déformés, les ponts-levis hors de service. L'artillerie insuffisante n'avait point d'affûts ; on manquait d'outils, d'artifices, de bois pour les blindages, de ponts de communication entre les divers ouvrages, de chevaux pour le transport des objets d'armement, d'ouvriers sachant travailler le bois et le fer. Les officiers d'artillerie et du génie restés dans l'intérieur du territoire étaient presque tous des vieillards incapables de soutenir les fatigues d'un siége. Les approvisionnements n'étaient pas commencés, et l'argent qui, moyennant beaucoup d'activité, permet de suppléer non pas à toutes choses, mais à quelques-unes, l'argent n'existait point, et il était douteux que le Trésor pût le faire arriver à temps et en quantité suffisante. Enfin il fallait des garnisons, et on avait à craindre en les formant d'appauvrir l'armée active déjà si affaiblie.

On s'attacha d'abord à pourvoir aux besoins les

Déc. 1843.

aux places fortes.

Leur état déplorable.

Translation

plus pressants. Il était urgent de faire passer des places de première ligne dans les places de seconde les dépôts des régiments, afin de débarrasser celles qui pouvaient être investies les premières, et de soustraire à l'ennemi ces dépôts qui étaient la source à laquelle les régiments puisaient leur force. Cette mesure, déjà tardive, était difficile, car il fallait déplacer non-seulement les hommes valides et non valides, mais les administrations et les magasins. Les dépôts qui étaient à Strasbourg, Landau, Mayence, Cologne, Wesel, furent transférés à Nancy, Metz, Thionville, Mézières, Lille, etc. Le maréchal Kellermann, duc de Valmy, qui avait rendu tant de services dans l'organisation des troupes, et qui avait commandé en chef à Strasbourg, Mayence et Wesel, se transporta à Nancy, Metz, Mézières. Ce déplacement fut aussitôt commencé, malgré la rigueur de la saison.

Napoléon ordonna aux préfets de pourvoir d'urgence à l'approvisionnement des places fortes, au moyen de réquisitions locales, en payant ou promettant de payer dans un bref délai les denrées et le bétail enlevés d'autorité. On devait procéder de même pour les bois et pour toutes les matières dont on aurait besoin. Les maréchaux commandant les troupes actives, le maréchal Victor à Strasbourg, le maréchal Marmont à Mayence, le maréchal Macdonald à Cologne et Wesel, eurent pour instruction de s'occuper tant de la réorganisation de leurs corps que de la composition des garnisons. Tous les détachements revenant de la 32° division militaire, c'est-à-dire des pays compris entre Hambourg et Wesel, formèrent le fond de la garnison de Wesel. Le 4ᵉ corps, infortuné débris de tant de corps confondus en un seul, fut chargé de la défense de Mayence sous le général Morand, son ancien chef. Le général Bertrand, qui avait commandé ce corps en dernier lieu, avait été nommé grand maréchal du palais en récompense de son dévouement. Strasbourg reçut quelques cadres ruinés, qu'on devait remplir avec des conscrits, et des gardes nationaux. La fidélité de l'Alsace permettait de recourir à la milice nationale, dont Napoléon n'aimait pas à se servir, excepté pour la défense des places. Des cadres d'artillerie, recrutés à la hâte avec des conscrits, fournirent le personnel de cette arme. On lui donna autant que possible de bons commandants, auxquels on adjoignit quelques officiers du génie, choisis parmi les moins âgés de ceux qui restaient en France, et on prescrivit à tous d'employer l'hiver à s'organiser de leur mieux. Il faut reconnaître que de leur part le zèle n'y faillit point.

Les mesures adoptées pour les trois plus importantes places de la première ligne, Strasbourg, Mayence, Wesel, furent, sauf quelques différences locales, exécutées dans toutes les autres. En se rapprochant de la vieille France les gardes nationales furent appelées avec plus de confiance à la défense du pays. Nous venons de dire que Napoléon n'était pas très-porté à les employer. Sans doute il s'en défiait parce qu'elles pouvaient réfléchir d'une manière fâcheuse la disposition actuelle des esprits, pourtant ses motifs n'étaient pas exclusivement égoïstes. Dans un moment où il demandait à la population près de

Déc. 1813.

Emploi des gardes nationales dans les places.

600 mille hommes, il craignait de pousser l'exaspération au comble en s'adressant à toutes les classes de citoyens à la fois, et surtout à celle des pères de famille, qui compose particulièrement la garde nationale. D'ailleurs, manquant des matières nécessaires pour armer et habiller ses soldats, il aimait mieux donner les draps et les fusils à l'armée qu'aux gardes nationales. Seulement dans les places frontières où l'on n'avait pas le temps de jeter des corps organisés, les gardes nationales se trouvant toutes formées, et ayant de plus l'esprit militaire, il les admit à compléter les garnisons. Il consentit aussi à s'en servir dans quelques grandes villes de l'intérieur où l'ordre pouvait être accidentellement troublé par l'extrême agitation des esprits, et il décida que dans ces villes les principaux habitants formés en bataillons de grenadiers et de chasseurs, armés et habillés à leurs frais, commandés par des officiers sûrs, seraient chargés de maintenir la tranquillité publique.

Soins donnés à la réorganisation de l'armée active.

Napoléon s'occupa ensuite de l'armée active. Aux divers maux qui avaient assailli nos troupes depuis leur retour d'Allemagne, venait de s'en ajouter un plus affreux que tous les autres, c'était le typhus. Né dans les hôpitaux encombrés de l'Elbe, apporté sur le Rhin par les blessés, les malades, les traînards, il avait exercé des ravages épouvantables, particulièrement à Mayence. Le 4e corps, porté à 15 mille hommes par la réunion des 4e, 12e, 7e et 16e corps, et bientôt à 30 mille par l'adjonction successive des soldats isolés, avait perdu en un mois la moitié de son effectif, et était retombé à moins de 15 mille hommes. Des militaires le typhus s'était communiqué aux habitants, et il mourait presque autant des uns que des autres. Cet horrible fléau avait pris, sous l'influence de la misère, des formes hideuses et qui navraient le cœur. On voyait chez nos jeunes soldats, dont la constitution était appauvrie par les privations et la fatigue, les doigts des pieds et des mains atteints par la gangrène se détacher pièce à pièce. A Mayence l'épouvante était devenue générale, et sur les vives instances des habitants, les administrateurs, dans l'espoir de diminuer l'infection, avaient ordonné des évacuations précipitées vers l'intérieur. Cette mesure avait entraîné de nouvelles calamités, et on rencontrait sur les routes des charrettes chargées d'une trentaine de malheureux, les uns morts, les autres expirant à côté des cadavres auxquels ils étaient attachés. De plus la contagion commençait à s'étendre de la première à la seconde ligne de nos places, et la ville de Metz avait frémi en apprenant la mort de quelques soldats atteints du typhus dans ses hôpitaux.

Déc. 1813.

Affreux ravages du typhus.

Le maréchal Marmont, vivement ému de cet affreux spectacle, s'était donné beaucoup de peine pour diminuer le mal, et avait d'abord empêché les évacuations qui exposaient tant d'infortunés à périr sur les routes, et menaçaient de la contagion nos villes de l'intérieur. Il avait occupé d'autorité tous les bâtiments qui pouvaient être convertis en hôpitaux, et avait évacué les malades d'un hôpital sur l'autre, sans les faire transporter de ville en ville. Les réquisitions dans les pays environnants avaient pourvu aux besoins des malades, et le fléau, grâce à ces mesures bien entendues, avait paru sinon

Efforts du maréchal Marmont pour arrêter la contagion.

diminuer beaucoup, du moins s'arrêter dans sa marche menaçante. Toutefois l'un des régiments du maréchal Marmont, le 2ᵉ de marine, avait été réduit en un mois de 2,162 hommes à 1,054.

Autorisé par l'Empereur, le maréchal Marmont avait fait sortir de Mayence les corps qui n'étaient pas indispensables à la défense de la place. Le 2ᵉ, commandé par le maréchal Victor, avait été déjà acheminé sur Strasbourg; les 5ᵉ et 11ᵉ, réunis sous le maréchal Macdonald, furent dirigés sur Cologne et Wesel. Il envoya vers Worms les 3ᵉ et 6ᵉ qui étaient destinés à servir sous ses ordres, et ne laissa dans Mayence que le 4ᵉ, qui devait y tenir garnison. Enfin par ordre de Napoléon il tira de Mayence la garde, jeune et vieille, cavalerie et infanterie, et la répartit entre Kaisers-Lautern, Deux-Ponts, Sarreguemines, Sarre-Louis, Thionville, Luxembourg, Trèves, etc.

Napoléon donna ensuite ses ordres pour la réorganisation des corps. La plupart devinrent de simples divisions, et contribuèrent ainsi à former des corps nouveaux. Il n'y eut d'exception que pour le 2ᵉ, cantonné à Strasbourg, et placé près de ses dépôts, où il devait trouver le moyen de se reconstituer avec plus de facilité et d'une manière plus complète. On commença par prendre dans les dépôts d'infanterie tout ce qu'ils contenaient en sujets passablement instruits. Napoléon espérait en tirer 500 soldats par régiment, et porter tout de suite à 80 mille hommes l'infanterie des divers corps cantonnés sur le Rhin. Les conscrits demandés aux classes antérieures par les derniers décrets, devaient être expédiés sur les dépôts les plus voisins, y être instruits et équipés le plus tôt possible, et selon qu'on aurait deux, trois ou quatre mois, pourraient porter jusqu'à 100, 120, ou 140 mille hommes l'infanterie de l'armée du Rhin. Les conscrits de ces mêmes classes appartenant aux départements frontières devaient être jetés dans les places fortes, enfermés dans quelques cadres qu'on y laisserait, et s'y former en tenant garnison. Ceux-là auraient certainement le loisir de s'instruire et de s'équiper, pourvu toutefois qu'ils eussent le temps d'arriver avant que nos places fussent investies.

Déc. 1813.

Après ces soins donnés à la frontière du Rhin, Napoléon s'occupa spécialement de la frontière de Belgique, qui devait être la plus menacée si on voulait nous contester nos limites naturelles. Il s'occupa aussi de la Hollande, qui couvrait la Belgique. Ces deux contrées, mal gardées, étaient extraordinairement agitées, et il était urgent d'y envoyer des forces respectables. Le général Molitor, chargé de défendre la Hollande, avait pour toute ressource quelques régiments étrangers peu sûrs, et quelques bataillons français faiblement composés. C'étaient de bien pauvres moyens à opposer à Bernadotte, qui en ce moment se dirigeait vers la Hollande avec la majeure partie de son armée, et ce n'était pas le maréchal Macdonald, placé à trente lieues avec les débris des 5e et 11e corps, qui pouvait être d'un grand secours pour le général Molitor. Napoléon s'efforça de lui expédier en toute hâte quelques renforts. Il s'était flatté dans le principe de sauver les puissantes garnisons de Dresde et de Hambourg,

Forces consacrées à la Hollande et à la Belgique.

qui auraient suffi sans aucun doute pour nous maintenir en possession de la Hollande et de la Belgique. Mais on a vu le sort de la garnison de Dresde devenue prisonnière de guerre en violation de tous les principes; et, quant à celle de Hambourg, tandis que le maréchal Davout songeait à se mettre à sa tête, et à marcher avec elle vers le Rhin, les troupes de Bernadotte inondant la Westphalie, l'avaient obligée de se renfermer dans ses retranchements. Il n'y avait donc plus rien à attendre de ce côté, et c'étaient 70 mille soldats excellents enlevés à la défense de l'Empire. Les régiments du maréchal Davout, qui avaient fourni des bataillons au 1er corps fait prisonnier à Dresde, et au 13e enfermé dans Hambourg, avaient tous leurs dépôts en Belgique. Napoléon versa des conscrits dans ces dépôts, espérant ainsi composer une armée de 40 mille hommes d'infanterie, qu'il voulait confier au brave général Decaen. Jetant aussi des conscrits et des gardes nationales dans les places, surtout dans Anvers, il comptait que cette armée dite du Nord, portée à cinquante mille hommes de toutes armes, manœuvrant entre Utrecht, Gorcum, Breda, Berg-op-Zoom, Anvers, et protégée par les inondations, suffirait à couvrir la Hollande et la Belgique.

L'armée active du Rhin pourrait alors se consacrer exclusivement à sa tâche, sans inquiétude pour la conservation des Pays-Bas, et tenir tête aux troupes de la coalition qui prendraient l'offensive, soit qu'elles vinssent en colonnes séparées par Cologne, Mayence, Strasbourg, soit qu'elles se présentassent en une seule masse par l'une de ces trois routes. On vient de voir que Napoléon, en prenant dans les dépôts les hommes actuellement formés, et en y ajoutant ensuite les conscrits des anciennes classes qu'on se dispenserait en cas d'urgence de faire passer par les dépôts et qu'on enverrait directement aux régiments, espérait porter d'abord à 80, puis à 140 mille hommes l'infanterie des corps établis sur le Rhin. Il se flattait, en réorganisant sa cavalerie et son artillerie, de les porter à 200 mille hommes au printemps, et enfin à 300 mille en y joignant la garde impériale. Il projetait en effet de donner à celle-ci une extension qu'elle n'avait jamais eue. Voici quelles furent à cet égard ses combinaisons.

Bien qu'elle eût de graves inconvénients, la garde, par son excellent esprit, par sa forte discipline, avait rendu les plus grands services dans la dernière campagne, soit en frappant des coups décisifs les jours de bataille, soit en conservant dans les revers une tenue que ne présentait pas le reste de l'armée. Elle était réduite en ce moment à environ 12 mille hommes d'infanterie, et à 3 ou 4 mille de cavalerie. Elle consistait en deux divisions de vieille garde, grenadiers et chasseurs, deux de moyenne garde, fusiliers et flanqueurs, et quatre de jeune garde, tirailleurs et voltigeurs. Comme elle abondait en sujets capables de devenir de très-bons sous-officiers, il était facile de l'étendre sans en altérer l'esprit, sans en diminuer la consistance. C'était de tous les corps de l'armée celui où il était le plus aisé de jeter des milliers de jeunes gens, qui se transformaient tout de suite en soldats. Napoléon avait pour y réussir une facilité de plus, due tout entière à un seul

Déc. 1813.

Napoléon se flatte de pouvoir porter les armées du Rhin à 200 mille hommes, et la garde impériale à 100 mille.

Le général Drouot, son caractère,

Déc. 1813.

son rôle dans le commandement et l'organisation de la garde impériale.

homme, et cet homme était l'illustre Drouot, officier supérieur d'artillerie dans la garde, et modèle accompli de toutes les vertus guerrières. Drouot, simple et même un peu gauche dans ses allures, n'avait pas été d'abord apprécié par Napoléon. Mais tandis que dans ces guerres incessantes, l'ambition faisant des progrès et la fatigue aussi, on était obligé de récompenser plus chèrement des services moindres, Napoléon avait été frappé de l'attitude de cet officier, connaissant à fond toutes les parties de son métier, s'y appliquant avec une ardeur infatigable, sans se relâcher jamais, sans chercher comme beaucoup d'autres à se faire valoir à mesure que les difficultés augmentaient, proportionnant ainsi en silence son intrépidité aux périls, son zèle aux embarras, n'ayant pas flatté son maître jadis, ne cherchant pas à l'affliger par ses critiques aujourd'hui, se bornant à servir de toutes ses facultés le prince et la patrie qu'il confondait dans la même affection et le même dévouement. Napoléon comme les despotes de génie, jouissant des adulateurs sans les croire, ne pouvait s'empêcher d'estimer et de rechercher les honnêtes gens quand il les rencontrait, et il avait peu à peu ressenti pour Drouot un penchant qui s'était accru avec ses malheurs, et, au moment où nous sommes arrivés, il avait résolu de lui confier sa garde tout entière. Il s'était aperçu que le ministre Clarke succombait sous la besogne, et même que sa fidélité s'ébranlait. Aussi avait-il commencé à s'en défier profondément. Il fit donc de Drouot, sans lui conférer d'autre titre que celui de son aide de camp, un véritable ministre de la garde impériale. Il lui attribua le soin de toutes les promotions, qui allaient devenir nombreuses dans un corps destiné à s'accroître considérablement, et lui confia en outre sa dernière ressource, *sa poire pour la soif,* comme il l'appelait, les 63 millions restant de ses économies personnelles, certain que Drouot équiperait les divers corps de la garde avec autant d'économie qu'on pouvait l'espérer de la probité la plus pure, de la vigilance la plus soutenue.

Déc. 1813.

En conséquence, d'après les instructions de Napoléon, les compagnies furent portées de quatre à six dans les bataillons de la garde. Les bataillons durent être portés à dix-huit dans la vieille garde, à huit dans la moyenne, à cinquante-deux dans la jeune. La vieille garde devait se recruter avec des sujets d'élite prélevés sur toute l'armée, la moyenne et la jeune avec des conscrits, en ayant soin de choisir les meilleurs. Ces diverses combinaisons, si elles s'exécutaient, ne pouvaient pas donner moins de 80 mille hommes d'infanterie. Avec la cavalerie, l'artillerie, le génie, les parcs, Napoléon ne croyait pas rester au-dessous de 100 mille hommes. Il autorisa Drouot à acheter des chevaux, à faire confectionner des affûts pour l'artillerie, à créer à Paris et à Metz des ateliers d'habillement, en lui recommandant de tout faire, de tout payer lui-même, et sans employer l'intermédiaire du ministre de la guerre. Drouot devait recevoir du trésorier particulier de Napoléon les fonds dont il aurait besoin.

Avec 200 mille hommes de l'armée de ligne, avec 100 mille hommes de la garde impériale, Napoléon ne désespérait pas de rejeter hors de notre territoire les armées de la coalition qui oseraient l'envahir. On verra bientôt, par ce qu'il fit avec 80 mille, si cette espérance était présomptueuse !

Déc. 1813.

Soins donnés au recrutement des armées d'Espagne et d'Italie.

Napoléon s'occupa ensuite de l'Italie et de l'Espagne. Le prince Eugène était sur l'Adige avec environ 40 mille hommes, s'y faisant respecter de l'ennemi, et ayant chance de s'y maintenir malgré les tentatives de débarquement des Anglais, si Murat bornait son infidélité à l'inaction. Napoléon ne voulant ni augmenter le nombre des Italiens dans l'armée du prince Eugène, ni donner à l'Italie de nouveaux motifs de mécontentement, s'abstint d'y lever la conscription, et prit le parti d'y envoyer de France une masse suffisante de conscrits. Il avait déjà porté à 28 mille recrues la part du prince Eugène dans les levées votées en octobre, et il lui en destina 30 mille dans les 300 mille hommes à prendre sur les anciennes classes. Il ordonna de les choisir en Franche-Comté, en Dauphiné, en Provence, afin qu'ils eussent de moindres distances à parcourir. Le prince Eugène devait les vêtir avec les ressources abondantes de l'Italie, puis les introduire dans les cadres de son armée, ce qui pourrait lui procurer près de 100 mille combattants au mois d'avril. Là comme ailleurs la question était tout entière dans le temps qui s'écoulerait avant la reprise des opérations.

Enfin, quoique ayant renoncé à l'Espagne, Napoléon devait toutefois s'occuper des Pyrénées, menacées par les Espagnols, les Portugais et les Anglais, les uns et les autres affichant l'espérance de venger l'invasion de l'Espagne par celle de la France. L'armée d'Aragon confiée au maréchal Suchet, l'armée dite d'Espagne confiée au maréchal Soult, comptaient vingt régiments chacune, et avaient leurs dépôts entre Nîmes, Montpellier, Perpignan, Carcassonne, Toulouse, Bayonne, Bordeaux. Napoléon ordonna à ces deux armées de détacher un cadre de bataillon par régiment, ce qui était facile avec la diminution d'effectif qu'elles avaient éprouvée, et d'envoyer ces cadres à Montpellier, Nîmes, Toulouse et Bordeaux, où seraient réunis 60 mille conscrits des anciennes classes. Chacun de ces quarante bataillons recevant 1500 recrues, devait en envoyer 500 aux armées d'Espagne et d'Aragon, ce qui recruterait ces armées de 20 mille hommes, et permettrait de conserver le long des Pyrénées une réserve de 40 mille pour parer à tous les événements.

Déc. 1813.

Avec les diverses ressources réunies sur les frontières de la Belgique, du Rhin, de l'Italie, des Pyrénées, Napoléon persistant à compter sur un répit de quatre mois, ne désespérait pas de triompher des immenses périls de sa situation. Seulement la disposition à obéir à ses lois sur le recrutement diminuait de jour en jour, et ce n'était pas le langage bruyant des journaux asservis, ce n'était pas le silence du Sénat, qui pouvaient changer cette disposition en un patriotisme ardent. S'appliquant à rendre moins sensibles les sacrifices exigés de la population, il recommanda d'achever d'abord la levée sur les trois dernières classes de 1813, 1812, 1811, et de ne pas remonter plus haut pour le moment. Cette première levée devait procurer de 140

Ménagements employés pour rendre moins sensibles les levées d'hommes ordonnées coup sur coup.

à 150 mille hommes. C'était seulement après l'avoir terminée qu'on aurait recours aux classes plus anciennes, en négligeant toujours les hommes mariés, ou peu aptes au service, ou indispensables à leurs familles. Par le même motif il voulut qu'on s'adressât en premier lieu aux provinces menacées d'invasion, comme les Landes, le Languedoc, la Franche-Comté, l'Alsace, la Lorraine, la Champagne, provinces où l'esprit était meilleur et le péril plus frappant. Toujours par esprit de ménagement, Napoléon fit retarder la levée de 1815, qui ne pouvait fournir que des soldats beaucoup trop jeunes, et qui n'eût fait qu'ajouter une nouvelle souffrance à des souffrances déjà trop vives et trop multipliées. Si la paix ne mettait pas un terme prochain à cette guerre, il réservait la conscription de 1815 pour la fin de l'année.

Ce n'était pas tout que de lever des hommes, il fallait les équiper, les armer, les pourvoir de chevaux de selle et de trait. Napoléon créa des ateliers extraordinaires à Paris, à Bordeaux, à Toulouse, à Montpellier, à Lyon, à Metz, etc., afin d'y façonner des habits et du linge, avec des draps et des toiles, qu'on achetait ou requérait en payant comptant. L'équipement quoique difficile rencontrait encore moins d'obstacles que les remontes. La France cependant avait été moins épuisée que l'Allemagne en chevaux de selle, et elle en possédait un assez grand nombre d'excellents. Les chevaux de trait pour l'artillerie et les équipages ne laissaient rien à désirer. On venait d'en acheter cinq mille. Napoléon en fit acheter encore autant, et ordonna d'en requérir dix mille autres en les payant, et ces vingt mille chevaux suffisaient avec ceux qui restaient pour une guerre à l'intérieur. Les chevaux de selle étaient plus rares. Drouot dut en chercher pour la garde. Des fonds furent envoyés à tous les régiments pour acheter autour d'eux ceux qu'ils pourraient se procurer.

On avait de la poudre, du plomb, des fers de toute sorte, des armes blanches, des canons, mais on manquait de fusils, et ce fut l'une des principales causes de notre ruine. Pendant sa prospérité Napoléon en avait poussé la fabrication jusqu'à un million. Mais la campagne de Russie où plus de 500 mille avaient été enfouis sous les neiges, celle d'Allemagne où nous en avions perdu deux cent mille, les places étrangères enfin dans lesquelles il était resté une assez grande quantité d'armes françaises, avaient épuisé nos arsenaux. Les ateliers pour la fabrication des fusils étaient plus difficiles à créer que les ateliers pour l'habillement et le harnachement, et pourtant c'était n'avoir rien fait que de se procurer des hommes si on ne parvenait à les armer. Chose étrange qui caractérisait bien cette politique, si occupée de la conquête, et si oublieuse de la défense, la France menacée avait plus de peine à trouver trois cent mille fusils que trois cent mille hommes pour les porter.

On tira des ouvriers des provinces où les diverses industries du fer sont pratiquées, et on les réunit soit à Paris, soit à Versailles, afin d'y établir des ateliers pour la réparation et la fabrication des armes à feu. On en fit autant dans les grandes places de seconde ligne. On eut recours à un autre moyen

Déc. 1813.

Manière de suppléer au manque de fusils.

pour se procurer des fusils, ce fut de désarmer les régiments étrangers, tous devenus suspects à l'exception des Suisses et des Polonais. Le même jour et sur divers points on désarma les Hollandais, les Anséates, les Croates, les Allemands, et on mit à pied ceux d'entre eux qui appartenaient à la cavalerie. Cette mesure procura quelques mille fusils et quelques centaines de chevaux. On vida ensuite les arsenaux de la marine, et néanmoins l'entêtement de l'esprit de conquête était tel chez Napoléon, qu'il ne craignit pas de faire embarquer à Toulon pour Gênes 50 mille fusils destinés à l'Italie, dans un moment où il n'était pas sûr d'en avoir assez pour la défense de Paris!

Pendant qu'il s'efforçait ainsi de rétablir ses ressources par des prodiges d'activité administrative, il songea à s'en ménager quelques-unes aussi par une politique sage, mais trop tardive! Il envoya le général Delort à Francfort pour traiter avec les généraux ennemis de la reddition des forteresses de la Vistule et de l'Oder, à la condition de la rentrée immédiate des garnisons en France avec armes et bagages. Si cette condition était agréée, le général Delort devait faire ensuite des ouvertures pour les garnisons bien plus importantes de Hambourg, de Magdebourg, de Wittenberg, d'Erfurt, etc. Une pareille convention eût fait rentrer cent mille soldats de première qualité, et en eût procuré, il est vrai, un nombre égal aux coalisés, en mettant fin au blocus des places. Mais tandis qu'elle nous eût restitué de bons soldats, elle n'eût rendu disponibles chez nos ennemis que les soldats les plus médiocres, et d'ailleurs dans l'état de dénûment où nous étions, cent mille hommes nous importaient plus que deux cent mille à la coalition. Malheureusement cette raison, qui avait provoqué la violation de la capitulation de Dresde, nous laissait peu d'espérance de réussir dans une négociation de ce genre.

Il y avait une ressource bien supérieure encore à celle-là, c'était celle qu'on aurait trouvée dans les armées d'Espagne, si on avait pu les reporter des Pyrénées vers le Rhin. Là, indépendamment du nombre, tout était excellent, incomparable : aucune troupe en Europe ne valait les régiments du maréchal Suchet, ni ceux du maréchal Soult. Ces derniers, restes de plusieurs armées toujours malheureuses, étaient, il est vrai, dégoûtés de servir; mais le Rhin à défendre, et le commandement direct de Napoléon, eussent certainement converti leur dégoût en zèle ardent. Il y a peu de témérité à dire que si les quatre-vingt mille hommes placés actuellement dans les mains du maréchal Suchet et du maréchal Soult s'étaient trouvés entre le Rhin et Paris, jamais la coalition n'aurait approché des murs de notre capitale. Pour les y amener il aurait fallu conclure la paix avec les Espagnols, mais cette paix qui semblait devoir être si facile en rendant aux Espagnols leur roi et leur territoire, était plus difficile peut-être que celle qu'on espérait négocier à Manheim. Il ne suffisait pas en effet que Napoléon renonçât à l'Espagne pour que l'Espagne renonçât à lui, qu'il repassât les Pyrénées pour qu'elle consentît à ne pas les passer elle-même en compagnie des Portugais et des Anglais. Le châtiment des fautes

Déc. 1813.

Importance et difficulté de rendre disponibles les armées d'Espagne.

serait en vérité trop léger s'il suffisait de n'y pas persister pour en abolir les conséquences!

Napoléon, ainsi que nous l'avons dit, avait depuis environ deux années résolu d'abandonner l'Espagne, sans dire toutefois son secret, qui a laissé assez de traces dans nos archives pour que l'histoire n'en puisse douter. Cependant avec un caractère tel que le sien, il n'était pas possible qu'il fît franchement le sacrifice d'une conquête, et il s'était encore flatté l'année précédente de conserver les provinces de l'Èbre. Ce dernier rêve s'était enfin évanoui, et il était décidé à rendre purement et simplement l'Espagne à Ferdinand VII, moyennant que ce prince signât la paix, et la fît accepter à son peuple. Les conditions du traité étaient faciles à imaginer. On délivrerait d'abord Ferdinand VII et les princes détenus avec lui à Valençay; on rendrait de plus les prisonniers de guerre et les places fortes. En retour, les armées espagnoles rentreraient chez elles, exigeant que les troupes anglaises rentrassent à leur suite. Il semblait qu'après ces satisfactions réciproques, la France et l'Espagne n'eussent plus rien à se demander l'une à l'autre. Mais de fâcheuses circonstances compliquaient cette situation en apparence si simple. Les Espagnols aspiraient à se venger, et à ravager la France à leur tour. Les Anglais, après avoir contribué puissamment à leur délivrance, n'étaient pas gens à prendre le congé qu'on leur signifierait, et à repasser les Pyrénées sur une sommation partie de Cadix ou de Madrid. D'ailleurs un engagement contenant la condition de ne pas traiter l'une sans l'autre liait l'Angleterre et l'Espagne. Enfin les Cortès, exerçant en ce moment la royauté, n'étaient pas pressées de résigner leur toute-puissance aux pieds de Ferdinand VII, et n'avaient pas autant que l'Espagne et que lui-même le désir de son retour. En tout cas elles ne voulaient lui rendre son sceptre qu'à condition qu'il prêterait serment à la constitution de Cadix. Par ces divers motifs il se pouvait que ni les Anglais ni les représentants de l'Espagne ne consentissent à la ratification d'un traité signé à Valençay, pour recouvrer Ferdinand VII auquel ils ne tenaient guère. Ferdinand lui-même, une fois délivré, pouvait bien ne pas se soucier du traité qui lui aurait rendu sa liberté, dire qu'on ne devait rien à qui vous avait trompé, et s'armer ainsi d'une raison alléguée jadis par François Ier, et nullement condamnée par les docteurs en droit public, c'est qu'un engagement pris en captivité ne lie pas. La conduite suivie en 1808 envers la famille royale d'Espagne avait été telle, que personne en Europe, même en France, n'eût osé blâmer le prisonnier de Valençay. Napoléon, ce lion si fier, n'eût paru en cette occasion qu'un renard pris au piége.

Si au contraire, par une défiance toute naturelle, Napoléon détenait Ferdinand VII jusqu'à ce que le traité conclu avec lui eût été porté à Cadix et accepté par la régence, il était possible, les Anglais aidant, et aussi les Cortès, qu'on repoussât le traité, qu'on le déclarât nul comme ayant été conclu en captivité, et qu'on en remît l'acceptation jusqu'à la rentrée de ce prince en Espagne. Ferdinand VII en serait plus longtemps prisonnier, mais les Anglais n'auraient

Déc. 1813.

les conditions après l'avoir conclue.

Déc. 1813.

Le parti le plus sûr était de faire partir Ferdinand VII pour l'Espagne, en se fiant à sa bonne foi pour l'exécution du traité conclu avec lui.

pas plus de chagrin que les libéraux espagnols de sa captivité prolongée.

Dans cette alternative de voir le traité méconnu par Ferdinand VII ou par ceux qui exerçaient son autorité en son absence, le plus sûr eût été encore de renvoyer tout simplement le monarque espagnol dans ses États. En le renvoyant on avait au moins la chance de sa fidélité à sa parole, dont son extrême dévotion offrait quelque garantie, tandis qu'en expédiant le traité sans lui, on avait la presque certitude que ce traité serait repoussé par les Anglais et par les Espagnols, fort impatients les uns et les autres d'envahir le midi de la France. M. de Caulaincourt était d'avis de courir le risque de la confiance. Napoléon, qui ne se fiait pas du tout à Ferdinand VII, et qui avait ses raisons pour cela, voulut user d'un moyen terme consistant, après avoir conclu un traité avec Ferdinand VII, à faire porter secrètement ce traité en Espagne par un homme sûr qui tâcherait d'éveiller chez les vieux serviteurs de la dynastie le désir de la revoir, et qui aurait d'ailleurs pour les persuader un autre argument, celui de la restitution immédiate des places fortes espagnoles. De plus, comme il arrive souvent entre alliés faisant la guerre en commun, les Anglais et les Espagnols étaient assez mécontents les uns des autres, et il était probable que les Espagnols ne seraient pas fâchés de pouvoir dire aux Anglais qu'ils n'avaient plus besoin d'eux, auquel cas ces derniers, privés du concours des armées espagnoles, et n'ayant plus de ligne de retraite assurée à travers les Pyrénées, n'oseraient pas rester sur la frontière française.

Ce fut d'après ces vues que Napoléon arrêta sa conduite à l'égard de Ferdinand VII. Il donna l'ordre à M. de Laforest, longtemps ambassadeur à Madrid, de se rendre sous un nom supposé à Valençay, de s'aboucher en grand secret avec les princes espagnols, et de leur proposer les conditions de paix suivantes : évacuation réciproque des territoires, retour de Ferdinand VII à Madrid, restitution des prisonniers, retraite des Anglais. — Napoléon y ajoutait diverses conditions particulières qui lui faisaient honneur, et qui importaient autant à l'Espagne qu'à nous. La première consistait à stipuler que Ferdinand VII servirait à Charles IV la pension à laquelle Joseph s'était obligé, et qui avait été très-inexactement payée; la seconde, qu'il accorderait amnistie entière aux Espagnols qui s'étaient attachés à la France; la troisième, que l'Espagne conserverait non-seulement son territoire continental actuellement restitué, mais son territoire colonial, et qu'aucune de ses colonies ne serait cédée à la Grande-Bretagne. Il n'y avait rien dans ces conditions que Ferdinand, en consultant son cœur de fils, de roi et d'Espagnol, pût refuser. Restait enfin une dernière clause plus difficile à énoncer que les autres, mais que Ferdinand VII, pour redevenir libre, était bien capable d'accueillir, c'était d'épouser la fille de Joseph Bonaparte. M. de Laforest devait être plus réservé quant à celle-ci, mais il avait ordre de l'articuler après les autres, quand le moment de tout dire serait venu. Ce traité conclu et signé, un personnage de confiance choisi de concert avec les princes espagnols, irait très-secrètement le porter à la régence, afin de ne pas

Déc. 1813.

Envoi de M. de Laforest à Valençay.

Conditions que M. de Laforest doit proposer aux princes espagnols.

donner aux Anglais et aux chefs du parti libéral le temps d'en empêcher la ratification. Cette ratification obtenue, Ferdinand, accompagné de son frère don Carlos, de son oncle don Antonio, prisonniers comme lui à Valençay, quitterait la France pour remonter sur le trône des Espagnes.

Tandis que M. de Laforest se mettait en route, Napoléon, afin qu'il n'y eût pas de temps perdu, fit venir de Lons-le-Saulnier, où il était en surveillance, le duc de San-Carlos, personnage considérable, autrefois l'un des familiers de Ferdinand VII, l'accueillit de la façon la plus amicale, l'entretint longuement, réussit à le persuader, et le fit partir ensuite pour Valençay, afin qu'il allât seconder M. de Laforest, qui rencontrait des difficultés auxquelles on ne se serait pas attendu, tant cette coupable affaire d'Espagne devait être suivie de punitions de tout genre, petites et grandes!

M. de Laforest, en paraissant à Valençay, avait extrêmement surpris Ferdinand VII. Ce prince, prisonnier depuis près de six ans avec son frère et son oncle, avait vécu dans une ignorance presque complète de ce qui se passait en Europe, mais avait pu voir cependant par quelques journaux français qu'on lui laissait lire, que la guerre d'Espagne se prolongeait indéfiniment, que par conséquent ses sujets se défendaient, que l'Europe non plus n'était pas soumise puisque la guerre était incessante avec elle, et il avait assez de sagacité pour juger que dès lors sa cause n'était pas entièrement perdue. On soupçonnait en outre que le curé de Valençay, chargé de lui dire la messe et de le confesser, l'informait de ce qu'il avait intérêt à savoir, et probablement lui avait fait connaître la gravité des événements de 1812 et de 1813. Il aurait donc pu n'être pas complétement étonné des communications de M. de Laforest. Mais l'infortune et la captivité avaient singulièrement développé chez ce prince les dispositions naturelles de son caractère, la défiance et la dissimulation. Tout ce qu'il avait d'intelligence (et il n'en manquait pas) il l'employait à regarder autour de lui, à rechercher si on ne voulait pas lui nuire, à se taire, à ne pas agir, de peur de donner prise à la volonté malfaisante de laquelle il dépendait depuis tant d'années. Dissimuler, tromper même, lui semblaient de légitimes défenses contre l'oppression à laquelle il était soumis, et la politique qui l'avait conduit de Madrid à Valençay lui donnait assurément bien des droits. La défiance était arrivée chez lui à un tel degré qu'il était en garde contre ses plus fidèles serviteurs, contre ceux mêmes qui étaient détenus en France pour sa cause, et qu'il était toujours prêt à les regarder comme de secrets complices de Napoléon. Du reste il n'était pas très-malheureux. Se confesser, bien vivre, se promener, ne courir aucun danger, composaient pour lui une sorte de bien-être auquel il s'était habitué. Son âme dépourvue de ressort pliait ainsi sous l'oppression, mais en pliant s'enfonçait profondément en elle-même, et lorsqu'on voulait l'en faire sortir s'y refusait obstinément, comme un animal à la fois timide et farouche, que les plus grandes caresses ne peuvent tirer de sa retraite. Son frère don Carlos était plus vif, sans être plus ouvert; son oncle était à peu près stupide.

Déc. 1813.

Profonde défiance de Ferdinand VII.

Déc. 1813.

Ce prince affecte de ne pas comprendre les ouvertures de M. de Laforest, et de ne pouvoir pas y répondre.

Quand M. de Laforest vint soudainement apprendre à Ferdinand VII que Napoléon songeait à lui rendre la liberté et le trône, sa première idée fut qu'on le trompait, et qu'il y avait sous cette démarche quelque perfidie cachée. Les motifs qu'alléguait M. de Laforest, pour éviter l'aveu trop clair de nos malheurs, et qui consistaient à dire que Napoléon agissait ainsi pour arracher l'Espagne aux Anglais et aux anarchistes, n'étaient pas de nature à produire beaucoup d'illusion, et Ferdinand cherchait quelle sombre machination pouvait être cachée sous une proposition aussi imprévue. Dans son premier entretien, il écouta beaucoup, parla peu, se borna à dire que, privé de toute communication avec le monde, il ne savait rien, qu'il était hors d'état par conséquent de se former une opinion sur quoi que ce fût, qu'il était placé sous la main toute-puissante de Napoléon, qu'il s'y trouvait bien, qu'il ne demandait pas à sortir de sa retraite, et qu'il ne cesserait jamais d'être reconnaissant des bons procédés qu'on avait pour lui. Voilà ce que l'oppression fait des êtres soumis à son empire! Napoléon en était venu à ce point de ne pouvoir faire accepter à Ferdinand VII ni la liberté ni le trône, dans un moment où il aurait eu tant d'intérêt à lui rendre l'un et l'autre! M. de Laforest vit bien qu'il fallait laisser à cette âme défiante et effarouchée le temps de se rassurer et de réfléchir. Il le quitta, pour le revoir le lendemain.

M. de Laforest prend du temps pour se faire

Ferdinand VII, après avoir conféré avec son frère et son oncle, et surtout avec lui-même, avait compris que Napoléon devait être dans de grands embarras, et que son offre de lui restituer le trône était sincère. Mais avant d'écouter une proposition qui se présentait sous un aspect si attrayant, il voulait savoir si on ne cherchait pas à lui tendre des piéges cachés, et à lui arracher des engagements dangereux ou déshonorants. D'ailleurs, dépourvu à Valençay de toute autorité sur l'Espagne, il avait à craindre (et cette crainte était fondée) de ne pouvoir tenir les engagements qu'on l'obligerait à souscrire. Il résolut donc, en s'ouvrant davantage, de prendre une attitude un peu plus royale, mais d'être toujours extrêmement circonspect.

Déc. 1813.

comprendre des princes espagnols.

M. de Laforest en le revoyant le lendemain le trouva beaucoup plus composé dans son attitude, prenant place entre son oncle et son frère comme leur maître hiérarchique, se posant en un mot et parlant en monarque. Il ne dissimula pas qu'il commençait à regarder comme sérieuse la proposition qu'on lui adressait, qu'il en devinait même la véritable cause, mais il affecta de ne pouvoir s'arrêter à aucun parti, privé qu'il était de conseillers, et affirma surtout qu'il était sans autorité, car il ne savait si ce qu'on signerait à Valençay serait accepté et exécuté à Madrid. Toutefois il était facile de deviner qu'il ne voulait pas rompre ces pourparlers, et refermer sur lui la porte de sa prison prête à s'ouvrir. Visiblement il était très-anxieux. M. de Laforest lui ayant offert de recevoir son ancien précepteur, le chanoine Escoïquiz tenu en surveillance à Bourges, son secrétaire intime Macanaz tenu en surveillance à Paris, l'illustre Palafox prisonnier à Vincennes, enfin le duc de San-Carlos interné à Lons-le-Saulnier, il parut n'accorder confiance à aucun de ces hommes. On eût dit que les nommer c'était à l'instant même les perdre dans son esprit.

Les conférences continuèrent, et l'évidente bonne foi de M. de Laforest, la simplicité frappante des conditions qu'il apportait, finissant par agir sur l'esprit de Ferdinand, le désir surtout de la liberté exerçant son influence, il se rassura peu à peu, et se mit à raisonner avec infiniment de sens sur ce qu'on lui proposait. Enfin l'arrivée de M. de San-Carlos, qui avait vu, entendu Napoléon, et pu apprécier la sincérité de ses intentions, acheva de triompher des ombrages du captif de Valençay. M. de San-Carlos eut bien lui-même un instant de défiance à vaincre chez son maître, mais il parvint bientôt à se faire écouter, et dès lors on entra sérieusement en matière. Ferdinand VII n'avait rien à objecter à la proposition de rentrer en Espagne, de remonter sur le trône, de servir une pension à son père, de conserver tout le territoire continental et colonial de son antique monarchie, même de pardonner aux *afrancesados*. Le mariage avec une fille de Joseph lui plaisait moins; mais après avoir demandé avec instance une princesse Bonaparte, il n'était plus temps d'afficher le dédain, et d'ailleurs, pour recouvrer la liberté et le trône, il n'était point de mariage qu'il ne fût prêt à contracter. La difficulté n'était donc pas dans l'union proposée, elle était autre part. On présentait à ses yeux éblouis une infinité de choses très-désirables, et très-désirées, et on promettait de les lui accorder à condition que les Cortès ou la régence ratifieraient le traité qu'il aurait signé;

on faisait ainsi dépendre ce qu'il souhaitait ardemment d'une volonté qui n'était point la sienne. Il le dit avec franchise, et montra avec beaucoup de raison que ce qu'il ordonnerait de loin courrait la chance de n'être pas exécuté. Il parla sur le ton de la colère des limites que certains hommes, suivant lui factieux, avaient voulu imposer à son pouvoir royal, et laissa voir qu'après les Français ce qu'il haïssait le plus c'étaient les libéraux espagnols. Il fit sentir que le moyen le plus sûr d'obtenir ce qu'on voulait de l'Espagne c'était de l'envoyer à Madrid, où personne n'aurait de prétexte, lui présent, pour lui refuser obéissance, tandis que ses sujets pouvaient maintenant alléguer la captivité de Valençay pour feindre de ne pas croire ce qui serait dit en son nom. Plus d'une fois il jura sur ce qu'il y avait de plus sacré qu'il tiendrait sa parole en roi, en honnête homme, en bon chrétien. Bientôt s'animant davantage, et sortant des profondeurs de sa dissimulation, il laissa éclater une passion extraordinaire d'être libre, de partir, de régner, ce qui était fort légitime, et insista de toutes ses forces pour qu'on adoptât sa proposition, comme la seule qui offrît des chances de succès.

Cependant les instructions de Napoléon étant formelles, il fallait bien s'y soumettre, et on conclut un traité par lequel Ferdinand VII devait rentrer en Espagne, dès que l'autorité de la régence aurait accepté ce traité, et ordonné son exécution. Les conditions étaient celles que nous avons dites : intégrité coloniale et continentale de l'Espagne, restitution des places espagnoles, retour des garnisons

Déc. 1813.

Ferdinand VII ne conteste aucune des conditions proposées, mais s'attache à démontrer que le seul moyen de les faire accepter, c'est de l'envoyer à Madrid.

Traité de Valençay porté en Espagne par M. de San-Carlos.

françaises, retraite des armées espagnoles et anglaises au delà des Pyrénées, amnistie générale, pension à Charles IV. Le mariage avec une fille de Joseph ne fut point formellement stipulé. Ferdinand affirma qu'il n'en contracterait pas d'autre s'il était libre, mais il ajouta que c'était une chose dont il ne serait possible de parler qu'à Madrid même.

Les articles ci-dessus énoncés ayant été signés le 11 décembre, restait à savoir qui les porterait à Madrid au nom de Ferdinand. L'envoyé était tout indiqué, c'était le duc de San-Carlos lui-même. Il fut convenu que ce personnage se rendrait en grande hâte, et en observant le plus complet incognito, à l'armée de Catalogne, afin d'endormir la vigilance des Anglais qu'il aurait fort éveillée en passant par le quartier général de lord Wellington; qu'il tâcherait d'arriver à Madrid, et se transporterait même à Cadix, si la régence s'y trouvait encore, pour lui présenter le traité et en obtenir la ratification. Le duc de San-Carlos devait persuader aux sujets de Ferdinand VII, devenus rois à sa place, de songer avant tout à le délivrer, et de tout sacrifier à cet objet essentiel. Il avait en même temps pour mission expresse de ne pas adhérer à la constitution, et, s'il y était obligé, de ne le faire qu'avec des réserves qui permissent de rompre les engagements qu'on aurait pris avec les soi-disant factieux.

Ces choses arrêtées, le duc de San-Carlos partit de Valençay le 13 décembre, accompagné des vœux des princes espagnols, qui mettant désormais toute dissimulation de côté, montraient maintenant une impatience presque enfantine de devenir libres. Ras-

Karl Girardet del.   Paul Girardet sc.

JOSEPH BONAPARTE

surés sur les intentions de Napoléon, ils consentirent à revoir les fidèles serviteurs dont ils avaient paru se défier d'abord, le chanoine Escoïquiz, le secrétaire Macanaz, le défenseur de Saragosse, Palafox. Se flattant que ce dernier aurait plus de crédit auprès des Espagnols que le duc de San-Carlos, car il devait être religieusement écouté d'eux s'ils n'avaient pas perdu toute mémoire, on le fit partir par une autre voie avec une copie du traité, afin d'en solliciter l'acceptation.

Déc. 1813.

On n'étonnera personne en disant que Napoléon avait conduit cette négociation sans en parler à son frère Joseph, presque aussi prisonnier à Morfontaine que Ferdinand VII à Valençay. Joseph, comme on doit s'en souvenir, avait reçu ordre après la bataille de Vittoria, de s'enfermer à Morfontaine, de n'y admettre personne, et de n'en point sortir, sous peine de devenir l'objet de mesures sévères. Napoléon se défiait tellement du sang actif des Bonaparte, même chez le plus modéré de ses frères, qu'il n'avait pas voulu permettre à Joseph d'aller à Paris, dans la crainte qu'il ne créât des difficultés à la régente. L'esprit tout plein des troubles suscités pendant les minorités royales par les frères, oncles ou cousins des rois, il voyait toujours Marie-Louise réduite à défendre son fils contre les prétentions de ses beaux-frères. Malgré ces ordres, Joseph était venu secrètement à Paris, mais uniquement pour ses plaisirs, et nullement pour des intrigues politiques. Le duc de Rovigo, interprétant à la lettre les ordres impériaux, avait fait dire à Joseph que si ses courses clandestines se renouvelaient, il serait obligé d'y

Napoléon se décide enfin à faire part de cette négociation à Joseph.

mettre obstacle, de quoi Joseph, déjà fort offensé de tout ce qu'il avait eu à souffrir, avait paru profondément irrité.

Napoléon depuis son retour à Paris n'avait point vu son frère. Il ne voulut pas cependant que la négociation avec Ferdinand VII, tout à fait terminée, arrivât à être connue de l'Europe avant de l'être de Joseph. Il chargea le personnage qui ordinairement lui servait d'intermédiaire, M. Rœderer, d'aller à Morfontaine pour informer Joseph de tout ce qui avait été fait, et l'engager à redevenir paisiblement prince français, largement doté, siégant au conseil de régence, servant de son mieux la France qui était son unique et dernier asile. Joseph en recevant ces communications se plaignit amèrement des traitements dont il avait été l'objet, et montra des restes de prétentions royales qui auraient fait sourire un frère moins railleur que Napoléon. Il convenait qu'il avait commis des fautes militaires, mais pas aussi grandes qu'on le disait; il se déclarait prêt à se démettre du trône d'Espagne, mais en vertu d'un traité, et à la condition d'une indemnité territoriale à Naples ou à Turin. Quant à redevenir simplement prince français, après avoir porté l'une des plus grandes couronnes de l'univers, il paraissait peu disposé à s'y résigner. Ces prétentions provoquèrent de la part de Napoléon une explosion de railleries sanglantes, les unes injustes et même cruelles, les autres sensées, mais, hélas! bien tardives!

— Joseph a commis des fautes militaires! s'écria-t-il en écoutant M. Rœderer, mais il n'y songe pas! Moi, je commets des fautes, je suis militaire, je dois me tromper quelquefois dans l'exercice de ma profession, mais lui des fautes!... Il a tort de s'accuser, il n'en a jamais commis. En fait, il a perdu l'Espagne, et il ne la recouvrera point! C'est chose décidée, aussi décidée que chose ait jamais pu l'être. Qu'il consulte le dernier de mes généraux, et il verra s'il est possible de prétendre à un seul village au delà des Pyrénées. Un traité! des conditions! et avec qui? au nom de qui?... Moi, si je voulais en faire avec l'Espagne, je ne serais pas même écouté. La première condition de toute paix avec l'Europe, la condition sans laquelle il est impossible de réunir deux négociateurs, c'est la restitution pure et simple de l'Espagne aux Bourbons, heureux si je puis à ce prix me débarrasser des Anglais, et ramener mes armées d'Espagne sur le Rhin! Quant à des indemnités en Italie, où les prendre? Puis-je ôter à Murat son royaume? c'est à peine si je puis le rappeler à ses devoirs envers la France et envers moi. Comment serais-je obéi si j'allais lui demander de descendre du trône au profit de Joseph? Quant aux États romains, je serai forcé de les rendre au Pape, et j'y suis décidé. Quant à la Toscane, qui est à Élisa, quant au Piémont, qui est à la France, quant à la Lombardie où Eugène a tant de peine à se maintenir, puis-je savoir ce qu'on m'en laissera? Sais-je même si on m'en laissera quelque chose? Pour garder la France avec ses limites naturelles il me faudra remporter bien des victoires; pour obtenir quelque chose au delà des Alpes, il m'en faudrait remporter bien plus encore! Et si on me laissait

Déc. 1813.

à l'égard de son frère.

un territoire en Italie, pourrais-je pour Joseph l'ôter à Eugène, ce fils si dévoué, si brave, qui a passé sa vie au feu pour moi et pour la France, et qui ne m'a jamais donné un seul sujet de plainte? Où donc Joseph veut-il que je lui trouve des indemnités? Il n'a qu'un rôle, un seul, c'est d'être un frère fidèle, un solide appui de ma femme et de mon fils si je suis absent, plus solide si je suis mort, et de contribuer à sauver le trône de France, seule ressource désormais des Bonaparte. Il sera prince français, traité comme mon frère, comme l'oncle de mon fils, partageant par conséquent tous les honneurs impériaux. S'il agit ainsi, il aura ma faveur, l'estime publique, une situation grande encore, et il contribuera à sauver notre existence à tous. S'il s'agite au contraire, et il en est bien capable, car il ne sait supporter ni le travail ni l'oisiveté, s'il s'agite durant ma vie, il sera arrêté, et ira finir son règne à Vincennes; s'il le fait après ma mort, Dieu décidera! Mais probablement il contribuera à renverser le trône de mon fils, le seul auprès duquel il puisse trouver la dignité, l'aisance, et un reste de grandeur. —

Ces sages mais rudes paroles, portées, reportées à Morfontaine dans plusieurs allées et venues, ne convainquirent point Joseph. Il était tourmenté, malade, et souffrant d'une quantité de maux à la fois : la sévérité railleuse de Napoléon, un trône perdu, des enfants sans patrimoine, et pour tout avenir l'obéissance aux ordres d'un frère impérieux, point méchant, mais dur. Dans cette disposition douloureuse il refusa d'adhérer à rien de ce qui se traitait à Valençay, et continua de se tenir à Morfontaine, où

Napoléon le laissa dans l'isolement, disant que les Espagnols et lui Napoléon se passeraient bien de la signature du roi Joseph pour remettre Ferdinand VII sur le trône des Espagnes.

Déc. 1813.

Ce moment de la chute des trônes de famille était celui de fréquentes agitations intérieures, qui, s'ajoutant à tous les soucis de Napoléon, contribuèrent à lui rendre la vie fort amère. Jérôme, retiré successivement à Coblentz, à Cologne et à Aix-la-Chapelle, y était triste et malheureux. Il désirait se rendre à Paris de peur que Napoléon ne l'oubliât dans la future paix, et Napoléon, qui était plus affectueux pour Jérôme que pour ses autres frères, résistait cependant à ses désirs, parce qu'il lui était pénible d'avoir sous ses yeux ses frères détrônés, dont la présence d'ailleurs révélait en traits si sensibles la ruine progressive de l'Empire français. Mais tandis qu'il refusait à Jérôme l'autorisation de venir à Paris, il avait avec Murat de bien autres sujets de contestation.

Affligeant spectacle que présentent les frères détrônés de Napoléon.

L'infortuné Murat était rentré à Naples le cœur désolé, l'esprit en désordre. De tous les princes condamnés à cette époque à voir s'évanouir leur royauté éphémère, Murat était le plus inconsolable. Il semblait que ce soldat, né si loin du trône, à qui une véritable gloire militaire aurait dû servir de dédommagement, ne pouvait vivre s'il ne régnait pas. Après les événements de la dernière campagne, il lui était difficile de croire que la puissance de Napoléon, si elle se maintenait en France, pût s'étendre encore au delà du Rhin, des Alpes et des Pyrénées, et qu'au delà de ces limites il pût soutenir ou pu-

État d'esprit de Murat depuis son retour à Naples.

nir des alliés. Il courait donc la chance en restant fidèle à Napoléon de n'être point soutenu, et ne courait guère celle d'être puni s'il était infidèle. Sans doute, réuni au prince Eugène, amenant trente mille Napolitains bien disciplinés à l'appui des quarante mille Français qui défendaient l'Adige, il y avait quelque possibilité pour lui de disputer l'Italie aux Autrichiens, mais possibilité et point certitude. Vaincus, les deux lieutenants de Napoléon seraient bientôt détrônés; vainqueurs, que seraient-ils? Que serait Murat surtout? Sacrifié au prince Eugène qu'il jalousait, relégué au fond de la Péninsule, réduit au royaume de Naples qui était peu de chose sans la Sicile, il n'avait pas même l'assurance de s'y maintenir, car si une paix avantageuse avec l'Europe tenait au sacrifice de son beau-frère, Napoléon ne serait pas assez bon parent et assez mauvais Français pour refuser ce sacrifice. D'ailleurs, bien qu'il eût un esprit sans solidité, Murat avait une certaine finesse, et il s'était souvent aperçu que Napoléon, en appréciant sa bravoure, ne faisait aucun cas de son caractère, et ce dédain marqué le blessait beaucoup. Telles étaient les considérations qui avaient agité, tourmenté l'esprit de Murat, pendant son voyage d'Erfurt à Naples. Tandis qu'il voyait tant de périls à être fidèle, et si peu à ne plus l'être, de funestes suggestions contribuaient à augmenter son trouble. Il n'avait pas cessé de se tenir en relation avec les puissances coalisées, même lorsqu'il était au camp de Napoléon, et qu'il s'y conduisait si bravement. Au moment où il avait quitté Naples pour Dresde, il avait auprès de lui des agents de lord William Bentinck, gouverneur anglais de la Sicile, et il les avait brusquement renvoyés pour aller rejoindre l'armée française, ce qui avait surpris et indisposé lord William. Mais il n'avait pas agi de même envers l'Autriche, et il avait continué de laisser auprès d'elle le prince Cariati, ministre napolitain, et de conserver à Naples le comte de Mire, ministre autrichien. M. de Metternich profitant de ce double moyen de communication, avait cherché sans cesse à ébranler la fidélité de la cour de Naples, car il savait bien que si Murat, au lieu de se ranger à la droite du prince Eugène, allait prendre ce prince à revers, l'Italie serait immédiatement enlevée aux Français et acquise aux Autrichiens. Non content de ces efforts auprès du roi, M. de Metternich avait noué des trames secrètes avec la reine, qu'il avait connue à Paris lorsqu'il était ambassadeur en France, et avait essayé de lui faire oublier ses devoirs de sœur en excitant ses sentiments de mère et d'épouse. Non-seulement il avait promis de laisser à Murat le trône de Naples, sans la Sicile toutefois que l'Angleterre tenait à conserver aux Bourbons, mais il avait laissé entrevoir la possibilité pour lui du plus bel établissement en Italie. Le prince Eugène, la princesse Élisa expulsés à la suite des Français, le Piémont reconquis, on pouvait, en réservant une belle part aux Autrichiens, en rétablissant le Pape à Rome, constituer un royaume de l'Italie centrale, qui, accordé à Murat, ferait de celui-ci le premier prince de l'Italie, et un monarque de second rang en Europe. C'étaient là les arguments que M. de Metternich avait em-

Déc. 1813.

Efforts de M. de Metternich pour amener Murat à la coalition, en lui faisant espérer la conservation et l'accroissement de son royaume.

ployés avec un succès chaque jour plus marqué. Courir en effet les plus grands périls avec Napoléon sans même la certitude d'être maintenu par lui si on triomphait, et au contraire obtenir de la coalition, outre la certitude de rester roi de Naples, l'espérance de devenir une sorte de roi d'Italie, était une perspective qui devait entraîner le malheureux Murat, après avoir séduit la reine elle-même. Celle-ci dans les commencements, représentant fidèlement à Naples le parti français, s'était défendue contre les suggestions autrichiennes, et avait cherché à ramener Murat à Napoléon. Bientôt le danger croissant, et dominée elle aussi par le désir de conserver la couronne à ses enfants, elle avait prêté l'oreille aux inspirations de M. de Metternich, et fini par devenir son principal intermédiaire auprès de Murat. Voulant en même temps colorer sa conduite aux yeux du ministre de France, elle affectait de ne pouvoir plus rien ni sur la cour, ni sur le roi, et d'être obligée, en épouse soumise, en mère dévouée, de suivre la politique du cabinet napolitain. Murat, rentré dans ses États, avait donc trouvé la cour unie pour le pousser dans les voies déplorables où il devait, au lieu d'un trône, rencontrer pour sa mémoire une tache, pour sa personne une fin cruelle. Ce prince, né avec des sentiments bons et généreux, doué de quelque esprit et d'une bravoure héroïque, n'avait pas assez de jugement pour discerner que si avec la France il courait le double danger d'être abandonné par la victoire et par Napoléon, il avait la certitude avec la coalition, après avoir été ménagé, caressé pendant qu'on aurait besoin de lui, d'être bientôt sacrifié aux vieilles royautés italiennes, et d'être ainsi à la fois détrôné et déshonoré. N'ayant pas assez de portée d'esprit pour apercevoir cet avenir, n'ayant pas des principes assez arrêtés pour préférer l'honneur à l'intérêt, il devait flotter quelques jours entre mille sentiments contraires, pour finir par une défection déplorable.

Déc. 1813.

A peine revenu dans ses États, trouvant la reine convertie à son opinion, il était entré en pourparlers avec la légation autrichienne, et ne disputait plus que sur l'étendue des avantages qu'on lui accorderait. Passant tout à coup, avec l'extrême mobilité de sa nature, du désespoir à une sorte d'ivresse d'ambition, il se livrait en ce moment aux rêves les plus étranges, et se flattait d'être bientôt le roi et le héros de la nation italienne. Il avait été frappé en traversant l'Italie d'une disposition assez générale chez les Italiens, c'était de devenir indépendants de l'Autriche aussi bien que de la France. Sans doute les nobles, les prêtres, le peuple même souhaitaient le retour à l'Autriche, parce que pour les uns c'était le retour à leur ancien état, pour les autres l'exemption de la conscription. La bourgeoisie au contraire, éprise des idées d'indépendance, disait que c'était bien d'échapper à la France, mais tout aussi bien de ne pas retomber sous la main de l'Autriche; qu'il n'y avait aucune raison d'aller de l'une à l'autre, d'être ainsi toujours le jouet, la victime de maîtres étrangers; que l'Autriche devrait se trouver heureuse de ne plus voir l'Italie aux mains de la France, et la France de ne plus la voir aux mains de l'Autriche; que pour l'une et l'autre l'in-

Murat passe d'un premier découragement à l'ambition de devenir roi d'Italie, en se faisant le héros de l'indépendance italienne.

Ce qu'était alors en Italie le parti de l'indépendance.

7.

dépendance de la Péninsule était un moyen terme acceptable, désirable même, et au fond plus avantageux que la possession directe, car l'Italie soumise à l'une des deux puissances serait contre celle qui ne l'aurait pas un dangereux moyen d'attaque, et pour celle qui la posséderait un sujet toujours révolté, toujours prêt à devenir un ennemi furieux. Ces idées avaient envahi la partie la plus active et la plus cultivée de la bourgeoisie. Murat, placé au fond de la Péninsule, à égale distance des Français et des Autrichiens, ayant intérêt à se sauver sans trahir Napoléon, capable avec ses talents et sa gloire militaires de créer une armée italienne, Murat avait paru au parti des indépendants propre à devenir leur héros. Il pouvait en effet dire aux Autrichiens : Je ne suis pas la France ; aux Français : Je ne suis pas l'Autriche ; il pouvait dire à tous : Ménagez-moi, et acceptez-moi comme ce qu'il y a de moins hostile pour vous, et même comme ce qu'il y a de plus avantageux, si vous savez comprendre vos intérêts véritables.—Les partisans de l'indépendance avaient donc entouré Murat, lui avaient prodigué les promesses et les flatteries, et Murat qui, dans cet état de fermentation d'esprit, pensait à tout, était prêt à tout, les avait accueillis et acceptés pour ses agents. Ceux-ci, à Florence, à Bologne, à Rome, le célébraient comme le sauveur de l'Italie, et annonçaient en prose et en vers sa mission providentielle.

Les Autrichiens naturellement n'accueillaient guère ces idées, mais ils ne les décourageaient pas absolument, et laissaient espérer à Murat, sous le prétexte de l'indemniser de la Sicile, un agrandissement assez notable dans l'Italie centrale. Murat dans l'élan de son ambition, ne mettant plus de bornes à ses désirs, avait pensé que peut-être il rencontrerait auprès de Napoléon plus d'encouragement qu'auprès des Autrichiens pour sa nouvelle royauté italienne. Devenu dans ces circonstances plus mobile encore que de coutume, cessant d'apercevoir le péril du côté de l'alliance française quand il croyait y trouver plus de chance de grandeur, se berçant de l'espérance de voir tous les Italiens se lever en masse s'il leur promettait l'indépendance et l'unité, il se disait que si Napoléon lui permettait de proclamer cette indépendance et cette unité, et de s'en faire le représentant, il apporterait au prince Eugène non-seulement le secours de l'armée napolitaine, mais celui de cent mille Italiens accourus à sa voix, qu'alors il se sauverait en s'agrandissant, en s'honorant, en réunissant tous les avantages à la fois, et notamment celui de conserver, s'il était l'allié de la France, les officiers français qui étaient en grand nombre dans son armée, et qui en constituaient la principale force.

Telle était l'espèce de tourbillon d'idées qui s'était produit dans la tête enflammée de ce malheureux prince. Par le découragement conduit à la pensée funeste d'abandonner la France et de s'allier à l'Autriche, de cette pensée conduit à la visée ambitieuse d'être le sauveur et le roi de l'Italie, bientôt d'ambition en ambition ramené de l'Autriche à la France dans l'espoir de trouver plus de faveur pour ses nouvelles vues, il n'était aucun rêve qu'il ne formât, aucune défection, aucune alliance, auxquelles il ne

Déc. 1813.

de trouver auprès de lui plus d'encouragement à ses projets qu'auprès des Autrichiens.

Désordre d'esprit de Murat.

fût tour à tour disposé ! Triste tourment que celui de l'ambition au désespoir, triste tourment qui à Paris agitait l'âme de Napoléon avec la grandeur qui lui appartenait, qui à Naples au contraire, dans une âme bonne mais faible, n'ayant que le courage du soldat, enfantait de misérables orages, et n'était qu'une affligeante variété d'un mal que Napoléon avait communiqué à presque tous ses serviteurs ! En effet après s'être élevé lui-même au trône il avait fait rois, princes, grands-ducs, ou flatté de l'espérance de le devenir, ses frères, ses lieutenants, Joseph, Louis, Jérôme, Murat, Bernadotte, Berthier, et tant d'autres qui avaient touché de si près au rang suprême, et si en ce moment ils étaient disposés à le trahir, ou du moins à le servir mollement, à qui la faute, sinon à lui, qui dans leur âme, au noble amour de la grandeur nationale, avait substitué la mesquine passion de leur grandeur personnelle ?

En ce moment était arrivé à Naples un personnage dont la présence devait augmenter beaucoup le trouble de Murat, c'était le duc d'Otrante, M. Fouché, que Napoléon avait chargé de s'y rendre en toute hâte. Napoléon, en se séparant de Murat à Erfurt, en avait reçu des témoignages qui l'avaient touché mais point abusé. Napoléon, quand il s'agissait de pénétrer dans les profondeurs de l'âme humaine, avait une sorte de perspicacité diabolique à laquelle rien n'échappait. Il s'était bien douté, en voyant croître le péril, que Murat, sa sœur même, auraient besoin d'être raffermis dans leur fidélité, et qu'il faudrait opposer de puissantes influences aux dangereuses suggestions de la coalition. Il avait donc songé à leur dépêcher M. Fouché, qui depuis l'entrée des Autrichiens en Illyrie, était lui aussi, non pas un roi, mais un proconsul sans États, resté oisif à Vérone. Il l'avait jugé plus propre que tout autre à devenir le confident de Murat, par suite des intrigues qu'ils avaient nouées ensemble en 1809. A cette époque, Murat et le duc d'Otrante craignant les résultats de la guerre d'Autriche, avaient cherché à s'entendre sur ce qu'il faudrait faire du pouvoir en France dans le cas où Napoléon serait tué. Murat avait dû dans ces circonstances avoir tant de confiance en M. Fouché, et M. Fouché dans Murat, qu'il était présumable que la même confiance se rétablirait dans des circonstances non moins critiques. M. Fouché avait donc reçu l'ordre de se rendre à Naples, et y était arrivé à l'instant même où Murat était le plus exposé aux menées autrichiennes.

Déc. 1813.

Bien qu'on pût faire à M. Fouché la confidence d'une infidélité sans le révolter, et qu'il fût capable de comprendre tout ce qui se passait actuellement dans l'âme du roi de Naples, celui-ci parut plus importuné que soulagé par sa présence. Il se plaignit beaucoup de Napoléon, parla longuement des services qu'il lui avait rendus, des mauvais traitements qu'il en avait essuyés en plusieurs occasions, notamment après la retraite de Russie, et de la disposition de Napoléon à le sacrifier, si la paix de la France avec l'Europe tenait à ce sacrifice. Il se plaignit, en un mot, comme on se plaint lorsqu'on cherche des prétextes pour rompre, et ne s'ouvrit pas complétement avec M. Fouché, qu'il jugeait dans la

Médiocre influence exercée par le duc d'Otrante.

situation présente trop nécessairement lié à la cause de la France. Toutefois il laissa voir qu'il dépendrait de Napoléon de le ramener en le traitant mieux, comme si après lui avoir donné sa sœur et un trône, Napoléon restait encore son débiteur. En définitive, M. Fouché n'exerça pas une grande influence sur la cour de Naples, car la voix du devoir ne pouvait guère se faire entendre par sa bouche, et quant à celle de la politique, Murat était hors d'état de la comprendre. M. Fouché lui dit bien que parvenu avec Napoléon et par Napoléon, il était fatalement condamné à se sauver ou à périr avec lui; mais Murat piqué répondit assez clairement que ce qui était vrai pour un révolutionnaire régicide tel que M. Fouché, ne l'était pas pour lui soldat glorieux, devant tout à son épée. Au surplus, quelque peu utile que fût la présence de M. Fouché, elle contribua néanmoins à la résolution que prit Murat d'essayer de s'entendre avec Napoléon, en se faisant, d'accord avec lui, roi de l'Italie indépendante et unie. S'il parvenait à être écouté de Napoléon, ses vœux étaient réalisés; s'il n'y réussissait pas, il avait une excuse pour rompre. En conséquence il lui fit proposer de partager l'Italie en deux, de donner au prince Eugène tout ce qui était à la gauche du Pô, de donner à lui Murat tout ce qui était à la droite, c'est-à-dire les trois quarts de la Péninsule, de lui permettre ensuite de proclamer l'indépendance italienne, promettant à ce prix d'arriver sur l'Adige, non pas seulement avec trente mille Napolitains, mais avec cent mille Italiens. Il le supplia de répondre sur-le-champ, car les circonstances étaient pressantes, et il n'y avait pas un instant à perdre si on voulait en profiter.

Déc. 1813.

Sans étonner Napoléon qui s'attendait à tout de la part des hommes qu'il avait élevés au faîte des grandeurs, la proposition de Murat l'indigna cependant, et elle devait l'indigner. Si Murat eût été un esprit politique capable de s'éprendre d'une grande idée morale telle que la régénération de l'Italie, on aurait pu à la rigueur attribuer cette proposition à un entraînement généreux. Mais évidemment ce n'était qu'un prétexte pour colorer une folle ambition, peut-être même une défection imminente. Demander à Napoléon pour prix de ses bienfaits le Patrimoine de l'Église dont il ne disposait déjà plus, la Toscane qui était l'apanage d'une sœur, le Piémont qui était une province française, les Légations qui faisaient partie des États du prince Eugène, c'était lui demander de dépouiller ou la France ou sa famille, de se dessaisir surtout de gages précieux qui, dans les négociations prochaines, pouvaient servir à conclure une bonne paix, en fournissant des compensations pour les conquêtes légitimes de la France, telles que les Alpes et le Rhin. C'était mettre en quelque sorte le poignard sur la gorge d'un beau-frère à demi renversé, pour lui arracher un bien qu'il devait ou laisser à sa famille, ou sacrifier à sa propre conservation. D'ailleurs jamais l'Europe n'eût accepté un semblable partage de l'Italie, et ce que Murat aurait dû faire s'il avait eu du bon sens, c'eût été de se réunir au prince Eugène, de défendre courageusement avec lui l'Italie, de conserver à la France des gages de paix, et de

Vive irritation de Napoléon contre Murat.

Déc. 1813.

On a la plus grande peine à l'apaiser, et tout ce qu'on peut obtenir de lui, c'est qu'il se borne à opposer le silence aux propositions du cabinet de Naples.

s'assurer ainsi à l'un et à l'autre un établissement qui ne pouvait être durable qu'autant que la dynastie impériale resterait debout entre les Alpes et le Rhin. Le prince Eugène donnant si noblement l'exemple de la fidélité, quand son beau-père lui offrait un moyen et une excuse de transiger avec la coalition, aurait dû inspirer à Murat un peu plus de sagesse et de gratitude. Napoléon sentit tous les torts de son beau-frère avec une amertume extrême. Punir ce parent infidèle lui parut en ce moment l'une des plus grandes douceurs de la victoire, s'il lui était donné de la ressaisir. M. de la Besnardière, dirigeant les affaires étrangères en l'absence de M. de Caulaincourt, qui venait de partir pour le futur congrès de Manheim, essaya vainement de le calmer, et de lui persuader que quelque blâmable que fût Murat, il convenait dans les circonstances présentes de le ménager. Napoléon s'emporta et ne voulut rien entendre. — Cet homme, s'écria-t-il, est à la fois coupable et fou ; il me fait perdre l'Italie, peut-être davantage, et se perd lui-même. Vous verrez qu'il sera obligé un jour de venir me demander un asile et du pain, (étrange et terrible prophétie !) mais je vivrai assez, je l'espère, pour punir sa monstrueuse ingratitude. — Malgré les instances de M. de la Besnardière, Napoléon ne voulut accorder aucun des ménagements proposés, et tout ce qu'on put obtenir de lui, ce fut qu'il répondrait par le silence aux propositions de Murat. Promettre quelque chose de ce qu'on lui demandait, consentir ainsi à dépouiller les siens ou la France au profit d'un insensé, ou bien fulminer en lui répondant la condamnation morale qu'il avait méritée, eût été une faiblesse ou une imprudence, et Napoléon prit le parti moyen de se taire. Il laissa toute la famille impériale écrire à Murat pour lui faire sentir à la fois son imprévoyance et son ingratitude, et quant à lui multipliant les ordres pour renforcer l'armée d'Italie, il recommanda au prince Eugène d'être bien sur ses gardes, il prescrivit à sa sœur en Toscane, au général Miollis à Rome, de fermer toutes les forteresses aux troupes napolitaines, si Murat, ainsi qu'on avait lieu de le croire, envahissait l'Italie centrale sous prétexte de soutenir la cause des Français. Murat effectivement n'avait pas encore jeté le masque, et s'annonçait toujours comme devant bientôt porter secours à l'armée française de l'Adige.

{Déc. 1813.}

Telles étaient les occupations nombreuses et les angoisses cruelles dans lesquelles Napoléon passa la fin de novembre et le commencement de décembre. Du reste, si de temps en temps il rugissait comme un lion recevant de loin les traits des chasseurs qui n'osent encore l'approcher, il ne laissait voir ni trouble ni désespoir. Il se flattait toujours d'avoir quatre mois pour se préparer, de se procurer dans ces quatre mois 300 mille hommes entre Paris et le Rhin, de pouvoir même y joindre tout ou partie des vieilles bandes d'Espagne, et avec ces forces réunies d'accabler la coalition, ou s'il succombait, de l'écraser sous sa chute. Tour à tour reprenant l'espérance ou ruminant la vengeance, on le voyait actif, animé, l'œil ardent, se promener vivement en présence de sa famille inquiète, de ses ministres attristés, de sa femme en larmes, prendre son fils

{Animation et fermeté de Napoléon dans ces moments difficiles.}

dans ses bras, le couvrir de caresses, le rendre à l'Impératrice, et comme s'il eût trouvé des forces dans le sentiment de la paternité, redoubler le pas en proférant des paroles comme celles-ci. — Attendez, attendez... vous apprendrez sous peu que mes soldats et moi n'avons pas oublié notre métier... On nous a vaincus entre l'Elbe et le Rhin, vaincus en nous trahissant... mais il n'y aura pas de traîtres entre le Rhin et Paris, et vous retrouverez les soldats et le général d'Italie... Ceux qui auront osé violer notre frontière se repentiront bientôt de l'avoir franchie ! —

D'ailleurs il restait la ressource des négociations, et Napoléon se résignait enfin aux limites naturelles de la France, aux conditions toutefois que nous avons indiquées. Malheureusement le moment où l'on était disposé à nous accorder les limites naturelles avait passé comme un éclair, ainsi qu'avait passé à Prague le moment où la France aurait pu conserver presque toute sa grandeur de 1810. La réponse équivoque aux propositions de M. de Metternich ayant attiré de sa part une interpellation formelle sur l'acceptation ou le rejet des bases dites de Francfort, la réponse à cette interpellation n'étant partie que le 2 décembre, et n'ayant été communiquée que le 5, un mois avait été perdu, et dans ce mois tout avait changé. La coalition avait senti ses forces, et d'une modération bien passagère, en était venue à un véritable débordement de passions. De toute part en effet la contre-révolution européenne commençait à souffler comme une tempête.

C'était M. de Metternich s'appuyant sur les militaires fatigués de cette longue guerre et effrayés des nouveaux hasards auxquels on allait s'exposer au delà du Rhin, qui avait vaincu l'orgueil d'Alexandre, la fureur des Prussiens, l'entêtement des Anglais, et avait décidé les confédérés réunis à Francfort à faire les propositions portées à Paris par M. de Saint-Aignan. Mais ces propositions, à peine sorties du cercle des souverains et des diplomates, ne pouvaient manquer de soulever une désapprobation générale. L'entourage d'Alexandre composé d'émigrés allemands, l'état-major de Blucher composé des clubistes du Tugend-Bund, les agents anglais enfin suivant le quartier général à divers titres, voulaient tout autre chose que ce qu'on venait de proposer, demandaient une guerre à outrance contre la France et contre Napoléon, contre la France pour la réduire à ses frontières de 1790, contre Napoléon pour le détrôner et ramener les Bourbons, non-seulement à cause de l'innocuité de ces princes, mais à cause du principe qu'ils représentaient.

Déc. 1813.

connues, ces propositions produisent un soulèvement dans le camp des coalisés.

Accorder à Napoléon un répit dont il profiterait pour refaire ses forces et essayer plus tard de rétablir sa domination, était à leurs yeux la conduite la plus impolitique. Laisser debout en Italie, en Allemagne, n'importe où, les nombreux établissements fondés par Napoléon, laisser exister ou des princes nouveaux comme lui, ou des princes anciens devenus ses complices, leur semblait une faiblesse, une imprévoyance, une renonciation à la victoire au moment de la remporter éclatante et complète. Suivant eux, il fallait qu'en Italie il ne restât ni le prince Eugène ni Murat, malgré les ser-

Vœux des esprits ardents de la coalition.

Déc. 1813.

Ils veulent refaire l'ancienne Europe en la constituant fortement contre la France.

vices passagers qu'on espérait tirer de ce dernier, ni aucun membre de la famille Bonaparte. Il fallait remettre les Bourbons à Naples, le Pape à Rome, les archiducs d'Autriche à Florence et à Modène, la maison de Savoie à Turin, les Autrichiens à Milan et même à Venise. En Allemagne il fallait non-seulement détruire la Confédération du Rhin, œuvre détestable de Napoléon, mais punir ses alliés, tels que la Bavière, le Wurtemberg, qu'on devait, malgré les promesses les plus formelles, déposséder sans compensation des acquisitions qu'ils avaient dues à la France. Il en était même certains qui méritaient d'être punis d'une manière exemplaire, et dans le nombre le roi de Saxe surtout, qu'il fallait détrôner et remplacer par le duc de Saxe-Weimar, en refaisant en sens contraire l'œuvre de Charles-Quint. On devait ne pas mieux traiter le roi de Danemark, qui s'obstinait à contrarier les desseins de la coalition, en refusant la Norvége à Bernadotte. Quant au roi de Westphalie, Jérôme Bonaparte, sa chute était chose accomplie, sur laquelle il n'y avait plus à revenir. Il ne fallait pas s'en tenir à la rive droite du Rhin, il fallait se porter sur la rive gauche, reprendre les anciens électorats ecclésiastiques, Trèves, Mayence, Cologne, enfin les Pays-Bas autrichiens eux-mêmes, indépendamment de la Hollande, que personne ne pouvait songer à laisser à la France. Avec ces immenses territoires reconquis à la droite et à la gauche du Rhin, on composerait un vaste royaume à la Prusse, de façon à la rendre plus puissante encore que sous le grand Frédéric; on reconstituerait des États pour les princes dépossédés par Napoléon, tels que les princes de Hesse, d'Orange, de Brunswick, de Hanovre, on comblerait en un mot ses amis de biens, et on formerait avec eux une confédération germanique plus forte que l'ancienne, mieux liée surtout contre la France, dirigée non par l'empereur d'Autriche qu'on regardait comme trop modéré pour le refaire empereur d'Allemagne, mais par une diète qu'animeraient les passions les plus violentes, les plus anti-françaises qu'on pût allumer. Telles étaient les vues des esprits ardents, soit parmi les chefs de la coalition, soit parmi les agents secondaires qui entouraient la cour nombreuse et ambulante des monarques alliés.

Déc. 1813.

Les Anglais toutefois, devenus un peu plus modérés sous l'influence du Parlement qui ne cessait de reprocher aux ministres leur haine aveugle contre la France, et représentés à Francfort par un esprit des plus sages, lord Aberdeen, auraient répugné à autant de bouleversements, si dans le nombre il ne s'en était trouvé un qui répondait à tous leurs vœux, celui qui consistait à ôter à la France les Pays-Bas, c'est-à-dire Anvers et Flessingue. Cependant ils osaient à peine espérer un pareil résultat, et ne poussaient leurs prétentions que jusqu'où allaient leurs espérances. Leurs agents inférieurs, moins mesurés, osaient seuls parler comme les Prussiens, qui étaient les provocateurs principaux de ces résolutions extrêmes. Chose singulière, les Prussiens, ayant dans le cœur tous les sentiments de la révolution française, étaient, par haine contre la France, les plus ardents fauteurs de cette espèce de contre-révolution européenne. Aimant la liberté

Les Anglais se rattachent au parti violent dans l'espérance d'enlever Anvers et Flessingue à la France.

jusqu'à épouvanter leurs princes, ils voulaient par esprit de vengeance ne pas laisser trace de ce que la révolution française avait fait en Europe. Ils ne se contentaient pas de mener leur roi, ils entraînaient l'empereur Alexandre en le flattant, en le qualifiant de roi des rois, de chef suprême de la coalition, en lui attribuant les grandes résolutions de cette guerre, en lui promettant de le conduire à Paris, ce qui exaltait la vanité de ce prince jusqu'au délire. Alexandre, aimable par nature et par calcul, ajoutant à son amabilité naturelle un soin continuel à flatter toutes les passions, caressait les Prussiens dont il ne cessait de vanter le courage et le patriotisme pour les avoir avec lui contre les Autrichiens qu'il jalousait, caressait les Autrichiens eux-mêmes en affectant de dire qu'on leur avait dû à Prague le salut de l'Europe, et enfin se gardait de négliger les Anglais qu'il appelait les modèles de la persévérance, les premiers auteurs de la résistance à Napoléon, les premiers vainqueurs de ce conquérant réputé invincible. Ainsi parlant, tandis qu'il feignait à Francfort d'appuyer les avis modérés, secrètement il lâchait la bride aux esprits ardents, et les laissait faire pour se les attacher. Par ces moyens il avait réussi à maintenir la coalition qui aurait été fort menacée de désunion sans son savoir-faire, et s'y était acquis une autorité prépondérante.

Il avait auprès de lui, et s'était attaché en lui donnant asile à sa cour, le fameux comte de Stein, ce Prussien qui avait été obligé de chercher un refuge en Russie contre le courroux de Napoléon, et qui depuis avait exercé beaucoup d'influence sur

Alexandre et sur la coalition. On l'avait mis à la tête d'un comité qui dirigeait les affaires allemandes, et administrait au profit des armées coalisées les territoires reconquis sur la France, et dont la restitution aux anciens possesseurs n'était ni accomplie, ni même décidée. Ces territoires étaient ceux de Saxe, de Hesse, de Westphalie, de Brunswick, de Hanovre, de Berg, d'Erfurt, etc... Quant aux confédérés du Rhin, alliés qui nous avaient trahis, ce comité ne leur tenant aucun compte de leur défection, leur avait imposé en hommes et en argent le double de ce qu'ils avaient jadis fourni à la France. On avait soumis à un contingent de 145 mille hommes, et à un subside de 84 millions de florins (lequel avait été remis à la Prusse, à la Russie, à l'Autriche, en obligations portant intérêts) les États suivants : Hanovre, Saxe, Hesse, Cassel, Berg, Wurtemberg, Bade, Bavière. Le comité des affaires allemandes était ainsi une espèce de comité révolutionnaire, qui, agissant au nom du salut public, ne mettait aucun frein à ses volontés. Sous le prétexte de livrer la direction de leurs affaires aux Allemands à qui elle était due, Alexandre les livrait à eux-mêmes, à condition de les avoir avec lui dans tous les cas où il pourrait en avoir besoin.

Déc. 1813.

Un personnage singulier, un Corse, étranger à toutes ces passions par origine et par supériorité d'esprit, n'ayant en fait de passion que la sienne qui était la haine, le célèbre comte Pozzo di Borgo, s'était réfugié auprès d'Alexandre, sur lequel il commençait à prendre un ascendant marqué. Cette

Caractère du comte Pozzo di Borgo, sa haine contre Napoléon, son influence sur l'empereur Alexandre.

haine, qui était son âme tout entière, quel en était l'objet, demandera-t-on? C'était l'homme prodigieux sorti comme lui de l'île de Corse, et dont la gloire en éblouissant le monde avait désolé son cœur envieux. Il y avait certes une arrogance bien rare à jalouser un génie tel que Napoléon, car c'est au grand Frédéric, c'est à César, Annibal, Alexandre, si leurs cœurs ressentent encore les soucis de la gloire mortelle, c'est à ces hommes extraordinaires qu'il appartient de jalouser Napoléon. Mais comment un personnage obscur, inconnu jusqu'ici, n'ayant ni épée ni éloquence, n'ayant été mêlé qu'aux tracasseries de son île, comment avait-il pu se permettre de jalouser le vainqueur de Rivoli, des Pyramides et d'Austerlitz? Il l'avait osé pourtant, car les passions pour s'allumer n'attendent la permission ni de Dieu ni des hommes, elles s'allument comme ces feux qui ravagent les cités ou les campagnes sans qu'on en sache l'origine. Lorsqu'un homme supérieur sort du pays où il est né, il y laisse ou des amis ardents ou des jaloux implacables. Le comte Pozzo était de ces derniers à l'égard de Napoléon, mais il faut le reconnaître, en cette occasion le jaloux n'était pas indigne du jalousé. En effet Dieu lui avait accordé un genre de génie aussi admirable que celui des batailles, de l'éloquence ou des arts, le génie de la politique, c'est-à-dire cette sagacité qui démêle les événements humains dans leurs causes, leur enchaînement, leurs conséquences, qui découvre comment il faut s'en garder, ou s'y mêler, génie rare que les grandes âmes appliquent à leur pays, les petites à elles-mêmes, qui perd en grandeur ce qu'il gagne en égoïsme, mais qui reste l'un des dons les plus précieux de l'esprit, et ne laisse presque jamais inaperçu, oisif ou inutile, le mortel qui en est doué. Le comte Pozzo en fut la preuve, preuve pour nous bien malheureuse, car lui, jusque-là sans renom, sans influence, presque sans patrie, il contribua singulièrement à la ruine de Napoléon, et par conséquent à la nôtre.

Il avait parcouru successivement tous les pays pour nuire à l'homme qu'il haïssait, d'abord l'Angleterre, puis l'Autriche, puis la Russie et la Suède, quittant alternativement les cours qui se rapprochaient de la France pour se rendre auprès de celles qui s'en éloignaient, revenant auprès des premières quand elles rompaient avec nous, et toujours soufflant partout l'ardeur dont il était animé. Employé à toutes choses, tantôt il était envoyé à Londres pour arracher à l'Angleterre l'argent dont on avait besoin, tantôt chez Bernadotte qu'il méprisait et dominait, pour l'amener sur le champ de bataille de Leipzig. Maintenant, placé auprès d'Alexandre en qualité d'aide de camp, il exerçait, avec son accent italien, sa gesticulation vive, son œil ardent et fier, une action puissante, justifiée du reste par une perspicacité, une sûreté de jugement sans égales. Cet homme avait dit à Alexandre la triste vérité sur la France, comme s'il l'avait parcourue tout entière, et pourtant il y avait des années qu'il ne l'avait vue. — Ne vous laissez pas intimider, lui disait-il sans cesse, par l'idée d'aller braver chez lui le colosse qui vous a tous opprimés si longtemps; le plus difficile est fait, c'était de le

Déc. 1813

Le comte Pozzo di Borgo s'attache à répandre l'idée qu'en marchant

Déc. 1813.

en avant, on ne trouvera aucun obstacle entre Francfort et Paris, par suite de l'épuisement dans lequel Napoléon a laissé la France.

ramener des bords de la Vistule aux bords du Rhin. De Francfort à Paris il n'y a qu'un pas comme distance, il y a moins encore comme difficulté. Les forces prodigieuses de la France ont été dépensées au dehors, il n'en reste plus rien au dedans; la France elle-même est dégoûtée, révoltée du joug qu'elle subit. Marchez donc sans relâche, marchez vite, ne laissez pas respirer le géant; allez à ces Tuileries dont il a fait son repaire, et la France épuisée vous l'abandonnera sans résistance. Vous serez étonné de la facilité de cette œuvre, mais il faut arriver à Paris. A peine votre épée aura-t-elle brisé la chaîne qui tient la France opprimée, que la France vous livrera elle-même son oppresseur et le vôtre. —

Ce sont ces vérités redoutables, constamment présentes à l'esprit clairvoyant du comte Pozzo, qui lui valurent une influence décisive dans la fatale année 1814. Alexandre était heureux de l'entendre, car il sentait en l'écoutant toutes ses passions remuées, et après l'avoir entendu il échappait à la modération de M. de Metternich, il voulait comme les Prussiens marcher en avant, franchir le Rhin, et essayer contre Napoléon une dernière et suprême lutte.

Les propositions de Francfort sont universellement repoussées dès qu'elles sont connues.

Lorsque les propositions de Francfort furent connues des principaux agents de la coalition, elles produisirent parmi eux une agitation extrême, et encourent de leur part une amère désapprobation. S'arrêter était suivant eux une faiblesse désastreuse, car on donnerait à l'ennemi commun le temps de rétablir ses forces. Lui concéder la France avec le Rhin, les Alpes, les Pyrénées, c'était lui assurer les moyens de ne jamais laisser l'Europe en repos. Il fallait lui ôter non-seulement le Rhin et les Alpes, mais la France elle-même, et n'admettre pour contenir le peuple français d'autres chefs que les Bourbons. Il fallait d'ailleurs rétablir en Europe les familles injustement dépouillées, rétablir l'empire du droit, reconstituer en un mot l'ancienne Europe. Pour y réussir il ne restait qu'un pas à faire, mais il fallait le faire tout de suite, sans reprendre haleine, sans se reposer un jour.

Déc. 1813.

Malheureusement des lettres écrites de France, des rapports d'agents secrets, des renseignements fournis par les amis de la maison de Bourbon, confirmaient ces dires, et dévoilaient d'heure en heure l'état vrai des choses, pendant ce même mois de novembre que Napoléon avait perdu en pourparlers équivoques, au lieu de l'employer en réponses positives qui liassent les auteurs des propositions de Francfort. Un événement des plus graves, et du reste des plus faciles à prévoir, vint jeter une nouvelle lumière sur cette situation, et ranger dans le parti des esprits ardents l'Angleterre elle-même, qui avait paru un peu moins violente qu'autrefois. Cet événement c'est en Hollande qu'il se produisit.

Les événements de la Hollande contribuent puissamment à faire écarter les propositions de Francfort.

La Hollande s'était soumise à Napoléon en 1810 lorsqu'il avait décrété la réunion de cette contrée à la France, d'abord parce qu'à cette époque il était irrésistible, et ensuite parce que divers intérêts avaient trouvé dans la réunion des avantages momentanés. Les révolutionnaires hollandais, les catholiques, les commerçants, s'étaient résignés à une révolution qui pour les uns était l'exclusion de la maison d'Orange, pour les autres l'abaissement du protestantisme, pour les derniers l'annexion commerciale au plus vaste empire du monde. Peut-être, avec un meilleur régime politique et la paix, ces intérêts eussent-ils fini par trouver sous le sceptre impérial une satisfaction qui eût fait taire le sentiment de l'indépendance nationale, mais il n'en fut point ainsi. L'architrésorier Lebrun continua, comme le roi Louis, de préférer les orangistes, qui étaient nobles et riches, aux patriotes qui ne l'étaient pas. La querelle avec le Pape aliéna les catholiques en Hollande aussi bien qu'en France. La guerre maritime réduisit les commerçants à une misère profonde, qui atteignit bientôt toutes les classes, et les classes inférieures plus fortement que les autres. Sous le roi Louis la contrebande tolérée avait procuré un certain adoucissement aux maux de la guerre, mais les douaniers français, depuis la réunion, ayant privé le commerce hollandais de cet adoucissement, le mal fut bientôt porté à son comble. L'inscription maritime et la conscription introduites dans le pays, vinrent ajouter de nouveaux maux à la détresse universelle, et dès lors le sentiment national se réveilla avec violence. En 1813 Hambourg et les provinces anséatiques ayant secoué le joug impérial, la commotion s'étendit jusqu'en Hollande, et il fallut des rigueurs pour en arrêter les effets. On condamna aux galères ou à mort un certain nombre de malheureux, et on en exécuta six à Saardam, quatre à Leyde, un à la Haye, deux à Rotterdam. Ces mesures au lieu de calmer l'exaspération ne firent que l'augmenter. Les victoires de Lutzen et de Bautzen la continrent un moment sans l'apaiser, mais la bataille de Leipzig lui rendit toute sa force. L'architrésorier Lebrun, personnellement opposé aux mesures rigoureuses, avait cherché à ménager tout le monde, mais il n'avait réussi qu'à donner l'idée d'une bonne volonté impuissante. Le général Môlitor, commandant les troupes, s'était fait respecter comme un militaire ferme et probe, qui n'abusait pas de la force pour son avantage particulier. Malgré ces ménagements du chef civil et du chef militaire, les Hollandais étaient bien décidés, dès qu'ils le pourraient, à les renvoyer l'un et l'autre sans toutefois exercer contre eux aucune violence, mais en égorgeant, s'ils le pouvaient, les douaniers et les agents de police qu'ils avaient en horreur. Tandis que les choses en étaient arrivées à ce point, de nombreux émissaires anglais parcouraient la Hollande pour le compte de la maison d'Orange, et promettaient l'appui de l'Angleterre aux populations qui se soulèveraient. Celles-ci répondaient qu'à la première apparition d'une force armée elles proclameraient la maison d'Orange, longtemps impopulaire, et redevenue maintenant l'espérance et le vœu du pays. Mais il fallait faire venir cette force armée. Les Anglais avaient bien quelques mille hommes prêts à embarquer, mais l'accès de toutes les rades était interdit par de formidables batteries ou par des flottes à l'ancre. L'amiral Missiessy avec l'escadre d'Anvers défendait les bouches de l'Escaut et de la Meuse ; l'amiral Verhuel avec l'escadre du Texel défendait l'entrée du Zuyderzée. Ce n'était donc que par terre qu'on

Déc. 1813.

Les Hollandais demandent pour s'insurger le secours d'une force étrangère.

pouvait tendre une main secourable aux Hollandais. Bernadotte avait reçu mission en quittant Leipzig de délivrer Hambourg, Brême et Amsterdam avec l'armée du Nord, mais il n'en avait rien fait. Il avait porté tout son corps d'armée vers le Holstein pour réduire le Danemark, et lui arracher la cession de la Norvége. Dans cette vue, cherchant à se débarrasser du maréchal Davout qui était l'appui des Danois, il avait entrepris de conclure avec lui un traité pour la libre évacuation de Hambourg, ce qui eût permis à ce maréchal de rentrer en Hollande avec 40 mille hommes. A cette nouvelle les agents anglais et autrichiens avaient jeté les hauts cris, les premiers parce qu'ils ne voulaient pas qu'on envoyât 40 mille Français en Hollande, les seconds parce que le cabinet de Vienne, à l'époque où il travaillait à propager le système de la médiation, s'était lié au Danemark, et l'avait pris sous sa protection. Les uns et les autres avaient demandé qu'on retirât à Bernadotte les quatre-vingt mille hommes qu'il détournait pour son usage particulier, mais Alexandre, qui s'était fortement attaché à Bernadotte depuis qu'il avait arrangé avec lui l'affaire de la Finlande, avait tempéré cette irritation, et on s'était borné à ordonner au prince suédois de détacher un corps prussien et russe vers la Hollande, ce qui avait été exécuté vers les premiers jours de novembre.

A l'approche de cette force auxiliaire, les Hollandais avaient cessé de dissimuler. Le général Molitor n'avait pour les contenir que quelques cadres de bataillons renfermant au plus 3 mille hommes,

5 à 600 gendarmes français, une poignée de douaniers exécrés quoique très-honnêtes, 500 Suisses fidèles qui n'avaient pas peu contribué à irriter la population, enfin un régiment étranger bien discipliné, mais dans lequel il se trouvait 800 Russes, 600 Autrichiens, 600 Prussiens. Il n'y avait là ni par le nombre, ni par la composition des troupes, une force capable de maîtriser le pays. Au Texel l'amiral Verhuel avait 1,500 Espagnols, qui au premier signal pouvaient s'insurger, et le réduire à se retirer sur ses vaisseaux.

Le corps de Bulow, détaché par Bernadotte, ayant paru sur l'Yssel, le général Molitor sortit d'Amsterdam avec tout ce qu'il avait de forces disponibles, et vint se placer à Utrecht pour y garder la ligne de Naarden à Gorcum. Ce fut là le signal de l'insurrection. Les orangistes ayant réuni des pêcheurs, des marins, des paysans, entrèrent dans Amsterdam le 15 novembre au soir, précédés par des femmes et des enfants, et portant le drapeau de la maison d'Orange. A cet aspect tout le peuple se souleva, et dans la nuit on brûla les baraques où logeaient, le long des quais, les douaniers et les agents de la police française. On ne tenta rien cependant contre les hauts fonctionnaires, contre l'architrésorier notamment, et on se borna à promener sous les fenêtres de celui-ci le drapeau de l'insurrection. Il lui restait pour toute force une cinquantaine de gendarmes dévoués mais impuissants contre un mouvement aussi général. L'architrésorier fit appeler dans la nuit même les principaux membres de la riche aristocratie commerçante sur

Déc. 1813.

Soulèvement général des Hollandais à l'approche du corps de Bulow.

Rétablissement presque sans coup férir de la maison d'Orange.

laquelle il s'était appuyé, la trouva polie mais froide, et fut obligé de reconnaître que si elle avait pu, par prudence, se soumettre à un gouvernement puissant qui la ménageait, elle revenait à la première occasion à celui qui répondait à ses goûts et à ses mœurs aristocratiques. Voyant qu'il n'avait rien à en espérer, l'architrésorier monta en voiture, et se rendit à Utrecht, où il rejoignit le général Molitor menacé de front par vingt mille Russes et Prussiens, assailli à droite, à gauche, en arrière, par des insurrections de tout genre, et ayant quatre mille hommes au plus à leur opposer. Bientôt pour n'être pas coupé de la Belgique, le général Molitor se retira sur le Wahal, précédé de l'architrésorier qui n'avait essuyé d'autres mauvais traitements que quelques huées populaires. A dater de ce moment, il n'y eut plus une ville de Hollande qui n'accomplît sa révolution. Leyde, la Haye, Rotterdam, Utrecht, se donnèrent des régences presque toutes orangistes, et bientôt le prince d'Orange après avoir débarqué en Hollande, fit son entrée à Amsterdam au milieu des acclamations universelles. On annonça que la Hollande, sans définir encore la forme de son gouvernement, se mettait de nouveau sous la protection de l'antique maison qui avait été à sa tête dans les plus grandes crises de son histoire. Il n'y eut du reste que peu d'excès, sauf contre quelques douaniers ou percepteurs des droits réunis, qui n'avaient pas mérité qu'on leur fît expier les torts de leur gouvernement. Le peuple des grandes villes, violent et mobile à son ordinaire, applaudit au rétablissement des princes d'Orange, comme il avait applaudi à leur chute, et les patriotes éclairés tolérèrent leur retour comme la fin du despotisme étranger. Excepté l'amiral Missiessy avec la flotte de l'Escaut, excepté l'amiral Verhuel avec la flotte du Texel, toute la Hollande reconnut la maison d'Orange. Les Anglais y débarquèrent le général Graham à la tête de six mille hommes.

Pour qui aurait réfléchi sérieusement, il eût été facile de voir là un cruel pronostic relativement à la France elle-même. Ce fut pour les Anglais un trait de lumière. Cette révolution spontanée, qui, à la première apparition des baïonnettes dites libératrices, éclatait, et presque sans violence, par un entraînement irrésistible, renversait les récentes créations de l'empire français pour rétablir l'ancien ordre de choses, leur persuada qu'il pourrait bientôt en être de même ailleurs. De toutes parts des agents secrets, des commerçants qui allaient fréquemment de Hollande en Belgique, des Belges poursuivis par la police française, leur donnèrent les mêmes espérances, et leur dirent que si les troupes coalisées se portaient rapidement sur Anvers, Bruxelles, Gand, Bruges, elles trouveraient partout la même disposition à s'insurger contre un gouvernement qui depuis quinze ans les faisait gémir sous la conscription, sous les droits réunis et la guerre maritime; qu'en outre elles trouveraient des places sans armements, sans garnisons et sans vivres, que la magnifique flotte d'Anvers appartiendrait à qui voudrait l'enlever, qu'il n'y avait par conséquent qu'à marcher en avant pour réussir. Il n'en fallait pas tant pour exciter les passions britanniques, et

Déc. 1813.

La révolution opérée en Hollande fait présumer une révolution aussi facile en Belgique, et suggère l'idée d'enlever cette province à la France.

pour déterminer de la part du gouvernement anglais de nouvelles et plus décisives résolutions. Sur-le-champ on prépara des renforts destinés à la Hollande; on fit donner au général Graham, aux généraux prussiens et russes l'ordre de marcher tous ensemble sur Anvers, et on adressa de vives représentations à Bernadotte, afin qu'il cessât de s'occuper du Danemark, et se portât avec toutes ses forces sur les Pays-Bas, s'en fiant à la coalition du soin de lui assurer la Norvége qu'on lui avait promise. Enfin on adressa à lord Aberdeen de nouvelles instructions relativement aux bases de la paix future.

Les propositions de Francfort, minutées comme elles l'avaient été dans la note remise à M. de Saint-Aignan, et dans les lettres postérieures de M. de Metternich, avaient grandement déplu à Londres. Là on n'avait pas, comme à Francfort, le sentiment du danger auquel on s'exposait en passant le Rhin. On était fort émerveillé de la campagne terminée à Leipzig, et on ne comprenait pas qu'on s'arrêtât en un chemin qui semblait si beau, et au terme duquel se montraient de si grands avantages. Laisser à la France ses limites naturelles, c'est-à-dire l'Escaut et Anvers, paraissait bien dur pour l'Angleterre, et elle regardait comme un devoir de la part des alliés de la délivrer de la présence importune et toujours menaçante d'une flotte française à Flessingue. La Russie n'avait pas voulu avoir devant elle le grand-duché de Varsovie; l'Allemagne tout entière n'avait plus voulu avoir des Français à Hambourg, à Brême, à Magdebourg; l'Autriche n'avait plus voulu en souffrir à Laybach, à Trieste. Tous ces vœux avaient été satisfaits. L'Angleterre serait-elle la seule des puissances qui ne verrait pas exaucer les siens? Et n'avait-elle pas le droit de demander que l'on continuât la guerre, si quelques efforts de plus devaient la délivrer de la présence des Français à Anvers? Les politiques anglais n'approuvaient pas sans doute tous les projets subversifs des exaltés de la coalition, tels que le détrônement des rois de Saxe et de Danemark, mais ils adoptaient parmi ces projets ceux qui convenaient à l'Angleterre, ceux qui devaient faire rétrograder la France de Gorcum à Lille, ou au moins de Gorcum à Bruxelles et à Gand. En reprenant Anvers et Flessingue, il y avait une combinaison qui souriait fort à l'Angleterre, c'était de rendre la Hollande très-puissante, afin qu'elle fût en mesure d'opposer plus de résistance à la France, et on aurait bien souhaité par exemple que la maison d'Orange pût réunir aux anciennes Provinces-Unies les Pays-Bas autrichiens. Cette combinaison était devenue l'objet des désirs passionnés de l'Angleterre, depuis que l'insurrection spontanée de la Hollande, qui bientôt, disait-on, allait être imitée par la Belgique, avait révélé la possibilité de pousser plus loin les avantages remportés contre Napoléon.

Déc. 1813.

Les instructions sur lesquelles lord Aberdeen s'était appuyé pour adhérer aux propositions de Francfort, étaient déjà un peu anciennes. Le cabinet britannique les modifia, et recommanda à son ministre de ne pas se regarder comme lié par les propositions de Francfort. On lui assigna, comme conditions formelles de l'Angleterre, la continuation de la guerre, la rentrée de la France dans ses

Les instructions de lord Aberdeen sont changées, et on lui prescrit d'opiner pour la continuation de la guerre, pour le retour

Déc. 1843.

de la France aux limites de 1790, et pour l'omission de toute stipulation relative au droit maritime.

limites de 1790, et un silence absolu dans les futurs traités de paix sur le droit maritime. On ne dit pas qu'on pousserait la guerre jusqu'à détrôner Napoléon, bien que ce résultat fût celui qui répondait le plus aux sentiments secrets du peuple anglais, on ne le dit pas, parce qu'on s'était engagé à traiter avec le chef de l'empire français, et qu'il y aurait eu une inconséquence choquante à revenir sur l'engagement pris, mais on déclara d'une manière générale qu'il fallait continuer la guerre jusqu'à la rentrée de la France dans ses limites de 1790.

Afin de décider les puissances par l'appât de l'argent, l'Angleterre offre de leur acheter la flotte d'Anvers, si elles parviennent à la prendre.

On chargea lord Aberdeen, pour allécher les puissances continentales par l'appât de l'argent dont elles avaient grand besoin, de leur acheter la flotte d'Anvers, si elles en opéraient la conquête, ce qui pouvait bien représenter une demi-année de subside. Enfin, pour gagner l'Autriche en particulier, l'Autriche dont on apercevait déjà la jalousie envers la Russie, on chargea lord Aberdeen de dire à M. de Metternich, que si dans quelques détails on ménageait la Russie, dans l'ensemble des choses on se rangerait du côté de l'Autriche, parce que sur presque tous les points on était d'accord avec elle, parce qu'on préférait ses conseils toujours sensés aux avis extravagants de certains exaltés, mais qu'il fallait en retour qu'elle se prononçât pour la constitution d'un puissant royaume des Pays-Bas, qui s'étendrait du Texel jusqu'à Anvers.

Les nouvelles instructions arrivent à Francfort, au moment même

Telles étaient les instructions qui furent expédiées à la légation britannique, juste au moment où Napoléon se décidait trop tard à accepter purement et simplement les conditions de Francfort.

Ainsi le mois perdu pour nous de novembre à décembre avait laissé à tout le monde le temps de se raviser, surtout à l'Angleterre, qui, éclairée par l'insurrection de la Hollande, avait conçu l'espérance et le désir d'enlever à la France non-seulement le Texel, mais Anvers. Évidemment une adhésion immédiate et catégorique donnée dès le 16 novembre eût placé les confédérés de Francfort dans un embarras dont ils se seraient tirés fort difficilement.

Il n'est pas besoin de dire qu'en arrivant à Francfort ces nouvelles instructions y trouvaient les esprits parfaitement préparés. Tous ceux qui voulaient qu'on marchât sans s'arrêter jusqu'à ce qu'on eût accablé Napoléon, avaient pris les devants, et demandaient qu'il ne fût tenu aucun compte des ouvertures faites à M. de Saint-Aignan. L'empereur Alexandre n'était que trop disposé à partager ces vues, par ressentiment contre Napoléon, par exaltation d'orgueil. Faire dans Paris une entrée triomphale était une revanche de la ruine de Moscou qui le transportait de joie. Le comte Pozzo l'excitait en lui répétant que ce qu'on avait vu en Hollande on le verrait en Belgique et en France, si on se hâtait, si on passait hardiment le Rhin, si en un mot on ne laissait pas respirer l'ennemi commun. Les Prussiens, toujours conduits par la haine, voulaient absolument qu'on marchât en avant. Blucher disait qu'à lui seul, si on le laissait libre, il pénétrerait dans Paris. Les Autrichiens eux-mêmes, quoique fort touchés des dangers qu'on était exposé à rencontrer au delà du Rhin, ne méconnaissaient pas les avantages considérables qu'ils pourraient y re-

Déc. 1813.

où arrivait l'adhésion de Napoléon aux communications de M. de Saint-Aignan.

Le mois perdu avait ainsi donné aux coalisés le temps de se raviser.

Les esprits généralement disposés à Francfort à accueillir les nouvelles vues de l'Angleterre.

cueillir. Tandis que l'Angleterre devait gagner Anvers pour la maison d'Orange, ils pourraient gagner l'Italie pour eux-mêmes et pour leurs archiducs. Ils ne manquaient donc pas de motifs de continuer la guerre, bien qu'à la crainte de nouveaux hasards se joignît chez eux le déplaisir de céder à la prépondérance peu dissimulée des Russes, à la violence brutale des Prussiens. Mais il y avait dans cette question une raison décisive pour eux comme pour tout le monde, c'était le vœu de l'Angleterre qui payait la coalition, qui par ses victoires en Espagne s'était acquis une importance continentale qu'elle n'avait jamais eue, qui de plus avait sa toute-puissante marine, qui tenant enfin la balance entre les ambitions contraires pouvait la faire pencher vers celle qu'elle favoriserait. On se décida en conséquence à poursuivre la guerre sans relâche, la Prusse par vengeance, la Russie par vanité, l'Autriche par condescendance intéressée envers l'Angleterre, l'Angleterre par les divers motifs se rattachant à l'Escaut, toutes par l'entraînement des choses qui conduisait à pousser à sa fin extrême une lutte si ancienne, si acharnée, si implacable. Le 10 décembre M. de Metternich répondit à la note par laquelle M. de Caulaincourt avait adhéré purement et simplement au message de M. de Saint-Aignan, que la France avait accepté bien tard les propositions de Francfort, mais qu'il allait néanmoins communiquer cette tardive acceptation à tous les alliés. Il ne dit pas si à la suite de ces communications les opérations militaires seraient interrompues, et comme il n'avait jamais été convenu depuis la rupture du congrès de Prague que les négociations, dans le cas où on les reprendrait, seraient suspensives de la guerre, on pouvait, sans violer aucun engagement, continuer à marcher en avant, pourvu que l'on continuât les pourparlers pacifiques. Le prétendu renvoi de la réponse française aux cours alliées laissait ainsi le temps d'agir sans une trop grande inconséquence.

Déc. 1813.

Cependant puisque l'Angleterre voulait poursuivre la guerre dans un intérêt qui lui était particulier, il était naturel qu'elle payât les frais de cette dernière campagne, et comme l'argent pour ces armements énormes manquait à tous les belligérants, il fut décidé qu'on lui demanderait de nouveaux subsides, et pour lui en faire connaître l'étendue, pour lui en montrer le besoin, on lui envoya l'homme qui jouait déjà un rôle si important dans les conseils de la coalition, le comte Pozzo. Il partit pour Londres afin d'apporter au ministère britannique le budget de cette campagne d'hiver.

On envoie demander de l'argent à l'Angleterre pour les frais de la nouvelle campagne.

Mais dans l'hypothèse d'une reprise immédiate des opérations, le plan à adopter soulevait de nombreuses questions, et pouvait faire naître de graves dissidences dans une coalition où les intérêts et les amours-propres étaient déjà fort divisés, et où le plus impérieux besoin de conservation maintenait seul un accord souvent plus apparent que réel. Outre que les forces coalisées étaient considérablement réduites par l'acharnement de la lutte, elles étaient encore disséminées par la diversité du but que chacun avait en vue. Il avait fallu laisser sur les derrières pour bloquer les places de l'Elbe, les corps de

Forces qui restaient aux coalisés après la campagne de 1813.

Kleist, Kienau, Tauenzien, Benningsen, qui tous avaient pris part au formidable rendez-vous de Leipzig. Bernadotte avec les Suédois, avec les Prussiens de Bulow, avec les Russes de Wintzingerode, sous prétexte de faire face au maréchal Davout, s'était détourné du but principal afin d'enlever la Norvége aux Danois, ce qui avait exaspéré les Autrichiens protecteurs des Danois, et mis en suspicion la bonne foi d'Alexandre, accusé d'encourager sous main Bernadotte qu'il blâmait publiquement. A peine avait-on pu arracher au nouveau prince suédois un détachement pour coopérer au rétablissement de la maison d'Orange. Il ne restait donc sur le Rhin que l'armée du prince de Schwarzenberg cantonnée de Francfort à Bâle, et celle du maréchal Blucher cantonnée de Francfort à Coblentz, ayant dans leurs rangs les Bavarois, les Badois, les Wurtembergeois. Après l'adjonction de ces derniers et les pertes de la campagne on estimait les deux armées à 220 ou 230 mille hommes immédiatement disponibles. Il est vrai que de nouveaux contingents allemands venant remplacer les troupes qui bloquaient les places, et Bernadotte étant rappelé au but commun, on pouvait amener encore 200 mille hommes sur le Rhin; il est vrai qu'on espérait tirer de nombreuses recrues de Pologne, de Prusse, d'Autriche, qu'on avait 70 mille hommes en Italie, 100 mille sur la frontière d'Espagne, et que ce n'était pas dès lors avec moins de 600 mille hommes qu'on serait en mesure d'attaquer la France en mars et avril. Mais pour le moment il n'y avait que 220 mille hommes à mettre en ligne, dont 160 mille Autrichiens, Prussiens, Russes, Bavarois, sous le prince de Schwarzenberg, et 60 mille Prussiens, Russes, Wurtembergeois, Hessois et Badois sous le maréchal Blucher. C'était une entreprise hardie que de passer le Rhin devant Napoléon avec des forces pareilles; mais d'après tous les renseignements, il n'avait pas plus de 80 mille hommes, et dès lors on ne croyait pas qu'il fût imprudent de se présenter à lui avec 220 mille. On eût été encore plus résolu, si on avait su qu'il ne lui en restait pas plus de 60 mille à opposer à une brusque invasion.

Déc. 1813.

Cependant à Francfort, les personnages les plus éclairés tenaient pour très-suspects les détails fournis par les agents de la coalition, et on se refusait à croire que Napoléon n'eût pas au moins cent mille hommes sous la main. On insistait donc sur la nécessité de se conduire avec la plus grande prudence en essayant de pénétrer en France. A cette occasion chacun avait son plan. Les Prussiens et les Russes en avaient un, les Autrichiens un autre, tous dominés, comme c'est l'ordinaire à la guerre, par le désir d'attirer à eux le gros des forces, et de devenir ainsi le centre des opérations. Les Prussiens voulaient que réunissant de leur côté 180 mille hommes sur 220 mille, on passât le Rhin entre Coblentz et Mayence, tandis qu'un autre corps le franchirait entre Mayence et Strasbourg (voir la carte n° 61); qu'on s'avançât hardiment au milieu des places qui couvraient cette partie de la France, telles que Coblentz, Mayence, Landau, Strasbourg en première ligne, Mézières, Montmédy, Luxembourg, Thionville, Metz en seconde ligne, qu'on les enlevât

Plans divers proposés dans le sein de la coalition.

Plan des Prussiens.

9.

Déc. 1813.

brusquement si les Français n'y avaient laissé que de petites garnisons, que si au contraire pour les mieux garder ils avaient affaibli l'armée active, on profitât de cet affaiblissement pour se jeter sur elle, l'accabler et la pousser sur Paris, en négligeant les places qu'on aurait le temps d'assiéger plus tard avec les corps venus des bords de l'Elbe. L'état-major prussien regardait cette manière d'opérer comme à la fois plus méthodique et plus hardie, car dans un cas on aurait les places et on se créerait des appuis en marchant, dans l'autre on arriverait peut-être à Paris en quelques journées.

Plan des Autrichiens.

Les Autrichiens avaient un autre plan, dicté aussi par des vues particulières, mais parfaitement sage, du moins à en juger par le résultat. Ils considéraient comme imprudent de s'engager dans ce labyrinthe de forteresses, compris depuis Strasbourg jusqu'à Coblentz, depuis Metz jusqu'à Mézières. Ils disaient que c'était *prendre le taureau par les cornes*. Ils soutenaient que, sans s'épuiser pour garnir les places, Napoléon se bornerait à les mettre à l'abri d'un coup de main, et qu'on le trouverait lui-même manœuvrant entre elles avec ses forces concentrées, tout prêt à se jeter sur l'armée coalisée, qui se serait plus affaiblie pour bloquer ces places que lui pour les défendre. Ils proposaient donc un système d'opérations radicalement différent. Le côté faible de la France, suivant eux, n'était pas au nord-est, de Strasbourg à Coblentz, de Metz à Mézières, où plusieurs rivières et d'immenses fortifications la protégeaient, mais tout à fait à l'est, le long du Jura, où, comptant sur la neutralité suisse, elle n'avait jamais songé à élever des défenses. Il fallait donc se porter à Bâle, y passer le Rhin qui ne gèle point en cet endroit, traverser la Suisse qui invoquait sa délivrance à grands cris, et prendre ainsi la France à revers, ce qui procurerait plusieurs avantages, celui de la séparer de l'Italie, de la priver des secours qu'elle en pourrait recevoir si Napoléon rappelait le prince Eugène, et en même temps d'isoler tellement ce prince qu'il succomberait par le fait seul de son isolement.

On devine sans doute les motifs qui, outre la valeur réelle de ce plan, lui attiraient les préférences de l'Autriche. Elle voulait pénétrer en Suisse, y rétablir son influence, et priver non pas la France des secours de l'Italie, mais l'Italie des secours de la France. La Suisse était effectivement dans un état de fermentation extraordinaire, et disposée à se comporter comme la Hollande, avec cette différence, néanmoins, qu'il y avait chez elle un parti français très-fort, reposant sur des intérêts très-réels et très-légitimes. Les cantons autrefois dominateurs, et c'étaient les cantons démocratiques aussi bien que les cantons aristocratiques, car l'ambition n'est pas plus inhérente à un principe qu'à l'autre, se flattaient de recouvrer les pays sujets. Les petits cantons aspiraient à posséder comme jadis les bailliages italiens, la Valteline et le Valais; Berne aspirait à posséder le pays de Vaud, l'Argovie, le Porentruy; les familles aristocratiques rêvaient leur prédominance d'autrefois sur les classes moyennes. Au contraire, les pays jadis sujets, les classes jadis opprimées, ne voulaient à aucun prix rentrer sous leurs anciens maîtres : tristes divisions que

Déc. 1813.

Le plan des Autrichiens fondé principalement sur l'état de la Suisse.

Vues des partis qui divisaient la Suisse.

Napoléon avait fait cesser par l'acte de médiation. Malheureusement ce bel acte, digne du temps où il concluait le Concordat, la paix d'Amiens, la paix de Lunéville, avait été bientôt gâté comme tous les autres par son génie envahissant. Il avait rempli la Suisse de ses douaniers et même de ses soldats. Il occupait le Tessin par un détachement de l'armée d'Italie, ce qui était un argument fort spécieux contre la neutralité suisse. De plus, en bloquant étroitement la Suisse pour y empêcher la fraude commerciale, il avait, dans certains cantons manufacturiers, fait descendre le prix de la journée de 15 sous à 5 sous, et rendu la Suisse presque aussi misérable que la Hollande. Pourtant ces maux n'avaient pu faire oublier aux pays affranchis l'intérêt de leur indépendance, et s'il y avait un parti de l'ancien régime qui demandait l'invasion étrangère, il y avait un parti du nouveau qui s'y opposait de toutes ses forces. La Suisse était en ce moment la seule contrée où Napoléon n'eût pas entièrement dégoûté les peuples de l'influence française et des principes de notre révolution. La lutte était donc vive et opiniâtre entre les deux partis. Les partisans de l'ancien régime pressaient l'Autriche d'entrer chez eux, et elle ne demandait pas mieux que de les satisfaire, et d'adopter une marche qui devait lui rendre la Suisse en y rétablissant l'influence aristocratique, l'Italie en l'isolant.

Les Prussiens et les Russes reprochaient à ce plan d'être dicté par un intérêt particulier à l'Autriche, d'éloigner la coalition de sa route la plus directe vers Paris, de l'exposer à un long détour pour aller gagner Bâle, d'entraîner enfin une trop grande division des masses agissantes, car on ne pourrait pas s'empêcher d'avoir une armée dans les Pays-Bas, dès lors une armée intermédiaire vers Coblentz ou Mayence, ce qui devait faire trois armées avec celle qui entrerait par le Jura, et permettrait à Napoléon sa manœuvre favorite de battre un ennemi après l'autre.

Déc. 1813.

Les Anglais qui inclinaient généralement vers les Autrichiens contre les Prussiens et les Russes, qui étaient déjà offusqués de l'empire pris par Alexandre, qui avaient spécialement besoin de l'influence de l'Autriche pour constituer le royaume des Pays-Bas, et tenaient d'ailleurs beaucoup à soustraire la Suisse à l'influence française, se montraient favorables au plan du prince de Schwarzenberg. L'empereur Alexandre au contraire le repoussait, et par plusieurs raisons. Bien qu'on s'accablât à Francfort de protestations de fidélité et de dévouement par crainte de voir la coalition se dissoudre, bien qu'Alexandre y ajoutât une coquetterie de manières qui, d'innocente qu'elle avait été dans sa jeunesse, devenait astucieuse avec l'âge, on avait souvent failli rompre, et notamment dans une affaire récente, celle de Bernadotte, que les Anglais accusaient de négliger tout à fait la Hollande, que les Autrichiens accusaient de violenter le Danemark, et que les Russes, en paraissant le désavouer, avaient secrètement encouragé. Alexandre, pris en flagrant délit de duplicité, éprouvait de l'humeur; il s'en prenait surtout aux Autrichiens qui, dans cette occasion, avaient dévoilé ses secrètes menées. De plus, tout en flat-

Les Anglais adhèrent à ce plan.

Opposition d'Alexandre, et motifs de son opposition.

tant, dans le sein de la coalition, le parti ardent qui voulait détruire jusqu'à la dernière les œuvres de la Révolution française, il flattait en même temps les Polonais, les libéraux allemands et suisses. Il était ainsi contre-révolutionnaire avec les uns, libéral avec les autres, par calcul autant que par mobilité; cependant il penchait alors vers les idées libérales, par opposition au despotisme de Napoléon, et par l'influence de son éducation. Élevé en effet par un Suisse, le colonel Laharpe, ayant eu à sa cour pour l'éducation de ses sœurs des gouvernantes de même origine, il avait écouté leurs supplications, y avait paru sensible, et avait déclaré qu'il ne laisserait jamais accomplir en Suisse une contre-révolution.

Cette question avait fini par inquiéter les coalisés pour le maintien de leur union. Cependant l'Autriche, prononcée pour le plan qui consistait à tourner les places en se portant au moins jusqu'à Bâle, et ayant obtenu, grâce aux Anglais, une majorité d'avis, avait promis qu'on ne violerait pas la neutralité de la Suisse, et qu'on se bornerait uniquement à s'approcher de ses frontières, ajoutant que si elle se soulevait spontanément, et appelait les armées alliées, on ne pourrait pourtant pas refuser de passer par des portes qui s'ouvriraient d'elles-mêmes. Alexandre n'avait pas positivement contesté ce raisonnement, s'était contenté de nier que la Suisse fût disposée à demander la violation de ses frontières, et avait consenti à un mouvement général vers Bâle, aux conditions qui viennent d'être énoncées.

En conséquence, du 10 au 20 décembre, on régla tous les détails de la marche au delà du

Rhin. Il fut convenu d'abord qu'on poursuivrait immédiatement les opérations militaires sans s'arrêter pour négocier, que Blucher avec les corps d'York, de Sacken, de Langeron, avec les Wurtembergeois et les Badois, comprenant environ 60 mille hommes, préparerait le passage du Rhin entre Coblentz et Mayence, et s'avancerait ensuite entre les forteresses françaises; qu'en même temps la grande armée du prince de Schwarzenberg, composée des Autrichiens, des Bavarois, des Russes, et des gardes prussienne et russe, comprenant 160 mille hommes à peu près, se porterait à la hauteur de Bâle, passerait le Rhin dans les environs de cette ville, ou à Bâle même si la Suisse faisait tomber tous les scrupules en ouvrant elle-même ses portes, qu'on tournerait ainsi les défenses de la France en y pénétrant par Huningue, Béfort, Langres. Ces principales données adoptées, on se mit en marche. Blucher se concentra entre Mayence et Coblentz; le prince de Schwarzenberg se dirigea vers la Suisse en remontant de Strasbourg à Bâle. Les souverains et les diplomates quittèrent Francfort pour Fribourg.

*Déc. 1813.
et projet d'un double passage du Rhin vers Coblentz et vers Bâle.*

La diète suisse, remplie en majorité d'esprits sages, qui tout en regrettant les excès de pouvoir commis par Napoléon, avaient encore la mémoire pleine de ses bienfaits, ne voulait ni d'une contre-révolution ni d'une invasion étrangère. Elle avait envoyé des agents à Paris pour demander que la France reconnût sa neutralité, et fît disparaître toute trace des actes qui avaient pu rendre cette neutralité illusoire. Napoléon, contraint par les circonstances d'accueillir ces réclamations, avait d'a-

Démarches de la diète suisse pour obtenir le respect de sa neutralité.

bord fait retirer ses troupes du Tessin, puis avait déclaré qu'il considérait la neutralité suisse comme un principe essentiel du droit européen, qu'il s'engageait formellement à le respecter, et qu'il ne voyait dans son titre de MÉDIATEUR DE LA CONFÉDÉRATION SUISSE qu'un titre commémoratif des services rendus par la France à la Suisse, et nullement un titre contenant en lui-même un pouvoir réel.

La diète, munie de cette déclaration, avait aussitôt dépêché deux députés auprès des souverains, pour demander qu'à leur tour ils reconnussent une neutralité que la France admettait d'une manière si explicite. A cette démarche elle avait joint une mesure, fort bien entendue si elle avait été sérieuse, consistant à réunir une armée fédérale d'une douzaine de mille hommes, rangée de Bâle à Schaffhouse, sous M. de Watteville. Tandis qu'elle en agissait ainsi, les principales familles des Grisons, des petits cantons, et de Berne, avaient envoyé des émissaires secrets pour dire à chacun des souverains en particulier, que la diète était une autorité fausse, usurpatrice, dont on ne devait tenir aucun compte; qu'il fallait au contraire franchir immédiatement la frontière helvétique pour aider l'autorité véritable, la seule légitime, celle des temps passés, à se rétablir au profit de la coalition.

De même qu'il y avait un double langage de la part des Suisses, il y en avait un double aussi de la part des puissances coalisées. En public on disait aux représentants de la diète qu'on regardait la neutralité suisse comme un principe important du droit européen, qu'on s'attacherait dans l'avenir à e rendre inviolable, que pour le présent, sans avoir précisément le projet d'y manquer, on ne pouvait prendre l'engagement de respecter dans tous les cas un principe violé plusieurs fois par la France, et faiblement défendu par la Suisse. On citait à l'appui de ce raisonnement l'occupation du Tessin, le titre de MÉDIATEUR pris par Napoléon, les régiments au service de France qui récemment venaient de recevoir des recrues, et enfin un événement fort inaperçu, l'emprunt du territoire suisse que la division Boudet avait fait en 1813 pour se transporter en Allemagne. On ne s'expliquait pas du reste sur ce que feraient les armées coalisées en conséquence de ces précédents, et on se bornait à établir ses titres sans déclarer encore qu'on en userait. Sous main on insinuait aux Grisons, aux petits cantons, aux Bernois qu'il fallait se soulever, et renverser la diète, que dans ce cas les armées alliées entreraient en Suisse, et leur rendraient en passant la Valteline, les bailliages italiens, le Valais, le pays de Vaud, le Porentruy, etc.

Déc. 1813.

pour violer la neutralité suisse.

Les raisons alléguées par la diplomatie des coalisés n'avaient pas grande valeur, car le Tessin était évacué, et son occupation n'avait été au surplus qu'une représaille insignifiante pour des faits patents de contrebande; le titre de médiateur n'était qu'un acte de gratitude de la part des Suisses, n'entraînant aucune dépendance envers la France; l'admission enfin des régiments capitulés au service de diverses puissances n'avait été prise à aucune époque pour une violation de la neutralité. Mais, dans ce vaste conflit européen, le droit n'était plus qu'un vain mot, et le 19 décembre, tout en répétant à l'empereur Alexandre qu'on n'entrerait pas en Suisse sans y être appelé, le prince de Schwarzenberg s'approcha du pont de Bâle, et prit position en face des troupes du général suisse de Watteville. Le généralissime autrichien comptait à tout moment sur une insurrection à Berne, à la suite de laquelle la diète étant renversée, et une autorité nouvelle proclamée, il pourrait se dire appelé par les Suisses eux-mêmes. Néanmoins, fatigué d'attendre, le prince de Schwarzenberg se mit en mesure le 21 décembre de franchir le pont de Bâle, et le commandant des troupes suisses, qui regardait comme impossible de résister à l'Europe armée, excusant sa faiblesse par son impuissance, fit un simulacre de protestation, puis livra le passage sans coup férir. A cette nouvelle, le mouvement si impatiemment désiré à Berne, éclata, et la diète, qui était légitimement établie en vertu d'une constitution excellente, justifiée par douze années d'une pratique heureuse et tranquille, la diète fut déclarée déchue. Des mouvements pareils éclatèrent dans plusieurs cantons, et on se prévalut de ces mouvements, qu'on avait produits au lieu de les attendre, pour opérer une violation flagrante du droit des gens. Du reste les coalisés firent une déclaration dans laquelle ils annonçaient qu'ils respecteraient invariablement la neutralité suisse à l'avenir, c'est-à-dire lorsqu'ils n'auraient plus besoin de la violer et qu'au contraire ils auraient besoin qu'elle fût respectée.

L'empereur Alexandre qu'on avait trompé, et qui

sut quelques jours plus tard que les mouvements dont on s'autorisait, au lieu de précéder l'invasion, l'avaient suivie, fut à la fois blessé et irrité au plus haut point. Mais il ne pouvait guère se plaindre, car l'Autriche lui avait rendu en cette occasion ce qu'il avait fait plus d'une fois, notamment dans l'affaire des Suédois contre les Danois. D'ailleurs, il eût été encore plus fâcheux de rompre que d'être trompé, et il se contenta de se plaindre amèrement, de faire dire aux Vaudois et à tous les pays sujets d'être tranquilles, et qu'il ne permettrait pas qu'on les remît sous l'ancien joug. Les armées alliées marchèrent donc, et inondèrent bientôt la Suisse et la Franche-Comté. Les Bavarois se dirigèrent sur Béfort, les Autrichiens sur Berne et Genève, pour se porter, en traversant le Jura, sur Besançon et Dôle. Blucher, vers Mayence, attendait que les Autrichiens eussent achevé le long détour qu'ils avaient entrepris, pour franchir lui-même le Rhin. Ainsi, le 21 décembre 1813, jour de funeste mémoire, après plus de vingt ans de triomphes inouïs, l'Empire, par un terrible revirement de la fortune, se trouvait envahi à son tour, et la France, qui loin d'être le coupable avait été le patient, la France, après avoir cruellement souffert de la faute, allait cruellement souffrir de l'expiation, destinée ainsi à être deux fois victime, victime de l'homme extraordinaire qui l'avait glorieusement mais durement gouvernée, victime des souverains qui venaient se venger de lui !

Craignant par-dessus tout le soulèvement de la population, les coalisés en entrant en France mirent un soin extrême à rassurer les esprits. Déjà, par

Déc. 1813.

qui avait ignoré les ressorts secrets qu'on avait fait jouer en Suisse, est d'abord fort irrité lorsqu'il les connaît, mais il se résigne pour ne pas dissoudre la coalition.

Double invasion de la France après vingt ans de victoires et de conquêtes non interrompues.

une déclaration publiée à Francfort le 1ᵉʳ décembre, ils s'étaient efforcés de prouver qu'ils n'en voulaient pas à la grandeur de la France. Le prince de Schwarzenberg fit précéder les troupes de la coalition de la proclamation suivante.

« Français !

» La victoire a conduit les armées alliées sur votre frontière ; elles vont la franchir.

» Nous ne faisons pas la guerre à la France ; mais nous repoussons loin de nous le joug que votre gouvernement voulait imposer à nos pays, qui ont les mêmes droits à l'indépendance et au bonheur que le vôtre.

» Magistrats, propriétaires, cultivateurs, restez chez vous : le maintien de l'ordre public, le respect pour les propriétés particulières, la discipline la plus sévère, marqueront le passage des armées alliées. Elles ne sont animées de nul esprit de vengeance ; elles ne veulent point rendre les maux sans nombre dont la France depuis vingt ans a accablé ses voisins et les contrées les plus éloignées. D'autres principes et d'autres vues que celles qui ont conduit vos armées chez nous, président aux conseils des monarques alliés.

» Leur gloire sera d'avoir amené la fin la plus prompte des malheurs de l'Europe. La seule conquête qu'ils envient est celle de la paix pour la France, et pour l'Europe entière un véritable état de repos. Nous espérions le trouver avant de toucher au territoire français ; nous allons l'y chercher. »

En apprenant les événements de Hollande, et les

premiers mouvements des coalisés vers les Pays-Bas, Napoléon avait senti sur-le-champ le danger de se laisser entamer de ce côté, car c'était la partie des anciennes conquêtes de la France que l'on était le plus disposé à lui contester, et pour soutenir la possession de droit il fallait au moins n'avoir pas perdu la possession de fait. Il s'était donc empressé d'y envoyer de bonne heure tous les secours dont il était possible de disposer.

Déc. 1813.

Dans les premiers moments il avait voulu, comme on l'a vu, conserver même la Hollande, moins pour la garder définitivement, que pour en faire un objet de compensation. Mais la Hollande nous ayant promptement échappé, il avait en toute hâte expédié des forces sur le Wahal. Il avait dépêché le général Rampon vers Gorcum, avec des gardes nationales levées dans la Flandre française, pour former la garnison de cette place. Il avait envoyé le duc de Plaisance, fils de l'architrésorier, à Anvers, avec ordre d'enfermer l'escadre de l'Escaut dans les bassins, d'en répartir les marins, les uns sur la flottille, les autres sur les fortifications de la ville, d'y réunir également les dépôts les plus voisins, les conscrits en marche, les douaniers, les gendarmes revenant de Hollande. Il avait en outre fait partir le général Decaen, inutile désormais en Catalogne, pour la Belgique, afin d'y organiser au plus vite le 1er corps, qu'on devait tirer, comme nous l'avons dit, des dépôts du maréchal Davout. Sentant bien néanmoins que ce corps ne serait pas reconstitué assez promptement pour parer aux premiers dangers, et voulant à tout prix sauver la ligne du Wahal,

Premiers mouvements de troupes ordonnés par Napoléon, en apprenant l'insurrection de la Hollande.

Napoléon avait choisi dans sa garde tout ce qui était disponible, pour l'acheminer sans délai sur le Brabant septentrional. Il avait successivement expédié le général Lefebvre-Desnoëttes avec deux mille hommes de cavalerie légère, puis les généraux Roguet et Barrois chacun avec une division d'infanterie de la jeune garde. Enfin, il avait dirigé le maréchal Mortier lui-même sur Namur, à la tête de la vieille garde. Si l'ennemi ne projetait sur les Pays-Bas qu'une opération d'hiver, Napoléon se flattait ainsi de l'arrêter, et d'avoir ensuite le temps de reporter sa garde là où serait le danger sérieux de la campagne. Si au contraire le grand effort des coalisés se concentrait vers la Belgique, la garde se trouverait toute transportée sur le théâtre des principales opérations. Les esprits étant très-agités en Belgique, et fort disposés à imiter la conduite des Hollandais, Napoléon y avait envoyé un excellent officier de gendarmerie, déjà signalé par ses services dans la Vendée, le colonel Henry, avec le grade de général, et quelques centaines de gendarmes pris en partie dans la gendarmerie d'élite.

Tels avaient été les premiers ordres donnés à la suite de l'insurrection de la Hollande vers la fin de novembre. La nouvelle du passage du Rhin près de Bâle, le 21 décembre, sans consterner ni ébranler Napoléon, l'affecta vivement néanmoins, car il entrevit sur-le-champ la pensée de ses ennemis, il reconnut qu'on ne voulait plus négocier avec lui, que les propositions de Francfort étaient bientôt devenues ce qu'elles n'étaient pas d'abord, c'est-à-dire un leurre, grâce à la faute qu'il avait commise de ne pas prendre la coalition au mot, qu'on était résolu à pousser les hostilités à outrance même durant l'hiver, et qu'on allait essayer de finir la guerre avec ce qui restait de combattants des gigantesques batailles de Dresde, de Leipzig, de Hanau. Il n'avait dès lors pas d'autre conduite à tenir que de se défendre avec ce qui lui restait de ces mêmes batailles, en y ajoutant ce qu'il pourrait réunir dans l'espace d'un mois ou deux.

Il ne s'agissait plus, comme on voit, d'employer l'hiver et le printemps à lever 600 mille hommes, il fallait se servir à la hâte des hommes que les préfets avaient pu arracher à nos campagnes désolées dans les mois de novembre et de décembre, et malheureusement ce n'était pas considérable. Le recours aux trois anciennes classes de 1811, 1812, 1813, qui aurait dû produire 140 mille hommes, avait procuré 80 mille conscrits seulement, de bonne qualité il est vrai, et le recours aux plus anciennes classes 30 mille tout au plus. Napoléon ordonna de les verser sur-le-champ et suivant la proximité des lieux, les uns dans les dépôts de l'ancien corps de Davout situés en Belgique, les autres dans les corps de Macdonald, Marmont, Victor, répartis le long du Rhin. Il prescrivit au maréchal Marmont de ne pas se laisser enfermer dans Mayence, d'en sortir, de se porter en deçà des Vosges, et de recueillir en chemin les conscrits qui devaient d'abord aller le joindre à Mayence. Il ordonna au maréchal Victor de quitter Strasbourg, d'y laisser outre les gardes nationales qui s'y trouvaient déjà, quelques cadres de bataillons avec une partie de ses conscrits, et

Déc. 1813.

Napoléon fait jeter dans les cadres de la garde et dans les dépôts des régiments repliés sur Paris quelques conscrits levés à la hâte.

de verser les autres dans les rangs du 2ᵉ corps qu'il commandait. Les conscrits destinés à l'Italie furent arrêtés à Grenoble et à Chambéry, et réunis à Lyon, où Napoléon voulait avec les dépôts du Dauphiné, de la Provence, de l'Auvergne, composer une armée qui fermerait à l'ennemi les débouchés de la Suisse et de la Savoie. Enfin les conscrits de la Bourgogne, de l'Auvergne, du Bourbonnais, du Berry, de la Normandie, de l'Orléanais, furent acheminés sur Paris pour y être jetés, les uns dans la garde, les autres dans les dépôts qui allaient se replier sur la capitale à l'approche des armées envahissantes. Les conscrits du Midi durent continuer à se diriger sur Bordeaux, Toulouse, Montpellier, Nîmes, où se formaient les réserves des deux armées d'Espagne.

Avec cette faible ressource, il compose une réserve qu'il doit joindre aux corps des maréchaux retirés en Bourgogne et en Champagne.

Cette première direction donnée aux 110 mille hommes qu'on avait eu le temps de lever, indiquait l'emploi d'urgence que Napoléon se proposait d'en faire. Les corps de Macdonald, de Marmont, de Victor devaient en prendre le plus qu'ils pourraient, les armer, les habiller, les instruire en se retirant lentement sur Paris. Mais il y avait là tout au plus de quoi retarder pendant quelques jours les progrès de l'invasion. Napoléon s'occupa de créer une armée de réserve sous Paris, laquelle viendrait le rejoindre successivement à mesure de sa formation. Elle devait se composer des nouveaux bataillons de la garde dont une partie s'organisait à Paris, et des dépôts qu'on faisait rétrograder sur la capitale et qu'on allait remplir avec les conscrits des provinces du centre. On ne se borna pas à réunir à Paris les dépôts qui se repliaient des bords du Rhin, on y appela en outre de l'intérieur tous ceux qui n'étaient pas nécessaires aux frontières de l'est et du midi, pour les remplir également de tous les hommes qu'on aurait le temps d'y jeter. Ce fut le vieux duc de Valmy, chargé longtemps de la surveillance des dépôts sur le Rhin, qui dut continuer d'accomplir cette mission entre le Rhin et la Seine. On espérait former ainsi deux divisions de réserve, destinées à l'illustre général Gérard, qui s'était déjà tant distingué dans les dernières campagnes. A peine les conscrits arrivés, versés dans les cadres, armés et à demi habillés, ces deux divisions devaient se porter en avant pour rejoindre l'armée, s'organiser et s'instruire en route. Napoléon avait créé dans la capitale des ateliers d'habillement; il en multiplia l'activité à force d'argent, afin d'avoir deux à trois mille équipements complets par jour.

Déc. 1813.

Il procéda de la même manière à l'égard de la cavalerie, dont on avait le plus grand besoin pour tenir tête aux innombrables bandes de Cosaques que l'ennemi allait précipiter sur la France. Il fit rétrograder sur Versailles les dépôts de cavalerie qui se trouvaient entre les frontières et Paris; il y amena de plus ceux de la Normandie et de la Picardie; il y réunit également les cavaliers rentrés à pied par Wesel, et il donna les ordres nécessaires pour les équiper et les monter. Les ouvriers selliers et carrossiers de la capitale, payés argent comptant, furent employés à fabriquer de la sellerie et du harnachement. Les préfets des départements voisins durent lever d'autorité tous les chevaux dis-

Moyens à peu près semblables pour réorganiser les débris de la cavalerie.

ponibles, sur le motif fort légitime qu'il s'agissait de garantir la France de l'invasion des Cosaques. On fit publier que tout cheval propre au service serait payé argent comptant à Versailles par le général commandant le dépôt de cavalerie. Les dépenses que le Trésor ne pouvait acquitter immédiatement furent soldées sur la réserve particulière des Tuileries.

Enfin Napoléon prévoyant qu'il serait obligé de suppléer à l'infanterie qui lui manquait par un immense déploiement d'artillerie, en prépara une formidable à Vincennes. Les compagnies d'artillerie qui n'étaient pas nécessaires dans les places, le matériel de campagne qui n'y était pas indispensable, furent acheminés sur Vincennes, où, par les moyens déjà indiqués, on dut réunir des conscrits, des chevaux, des harnais, et mettre en état de rouler quatre ou cinq cents bouches à feu.

Ces créations, quelque activité qu'on mît à les accélérer, étaient loin de répondre à l'étendue et à la proximité du danger. Douze ou quinze mille conscrits jetés précipitamment dans les cadres de la garde, vingt ou vingt-cinq mille dans les dépôts concentrés à Paris, présentaient un faible secours pour les maréchaux qui allaient se replier sur la Champagne et la Bourgogne avec les débris de Leipzig et de Hanau. Napoléon se décida, quoiqu'il y eût répugné d'abord, à se servir des gardes nationales. Il y avait là des formations toutes prêtes, auxquelles, dans un danger aussi pressant, on était fort autorisé à recourir. Napoléon chargea les préfets de la Bourgogne, de la Picardie, de la Normandie, de la Touraine, de la Bretagne, de s'adresser aux communes où le mécontentement n'avait pas éteint le patriotisme, et de leur demander des compagnies de gardes nationales d'élite. La levée de 300 mille hommes sur les anciennes classes, et de 160 mille sur la classe de 1815, n'ayant pu, faute de temps, s'exécuter dans ces contrées, on n'avait pas lieu de s'y plaindre des appels trop répétés, et on ne pouvait pas refuser, à quelque opinion qu'on appartînt, de faire un dernier effort pour rejeter l'ennemi hors du territoire. Napoléon assigna pour point de réunion à ces gardes nationales Paris, Meaux, Montereau, Troyes. L'Alsace, la Franche-Comté durent en fournir aussi pour occuper les défilés des Vosges.

Malheureusement on manquait de fusils pour les armer, car malgré les ateliers créés à Paris et à Versailles, les armes à feu n'arrivaient point en nombre suffisant, et on avait, comme nous l'avons déjà dit, plus de bras que de fusils, bien qu'on eût tant prodigué les bras depuis la Moskowa jusqu'au Tage!

Restait une ressource à laquelle Napoléon était prêt à faire appel, sans s'inquiéter du sacrifice qu'elle entraînerait, c'était celle que lui offraient les deux armées d'Espagne, lesquelles réunies en avant de Paris lui auraient procuré quatre-vingt ou cent mille soldats admirables. Avec cette ressource seule il aurait eu le moyen d'écraser la coalition, et de la précipiter dans le Rhin. Mais il était bien douteux qu'il pût en disposer en temps utile. Le duc de San-Carlos, parti pour la frontière de Catalogne, l'avait franchie, s'était enfoncé en Espagne, et n'avait plus donné de ses nouvelles. Le malheureux

Déc. 1813.

Napoléon n'ayant aucune réponse d'Espagne, se décide à retirer de ses armées des Pyrénées deux détachements qu'il dirige sur Lyon et sur Paris.

Ferdinand, aussi pressé de quitter Valençay pour l'Escurial, que Napoléon de ramener ses soldats de l'Adour sur la Seine, se mourait d'impatience. Mais rien n'arrivait. Joseph, saisissant à propos la circonstance pour sortir d'une situation fausse, avait écrit à Napoléon que devant l'invasion du territoire, il n'avait plus de condition à faire, de dédommagement à stipuler, et qu'il demandait à servir l'État n'importe en quelle qualité et en quel lieu. Napoléon l'avait reçu à Paris, lui avait rendu sa qualité de prince français, ainsi que sa place au conseil de régence, et avait décidé que sans lui donner comme dans le passé le titre de roi d'Espagne, on l'appellerait *le roi Joseph,* et sa femme *la reine Julie.*

Cet arrangement qui avait l'avantage de rétablir l'union dans le sein de la famille impériale, était jusqu'ici le seul résultat des négociations de Valençay. En attendant qu'il pût rappeler de la frontière d'Espagne la totalité des forces qui s'y trouvaient, Napoléon voulut du moins en retirer une partie. Il prescrivit aux maréchaux Suchet et Soult de se tenir prêts à marcher avec leurs armées tout entières vers le nord de la France, et provisoirement de faire partir, le maréchal Suchet douze mille hommes de ses meilleures troupes pour Lyon, le maréchal Soult quatorze ou quinze mille, également des meilleures, pour Paris. Des relais furent préparés sur les routes pour transporter l'infanterie en poste, ainsi qu'on l'avait fait en d'autres temps. Certainement les deux maréchaux Suchet et Soult allaient être fort affaiblis après ce double détachement, mais comme on ne leur demandait que de retarder les progrès de l'ennemi dans le midi de la France, Napoléon espérait qu'avec ce qui leur restait ils en auraient les moyens. D'ailleurs, d'après des ordres antérieurs ils avaient envoyé à Bordeaux, à Toulouse, à Montpellier, à Nîmes, des cadres, où les conscrits de ces départements, levés, habillés, armés à la hâte, commençaient à se réunir. Il est vrai que les hostilités nous surprenant là comme sur les autres points, avant l'époque prévue du mois d'avril, il devait y avoir, au lieu de 60 mille hommes, à peine 20 mille hommes dans les quatre dépôts. Telle quelle, dans notre extrême détresse, cette ressource n'était point à dédaigner.

Déc. 1813.

Après avoir donné ses soins à la création de ces forces, Napoléon s'occupa de leur emploi. Bien qu'à la première démonstration de l'ennemi vers la Belgique il eût supposé que son principal effort se dirigerait de ce côté, dès le passage du Rhin à Bâle, il n'eut plus un doute sur la marche de l'invasion. Il vit que tout en poussant le corps de Blucher de Mayence sur Metz par la route du nord-est, la coalition voulait cependant s'avancer par l'est avec sa plus forte colonne, afin de tourner les défenses de la France, et de marcher par Béfort, Langres et Troyes sur Paris. Napoléon fit ses dispositions en conséquence.

Il ordonna aux maréchaux Marmont et Victor, qui venaient de sortir des places, de suivre l'un et l'autre l'arête des Vosges de Strasbourg à Béfort, de disputer le plus longtemps possible à l'ennemi le passage de ces montagnes, qu'il voulût les forcer ou les tourner par Béfort (voir la carte n° 61), de

Plan défensif adopté pour la campagne de 1814.

se replier ensuite sur Épinal, pour faire face à la colonne qui se présentait par l'est. Tout ce qu'il y avait de jeune garde en formation à Metz, dut accourir sur le même point d'Épinal, et s'y placer sous le commandement du maréchal Ney. La vieille garde, acheminée d'abord sur la Belgique, eut ordre de rebrousser chemin vers Châlons-sur-Marne, pour prendre position à Langres. Napoléon ne laissa en Belgique que la division Roguet, laquelle même ne devait y rester que le temps nécessaire pour permettre au général Decaen de réunir les premiers éléments d'un corps d'armée. Le grand effort des coalisés ne se portant pas de ce côté, Napoléon ne voulait y laisser que les forces indispensables pour contenir et ralentir l'ennemi qui venait du nord.

En conséquence de ces ordres, les corps des maréchaux Marmont, Victor, Ney, Mortier, comprenant 60 mille hommes au plus, rangés d'Épinal à Langres, sur les hauteurs qui séparent la Franche-Comté de la Bourgogne, devaient disputer à la masse envahissante de l'est l'entrée des vallées de la Marne, de l'Aube, de la Seine, tandis que Napoléon, avec ce qu'on préparait à Paris, avec ce qui arrivait d'Espagne, irait les soutenir, et leur apporter le secours de sa présence. Si Blucher, dont le mouvement était à prévoir, arrivait de son côté par le nord-est, s'avançait de Metz sur Paris, pendant que Schwarzenberg y marcherait par Langres et Troyes, Napoléon n'était pas sans ressource contre ce nouveau péril. Macdonald, avec les 11e et 5e corps confondus en un seul, avec le 2e de cavalerie, comptant en tout 15 mille hommes, devait abandonner les Pays-Bas, côtoyer la colonne de Blucher entrée par Metz, puis se réunir par Châlons-sur-Marne à Napoléon, qui après s'être jeté sur Schwarzenberg, se rejetterait sur Blucher, suppléerait au nombre par l'activité, l'audace, l'énergie, ferait en un mot comme il pourrait, combattrait comme il gouvernait, en désespéré. La fortune a tant de faveurs soudaines, non-seulement pour les audacieux, mais pour les obstinés qui s'opiniâtrent et veulent la ramener à tout prix! Ainsi le conquérant qui avait conduit 650 mille hommes en Russie après en avoir laissé 100 mille en Italie, 300 mille en Espagne, avait pour résister à la coalition européenne environ 60 mille combattants repliés entre Épinal et Langres, 15 mille se retirant de Cologne à Namur, 20 ou 30 mille formés en avant de Paris, et peut-être 25 mille arrivant des Pyrénées! C'était là tout ce qui lui restait de son immense puissance, et, indépendamment du nombre, que dire encore de la qualité? Quelques enfants sans instruction, sans habits et sans armes, jetés dans les rangs de quelques vieux soldats épuisés de fatigue, mais tous ayant le sang français dans les veines, et conduits par le génie de Napoléon, allaient disputer la France à l'univers irrité, et, comme on le verra bientôt, accomplir encore des prodiges!

Il convient d'ajouter à ces moyens l'armée réunie sur le Rhône. L'ennemi annonçant le projet de pousser jusqu'à Genève, et pouvant aussi, dans le cas où le prince Eugène serait vaincu en Italie, déboucher par la Savoie, il fallait de toute nécessité pourvoir à la défense de Lyon. Dans le grand arc de cercle

Déc. 1813.

Dispositions adoptées pour la défense de Lyon.

qu'il allait décrire autour de Paris, en manœuvrant contre les deux colonnes envahissantes, Napoléon pouvait bien courir de Metz à Dijon, mais il ne pouvait pas étendre son bras jusqu'à Lyon, et la capitale eût été menacée alors soit par Autun et Auxerre, soit par Moulins et Nevers. En conséquence il chargea Augereau, déjà très-fatigué sans doute, mais ayant conservé un reste d'ardeur et le talent de parler aux masses, d'aller réunir à Lyon des cadres, des conscrits, des gardes nationaux, et de les joindre aux 12 mille hommes que Suchet lui envoyait du Roussillon. Si ce vieux soldat de la Révolution comprenait son rôle, il devait rejeter sur Genève et Chambéry la portion des coalisés qui aurait fait une tentative sur Lyon, puis débarrassé de ces assaillants, remonter la Saône par Mâcon, Châlons, Gray, pour tomber sur les derrières de la grande armée qui aurait envahi la Bourgogne. Le hasard, les circonstances pouvaient lui fournir l'occasion de rendre à la France d'immenses services.

Ainsi, dans une position en apparence désespérée, Napoléon ne désespérait pas cependant, et son esprit ne s'était jamais montré ni moins abattu ni plus riche en ressources. Tandis qu'il pressait avec tant d'activité l'achèvement de ses préparatifs, il avait en outre des mesures politiques à prendre, pour faire concourir les moyens moraux avec les moyens matériels. Après avoir laissé oisifs à Paris les membres du Corps législatif, il avait enfin résolu de les réunir, et il voulait s'en servir pour réveiller l'opinion publique, pour la ramener à lui, et s'il ne le pouvait pas, pour la forcer au moins de se préoccuper des périls de la France, menacée en ce moment d'un affreux désastre.

Déc. 1813.

Il arrivait en cette occasion ce qui est arrivé bien des fois, ce qui arrivera bien des fois encore, c'est que l'opinion qu'on a voulu comprimer n'en devient que plus vive et plus intempestive dans ses manifestations. Pour n'avoir pas voulu en permettre l'expression, lorsque cette expression était sans danger, et pouvait même être utile, on est obligé d'en souffrir la manifestation à contre-temps, et dans un moment où au lieu de critiques il faudrait le plus absolu dévouement. Un autre inconvénient de ces explosions tardives, c'est que les uns ne savent pas dire la vérité, les autres l'entendre, et qu'au lieu d'être un secours cette vérité devient un péril, au lieu d'un avis, une menace !

Les membres du Corps législatif, transportés à Paris, y étaient venus le cœur plein des sentiments de leurs provinces désolées par la conscription, par les réquisitions, par les mesures arbitraires des préfets, lesquels tantôt établissaient des impôts à volonté, tantôt frappaient d'exil le père riche qui refusait son fils aux gardes d'honneur, ou ruinaient par des garnisaires le cultivateur pauvre qui avait caché le sien dans les bois. A ces douleurs très-réelles, qui n'étaient ni une invention, ni une arme de l'esprit de parti, s'étaient ajoutées les notions exagérées, si elles avaient pu l'être, de ce qui se passait dans nos armées, notions recueillies de tous les côtés, et quelquefois même auprès des membres du gouvernement. On racontait partout, sans adoucir les couleurs, les malheurs de la der-

État des esprits dans le Corps législatif resté oisif à Paris.

nière campagne, les souffrances de nos soldats laissés mourants sur les routes de la Saxe et de la Franconie, les affreux ravages du typhus sur le Rhin, les calamités non moins horribles de la guerre d'Espagne. Le sentiment de ces maux s'était aggravé en apprenant combien il eût été facile de les éviter. Bien que le public ne sût pas qu'un jour, à Prague, on avait pu obtenir la plus belle paix, et que par une coupable obstination on en avait laissé passer le moment (ce qui était le secret de Napoléon et de M. de Bassano, intéressés à ne pas s'en vanter, et de M. de Caulaincourt, sujet trop fidèle pour le divulguer), chacun était persuadé que si la paix n'était pas conclue, c'était la faute de Napoléon, que toujours les alliés avaient voulu la faire avec lui, que c'était lui qui n'avait jamais voulu la faire avec eux, et maintenant que le contraire devenait vrai, maintenant que l'Europe enhardie par ses succès, après avoir vainement désiré la paix ne la voulait plus, et que Napoléon en la désirant était dans l'impossibilité de l'obtenir, l'opinion publique ne distinguant pas entre une époque et l'autre, l'accusait d'un tort qu'il avait eu, et qu'il n'avait plus, l'accusait quand il aurait fallu le soutenir! triste et fatal exemple de la vérité trop longtemps cachée! Mieux vaut, nous le répétons, en donner connaissance aux peuples à l'instant même, car ils reçoivent alors en leur temps les impressions qu'elle est destinée à produire, et n'éprouvent pas dans un moment les sentiments qu'ils auraient dû éprouver dans un autre. Il eût fallu être indigné six mois plus tôt, et aujourd'hui se taire et apporter son appui! C'est le contraire qu'on faisait. Ajoutez que la bassesse du cœur humain aidant, tel qui s'était montré des plus soumis, et des plus émerveillés des grandeurs du règne, maintenant que le prestige commençait à s'évanouir, était des moins réservés dans le dénigrement!

Un mois passé à Paris dans l'oisiveté, les mauvais propos, les fâcheuses excitations, n'avaient pas dû calmer les membres du Corps législatif. Chacun, dans le gouvernement, avait pu s'apercevoir de leurs dispositions, et en était inquiet. Mais les changer n'était pas facile. Ce gouvernement si habitué à manier des soldats, montrait, quand il s'agissait de manier des hommes, toute la gaucherie et la rudesse du despotisme. On avait toujours laissé au duc de Rovigo, comme œuvre de police, le soin d'influencer tantôt les membres du Corps législatif, tantôt ceux du clergé, ainsi qu'on l'avait vu à l'époque du concile. Deviner les besoins de famille de l'un, les besoins de clientèle de l'autre, y satisfaire ou par des places, ou par d'autres moyens moins avouables, était un soin dont le duc de Rovigo s'acquittait avec une facilité sans scrupule, une bonhomie toute soldatesque, et qui suffisaient alors à l'indépendance des caractères. Mais si on réussit ainsi auprès de quelques individus, avec le grand nombre il faut heureusement des moyens plus nobles, et il le faut d'autant plus que la cause de l'agitation des esprits est plus grave. Aussi, des serviteurs éclairés du gouvernement sentant bien que quelques satisfactions personnelles ne convenaient plus à la circonstance, avaient dit qu'on de-

Déc. 1813.

Difficulté de s'entendre avec cette assemblée.

Ordre au duc de Rovigo de ne point s'en mêler.

vait surtout empêcher le duc de Rovigo d'intervenir dans les affaires du Corps législatif. Parmi eux notamment, M. de Sémonville, ennemi du duc de Rovigo qu'il aspirait à remplacer, avait fait parvenir par M. de Bassano, son ami, ce conseil à Napoléon, et Napoléon, à qui la franchise du duc de Rovigo avait déplu, s'était hâté de lui dire qu'il devait renoncer à se mêler de ce qui se passait dans l'intérieur des grands corps de l'État.

Il était vrai que les petits moyens ne suffisaient plus devant le sentiment trop longtemps comprimé de la France désolée. Mais à défaut de ces moyens la persuasion honnête, qui donc aurait été capable de l'employer? Les habiles gens qui trouvaient trop vulgaire l'habileté du duc de Rovigo, quelle ressource avaient-ils à offrir? Hélas, aucune, car il n'y a pas d'habileté qui puisse prévaloir contre des vérités douloureuses, profondément et universellement senties. Toutefois, un président ayant du savoir-faire, l'habitude de manier les hommes, et jouissant de la confiance de ses collègues, aurait pu exercer sur eux quelque influence, et leur faire comprendre que tout en ayant raison d'être indignés pour le passé, ils devaient pour le présent s'unir fortement au gouvernement, afin de repousser l'étranger par un effort patriotique et décisif. Mais, pour dédommager le duc de Massa, privé de son portefeuille au profit de M. Molé, on venait d'ôter au Corps législatif toute participation au choix de son président, et on lui avait imposé le duc de Massa lui-même, savant et honorable magistrat, digne de tous les respects, mais devenu infirme, ne connaissant aucun des membres du Corps législatif, n'étant connu d'aucun d'eux, et leur déplaisant parce que sa présence seule était un dernier exemple des volontés capricieuses d'un despotisme auquel on reprochait d'avoir perdu la France.

Ce président ne pouvait donc rien pour surmonter les difficultés de la situation, pour faire sentir qu'au-dessus du droit de se plaindre il y avait le devoir de s'unir contre les ennemis de la France. Si des ministres fermes et convaincus avaient pu se présenter à la tribune pour y porter avec dignité les aveux nécessaires, pour y demander à tous les ressentiments de se taire et de faire place au patriotisme, il aurait été possible de se passer des moyens détournés qui s'adressent à chaque homme en particulier, mais dans la constitution du Corps législatif tout le monde était muet, le pouvoir comme l'assemblée elle-même. Un orateur du gouvernement, personnage secondaire et sans responsabilité, venait débiter une harangue convenue, devant des législateurs qui répondaient par une harangue du même genre, les uns et les autres n'accomplissant qu'une vaine formalité dépourvue d'intérêt. Il n'y avait là aucun moyen de soulager le sentiment public, de parler à la nation, de lui tracer ses devoirs, et de s'en faire écouter et croire. On dira peut-être qu'une assemblée libre, au lieu de secours, aurait apporté des entraves : on va voir, par ce qui arriva, si une assemblée libre aurait pu être plus nuisible que ce Corps législatif asservi et avili !

On était donc réuni à Paris, le cœur gros de chagrins, d'alarmes, de sentiments amers de tout genre,

Déc. 1813.

Vicieuse organisation de ce corps.

160 LIVRE LI.

Déc. 1813.

Séance impériale tenue le 19 décembre.

qui auraient eu besoin de se faire jour, et qui n'en avaient pas la possibilité, lorsque Napoléon ouvrit le Corps législatif en personne, le 19 décembre. Au milieu d'un silence glacial, il lut le discours suivant, simplement, noblement écrit, comme tout ce qui émanait directement de lui.

Discours de la couronne écrit par Napoléon lui-même.

« Sénateurs, conseillers d'État, députés au Corps
» législatif,

» D'éclatantes victoires ont illustré les armes fran-
» çaises dans cette campagne; des défections sans
» exemple ont rendu ces victoires inutiles : tout a
» tourné contre nous. La France même serait en
» danger sans l'énergie et l'union des Français.

» Dans ces grandes circonstances, ma première
» pensée a été de vous appeler près de moi. Mon
» cœur a besoin de la présence et de l'affection de
» mes sujets.

» Je n'ai jamais été séduit par la prospérité. L'ad-
» versité me trouverait au-dessus de ses atteintes.

» J'ai plusieurs fois donné la paix aux nations
» lorsqu'elles avaient tout perdu. D'une part de
» mes conquêtes j'ai élevé des trônes pour des rois
» qui m'ont abandonné.

» J'avais conçu et exécuté de grands desseins
» pour la prospérité et le bonheur du monde !......
» Monarque et père, je sens ce que la paix ajoute
» à la sécurité des trônes et à celle des familles. Des
» négociations sont entamées avec les puissances coa-
» lisées. J'ai adhéré aux bases préliminaires qu'elles
» ont présentées. J'avais donc l'espoir qu'avant l'ou-
» verture de cette session le congrès de Manheim

» serait réuni; mais de nouveaux retards, qui ne
» sont pas attribués à la France, ont différé ce mo-
» ment que presse le vœu du monde.

» J'ai ordonné qu'on vous communiquât toutes
» les pièces originales qui se trouvent au porte-
» feuille de mon département des affaires étran-
» gères. Vous en prendrez connaissance par l'inter-
» médiaire d'une commission. Les orateurs de mon
» conseil vous feront connaître ma volonté sur cet
» objet.

» Rien ne s'oppose de ma part au rétablissement
» de la paix. Je connais et je partage tous les senti-
» ments des Français, je dis des Français, parce qu'il
» n'en est aucun qui désirât la paix au prix de l'hon-
» neur.

» C'est à regret que je demande à ce peuple géné-
» reux de nouveaux sacrifices; mais ils sont com-
» mandés par ses plus nobles et ses plus chers in-
» térêts. J'ai dû renforcer mes armées par de
» nombreuses levées : les nations ne traitent avec
» sécurité qu'en déployant toutes leurs forces. Un
» accroissement dans les recettes devient indispen-
» sable. Ce que mon ministre des finances vous pro-
» posera est conforme au système de finances que
» j'ai établi. Nous ferons face à tout sans l'emprunt
» qui consomme l'avenir, et sans le papier-monnaie
» qui est le plus grand ennemi de l'ordre social.

» Je suis satisfait des sentiments que m'ont mon-
» trés dans cette circonstance mes peuples d'Italie.

» Le Danemark et Naples sont seuls restés fidèles
» à mon alliance.

» La république des États-Unis d'Amérique con-

» tinue avec succès sa guerre contre l'Angleterre.

» J'ai reconnu la neutralité des dix-neuf cantons
» suisses.

» Sénateurs,

» Conseillers d'État,

» Députés des départements au Corps législatif,

» Vous êtes les organes naturels de ce trône :
» c'est à vous de donner l'exemple d'une énergie
» qui recommande notre génération aux générations
» futures. Qu'elles ne disent pas de nous : Ils ont
» sacrifié les premiers intérêts du pays! ils ont re-
» connu les lois que l'Angleterre a cherché en vain
» pendant quatre siècles à imposer à la France.

» Mes peuples ne peuvent pas craindre que la po-
» litique de leur empereur trahisse jamais la gloire
» nationale. De mon côté j'ai la confiance que les
» Français seront constamment dignes d'eux et de
» moi ! »

Dans ce discours Napoléon avait annoncé la communication des pièces relatives à la négociation de Francfort, qui semblait, on ne savait pourquoi, tout à fait interrompue. Il espérait que de cette communication sortirait un résultat d'une grande utilité, le seul qu'il pût dans le moment attendre de la réunion du Corps législatif, c'était la preuve qu'il voulait la paix, qu'il en avait franchement accepté les conditions telles qu'on les lui avait posées à Francfort, et que si cette paix n'était pas déjà signée, la faute n'était pas à lui, mais aux puissances coalisées. Une déclaration du Corps législatif en ce sens aurait pu remédier sinon à l'épuisement du pays, du moins à sa méfiance profonde, et lui rendre quelque zèle, en lui persuadant que ce n'était pas à l'ambition de l'Empereur qu'il allait se sacrifier encore une fois, mais à la nécessité de se défendre et de se sauver. Cependant, avant de dissiper la méfiance du pays, il aurait fallu dissiper celle du Corps législatif lui-même, et on ne pouvait y réussir qu'avec beaucoup de franchise. M. de Caulaincourt, qui n'avait rien à craindre de cette franchise, la conseilla fortement. Mais Napoléon avait trop de vérités à cacher pour suivre un tel conseil. Si on avait communiqué le rapport seul de M. de Saint-Aignan, chacun y aurait vu que M. de Metternich recommandait expressément *de ne pas faire aujourd'hui comme à Prague,* c'est-à-dire de ne pas laisser passer un moment unique de conclure la paix, ce qui prouvait qu'à Prague on aurait pu la faire, et qu'on ne l'avait pas voulu. Si en outre on avait produit la lettre de M. de Bassano du 16 novembre dernier, il serait devenu évident qu'au moment des propositions de Francfort, au lieu de prendre l'Europe au mot, le cabinet français lui avait répondu d'une manière équivoque et ironique, et que c'était le 2 décembre seulement qu'il avait répondu par une acceptation formelle; et bien que le public ignorât combien la perte de ce mois avait été funeste, il se serait bien douté qu'en le perdant on avait perdu un temps précieux, car autant la première ouverture de M. de Metternich avait été confiante et pressante, autant sa dépêche du 10 décembre était devenue froide et évasive. La franchise pouvait donc entraîner de graves révélations, mais à s'adresser aux représentants du pays pour avoir

Déc. 1813.

M. de Caulaincourt voudrait que ces communications fussent franches, mais Napoléon craint de laisser voir qu'il a refusé la paix à Prague, et accepté tardivement les propositions de Francfort.

leur appui, il fallait au moins leur parler franchement, et en avouant les torts passés, s'appuyer sur la bonne foi présente, que la lettre du 2 décembre mettait hors de doute, pour obtenir du Corps législatif la déclaration formelle que le gouvernement voulait la paix, la voulait honorable, mais la voulait enfin.

Napoléon permit de certaines communications un peu plus amples au Sénat, mais beaucoup plus restreintes au Corps législatif. Le rapport de M. de Saint-Aignan par exemple dut être donné avec des altérations dont l'intention était de faire disparaître la trace de ce qui s'était passé à Prague. Les lettres du 16 novembre et du 2 décembre durent toutefois être communiquées toutes deux, car il était impossible en produisant celle du 2 décembre de retenir celle du 16 novembre, l'une se référant à l'autre. Quant à la forme des communications, il fut convenu que le Sénat et le Corps législatif nommeraient chacun de leur côté une commission de cinq membres, et que cette commission se rendrait chez l'archichancelier Cambacérès, pour prendre connaissance des pièces annoncées. En attendant on s'occupa dans le sein du Sénat et du Corps législatif du choix des commissaires destinés à recevoir les communications du gouvernement.

Le Sénat nomma de grands personnages qui, sans être tout à fait dévoués, étaient incapables en ce moment de la moindre imprudence. Il désigna MM. de Fontanes, de Talleyrand, de Saint-Marsan, de Barbé-Marbois, de Beurnonville. Ces noms ne révélaient ni hostilité ni complaisance. Au Corps législatif il en fut autrement. Le gouvernement avait bien indiqué sous main ses préférences, mais on n'en tint aucun compte. Ce corps, qui jusqu'ici avait été trop peu mêlé à la politique pour être constitué en partis distincts, et pour avoir ainsi ses candidats désignés d'avance, les chercha comme à tâtons, et fut obligé de recourir à plusieurs scrutins pour trouver en quelque sorte sa propre pensée. Du premier abord il repoussa les candidats du gouvernement; puis, après y avoir réfléchi, il nomma des hommes distingués, indépendants, qui jouissaient, sans l'avoir briguée, de l'estime de leurs collègues. Ce furent M. Lainé, célèbre avocat de Bordeaux, ayant vivement adopté autrefois les idées de la Révolution, revenu depuis à des opinions plus modérées, doué d'une âme honnête mais passionnée, d'une éloquence étudiée mais brillante et grave; M. Raynouard, homme de lettres en réputation, auteur de la tragédie des *Templiers*, honnête homme, vif, spirituel et sincère; M. Maine de Biran, esprit méditatif, voué aux études philosophiques, l'un des savants que Napoléon accusait d'*idéologie;* enfin MM. de Flaugergues et Gallois, ceux-ci moins connus, mais gens d'esprit et partisans très-prononcés de la liberté politique. Tous à la veille d'être engagés dans une lutte contre le gouvernement, étaient mis presque sans y penser sur la voie du *royalisme* (nous entendons par cette dénomination un penchant déclaré pour les Bourbons avec des lois plus ou moins libérales), mais ils n'y étaient pas encore, au moins les trois premiers, les seuls qui jouissent alors d'une certaine renommée.

Ces choix une fois faits chaque commission se rendit, sous la conduite du président de son corps, chez le prince archichancelier. La commission du Sénat fut admise la première, c'est-à-dire le 23 décembre. Elle reçut les communications de M. de Caulaincourt lui-même, écouta tout, ne dit rien, et après avoir entendu la lecture des lettres du 16 novembre et du 2 décembre, ne conserva pas un doute sur la faute qu'on avait commise en n'acceptant pas purement et simplement, et tout de suite, les propositions de Francfort. En effet des esprits tels que MM. de Talleyrand et de Fontanes voyaient bien que c'était la lettre du 2 décembre qu'il aurait fallu écrire le 16 novembre. M. de Fontanes fut chargé de présenter au Sénat le rapport sur les opérations de la commission sénatoriale. Chose bizarre! la communication adressée aux hommes les plus sérieux était justement la moins sérieuse, parce qu'elle était purement d'apparat. Le 24 eut lieu la seconde communication, celle qui, destinée à des personnages moins importants, devait avoir cependant une importance beaucoup plus grande.

Comme si on eût voulu en rapetisser encore le caractère, on avait chargé non pas le ministre lui-même, mais l'un de ses subordonnés, M. d'Hauterive, homme d'un véritable mérite du reste, de s'aboucher avec les membres du Corps législatif, et de leur exposer la marche des négociations. La conférence se tint également chez le prince archichancelier. Au lieu de grands personnages, connus et froidement attentifs, on eut devant soi des hommes à visage nouveau, curieux, passionnés, écoutant ce qu'on leur disait, mais désirant et demandant encore davantage. Le rapport lu, ils en réclamèrent une nouvelle lecture, et on ne la leur refusa pas. Leur première impression fut une sorte d'étonnement. Quelques minutes avant cette lecture ils étaient tous convaincus que si on avait encore la guerre on le devait à l'entêtement de Napoléon, et cependant, n'ayant pas sous les yeux les pièces de la négociation de Prague, n'ayant que les actes de Francfort, la proposition confiée à M. de Saint-Aignan, la réponse de M. de Bassano du 16 novembre, celle M. de Caulaincourt du 2 décembre, ils étaient obligés de reconnaître que dans cette dernière occasion Napoléon avait voulu la paix. S'ils avaient eu un peu plus l'habitude des transactions diplomatiques, et s'ils avaient pu savoir ce qui s'était passé en Europe du 16 novembre au 2 décembre, et combien ce temps perdu par nous avait été activement employé par nos ennemis, ils auraient aperçu la faute qu'on avait commise en ne liant pas dès le premier moment les puissances coalisées par une acceptation pure et simple de leurs propositions. Toutefois, reconnaissant entre la lettre du 16 novembre et celle du 2 décembre un progrès véritable sous le rapport des intentions pacifiques, ils désiraient en obtenir un nouveau ; ils voulaient que l'on prît l'engagement solennel de faire à la paix les sacrifices nécessaires, que cette base des frontières naturelles laissant encore beaucoup de vague, car en Hollande, sur le Rhin, en Italie même, il pouvait y avoir bien des points à contester, on déclarât hautement à la commission ce qu'on entendait cé-

Déc. 1813.

Cette commission, sans apercevoir la faute d'avoir tardivement accepté les propositions de Francfort, est étonnée d'apprendre qu'en ce moment Napoléon désire la paix.

der, que la commission le déclarât ensuite au Corps législatif, c'est-à-dire à l'Europe, qu'ainsi tout le monde se trouvât lié, et Napoléon et la coalition elle-même. C'était, suivant eux, le seul moyen d'agir sur l'esprit public, et de le ramener en lui prouvant que les efforts demandés au peuple français n'avaient pas pour but de folles conquêtes, mais la conservation des frontières naturelles de la France. M. Raynouard, avec son imagination méridionale, proposait la forme suivante : « Sire, voulait-il dire, vous avez juré à l'époque du sacre de maintenir les limites naturelles et nécessaires de la France, le Rhin, les Alpes, les Pyrénées; nous vous sommons d'être fidèle à votre serment, et nous vous offrons tout notre sang pour vous aider à le tenir. Mais votre serment tenu, nos frontières assurées, la France et vous n'aurez plus de motif, ni d'honneur ni de grandeur, qui vous lie, et vous pourrez tout sacrifier à l'intérêt de la paix et de l'humanité. » — Cette tournure originale, qui était une sommation de paix sous la forme d'une sommation de guerre, plut beaucoup aux assistants, mais pour le moment on se retira afin de donner un peu de temps à la réflexion, et de chercher à loisir la meilleure manière de s'adresser au Corps législatif, à la France, à l'Europe.

M. d'Hauterive, qui sous des dehors graves, même un peu pédantesques, cachait infiniment d'adresse, s'efforça de gagner l'un après l'autre les divers membres de la commission, et de les disposer à se renfermer dans les bornes d'une extrême réserve. Mais quand on a recours à la publicité, il faut savoir la subir tout entière, et se fier pleinement au bon sens national. Toutefois on ne le peut avec sûreté que lorsque ce bon sens a été formé par une longue participation aux affaires publiques, et il faut convenir que s'adresser à lui pour la première fois dans des circonstances délicates et périlleuses, c'est donner beaucoup au hasard. On comprend donc que le gouvernement ne voulût ni tout dire, ni tout laisser dire à cette commission; mais alors il aurait fallu ne pas la réunir, et cependant, comment imposer à la France de si grands sacrifices sans lui adresser une seule parole? Ce n'est pas en gardant le silence qu'on a le droit d'exiger d'une nation déjà épuisée son dernier écu et son dernier homme. Ceux qui prennent l'habitude de marchander à un pays la connaissance de ses affaires, devraient se demander s'il n'y aura pas un jour où il faudra les lui révéler en entier, et si ce jour ne sera pas justement celui où il faudrait avoir le moins d'aveux pénibles à faire.

M. d'Hauterive s'appliqua surtout à persuader M. Lainé, qui paraissait l'homme le plus influent de la commission, et rencontra en lui non pas un royaliste partisan secret et impatient de la maison de Bourbon (ainsi qu'on serait porté à le supposer d'après la conduite postérieure de cet illustre personnage), cherchant dès lors à embarrasser le pouvoir actuel au profit du pouvoir futur, mais un homme sincère et profondément affecté des malheurs de la France, et de l'arbitraire sous lequel elle était condamnée à vivre. A l'égard de la politique extérieure M. d'Hauterive le trouva, comme ses col-

Déc. 1813.

M. d'Hauterive chargé de s'aboucher avec la commission du Corps législatif, la dissuade de faire une déclaration publique des conditions de la paix.

Déc. 1813.

lègues, disposé à réclamer une déclaration explicite des sacrifices qu'on était résolu de faire à la paix, car c'était, selon lui, le seul moyen d'obtenir de la France un dernier effort, si même à ce prix elle en était capable, tant ses forces étaient épuisées. M. d'Hauterive, profitant de l'avantage qu'offre toujours le tête-à-tête avec un homme d'esprit et de bonne foi, tâcha de persuader à M. Lainé qu'il était impossible de donner à la tribune le plan d'une négociation, qu'ainsi on ne pouvait pas déclarer tout haut ce qu'on céderait ou ce qu'on ne céderait pas, car c'était dire son secret à un ennemi qui ne disait pas le sien, ou bien présenter un *ultimatum,* sorte de sommation qu'on n'employait qu'au terme d'une négociation, lorsqu'il était urgent de mettre fin à des lenteurs calculées, et qu'on avait la force de soutenir le langage péremptoire auquel on avait recours.

La commission s'étant laissé convaincre relativement aux affaires étrangères, s'anime fort au sujet du gouvernement intérieur de l'Empire.

Éclairé par ces observations pratiques, M. Lainé promit de faire entendre raison à ses collègues sur ce point, et tint parole. En effet, après des discussions fort vives, la commission renonça à insister sur l'énumération détaillée des sacrifices qu'on ferait à la paix, mais elle eut soin de bien spécifier que la France s'arrêtait irrévocablement à ses frontières naturelles, sans rien prétendre au delà, et que ce sacrifice étant sincèrement proclamé, c'était maintenant à l'Europe à s'expliquer définitivement sur les bases de Francfort proposées par elle, et formellement acceptées par M. de Caulaincourt dans sa lettre du 2 décembre. Ce point une fois convenu, on passa à la politique intérieure, et toutes les passions éclatèrent à l'occasion de l'arbitraire sous lequel on gémissait dans le sein de l'Empire. Là-dessus chacun avait des griefs sérieux à alléguer : impôts levés sans loi, vexations horribles dans l'application des lois sur la conscription, abus insupportable des réquisitions en nature, arrestations illégales, détentions arbitraires, etc.... Sous tous ces rapports, les faits étaient aussi nombreux que variés, et dans un moment où le gouvernement demandait qu'on se dévouât pour lui, c'était bien le cas de lui dire que pour le citoyen patriote il y avait deux choses également sacrées, le sol et les lois : le sol, qui est la place que l'homme occupe sur la terre, et qu'il doit défendre contre tout envahisseur ; les lois, à l'abri desquelles il vit, selon lesquelles l'autorité publique peut se faire sentir à lui, et dont il a le droit de réclamer l'observation rigoureuse. Le sol et les lois sont les deux objets sacrés du vrai patriotisme. Tout citoyen en se dévouant à l'un, est fondé à exiger l'autre ; tout citoyen a le droit de dire à un gouvernement qui lui demande de grands sacrifices : Je ne vous aide pas à chasser l'ennemi du territoire, pour trouver la tyrannie en y rentrant. —

Sur ce point les assistants furent unanimes, et on forma le projet d'une manifestation modérée mais expresse. Comme conclusion de ces communications on devait présenter un rapport au Corps législatif, dans lequel on lui dirait tout ce qu'on avait appris, et à la suite duquel on proposerait une adresse à l'Empereur. M. Lainé fut chargé de ce rapport, et il le rédigea dans l'esprit que nous venons d'indiquer.

Déc. 1813.

Griefs nombreux allégués dans le sein de la commission.

La commission veut faire une manifestation au sujet du gouvernement intérieur de l'Empire.

Projet de rapport

Il constatait qu'à Francfort on avait fait à la France une ouverture fondée sur la base des frontières naturelles, que le 16 novembre la France avait accueilli cette ouverture, en proposant un congrès à Manheim; que sur une nouvelle interpellation de M. de Metternich, qui trouvait l'acceptation des frontières naturelles trop peu explicite, la France les avait formellement acceptées le 2 décembre, que c'étaient là désormais les bases sur lesquelles on avait à traiter. Le rapport disait que les puissances alliées devaient à la France, et se devaient à elles-mêmes, de s'en tenir à ce qu'elles avaient proposé, et que la France de son côté devait sacrifier tout son sang pour le maintien de conditions posées de la sorte. Le rapport ajoutait qu'il y avait pour un pays deux biens suprêmes, l'intégrité du sol et le maintien des lois, et à ce sujet il faisait en termes respectueux pour l'Empereur, et avec une entière confiance dans sa justice, un exposé de quelques-uns des actes dont on avait à se plaindre de la part des autorités publiques. Le langage du reste était sincère, mais grave et réservé.

On se réunit le 28 pour soumettre ce projet de rapport, car ce n'était qu'un projet, au prince archichancelier et à M. d'Hauterive.

L'archichancelier, quoique jugeant très-fondées les observations de la commission, fut cependant alarmé de l'effet que ce rapport pourrait produire sur l'Europe, et en particulier sur Napoléon. Aux yeux de l'Europe il passerait pour un acte d'hostilité sourde, dans une circonstance où l'union la plus complète entre les pouvoirs était indispensable; à

l'égard de Napoléon, il le blesserait, et provoquerait de sa part quelque violence regrettable, et plus regrettable en ce moment que dans aucun autre. Le prudent archichancelier pouvait avoir raison sur ces deux points, mais pourquoi n'avoir accordé aux représentants du pays que ce jour, ce jour si tardif, pour exprimer des vérités indispensables?... Toutefois, bien qu'ils fussent fondés à élever des plaintes de la nature la plus grave, différer eût peut-être mieux valu. L'archichancelier s'efforça de le leur persuader, et sa belle et pesante figure, bien faite pour conseiller la prudence, produisit sur les assistants quelque impression. Divers changements furent consentis. M. d'Hauterive notamment en obtint un très-important, en se gardant bien d'avouer le motif qu'il avait de le solliciter. On avait inséré textuellement dans le rapport les deux lettres du 16 novembre et du 2 décembre, et il craignait que le public, plus avisé que la commission, ne finît par découvrir la vraie faute, celle de l'acceptation trop tardive des bases de Francfort. Il donna pour raison qu'on ne pouvait pas publier sans inconvenance les pièces d'une négociation à peine commencée. La citation textuelle de ces pièces fut donc supprimée. Enfin l'archichancelier obtint que tout ce qui était relatif aux griefs contre le gouvernement intérieur, fût réduit à quelques phrases excessivement modérées. En effet, après avoir parlé de la déclaration à faire aux puissances, des mesures de défense à prendre si cette déclaration n'était pas écoutée, le rapport ajoutait : « C'est, d'après nos
» institutions, au gouvernement à proposer les

Déc. 1813.

L'archichancelier ne parvient qu'à faire modifier le rapport de M. Lainé.

» moyens qu'il croira les plus prompts et les plus
» sûrs pour repousser l'ennemi, et asseoir la paix
» sur des bases durables. Ces moyens seront effica-
» ces si les Français sont persuadés que le gouver-
» nement n'aspire plus qu'à la gloire de la paix; ils
» le seront si les Français sont convaincus que leur
» sang ne sera versé que pour défendre une patrie
» et des lois protectrices... Il paraît donc indispen-
» sable à votre commission qu'en même temps que
» le gouvernement proposera les mesures les plus
» promptes pour la sûreté de l'État, Sa Majesté soit
» suppliée de maintenir l'entière et constante exé-
» cution des lois qui garantissent aux Français les
» droits de la liberté, de la sûreté, de la propriété,
» et à la nation le libre exercice de ses droits poli-
» tiques. Cette garantie a paru à votre commission le
» plus efficace moyen de rendre aux Français l'éner-
» gie nécessaire à leur propre défense, etc... »

Malgré l'extrême modération de ces passages l'archichancelier tenta de nouveaux efforts pour en obtenir la suppression. M. de Caulaincourt joignit ses efforts aux siens, mais on ne put décider des gens indignés contre le régime intérieur du pays à s'abstenir d'une manifestation aussi mesurée, l'occasion qui s'offrait de la faire étant peut-être la seule qu'ils fussent fondés à espérer, car il n'était pas probable que le gouvernement qui s'adressait aujourd'hui à eux parce qu'il était vaincu, songeât encore à les consulter quand il serait vainqueur. C'était là leur légitime excuse pour une manifestation dont l'inopportunité était la faute de ceux qui ne leur avaient fourni que cette occasion de dire ce qu'ils sentaient, et qui ne leur en laissaient guère entrevoir une autre. On leur disait bien, à la vérité, qu'on les écouterait une autre fois sur ce sujet; ils n'en croyaient rien, et avaient raison de n'en rien croire.

Le lendemain 29 décembre, le Corps législatif étant assemblé en comité secret, M. Lainé lut son rapport qui fut écouté avec une religieuse attention, et universellement approuvé. M. Lainé l'avait terminé par le conseil de rédiger une adresse à l'Empereur conçue dans le même esprit. On décida à la majorité de 223 suffrages sur 254, que le rapport de la commission serait imprimé pour les membres seuls du Corps législatif, afin qu'ils pussent le méditer, et voter sur le projet d'adresse en connaissance de cause. Dès cet instant la publicité des paroles de M. Lainé était assurée, surtout à l'étranger où il aurait fallu qu'elles restassent inconnues.

Elles furent mises immédiatement sous les yeux de Napoléon qui fut profondément courroucé en les lisant, et s'écria qu'on l'outrageait au moment même où il avait besoin d'être énergiquement soutenu. Il assembla sur-le-champ un conseil de gouvernement, auquel furent appelés les ministres et les grands dignitaires. Il leur soumit, avec le ton et l'attitude d'un homme dont le parti était arrêté d'avance, la question de savoir s'il fallait souffrir que le Corps législatif demeurât réuni. Il signala non-seulement le danger de laisser publier un rapport tel que celui de M. Lainé, mais le danger plus grand encore d'avoir près de soi une assemblée qui dans une conjoncture grave, à l'approche de l'ennemi par exem-

Déc. 1813.

Lecture du rapport de M. Lainé, faite à huis clos dans le sein du Corps législatif.

Communication de ce rapport à Napoléon, et irritation qu'il en éprouve.

Grand conseil sur le parti à prendre à l'égard de ce rapport.

ple, se permettrait peut-être une manifestation factieuse ou imprudente, et dans tous les cas funeste : prévoyance désolante et profonde, par laquelle il semblait que Napoléon, perçant dans l'avenir, lût déjà sa propre histoire dans le livre du destin, mais prévoyance tardive, et désormais incapable de créer le remède! Quel moyen en effet de faire que ce rapport n'eût pas existé, n'eût pas été lu devant quelques centaines d'auditeurs? Quel moyen d'empêcher que le Corps législatif, dissous ou ajourné, ne restât à Paris, prêt à se réunir spontanément pour se porter aux démarches les plus dangereuses? Combien de corps ont été dissous, et qu'on a retrouvés à l'instant suprême plus redoutables que s'ils étaient demeurés régulièrement assemblés? Quoi qu'il en soit Napoléon demanda à tous les assistants s'il ne fallait pas sur-le-champ ajourner le Corps législatif, premièrement pour empêcher qu'il ne fût donné suite au rapport de M. Lainé, secondement pour empêcher que ce corps ne restât en session, pendant une guerre dont le théâtre pourrait se transporter jusque sous les murs de la capitale.

L'archichancelier Cambacérès combattit cette proposition avec son ordinaire sagesse. Le rapport, dit-il, était intempestif sans doute, et même fâcheux, mais il était fait, et rien ne pourrait en prévenir la publicité. Réussirait-on à interdire cette publicité en France, on ne parviendrait certainement pas à l'interdire à l'étranger. L'ajournement du Corps législatif serait un fait plus grave que le rapport lui-même, car tout le monde s'empresserait de prêter à ce corps des intentions infiniment plus hostiles que celles dont il était animé. Quant à l'inconvénient de sa réunion pendant la campagne prochaine, on ne pouvait sans doute pas affirmer qu'il ne commettrait point d'imprudence, mais c'était un inconvénient auquel il serait temps de pourvoir le moment venu, sans le devancer par un éclat déplorable. Renvoyer en effet le Corps législatif c'était soi-même proclamer la désunion des pouvoirs, c'était soi-même proclamer une sorte de rupture entre la France et l'Empereur. —

Chacun modela son langage sur celui de l'archichancelier, chacun trouva l'ajournement plus fâcheusement significatif que le rapport lui-même. Mais sur les inconvénients de la réunion du Corps législatif pendant la campagne, tout le monde hésitait à affirmer quelque chose, et pourtant c'était sur ce point que la prévoyance de Napoléon se portait avec le plus de sollicitude, car prenant son parti du mal accompli, il demandait à se prémunir contre le mal futur, et il pressait tous les opinants de l'éclairer sur ce sujet. S'apercevant qu'arrivé à cette partie de son discours chacun balbutiait, Napoléon interrompit la discussion, et la termina par quelques paroles tranchantes et décisives. — Vous le voyez bien, dit-il, on est d'accord pour me conseiller la modération, mais personne n'ose m'assurer que les législateurs ne saisiront pas un jour malheureux, comme il y en a tant à la guerre, pour faire spontanément, ou à l'instigation de quelques meneurs, une tentative factieuse, et je ne puis braver un pareil doute. Tout est moins dangereux qu'une semblable éventualité. — Sans plus rien écouter il signa le décret qui prononçait pour

Déc. 1813.

Napoléon moins affecté par le rapport que par la crainte d'avoir le Corps législatif assemblé pendant la guerre, prend le parti de proroger ce Corps.

Décret du 31 décembre

le lendemain 31 décembre l'ajournement du Corps législatif, et il ordonna au duc de Rovigo de faire enlever à l'imprimerie et ailleurs les copies du rapport de M. Lainé, rapport depuis si célèbre.

Le décret porté au Corps législatif y produisit une profonde sensation. En un instant il convertit en ennemis deux cent cinquante personnages, dont le plus grand nombre étaient parfaitement soumis, et n'avaient voulu qu'exprimer un fait vrai, utile à révéler, c'est que l'administration locale réglant sa conduite sur celle du chef de l'Empire, se permettait les actes les plus arbitraires, actes tels qu'ils constituaient un véritable état de tyrannie. Dans le public ce fut pis encore. On supposa qu'il s'était dit les choses les plus graves dans le Corps législatif, et qu'il s'y était produit les révélations les plus importantes. Les ennemis, qui désiraient la chute du gouvernement impérial, s'empressèrent de publier partout que l'Empereur était en complet désaccord avec les pouvoirs publics, qu'on avait voulu lui imposer la paix, qu'il s'y était refusé, et que par conséquent les torrents de sang qui devaient couler, allaient couler pour lui seul : vérité dans le passé, calomnie dans le moment, cette idée était la plus funeste qu'on pût répandre !

Cet éclat, qui, avec un caractère autre que celui de Napoléon, se serait borné à un éclat au *Moniteur*, eut, grâce à sa vivacité personnelle, des conséquences encore plus regrettables. Le lendemain, 1ᵉʳ janvier 1814, il devait recevoir le Corps législatif avec les autres corps de l'État, et il mit une sorte d'empressement à le convoquer, comme s'il avait

craint de manquer l'occasion d'exhaler l'irritation qui le suffoquait. Après avoir entendu de la part du président le compliment d'usage, il vint brusquement se placer au milieu des membres du Corps législatif, et avec une voix vibrante, des yeux enflammés, il leur tint un langage familier jusqu'à la vulgarité, mais expressif, fier, original, quelquefois vrai, plus souvent imprudent, comme l'est la colère chez un homme supérieur. Il leur dit qu'il les avait appelés pour faire le bien et qu'ils avaient fait le mal, pour manifester l'union de la France avec son chef, et qu'ils s'étaient hâtés d'en proclamer la désunion; que deux batailles perdues en Champagne ne seraient pas aussi nuisibles que ce qui venait de se passer parmi eux. Puis les apostrophant avec véhémence: « Que voulez-vous, leur dit-il?... vous
» emparer du pouvoir, mais qu'en feriez-vous?
» Qui de vous pourrait l'exercer? Avez-vous oublié
» la Constituante, la Législative, la Convention?
» Seriez-vous plus heureux qu'elles? N'iriez-vous
» pas tous finir à l'échafaud comme les Guadet, les
» Vergniaud, les Danton? Et d'ailleurs que faut-il
» à la France en ce moment? Ce n'est pas une as-
» semblée, ce ne sont pas des orateurs, c'est un
» général. Y en a-t-il parmi vous? Et puis où est
» votre mandat? La France me connaît; vous con-
» naît-elle?... Elle m'a deux fois élu pour son chef
» par plusieurs millions de voix, et vous, elle vous
» a, dans l'enceinte étroite des départements, dé-
» signés par quelques centaines de suffrages pour
» venir voter des lois que je fais, et que vous ne faites
» point. Je cherche donc vos titres et je ne les trouve

Janv. 1814.

Scène fort vive faite le 1ᵉʳ janvier 1814 à la députation du Corps législatif.

Langage étrange de Napoléon.

Janv. 1814.

» pas. *Le trône en lui-même n'est qu'un assemblage*
» *de quelques pièces de bois recouvertes de velours.*
» Le trône c'est un homme, et cet homme c'est
» moi, avec ma volonté, mon caractère et ma re-
» nommée! C'est moi qui puis sauver la France,
» et ce n'est pas vous. Vous vous plaignez d'abus
» commis dans l'administration : dans ce que vous
» dites il y a un peu de vrai, et beaucoup de faux.
» M. Raynouard a prétendu que le maréchal Masséna
» avait pris la maison d'un particulier pour y établir
» son état-major. (Le fait s'était passé à Marseille,
où le maréchal Masséna avait été envoyé extraordinairement.) » M. Raynouard en a menti. Le
» maréchal a occupé temporairement une maison
» vacante, et en a indemnisé le propriétaire. On
» ne traite pas ainsi un maréchal chargé d'ans et
» de gloire. Si vous aviez des plaintes à élever, il
» fallait attendre une autre occasion que je vous au-
» rais offerte moi-même, et là, avec quelques-uns
» de mes conseillers d'État, peut-être avec moi,
» vous auriez discuté vos griefs, et j'y aurais pourvu
» dans ce qu'ils auraient eu de fondé. Mais l'expli-
» cation aurait eu lieu entre nous, *car c'est en fa-*
» *mille, ce n'est pas en public qu'on lave son linge*
» *sale.* Loin de là vous avez voulu me jeter de la
» boue au visage. Je suis, sachez-le, un homme
» qu'on tue, mais qu'on n'outrage pas. M. Lainé
» est un méchant homme, en correspondance avec
» les Bourbons par l'avocat Desèze. J'aurai l'œil sur
» lui, et sur ceux que je croirai capables de ma-
» chinations criminelles. Du reste je ne me défie
» pas de vous en masse. Les onze douzièmes de

» vous sont excellents, mais ils se laissent conduire
» par des meneurs. Retournez dans vos départe-
» ments, allez dire à la France que bien qu'on lui
» en dise, c'est à elle que l'on fait la guerre autant
» qu'à moi, et qu'il faut qu'elle défende non pas
» ma personne, mais son existence nationale. Bien-
» tôt je vais me mettre à la tête de l'armée, je re-
» jetterai l'ennemi hors du territoire, je conclurai
» la paix, quoi qu'il en puisse coûter à ce que vous
» appelez mon ambition ; je vous rappellerai auprès
» de moi, j'ordonnerai alors l'impression de votre
» rapport, et vous serez tout étonnés vous-mêmes
» d'avoir pu me tenir un pareil langage, dans de
» telles conjonctures. » —

Janv. 1814.

Ce discours inconvenant, et qui pour quelques traits justes, en contenait beaucoup plus d'entièrement faux (car s'il était vrai que Napoléon pouvait seul sauver la France, il était vrai aussi que seul il l'avait compromise, car si tel grief allégué était inexact ou exagéré, il y en avait à citer une multitude d'autres odieux et insupportables), ce discours consterna tous ceux qui l'entendirent, et eut bientôt un déplorable retentissement. Effectivement chacun le rapporta à sa façon, et le résultat fut que Napoléon parut à tous les yeux avoir contre lui les représentants de la France, fort soumis jusque-là, c'est-à-dire la France elle-même. Jamais le rapport du Corps législatif publié textuellement n'aurait produit un si malheureux effet. On y aurait vu qu'il y avait des abus dans l'administration intérieure, et que le Corps législatif en souhaitait le redressement, on y aurait vu aussi que le despotisme de

Napoléon commençait à peser à l'universalité des citoyens, mais on y aurait vu surtout que le Corps législatif voulait la paix, qu'il la voulait sur la base de nos frontières naturelles, que sur ce terrain il conseillait au gouvernement de ne pas reculer, et invitait la France à se lever tout entière. Une telle déclaration valait bien qu'on supportât quelques critiques, assurément très-ménagées, et fort au-dessous de ce qu'elles auraient pu être.

Toutefois il fallait s'adresser à la France, il fallait chercher à exciter son zèle, et Napoléon, à défaut des pouvoirs publics trop peu pressés de le servir à son gré, avait imaginé de choisir des commissaires extraordinaires dans le Sénat, de les prendre parmi les plus grands personnages militaires ou civils de chaque province, de les envoyer ainsi chez eux, où ils étaient supposés avoir de l'influence, pour y employer leur autorité à faciliter la levée de la conscription, la rentrée des impôts, les prestations en nature, l'instruction et l'organisation des corps, le départ des gardes nationales, l'action enfin du gouvernement en toutes choses. Ils devaient avoir pour suffire à cette tâche des pouvoirs extraordinaires et sans limites.

Avant leur départ Napoléon désira les voir et leur parler. Il était ému, il fut vrai, et trouva pour s'adresser à eux un langage d'une éloquence saisissante. — Je ne crains pas de l'avouer, leur dit-il, j'ai trop fait la guerre; j'avais formé d'immenses projets, je voulais assurer à la France l'empire du monde! Je me trompais, ces projets n'étaient pas proportionnés à la force numérique de notre population. Il aurait fallu l'appeler tout entière aux armes, et je le reconnais, les progrès de l'état social, l'adoucissement même des mœurs, ne permettent pas de convertir toute une nation en un peuple de soldats. Je dois expier le tort d'avoir trop compté sur ma fortune, et je l'expierai. Je ferai la paix, je la ferai telle que la commandent les circonstances, et cette paix ne sera mortifiante que pour moi. C'est à moi qui me suis trompé, c'est à moi à souffrir, ce n'est point à la France. Elle n'a pas commis d'erreur, elle m'a prodigué son sang, elle ne m'a refusé aucun sacrifice!... Qu'elle ait donc la gloire de mes entreprises, qu'elle l'ait tout entière, je la lui laisse... Quant à moi, je ne me réserve que l'honneur de montrer un courage bien difficile, celui de renoncer à la plus grande ambition qui fut jamais, et de sacrifier au bonheur de mon peuple des vues de grandeur qui ne pourraient s'accomplir que par des efforts que je ne veux plus demander. Partez donc, messieurs, annoncez à vos départements que je vais conclure la paix, que je ne réclame plus le sang des Français pour mes projets, pour moi, comme on se plaît à le dire, mais pour la France et pour l'intégrité de ses frontières; que je leur demande uniquement le moyen de rejeter l'ennemi hors du territoire, que l'Alsace, la Franche-Comté, la Navarre, le Béarn sont envahis, que j'appelle les Français au secours des Français; que je veux traiter, mais sur la frontière, et non au sein de nos provinces désolées par un essaim de barbares. Je serai avec eux général et soldat. Partez, et portez à la France l'expression vraie des sentiments qui m'animent. —

Janv. 1814.

A ces nobles excuses du génie avouant ses fautes, une sorte d'enthousiasme s'empara de ces vieux personnages, qu'on envoyait dans les provinces pour essayer de réchauffer des cœurs abattus; ils entourèrent Napoléon, pressèrent ses mains dans les leurs en lui exprimant la profonde émotion dont ils étaient saisis, et la plupart le quittèrent pour se mettre immédiatement en route. Hélas! que n'adressait-il ces belles paroles au Corps législatif lui-même? Il aurait appris que la vérité est le plus puissant moyen d'agir sur les hommes, et peut-être loin d'être obligé de congédier ce corps, il l'aurait vu se lever tout entier pour applaudir à sa voix, pour appeler la France à le suivre sur les champs de bataille.

La situation devenait à chaque instant plus menaçante, et il importait d'envoyer en toute hâte les dernières forces de la nation au-devant de l'ennemi. Les armées coalisées franchissaient de tous côtés notre frontière. Le général Bubna, qui avait marché le premier, après avoir longé le revers du Jura, s'était porté sur Genève, où il y avait à peine quelques conscrits pour résister aux Autrichiens et contenir une population malveillante. (Voir la carte n° 61.) Le général Jordy qui commandait à Genève étant mort subitement, et la défense s'étant trouvée désorganisée, les Autrichiens étaient entrés dans cette ville sans coup férir. Les généraux Colloredo et Maurice Liechtenstein avec les divisions légères et les réserves autrichiennes, après avoir dépassé Berne, s'étaient acheminés sur Pontarlier, avec l'intention de marcher par Dôle sur Auxonne. Le corps d'Aloys de Liechtenstein, passant également par Pontarlier, devait se diriger sur Besançon pour masquer cette place, tandis que le général Giulay traversant le Porentruy devait se porter par Montbéliard sur Vesoul. Le maréchal de Wrède, avec les Bavarois et les Wurtembergeois, avait jeté des bombes dans Huningue, attaquait Béfort, et avec sa cavalerie poussait des reconnaissances sur Colmar. Le prince de Wittgenstein bloquait Strasbourg et Kehl; les gardes russe et prussienne étaient restées à Bâle autour des souverains coalisés. Telle était la distribution de l'armée du prince de Schwarzenberg après le passage du Rhin. Son projet, lorsqu'il aurait franchi le Jura et tourné toutes nos défenses, était de s'avancer avec 160 mille hommes de l'ancienne armée de Bohême à travers la Franche-Comté, et de venir se placer sur les coteaux élevés de la Bourgogne et de la Champagne, d'où la Seine, l'Aube, la Marne coulent vers Paris, tandis que l'ancienne armée de Silésie commandée par Blucher et forte de 60 mille hommes, laquelle passait en ce moment le Rhin à Mayence, s'avancerait entre nos places sans les attaquer, laissant le soin de les bloquer aux troupes restées sur les derrières. Les deux armées envahissantes devaient se réunir sur la haute Marne, entre Chaumont et Langres, pour se porter ensuite en masse dans l'angle formé par la Marne et la Seine. Blucher en effet avait le 1ᵉʳ janvier 1814 franchi le Rhin sur trois points, à Manheim, à Mayence et à Coblentz, sans trouver plus de résistance que la grande armée du prince de Schwarzenberg le long du Jura, et le prestige de l'inviolabilité de notre territoire était ainsi tombé sur tous les points à la fois.

Janv. 1814.

Passage du Rhin à Manheim, Mayence et Coblentz, par la colonne prussienne du maréchal Blucher.

Janv. 1814.

Retraite des maréchaux Victor, Marmont et Ney, et leur réunion sur le revers des Vosges.

Effectivement il nous eût été bien difficile, dans l'état actuel de nos forces, d'opposer une résistance quelconque à cette masse d'envahisseurs. Le long de la frontière du Jura, où l'attaque était inattendue, il n'y avait aucun rassemblement de troupes; seulement le maréchal Mortier, d'abord dirigé sur la Belgique avec la vieille garde, revenait à marches forcées du nord à l'est, par Reims, Châlons, Chaumont et Langres. Sur la frontière d'Alsace le maréchal Victor, avec le 2ᵉ corps d'infanterie et le 5ᵉ de cavalerie, se trouvait à Strasbourg, où il avait eu à peine le temps de donner un peu de repos à ses troupes et d'y incorporer quelques conscrits. Ce corps qui, en puisant dans tous les dépôts situés en Alsace, aurait dû se reformer à trente-six bataillons et à trois divisions, ne comptait pas, après avoir pris à la hâte les premiers conscrits disponibles, plus de 8 à 9 mille hommes d'infanterie, mal armés et mal vêtus. Le déplacement de nos dépôts qu'on avait été obligé de reporter en arrière, avait beaucoup ajouté aux difficultés de ce recrutement. Pourtant le maréchal Victor avait dans le 5ᵉ corps de cavalerie près de 4 mille vieux dragons d'Espagne, cavaliers incomparables, et de plus exaspérés contre l'ennemi. A l'aspect des masses qui débouchaient par Bâle, Béfort, Besançon, le maréchal s'était bien gardé de se porter à leur rencontre dans la direction de Colmar à Bâle, il avait au contraire rétrogradé sur Saverne, et avait pris position sur la crête des Vosges, après avoir laissé dans Strasbourg environ 8 mille conscrits et gardes nationaux, sous le général Broussier, avec des approvisionnements suffisants. Ce maréchal si brave était visiblement déconcerté. Pourtant sa belle cavalerie s'était ruée sur les escadrons russes et bavarois qui étaient venus s'offrir à elle, les avait culbutés et sabrés.

Janv. 1814.

Du côté de Mayence le duc de Raguse à la nouvelle du passage du Rhin, opéré le 1ᵉʳ janvier, s'était replié avec le 6ᵉ corps d'infanterie et le 1ᵉʳ de cavalerie, laissant dans Mayence le 4ᵉ corps commandé par le général Morand, et réduit par le typhus de 24 mille hommes à 11 mille. Il avait recueilli chemin faisant la division Durutte, détachée sur Coblentz, et séparée de Mayence où elle n'avait pu rentrer. Sa première pensée avait été de courir en Alsace au secours du maréchal Victor; mais voyant l'Alsace envahie par l'ennemi et presque abandonnée par nos troupes qui avaient déjà gagné le sommet des Vosges, il était venu se placer sur le revers de ces montagnes, c'est-à-dire sur la Sarre et la Moselle, afin d'opérer sa jonction avec le maréchal Victor vers Metz, Nancy ou Lunéville. Il avait rencontré lui aussi de grandes difficultés pour le recrutement de son corps dans le manque de temps et le déplacement des dépôts. Il comptait environ 10 mille fantassins, et 3 mille cavaliers composant le 1ᵉʳ corps de cavalerie, et il devait s'affaiblir encore en laissant quelques détachements à Metz et à Thionville.

Le maréchal Ney avait deux divisions de jeune garde qu'il concentrait à Épinal. Nous allions donc avoir sur le revers des Vosges les maréchaux Victor, Marmont, Ney, entre Metz, Nancy, Épinal, et sur les coteaux qui séparent la Franche-Comté

Le maréchal Ney se porte à Épinal avec deux divisions de jeune garde.

de la Bourgogne, c'est-à-dire à Langres, le maréchal Mortier avec la vieille garde, les uns et les autres faisant face en reculant, d'un côté à Blucher qui s'avançait de Mayence à Metz à travers nos forteresses, de l'autre à Schwarzenberg qui les avait tournées en violant la neutralité suisse, et qui se portait de Bâle et Besançon sur Langres. (Voir la carte n° 61.)

Ainsi la Lorraine, l'Alsace, la Franche-Comté étaient envahies. L'ennemi promettait partout aux populations les plus grands ménagements, et au début au moins tenait parole, par crainte de provoquer des soulèvements. L'épouvante régnait dans nos campagnes. Les paysans de la Lorraine, de l'Alsace, de la Franche-Comté, très-belliqueux par caractère et par tradition, se seraient volontiers insurgés contre l'ennemi, s'ils avaient eu des armes pour combattre, et quelques corps de troupes pour les soutenir. Mais les fusils leur manquaient comme à tous les habitants de la France, et la prompte retraite des maréchaux les décourageait. Ils se soumettaient donc à l'ennemi le désespoir dans le cœur.

A la retraite des armées se joignait la retraite non moins regrettable des principaux fonctionnaires. Le gouvernement impérial, après bien des délibérations toutefois, avait pris la fâcheuse résolution d'ordonner aux préfets, sous-préfets, etc., de se retirer avec les troupes, afin de laisser à l'ennemi l'embarras, du reste très-réel, de créer des administrations dans les provinces envahies. C'était le souvenir des difficultés que nous avions éprouvées dans les pays conquis, partout où les autorités avaient disparu, qui avait fait prévaloir cette résolution dans les conseils du gouvernement, malgré la résistance du duc de Rovigo. On aurait eu raison peut-être d'en agir ainsi dans un pays où n'auraient pas existé des partis hostiles au gouvernement, prêts à s'agiter à l'approche des coalisés. Malheureusement, en France, où vingt-cinq ans de révolution avaient laissé de nombreux partis que Napoléon vaincu ne pouvait plus contenir, et entre lesquels il y en avait un, celui de l'ancien régime, que son analogie de sentiments avec la coalition portait à tout espérer d'elle, en France l'absence des autorités avait de grands inconvénients. En effet les malveillants n'étant plus surveillés par les préfets, sous-préfets, commissaires de police, laissaient éclater leurs dispositions hostiles à l'approche de l'ennemi, se soulevaient dès qu'il avait pénétré quelque part, l'aidaient à constituer des administrations toutes composées dans son intérêt, et se préparaient même à proclamer les Bourbons. Ce spectacle se voyait peu dans les campagnes, que l'invasion avec le cortége de ses souffrances irritait profondément, mais dans les villes, où d'ordinaire l'opinion fermente davantage, où la haine du gouvernement impérial était générale, où les maux de l'invasion étaient presque insensibles, il éclatait les manifestations les plus dangereuses, auxquelles contribuaient non-seulement les royalistes, mais tous les hommes fatigués du despotisme et de la guerre. Ainsi pour comble de douleur, la France était envahie dans un moment où souffrante, épuisée, divisée, elle ne pouvait plus

Janv. 1814.

Inconvénients de cette résolution.

renouveler le noble exemple de patriotisme qu'elle avait donné en 1792, et ce n'était pas le moindre des torts du régime impérial que de l'avoir exposée à se montrer ainsi à la coalition européenne!

A Langres, à l'approche des soldats du prince de Schwarzenberg, quelques notables de la ville, aidés par une populace fatiguée de la conscription et des droits réunis, avaient menacé de s'insurger contre les troupes du maréchal Mortier. A Nancy, les autorités municipales et quelques personnages considérables du pays avaient reçu le maréchal Blucher avec des honneurs infinis, et lui avaient même offert un banquet. Le général prussien leur avait parlé des bonnes intentions des alliés, de leur désir de délivrer la France de son tyran, et il s'était fait écouter par des populations que les misères d'une longue guerre avaient égarées.

Nos corps d'armée se retiraient donc en laissant derrière eux des paysans sans défense, dont ils étaient souvent obligés de dévorer les dernières ressources, et des villes exaspérées contre le régime impérial, ne prêtant que trop l'oreille aux promesses d'une coalition qui se présentait non pas comme conquérante mais comme libératrice. Une circonstance complétait la tristesse de ce tableau. Les rares survivants de nos glorieuses armées, dégoûtés par la souffrance, humiliés par une retraite continue, tenaient un mauvais langage, et répétaient souvent les propos des populations urbaines. Les vieux soldats ne désertaient pas leurs drapeaux, mais les conscrits, surtout ceux qui appartenaient aux départements qu'on traversait, ne se faisaient pas scrupule d'abandonner les rangs, et déjà les maréchaux Victor et Marmont en avaient ainsi perdu quelques milliers.

Janv. 1814.

Témoin oculaire de cette situation désolante, un fidèle aide de camp de l'Empereur, le général Dejean, lui en avait tracé la vive peinture, en lui disant que tout était perdu s'il ne venait pas tout sauver par sa présence. Dans les Pays-Bas les choses n'allaient guère mieux. Le maréchal Macdonald, en se voyant débordé sur sa droite par la colonne de Blucher qui avait passé le Rhin entre Mayence et Coblentz, avait rallié à lui les 11ᵉ et 5ᵉ corps d'infanterie, le 3ᵉ de cavalerie, plus ce qui restait des troupes revenues de Hollande, et s'était retiré sur Mézières avec environ 12 mille hommes, en ne laissant que de très-petites garnisons à Wesel et à Maëstricht. Le général Decaen, envoyé à Anvers, y avait réuni en marins et en conscrits une garnison de 7 à 8 mille hommes, en avait de plus jeté 3 mille à Flessingue, 2 mille à Berg-op-Zoom, mais avait abandonné Bréda qui ne pouvait être défendu, et Willemstadt qui aurait pu l'être, et qui était un point important sur le Wahal. L'abandon de ce dernier point était regrettable, car après avoir perdu la Hollande, il y aurait eu un grand intérêt à conserver, entre la Hollande et la Belgique, la ligne d'eau qui aurait offert la frontière la plus solide. Mais le général Decaen, ne pouvant suffire qu'à une partie de sa tâche, avait préféré Anvers et Flessingue à tout le reste. Il s'était placé avec les troupes de la garde en avant d'Anvers, résolu à défendre énergiquement ce grand arsenal, objet des

Les provinces du nord présentent un aspect aussi fâcheux que les provinces de l'est.

haines ardentes de l'Angleterre et de la sollicitude incessante de Napoléon.

Le péril ne pouvait donc pas être plus alarmant, surtout si on songe que depuis la lettre du 10 décembre, par laquelle M. de Metternich accusant réception de la note du 2 décembre, avait déclaré qu'il allait en référer aux cours alliées, le cabinet français n'avait plus reçu une seule communication. Ce silence, joint au mouvement offensif des armées, semblait indiquer que les coalisés ne pensaient plus à traiter, et qu'ils n'étaient occupés désormais que d'achever notre destruction.

Dans le danger pressant qui le menace, Napoléon tourne ses espérances vers une suspension d'armes.

Quelle que fût l'activité de Napoléon, il ne pouvait être prêt à faire face à l'ennemi que lorsque déjà une portion notable du territoire aurait été envahie, et à l'inconvénient de laisser occuper les provinces matériellement les plus fertiles, moralement les meilleures, s'ajoutait le danger de permettre dans de grands centres de population des manifestations séditieuses, et d'y laisser proclamer publiquement le nom des Bourbons. Dans un pareil état de choses obtenir un armistice, même à des conditions fort dures, eût été un bonheur au milieu d'un immense malheur, car la marche de l'invasion eût été suspendue, et si on n'était pas parvenu à s'entendre avec les puissances coalisées, on aurait du moins gagné les deux mois indispensables encore à la création de nos moyens de défense. Napoléon avait trop de sagacité pour croire que des ennemis que leurs fatigues et l'hiver le plus rude n'avaient point arrêtés, suspendraient leur marche devant de simples pourparlers. Il était même convaincu qu'ils

Bien qu'il n'y compte guère, Napoléon en fait la tentative, parce que cette tentative

avaient renoncé à traiter, et qu'ils ne voulaient plus conclure la paix que dans Paris même. Néanmoins essayer ne coûtait rien, et le pis en cas d'insuccès était de rester dans la situation actuelle. D'ailleurs, d'après ce qu'avait vu M. de Saint-Aignan, d'après bien des rapports venus des provinces envahies, il existait entre les coalisés de graves dissentiments. L'Autriche, à en croire ces rapports, était offusquée des prétentions de la Russie, et inclinait à la paix. Effectivement l'empereur François, outre qu'il aimait sa fille, avait peu de penchant à augmenter l'importance de la Russie, à satisfaire les jalousies maritimes de l'Angleterre, et si on lui abandonnait ce qu'il ambitionnait en Italie, était peut-être capable de s'arrêter. Or l'Autriche s'arrêtant, tout le monde était obligé d'agir de même. A ces suppositions, qui n'étaient pas dénuées de vraisemblance, il y en avait une seule à opposer, mais bien plausible, c'est que, par crainte de se désunir, les coalisés, les Autrichiens compris, résisteraient à toute satisfaction individuelle, même la plus complète. Comme entre ces chances diverses, si les bonnes l'emportaient, on était sauvé, Napoléon n'hésita pas à faire une dernière tentative de négociation, quelque peu d'espérance qu'il eût de réussir.

Il songea d'abord à envoyer au camp des alliés M. de Champagny (le duc de Cadore), qui avait été ministre des relations extérieures, plus anciennement ambassadeur à Vienne, et qui jouissait de l'estime de l'empereur François. Pourtant sur la réflexion fort simple que pour obtenir accès auprès des monarques alliés on ne pouvait pas choisir un personnage trop

Janv. 1814.

ne peut pas aggraver la situation.

M. de Caulaincourt envoyé aux avant-postes avec des conditions d'armistice et des conditions de paix.

important et trop considéré, Napoléon se décida à envoyer M. de Caulaincourt lui-même. Il lui confia la double mission de traiter de la paix, et, si on le pouvait sans témoigner trop d'effroi, de chercher à obtenir un armistice. Quant à la paix, les conditions étaient toujours celles que nous avons précédemment indiquées, c'est-à-dire la ligne du Rhin, mais la grande ligne, celle qui, en suivant le Wahal, enlève à la Hollande le Brabant septentrional. Toutefois la prétention d'exclure la maison d'Orange était abandonnée. La prétention de créer en Westphalie un État pour le roi Jérôme l'était aussi. En Italie la France, cédant une part de territoire à l'Autriche, sans rien exiger pour elle-même, persistait néanmoins dans le désir d'une dotation pour le prince Eugène, pour la princesse Élisa, et, s'il se pouvait même, pour les frères de Napoléon, Jérôme et Joseph. On voit que la différence avec le projet de paix conçu par Napoléon le lendemain des propositions de Francfort, n'était pas très-sensible. Relativement à l'armistice, M. de Caulaincourt, afin de gagner l'Autriche, devait offrir sous main de lui livrer immédiatement les places de Venise et de Palma-Nova, ce qui emportait la concession de la ligne de l'Adige. Celles de Hambourg et de Magdebourg devaient être aussi livrées immédiatement à la Prusse, toujours dans la vue d'obtenir une suspension d'armes. La conséquence naturelle de l'évacuation de ces quatre places en Italie et en Allemagne eût été la rentrée très-prochaine des garnisons, ce qui aurait procuré 10 mille hommes au moins à l'armée d'Italie, et 40 mille à celle du Rhin.

La seule objection qu'on pût faire à l'envoi de M. de Caulaincourt, c'était la difficulté de se présenter aux ministres de la coalition, quand aucun rendez-vous n'avait été assigné pour négocier, et que l'indication de Manheim, contenue dans la lettre de M. de Bassano du 16 novembre, n'avait eu aucune suite. Cependant on était dans une situation à ne pas tenir compte des considérations d'amour-propre, et les inquiétudes croissant à chaque instant, il fut convenu que M. de Caulaincourt se rendrait sur-le-champ aux avant-postes français, que de là il écrirait à M. de Metternich pour lui dire que sur les assurances apportées en son nom par M. de Saint-Aignan, et sur son invitation formelle de renouer les négociations, on ne voulait pas qu'un retard de la France prolongeât d'une heure les maux de l'humanité, que lui M. de Caulaincourt se transportait donc aux avant-postes, prêt à se rendre à Manheim, lieu déjà indiqué, ou en toute autre ville dont il plairait aux monarques alliés de faire choix.

Si M. de Caulaincourt arrivé aux avant-postes y était laissé dans une position humiliante, ce qui était possible, il y aurait à cette humiliation une certaine compensation, ce serait de prouver que Napoléon voulait la paix, que les difficultés ne venaient plus de son entêtement, et de lui ramener l'opinion de la France par le spectacle des traitements auxquels son négociateur serait exposé.

Toutes choses étant ainsi réglées, M. de Caulaincourt partit le 5 janvier pour les avant-postes français, en laissant à M. de la Besnardière, le commis

Janv. 1814.

Langage que doit tenir M. de Caulaincourt.

Départ de M. de Caulaincourt le 5 janvier.

le plus habile du département, le soin de le remplacer aux affaires étrangères. Napoléon se préparait à partir bientôt lui-même pour appuyer de son épée les négociations que M. de Caulaincourt allait essayer de rouvrir par son influence.

M. de Caulaincourt se rendit à Lunéville, lieu fameux par un traité conclu dans des temps plus heureux, et, en arrivant au pied des Vosges, rencontra nos armées se retirant précipitamment, et précédées dans leur retraite de tous les fonctionnaires en fuite. Il entendit les propos des troupes et des populations, il vit la misère des officiers, la désertion des jeunes soldats, et l'audace toute nouvelle du parti royaliste, qui, sans être populaire, se faisait écouter en parlant de paix, de légalité, de liberté même. Excellent citoyen et brave militaire, M. de Caulaincourt avait le cœur navré de voir nos provinces envahies et nos armées dans une sorte de déroute. Aux chagrins du citoyen se joignaient chez lui les chagrins du père, car il avait attaché à la fortune de Napoléon sa propre fortune, c'est-à-dire celle de ses enfants, et il était profondément affligé du danger qui menaçait le trône impérial. Il se hâta de peindre à Napoléon les choses telles qu'elles étaient, de lui signaler surtout l'abattement de certains chefs militaires, qui n'étaient pas infidèles, mais découragés, et le supplia, après avoir bien réfléchi à la situation, de lui envoyer des conditions de paix plus acceptables. En même temps il écrivit à M. de Metternich, pour lui dire qu'étonné de son silence, fort difficile à expliquer en se référant aux communications de M. de Saint-Aignan, il venait provoquer une réponse, et l'attendre aux avant-postes, prêt à se rendre partout où l'on voudrait négocier.

Lorsque cette espèce d'interpellation parvint par l'intermédiaire de M. de Wrède à M. de Metternich, elle embarrassa un peu ce dernier, car après les démonstrations pacifiques qu'on avait faites, refuser de traiter eût été une inconséquence choquante, même dangereuse, les deux partis s'appliquant avec soin à conquérir l'opinion publique, soit en Europe, soit en France. M. de Metternich et l'empereur François étaient toujours disposés à négocier, avec un peu plus d'ambition, il est vrai, du côté de l'Italie, mais chez les autres coalisés, depuis que sur le désir de l'Angleterre, et par la vive impulsion des passions allemandes, on avait décidé la continuation des hostilités, les imaginations s'étaient de nouveau enflammées. Les facilités inattendues qu'ils avaient rencontrées en pénétrant en Suisse et en France, leur avaient persuadé qu'il n'y avait plus qu'à marcher en avant, pour tout terminer conformément à leurs vœux les plus extrêmes, et à les entendre on eût dit qu'ils n'avaient plus d'autre ennemi à craindre que leurs propres divisions. Elles étaient grandes il est vrai. Alexandre toujours mécontent de l'entrée en Suisse, ne voulait pas qu'on opprimât le parti populaire au profit du parti aristocratique, tandis que l'Autriche agissait exactement dans un sens entièrement opposé. L'Autriche ne voulait pas qu'on sacrifiât les Danois au prince de Suède, le roi de Saxe à la Prusse, et Alexandre désirait exactement le contraire. Les Tyroliens demandaient à

Janv. 1814.

Embarras de M. de Metternich pour répondre.

Opposition de vues dans le sein de la coalition.

passer tout de suite sous le sceptre de l'Autriche, et la Bavière demandait à être préalablement indemnisée. L'Angleterre ne songeait qu'à fonder la monarchie de la maison d'Orange, pour fermer à la France le chemin de l'Escaut, et l'Autriche avant d'adhérer à cette prétention, voulait que l'Angleterre lui promît son influence contre la Russie. Au milieu de ce chaos, prendre un parti sur quoi que ce soit, et un parti aussi grave que celui de suspendre les opérations militaires, était fort difficile, ce sujet étant de tous celui qui devait le plus diviser les esprits, et irriter les passions.

Toutefois on venait d'apprendre une circonstance fort heureuse pour la coalition, c'était l'arrivée prochaine de lord Castlereagh lui-même, qui n'avait pas craint de quitter le *Foreign Office* pour aller représenter l'Angleterre auprès des monarques alliés. Jusqu'ici l'Angleterre avait eu pour agents lord Cathcart, brave militaire, peu diplomate, et lord Aberdeen, esprit sage, mais accusé d'être trop pacifique. Ce n'était pas assez au milieu de ce conseil de souverains, où chaque puissance était représentée par des empereurs, des rois, ou des premiers ministres, que de n'avoir que de simples ambassadeurs, quel que fût leur mérite. Le cabinet britannique se décida donc à envoyer le plus éminent de ses membres, lord Castlereagh, auprès du congrès ambulant de la coalition, pour y modérer les passions, y maintenir l'accord, y faire prévaloir les principaux vœux de l'Angleterre, et, ces vœux satisfaits, y voter en toute autre chose pour les résolutions modérées contre les résolutions extrêmes.

Être sage pour tout le monde excepté pour soi, était par conséquent la mission, du reste assez naturelle, de lord Castlereagh. Il devait en outre s'expliquer sur le budget de guerre apporté par le comte Pozzo, et se servir de la richesse de l'Angleterre pour faire triompher ses vues, en jetant de temps à autre dans la balance non pas son épée, mais son or. Aucun homme n'était plus propre que lord Castlereagh à remplir une pareille mission. Il se nommait Robert Stewart; son frère Charles Stewart, depuis lord Londonderry, accrédité auprès de Bernadotte, était un des agents de l'Angleterre les plus actifs et les plus passionnés. Lord Castlereagh issu d'une famille irlandaise ardente et énergique, portait en lui cette disposition héréditaire, mais tempérée par une raison supérieure. Esprit droit et pénétrant, caractère prudent et ferme, capable tout à la fois de vigueur et de ménagement, ayant dans ses manières la simplicité fière des Anglais, il était appelé à exercer, et il exerça en effet la plus grande influence. Il était sur presque toutes choses muni de pouvoirs absolus. Avec son caractère, avec ses instructions, on pouvait dire de lui que c'était l'Angleterre elle-même qui se déplaçait pour se rendre au camp des coalisés. Parti de Londres à la fin de décembre, ayant fait un séjour en Hollande pour y donner ses conseils au prince d'Orange, il n'était attendu à Fribourg que dans la seconde moitié de janvier. Personne n'eût voulu sans lui prendre un parti, ou donner une réponse. C'était à qui le verrait, à qui l'entretiendrait le premier, pour le gagner à sa cause. Alexandre

Janv. 1814.

Caractère et rôle de ce grand personnage.

Toute négociation remise à la prochaine arrivée de lord Castlereagh.

Janv. 1814.

L'attente de l'arrivée de lord Castlereagh fournit à M. de Metternich un sujet de réponse dilatoire.

lui avait mandé par lord Cathcart qu'il voulait lui parler avant qui que ce fût.

Cette attente fournissait à M. de Metternich un moyen de répondre au négociateur français. Il fit dire à M. de Caulaincourt que l'Angleterre ayant pris le parti d'envoyer son ministre des affaires étrangères au camp des alliés, on était obligé de l'attendre avant d'arrêter le lieu, l'objet, et la direction des nouvelles négociations. Outre cette réponse officielle M. de Metternich écrivit une lettre particulière pour M. de Caulaincourt, polie et prévenante quant à sa personne, mais pleine d'embarras quant au fond des choses, et dont le sens était qu'on désirait toujours la paix, qu'on l'espérait, qu'il n'y fallait pas renoncer, mais qu'on devait patienter encore. Du reste pas un mot qui fît allusion à la possibilité de suspendre les hostilités. A cette lettre en était jointe une de l'empereur François pour Marie-Louise. Ce prince avait cru sa fille malade, avait demandé de ses nouvelles, en avait reçu, et y répondait. Il exprimait à Marie-Louise beaucoup d'affection, un grand désir de la paix, une moins grande espérance de la conclure, la résolution d'y travailler sincèrement, et enfin le chagrin de rencontrer de graves difficultés dans le bouleversement des idées, résultat de l'immense bouleversement des choses depuis vingt années [1].

[1] Je cite ici en original cette lettre intéressante et instructive, qui peint exactement les dispositions personnelles de l'empereur d'Autriche pour sa fille, pour son gendre et pour la France.

« Le 26 décembre 1813.

» Chère Louise, j'ai reçu hier ta lettre du 12 décembre, et j'ai appris

M. de Caulaincourt transmit ces diverses réponses à Napoléon, et se gardant d'attirer sur sa personne l'attention publique, pour ne pas ajouter à l'humiliation de sa position, il attendit aux avant-postes que l'arrivée de lord Castlereagh, annoncée comme prochaine, amenât de plus sérieuses communications.

Janv. 1814. — M. de Caulaincourt réduit à attendre aux avant-postes.

Napoléon avait trop peu d'illusions pour être surpris de l'accueil fait à M. de Caulaincourt. Chaque jour était marqué par un nouveau mouvement rétrograde de ses armées, et il ne pouvait pas différer plus longtemps d'aller se placer à leur tête. Le maréchal Victor de plus en plus épouvanté de la masse des ennemis, avait fini par repasser les Vosges, après en avoir abandonné tous les défilés.

Retraite des maréchaux Victor, Marmont et Ney sur Saint-Dizier

avec plaisir que tu te portes bien. Je te remercie des vœux que tu m'adresses pour la nouvelle année ; ils me sont précieux parce que je te connais. Je t'offre les miens de tout mon cœur. — Pour ce qui regarde la paix, sois persuadée que je ne la souhaite pas moins que toi, que toute la France, et à ce que j'espère que ton mari. Ce n'est que dans la paix qu'on trouve le bonheur et le salut. Mes vues sont modérées. Je désire tout ce qui peut assurer la durée de la paix, mais dans ce monde il ne suffit pas de vouloir. J'ai de grands devoirs à remplir envers mes alliés, et malheureusement les questions de la paix future, et qui sera prochaine, je l'espère, sont très-embrouillées. Ton pays a bouleversé toutes les idées. Quand on en vient à ces questions, on a à combattre de justes plaintes ou des préjugés. La chose n'en est pas moins le vœu le plus ardent de mon cœur, et j'espère que bientôt nous pourrons réconcilier nos gens. En Angleterre il n'y a pas de mauvaise volonté, mais on fait de grands préparatifs. Ceci occasionne nécessairement du retard jusqu'à ce qu'enfin la chose soit en train : alors elle ira, s'il plaît à Dieu. Les nouvelles que tu me donnes de ton fils me réjouissent fort. Tes frères et sœurs allaient bien d'après les dernières nouvelles que j'en ai reçues, ainsi que ma femme. Je suis aussi bien portant. Crois-moi pour toujours,

» Ton tendre père,

» FRANÇOIS. »

Son héroïque cavalerie d'Espagne, ne partageant pas son découragement, fondait toujours sur les escadrons ennemis, et les sabrait dès qu'ils s'offraient à ses coups. Il s'était replié successivement sur Épinal et Chaumont, et était venu prendre position sur la haute Marne près de Saint-Dizier, ayant perdu par la fatigue et la désertion deux à trois mille hommes. Dans cet état il avait tout au plus 7 mille fantassins et 3,500 chevaux. Le maréchal Marmont après avoir essayé de tenir tête à Blucher sur la Sarre, s'était replié sur Metz, s'y était arrêté un moment pour y laisser en garnison la division Durutte (celle qui avait été séparée de Mayence et que le maréchal avait recueillie en route), et ensuite s'était retiré sur Vitry. Il lui restait environ 6 mille fantassins et 2,500 chevaux. Ces deux maréchaux avaient été rejoints sur la haute Marne par le maréchal Ney avec les deux divisions de jeune garde réorganisées entre Metz et Luxembourg, tandis que le maréchal Mortier après s'être avancé jusqu'à Langres avec la vieille garde, rétrogradait vers Bar-sur-Aube, suivi de près par le général Giulay et par le prince de Wurtemberg.

Napoléon s'était flatté qu'on pourrait, tout en se retirant, recruter rapidement les corps de Marmont, Victor, Macdonald, et les porter à quinze mille combattants chacun. On les avait bien renforcés de quelques hommes, mais la désertion, la nécessité de pourvoir à la défense des places, les avaient réduits aux faibles proportions que nous venons d'indiquer. La garde que Napoléon avait cru pouvoir porter à 80 mille hommes d'infanterie, n'en comprenait pas 30 mille, dont 7 à 8 mille étaient en Belgique sous les généraux Roguet et Barrois; 6 mille sous le maréchal Ney près de Saint-Dizier, 12 mille sous le maréchal Mortier à Bar-sur-Aube. A la vérité on achevait d'en organiser à Paris environ 10 mille. La garde à cheval sur 10 mille cavaliers propres au service en avait 6 mille montés, moitié avec Mortier, moitié avec Lefebvre-Desnoëttes. Ce dernier revenait en toute hâte de l'Escaut sur la Marne. Des divisions de réserve qu'on formait à Paris en versant des conscrits dans les dépôts, l'une, forte à peine de 6 mille hommes, et confiée au général Gérard, était partie avant d'être au complet pour aller renforcer le maréchal Mortier sur l'Aube; l'autre s'était rendue à Troyes sous le général Hamelinaye, et comptait à peine 4 mille conscrits dépourvus de toute instruction. La réserve de cavalerie formée à Versailles par la réunion de tous les dépôts de l'arme, avait déjà fourni 3 mille cavaliers, que le général Pajol, couvert de blessures mal fermées, avait conduits à Auxerre. Telles étaient les ressources que la rapidité des événements avait permis de réunir en janvier. Il faut y ajouter les gardes nationales qui arrivaient de la Picardie à Soissons, de la Normandie à Meaux, de la Bretagne et de l'Orléanais à Montereau, de la Bourgogne à Troyes.

Janv. 1814.

Retraite du maréchal Mortier à Bar-sur-Aube.

Napoléon ne désespéra pas avec ces faibles moyens de tenir tête à l'orage. Il ordonna de terminer au plus tôt la création des deux divisions de jeune garde, de continuer au moyen des dépôts et des conscrits l'organisation des divisions de réserve. Il

Derniers préparatifs militaires.

Janv. 1814.

recommanda de ne pas laisser les hommes un seul jour à Paris dès qu'ils auraient une veste, un schako, des souliers, un fusil, et de les faire partir quelque fût l'état de leur instruction. Il imprima une nouvelle activité aux ateliers d'habillement établis à Paris, mais il rencontra quant aux armes à feu plus de difficultés que pour toutes les autres parties du matériel. Il n'y avait à Vincennes que 6 mille fusils neufs, et 30 mille fusils vieux qu'on travaillait chaque jour à mettre en état de servir. C'était à peine de quoi armer les hommes qu'on versait dans les dépôts au fur et à mesure de leur arrivée. L'artillerie qu'on avait fait refluer sur Vincennes, après avoir été attelée avec des chevaux pris partout, devait repartir immédiatement pour Châlons où se préparait le rassemblement de nos forces. Le trésor personnel de Napoléon fournissait les fonds que ne pouvait plus procurer le trésor de l'État. M. Mollien, administrateur excellent pour les temps calmes, mais surpris par ces circonstances extraordinaires, n'avait pu malgré les centimes ad-

Napoléon consacre ses dernières économies aux dépenses de la guerre.

ditionnels suffire aux dépenses de l'armée. Napoléon sur les 63 millions qui lui restaient de ses économies, en avait donné 17 au général Drouot pour la garde, environ 10 au Trésor pour les divers services, 8 aux remontes, à l'habillement, à la fabrication des armes, 1 à ses frères, aujourd'hui rois sans couronne et sans argent, en avait destiné 4 à le suivre, et en laissait 23 ou 24 aux Tuileries pour les besoins urgents et imprévus.

Les troupes d'Espagne si on avait pu les ramener eussent été en ce moment un bien précieux secours.

Mais on était toujours sans nouvelles de l'accueil fait au duc de San-Carlos et au traité de Valençay. Ferdinand VII, attendant avec une impatience croissante que sa prison s'ouvrît, n'avait pas plus de nouvelles que le cabinet français [1]. Ce silence était de bien mauvais augure, et en tout cas il ne permettait pas qu'on dégarnît la frontière, avant de savoir si les Espagnols et les Anglais repasseraient les Pyrénées. Néanmoins, comme on l'a vu, Napoléon avait ordonné au maréchal Suchet d'acheminer 12 mille hommes sur Lyon, au maréchal Soult d'en acheminer 15 mille sur Paris, les uns et les autres en poste. Il y joignit deux des quatre divisions de réserve formées à Bordeaux, Toulouse, Montpellier et Nîmes. Les quatre ne comptaient pas plus de 18 mille conscrits, au lieu de 60 mille qu'on s'était flatté de réunir, mais elles se composaient de cadres excellents, empruntés aux armées d'Espagne. Napoléon fit partir pour Paris celle de Bordeaux, forte d'environ 4 mille hommes, et pour Lyon celle de Nîmes, forte de 3 mille. Telle était sa détresse, que de pareilles ressources étaient pour lui d'une véritable importance. Ce qui était envoyé sur Lyon devait servir à composer l'armée d'Augereau; ce qui était dirigé sur Paris devait y grossir ce rassemblement de troupes de toute espèce, jeune garde, bataillons tirés des dépôts, gardes nationales, vieilles bandes d'Espagne, dans lesquelles il comptait pui-

Janv. 1814.

Silence des Espagnols relativement au traité de Valençay, et impossibilité de rappeler les armées d'Espagne.

Napoléon se réduit aux deux détachements déjà demandés aux maréchaux Soult et Suchet.

---

[1] L'ouvrage de M. Fain, qui sur ce point contient plus d'une erreur, bien que rédigé sur les documents du duc de Bassano, fait arriver Ferdinand VII à Madrid le 6 janvier. Ce prince ne partit de Valençay que le 19 mars.

ser à mesure qu'elles seraient prêtes, pour soutenir l'effroyable lutte qui allait s'engager entre la Seine et la Marne. Enfin, il s'occupa de la défense de la capitale.

Plus d'une fois, même au milieu de ses plus éclatantes prospérités, Napoléon, par une sorte de prescience qui lui dévoilait les conséquences de ses fautes sans les lui faire éviter, avait cru apercevoir les armées de l'Europe au pied de Montmartre, et, à chacune de ces sinistres visions, il avait songé à fortifier Paris. Puis, emporté par le torrent de ses pensées et de ses passions, il avait prodigué les millions à Alexandrie, à Mantoue, à Venise, à Palma-Nova, à Flessingue, au Texel, à Hambourg, à Dantzig, et n'avait rien consacré à la capitale de la France. S'il s'en fût occupé dans ces temps de prospérité, il eût fait sourire les Parisiens, et le mal n'eût pas été grand : en janvier 1814, il les aurait fait trembler, et aurait augmenté la mauvaise volonté des uns, la consternation des autres. Pourtant, dans son opinion, Paris hors d'atteinte aurait presque garanti le succès de la prochaine campagne, car, si en manœuvrant entre l'Aisne, la Marne, l'Aube, la Seine, qui coulent concentriquement vers Paris, il avait été bien assuré du point commun où elles viennent se réunir, il aurait acquis une liberté de mouvements dont il eût pu, avec son génie, avec la parfaite connaissance des lieux, avec la possession de tous les passages, tirer un avantage immense contre un ennemi embarrassé de sa marche, toujours prêt à se repentir de s'être trop avancé, et l'eût probablement surpris dans quelque fausse position où il l'aurait accablé. Aussi ne cessait-il de penser à l'armement de Paris, mais il craignait l'effet moral d'une telle précaution. Il avait demandé à un comité d'officiers du génie, chargé de s'occuper extraordinairement des places fortes, un plan pour la défense de la capitale, avec recommandation de garder le secret. Les plans qu'on lui avait proposés exigeant des travaux immédiats et très-apparents, il y avait renoncé, et s'était contenté de choisir d'avance et sans bruit les emplacements où l'on pourrait élever des redoutes, de préparer de grosses palissades, soit pour renforcer l'enceinte, soit pour construire des tambours en avant des portes, de réunir enfin un supplément considérable d'artillerie et de munitions, se réservant au dernier moment, avec le secours de la population et des dépôts, d'organiser une défense opiniâtre de la grande cité qui contenait ses ressources, sa famille, son gouvernement, et la clef de tout le théâtre de la guerre.

Il ordonna encore quelques autres mesures relatives à la Belgique, à l'Italie, à Murat, au Pape. Mécontent du général Decaen à cause de l'évacuation de Willemstadt, il le remplaça par le général Maison, qui s'était tant distingué dans les dernières campagnes. Il laissa pour instruction à ce dernier de s'établir dans un camp retranché en avant d'Anvers, avec trois brigades de jeune garde, avec les bataillons du 1er corps qu'on aurait eu le temps de former, et de s'attacher à retenir les ennemis sur l'Escaut par la menace de se jeter sur leurs derrières s'ils marchaient sur Bruxelles. Il prescrivit à Mac-

Janv. 1814.

Préparatifs secrets pour la défendre avec des ouvrages de campagne.

Dernières dispositions relatives à la Belgique et à l'Italie.

Janv. 1814.

donald de se replier sur l'Argonne, et de là sur la Marne, avec les 5ᵉ et 11ᵉ corps, et le 3ᵉ de cavalerie. Il manda au prince Eugène de lui envoyer, s'il le pouvait sans compromettre la ligne de l'Adige, une forte division qui, passant par Turin et Chambéry, viendrait renforcer Augereau. Il s'obstina dans le silence gardé envers Murat, lequel devenait tous les jours plus pressant, et menaçait de se joindre à la coalition si on ne lui cédait l'Italie à la droite du Pô. Enfin, ne sachant que faire du Pape à Fontainebleau, où des coureurs ennemis pouvaient venir l'enlever, et ne voulant pas encore le rendre de peur de compliquer les affaires d'Italie, il le fit partir pour Savone, sous la conduite du colonel Lagorsse, qui avait su en le gardant allier le respect à la vigilance. Les Autrichiens n'ayant pu jusqu'alors ni forcer l'Adige, ni approcher de Gênes, Savone était encore un lieu sûr[1].

Envoi du Pape à Savone.

Ces dispositions terminées, Napoléon résolut de partir. L'Impératrice devait en son absence exercer la régence comme elle l'avait fait pendant la campagne précédente, en ayant le prince archichancelier Cambacérès pour conseiller secret. Joseph était chargé de la seconder, de la remplacer même si

L'Impératrice chargée de la régence, sous la direction du prince archichancelier.

---

[1] M. Fain et d'autres écrivains ont prétendu que Napoléon fit dès ce jour partir le Pape pour Rome. C'est une erreur démontrée par des documents certains. Le départ de Fontainebleau fut bien le commencement du voyage qui ramena le Pape à Rome, mais ne fut point ordonné avec l'intention de l'y envoyer actuellement. Ce ne fut que plus tard que Napoléon donna l'ordre de l'y laisser rentrer, et par des motifs que nous ferons connaître en leur lieu. Les archives de la secrétairerie d'État contiennent des instructions de Napoléon et des lettres du colonel Lagorsse qui ne laissent de doute sur aucun de ces points.

elle quittait Paris, car en se proposant de défendre Paris à outrance, Napoléon n'était pas décidé à y laisser sa femme et son fils exposés aux bombes et aux boulets, peut-être même à la captivité, si la coalition parvenait à forcer les défenses improvisées de la capitale. En cas de retraite de l'Impératrice dans l'intérieur de l'Empire, Joseph et les autres frères de Napoléon actuellement réunis à Paris devaient donner l'exemple du courage à la garde nationale, et mourir s'il le fallait pour défendre un trône plus important pour eux que ceux d'Espagne, de Hollande ou de Westphalie, car c'était non-seulement le plus grand, mais le seul qui restât à leur famille.

Janv. 1814.

Outre les précautions prises contre l'ennemi extérieur, Napoléon avait songé aussi à en prendre quelques-unes contre l'ennemi intérieur, c'est-à-dire contre les menées tendant à rendre à la France ou la république ou les Bourbons. L'archichancelier Cambacérès, le duc de Rovigo, avaient reçu ordre d'étendre leur surveillance jusque sur les princes de la famille impériale, et en particulier sur certains dignitaires, tels que M. de Talleyrand par exemple, qui ne cessait d'inspirer à Napoléon les plus singulières appréhensions. Quoique privé du plus remuant de ses associés, du duc d'Otrante envoyé en mission auprès de Murat, M. de Talleyrand était fort à craindre. Napoléon voyait distinctement en lui l'homme autour duquel, dans un moment de revers, se grouperaient ses ennemis de toute sorte, pour édifier un nouveau gouvernement sur les débris de l'Empire renversé. Après avoir ressenti

Appréhensions que M. de Talleyrand inspire à Napoléon.

un goût fort vif pour M. de Talleyrand, et lui en avoir inspiré un pareil, se sentant privé maintenant du plus sûr moyen de plaire, la prospérité, se rappelant en outre combien il avait blessé en diverses occasions ce grand personnage, il se disait qu'il avait fait tout ce qu'il fallait pour en être haï; il s'y attendait donc, et y comptait. Il le craignait surtout depuis que le nom des Bourbons était prononcé, car bien qu'engagé par sa vie et ses opinions dans la Révolution française, l'ancien évêque d'Autun, aujourd'hui prince et marié, avait une si haute naissance, tant de flexibilité d'esprit, tant de moyens d'être utile à l'ancienne dynastie, que sa paix avec elle ne pouvait être difficile. Napoléon voyait donc en lui un redoutable instrument de contre-révolution. Avec de tels pressentiments, il aurait dû, ou le réduire à l'impuissance de nuire, ou se l'attacher, mais malgré sa force d'esprit et de caractère, Napoléon, comme on fait trop souvent, sommeillant à côté du danger, tint à l'égard de M. de Talleyrand une conduite incertaine : il le laissa libre, grand dignitaire, membre du conseil de régence, et au lieu de le caresser en le laissant si fort, il lui adressa au contraire de sanglants reproches à la veille de le quitter, tant la seule vue de ce personnage l'excitait, l'inquiétait, l'irritait. Il lui dit qu'il le connaissait bien, qu'il n'ignorait pas ce dont il était capable, qu'il le surveillerait attentivement, et qu'à la première démarche douteuse il lui ferait sentir le poids de son autorité. Puis après les plus violentes apostrophes, il s'en tint aux paroles, et se contenta de prescrire au duc de Rovigo la plus rigoureuse surveillance, tant sur M. de Talleyrand que sur quelques autres grands fonctionnaires disgraciés. Le duc de Rovigo n'était pas homme à hésiter quels que fussent ses ordres, mais que faire contre un adversaire habile, qui savait comment se conduire pour ne pas donner prise, qui d'ailleurs était entouré d'une immense renommée, qu'on devait se garder de frapper légèrement, et qui saurait bien trouver le moment où il pourrait tout oser contre un ennemi qui ne pourrait presque plus rien pour sa propre défense?

Napoléon, à la veille de son départ, voulut voir et haranguer les officiers de la garde nationale à laquelle il allait confier la sûreté intérieure et extérieure de Paris. On avait composé la garde nationale non pas de cette classe populaire, courageuse et robuste, aussi capable de défendre bravement ce qu'on lui confie, que de le renverser maladroitement, mais de gens aisés, ennemis des révolutions, n'ayant pas oublié que Napoléon avait sauvé la France de l'anarchie, quoique lui reprochant de l'avoir précipitée dans une guerre funeste, détestant la république, et ayant peu d'entraînement pour les Bourbons. Napoléon, en voulant disputer les dehors de Paris avec ses soldats, se proposait de laisser à la garde nationale le soin de préserver sa femme et son fils contre un mouvement anarchiste ou royaliste, tenté dans l'intérieur de la capitale. Il reçut donc les officiers de cette garde aux Tuileries, ayant sa femme d'un côté, son fils de l'autre, puis s'avançant au milieu d'eux, leur montrant cet enfant appelé naguère à de si hautes destinées, et aujourd'hui

Janv. 1814.

Napoléon, avant de partir, présente son fils à la garde nationale.

14.

voué peut-être à l'exil, à la mort, il leur dit qu'il allait s'éloigner pour défendre eux et leurs familles, et rejeter hors du territoire l'ennemi qui venait de franchir nos frontières, mais qu'en partant il mettait en dépôt entre leurs mains ce qu'il avait de plus cher après la France, c'est-à-dire sa femme et son fils, et partait tranquille en confiant de pareils gages à leur honneur. La vue de ce grand homme, réduit après tant de merveilles à de telles extrémités, tenant son fils dans ses bras, le présentant à leur dévouement, produisit sur eux la plus vive émotion, et ils promirent bien sincèrement de ne pas livrer à d'autres le glorieux trône de France. Hélas! ils le croyaient! Lequel d'entre eux, en effet, bien que le champ fût ouvert alors à toutes les suppositions, lequel pouvait prévoir en ce moment les scènes si différentes qui se passeraient bientôt dans ces Tuileries, et confondraient la prévoyance non-seulement de ceux qui les occupaient, mais de leurs successeurs, et des successeurs de leurs successeurs!

Napoléon partit le lendemain pour Châlons, et en partant, sans savoir qu'il les embrassait pour la dernière fois, serra fortement dans ses bras sa femme et son fils. Sa femme pleurait et craignait de ne plus le revoir. Elle était destinée à ne plus le revoir en effet, sans que les boulets ennemis dussent l'enlever à son affection! On l'eût bien surprise assurément si on lui eût dit que ce mari, actuellement l'objet de toutes ses sollicitudes, mourrait dans une île de l'Océan, prisonnier de l'Europe, et oublié d'elle! Quant à lui, on ne l'eût point étonné, quoi qu'on lui eût prédit, car, extrême abandon, extrême dévouement, il s'attendait à tout de la part des hommes, qu'il connaissait profondément, et avec lesquels il se conduisait néanmoins comme s'il ne les avait pas connus!

Janv. 1814.

FIN DU LIVRE CINQUANTE ET UNIÈME.

LIVRE CINQUANTE-DEUXIÈME.

BRIENNE ET MONTMIRAIL.

Arrivée de Napoléon à Châlons-sur-Marne le 25 janvier. — Abattement des maréchaux, et assurance de Napoléon. — Son plan de campagne. — Son projet de manœuvrer entre la Seine et la Marne, dans la conviction que les armées coalisées se diviseront pour suivre le cours de ces deux rivières. — Soupçonnant que le maréchal Blucher s'est porté sur l'Aube pour se réunir au prince de Schwarzenberg, il se décide à se jeter d'abord sur le général prussien. — Brillant combat de Brienne livré le 29 janvier. — Blucher est rejeté sur la Rothière avec une perte assez notable. — En ce moment les souverains réunis autour du prince de Schwarzenberg, délibèrent s'il faut s'arrêter à Langres, pour y négocier avant de pousser la guerre plus loin. — Arrivée de lord Castlereagh au camp des alliés. — Caractère et influence de ce personnage. — Les Prussiens par esprit de vengeance, Alexandre par orgueil blessé, veulent pousser la guerre à outrance. — Les Autrichiens désirent traiter avec Napoléon dès qu'on le pourra honorablement. — Lord Castlereagh vient renforcer ces derniers, à condition qu'on obligera la France à rentrer dans ses limites de 1790, et que lui ôtant la Belgique et la Hollande, on en formera un grand royaume pour la maison d'Orange. — Empressement de tous les partis à satisfaire l'Angleterre. — Lord Castlereagh ayant obtenu ce qu'il désirait, décide les cours alliées à l'ouverture d'un congrès à Châtillon, où l'on appelle M. de Caulaincourt pour lui offrir le retour de la France à ses anciennes limites. — La question politique étant résolue de la sorte, la question militaire se trouve résolue par l'engagement survenu entre Blucher et Napoléon. — Le prince de Schwarzenberg vient au secours du général prussien, avec toute l'armée de Bohême. — Position de Napoléon ayant sa droite à l'Aube, son centre à la Rothière, sa gauche aux bois d'Ajou. — Sanglante bataille de la Rothière livrée le 1er février 1814, dans laquelle Napoléon, avec 32 mille hommes, tient tête toute une journée à 100 mille combattants. — Retraite en bon ordre sur Troyes le 2 février. — Position presque désespérée de Napoléon. — Replié sur Troyes, il n'a pas 50 mille hommes à opposer aux armées coalisées, qui peuvent en réunir 220 mille. — En proie aux sentiments les plus douloureux, il ne perd cependant pas courage, et fait ses dispositions dans la prévoyance d'une faute capitale de la part de l'ennemi. — Ses mesures pour l'évacuation de l'Italie, et pour l'appel à Paris d'une partie des armées qui défendent les Pyrénées. — Ordre de disputer Paris à outrance pendant qu'il manœuvrera, et d'en faire sortir sa femme et son fils. — Réunion du congrès de Châtillon. — Propositions outrageantes faites à M. de Caulaincourt, lesquelles consistent à ramener la France aux limites de 1790, en l'obligeant en outre de rester étrangère à tous les arrangements européens. — Douleur et désespoir de M. de Caulaincourt. — Pendant ce temps la faute militaire que Napoléon prévoyait s'accomplit. — Les coalisés se divisent en deux masses : l'une sous Blucher doit suivre la Marne, et déborder Napoléon par sa gauche, pour l'obliger à se replier sur Paris, tandis que l'autre, descendant la Seine, le poussera également sur Paris pour l'y accabler sous les forces réunies de la coalition. — Napoléon partant le 9 février au soir de Nogent avec la garde et le corps de Marmont, se porte sur Champ-Aubert. — Il y trouve l'armée de Silésie divisée en quatre corps. — Combats de Champ-Aubert, de Montmirail, de Château-Thierry, de Vauchamp, livrés les 10, 11, 12 et 14 février. — Napoléon fait 20 mille prisonniers à l'armée de Silésie, et lui tue 10 mille hommes, sans presque aucune perte de son côté. — A peine délivré de Blucher, il se rejette par Guignes sur Schwarzenberg qui avait franchi la Seine, et l'oblige à la repasser en désordre. — Combats de Nangis et de Montereau les 18 et 19 février. — Pertes considérables des Russes, des Bavarois et des Wurtembergeois. — Un retard survenu à Montereau permet au corps de Colloredo, qu'on allait prendre tout entier, de se sauver. — Grands résultats obtenus en quelques jours par Napoléon. — Situation complétement changée. — Événements militaires en Belgique, à Lyon, en Italie, et sur la frontière d'Espagne. — Révocation des ordres envoyés au prince Eugène pour l'évacuation de l'Italie. — Renvoi de Ferdinand VII en Espagne, et du Pape en Italie. — La coalition, frappée de ses échecs, se décide à demander un armistice. — Envoi du prince Wenceslas de Liechtenstein à Napoléon. — Napoléon feint de le bien accueillir, mais résolu à poursuivre les coalisés sans relâche, se borne à une convention verbale pour l'occupation pacifique de la ville de Troyes. — Résultat inespéré de cette première période de la campagne.

Janv. 1814.

Parti le 25 au matin de Paris, Napoléon arriva le même soir à Châlons-sur-Marne. Déjà un grand nombre de fuyards, soldats et paysans, encombraient cette route. Les habitants de Châlons, auxquels sa présence rendait la confiance, criaient beaucoup : *vive l'Empereur!* mais en y ajoutant : *à bas les droits réunis!* tant la révolte contre le régime établi commençait à devenir générale. C'était à vrai dire le cri de l'égoïsme local contre le plus nécessaire des impôts que tous les flatteurs du peuple, à

Départ de Napoléon le 25 janvier au matin.

Son arrivée à Châlons.

quelque classe qu'ils appartiennent, ont également promis d'abolir, sans pouvoir jamais le remplacer, mais qui dans le moment signifiait en réalité : *à bas le régime impérial.* Seulement les Châlonnais qualifiaient ce régime par ce qui les froissait le plus en leur qualité de vignerons de la Champagne. Napoléon n'y prit garde, se montra doux, serein, accueillant, et les gagna tous par sa tranquille attitude.

Berthier l'avait précédé à Châlons. Le vieux duc de Valmy, toujours chargé de l'administration des dépôts, s'y était rendu de son côté. Marmont, Ney y étaient accourus. Ils étaient fort troublés, quoique ordinairement le danger les intimidât peu, mais n'ayant dans les mains que des débris, ils demandaient avec instance des renforts, et se flattaient en voyant arriver Napoléon que ces renforts allaient suivre. Malheureusement il ne leur apportait que lui-même; c'était beaucoup certainement (et on ne tardera pas à en avoir la preuve), mais ce n'était pas assez pour résister à la masse d'ennemis déchaînés contre la France. Ses lieutenants lui dirent que sans doute il amenait des forces à sa suite. — Non, répondit-il avec sang-froid, et après les avoir consternés par cette réponse, il les ranima bientôt par la hardiesse et la profondeur des vues qu'il développa devant eux. Il semblait que, débarrassé des soucis amers qui l'accablaient à Paris, et redevenu soldat, il retrouvât en rentrant dans sa profession toute sa sérénité d'âme, au point de découvrir des ressources où personne n'en voyait. Il parla longuement à ses maréchaux, et leur exposa la situation à peu près comme il suit.

Ses forces se réduisaient pour ainsi dire à ce que les maréchaux amenaient avec eux : Victor avait à peu près 7 mille fantassins et 3,500 cavaliers; Marmont 6 mille fantassins et 2,500 cavaliers; Ney 6 mille fantassins. Ces trois maréchaux possédaient en outre 120 bouches à feu assez bien attelées. A douze lieues de là, c'est-à-dire à Arcis-sur-Aube, le général Gérard avait une division de réserve de 6 mille hommes; à dix-huit lieues, c'est-à-dire à Troyes, le maréchal Mortier avait 15 mille soldats de la vieille garde, infanterie et cavalerie, ce qui portait ces divers rassemblements à 46 ou 47 mille hommes. Lefebvre-Desnoëttes arrivait avec la cavalerie légère de la garde, comptant 3 mille chevaux, et avec quelques mille hommes d'infanterie, soit jeune garde, soit bataillons tirés des dépôts, ce qui supposait en total cinquante et quelques mille hommes dans la partie la plus menacée du territoire, non compris, il est vrai, la seconde division de réserve qui s'organisait sous le général Hamelinaye à Troyes, la cavalerie qui se formait sur la Seine sous Pajol, et les rassemblements de gardes nationales. C'était bien peu assurément contre les 220 ou 230 mille soldats éprouvés qui marchaient contre la capitale, sans parler de ceux qui devaient survenir bientôt. A Paris se formaient encore deux divisions de jeune garde, et quelques nouveaux bataillons de ligne; sur la route de Bordeaux s'avançaient plusieurs divisions d'Espagne, et Macdonald enfin arrivait par les Ardennes avec une douzaine de mille hommes. Mais ces renforts devaient être plus que surpassés par ceux que l'ennemi atten-

Janv. 1814.

Napoléon leur montre qu'il reste, dans la manière dont se présente l'ennemi, dans la nature des lieux, d'heureuses combinaisons à opposer aux coalisés, et que rien n'est encore perdu.

dait, et pour le premier moment, pour le premier choc, on avait 50 mille hommes contre 230 mille. Napoléon ne dit pas toute la vérité à ses lieutenants, de peur de les décourager, mais il ne s'en éloigna guère. Néanmoins il n'y avait pas à s'épouvanter selon lui. L'ennemi était nombreux, mais divisé, et il était impossible qu'il ne commît pas de grandes fautes dont on se hâterait de tirer parti. Il s'avançait par deux routes, celle de l'est, de Bâle à Paris, celle du nord-est, de Mayence à Paris, et il était difficile qu'il fît autrement, ayant à lier ses opérations avec les troupes agissant dans les Pays-Bas. Indépendamment de cette séparation obligée entre l'armée de Blucher, ancienne armée de Silésie, et celle de Schwarzenberg, ancienne armée de Bohême, l'ennemi s'était encore fractionné par des motifs secondaires. Blucher avait laissé des troupes au blocus de Mayence et de Metz; les colonnes de Schwarzenberg étaient fort éloignées les unes des autres; celle de Bubna avait pris par Genève, celle de Colloredo venait par Auxonne et la Bourgogne, celle de Giulay et du prince de Wurtemberg par Langres et la Champagne, celle de de Wrède par l'Alsace. Enfin celle de Wittgenstein se trouvait aux environs de Strasbourg. Il y avait encore quelques détachements autour de Besançon, Béfort, Huningue, etc. Il n'était pas possible que tant de corps épars fussent dirigés avec assez d'intelligence pour être concentrés à propos sur le point où ils auraient à combattre. D'ailleurs la configuration des lieux allait les induire elle-même à commettre les fautes dont on espérait profiter.

Lorsqu'on s'avance vers la capitale de la France soit par le nord-est, soit par l'est, on arrive, après avoir passé la Meuse ou la Saône, au bord d'un bassin dont Paris est le centre, et vers lequel coulent la Marne et la Seine, formant un angle dont les côtés viennent se réunir à un sommet commun, qui est Paris. (Voir les cartes n°s 61 et 62.) Blucher suivait en ce moment un côté de cet angle, en se portant vers Saint-Dizier sur la Marne; Schwarzenberg suivait l'autre en poursuivant Mortier le long de la Seine. C'était le cas de se jeter rapidement sur l'un d'eux, n'importe lequel, avec les forces qu'on pourrait réunir. Aux 25 mille hommes de Ney, Victor et Marmont, Napoléon allait ajouter le détachement de Lefebvre-Desnoëttes avec une immense quantité d'artillerie. Il pouvait, après avoir remonté la Marne jusqu'à Saint-Dizier, se rabattre promptement sur sa droite, attirer à lui Gérard et Mortier, et fondre avec 50 mille hommes sur la colonne de Schwarzenberg. Il était probable qu'on aurait là un succès. Ce premier avantage arrêterait la marche si confiante des coalisés. Si la guerre se prolongeait, on pourrait en manœuvrant bien dans cet angle formé par la Seine et la Marne, avoir d'autres succès, peut-être considérables. D'une part, le duc de Valmy allait faire occuper les divers passages de la Marne, en levant les gardes nationales et en barricadant tous les ponts; de l'autre Pajol, avec la cavalerie et les gardes nationales, allait prendre les mêmes précautions sur la Seine, et pousser ses opérations sur l'Yonne, qui en est pour ainsi dire un bras détaché.

Janv. 1814.

Entre ces deux lignes de la Marne et de la Seine se trouve une ligne intermédiaire, celle de l'Aube, qui multiplie les difficultés pour l'attaquant, et les moyens de résistance pour l'attaqué. L'ennemi amené tantôt par choix, tantôt par nécessité, à se partager entre ces diverses rivières, n'en possédant pas les passages que nous occuperions exclusivement, fournirait mille occasions de le battre, qu'il faudrait promptement saisir, et on pouvait s'en fier de ce soin à Napoléon. Pendant ce temps arriveraient des troupes d'Espagne et de l'intérieur, la population ranimée par le succès reprendrait courage, Augereau remonterait de Lyon sur Besançon, et inquiéterait l'ennemi sur ses derrières; les commandants de nos places exécuteraient de fréquentes sorties contre les faibles corps qui les bloquaient, et si la fortune n'était pas absolument contraire, on aurait quelque bonne journée, et Caulaincourt, ainsi secondé, finirait par signer une paix honorable. Tout n'était donc pas perdu! s'écriait Napoléon. La guerre présentait tant de chances diverses quand on savait persévérer! Il n'y avait de vaincu que celui qui voulait l'être! Sans doute on aurait des jours difficiles; il faudrait quelquefois se battre un contre trois, même un contre quatre; mais on l'avait fait dans sa jeunesse, il fallait bien savoir le faire dans son âge mûr. D'ailleurs, de tous les débris de l'ancienne armée, on avait conservé une excellente et nombreuse artillerie, au point d'avoir cinq ou six pièces par mille hommes. Les boulets valaient bien les balles. On avait eu toutes les gloires; il en restait une dernière à acquérir qui complète toutes les autres et les surpasse, celle de résister à la mauvaise fortune, et d'en triompher; après quoi on se reposerait dans ses foyers, et on vieillirait tous ensemble dans cette France, qui, grâce à ses héroïques soldats, après tant de phases diverses, aurait sauvé sa vraie grandeur, celle des frontières naturelles, et de plus une gloire impérissable.

Janv. 1814.

En disant ces nobles choses, Napoléon se montrait serein, caressant, rajeuni, paraissait croire tout ce qu'il disait (et en croyait en effet une partie), tant son génie entrevoyait de chances cachées à d'autres. Il finit ainsi par communiquer à ses lieutenants quelque chose de sa confiance, et les laissa moins abattus qu'il ne les avait trouvés. Le plus animé en ce moment, celui qui manifestait les meilleures dispositions, était Marmont. Ney était triste. Le héros de la Moskowa semblait ne pas s'être remis encore de la journée de Dennewitz.

La confiance et les vues profondes de Napoléon raniment ses lieutenants.

Dans la nuit même, Napoléon sans prendre de repos, ordonna au duc de Valmy de réunir à Châlons les détachements qui se repliaient, à l'exception des dépôts qui devaient continuer leur marche sur Paris, de lever partout les gardes nationales, et de barricader les bourgs et les villes qui avaient des ponts sur la Marne. Il enjoignit également à Macdonald qui achevait son mouvement rétrograde, de s'arrêter à Châlons pour garder le cours de la Marne. (Voir la carte n° 62.) Il prescrivit à Mortier de quitter Troyes, de se réunir à Gérard sur l'Aube, ligne intermédiaire, comme nous l'avons dit, entre la Seine et la Marne, et de s'y tenir prêts ou à le recevoir ou à venir à lui; à Pajol de bien veiller

Ordres pour occuper tous les passages de la Marne, de l'Aube et de la Seine.

sur les ponts de la Seine et de l'Yonne, tels que Nogent, Montereau, Sens, Joigny, Auxerre, et de courir assez à droite avec sa cavalerie pour intercepter les partis qui essayeraient de pénétrer jusqu'à la Loire.

Janv. 1814.

Napoléon rentre de vive force dans Saint-Dizier.

Le lendemain matin 26, Napoléon se porta sur Vitry. Lefebvre-Desnoëttes l'avait rejoint. Avec Lefebvre, Marmont, Ney, Victor, il avait en tout 33 à 34 mille hommes. L'ennemi occupait Saint-Dizier. Napoléon ordonna à Victor de l'en chasser, ce qui fut exécuté avec la plus rare vigueur. La présence de Napoléon avait ranimé tous les courages. On rentra à Saint-Dizier après avoir fait quelques prisonniers qui appartenaient au corps russe de Landskoi. Voici ce qui se passait du côté des coalisés.

Ce qui se passait chez les coalisés au moment de l'arrivée de Napoléon sur la haute Marne.

Fatigué d'attendre lord Castlereagh, et malgré le désir de lui parler le premier, Alexandre, qui avait la prétention d'être nécessaire partout, et qui était souvent utile en bien des endroits, avait voulu suivre le grand quartier général, disant que sans lui on se brouillerait, et qu'on ne commettrait que des fautes. Il s'était rendu à Langres, où les souverains et les ministres alliés l'avaient accompagné. Une partie considérable de l'armée du prince de Schwarzenberg était répandue entre la haute Marne et l'Aube supérieure, entre Chaumont et Bar-sur-Aube (voir la carte n° 62), attendant Blucher qui arrivait par Saint-Dizier. Là on s'était mis à délibérer, et il le fallait pour se conformer aux divisions établies par M. de Metternich entre les diverses périodes de la guerre. On avait en effet accompli la première période qui consistait à s'avancer jusqu'au Rhin, plus la seconde qui consistait à s'avancer jusqu'au delà des Vosges et des Ardennes, et il restait à accomplir la troisième, la plus difficile, celle de marcher sur Paris. Les avis étaient fort partagés sur cette troisième période, et on comptait sur lord Castlereagh, qui venait enfin d'arriver, pour résoudre la question. Provisoirement, pour ne pas prolonger un silence inconvenant envers M. de Caulaincourt, on lui avait assigné Châtillon-sur-Seine comme lieu des futures négociations. On avait eu beaucoup de peine à obtenir cette concession d'Alexandre qui déjà inclinait à ne plus traiter qu'à Paris même. Mais ce qui avait contribué à le faire céder, c'était le lieu du nouveau congrès qu'il avait voulu choisir en France, pour infliger à Napoléon l'humiliation de traiter au sein de ses provinces envahies. En même temps les diverses armées tendaient à se rapprocher. Tandis que l'armée du prince de Schwarzenberg était répandue autour de Langres, Blucher après avoir quitté Nancy, avait traversé Saint-Dizier, y avait laissé le détachement russe de Landskoi pour donner à croire qu'il descendait sur Châlons en suivant la Marne, et au contraire avait quitté la Marne pour courir sur l'Aube, afin de se joindre à Schwarzenberg, d'entraîner la grande armée par sa présence, de faire cesser ses hésitations, et de décider une marche hardie sur Paris. Ayant laissé le corps du comte de Saint-Priest vers Coblentz, une partie du corps de Langeron devant Mayence, celui d'York devant Metz, il arrivait avec le corps de Sacken et le reste de celui de Langeron. L'avant-garde de

Janv. 1814.

Ayant franchi les deux premières périodes de la guerre, les coalisés délibèrent avant d'entreprendre la troisième, qui doit consister à marcher sur Paris.

Châtillon-sur-Seine désigné comme lieu où doit se réunir le futur congrès.

Wittgenstein commandée par Pahlen, s'étant trouvée sur sa route, il l'avait recueillie, et amenait ainsi avec lui trente et quelques mille hommes. Il venait de défiler transversalement de la Marne à l'Aube, au moment même où Napoléon touchait à Saint-Dizier. La Marne dans cette partie supérieure de son cours, c'est-à-dire à la hauteur de Saint-Dizier, n'est qu'à dix ou douze lieues de l'Aube.

Telle était la situation des coalisés le 27 janvier au soir, quand Napoléon entra dans Saint-Dizier. Il apprit là par les prisonniers, par les gens du pays interrogés avec un art que lui seul possédait, que Blucher à la tête d'environ trente mille hommes avait passé devant lui, pour aller probablement se réunir à la colonne qui poursuivait Mortier sur l'Aube. Il n'hésita pas un instant et résolut de s'attacher à ses pas, et de le suivre sans relâche jusqu'à ce qu'il l'eût rejoint et battu. Placé sur ses communications, interceptant les secours qui pouvaient lui arriver des corps laissés en arrière, ayant de plus la possibilité de l'atteindre avant sa réunion à Schwarzenberg, il avait toute chance de le trouver en mauvaise position et d'en tirer grand parti.

Napoléon aurait pu en remontant la Marne jusqu'à Joinville, gagner une bonne chaussée qui par Doulevent et Soulaines aboutissait sur l'Aube vers Brienne; mais c'était perdre une journée. (Voir la carte n° 62.) Il aima mieux se jeter tout de suite sur sa droite par un chemin de traverse qui aboutissait directement sur l'Aube à la hauteur de Brienne. C'était un pays de bois et de vallons qu'il était possible de franchir en deux marches. Il recommanda au maréchal

Mortier et au général Gérard de rester sur l'Aube, et de s'y maintenir pendant qu'il s'occupait de les rejoindre. Par la chaussée de Joinville à Doulevent qu'il ne voulait pas prendre lui-même, il dirigea ce qui était arrivé du corps de Marmont, avec la division Duhesme du corps de Victor, et il y ajouta les dragons de Briche pour battre le pays, et intercepter la route de Nancy par laquelle pouvaient survenir les troupes de Blucher demeurées en arrière. Avec Victor, Ney, toute la cavalerie, environ 17 ou 18 mille hommes, il marcha sur Brienne par le chemin de traverse d'Éclaron à Montierender. Les jours précédents il avait gelé; le 28, jour de cette première marche, il pleuvait. On eut une extrême difficulté à franchir ces chemins, qui ne servaient qu'à l'exploitation des bois. Heureusement l'artillerie était bien attelée; d'ailleurs avec le secours des gens du pays, qui prêtaient volontiers leurs bras et leurs chevaux, on arriva, quoique fort tard, à Montierender. En traversant Éclaron on trouva les habitants désolés des ravages que l'ennemi avait déjà exercés chez eux. Après les résolutions modérées qu'ils avaient affichées en entrant en France, les coalisés étaient revenus aux mœurs de la guerre, que la barbarie chez les Russes, une haine aveugle chez les Prussiens, rendaient encore plus cruelles que de coutume. Ils pillaient et ravageaient par goût quand ce n'était pas par besoin. Les paysans consternés avaient adressé leurs plaintes à Napoléon, qui leur accorda quelques secours sur son trésor. Il leur promit en outre de faire reconstruire leur église, qui avait été détruite.

Janv. 1814.

Marche de la Marne à l'Aube par la route de Montierender.

Janv. 1814.

Arrivée de Napoléon devant Brienne.

Le lendemain 29 on partit de Montierender pour Brienne. On eut comme la veille beaucoup de peine à s'avancer sur les chemins défoncés par les pluies. Enfin, vers trois ou quatre heures de l'après-midi, Grouchy qui commandait la cavalerie de l'armée, et Lefebvre-Desnoëttes celle de la garde, en débouchant du bois d'Ajou, découvrirent dans une plaine légèrement ondulée la cavalerie du comte Pahlen, appuyée par quelques bataillons légers de Scherbatow. Un peu plus loin on apercevait la petite ville de Brienne, avec son château bâti sur une éminence et entouré de bois. L'Aube coulait au delà. Des troupes nombreuses se montraient le long de l'Aube, et elles paraissaient rebrousser chemin. Voici ce que signifiaient ces divers mouvements.

Il rencontre Blucher, qui s'étant avancé jusqu'à Arcis, se hâte de rétrograder vers Bar-sur-Aube.

Blucher parvenu à Bar-sur-Aube, petite ville située sur la rivière de l'Aube fort au-dessus de Brienne, s'était imaginé que Mortier cherchait à passer cette rivière pour se réunir à Napoléon vers la Marne, et il avait résolu de l'en empêcher. En conséquence, il s'était porté sur Brienne, Lesmont et Arcis, dans l'intention de couper les ponts de l'Aube. (Voir la carte n° 62.) Mais informé de l'apparition de Napoléon, il s'était hâté de revenir sur ses pas, et en ce moment il traversait, à la tête du corps de Sacken, la ville de Brienne, pour remonter vers Bar-sur-Aube. Afin de couvrir ce mouvement, le comte Pahlen, avec sa cavalerie et quelques bataillons légers du prince Scherbatow, observait la plaine et la lisière des bois par lesquels devait déboucher l'armée française. Le général Olsouvieff gardait les approches de Brienne, que traversait, en rétrogradant sur Bar, le grand parc d'artillerie des Prussiens.

Dès qu'il reconnut les escadrons du comte Pahlen, Lefebvre-Desnoëttes s'élança sur eux avec sa cavalerie légère, et les força de se replier sur les bataillons de Scherbatow formés en carré. La cavalerie russe vint en effet s'abriter derrière ces bataillons, et se placer à droite de la ligne ennemie, en face de notre gauche. Pendant ce temps, Olsouvieff s'était déployé en avant de la ville, et le corps de Sacken, arrêté dans sa marche rétrograde, était venu prendre position à côté d'Olsouvieff, afin de protéger Brienne, qu'il importait de bien occuper pour que le parc d'artillerie prussien pût défiler en sûreté.

L'infanterie française étant encore engagée dans les bois, Napoléon fut réduit à canonner la ligne russe, que ses cavaliers ne pouvaient entamer, et on se borna ainsi pendant plus de deux heures à un échange de boulets qui ne laissait pas que d'être assez meurtrier. Enfin, Ney et Victor commençant à déboucher, Napoléon ordonna d'attaquer sur-le-champ. Victor avait laissé la division Duhesme à Marmont, et Ney n'avait que deux faibles divisions de la garde; nous disposions ainsi tout au plus de 10 à 11 mille hommes d'infanterie, et de 6 mille de cavalerie. Blucher avait 30 mille hommes au moins. Napoléon n'hésita pas toutefois, car on ne comptait plus les ennemis et au contraire on comptait les heures. Il poussa Ney en deux colonnes directement sur Brienne, tandis qu'il dirigeait par sa droite une brigade du corps de Victor sur le château de Brienne, et qu'il portait vers sa gauche le reste de

15.

ce corps, de manière à menacer la route de Brienne à Bar, ce qui devait déterminer la retraite de Blucher.

Ces dispositions eurent tout d'abord le succès désiré. Nous avions bien peu de vieilles troupes; la jeune garde ne comprenait que des conscrits à peine vêtus, et n'ayant jamais tiré un coup de fusil. On les appelait des *Marie-Louise,* du nom de la régente, sous laquelle ils avaient été levés et organisés. Mais ils étaient placés dans de vieux cadres, et conduits par le maréchal Ney. Ces jeunes gens supportèrent un feu violent sans en être ébranlés, et forcèrent l'infanterie russe à se replier sur Brienne, quoique trois fois plus nombreuse qu'eux. Malheureusement un accident survenu à notre aile gauche ralentit ce succès. Vers cette aile, la faible colonne de Victor, que Napoléon avait dirigée sur la route de Bar afin de menacer la ligne de retraite de Blucher, s'était trouvée en face de la cavalerie russe ramenée tout entière de ce côté, tandis que la nôtre était au côté opposé. Abordée brusquement par plusieurs milliers de cavaliers, l'infanterie de Victor éprouva une sorte de surprise et fut contrainte de rétrograder. Napoléon, qui était au milieu d'elle, courut le plus grand danger, et vit enlever sous ses yeux quelques pièces d'artillerie. Ce mouvement rétrograde de notre gauche arrêta l'essor de Ney. Mais en ce moment la brigade détachée de Victor sur la droite avait tourné Brienne, pénétré à travers le parc du château, assailli et enlevé le château lui-même. Elle avait failli prendre Blucher avec son état-major, et elle captura le fils du chancelier de Hardenberg. De notre côté nous perdîmes le brave contre-amiral Baste, des marins de la garde, qui dans cette journée termina une vie héroïque par une mort glorieuse. La conquête de cette position dominante causa un fort ébranlement parmi les Russes. Ney alors les poussa vivement, entra dans Brienne à leur suite, et emporta la ville à l'instant même où l'artillerie de l'ennemi achevait de la traverser. Blucher, piqué du résultat de cette première rencontre, craignant pour la queue de son parc d'artillerie, voulut faire un dernier effort pour reprendre Brienne et l'occuper au moins pendant quelques heures. Il exécuta en effet vers dix heures du soir une attaque furieuse contre la ville et le château, à la tête de l'infanterie de Sacken. L'attaque sur la ville, favorisée par la nuit, eut un commencement de succès contre nos jeunes troupes surprises de ce retour offensif. Mais un brave officier, le chef de bataillon Enders, qui gardait le château avec un bataillon du 56°, culbuta les assaillants dans la ville; et ceux-ci reçus par nos soldats qui étaient revenus de leur trouble, furent tous tués ou pris. Ce succès ranima notre élan; on poussa l'infanterie de Sacken hors de la ville, et notre artillerie qui était nombreuse, tirant aussi juste que l'obscurité le permettait, couvrit les Russes de mitraille.

Il était onze heures du soir lorsque ce combat fut terminé. La confusion était si grande que Napoléon ne crut pas pouvoir prendre gîte au château. Il coucha dans un village voisin, se trouva un moment entouré de Cosaques en regagnant son bivouac, et fut sur le point d'être enlevé. Berthier, précipité dans la boue, en fut retiré tout meurtri.

Le lendemain matin on vit plus clair dans la position. On sut qu'on avait eu affaire à plus de trente mille hommes, et que Blucher se retirait dans la vaste plaine qui s'étend au delà de Brienne, sur la route de Bar-sur-Aube. On le suivit avec une centaine de bouches à feu, et on le cribla de boulets jusqu'au village de la Rothière où il s'arrêta.

Ce combat était fort honorable pour nos jeunes soldats, qui se battant dans la proportion d'un contre deux, avaient fini par l'emporter sur les plus vieilles bandes de la coalition, menées par le plus brave de ses généraux. Malheureusement ce n'était pas un contre deux, mais un contre cinq qu'il faudrait bientôt se battre pour tâcher de sauver la France! L'ennemi avait laissé dans nos mains environ 4 mille hommes morts ou blessés. Nous en avions près de 3 mille hors de combat. Mais le champ de bataille étant à nous, les blessés n'étaient pas de notre côté des hommes perdus. L'effet moral importait plus encore que le résultat matériel. Nos soldats, démoralisés lorsque Napoléon les avait rejoints à Châlons, commençaient à recouvrer leur courage en le voyant, en se retrouvant au feu avec lui, et en reprenant sous sa forte impulsion l'habitude de vaincre.

Bien que Napoléon n'eût pas obtenu tous les avantages qu'il avait espérés d'une irruption soudaine au milieu des corps dispersés de la coalition, toutefois il lui avait fait sentir sa présence, il lui avait appris que ce n'était pas sans coup férir qu'elle arriverait à Paris, comme elle s'en était flattée d'après la facilité de ses premiers mouvements, et il s'était posé entre elle et la capitale de manière à lui en barrer le chemin. La position de Brienne était dans cette vue parfaitement choisie.

<small>Configuration des vallées de la Marne, de l'Aube et de la Seine, et combinaisons auxquelles elles peuvent donner lieu.</small>

La rivière de l'Aube sur laquelle Napoléon venait de s'arrêter par suite de l'occupation de Brienne, divise en deux, comme nous l'avons dit, l'espace qui s'étend de la Marne à la Seine. (Voir la carte n° 62.) Placé sur l'Aube, Napoléon était presque à égale distance de la Marne et de la Seine, pouvant en deux petites marches se porter ou sur l'une ou sur l'autre, afin d'arrêter l'ennemi qui voudrait s'avancer sur Paris par la route de Châlons ou par celle de Troyes. Ayant à Brienne le gros de ses forces, ayant de plus un rassemblement à Châlons et un à Troyes, maître de renforcer alternativement l'un ou l'autre, et résigné dans tous les cas à se battre contre des forces infiniment supérieures, il était certain d'arriver toujours à temps sur celle des deux routes qui serait la plus menacée. Que l'ennemi voulût sortir de cet angle pour porter le théâtre de la guerre au delà de la Marne, ou au delà de la Seine, c'était peu probable. Blucher, en effet, était obligé de rester lié avec les troupes qui opéraient vers la Belgique, comme Schwarzenberg avec celles qui opéraient vers la Suisse, de manière qu'ils avaient chacun un lien, Blucher vers le nord, Schwarzenberg vers l'est. Devant en outre, sous peine des plus grands périls, ne pas trop s'éloigner l'un de l'autre, ils étaient inévitablement contraints de suivre, Blucher la Marne, Schwarzenberg la Seine, à moins qu'ils ne se réunissent pour marcher en une seule colonne sur Paris.

C'est d'après cet état de choses, profondément étudié, que Napoléon arrêta ses dispositions.

En ce moment les deux colonnes ennemies semblaient n'en faire qu'une, qui avait Troyes et les bords de la Seine pour direction naturelle. Napoléon s'occupa donc de former vers Troyes son principal rassemblement. Par ce motif il renvoya le maréchal Mortier avec la vieille garde d'Arcis sur Troyes. Il plaça le général Gérard avec la division Dufour, la première de réserve, à Piney, moitié chemin de Brienne à Troyes. On doit se souvenir qu'à Troyes même la seconde division de réserve avait commencé à se former sous le général Hamelinaye, et qu'elle n'était forte encore que de 4 mille hommes. Napoléon ordonna de la compléter le plus tôt possible à 8 mille, et de la renforcer en attendant de toutes les gardes nationales de la Bourgogne. Avec Hamelinaye et Gérard, qui comptaient 12 mille hommes, avec la vieille garde qui en comprenait 15 mille, le maréchal Mortier pouvait disposer de 27 mille hommes. Napoléon espérait lui adjoindre sous peu de jours les 15 mille hommes venant en poste d'Espagne, ce qui devait former une masse d'environ 40 mille hommes, dont 30 des meilleures troupes qui fussent au monde. En se réunissant à Mortier avec les 25 mille qu'il avait sous la main, et il le pouvait en une bonne marche, il aurait 65 mille hommes à opposer à la grande armée de Schwarzenberg, ce qui, dans sa situation, était une force considérable, et, à la manière dont il se battait, presque suffisante pour disputer le terrain. Il donna en même temps de nouveaux soins à la défense de la Seine et de l'Yonne, et réitéra l'ordre d'envoyer à Pajol, outre la petite réserve de Bordeaux qui arrivait par Orléans, toute la cavalerie disponible à Versailles. Pajol devait avec ces moyens garder Montereau, Sens, Joigny, Auxerre, et pousser ses partis de cavalerie par le canal de Loing jusqu'à la Loire, de façon à surveiller toute tentative de Schwarzenberg en dehors du cercle présumable de ses opérations.

de réunir dans ces positions.

Vers le côté opposé, c'est-à-dire vers la Marne, Napoléon renouvela l'ordre au maréchal Macdonald de se porter à Châlons avec tout ce qu'il ramenait des provinces rhénanes, au duc de Valmy de réunir à la Ferté-sous-Jouarre, à Meaux, à Château-Thierry, les gardes nationales qu'on aurait eu le temps de réunir, de barricader les ponts de ces diverses villes, et d'y amasser les denrées alimentaires du pays. En cet endroit les forces étaient moindres; mais Blucher seul pouvait s'y montrer s'il se séparait de Schwarzenberg, et dans ce cas Napoléon ayant les yeux sur lui comme un chasseur sur sa proie, était prêt à le suivre pour le prendre en queue ou en flanc. En même temps il réitéra ses instances pour qu'on organisât à Paris de nouveaux bataillons, à Versailles de nouveaux escadrons, afin d'ajouter promptement 15 mille hommes aux 25 mille qu'il avait directement sous la main. S'il en arrivait là, il était à peu près en mesure de tenir tête à tous ses ennemis, car se joignant à Mortier vers Troyes avec 40 mille hommes, il le portait à 80 mille, se joignant vers Châlons à Macdonald, il le portait à 55 mille, et c'était presque assez, soit contre Schwarzenberg,

Ses espérances.

soit contre Blucher. Napoléon s'appliqua aussi à tracer la route militaire de l'armée, depuis Paris jusqu'aux bords de l'Aube, et il décida qu'elle passerait par la Ferté-sous-Jouarre, Sézanne, Arcis et Brienne (voir la carte n° 62), direction la plus centrale, et sur laquelle il fit rassembler des ressources de toute espèce. Prévoyant qu'il aurait bien des fois à manœuvrer de l'Aube à la Marne, il prescrivit d'entourer Sézanne de palissades, et d'y former un vaste magasin de denrées et de munitions de guerre. A Brienne même où il était campé, il assit sa position de la manière la mieux adaptée au terrain. Il établit à Dienville sur l'Aube sa droite qui devait se composer de la division Ricard détachée de Marmont, et de Gérard qui en cas d'attaque avait ordre d'accourir de Piney à Dienville. (Voir la carte n° 62, et le plan détaillé des environs de Brienne, carte n° 63.) Il établit son centre, consistant dans les troupes de Victor, au village de la Rothière, au milieu d'une plaine que traversait la grande route, avec la garde en réserve; il plaça enfin sa gauche, composée du corps de Marmont, à Morvilliers, le long d'un coteau assez élevé en avant du bois d'Ajou. Il enjoignit à chaque chef de corps, à Marmont notamment, de s'entourer d'ouvrages de campagne, pour compenser notre infériorité numérique dans le cas très-probable d'une attaque prochaine. Ainsi campé sur l'Aube, presque à égale distance des deux routes que la coalition devait être tentée de suivre, il attendait deux choses, premièrement que ses moyens achevassent de s'organiser, secondement que l'ennemi commît quelque grosse faute.

Cette dernière chance il était loin d'en désespérer, connaissant bien ses adversaires, et il regardait la situation comme fort améliorée depuis le combat de Brienne. Il l'écrivait ainsi à sa femme, à Joseph, à l'archichancelier Cambacérès, aux ducs de Feltre et de Rovigo, pour qu'à Paris on le dît à tout le monde, pour qu'on se rassurât, et qu'on s'occupât avec plus de zèle des diverses créations qu'il avait ordonnées [1].

Pendant ce temps, de graves questions s'agitaient au camp des coalisés, questions à la fois politiques et militaires. La question politique consistait à savoir si on traiterait avec Napoléon, la question militaire si on s'arrêterait à Langres, ou si on entreprendrait tout de suite la troisième période de la guerre, avant de s'être assuré par quelques

Janv. 1814.

Questions qui s'agitaient au camp des alliés pendant que Napoléon était à Brienne.

---

[1] Des historiens, des auteurs de Mémoires, n'ayant pas lu la correspondance de Napoléon, ne sachant pas ce qu'il faisait, le déclarent presque fou, pour s'être arrêté à Brienne après le combat du 29, et avoir voulu y livrer une seconde bataille avec des forces si disproportionnées. On voit s'il était fou, par l'exposé que nous venons de faire, et s'il est sage de juger un tel homme lorsqu'on ne connaît pas ses intentions d'après des documents authentiques. Le maréchal Marmont, dans ses Mémoires, se récrie contre l'ordre que Napoléon lui donna de se retrancher à Morvilliers. Le général Koch, excellent écrivain militaire et bien autrement sérieux dans ses jugements que le maréchal Marmont dans les siens, demande comment on pouvait vouloir avec trente mille hommes livrer une seconde bataille à toutes les armées de la coalition. On voit, d'après ce qui précède, quelles étaient les véritables intentions de Napoléon. L'ennemi pouvant opérer par Troyes ou par Châlons, il devait se tenir entre deux, de manière à courir sur celle des deux routes qui serait menacée, ne cherchant pas une bataille générale comme on l'en accuse, mais tâchant de pourvoir à toutes les éventualités avec ce qu'il avait, c'est-à-dire avec presque rien. Il n'y a donc qu'à admirer à la fois son génie et son caractère dans cette situation étrange, et presque sans égale dans l'histoire.

pourparlers que la paix était impossible. Naturellement le parti des esprits ardents, à la tête duquel étaient les Prussiens et Alexandre, par les motifs que nous avons rapportés, ne voulait ni traiter ni s'arrêter. Le parti modéré, à la tête duquel étaient les Autrichiens et quelques hommes sages des diverses nations coalisées, voulait le contraire. C'était à lord Castlereagh, arrivé enfin au quartier général, qu'il appartenait de prononcer.

Chacun pour l'attirer lui avait concédé d'avance l'objet principal de ses vœux, c'est-à-dire la création du royaume des Pays-Bas, ce qui procurait à l'Angleterre l'avantage d'ôter Anvers à la France, de placer les embouchures des fleuves sous une main capable de les défendre, et enfin de pouvoir demander à la Hollande en retour de si beaux dons, le cap de Bonne-Espérance, qui est le Gibraltar de la mer des Indes, comme l'île de France en est l'île de Malte. Lord Castlereagh avait à faire à ses alliés une autre confidence dont il éprouvait quelque embarras à parler, c'était un projet de mariage entre la princesse Charlotte, héritière du sceptre d'Angleterre, et l'héritier de la maison d'Orange, projet qui en tout autre temps aurait soulevé les plus grandes oppositions. Cependant Alexandre avait accueilli ces ambitions britanniques avec le sourire qu'il accordait à toutes les passions dont il recherchait l'alliance, et s'était montré prêt à consentir sans exception aux vœux de l'Angleterre. Ce projet exigeait de l'Autriche un sacrifice personnel, celui des Pays-Bas autrichiens, car, dans ce retour universel au passé, les Pays-Bas auraient dû lui revenir.

Mais en fait de Pays-Bas, elle aimait mieux ceux d'Italie, c'est-à-dire Venise, et elle avait donné son assentiment aux vues de l'Angleterre, après avoir acquis toutefois la certitude qu'elle serait dédommagée de son sacrifice en Italie. Il était un dernier point sur lequel lord Castlereagh apportait un vœu formel, c'est qu'il ne fût pas question du droit maritime. Le croirait-on? Dans cette réunion où se trouvaient des puissances qui aspiraient à former une marine, on s'occupait à peine du droit maritime, et on le regardait comme affaire particulière regardant tout au plus la France et l'Angleterre, et naturellement devant être réglée au gré de la dernière. Ainsi tout avait été concédé à lord Castlereagh, royaume des Pays-Bas, union par mariage entre ce royaume et celui d'Angleterre, et enfin silence de l'Europe civilisée sur la législation des mers.

Janv. 1814.

La Russie et l'Autriche disposées à condescendre aux vœux du ministre britannique.

Ces concessions faites, restait à savoir pour qui se prononcerait lord Castlereagh, entre ceux qui désiraient la paix, et ceux au contraire qui demandaient la guerre à outrance. Une fois rassasié, le puissant Anglais était redevenu parfaitement raisonnable, et, par exemple, sur la question de traiter ou de ne pas traiter avec Napoléon, il avait été à la fois sensé et habile.

Lord Castlereagh ayant obtenu ce qu'il souhaite, devient sur-le-champ raisonnable, et se prononce pour la paix avec Napoléon, mais sur la base des frontières de 1790.

Au fond cette question signifiait qu'on ne voulait plus avoir affaire à Napoléon, et qu'on était résolu à le détrôner pour substituer une autre dynastie à la sienne. Or c'était pour lord Castlereagh une difficulté, soit par rapport à l'Angleterre soit par rapport à l'Autriche. On avait longtemps reproché, comme nous l'avons déjà dit, aux ministres anglais,

Janv. 1814.

élèves et successeurs de M. Pitt, de soutenir contre la France une guerre de dynastie, et ils avaient pris une telle habitude de s'en défendre devant le Parlement, qu'ils s'en défendaient encore, même quand le peuple anglais lui-même, encouragé par le succès, n'était plus disposé à leur en faire un reproche. Quant à l'Autriche, c'était embarrasser beaucoup l'empereur François que de lui dire brutalement qu'on le menait à Paris pour détrôner sa fille. De plus, si la vacance du trône de France donnait à lord Castlereagh l'espérance d'y voir monter les Bourbons, dont il désirait vivement la restauration, elle lui faisait craindre Bernadotte, vers lequel l'empereur Alexandre paraissait singulièrement porté, depuis les liaisons que l'entrevue d'Abo et la question de Norvège avaient fait naître entre les cours de Russie et de Suède.

Ses motifs pour opiner de la sorte.

Par tous ces motifs, lord Castlereagh pensait sagement qu'il fallait ne rien précipiter, et laisser le rétablissement des Bourbons naître de la situation même, sans vouloir substituer l'action des hommes à celle des événements. Il dit aux deux partis qu'on avait publiquement offert à Napoléon de négocier, que refuser maintenant d'envoyer des plénipotentiaires non-seulement à Manheim, lieu indiqué par la France, mais à Châtillon, lieu indiqué par les alliés, ce serait aux yeux de l'Europe se placer dans un état d'inconséquence vraiment embarrassant, qui serait vivement relevé en Angleterre; qu'il fallait donc négocier avec Napoléon, qu'il le fallait absolument pour la dignité de toutes les puissances. A l'empereur Alexandre, pressé d'aller à Paris, aux

Prussiens, avides de vengeance, il dit en particulier qu'on ne prenait pas, en agissant de la sorte, de bien grands engagements, car en offrant purement et simplement à Napoléon les frontières de 1790, on était certain de son refus; qu'en tout cas, s'il acceptait, on l'aurait tellement humilié, tellement affaibli, que les uns devraient être vengés, et les autres rassurés; que si au contraire il n'acceptait point, alors on serait dégagé, et que l'Autriche, prononcée elle-même pour le retour aux anciennes frontières de 1790, serait bien obligée de se rendre, et d'abandonner un gendre intraitable, avec lequel aucun accord n'était possible; qu'ainsi, en ne pressant rien, on amènerait peu à peu les choses au point où on les souhaitait, sans s'exposer au reproche d'inconséquence, et sans blesser la cour de Vienne, dont le concours à la présente guerre était indispensable. A l'Autriche lord Castlereagh donna une satisfaction entière en appuyant l'opinion de ceux qui voulaient qu'on traitât à Châtillon. Il dit à l'empereur François et à M. de Metternich, que, bien qu'il regardât comme difficile d'avoir avec Napoléon une paix stable, il était d'avis qu'on essayât de traiter avec lui; que relativement aux questions de dynastie qui pourraient s'élever en France, l'Angleterre n'avait aucun parti pris, qu'elle cherchait même à dissuader les Bourbons de se rendre sur le continent; qu'elle s'appliquerait donc de très-bonne foi à conclure la paix, mais que si Napoléon refusait ce qu'on lui offrait, il faudrait bien en finir avec lui, et que dans ce cas sans doute, le trône de France devenant vacant, l'Au-

Janv. 1814.

Complète entente de lord Castlereagh avec le cabinet autrichien.

triche, guidée par son esprit conservateur, éclairée sur le mérite de Bernadotte, préférerait les Bourbons à cet aventurier faisant payer si cher des services qui valaient si peu. Dans ces termes, lord Castlereagh rencontra un plein assentiment auprès de l'empereur François et de son ministre, qui l'un et l'autre se hâtèrent de répondre que par honneur ils étaient obligés de donner suite à l'offre de traiter avec Napoléon, que par dignité ils le devaient aussi, car l'empereur François après tout était père, mais que si Napoléon ne voulait à aucun prix entendre raison, ils étaient d'avis de rompre définitivement avec lui, quoi qu'il pût en coûter au père de Marie-Louise; que la régence de celle-ci au nom du roi de Rome ne leur paraissait pas une combinaison sérieuse, que Bernadotte leur semblait une fantaisie passagère d'Alexandre, une honte pour tout le monde, et que Napoléon renversé il n'y avait d'acceptables que les Bourbons. L'accord devint ainsi complet entre lord Castlereagh et l'Autriche, qu'il avait du reste pris soin de rassurer entièrement sur ses intérêts matériels. L'Autriche en effet craignait qu'après s'être servi d'elle on ne la jouât, et par exemple que la Russie, pour avoir une meilleure part de la Pologne, n'abandonnât la Saxe à la Prusse, ce qui obligerait de dédommager la maison de Saxe en Italie, combinaison dont il était déjà parlé à cette époque. Elle avait beaucoup d'autres craintes encore sur lesquelles lord Castlereagh la tranquillisa en lui engageant la parole de l'Angleterre pour l'accomplissement de tout ce qu'elle désirait.

Avec un mélange de raison, de finesse, de fermeté, et une sorte de simplicité tout anglaise, lord Castlereagh acquit ainsi rapidement un ascendant considérable sur les alliés, à quoi sa position l'aidait beaucoup au surplus, car arrivant le dernier, les mains pleines de ressources, au milieu de gens divisés d'avis et d'intérêts, il avait tous les moyens de faire pencher la balance du côté qu'il voulait, et ne trouvait dès lors que des adhérents prêts à satisfaire à ses désirs pour l'attirer à eux. Il allait de la sorte avec très-peu d'intrigue, et en agissant très-naturellement, exercer une influence décisive sur les destinées de l'Europe.

Janv. 1814.

Les choses étant réglées comme nous venons de le dire, le 29 janvier, jour même où s'était livré le combat de Brienne, on arrêta la résolution d'envoyer des plénipotentiaires à Châtillon. Ces plénipotentiaires furent pour l'Autriche M. de Stadion, pour la Russie M. de Rasoumoffski, pour la Prusse M. de Humboldt, pour l'Angleterre lord Aberdeen. On adjoignit à ce dernier lord Cathcart, ambassadeur d'Angleterre en Russie, et sir Charles Stewart, ministre de la même puissance en Prusse. Il fut décidé que lord Castlereagh se rendrait également à Châtillon pour juger par lui-même de la marche des négociations, pour la diriger au besoin, et s'assurer de ses propres yeux si on pouvait en espérer quelque chose. On savait l'Angleterre si intéressée à ne rien concéder au delà des anciennes limites de la France, et à se débarrasser de Napoléon s'il était possible de le faire convenablement, que personne ne la suspectait, et n'était disposé à restreindre son influence au futur congrès. M. de Metternich

A la suite de l'accord survenu entre les coalisés, on décide la réunion du congrès de Châtillon.

Composition du congrès.

aurait pu se rendre aussi à Châtillon, mais outre qu'il voulait rester auprès des souverains, il sentait une sorte de gêne à se trouver en présence du négociateur français, et aimait mieux laisser ce rôle pénible à M. de Stadion, qui, vieil ennemi de la France, s'il éprouvait un embarras en la voyant si maltraitée, n'éprouverait que celui de contenir une joie indiscrète.

Les conditions qu'on devait offrir, nous pouvons le dire après un demi-siècle, étaient indécentes. Non-seulement on imposait à la France de rentrer dans ses frontières de 1790 (bien que personne n'eût voulu rentrer dans les limites qu'il avait alors), mais on exigeait qu'elle répondît tout de suite à ces propositions, et qu'elle répondît par oui ou par non. De plus, on prétendait lui interdire de se mêler du sort des pays qu'elle allait céder. Ce qu'on ferait de la Pologne, de la Saxe, de la Westphalie, de la Belgique, de l'Italie, comment on traiterait la Bavière, le Wurtemberg, la Suisse, rien de tout cela ne devait la regarder. La France, sans laquelle on n'avait jamais décidé du sort d'un village en Europe, la France ne devait avoir aucun avis sur les dépouilles du monde entier, qui en ce moment étaient les siennes. Certes Napoléon avait abusé de la victoire, mais au milieu de la fumée enivrante de Rivoli, d'Austerlitz, d'Iéna, de Friedland, il n'avait jamais traité ainsi les vaincus, et des vaincus qui étaient écrasés! Or à cette époque la France n'était pas écrasée; ses ennemis s'avançaient chez elle comme en tremblant, et en promettant de la ménager. Sans doute elle avait eu des torts, ou plutôt son gouvernement en avait eu; mais en un jour on les effaçait tous, et si on se rappelle que deux mois auparavant les puissances lui avaient proposé ses frontières naturelles, avec de vives instances pour les lui faire accepter, qu'après un moment d'hésitation elle avait répondu par une acceptation formelle qui en droit liait les auteurs de cette offre, on nous pardonnera de dire que les conditions envoyées à Châtillon étaient indécentes. Aussi, bien que le triomphe de Napoléon fût celui d'un despotisme insupportable, sa victoire était alors le vœu de tous les honnêtes gens que l'esprit de parti n'avait point égarés. C'était lui assurément qui nous avait valu toutes ces humiliations, mais un coupable qui défend le sol, devient le sol lui-même!

Tandis qu'on faisait partir les plénipotentiaires pour Châtillon, M. de Metternich eut le soin d'envoyer en avant M. de Floret, sous prétexte d'y préparer le logement des nombreux diplomates du congrès, mais en réalité pour donner à M. de Caulaincourt qui venait d'y arriver, des avis pleins de franchise, et nous dirions de sagesse, s'ils eussent été pour Napoléon compatibles avec sa gloire. M. de Metternich n'avait pas encore répondu à la demande d'armistice que M. de Caulaincourt avait été chargé de lui adresser. Il s'expliquait cette fois sur ce sujet en disant que s'il n'en avait point parlé, c'est qu'une telle proposition n'avait aucune chance d'être accueillie, qu'il en avait gardé le secret et le garderait pour empêcher qu'on n'en abusât; que les alliés voulaient la paix ou rien, la voulaient prompte, et aux conditions qui allaient

Janv. 1814.

M. de Metternich envoie M. de Floret à Châtillon, pour avertir M. de Caulaincourt de ce qui se passe, et faire dire à Napoléon de traiter à tout prix.

être communiquées; qu'il ne fallait pas se défier des Anglais, car ils étaient parmi les plus modérés; que leur témoigner confiance, et surtout à lord Aberdeen, serait bien entendu; qu'il fallait saisir comme au vol cette occasion de négocier, que si on ne la saisissait pas, elle ne se représenterait plus; que les alliés se livreraient en cas de refus à des idées de bouleversement auxquels l'Autriche, en les regrettant, ne pourrait pas résister; que l'empereur François en serait désolé pour sa fille, mais qu'il n'en serait pas moins fidèle à ses alliés, auxquels l'unissaient les intérêts de la monarchie autrichienne, et de grandes obligations contractées pendant la dernière guerre; qu'il suppliait son gendre d'y bien penser, et de se résigner aux sacrifices commandés par les circonstances; que lui-même, empereur d'Autriche, avait eu dans ce siècle bien des sacrifices à faire, qu'il les avait faits, et qu'il n'en était pas moins revenu plus tard à la position qui convenait à son empire; qu'il fallait donc savoir se soumettre à la nécessité, pour éviter de plus grands et de plus irréparables malheurs.

Il était défendu à M. de Floret de prendre les devants relativement aux conditions de la paix, et de les laisser même entrevoir. Mais les conseils qu'il était chargé de transmettre suffisaient pour indiquer qu'on n'en était plus aux bases de Francfort.

La question politique étant résolue, restait à résoudre la question militaire. Le prince de Schwarzenberg, qui jouait dans les affaires militaires le rôle que jouait M. de Metternich dans les affaires politiques, se trouvait naturellement à la tête de ceux qui voulaient s'arrêter à Langres, soit pour voir ce que produiraient les négociations, soit pour s'épargner les dangers d'une marche sur Paris. On allait rencontrer Napoléon, qui se serait autant renforcé en se rapprochant de ses ressources, que les coalisés se seraient affaiblis en s'éloignant des leurs; on devait se préparer à lui livrer une bataille décisive, ce qui avec un général tel que lui, avec des soldats exaspérés comme les siens, était toujours hasardeux, et cette bataille, si on ne la gagnait pas, ferait perdre en un jour le fruit de deux années de succès inespérés. A ces considérations s'en joignaient d'autres puisées dans la difficulté de se procurer des moyens de subsistance. En effet, on était obligé d'appuyer vers la Marne plus que vers la Seine, à cause des troupes laissées autour des places, et en avançant on devait se trouver au milieu de la stérile Champagne, où l'on aurait du vin et pas de pain, tandis qu'on abandonnerait à Napoléon la fertile Bourgogne. C'était un motif de plus pour attendre l'effet des négociations et l'arrivée des renforts, avant de s'engager à fond. Il y avait bien encore quelques arrière-pensées tout autrichiennes dont le prince de Schwarzenberg ne parlait pas, et qui agissaient certainement sur lui; il se disait que l'entrée à Paris, tant désirée par Alexandre, serait sans doute pour ce prince un triomphe, mais n'en pouvait pas être un pour le beau-père de Napoléon; que d'ailleurs rompre davantage l'équilibre de l'Europe en poussant jusqu'à leur dernier terme les succès de la coalition, c'était le rompre au profit de la Russie et nullement au profit de l'Autriche.

Janv. 1814.

M. de Metternich et le prince de Schwarzenberg voudraient que les armées s'arrêtassent à Langres, pour attendre le résultat des négociations entamées.

Ces raisons, dont quelques-unes ont été depuis condamnées par le résultat, n'en étaient pas moins d'un grand poids. Mais tandis qu'on les discutait, on avait tout à coup reçu la nouvelle que Blucher, quoique obligé de laisser en arrière plus de la moitié de ses troupes autour de Mayence et de Metz, était venu se placer en avant de la grande armée de Schwarzenberg, et se jeter à la rencontre de Napoléon avec la moindre partie de ses forces. Après un tel événement il n'y avait plus à délibérer, et il était indispensable d'aller au secours du téméraire général de l'armée prussienne, sauf à décider ensuite ce qu'on ferait ultérieurement. En effet le 30 janvier, lendemain du combat de Brienne, le prince de Schwarzenberg mit en mouvement tous ses corps sur l'une et l'autre rive de l'Aube. Blucher s'était retiré un peu en arrière de la Rothière, sur les coteaux boisés de Trannes. (Voir les cartes n°s 62 et 63.) Le prince de Schwarzenberg rangea derrière lui les corps du général Giulay et du prince de Wurtemberg, qui en poursuivant le maréchal Mortier s'étaient arrêtés à Bar-sur-Aube. Il dirigea sa gauche, composée de toutes les réserves autrichiennes sous le prince de Colloredo, sur Vandœuvres, à la rive gauche de l'Aube, afin de menacer le flanc droit de Napoléon et de contenir le maréchal Mortier. Il porta sa droite, composée des Bavarois, à Éclance, un peu au delà de Trannes, et envoya l'ordre à Wittgenstein, déjà parvenu à Saint-Dizier, de s'avancer en toute hâte jusqu'à Soulaines. Le corps d'York, qui avait été laissé devant Metz, reçut également l'ordre de se rendre à Saint-Dizier. Enfin au centre, où déjà le prince de Wurtemberg et le général Giulay étaient venus appuyer Blucher, il disposa un dernier renfort en y attirant les gardes russe et prussienne.

C'était là une immense accumulation de forces, car Blucher, après le combat de Brienne, conservait bien 28 mille hommes, en comptant Sacken, Olsouvieff et Pahlen; le général Giulay et le prince de Wurtemberg ne lui amenaient pas moins de 25 mille hommes de secours; on en supposait autant au maréchal de Wrède, autant au prince de Colloredo; on estimait à 30 mille les gardes russe et prussienne, à 18 mille le corps de Wittgenstein, à 15 mille celui du général d'York. Le tout formait par conséquent 170 mille hommes, dont plus de 100 mille concentrés autour de la Rothière. Or on voyait Napoléon en face de soi, ayant une aile sur l'Aube, l'autre sur le coteau boisé d'Ajou, et pour toute défense au centre le village de la Rothière : qu'avait-il de troupes dans cette position? Trente mille hommes, si on en jugeait par le combat du 29 janvier, et peut-être quarante ou quarante-cinq mille, si Mortier qu'on savait à Troyes avait pu le rejoindre. C'était donc le cas ou jamais de se jeter sur lui, avant qu'il fût renforcé, et de l'accabler avec les 170 mille hommes qu'on avait dans un espace de quelques lieues, et dont 100 mille étaient déjà réunis dans la plaine de la Rothière. Ces raisons décisives mirent fin aux discussions des jours précédents, et il fut résolu qu'on livrerait bataille. D'ailleurs entre Chaumont et Bar-sur-Aube on ne pouvait pas vivre, il fallait avancer ou reculer, et reculer ne convenait à personne, la bataille, condition de tout

Janv. 1814.

Forces de Schwarzenberg et de Blucher réunies.

mouvement en avant, était inévitable. Seulement à l'audace de Napoléon, à ses vives allures, on regarda comme possible qu'il prît l'initiative, et on voulut la lui laisser, car on se trouvait sur les plateaux boisés de Trannes et d'Éclance, et on avait tout avantage à l'y attendre.

La journée du 31 janvier se passa dans cette attente. Napoléon étant resté immobile, on se décida, le 1er février, à l'aller chercher dans la plaine de la Rothière. On avait un certain espace à franchir; les corps étaient encore assez éloignés les uns des autres, les chemins étaient argileux et difficiles à parcourir, bien qu'il eût fait froid, et par tous ces motifs la bataille ne pouvait commencer de bonne heure. Le maréchal Blucher fit doubler les attelages de son artillerie, afin de n'être pas retardé, mais cette précaution l'obligea de laisser la moitié de ses canons en arrière. Il employa la matinée à se porter de Trannes à la Rothière. Le plan convenu était le suivant. (Voir le plan de Brienne, carte n° 63.)

Le maréchal Blucher devait avec Sacken, Olsouvieff, Scherbatow et Pahlen, aborder la Rothière et l'enlever, ce qui paraissait facile pour lui, car il n'avait d'autre obstacle à vaincre qu'un village situé au milieu d'une plaine presque unie, et s'élevant en pente insensible. Pendant ce temps le général Giulay devait se porter sur Dienville, pour enlever le pont de l'Aube où Napoléon appuyait sa droite, tandis que le prince de Wurtemberg, agissant vers le côté opposé, à travers les bois d'Éclance, devait enlever la Giberie et Chaumenil, petits villages qui se reliaient au bois d'Ajou où Napoléon avait sa gauche. Enfin, le maréchal de Wrède devait attaquer cette gauche, formée par le maréchal Marmont. Il fallait pour cela qu'il s'enfonçât dans un ruisseau fangeux et boisé qui passe au pied du village de Morvilliers, qu'il le franchît, enlevât Morvilliers, et traversât ensuite une plaine découverte et creuse bordée par le bois d'Ajou. Derrière les 70 mille hommes qui allaient s'engager de la sorte, les gardes russe et prussienne devaient marcher en réserve, ce qui porterait à cent mille le nombre des combattants. Enfin aux deux extrémités de cette ligne de bataille, Colloredo qui était à la gauche de l'Aube, Wittgenstein et d'York qui traversaient la forêt de Soulaines, devaient, en exécutant un double mouvement circulaire, envelopper Napoléon avec 70 mille hommes répartis sur les deux ailes. Quelle probabilité qu'il s'en tirât, eût-il trente, quarante, et même cinquante mille combattants?

Telle était l'opinion que les coalisés se faisaient de la situation de l'armée française. Cette situation était au moins aussi fâcheuse qu'ils la supposaient. Ce n'était pas 50 mille combattants, ce n'était même pas 40 mille que Napoléon pouvait opposer aux 170 mille hommes de la coalition, mais 32 mille au plus. Il avait, il est vrai, une position bien choisie, son génie, et le dévouement de ses soldats! On va voir comment il usa de ces ressources.

Dès le matin il avait remarqué un grand mouvement parmi les troupes de Blucher, et sachant que le prince de Colloredo s'était montré de l'autre côté

Fév. 1814.

Périlleuse situation de Napoléon, réduit à combattre 170 mille hommes avec 32 mille.

de l'Aube, vers Vandœuvres, il inclinait à quitter les bords de cette rivière, et à se replier sur Troyes, pour s'y réunir à Mortier et tenir tête à la masse des coalisés qui semblait prendre cette route, lorsqu'au milieu du jour il apprit par quelques transfuges et par les dispositions manifestes de l'ennemi, qu'il allait être attaqué de front à la Rothière. Dès ce moment il n'était ni de son caractère ni d'un bon calcul de se retirer. Il résolut de faire tête à l'orage, de recevoir chaudement l'attaque qui s'annonçait, sauf à se retirer ensuite dès qu'il aurait assez résisté pour ne paraître ni découragé ni vaincu.

Fév. 1814.

Néanmoins il n'hésite pas à livrer bataille.

Position prise par Napoléon.

Napoléon, comme nous l'avons dit, avait sa droite appuyée sur l'Aube, à Dienville, où se trouvaient sous le général Gérard la division Dufour (première de réserve), et la division Ricard détachée du corps de Marmont. Il avait son centre, formé des troupes du maréchal Victor, à la Rothière, coupant la grande route et s'étendant jusqu'à la Giberie; il avait sa gauche en avant du bois d'Ajou, protégée par le ruisseau et le village de Morvilliers. Cette gauche, composée du corps de Marmont qui était réduit en ce moment à la division de la Grange, n'était pas de plus de 4 mille hommes. Elle possédait, il est vrai, beaucoup de canons que le maréchal Marmont avait adroitement disposés, et de manière à contenir les Bavarois quand ils attaqueraient le ruisseau et le village de Morvilliers. Enfin, avec deux divisions de jeune garde, toute la cavalerie et une nombreuse artillerie, Napoléon se tenait en réserve derrière la Rothière, et un peu sur la gauche, de manière à secourir ou Marmont ou Victor. Il est certain, d'après les appels faits le matin, qu'il ne comptait pas plus de 32 mille hommes.

Le feu ne commença pas avant deux heures de l'après-midi. Blucher après avoir franchi avec peine l'espace qui le séparait de nos positions, s'avança sur la Rothière en deux fortes colonnes, l'une composée des troupes de Sacken, l'autre de celles d'Olsouvieff et de Scherbatow. Une vive canonnade s'engagea de part et d'autre, mais comme nous avions beaucoup d'artillerie, ce ne fut pas à l'avantage des Russes que Blucher commandait dans cette journée. Bientôt celui-ci voulut agir plus sérieusement, et il poussa ses masses d'infanterie sur les premières maisons de la Rothière. C'était la division Duhesme, du corps du maréchal Victor, qui occupait ce village. Nos jeunes soldats, bien embusqués dans les maisons et les jardins, avec des barricades à toutes les issues, répondirent par un feu des plus violents aux tentatives des soldats de Blucher, et parvinrent ainsi à les arrêter. Le maréchal Victor, abattu en sortant de Strasbourg, avait retrouvé toute l'énergie de la jeunesse dans cette grave circonstance, et il était au plus fort du danger, donnant l'exemple à ses soldats qui le suivaient noblement.

Tandis qu'au centre Blucher luttait contre cet obstacle, le général Giulay ayant défilé derrière lui pour se porter sur Dienville, y rencontra notre aile droite établie en avant de ce bourg, et sur les bords de l'Aube. Le général Gérard avait disposé une partie de ses troupes dans l'intérieur du bourg, l'autre dans la plaine, en liaison avec la Rothière, et sous la protection d'un grand nombre de bouches à feu.

Fév. 1814.

Bataille de la Rothière, livrée le 1er février 1814.

Premier engagement à la Rothière, à Dienville et à Morvilliers, terminé à l'avantage des Français.

Le général Giulay, d'abord accueilli comme Blucher par une forte canonnade, ne fut pas plus heureux, et voulut en vain aborder le bourg lui-même. Il perdit beaucoup de monde sans y pénétrer. Afin de se donner plus de chance de succès, en attaquant Dienville par les deux côtés de l'Aube, il porta la brigade Fresnel sur la rive gauche de cette rivière, par le pont d'Unienville situé un peu en amont. Cette brigade, après avoir franchi l'Aube et être arrivée devant Dienville, en trouva le pont barricadé, et essuya la fusillade d'une multitude de tirailleurs embusqués au bord de la rivière. Tout ce qu'elle put faire, fut de prendre position sur le sommet d'un coteau opposé à Dienville, et de tirer par-dessus l'Aube avec son artillerie. La division Dufour, rangée sur l'autre rive, supporta ce feu avec un rare aplomb, et y répondit par un feu non moins meurtrier.

Sur notre droite comme à notre centre les alliés avaient donc rencontré une résistance opiniâtre. A notre gauche, le prince royal de Wurtemberg, après avoir franchi les bois d'Éclance, avait essayé d'enlever le petit hameau de la Giberie, qui flanquait la Rothière, et se liait avec le bois d'Ajou occupé par Marmont. Il s'y trouvait un détachement du maréchal Victor, qui, vaincu par le nombre, fut obligé d'abandonner le hameau. Mais le maréchal Victor se mettant à la tête de l'une de ses brigades, reprit la Giberie, et repoussa fort loin les Wurtembergeois. Enfin, à l'extrémité de ce champ de bataille, où la ligne des alliés se recourbait autour de notre flanc gauche, les Bavarois, après avoir débouché de la forêt de Soulaines, et s'être déployés le long du ruisseau de Morvilliers, avaient été arrêtés par le maréchal Marmont, qui avait parfaitement disposé son artillerie et en faisait un usage des plus redoutables.

Fév. 1814.

Ainsi après deux heures d'une canonnade et d'une fusillade des plus violentes, l'ennemi n'avait gagné de terrain nulle part. Mais il ne pouvait se résigner à être tenu en échec par une armée qui lui paraissait être d'une quarantaine de mille hommes tout au plus, tandis qu'il en avait environ 100 mille en ne comptant pas ses deux ailes extrêmes.

Vers quatre heures de l'après-midi, Blucher tente un effort décisif contre la Rothière et la Giberie.

Il tenta donc un effort décisif vers quatre heures de l'après-midi. Blucher, derrière lequel étaient venues se placer les gardes russe et prussienne, marcha l'épée à la main sur la Rothière, tandis que sur la demande pressante du prince de Wurtemberg, l'empereur Alexandre envoyait une brigade de ses gardes pour seconder ce prince dans l'attaque de la Giberie. L'action alors devint terrible. Les colonnes de Sacken entrèrent dans la Rothière, en furent repoussées, puis y pénétrèrent de nouveau, n'ayant affaire qu'à la division Duhesme, qui était au plus de 5 mille hommes. Cette division, conduite par le maréchal Victor en personne, n'abandonna le poste qu'à demi détruite. Pendant ce temps, pour remplir l'espace compris entre la Rothière et la Giberie, la cavalerie de la garde, suivie de son artillerie attelée, se jeta sur la cavalerie de Pahlen et de Wassiltsikoff, et la culbuta sur l'infanterie de Scherbatow. Mais arrêtée par l'infanterie russe, chargée en flanc par un corps de dragons, elle perdit dans cette

Succès de cette attaque, après une vive

échauffourée une partie de ses canons, qu'elle n'eut pas le temps de ramener. Le prince de Wurtemberg, soutenu par les gardes russes, pénétra dans la Giberie, et de leur côté les Bavarois, honteux de se voir arrêtés par le petit nombre des soldats de Marmont, franchirent enfin le ruisseau qui leur faisait obstacle, emportèrent le village de Morvilliers, et débouchèrent dans la plaine qui s'étend au pied du bois d'Ajou, afin de se débarrasser de notre artillerie qui leur causait le plus grand dommage.

Le moment était critique, et Napoléon, qui n'avait cessé d'ordonner tous les mouvements sous une grêle de projectiles, résolut, quoiqu'il fît déjà nuit, de ne pas laisser tant d'avantages à ses adversaires. Sentant que la retraite n'était possible avec honneur et avec sûreté qu'en intimidant l'ennemi, il lança brusquement les deux divisions de jeune garde, qui étaient sa dernière ressource, sur les deux points principaux. Il dirigea sur la Rothière la division Rothenbourg, sous la conduite du maréchal Oudinot, avec ordre de tout renverser devant elle, et lui-même dirigea sur la gauche la division Meunier, entre Marmont qui s'était replié sur le village de Chaumenil, et Victor qui avait perdu la Giberie. Ces deux jeunes troupes, conduites par Napoléon et Oudinot, marchèrent avec la résolution du désespoir. La division Meunier, placée entre Chaumenil et la Giberie, arrêta net les progrès des Bavarois et des Wurtembergeois. Oudinot, à la tête de l'infanterie de Rothenbourg, se déploya sans fléchir sous un feu épouvantable, fit plier les masses ennemies, et parvint même à leur enlever le village de la Rothière. La nuit était déjà profonde; on combattit corps à corps avec une sorte de fureur dans l'intérieur du village, et ce ne fut qu'à dix heures du soir, quand l'ennemi ne pouvait plus inquiéter notre retraite, que l'héroïque Oudinot se replia de la Rothière sur Brienne. Notre mouvement rétrograde s'exécuta en bon ordre, couvert par les divisions de la jeune garde et par les dragons de Milhaud, qui, chargeant et chargés tour à tour, occupèrent le terrain, mais en y perdant l'artillerie qu'il était impossible de ramener. Nous en avions une trop grande quantité comparativement à notre infanterie, pour pouvoir la protéger, et après s'en être servi on l'abandonnait, en se contentant de sauver les canonniers et les attelages. Du reste, tandis que le centre composé de la garde, de la cavalerie et des débris de Victor, se retirait sans être entamé, la gauche sous Marmont se dérobait très-heureusement à travers le bois d'Ajou, et la droite, sous Gérard, qui s'était montrée inébranlable à Dienville, se repliait sans échec le long de l'Aube, après avoir tué ou blessé un nombre considérable d'hommes à l'ennemi.

Ainsi se termina cette terrible journée où la résistance de 32 mille hommes contre 170 mille, dont 100 mille engagés, fut, on peut le dire, un vrai phénomène de guerre. Cette résistance était due à l'habileté et à l'énergie du général Gérard, au bon emploi que le maréchal Marmont avait fait de son artillerie, au dévouement héroïque des maréchaux Oudinot et Victor, et par-dessus tout à la ténacité

Fév. 1814.

La bataille terminée à dix heures du soir.

Napoléon se retire en bon ordre.

Résultats de la bataille de la Rothière.

indomptable de Napoléon. Sans son caractère de fer il aurait été précipité dans l'Aube. Sa tenue était de nature à faire réfléchir l'ennemi, et sauvait pour le moment sa situation. Il avait perdu environ 5 mille hommes en tués ou blessés, et en avait mis hors de combat 8 ou 9 mille aux alliés, grâce à l'avantage de la position et au grand emploi de l'artillerie, différence qui était une satisfaction sans doute, mais un faible succès militaire, car les moindres pertes étaient pour nous bien plus sensibles, que les plus considérables pour la coalition. Notre sacrifice en artillerie fut d'une cinquantaine de bouches à feu, mais presque sans perte d'artilleurs ou de chevaux[1], ce qui prouvait que c'étaient bien plutôt des pièces abandonnées que des pièces conquises par l'ennemi. Napoléon n'avait livré ce combat si disproportionné que pour couvrir sa retraite: dans la nuit il passa sans confusion le pont de Lesmont, et gagna Troyes en bon ordre. Comme il lui fallait toute la nuit pour défiler, et qu'il pouvait être assailli par l'ennemi à la pointe du jour, il laissa le corps de Marmont, qui ne se composait que de la division Lagrange, sur la droite de l'Aube et sur la hauteur de Perthes, de manière à persuader à Blucher que l'armée française était là tout entière prête à combattre de nouveau. Ce corps ne courait aucun danger bien sérieux, car il avait pour se couvrir la petite rivière de la Voire, étroite mais profonde, dont il possédait les ponts, et derrière laquelle il

---

[1] L'ennemi parla de 2 mille ou 2,500 prisonniers. C'étaient des blessés que nous abandonnions, faute de pouvoir les emmener, et non point de vrais prisonniers pris en ligne.

était assuré de trouver un asile dès qu'il serait trop vivement attaqué.

Le lendemain en effet, l'ennemi, fatigué du combat de la veille, et s'éveillant un peu tard, s'avança d'un côté vers le pont de Lesmont, de l'autre vers la hauteur de Perthes, et demeura dans une sorte de doute en voyant le corps de Marmont en bataille. Tandis qu'il se demandait où était l'armée française, elle achevait de défiler tout près de lui par le pont de Lesmont, et Marmont lui-même, après avoir suffisamment contribué à son illusion, se dérobait en passant la Voire à Rosnay.

Cependant Marmont fut suivi sur la Voire par le maréchal de Wrède. Après avoir occupé assez longtemps la hauteur de Perthes, et y avoir fait bonne contenance, il avait traversé le pont de Rosnay sous les yeux des Bavarois, et s'était hâté de le détruire. Mais serré de très-près, il n'avait pu enlever que le tablier du pont, et en avait laissé subsister les pilotis, dont la tête perçait de quelques pieds au-dessus de l'eau. Pendant qu'il mettait en bataille de l'autre côté de la Voire le peu de troupes qui lui restaient, il aperçut au-dessous de Rosnay des détachements ennemis exécutant une tentative de passage. Il envoya d'abord de la cavalerie pour s'y opposer, puis ayant reconnu que la cavalerie ne suffisait pas, et qu'une troupe de deux à trois mille hommes avait déjà franchi la rivière, il y accourut lui-même avec quelques centaines d'hommes, car si ce passage n'était pas interrompu, son corps pouvait se trouver coupé de l'Aube et de Napoléon, dès lors rejeté au milieu des corps de Wittgenstein et d'York, c'est-à-dire enveloppé et pris. Sur-le-champ il se précipita l'épée à la main sur le détachement qui avait passé la Voire au moyen de quelques pieux et de quelques planches, l'attaqua brusquement, et le refoula sur la rivière. Sa cavalerie à cet aspect fit une charge à outrance, et en un clin d'œil on sabra ou prit un millier d'hommes. Cet exploit accompli au-dessous de Rosnay, Marmont fut rappelé à Rosnay même par une tentative à peu près semblable. Prévoyant qu'un passage pourrait être essayé par ce pont à moitié détruit, il y avait embusqué un capitaine d'infanterie fort intelligent avec sa compagnie. Celui-ci avait laissé passer un à un sur les appuis du pont privés de tablier, un certain nombre d'hommes, puis les avait fusillés à bout portant. Marmont arriva pour les achever. Ainsi un corps de 3 mille Français environ, c'était en effet ce qui restait à Marmont séparé de la division Ricard, avait arrêté toute une journée un corps de 25 mille Bavarois, et leur avait tué ou enlevé plus de 2 mille hommes. Ce double combat fut un véritable service, car en excitant au plus haut point la confiance de l'armée en elle-même, et en rendant les coalisés infiniment plus circonspects, il contribua beaucoup à ralentir leurs mouvements, ce qui devait nous permettre de multiplier les nôtres, seule ressource qui nous restât dans l'état si réduit de nos forces.

Napoléon ayant franchi l'Aube sans accident, séjourna le 2 à Piney, et le lendemain 3 février alla s'établir à Troyes. Cette dernière bataille si énergiquement soutenue contre des forces si supérieures, tout en étant un grand acte militaire, nous laissait dans un immense péril. La coalition semblait avoir rassemblé toutes ses forces entre Bar-sur-Aube et Troyes, et si elle persévérait à marcher réunie sur Paris, il était douteux, même en s'y faisant tuer jusqu'au dernier homme, qu'on parvînt à l'arrêter. Après le combat du 29 janvier, et la bataille du 1er février, c'est tout au plus s'il restait à Napoléon 25 ou 26 mille combattants. Mortier, qu'il venait de retrouver à Troyes, en avait 15 mille peut-être, le général Hamelinaye 4 mille, ce qui portait la totalité de nos forces disponibles à 45 mille hommes. Or le prince de Schwarzenberg, avec Wittgenstein et Blucher, en comptait bien 160 mille, en déduisant les pertes des deux derniers combats; et ce n'était pas tout, car Blucher allait être renforcé non-seulement par d'York arrivant de Metz, mais par Langeron prêt à venir de Mayence, par Kleist quittant le blocus d'Erfurt, tous trois devant être remplacés par des troupes levées à la hâte en Allemagne. On ne savait donc pas jusqu'où la masse des coalisés serait portée sous quelques jours, et il était possible qu'on se trouvât 40 à 50 mille combattants contre 200 mille, et alors comment se défendre? Les soldats avaient toujours la même confiance en Napoléon, bien qu'il en désertât un certain nombre parmi les jeunes, mais les chefs, qui sur le champ de bataille leur donnaient l'exemple du plus grand dévouement, les chefs ayant assez d'expérience pour découvrir le danger d'une situation presque désespérée, pas assez de génie pour apercevoir les ressources, se livraient hors du feu à un complet découragement.

Fév. 1814.

Gravité de la situation.

Disproportion effrayante des forces opposées les unes aux autres.

Ils étaient d'une tristesse profonde qu'ils ne prenaient aucun soin de cacher. Cette tristesse gagnait peu à peu les rangs inférieurs, et l'hiver avec ses souffrances et ses privations n'était pas fait pour la dissiper. En Franche-Comté, en Alsace, en Lorraine, les habitants avaient montré un esprit excellent et une véritable fraternité envers l'armée. A Troyes et dans les environs, où l'esprit était moins bon, où déjà les charges de la guerre s'étaient fait cruellement sentir, où il régnait une extrême irritation contre le gouvernement, l'accueil fait à l'armée était moins cordial, et de fâcheuses rixes entre soldats et paysans ajoutaient d'affligeantes couleurs au tableau qu'on avait sous les yeux.

Napoléon, quoique douloureusement affecté, n'était cependant point abattu. Il découvrait encore bien des ressources là où personne n'en soupçonnait, cherchait à les faire apercevoir aux autres, et montrait non pas de la sérénité ou de la gaieté, ce qui eût été une affectation peu séante en de telles circonstances, mais une ténacité, une résolution indomptables, et désespérantes pour ceux qui auraient voulu le voir plus disposé à se soumettre aux événements. Point troublé, point déconcerté, point amolli surtout, supportant les fatigues, les angoisses avec une force bien supérieure à sa santé, toujours au feu de sa personne, l'œil assuré, la voix brusque et vibrante, il portait le fardeau de ses fautes avec une vigueur qui les aurait fait pardonner, si les grandes qualités étaient une excuse suffisante des maux qu'on a causés au monde.

Toutefois la confiance qu'il manifestait, bien qu'en

partie simulée, n'était pas sans fondement. S'il ne lui restait que 45 mille hommes, en comptant ce qu'il ramenait de Brienne, la vieille garde de Mortier, et la petite division Hamelinaye, il attendait 15 mille vieux soldats arrivant en poste d'Espagne, et déjà rendus à Orléans. Ce renfort devait élever ses forces matériellement à 60 mille hommes, et moralement à beaucoup plus. Le brave Pajol, qui, avec douze cents chevaux et 5 à 6 mille gardes nationaux, défendait les ponts de la Seine et de l'Yonne qu'il avait barricadés, tels que Nogent-sur-Seine, Bray, Montereau, Sens, Joigny, Auxerre, attendait 4 mille hommes de la réserve de Bordeaux. A Paris il devait y avoir sous peu de jours deux divisions de jeune garde dont l'organisation allait être terminée. Il s'y trouvait en outre vingt-quatre dépôts de régiments qu'on y avait fait refluer, et dans lesquels on pouvait, en y versant des conscrits, former vingt-quatre bataillons de 5 à 600 hommes chacun, ce qui présenterait, en comptant les deux divisions de jeune garde, quatre divisions d'infanterie de vingt et quelques mille hommes. On avait en outre de quoi équiper quelques mille cavaliers à Versailles, et de quoi atteler 80 bouches à feu à Vincennes. C'étaient donc 30 mille soldats de plus qui devaient en huit ou dix jours porter à 90 mille hommes les forces totales de Napoléon. Enfin à Montereau, à Meaux, à Soissons, il accourait de braves gens qui profitaient des cadres de la garde nationale pour venir offrir et utiliser leur dévouement. Tout n'était donc pas perdu, si on savait conserver son sang-froid quelques jours encore. Par malheur deux choses manquaient

Fév. 1814.

qui nous restaient.

à Paris, non pas les hommes, nous le répétons, mais l'argent et les fusils. Quant à l'argent, lorsque M. Mollien aux abois ne savait où trouver cent mille francs, un mandat sur le trésorier de la liste civile les faisait sortir des Tuileries. Il était moins aisé de se procurer des armes. Il y avait, comme nous l'avons dit, 6 mille fusils neufs et 30 mille à réparer. On travaillait à remettre en état ces derniers, mais les réparations quotidiennes remplaçaient à peine les distributions, et la réserve des armes propres au service diminuait ainsi à vue d'œil. Les habits se confectionnaient assez vite; les chevaux arrivaient. Napoléon écrivant sans cesse à Joseph et à Clarke, tâchait de stimuler la paresse de l'un, de suppléer à l'incapacité de l'autre, leur traçait point par point ce qu'ils avaient à faire, donnait tous les jours de ses nouvelles à l'Impératrice et au prince Cambacérès, leur recommandait le courage et le calme, leur affirmait que rien n'était perdu, que l'ennemi n'avait eu aucun avantage décisif, et qu'avec de la constance et de l'énergie on finirait par tout sauver.

Tandis qu'il s'efforçait de préparer ses ressources et d'y faire croire, il lui restait une chance heureuse et prochaine, qui était le secret de son génie, et dont il avait comme une sorte de pressentiment. Cette chance, si elle se réalisait, pouvait changer la face des choses, et lui ménager d'importantes victoires. Pour le moment il était menacé d'une immense et fatale bataille, livrée sous les murs de Paris contre des forces quadruples des siennes. C'était en effet la triste vraisemblance, si l'ennemi persistait à marcher en masse. Mais cet ennemi ne se diviserait-il pas? Entre les voies diverses de l'Yonne, de la Seine, de l'Aube, de la Marne, ne serait-il pas amené à se partager, à s'étendre, soit pour vivre, soit pour donner la main aux troupes du nord et de l'est, soit enfin par mille autres motifs? Blucher qui avait des forces sur la Marne et plus loin, car il avait laissé le général Saint-Priest aux frontières de Belgique, ne voudrait-il pas les rappeler à lui, et pour les rallier plus sûrement ne ferait-il pas un pas vers elles? Schwarzenberg qui avait des forces sur la route de Genève et jusque vers Lyon, ne voudrait-il pas tendre un bras vers Dijon? A ces causes ne se joindrait-il pas des motifs moraux de séparation, tels que des jalousies, des antipathies, des désirs d'opérer séparément les uns des autres? Blucher ne voudrait-il point par exemple se porter sur la Marne en laissant Schwarzenberg sur la Seine, afin d'être plus libre d'agir à sa tête? Napoléon le soupçonnait fortement, et dès le second jour de sa retraite sur Troyes il en avait presque conçu la certitude[1]. S'il en était ainsi, son projet était tout arrêté; il laisserait un corps devant Schwarzenberg, puis se dérobant rapidement courrait à Blucher et l'accablerait, pour revenir ensuite sur Schwarzenberg. Toutefois il n'en disait rien, de peur que son secret ne fût divulgué, et ne parvînt à l'ennemi par une indiscrétion d'état-major. Autour de lui la présence d'une masse compacte, quatre fois supérieure au moins à l'armée française,

Fév. 1814.

Napoléon ne dit rien de l'espérance qui le soutient.

---

[1] Le 2, Napoléon en écrivait quelques mots obscurs, mais très-positifs, au ministre de la guerre.

était le nuage qui offusquait tous les yeux et terrifiait tous les cœurs. On se voyait réduit à livrer sous les murs de Paris une bataille générale, avec des forces tellement disproportionnées que la victoire serait impossible, et on aurait voulu à tout prix conjurer ce danger, et le conjurer au moyen de la paix, quelle qu'elle pût être. Arrivé le 3 février à Troyes, Napoléon fut en effet assailli des représentations de Berthier qui avait toujours été sage, et de M. de Bassano qui l'était devenu depuis nos derniers malheurs. Traiter à tout prix à Châtillon était leur ferme sentiment, exprimé de la manière la plus pressante.

On le pouvait effectivement, car les plénipotentiaires des puissances coalisées venaient d'arriver à Châtillon, tous fort disposés à signer la paix, mais sur la double base des frontières de 1790, et de notre exclusion des futurs arrangements européens. Accueilli avec politesse et froideur, M. de Caulaincourt avait pu démêler qu'on lui préparait de cruelles propositions, et qu'on était déjà loin des bases de Francfort. M. de Floret, le secrétaire de la légation autrichienne, chargé de donner secrètement des avis bienveillants au négociateur français, sans vouloir s'expliquer catégoriquement, lui avait dit : Traitez à tout prix, car cette occasion est comme celle de Prague, comme celle de Francfort, une fois négligée elle ne se représentera plus.

— M. de Caulaincourt effrayé de ces avis, et voulant savoir quels sacrifices on allait imposer à la France, n'avait pu obtenir de M. de Floret aucune explication, mais il en avait tiré la certitude qu'il fallait se résigner à de bien autres sacrifices que ceux de Francfort, si on voulait sauver Paris, et avec Paris le trône impérial. Il avait donc écrit à Napoléon, et l'avait supplié de lui accorder des latitudes pour négocier, car des instructions qui lui enjoignaient d'exiger non-seulement l'Escaut mais le Wahal, non-seulement les Alpes mais une partie de l'Italie, non-seulement une influence légitime sur le sort des provinces cédées mais la possession d'une partie d'entre elles pour les frères de Napoléon, étaient un affreux contre-sens avec la situation présente. Il avait demandé des latitudes sans dire lesquelles, et les avait demandées à genoux, non comme un homme qui se prosterne pour sauver sa fortune et sa vie, mais comme un bon citoyen qui s'humilie pour sauver son pays. Se défiant de M. de Bassano qu'il n'aimait point, et dont il n'était point aimé, qu'il considérait à tort comme la cause de l'entêtement de Napoléon, il avait écrit à Berthier, pour le prier d'abord de lui envoyer des informations exactes sur la situation militaire, et pour le conjurer ensuite, lui le noble et fidèle compagnon des dangers de l'Empereur, d'employer toute son influence à le faire céder.

Fév. 1814.

auprès de Napoléon pour obtenir d'autres instructions.

C'est ainsi que Napoléon avait eu à subir non-seulement la lettre de M. de Caulaincourt demandant d'autres instructions, mais les prières les plus vives de Berthier, et de M. de Bassano lui-même qui en ce moment était loin d'exciter son maître à la résistance. Des nouvelles venues de divers côtés aiguillonnaient encore le zèle de tous ceux qui entouraient Napoléon. En effet des corps autrichiens semblaient

Nouvelles alarmantes venues de tous côtés, et confirmant les conseils de Berthier, de M. de Bassano, et de M. de Caulaincourt.

s'être étendus à notre droite par delà l'Yonne. Quatre à cinq mille Cosaques avaient dépassé Sens, et menaçaient Fontainebleau. A notre gauche vers la Marne, l'aspect des choses n'était pas moins inquiétant. Le maréchal Macdonald qui avait reçu ordre de se replier sur Châlons et de s'y maintenir, en avait été expulsé par l'ennemi, et avait été contraint de se retirer sur Château-Thierry. On le disait même rejeté sur Meaux. Les 11e et 5e corps d'infanterie, les 2e et 3e de cavalerie qu'il amenait avec lui, et que Napoléon évaluait à 12 mille hommes au moins, étaient en réalité réduits à 6 ou 7 mille. Des bandes de fuyards après avoir quitté l'armée, s'étaient répandues entre Meaux et Paris, et y avaient porté l'épouvante. Les Parisiens voyaient l'ennemi arriver sur eux par trois routes, celle d'Auxerre, celle de Troyes, celle de Châlons, et sur une des trois seulement discernaient une force capable de les couvrir, celle que Napoléon commandait en personne, laquelle avait eu, disait-on, l'avantage dans le combat du 29 janvier, mais un désavantage marqué dans la bataille du 1er février. On parlait en outre de mouvements dans la Vendée, et ce pays naguère si tranquille, si reconnaissant envers Napoléon, paraissait prêt à s'agiter. Enfin, à la stupéfaction générale, on annonçait que Murat, le propre beau-frère de l'Empereur, élevé par lui au trône, venait de trahir à la fois l'alliance, la patrie, la parenté, en se portant sur les derrières du prince Eugène. Ce concours de mauvaises nouvelles avait bouleversé toutes les têtes. L'Impératrice épouvantée appelait sans cesse auprès d'elle tantôt Joseph, tantôt l'archichancelier, pour leur confier ses chagrins, et en voyant le péril s'approcher se mourait de peur pour son époux, pour son fils, pour elle-même. On répandait dans Paris que la cour allait se retirer sur la Loire, et tous les jours une foule inquiète venait aux Tuileries, pour s'assurer si les voitures de promenade qui ordinairement transportaient l'Impératrice et le Roi de Rome au bois de Boulogne, n'étaient pas des voitures de voyage destinées à se diriger sur Tours [1].

Ces circonstances irritaient Napoléon sans l'ébranler. Où chacun voyait des sujets de crainte, il apercevait plutôt des sujets d'espérance. Il se doutait en effet qu'un corps autrichien s'était approché de lui, et il songeait à se précipiter sur ce corps pour l'accabler. Le danger de Macdonald, la manière dont il était poursuivi, le disposaient à croire que la grande armée des coalisés s'était divisée, et avait jeté une de ses ailes sur la Marne. C'est ce qu'il avait toujours désiré, et toujours espéré. Aussi avait-il porté Marmont vers Arcis-sur-Aube (voir la carte n° 62), et lui avait-il enjoint de pousser des reconnaissances sur Sézanne, sur Fère-Champenoise, pour se tenir au courant de ce que faisait

Fév. 1814.

Les instances dont Napoléon est l'objet, les mauvaises nouvelles dont on l'accable, l'irritent sans l'ébranler.

---

[1] Suivant mon habitude de ne jamais tracer des tableaux de fantaisie, je dirai que j'emprunte ces détails non-seulement à la correspondance du roi Joseph, qui a été publiée en partie, mais à celle du prince Cambacérès, du duc de Rovigo, du duc de Feltre, qui ne l'ont pas été, et qui sont extrêmement détaillées. Elles donnent avec encore plus de vivacité toutes les particularités que je rapporte ici. J'atténue donc plutôt que je n'exagère les couleurs, sachant qu'il faut toujours ôter quelque chose à l'exagération du temps, bien que cette exagération soit un des traits de la situation qu'il convient de conserver dans une certaine mesure.

l'ennemi, et être toujours en mesure de profiter de la première faute.

Cependant il fallait qu'il répondît aux supplications de Berthier, de M. de Bassano, de M. de Caulaincourt, et surtout aux alarmes de Paris. Des latitudes pour traiter?... demandait-il; qu'entendait-on par ces expressions?... Entendait-on des sacrifices en Hollande, en Allemagne, en Italie, il était prêt à les faire. Le Wahal, il l'abandonnerait, pour revenir à la Meuse et à l'Escaut, mais pourvu qu'il gardât Anvers. Il sacrifierait Cassel, Kehl, quoique ces points fussent de vrais faubourgs de Mayence et de Strasbourg, et démantellerait même Mayence pour rassurer l'Allemagne, mais à condition de conserver le Rhin. En Italie il renoncerait à tout, même à Gênes, pourvu qu'il conservât les Alpes, et, s'il était possible, quelque chose pour le fidèle prince Eugène. Mais consentir à recevoir moins que la France, la véritable France, celle dont la révolution de 1789 avait fixé les limites, c'était se déshonorer sans espérance de se sauver. Au fond, disait-il, on ne voulait plus traiter avec lui; on voulait détruire, lui, sa dynastie, surtout la révolution française, et les propositions de négocier n'étaient qu'un leurre. Si dans la nouvelle offre de traiter on apportait quelque sincérité, c'est que probablement on lui préparait des conditions tellement humiliantes qu'il en serait déshonoré, et que le déshonneur servirait de garantie contre son caractère et son génie. Mais consentir à de telles choses était de sa part impossible! Descendre du trône, mourir même, pour lui qui n'était

qu'un soldat, était peu de chose en comparaison
du déshonneur. Les Bourbons pouvaient accepter
la France de 1790; ils n'en avaient jamais connu
d'autre, et c'était celle qu'ils avaient eu la gloire
de créer. Mais lui, qui avait reçu de la République
la France avec le Rhin et les Alpes, que répondrait-il
aux républicains du Directoire, s'ils lui renvoyaient
la foudroyante apostrophe qu'il leur avait adressée
au 18 brumaire? Rien, et il resterait confondu! On
lui demandait donc l'impossible, car on lui demandait son propre déshonneur. —

Oserons-nous le dire, nous qui dans ce long récit
n'avons cessé de blâmer la politique de Napoléon,
qui avons trouvé inutile, peu sensée, funeste enfin
toute ambition qui s'étendait au delà du Rhin et
des Alpes, il nous semble que pour cette fois Napoléon voyait plus juste que ses conseillers; mais,
comme il arrive toujours, pour avoir eu tort trop
longtemps, il n'était plus ni écouté ni cru lorsqu'il
avait raison. Ses diplomates désillusionnés trop tard,
ses généraux exténués de fatigue, le conjuraient de
rester empereur de n'importe quel empire, parce
que lui demeurant empereur, ils demeuraient ce
qu'ils avaient été. La France était moindre, mais
elle restait grande encore, parce qu'elle restait la
France, et eux ne perdaient rien de leur élévation
individuelle. A leurs yeux le Rhin, les Alpes, constituaient peut-être la grandeur de Napoléon et de
la France, mais nullement leur grandeur personnelle : triste raisonnement, que la lassitude rendait
excusable chez des militaires épuisés, la crainte
chez des diplomates justement alarmés! Sans doute

les conquêtes que Napoléon avait faites du Rhin à la Vistule, des Alpes au détroit de Messine, des Pyrénées à Gibraltar, ne valaient pas le sang qu'elles avaient coûté, et n'auraient pas même mérité qu'on fît couler pour elles le sang d'un seul homme. Au contraire pour garder les frontières naturelles de la France on pouvait demander à ses soldats de verser jusqu'à la dernière goutte de leur sang, on pouvait demander à Napoléon de risquer son trône et sa vie, et, selon nous, après tant d'erreurs, après tant de folies, de prodigalités de tout genre, il avait seul raison, quand il disait qu'on exigeait son honneur en exigeant qu'il cédât quelque chose des frontières naturelles de la France, de celles que la République avait conquises, et qu'elle lui avait transmises en dépôt. Mais les uns par affection, les autres par fatigue, certains par le désir de se conserver, lui disaient : Sauvez, Sire, votre trône, et en le sauvant vous aurez tout sauvé. —

Les assauts furent rudes et répétés. Enfin, les alarmes croissant d'heure en heure, Napoléon ne voulant pas préciser les sacrifices, comptant sur la fierté de M. de Caulaincourt, sur son patriotisme, lui envoya *carte blanche* (expression textuelle). Il espérait avec raison, que le connaissant comme il le connaissait, M. de Caulaincourt n'y verrait pas l'autorisation de faire les derniers sacrifices, et que cependant s'il fallait de grandes concessions pour arracher la capitale des mains de l'ennemi, il serait libre, et pourrait la sauver : singulière ruse envers lui-même, envers M. de Caulaincourt, envers l'honneur tel qu'il le comprenait, car dans l'état des choses, il ne concédait rien ou concédait l'abandon des frontières naturelles; singulière ruse, et, nous ajouterons, unique faiblesse de ce grand caractère, qui lui fut arrachée par les instances de ses lieutenants et de ses ministres, et qui du reste, comme on le verra bientôt, ne fut que très-passagère!

Fév. 1814.

Cette autorisation expédiée à M. de Caulaincourt, il donna quelques ordres adaptés à la circonstance extrême où il se trouvait. Le silence obstiné qu'il avait gardé envers Murat, avait enfin décidé ce dernier à traiter avec l'Autriche. C'était une défection aussi condamnable que celle de Bernadotte, mais amenée par de moins mauvais sentiments. La légèreté, le besoin insatiable de régner, la peur, une vive jalousie pour le prince Eugène, avaient troublé et entraîné le cœur de Murat. Sa femme, il faut le dire, était plus coupable que lui, car liée envers Napoléon par des devoirs plus étroits, elle avait, tout en affectant auprès du ministre de France la douleur, l'impuissance de rien empêcher, mené la négociation par l'intermédiaire de M. de Metternich[1]. Les conditions de la défection étaient les suivantes. Murat conserverait Naples, et renoncerait à la Sicile dont il serait dédommagé par une province dans la terre ferme d'Italie. Il promettait en retour de marcher avec trente mille hommes contre le prince Eugène. Il avait tenu parole, s'était avancé vers Rome, puis avait envoyé une division sur Florence, une autre sur Bologne,

Défection de Murat, et mesures ordonnées à l'égard de l'Italie.

---

[1] Ce fait si triste au milieu de tant d'autres ne peut plus être mis en doute depuis la publication des papiers de lord Castlereagh. On y voit en effet que c'est la reine qui avait été l'agent principal de la négociation.

sans dire précisément ce qu'il allait faire, car il lui restait assez de bons sentiments pour rougir de sa conduite, et assez de ruse pour laisser ignorer aux officiers français dont il avait grand besoin, qu'il allait les employer contre la France. Il avait demandé au général Miollis de lui livrer le château Saint-Ange, à la princesse Élisa de lui livrer la citadelle de Livourne, prétendant que ces occupations étaient nécessaires aux desseins de l'Empereur. Le général Miollis et la princesse Élisa avaient refusé.

Ces détails avaient inspiré à Napoléon une irritation facile à concevoir, mais il l'avait dissimulée dans l'intérêt des nombreux Français résidant en Italie. Il avait ordonné au duc d'Otrante de se rendre de nouveau au quartier général de Murat, pour stipuler la reddition des postes fortifiés que demandait le roi de Naples, à condition que les Français seraient protégés dans leurs personnes et leurs propriétés. Mais il avait juré dans son cœur de se venger d'une si noire ingratitude, et il imagina tout de suite de susciter à Murat un embarras qui ne pouvait manquer d'être très-sérieux. Dans son traité avec l'Autriche, Murat, sous l'indication assez vague d'une province dans la terre ferme d'Italie, avait espéré comprendre tout le centre de la Péninsule. Or, lui envoyer le Pape en ce moment, c'était créer à son ambition un obstacle presque insurmontable. Napoléon avait, comme on l'a vu, acheminé Pie VII vers Savone, et sur toute la route le Pontife avait été reçu par les populations avec des témoignages empressés de respect et d'attachement. Napoléon ordonna de le conduire aux avant-postes avec les égards dont on ne s'était jamais écarté, en lui déclarant qu'il était libre de retourner à Rome. Ainsi finissait cet autre drame, si semblable à celui d'Espagne, par le renvoi du prince dont on avait voulu prendre les États en prenant sa personne, et qu'on était trop heureux de délivrer aujourd'hui, dans l'espoir de tirer quelque moyen de salut de la plus triste des rétractations!

<small>Fév. 1814</small>

Ce qui importait plus que Murat et le Pape, c'était de profiter de l'occasion pour abandonner l'Italie à elle-même, autre rétractation bien tardive, mais bien utile si elle avait été faite à propos! Tant que Murat était inactif, le prince Eugène pouvait en se défendant sur l'Adige, se maintenir en Lombardie, malgré quelques descentes des Anglais sur sa droite et ses derrières; mais Murat venant le prendre à revers par la droite du Pô, il n'y avait pas moyen pour lui de résister davantage, et Napoléon lui prescrivit de se retirer en toute hâte sur Turin, Suze, Grenoble et Lyon, pour venir au secours de la France, dont la conservation importait bien autrement que celle de l'Italie.

<small>Ordre au prince Eugène d'évacuer l'Italie.</small>

Occupé ainsi à défaire ce qu'il avait fait, Napoléon donna ses derniers ordres par rapport à Ferdinand VII qui brûlait toujours d'impatience de reconquérir sa liberté. On venait enfin d'avoir des nouvelles du duc de San-Carlos. Il avait rencontré en route la régence d'Espagne, qui, après avoir hésité longtemps à quitter Cadix, s'était décidée à revenir à Madrid, pour siéger là même où depuis trois siècles résidait le gouvernement de l'Espagne. Le duc de San-Carlos avait vu à Aranjuez les mem-

<small>Sur la réponse peu favorable de la régence espagnole, Napoléon renvoie Ferdinand VII en Espagne, en se fiant</small>

Fév. 1814.

à sa parole de l'exécution du traité de Valençay.

bres de la régence et les principaux personnages des cortès. La réponse n'avait été de leur part l'objet ni d'un doute ni d'une hésitation. D'abord aucun d'eux ne voulait se séparer des Anglais avec lesquels ils espéraient bientôt envahir le midi de la France; ensuite ils n'étaient pas pressés de recouvrer Ferdinand VII et de lui remettre un pouvoir qu'ils lui avaient conservé, et dont il était facile de prévoir qu'il ferait bientôt un fâcheux usage. On avait par ce double motif refusé d'adhérer à un traité conclu en état de captivité, et avec des protestations infinies de regret, d'obéissance, de dévouement, on avait déclaré qu'on ne reconnaîtrait la signature du roi que lorsqu'il serait sur le territoire espagnol, en pleine jouissance de sa liberté. On invoquait d'ailleurs pour répondre de la sorte un titre fort spécieux, c'était un article de la Constitution de Cadix, qui disait expressément que toute stipulation du roi souscrite en état de captivité serait nulle. On avait donc renvoyé le duc de San-Carlos à Valençay avec cet article de la constitution, et le malheureux Ferdinand en avait conçu un véritable désespoir.

Il n'y avait plus à hésiter, et mieux valait courir la chance d'être trompé, mais courir aussi la chance de trouver Ferdinand VII fidèle à sa parole, que de le retenir prisonnier, ce qui nous constituait forcément en guerre avec les Espagnols, et nous obligeait de laisser sur l'Adour des troupes dont nous avions le plus pressant besoin sur la Marne et la Seine.

Ordre au maréchal Suchet de retirer

En conséquence Napoléon ordonna de délivrer Ferdinand VII avec les autres princes espagnols détenus à Valençay, de les envoyer sur-le-champ auprès du maréchal Suchet, d'exiger d'eux un engagement d'honneur à l'égard de la fidèle exécution du traité de Valençay, et de tâcher ainsi de recouvrer au moins les garnisons de Sagonte, de Méquinenza, de Lérida, de Tortose, de Barcelone, qui repasseraient immédiatement les Pyrénées. Si le maréchal Soult, retenu à Bayonne par la présence des Anglais, ne pouvait être ramené sur Paris, le maréchal Suchet qui n'était pas dans le même cas, qui avait devant lui une armée infiniment moins redoutable, pouvait être ramené sur Lyon. Napoléon lui prescrivit de nouveau d'y acheminer toutes les troupes qui ne seraient pas indispensables en Roussillon, et de se préparer à y marcher lui-même avec le reste de son armée. Si le maréchal Suchet arrivait à Lyon avec 20 mille hommes, le prince Eugène avec 30 mille, le sort de la guerre était évidemment changé, car les coalisés ne demeureraient pas entre Troyes et Paris, lorsque 50 mille vieux soldats remonteraient de Lyon sur Besançon.

Fév. 1814.

toutes ses forces de la Catalogne, et de les expédier sur Lyon.

Ces ordres expédiés pendant les journées des 4, 5, 6, 7 février, journées que Napoléon employait à surveiller les mouvements de l'ennemi, il en donna aussi quelques autres relatifs à la défense de Paris. L'alarme allait croissant dans cette capitale à chaque pas rétrograde du maréchal Macdonald sur la Marne, car les fuyards de l'armée et des campagnes répandaient l'épouvante en se retirant. Joseph avait réclamé des instructions au sujet de l'Impératrice, du Roi de Rome, des princesses de la famille impériale, et demandé s'il fallait en cas de danger les garder à Paris. Il n'était pas question assurément

Ordres relatifs à la défense de Paris.

Alarmes de cette capitale, et questions qu'on y agite.

18.

d'évacuer Paris; Napoléon avait au contraire ordonné de s'y défendre jusqu'à la dernière extrémité; mais devait-on, si l'ennemi paraissait, y laisser l'un des princes avec des pouvoirs extraordinaires et l'ordre de résister à outrance, puis envoyer derrière la Loire la famille impériale, l'Impératrice, le Roi de Rome, les ministres, les principaux dignitaires? On discutait tout haut cette question dans les rues de la capitale, ce qui montre à quel point était portée l'agitation des esprits. Louis, ancien roi de Hollande, rentré en France depuis les malheurs de son frère, avait proposé, si on faisait sortir de Paris la cour et le gouvernement, de s'y enfermer et de s'y bien défendre, ce dont il était certainement très-capable. Beaucoup de gens fort sensés étaient d'avis de ne pas faire partir l'Impératrice et le Roi de Rome, car leur départ serait considéré comme une sorte d'abandon de la capitale, qui blesserait et alarmerait les Parisiens, et semblerait y préparer le vide pour le remplir bientôt au moyen des Bourbons. M. de Talleyrand qui voyait clairement s'approcher le règne de ces princes, qui avait reçu bien des assurances secrètes de leurs bonnes dispositions à son égard, qui sans les aimer, sans avoir confiance dans leurs lumières, songeait à retrouver auprès d'eux la faveur perdue auprès de Napoléon, ne voulait cependant pas se compromettre trop tôt et trop irrévocablement avec celui-ci, mettait beaucoup de zèle apparent à seconder Joseph et l'Impératrice, et cherchait à prouver ce zèle en donnant les conseils selon lui les meilleurs. Or à ses yeux faire partir l'Impératrice de Paris, c'était livrer très-imprudemment la place aux Bourbons, qui auraient pour eux le prestige de vingt-quatre ans de malheurs, et le prestige plus grand encore de la paix qu'ils procureraient à la France. Joseph ne voulant rien prendre sur lui en pareille matière, avait instamment prié Napoléon d'exprimer sur tous ces points ses volontés définitives. Quant à l'Impératrice elle n'avait ni avis, ni volonté, et de concert avec Cambacérès, devenu très-pieux, comme on l'a vu, elle faisait dire les prières que, dans la liturgie catholique, on appelle prières des quarante heures.

Fév. 1814.

Napoléon que tous les malheurs de la guerre trouvaient imperturbable, n'éprouvait d'impatience qu'en recevant le courrier de Paris, qui lui apportait plusieurs fois par jour le triste tableau des anxiétés de son gouvernement. — Vous avez peur, écrivait-il aux hommes chargés de sa confiance, et vous communiquez votre peur autour de vous. La situation est grave, *mais elle n'en est pas où en sont vos alarmes.* C'est bien de prier, mais vous priez en gens effarés, et si je suivais votre exemple ici, mes soldats se croiraient perdus. Exécutez autour de Paris les ouvrages que je vous ai prescrits; armez, habillez mes conscrits, faites-les tirer à la cible, expédiez-les-moi dès qu'ils ont acquis les notions indispensables, arrêtez les fuyards, mettez-les dans les corps, réunissez des vivres et des munitions; soyez calmes, ne changez pas d'avis à chaque idée nouvelle qui jaillit de la fermentation des esprits, ayez mes ordres toujours présents, suivez-les *et laissez-moi faire.* Je sais bien que quelques Cosaques ont paru du côté de Sens, que Macdonald s'est laissé

Dépit de Napoléon en voyant le trouble des hommes qui composent son gouvernement.

Conseils énergiques qu'il leur donne à tous.

refouler sur la Marne, mais soyez tranquilles, l'ennemi payera cher sa folle témérité. Encore une fois ne vous agitez pas, n'écoutez pas tous les donneurs d'avis, ne parlez pas au premier venant, travaillez, taisez-vous, et *laissez-moi faire*.... —

Tels étaient les sages et énergiques conseils que Napoléon adressait à Cambacérès, au ministre de la guerre et à son frère Joseph. Quant à l'Impératrice il ne lui donnait que des nouvelles de sa santé, quelques détails succincts et rassurants sur l'armée, le tout d'un ton affectueux et ferme, mais il avait une opinion bien arrêtée sur ce qu'il fallait faire d'elle et du Roi de Rome, si l'ennemi venait à se montrer devant Paris. Il voulait que la capitale fût défendue, car il savait bien que si elle était ouverte à l'ennemi, on y établirait sur-le-champ un gouvernement qui ne serait pas le sien; mais en la disputant énergiquement aux armées alliées, il ne voulait pas qu'on y laissât sa femme et son fils. En les gardant en sa possession, il croyait conserver avec l'Autriche un lien puissant que le respect humain ne permettrait pas de mépriser. Si au contraire ce gage précieux venait à lui échapper, il se disait qu'on ne manquerait pas de s'emparer de Marie-Louise, de profiter de sa faiblesse pour composer une régence qui l'exclurait lui du trône, ou bien d'envoyer elle et le Roi de Rome à Vienne, de les y entourer de soins, comme on fait à l'égard d'une honnête fille compromise dans un mauvais mariage, de le traiter lui en aventurier qui n'était pas digne de la femme qu'on lui avait donnée, et de le reléguer dans quelque prison lointaine. Puis on élèverait

son fils à Vienne, comme un prince autrichien!...
— Cette perspective, quand elle se présentait à son esprit, le bouleversait profondément, et lui en faisait oublier une autre non moins alarmante, celle de Paris laissé vacant devant les Bourbons qui s'approchaient. Il avait raison sans doute, car il était vrai qu'on lui prendrait son fils et sa femme, qu'on élèverait son fils en prince étranger, qu'on mettrait sa femme dans les bras d'un autre époux, mais il n'était pas moins vrai que Paris resté vide, on en profiterait pour y placer les Bourbons. Ce n'était pas tel ou tel mal, c'étaient tous les maux qui, en punition de ses fautes, allaient fondre à la fois sur sa tête condamnée par la Providence!

Préoccupé surtout du danger de laisser tomber sa femme et son fils dans les mains des Autrichiens, il prescrivit à son frère Joseph, par une lettre du 8 février, de se conformer à ses intentions, telles qu'il les lui avait déjà exprimées en partant, de laisser à Paris son frère Louis avec des pouvoirs étendus, d'y rester lui-même s'il le fallait, de défendre la capitale à outrance, mais d'envoyer sur la Loire l'Impératrice et le Roi de Rome, avec les princesses, les ministres, les grands dignitaires, le trésor de la couronne, de n'en pas croire surtout des ennemis secrets tels que M. de Talleyrand, qu'il n'avait que trop ménagés, de suivre enfin ses instructions et pas d'autres. — Le sort d'Astyanax prisonnier des Grecs, ajoutait-il, m'a toujours paru le plus triste sort du monde : j'aimerais mieux voir mon fils égorgé et précipité dans la Seine, que de le voir aux mains des Autrichiens pour être conduit à Vienne. —

Napoléon indiquait ensuite comment il fallait défendre Paris. N'ayant pas songé à élever des ouvrages en maçonnerie de peur d'alarmer les habitants, il s'était contenté de faire préparer des palissades et de l'artillerie. Maintenant que l'alarme était au comble et qu'il n'y avait plus rien à ménager, il prescrivait de renforcer avec des palissades l'enceinte dite de l'octroi, de construire également avec des palissades des tambours en avant des portes, d'établir des redoutes sur les emplacements déjà désignés, de les couvrir d'artillerie, et de placer derrière ces ouvrages improvisés la garde nationale armée de fusils de chasse si les fusils de munition manquaient. Quelle confiance n'eût-il pas éprouvée, quelle liberté de manœuvre n'aurait-il pas acquise, s'il avait eu ces magnifiques murailles qui, grâce à un roi patriote, entourent aujourd'hui la capitale de la France!

Napoléon avait séjourné du 3 au 8 février à Troyes d'abord, puis à Nogent, dans la prévoyance d'une faute de l'ennemi, de laquelle il attendait son salut. Bientôt il crut en découvrir les premiers signes. Le lendemain en effet de la bataille de la Rothière, les coalisés avaient assemblé à Brienne un grand conseil pour examiner quel parti on devait tirer de la situation de Napoléon qui leur semblait désespérée. Ce n'était pas à une force de 30 mille hommes qu'on l'avait supposé réduit après la bataille de la Rothière, mais à celle de 40 à 50 mille, s'élevant peut-être avec Mortier à 70 mille, et en cet état, si au-dessus pourtant de la réalité, on le tenait pour perdu, moyennant, se disait-on, qu'on ne commît pas de trop grandes fautes. Après bien des discussions les opérations suivantes avaient été résolues.

Quelle que fût la supériorité qu'on eût sur Napoléon, on craignait toujours de le rencontrer face à face, et de risquer le sort de la guerre en une bataille décisive. On voulait donc manœuvrer, et l'acculer sur Paris, en y amenant successivement toutes les armées de la coalition, pour l'accabler sous une masse écrasante d'ennemis, comme on avait fait à Leipzig. Il y avait sur la droite des alliés des forces laissées au blocus des places. C'étaient, comme nous l'avons dit, le corps d'York resté devant Metz, celui de Langeron devant Mayence, celui de Kleist devant Erfurt. Ces corps remplacés actuellement par d'autres troupes et près d'arriver sur la Marne, comprenaient, celui d'York 18 mille hommes, celui de Langeron 8 mille (la moitié de ce corps était seule disponible), celui de Kleist 10 mille, c'est-à-dire environ 36 mille hommes, sans compter le corps de Saint-Priest, et divers détachements de Bernadotte qui refluaient tous en ce moment vers la Belgique. Il n'était pas possible de laisser les corps d'York, de Langeron, de Kleist, isolés sur la Marne, à portée des coups de Napoléon, et de ne pas les faire concourir au but commun. Il fut convenu que Blucher irait les rallier avec les vingt et quelques mille hommes qui lui restaient, ce qui reporterait à environ 60 mille l'ancienne armée de Silésie, et lui constituerait une situation indépendante. Blucher manœuvrerait à la tête de cette armée sur la Marne, et, en refoulant Macdonald sur

Fév. 1814.

Plan d'opérations, consistant à pousser Napoléon sur Paris, en le débordant tantôt sur une aile, tantôt sur l'autre, pour l'accabler ensuite sous les forces réunies de la coalition.

Châlons, Meaux et Paris, il se trouverait sur les derrières de Napoléon, qui par là serait obligé de se replier. Alors le prince de Schwarzenberg, qui aurait encore au moins 130 mille hommes après le départ de Blucher, suivrait Napoléon pas à pas dans sa retraite. Si Napoléon revenait sur le prince de Schwarzenberg, Blucher en profiterait pour faire un nouveau pas en avant, et en avançant ainsi les uns le long de la Seine, les autres le long de la Marne, on finirait comme ces rivières elles-mêmes par se rencontrer sous Paris, et par accabler Napoléon sous la masse des forces de l'Europe réunies autour de la capitale de la France. En attendant on était si forts même séparés, que si Napoléon voulait tomber sur l'une des deux armées alliées, on lui tiendrait tête. Blucher avec 60 mille hommes croyait n'en avoir rien à craindre. Le prince de Schwarzenberg, beaucoup moins présomptueux, croyait pouvoir lui résister avec ses 130 mille hommes. D'ailleurs à la distance où l'on était de Paris, la Seine et la Marne étaient assez rapprochées pour que de l'une à l'autre on pût se donner la main, surtout en ayant une nombreuse cavalerie. Il fut convenu en effet que le prince de Wittgenstein se tiendrait sur l'Aube, où il serait lié par les six mille Cosaques du général Sesliavin, d'un côté à Blucher qui devait marcher sur la Marne, et de l'autre au prince de Schwarzenberg qui devait marcher sur la Seine. Avec de telles précautions on ne redoutait aucun malheur, aucun de ces accidents surtout auxquels il fallait s'attendre quand on avait affaire au génie si imprévu de Napoléon. On se contenta donc de ce qu'elles avaient de spécieux, et Blucher qui voyait dans la combinaison adoptée son indépendance, la chance d'arriver le premier à Paris, Schwarzenberg qui s'en promettait la délivrance du plus incommode, du plus impérieux des collaborateurs, y consentirent également.

Fév. 1814.

Par suite de ces dispositions Blucher se porta le 3 de Rosnay sur Saint-Ouen, le 4 de Saint-Ouen sur Fère-Champenoise, et trouvant le corps d'York déjà aux prises avec le maréchal Macdonald près de Châlons, il s'appliqua à déborder ce maréchal, et l'obligea ainsi de se retirer sur Épernay et sur Château-Thierry. Macdonald après sa longue retraite de Cologne à Châlons, n'avait plus que 5 mille fantassins et 2 mille chevaux. Il était à Château-Thierry le 8 février, suivi par le corps d'York le long de la Marne, et menacé en flanc par Blucher, qui suivant la route de Fère-Champenoise et de Montmirail, espérait le devancer à Meaux. (Voir les cartes n°ˢ 62 et 63.) Paris était ainsi découvert, et c'était ce danger devenu évident qui jetait ses habitants dans les plus vives alarmes. Le prince de Schwarzenberg de son côté, après avoir tâtonné devant Napoléon, dont il craignait les moindres mouvements, s'avança lentement sur Troyes, ayant avec son redoutable adversaire des combats d'arrière-garde chaque jour plus rudes. Tout à coup il conçut des doutes et des inquiétudes. Il venait d'apprendre que des troupes françaises se montraient au loin sur sa gauche, c'est-à-dire sur l'Yonne, à Sens, à Joigny, à Auxerre (c'étaient celles de Pajol). Il venait aussi de recueillir divers bruits partis de points plus éloignés. On lui avait mandé qu'une armée française se for-

En exécution de ce plan, Blucher se dirige sur la Marne, pour y recueillir les corps d'York, de Langeron, de Kleist, et se porter sur Paris après avoir passé sur le corps de Macdonald.

Mouvement en sens contraire du prince de Schwarzenberg sur la Seine et l'Yonne.

Fév. 1814.

mait à Lyon sous le maréchal Augereau, et qu'elle prenait l'offensive contre Bubna, que des troupes d'Espagne accouraient en poste, et que leurs têtes de colonnes s'apercevaient déjà près d'Orléans. Il se demanda sur-le-champ si Napoléon ne méditait pas quelque mouvement sur son flanc gauche, par delà la Seine et l'Yonne, et si l'armée de Lyon, les troupes que l'on voyait sur l'Yonne, celles qui arrivaient d'Espagne, n'étaient pas les moyens préparés de ce

Grand espace laissé entre Blucher et Schwarzenberg.

dangereux mouvement. En proie à ces inquiétudes, il se porta un peu à gauche tandis que Blucher se portait un peu à droite, ce qui devait augmenter sensiblement l'espace qui les séparait. En effet il ramena Wittgenstein de la rive droite de l'Aube à la rive gauche, c'est-à-dire d'Arcis à Troyes; il laissa de Wrède devant Troyes avec les réserves en arrière, il poussa Giulay sur Villeneuve-l'Archevêque, et Colloredo sur Sens, se flattant par ce moyen de s'être garanti de toute entreprise contre son flanc gauche. Quelques Cosaques étaient restés chargés de lier les deux armées, mais l'espace entre elles s'était fort agrandi. Ce général si sage en croyant se préserver d'un danger, s'en préparait, comme on va le voir, un autre bien plus grave, car à la guerre ce n'est pas un danger qu'il faut avoir en vue, mais tous; ce n'est pas un côté de la situation, c'est la situation tout entière qu'il faut embrasser d'un regard vaste, prompt et sûr.

Joie de Napoléon en voyant se réaliser la faute qu'il avait prévue.

Le 6, le 7 février, Napoléon à l'affût comme le tigre prêt à saisir sa proie, suivait de l'œil ses adversaires avec une joie croissante, la seule qu'il lui fût encore donné d'éprouver, et il avait longtemps hésité entre deux partis. Tantôt il voulait se jeter sur Colloredo et Giulay aventurés imprudemment entre la Seine et l'Yonne, tantôt sur Blucher courant vers la Marne, mais le 7 il n'hésita plus. L'importance des résultats à obtenir en se plaçant entre Schwarzenberg et Blucher, la nécessité de secourir au plus tôt Macdonald et Paris, le décidèrent à se porter sur la Marne, et il commença son mouvement contre Blucher avec une satisfaction indicible. Pendant ces jours du 4 au 7 février, et sous sa vigoureuse impulsion, il était sorti de Paris quelques bataillons tirés des dépôts. Il avait avec cette ressource un peu recruté les corps de Marmont et de Victor, les divisions des généraux Gérard et Hamelinaye, et, à l'aide de détachements venus de Versailles, il avait ajouté quelques renforts à sa cavalerie. Enfin il avait dirigé sur Provins la première division arrivée d'Espagne. Le 5 il avait fait descendre Marmont d'Arcis sur Nogent, et s'y était porté lui-même de Troyes, en se couvrant de fortes arrière-gardes, afin de cacher sa marche à l'ennemi. Parvenu là il avait commencé sa grande opération. Marmont dont l'esprit était assez actif, avait de son côté imaginé cette même opération, mais d'une manière confuse, car il la regardait déjà comme impossible, lorsque Napoléon sans s'inquiéter de ce qui se passait dans cette tête légère, lui ordonna le 7 de partir de Nogent avec une avant-garde de cavalerie et d'infanterie, et de se porter sur Sézanne, lieu pourvu par ses ordres d'abondantes ressources. (Voir les cartes n°s 62 et 63.) Marmont devait, dès qu'il aurait reconnu la

Fév. 1814.

Ses ordres pour acheminer ses corps sur Sézanne.

route, se faire suivre par tout son corps. Le 8 Napoléon achemina Ney avec une division de la jeune garde et la cavalerie de Lefebvre-Desnoëttes sur cette même route de Sézanne. Il se prépara à partir lui-même le 8 avec Mortier et la vieille garde. Ces trois corps comprenaient environ 30 mille hommes.

Pourtant en se dirigeant sur la Marne il ne fallait pas découvrir Paris du côté de la Seine. Napoléon laissa sur la Seine le maréchal Victor avec le 2ᵉ corps, les généraux Gérard, Hamelinaye avec leurs divisions de réserve, et derrière eux, à Provins, le maréchal Oudinot avec la division de jeune garde Rothenbourg, et les troupes tirées de l'armée d'Espagne. Victor était chargé de défendre la Seine de Nogent à Bray, et Oudinot devait venir l'appuyer au premier retentissement du canon. Pajol, avec les bataillons arrivés de Bordeaux, avec les gardes nationales et sa cavalerie, devait veiller sur Montereau et les ponts de l'Yonne jusqu'à Auxerre. Enfin les deux divisions de jeune garde dont l'organisation s'achevait à Paris, avaient ordre de se placer entre Provins et Fontainebleau. Ces troupes réunies ne comprenaient pas moins de 50 mille hommes, et rangées derrière la Seine, dans le contour que cette rivière décrit de Nogent à Fontainebleau, elles devaient donner à Napoléon le temps de revenir, et de faire contre Schwarzenberg ce qu'il aurait fait contre Blucher. Ces plans étaient au moins aussi spécieux que ceux des généraux ennemis. Restait à savoir lesquels répondraient véritablement aux distances, au temps, aux circonstances actuelles de la guerre. Napoléon partit le 9 avec sa vieille garde, pour se transporter de la Seine à la Marne, recommandant à tout le monde un secret absolu sur son absence. Plein d'espérance, il écrivit quelques mots à M. de Caulaincourt pour relever son courage, et pour l'engager à user moins librement de la *carte blanche* qu'il lui avait donnée, sans pourtant la lui retirer. En effet, s'il réussissait, les conditions de la paix devaient être bien changées. Ainsi en partant il emportait avec lui les destinées de la France et les siennes !

Fév. 1814.

Pendant qu'il était en marche, notre infortuné plénipotentiaire endurait à Châtillon les plus grandes douleurs que puisse ressentir un honnête homme et un bon citoyen, et essuyait des traitements qui lui faisaient monter la rougeur au front.

Les diplomates de la coalition étaient successivement arrivés le 3 et le 4 février à Châtillon, et s'étaient empressés d'échanger des visites avec M. de Caulaincourt, en témoignant pour lui des égards qu'on affectait de n'accorder qu'à sa personne. Il fut convenu que le 5 chacun produirait ses pouvoirs, et que les jours suivants commenceraient les négociations. En attendant, M. de Caulaincourt ayant essayé dans les repas, dans les soirées où l'on se rencontrait, d'obtenir quelques confidences, trouva les membres du congrès polis mais impénétrables. Le seul d'entre eux auquel il aurait pu s'ouvrir, en s'autorisant des communications secrètes de M. de Metternich, M. de Stadion, ministre autrichien, était un ennemi personnel de la France, et le représentant malveillant d'une cour bienveillante. Au-dessous de lui, M. de Floret, moins élevé en

Ce qui se passe au congrès de Châtillon pendant que Napoléon quitte l'Aube pour la Marne.

grade mais plus amical, parlait peu, soupirait souvent, et laissait entendre qu'on avait eu grand tort de livrer la bataille de la Rothière, car la situation s'en ressentirait beaucoup. Quant aux conditions elles-mêmes, qu'on ne pouvait pas cependant nous cacher longtemps, M. de Floret n'en disait pas plus que les autres. M. de Rasoumoffski, autrefois l'interprète des passions russes à Vienne, était presque impertinent dans tout ce qui ne se rapportait pas à la personne de M. de Caulaincourt. M. de Humboldt ne manifestait rien, mais on devinait en lui le Prussien, à la vérité très-adouci. Les plus convenables de tous ces ministres étaient les Anglais, surtout lord Aberdeen, modèle rare par sa simplicité, sa gravité douce, du représentant d'un État libre. Lord Castlereagh ne devant pas prendre part aux conférences, mais venant les diriger en maître qui ordonne sans se montrer, avait étonné M. de Caulaincourt par ses assurances pacifiques et par ses protestations de sincérité. Il insistait si fortement et si souvent sur la résolution arrêtée de traiter avec Napoléon, qu'on ne pouvait s'empêcher d'y reconnaître le calcul ordinaire des Anglais de paraître faire une guerre d'intérêt purement national, et non une guerre de dynastie. Aussi répétait-il sans cesse qu'on pouvait être d'accord tout de suite, et qu'il suffisait, si on le voulait, d'une heure d'explication. Mais d'accord sur quelles bases? Là-dessus personne ne consentait à devancer d'un seul jour la déclaration solennelle des conditions de la paix. Elles étaient donc bien dures, se disait M. de Caulaincourt, puisqu'on n'osait pas les produire, et qu'on voulait les promulguer sans doute comme une loi de l'Europe à laquelle il n'y aurait pas de contradiction à opposer! Toutes les fois qu'il cherchait à provoquer quelque confidence de la part de l'un des plénipotentiaires, si par grande exception on l'avait laissé seul avec l'un d'entre eux, celui-ci rompait l'entretien. S'il était avec plusieurs, celui qu'il avait essayé d'aborder élevait la voix, pour qu'on ne pût pas croire à des intelligences secrètes avec la France. Il était évident qu'avant tout on craignait cet être idéal et redoutable qui s'appelait la coalition, et qu'à aucun prix on n'aurait voulu lui donner des ombrages. Dire au représentant de la France, ou entendre de lui quelque chose qui ne fût pas commun à tous les autres, eût semblé une infidélité dont personne n'aurait osé se rendre coupable. Lord Castlereagh, agissant en homme au-dessus du soupçon, avait seul dit et écouté quelques paroles à part, dans ses diverses rencontres avec M. de Caulaincourt, et uniquement pour répéter cette déclaration fastidieuse qu'on souhaitait la paix, qu'elle pouvait être conclue en une heure si on voulait se mettre d'accord. D'accord sur quoi? C'était là l'éternelle question toujours restée sans réponse.

M. de Caulaincourt attendit ainsi quatre mortels jours sans obtenir aucune explication, mais en devinant ce qu'on ne lui disait pas, et ce qui l'avait porté à réclamer itérativement de Napoléon des instructions nouvelles. Le 5 février, on échangea les pouvoirs, en déclarant que les représentants des quatre principales puissances, Russie, Prusse, Au-

Fév. 1814.

Échange des pouvoirs le 5 février.

triche, Angleterre, traiteraient pour les diverses cours de l'Europe, grandes et petites, avec lesquelles la France était en guerre, manière de procéder plus commode, mais qui révélait le joug commun pesant sur tous les membres de la coalition, et, en même temps, on annonça par la bouche du représentant de l'Angleterre, que la question du droit maritime serait écartée de la négociation, que la Grande-Bretagne entendait ne la soumettre à personne, pas même à ses alliés, parce que c'était une question de droit éternel, ne dépendant pas des résolutions passagères des hommes. On aurait volontiers dit qu'il y avait là un dogme sur lequel il n'était pas permis de transiger.

Ce n'était pas le cas de contredire, car nous avions en ce moment bien autre chose à défendre que le droit maritime. Pourtant M. de Caulaincourt présenta pour l'honneur de la vérité quelques observations qui furent écoutées avec un silence glacial, et auxquelles on ne fit aucune réponse. M. de Caulaincourt n'insista pas, et on passa outre. Il fut convenu que pendant la tenue de ce congrès on produirait ses propositions par notes, qu'on répondrait également par notes, et que si elles devenaient l'occasion d'observations verbales, un protocole tenu avec exactitude recueillerait ces observations immédiatement, ce qui était une nouvelle précaution pour prévenir les défiances entre confédérés. M. de Caulaincourt n'élevant aucune difficulté sur ces questions de forme, demanda que l'on commençât enfin à entrer dans le fond des choses, et à énoncer les conditions de la paix. On ne voulut ni ce même jour, ni le jour suivant, entamer ce grave sujet, sous prétexte qu'on n'était pas prêt. Enfin le 7, après avoir tant fait attendre M. de Caulaincourt, l'un des plénipotentiaires prenant la parole pour tous, lut d'un ton solennel et péremptoire la déclaration suivante.

Fév. 1814.

est enfin abordé.

La France devait avant toute autre condition rentrer dans ses limites de 1790, ne plus prétendre à aucune autorité sur les territoires situés au delà de ces limites, et en outre ne point se mêler du partage qu'on allait en faire, de sorte que non-seulement on lui ôterait la Hollande, la Westphalie, l'Italie (chose assez naturelle), mais qu'on ne voulait pas qu'à titre de grande puissance elle eût son avis sur ce que deviendraient ces vastes contrées, et on en agissait ainsi tant pour ce qui était au delà du Rhin et des Alpes, que pour ce qui était en deçà, de manière qu'en abandonnant la Belgique et les provinces rhénanes elle ne saurait même pas ce qu'on en ferait! Enfin il fallait répondre par oui ou par non avant toute espèce de pourparler.

Déclaration des conditions faites à la France.

La France doit rentrer dans ses limites de 1790, et ne point se mêler du sort des pays cédés.

Jamais on n'avait traité des vaincus avec une telle insolence, et vaincus nous ne l'étions pas encore, car à Brienne nous avions été vainqueurs, à la Rothière 32 mille Français avaient pendant une journée entière tenu tête à 170 mille ennemis, et on n'avait pu ni envelopper ces 32 mille Français, ni les écraser, ni leur enlever leurs moyens de retraite!

Il y avait chez les assistants un tel sentiment de l'énormité de ces propositions, que personne ne prit sur soi de les commenter, les plus hostiles d'entre eux craignant de les affaiblir par le com-

Silence général après l'énoncé des volontés des puissances.

mentaire, les plus modérés ne voulant pas se charger de les justifier. Un silence profond succéda à cette communication. M. de Caulaincourt, ayant peine à dominer son émotion, déclara qu'il avait diverses observations à présenter, et qu'il demandait qu'on les écoutât. Après quelques hésitations on s'ajourna au soir du même jour, afin d'entendre M. de Caulaincourt.

Les observations sur cette étrange communication s'offraient en foule à l'esprit. D'abord comment les concilier avec les propositions de Francfort, propositions incontestables, puisqu'à la conversation non désavouée de M. de Saint-Aignan avait été jointe une note écrite qui les résumait, puisque M. de Metternich sur la réponse évasive de M. de Bassano avait insisté pour en obtenir l'acceptation explicite? Cette acceptation ayant été envoyée, les auteurs des propositions de Francfort étaient engagés eux-mêmes, et alors comment se pouvait-il qu'ils fissent aujourd'hui des propositions si diamétralement contraires? Ensuite, à considérer les choses du point de vue de l'équilibre européen, comment, après avoir dit à la France en entrant sur son territoire qu'on ne voulait point lui contester la juste grandeur qui lui était acquise, comment la ramener aux frontières de Louis XV, lorsque depuis Louis XV trois des puissances du continent s'étaient partagé la Pologne, lorsque depuis 1790 toutes les puissances avaient fait des acquisitions considérables qui changeaient complétement les anciennes proportions des États? Si pour le repos de l'Europe on devait généralement revenir aux limites de 1790, n'était-il pas juste que chacun restituât ce qu'il avait pris, que l'Autriche ne songeât point à retenir Venise, que la Prusse et l'Autriche ne gardassent pas ce qu'elles avaient dérobé aux petits États allemands et surtout aux princes ecclésiastiques, que la Prusse, l'Autriche et la Russie rendissent la dernière portion qu'elles s'étaient attribuée de la Pologne à l'époque du dernier partage? N'était-il pas juste enfin que l'Angleterre rendît les îles Ioniennes, Malte, le Cap, l'île de France, etc.? Faire rentrer la France seule dans ses anciennes limites, c'était détruire en Europe, au détriment de tous, l'équilibre nécessaire des forces, et si, comme l'avenir l'a prouvé depuis, la France pouvait demeurer grande et bien grande même après la perte de quelques provinces, elle le devrait à l'énergie, à la puissance d'esprit de son peuple, c'est-à-dire à sa grandeur morale, qu'on ne pouvait pas lui ôter comme sa grandeur matérielle! Sans doute il n'était rien qu'on ne pût se permettre au nom de la victoire, et cet argument coupait court à toute discussion, mais dans ce cas il fallait laisser de côté les paroles insidieuses dont on avait fait usage en passant le Rhin, et avouer que la force et non la raison allait servir de règle à la conduite des puissances alliées. La France alors saurait à quoi elle devait s'attendre de la part de ses envahisseurs. Ce n'était pas tout encore. Comment demander en bloc des sacrifices immenses, sans les préciser, sans déterminer le plus et le moins, qui était beaucoup ici, car dans les Pays-Bas, dans les provinces Rhénanes, le long de la Suisse et des Alpes, il restait bien des questions qui, résolues dans un sens ou dans un autre, rendraient le résultat fort différent? Et ces portions cédées de territoire, était-il possible de les abandonner sans savoir à qui on les céderait? Les abandonner par exemple à une petite puissance ou à une grande, remettre un territoire sur la gauche du Rhin à un petit État comme la Hesse, ou à un grand État comme la Prusse, constituait une différence capitale. Ne vouloir s'expliquer sur aucun de ces points, était un procédé inqualifiable, qu'on pouvait à peine se permettre avec un ennemi à qui on aurait mis le pied sur la gorge, et la France, si elle devait malheureusement se trouver un jour sous les pieds de ses ennemis, n'y était pas encore. Enfin si son représentant se résignait à tout ou partie de ces sacrifices, ce ne pouvait être que pour faire cesser immédiatement une guerre cruelle, pour éviter une bataille d'où résulterait peut-être la vie ou la mort, pour couvrir Paris enfin : était-il possible de faire ces sacrifices douloureux, si on n'était pas assuré qu'une parole d'acceptation une fois prononcée, l'ennemi s'arrêterait sur-le-champ?

M. de Caulaincourt essaie de faire entendre quelques observations.

Ces observations si naturelles, si peu réfutables, M. de Caulaincourt essaya de les exposer dans la soirée du 7, et le fit avec une indignation contenue. Il était soldat, et il eût mieux aimé se faire tuer avec le dernier des Français en combattant des ennemis si insultants, que se débattre vainement dans une négociation où l'on ne voulait ni écouter, ni répondre; mais il fallait tout souffrir pour saisir au vol l'occasion de la paix, si elle s'offrait, et avec une mesure infinie, à travers laquelle perçait un sentiment amer, il rappela les conditions de Francfort, formellement proposées, formellement acceptées; il objecta au projet de ramener la France à ses anciennes limites, les acquisitions que les diverses puissances avaient déjà faites ou prétendaient faire en Pologne, en Allemagne, en Italie, sur toutes les mers; il demanda surtout ce que deviendraient les provinces enlevées à la France, et enfin quel serait le prix des sacrifices que la France pourrait consentir, et si par exemple la suspension des hostilités en serait la conséquence immédiate?

Fév. 1814.

La première observation, celle qui portait sur les propositions de Francfort, embarrassa visiblement les ministres des puissances alliées. Il n'y avait rien à répliquer en effet, et si les nations reconnaissaient un autre juge que la force, les négociateurs eussent été sur-le-champ condamnés. M. de Rasoumoffski, le Russe arrogant qui représentait l'empereur Alexandre, répondit qu'il ne savait ce dont on voulait parler. M. de Stadion, qui représentait le cabinet autrichien auteur principal et direct des propositions de Francfort, prétendit qu'il n'en était pas dit un mot dans ses instructions. Mais lord Aberdeen, le plus sincère, le plus droit des personnages présents, qui avait assisté aux ouvertures faites à M. de Saint-Aignan, qui avait discuté les termes de la note de Francfort, comment aurait-il pu nier? Aussi se borna-t-il à balbutier quelques paroles qui prouvaient l'embarras de sa probité, et puis tous ces diplomates, opposant aux raisons du ministre français une sorte de clameur générale, s'écrièrent tous ensemble qu'il ne s'agissait pas de pareilles ques-

On refuse presque d'entendre M. de Caulaincourt, et on lui signifie qu'il faut répondre par oui ou par non aux conditions proposées.

tions, que ce n'était pas des propositions de Francfort qu'on avait à s'occuper, mais de celles de Châtillon, que c'était sur celles-là et non sur d'autres qu'il fallait se prononcer séance tenante, que l'on n'avait pas mission de les discuter, mais de les présenter, et de savoir si elles étaient agréées ou rejetées, et un pan de leur manteau à la main, ils firent entendre que c'était la paix ou la guerre, la guerre jusqu'à ce que mort s'ensuivît, qu'il s'agissait de décider, en répondant sur-le-champ par oui ou par non. M. de Caulaincourt voyant qu'il n'y avait aucun moyen de faire expliquer des hommes qui voulaient un oui ou un non, réclama le renvoi de la conférence, ce qui fut accepté, après quoi chacun se retira.

M. de Caulaincourt était tour à tour saisi de douleur, ou révolté d'indignation, car dans les propositions qu'on osait lui faire, la forme était aussi outrageante que le fond était désespérant. Certes Napoléon avait abusé de la victoire, mais jamais à ce point. Souvent il avait beaucoup exigé de ses ennemis, mais il ne les avait jamais humiliés, et lorsqu'au lendemain de la journée d'Austerlitz, Alexandre qui allait être fait prisonnier avec son armée, avait demandé grâce par un billet écrit au crayon, Napoléon avait répondu avec une courtoisie qu'on n'imitait pas aujourd'hui. En tout cas Napoléon n'était pas la France, les torts de l'un n'étaient pas les torts de l'autre, et des gens qui mettaient tant d'affectation à séparer Napoléon de la France, auraient dû ne pas punir sur celle-ci les fautes de celui-là. Quoi qu'il en soit, M. de Caulaincourt voyait bien qu'il fallait, si on voulait arrêter les coalisés, prononcer ce mot si cruel d'acceptation pure et simple, et, pour leur fermer l'entrée de Paris, il était prêt à user des pouvoirs illimités dont il était pourvu. Cet excellent citoyen, dévoué à la France et à la dynastie impériale, avait le tort en ce moment (le premier du reste qu'on pût lui reprocher) de songer au trône de Napoléon plus qu'à sa gloire. Il oubliait trop que périr valait mieux pour Napoléon que d'abandonner les frontières naturelles, que pour lui c'était l'honneur, que pour la France c'était la grandeur vraie, que, quelque abattue qu'elle fût, on ne pourrait pas lui demander pire que ce qu'on exigeait d'elle actuellement, qu'avec les Bourbons elle aurait toujours les frontières de 1790, que dès lors pour Napoléon comme pour elle, il valait autant risquer le tout pour le tout, et ce noble personnage qui avait eu si souvent raison contre son maître, n'avait pas cette fois un sentiment de la situation aussi juste que lui. Il était donc prêt à céder, à une condition toutefois, c'est qu'il serait assuré d'arrêter l'ennemi à l'instant même. Mais céder sur tout ce qu'on demandait sans avoir la certitude de sauver Paris et le trône impérial, était à ses yeux une désolante humiliation sans compensation aucune. Dans son désespoir, s'adressant au seul de ces plénipotentiaires chez lequel il eût aperçu l'homme sous le diplomate, il chercha à savoir de lui si le cruel sacrifice qu'on exigeait suspendrait au moins les hostilités. Lord Aberdeen auquel il avait eu recours, se défendant beaucoup, suivant la consigne établie,

Fév. 1814.

M. de Caulaincourt voudrait savoir si en acceptant les conditions proposées, il obtiendrait la suspension immédiate des hostilités.

Il s'adresse à lord Aberdeen qui le laisse dans le doute.

de toute communication privée avec le représentant de la France, lui fit entendre cependant qu'il n'y aurait suspension des hostilités qu'au prix d'une acceptation immédiate et sans réserve, et seulement à partir des ratifications. C'était presque demander qu'on se rendît sans condition, et même sans être certain d'avoir la vie sauve, car dans l'intervalle des ratifications une bataille décisive pouvait être livrée, et le sort de la France résolu par les armes. Ce n'était donc plus la peine de recourir aux précautions de la politique, puisque par ce moyen on n'échappait pas aux décisions de la force. Aussi quoiqu'il eût *carte blanche*, il n'osa pas formuler l'acceptation qu'on voulait lui arracher, et il écrivit au quartier général pour faire part à Napoléon de ses anxiétés. Mais le lendemain même il reçut du plénipotentiaire russe l'étrange déclaration que les séances du congrès étaient suspendues. L'empereur Alexandre, disait-on, avant de donner suite aux conférences, voulait s'entendre de nouveau avec ses alliés. Cette dernière communication acheva de jeter M. de Caulaincourt dans le désespoir. Il crut y voir que la chute de Napoléon était résolue irrévocablement, et dans sa profonde douleur il écrivit à M. de Metternich, pour lui demander sous le sceau du plus profond secret, si dans le cas où il userait de ses pouvoirs pour accepter les conditions imposées, il obtiendrait la suspension des hostilités. C'était peut-être trop laisser voir son désespoir; ce désespoir, il est vrai, était celui d'un honnête homme et d'un excellent citoyen, et l'aveu en était fait au seul des diplomates qui ne voulût pas pousser la victoire à bout, mais il y a des positions où il faut savoir cacher sous un front de fer les sentiments les plus nobles de son âme. M. de Caulaincourt n'eut donc plus qu'à attendre une réponse de M. de Metternich d'un côté, de Napoléon de l'autre.

Fév. 1814.

Au point où en étaient les choses il n'y avait que le canon entre la Seine et la Marne, et le silence à Châtillon, qui pussent amener un changement quelconque dans cette horrible situation. Napoléon était en marche, et en partant avait mandé à M. de Caulaincourt de ne pas se presser. Il était à la veille de jouer le tout pour le tout, et il le faisait avec la confiance d'un joueur consommé qui ne doutait presque pas du succès de sa nouvelle combinaison.

Pendant ces premières réunions du congrès de Châtillon, Napoléon poursuit la manœuvre commencée contre Blucher.

On a vu plus haut quelle était la disposition des armées tandis que Blucher quittait le prince de Schwarzenberg, et que Napoléon le suivant de l'œil se tenait aux aguets à Nogent-sur-Seine. Le général prussien d'York descendait la Marne sur les pas du maréchal Macdonald qui, poussé en queue par celui-ci, et menacé en flanc par Blucher, n'avait d'autre ressource que de se retirer rapidement sur Meaux. Blucher marchant à égale distance de la Marne et de l'Aube, par Fère-Champenoise et Montmirail, avait envoyé Sacken en avant, et suivait avec Olsouvieff, Kleist et Langeron. Le 9 février Macdonald était retiré à Meaux, et l'ennemi était ainsi placé : le général d'York avec 18 mille Prussiens à Château-Thierry sur la Marne, Sacken avec 20 mille Russes sur la route de Montmirail, Olsouvieff avec 6 mille Russes à Champaubert, en

Distribution des corps de Blucher sur la route de Châlons à Meaux, par Montmirail.

Fév. 1814.

arrière enfin à Étoges, Blucher avec 10 mille hommes de Kleist, et 8 mille de Capzewitz, ces derniers formant les restes de Langeron. (Voir les cartes n°ˢ 62 et 63.) C'étaient donc 60 mille hommes au moins dispersés de Châlons à la Ferté-sous-Jouarre, partie sur la Marne, partie sur la route qui sépare l'Aube de la Marne. Si Napoléon qui avec son coup d'œil supérieur avait entrevu cet état des choses, tombait à propos au milieu d'une pareille dispersion, il pouvait obtenir les résultats les plus imprévus et les plus vastes.

Marche de Napoléon sur Champaubert, afin de s'emparer de la route de Montmirail.

Par une circonstance heureuse, dernière faveur de la fortune, le point de Champaubert par lequel Napoléon en partant de Nogent allait atteindre la route de Montmirail, n'était gardé que par les 6 mille Russes d'Olsouvieff. (Voir le plan détaillé de Montmirail dans la carte n° 63.) Il trouvait donc presque dégarni le point par lequel il pouvait s'introduire au milieu des corps ennemis, et c'était le cas de dire qu'il avait rencontré le défaut de la cuirasse. Le 7 février il avait ordonné à Marmont de se porter en avant avec une partie de sa cavalerie et de son infanterie, et de marcher de Nogent sur Sézanne, lui annonçant qu'il allait le suivre en personne. Le 8 il avait acheminé dans la même direction une division de jeune garde et une partie de la cavalerie de la garde, sous le maréchal Ney. Le 9 enfin il était parti lui-même avec la vieille garde sous Mortier, et avait couché à Sézanne. La route de Nogent à Champaubert était un chemin de traverse, mal entretenu comme l'étaient alors tous les chemins secondaires de France, et au delà de Sézanne il devenait presque impraticable pour les gros charrois. A deux lieues de Sézanne on rencontrait, à Saint-Prix, l'extrémité des marais de Saint-Gond, et au milieu de ces marais la petite rivière dite le *Petit-Morin*, qui longe le pied de terrains élevés sur lesquels passe la chaussée de Montmirail à Meaux. L'artillerie eut dans la journée du 9 la plus grande peine à gagner Sézanne. On trouva de plus le maréchal Marmont qui d'abord avait fort abondé dans l'idée de se jeter au milieu des corps dispersés de Blucher, et qui après s'être avancé le 7 jusqu'à Chapton, était revenu tout à coup en arrière, disant les marais de Saint-Gond impraticables, les hauteurs couvertes d'ennemis, le plan déjoué, etc... Napoléon ne s'inquiéta guère du renversement d'idées qui s'était opéré dans la tête du maréchal[1], et ordonna

Fév. 1814.

Marmont effrayé des difficultés de terrain, croit l'opération impossible.

Napoléon persiste, et secondé par les habitants, traverse les marais de Saint-Gond.

[1] Nous devons ici quelques détails sur une question historique que soulèvent les Mémoires du maréchal Marmont relativement aux affaires de Champaubert, Montmirail, Vauchamps, etc. Ce maréchal, homme d'un esprit brillant, mais pas aussi solide que brillant, est mort avec la conviction qu'il était l'auteur de l'importante manœuvre de Montmirail, laquelle valut à Napoléon, à la veille de sa chute, cinq ou six des plus belles journées de sa vie. Or voici sur quoi il se fondait pour le croire, et sur quoi il se fonde dans ses Mémoires pour le raconter. Avec son esprit qui était prompt, il avait aperçu d'Arcis-sur-Aube et de Nogent-sur-Seine, lieux où il avait séjourné du 2 au 6 février, le mouvement de Blucher, et par un instinct assez naturel il avait écrit le 6 à Napoléon pour lui proposer de se jeter sur le général prussien. Le 7 il reçut l'ordre de marcher sur Sézanne, et même avec moins d'amour-propre qu'il n'en avait, il aurait pu se croire l'inspirateur de cette belle manœuvre. C'est là ce qu'il raconte dans ses Mémoires, en citant ses propres lettres et celles qu'on lui a écrites en réponse, en quoi il est parfaitement exact. Mais il n'ajoute pas deux circonstances, l'une qu'il ignorait, l'autre qu'il avait peut-être oubliée, et qui toutes deux changent le récit de fond en comble. D'abord tandis qu'il écrivait pour la première fois le 6 février, dès le 2 Napoléon avait annoncé au ministre de la guerre son projet, qui était en même temps sa dernière

de marcher en masse sur le village de Saint-Prix, que traverse le Petit-Morin, et de surmonter coûte que coûte les difficultés du terrain. Il avait reçu des rapports de divers endroits qui prouvaient qu'il y avait des Russes à Montmirail, qu'il y en avait en arrière à Étoges, et qu'il y avait des Prussiens sur la Marne. Sachant à quels ennemis il avait affaire, il était convaincu qu'ils ne marcheraient pas de manière à présenter partout une masse impénétrable. Ayant avec Marmont, Ney, Mortier, 30 mille hommes de ses meilleures troupes, il était assuré en choisissant bien le point par où il faudrait pénétrer, et en y appuyant fortement, de se trouver bientôt au milieu des corps ennemis. Seulement il fallait franchir un mauvais pas, celui des terrains marécageux qui s'étendent entre Sézanne et Saint-Prix. Les autorités locales appelées, promirent de réunir tous les chevaux du pays. Les paysans, animés des meilleurs sentiments, exaspérés surtout par la présence de

---

espérance, et qui dépendait d'une faute de l'ennemi qu'avec son regard perçant il prévoyait avant qu'elle fût commise. Du 2 au 6 il avait tout disposé conformément à ces vues, et n'en avait rien dit au maréchal Marmont, qui, ne sachant ce que pensait et écrivait Napoléon, se croyait seul l'auteur de la combinaison projetée. Ensuite, le maréchal Marmont n'ajoute pas qu'arrivé à Chapton il perdit courage, crut la manœuvre impossible, rebroussa chemin, et écrivit le 9 à Napoléon une lettre de quatre pages, laquelle existe au dépôt de la guerre, et conseille de renoncer au projet dont toute sa vie il s'est cru l'auteur. Napoléon, comme on vient de le voir, s'inquiétant peu de ce qui avait alarmé Marmont parce qu'il embrassait l'ensemble des choses, certain que s'il se trouvait quelques mille hommes à Champaubert, il n'était pas possible que les 60 mille hommes de Blucher signalés à la fois aux Vertus, à Étoges, à Montmirail, à Château-Thierry, fussent tous à Champaubert, marchait en avant, convaincu qu'il percerait, et poussé d'ailleurs par la puissante raison qu'il fallait tout risquer dans sa situal'ennemi, accoururent en foule, et dès le 10 au matin des renforts de bras et de chevaux se trouvèrent préparés entre Sézanne et le Petit-Morin.

Fév. 1814.

Le 10 février à la pointe du jour on se mit en marche. Marmont tenait la tête avec la cavalerie du 1er corps, et avec les divisions Ricard et Lagrange composant le 6e corps d'infanterie. En approchant du Petit-Morin on s'embourba, mais les paysans avec leurs chevaux et leurs bras arrachèrent les canons du milieu des fanges, et on parvint au pont de Saint-Prix. Quelques tirailleurs d'Olsouvieff garnissaient les bords du Petit-Morin; on les dispersa, et on traversa le pont. La cavalerie du 1er corps s'avança au grand trot. Le Petit-Morin franchi on pénètre dans un vallon, au fond duquel est situé le village de Baye, puis en remontant ce vallon on débouche sur une espèce de plateau au milieu duquel est situé Champaubert. Olsouvieff, pourvu d'une nombreuse artillerie, avait placé sur le bord du pla-

Le 10 février au matin, Napoléon franchit tous les obstacles, et atteint Champaubert.

---

tion pour le succès de sa grande manœuvre. On va voir qui eut raison de lui ou de son lieutenant, et qui était le véritable auteur de l'admirable opération dont il s'agit. Nous avons déjà fourni bien des preuves de la difficulté d'arriver à la vérité historique, et le fait que nous discutons en est un nouvel exemple. Pourtant le maréchal Marmont était un homme d'esprit, un témoin oculaire, et il pouvait dire : J'y étais. C'est pour cela que Napoléon dans une de ses lettres, dit avec autant d'esprit que de profondeur, que *ses officiers savaient ce qu'il faisait sur un champ de bataille, comme les promeneurs des Tuileries savaient ce qu'il écrivait dans son cabinet*, ce qui signifie que lui seul planant sur l'ensemble des opérations connaissait le secret de chacune. Aussi est-ce toujours dans ses ordres et ses correspondances que nous allons chercher ce secret, et non dans les mille récits des témoins oculaires, qui ont sans doute leur valeur légendaire, mais très-relative, toujours bornée au fait matériel qu'ils ont eu sous les yeux, et s'étendant rarement jusqu'au sens véritable de ce fait.

teau vingt-quatre bouches à feu tirant sur le vallon dans lequel nous allions nous engager. La cavalerie du 1er corps se lança en avant, reçut les boulets d'Olsouvieff, et fondit sur le village de Baye, suivie de l'infanterie de Ricard. Cavaliers et fantassins entrèrent pêle-mêle dans le village, et gravirent les hauteurs à la suite des Russes. Un peu à gauche se trouvait un autre village, celui de Bannai, que les Russes occupaient en force. La garde y marcha et le fit évacuer.

On put se déployer alors sur le plateau qui présente un terrain assez uni, semé de quelques bouquets de bois, et on aperçut la route de Montmirail dont il fallait s'emparer, laquelle allant de notre droite à notre gauche, de Châlons à Meaux, traversait devant nous le village de Champaubert. Il y avait à peu près une lieue à parcourir pour atteindre ce point important.

On découvrit en ce moment un corps d'infanterie russe d'environ 6 mille hommes, ayant avec lui beaucoup d'artillerie, mais très-peu de cavalerie, et se retirant avec précipitation quoique avec assez d'ordre. Le général Olsouvieff commandant ce corps venait d'apprendre que Napoléon arrivait à la tête de forces considérables; il se sentait dans un péril extrême, et en était fort troublé.

Napoléon était accouru auprès de Marmont dont l'infanterie marchait en avant, flanquée par le 1er corps de cavalerie. L'essentiel était d'atteindre au plus tôt la route de Montmirail, et de passer sur le corps de l'ennemi qui l'occupait. Dans tous les cas la manœuvre était de grande conséquence, car si

Blucher s'était déjà porté en avant sur notre gauche dans la direction de Meaux, on le coupait de Châlons et de sa ligne de retraite; s'il était resté en arrière sur notre droite, on le séparait de ceux de ses lieutenants qui l'avaient devancé, et on pénétrait ainsi au sein même de l'armée de Silésie, avec certitude presque entière de la détruire pièce à pièce. Lorsque Napoléon survint Marmont venait de diriger le 1er corps de cavalerie en avant à droite; Napoléon lança dans la même direction le général de Girardin avec les deux escadrons de service auprès de sa personne, pour disperser quelques groupes qui se retiraient sur la route de Châlons. L'ennemi à cette vue, sentant redoubler ses inquiétudes, précipita sa retraite. Marmont avec son infanterie le poussa vivement sur Champaubert, et le général Doumerc avec les cuirassiers le chargea dans la plaine à droite. Mis en complète déroute, les Russes se jetèrent en désordre dans Champaubert. Marmont y entra baïonnette baissée à la tête de l'infanterie de Ricard, tandis que les cuirassiers de Doumerc tournant à droite, coupaient la communication avec Châlons. Olsouvieff expulsé de Champaubert par notre infanterie, et rejeté sur notre gauche par les cuirassiers, était à la fois séparé de Blucher qui était resté en arrière à Étoges, et refoulé sur Montmirail où il n'avait d'autre ressource que de se réfugier vers Sacken, lequel était fort loin et pouvait bien avoir déjà cherché asile derrière la Marne. Dans cet embarras Olsouvieff s'était retiré près d'un étang bordé de bois qu'on appelle le Désert. Ricard débouchant directement de Champaubert,

Doumerc se rabattant de droite à gauche, fondirent sur lui. En un instant son infanterie fut rompue, et en partie hachée par les cuirassiers, en partie prise. Quinze cents morts ou blessés, près de trois mille prisonniers, une vingtaine de bouches à feu, le général Olsouvieff avec son état-major, furent les trophées de cette heureuse journée. Depuis l'ouverture de la campagne, c'était la première faveur de la fortune, et elle était grande, bien moins par le résultat même qu'on venait d'obtenir, que par les résultats ultérieurs qu'on pouvait espérer encore. En effet d'après le rapport des prisonniers que Napoléon avait interrogés lui-même, on sut qu'en arrière, c'est-à-dire à Étoges, se trouvait Blucher, en avant vers Montmirail Sacken, plus haut vers la Marne, d'York, que par conséquent on était au milieu des corps de l'armée de Silésie, et que les jours suivants il y aurait bien du butin à recueillir, et peut-être la face des choses à changer.

Aussi Napoléon éprouva-t-il un profond mouvement de joie. Il n'en avait pas ressenti un pareil depuis longtemps. Après avoir douté de tout, lui qui pendant tant d'années n'avait douté de rien, il recommençait à croire à sa fortune, et se tenait presque pour rétabli au faîte des grandeurs. En soupant à Champaubert dans une auberge de village, en compagnie de ses maréchaux, il parla des vicissitudes de la fortune avec cette philosophie riante qu'on retrouve en soi lorsque les mauvais jours font place aux bons, et dans un singulier élan de confiance, il s'écria : Si demain je suis aussi heureux qu'aujourd'hui, dans quinze jours j'aurai ramené l'ennemi sur le Rhin, et du Rhin à la Vistule il n'y a qu'un pas! — Dernière joie qu'il ne faut pas lui envier, que nous partagerions même avec lui, si le dénoûment de ce grand drame était moins connu de la génération présente!·

Le lendemain la marche à suivre, douteuse peut-être pour un autre, était certaine pour Napoléon. Tombé comme la foudre au milieu des colonnes ennemies, il pouvait en effet se demander sur laquelle il devait fondre d'abord, sur celle de Blucher à droite, ou sur celle de Sacken à gauche. S'il se dirigeait tout de suite à droite, Blucher avait le moyen de lui échapper en se repliant sur Châlons, tandis qu'en marchant à gauche il était assuré d'atteindre Sacken, qui allait se trouver pris entre Champaubert et Paris, et de plus en accablant Sacken, il attirait à lui Blucher, qui certainement ne laisserait pas écraser ses lieutenants sans essayer de les secourir. Saisissant tous ces aspects de la situation avec sa promptitude de coup d'œil ordinaire, Napoléon dès le matin du 11 se porta à gauche sans aucune hésitation, suivit la route de Montmirail, et laissa sur sa droite, en avant de Champaubert, le maréchal Marmont avec la division Lagrange et le 1er de cavalerie pour contenir Blucher pendant qu'on aurait affaire aux généraux Sacken et d'York. Napoléon emmena avec lui la division Ricard du corps de Marmont, afin d'avoir le plus de forces possible contre Sacken et d'York, qu'il pouvait rencontrer séparés ou réunis.

Il arriva vers dix heures du matin à Montmirail en tête de sa colonne, comptant à peu près 24 mille

Fév. 1814.

Napoléon, le lendemain, se dirige sur Montmirail, pour battre Sacken qui s'était acheminé vers Meaux.

hommes avec Ney, Mortier, la cavalerie de la garde et la division Ricard. Il traversa Montmirail, et déboucha sur la grande route, où il vint prendre position en face des troupes russes qui accouraient en toute hâte. C'était Sacken revenant sur nous avec sa fougue accoutumée. Ce qui s'était passé parmi les coalisés peignait bien la confusion et la vanité de leurs conseils.

Blucher, ainsi qu'on l'a vu, s'était porté sur la Marne, pour envelopper Macdonald que les généraux d'York et Sacken poursuivaient vivement, l'un sur la rive droite de cette rivière, l'autre sur la rive gauche, après quoi l'armée de Silésie, Macdonald enlevé, devait s'acheminer sur Paris, objet de toutes les convoitises de la coalition. Pendant ce temps Schwarzenberg devait s'y acheminer en descendant la Seine, et, comme nous l'avons dit, il avait appuyé vers l'Yonne, et agrandi ainsi l'espace qui le séparait de Blucher. Craignant que Blucher ne touchât au but avant lui, il lui avait recommandé, sur les vives instances de l'empereur Alexandre, de s'arrêter sous les murs de Paris, et d'attendre pour y entrer les souverains alliés. Tant de présomption et de décousu méritaient bien un châtiment !

Dispositions des généraux alliés pendant les mouvements de Napoléon.

Blucher avait reçu ces instructions au moment même où il apprenait l'arrivée de Napoléon à Sézanne, et il ne savait quel parti prendre, car la fougue n'est pas de la clairvoyance, surtout quand il s'agit de choisir entre des résolutions également périlleuses. Le général Gneisenau était d'un avis, le général Muffling d'un autre, et on avait essayé de faire parvenir à Sacken, à travers les colonnes françaises, un ordre qui n'offrait pas de grands moyens de salut, celui de revenir sur Montmirail, ou bien de se réfugier derrière la Marne auprès du général d'York, si le danger était aussi grand qu'on le disait. Si au contraire on s'était effrayé mal à propos, Sacken était autorisé à poursuivre par la Ferté-sous-Jouarre la pointe sur Paris. A la nouvelle de la subite apparition de Napoléon, Sacken au lieu de se retirer derrière la Marne, avait rebroussé chemin pour avoir l'honneur de battre l'empereur des Français, et il avait engagé le général d'York à passer la Marne à Château-Thierry, et à se porter sur la route de Montmirail pour concourir à son triomphe ou pour y assister. Le général d'York n'avait suivi cette invitation qu'avec beaucoup de réserve, et s'était un peu avancé sur Montmirail, mais en ayant toujours ses derrières bien appuyés sur Château-Thierry.

Napoléon ayant débouché par la route de Montmirail vit donc Sacken qui revenait de la Ferté-sous-Jouarre, et aperçut au loin sur sa droite des troupes qui arrivaient des bords de la Marne par la route de Château-Thierry, mais sans paraître très-pressées de prendre part à cette grave affaire. C'étaient celles du général d'York. La première opération à exécuter était de barrer la route à Sacken, et de se défaire de lui, sauf à se rejeter ensuite sur l'autre survenant qu'on apercevait dans la direction de Château-Thierry. On était toujours sur le plateau qu'on avait gravi la veille en occupant Champaubert, et en se portant sur Montmirail on avait à gauche les pentes de ce plateau dont le Petit-Morin baigne le pied. (Voir le plan de Mont-

Fév. 1814.

Situation des deux armées à Montmirail.

mirail, carte n° 63.) Sur ces pentes, à mi-côte, se trouve le village de Marchais. Napoléon y plaça la division Ricard, pour arrêter Sacken de ce côté, tandis que sur la grande route il avait déployé son artillerie et rangé sa cavalerie en masse. Dans cette attitude, l'infanterie de Ricard défendant à Marchais le bord du plateau, la cavalerie et l'artillerie interceptant la grande route, Napoléon pouvait attendre la jonction de Ney et de Mortier demeurés en arrière.

Sacken arrivé avec ses 20 mille hommes, voyant la route bien occupée, et s'apercevant qu'il ne serait pas aussi facile qu'il l'avait cru d'abord de passer sur le corps de Napoléon pour rejoindre Blucher, ne songea plus qu'à se faire jour. La grande route paraissait fermée par une masse compacte de cavalerie. A sa droite et à notre gauche il voyait, le long des pentes boisées qui descendent vers le Petit-Morin, une issue possible, et qu'il pouvait s'ouvrir en s'emparant du village de Marchais. Il porta vers ce village une forte colonne d'infanterie, tandis qu'il essayait d'occuper d'autres petits amas de maisons et de fermes, placés également sur le flanc de la grande route, et appelés l'Épine-aux-Bois et la Haute-Épine. Un combat très-vif s'engagea de la sorte au village de Marchais, entre la colonne d'infanterie envoyée par Sacken et la division Ricard. Celle-ci résista vigoureusement, perdit et reprit tour à tour le village, et finit par en demeurer maîtresse, tandis que la masse de notre cavalerie établie sur la route, protégeait notre nombreuse artillerie et en était protégée.

On avait ainsi gagné deux heures de l'après-midi. Les routes étaient affreuses, et la garde avait eu une peine extrême à les parcourir. La première division de la vieille garde, sous Friant, étant enfin rendue sur le terrain, Napoléon fit ses dispositions pour frapper le coup mortel sur l'ennemi. Sacken avait fortement occupé l'Épine-aux-Bois, placée comme le village de Marchais sur le flanc de la grande route, mais un peu plus en avant par rapport à nous. Cette position semblait difficile à emporter sans y perdre beaucoup de monde, mais emportée, tout était décidé, car les troupes ennemies avancées sur notre gauche entre Marchais et le Petit-Morin devaient être prises, et Sacken n'avait d'autre ressource que de les sacrifier, et de s'enfuir avec les débris de son corps vers le général d'York sur la Marne. Napoléon, pour rendre moins meurtrière l'attaque de l'Épine-aux-Bois, feignit de céder du terrain vers Marchais, afin d'y attirer Sacken, et de l'engager ainsi à se dégarnir à l'Épine-aux-Bois. En même temps il mit en mouvement sa cavalerie jusque-là immobile sur la grande route. Ces ordres donnés avec une rigoureuse précision furent exécutés de même.

Au signal de Napoléon, Ricard feint de reculer et d'abandonner Marchais, tandis que Nansouty se porte en avant avec la cavalerie de la garde. A cette vue, Sacken se hâte de profiter de l'avantage qu'il croit avoir obtenu, et, avec une partie de son centre, quitte l'Épine-aux-Bois pour s'emparer de Marchais, ne laissant sur la grande route qu'un détachement, afin de se tenir en communication avec le général d'York. Saisissant l'occasion, Napoléon lance Friant avec la vieille garde sur l'Épine-aux-Bois. Ces vieux soldats, qui avaient au feu le sang-froid du courage éprouvé, s'avancent sans tirer un coup de fusil, franchissent un petit ravin qui les séparait de l'Épine-aux-Bois, et puis s'y précipitent à la baïonnette. En un clin d'œil ils se rendent maîtres de la position, et tuent tout ce qui s'y trouve. Pendant cet acte vigoureux, Nansouty, après s'être porté en avant sur la grande route, se rabat brusquement à gauche contre les troupes de Sacken qui avaient dépassé l'Épine-aux-Bois, les charge à outrance, précipite les unes vers le Petit-Morin, oblige les autres à se replier. Celles-ci, forcées de battre en retraite, laissent dans un grave péril les troupes qui se sont engagées sur notre gauche entre Marchais et le Petit-Morin. Napoléon détache alors Bertrand avec deux bataillons de jeune garde sur le village de Marchais, pour aider Ricard à y rentrer. Ces bataillons, ralliant l'infanterie de Ricard, pénètrent dans Marchais baïonnette baissée, tandis que la cavalerie de la garde, sous le général Guyot, poursuit les fuyards à coups de sabre. Par ces mouvements combinés, tout ce qui s'est aventuré entre la grande route et le Petit-Morin est pris ou tué, sur le flanc même du plateau. En quelques instants on ramasse quatre à cinq mille prisonniers, trente bouches à feu, et nos cavaliers étendent deux à trois mille hommes sur le carreau. Sacken n'a d'autre moyen de salut que de rétrograder en toute hâte, et, à la faveur de la nuit, de repasser de la gauche à la droite de la grande route (gauche et droite par rapport à nous), et de rejoindre le général d'York, qui s'était avancé avec précaution, mais que Napoléon avait contenu vers le village de Fontenelle, en y portant la seconde division de la vieille garde sous le maréchal Mortier.

Fév. 1814.

Cette journée du 11, dite de Montmirail, était plus brillante encore que la précédente. Sur 20 mille hommes, Sacken en avait perdu 8 mille en tués, blessés ou prisonniers, et ce beau triomphe ne nous avait pas coûté plus de 7 à 8 cents hommes, car les vieux soldats que Napoléon avait employés cette fois savaient comment s'y prendre pour causer beaucoup de mal à l'ennemi sans en essuyer beaucoup eux-mêmes. Les jours suivants promettaient de plus grands résultats encore, car toute l'armée de Blucher prise en détail allait successivement recevoir le châtiment dû à sa présomption.

Résultats de cette bataille, qui était la seconde rencontre avec l'armée de Silésie.

Tout indiquait que Sacken, en fuite vers la Marne, était allé rejoindre le général prussien d'York vers Château-Thierry, et que dès lors c'était de ce côté qu'il fallait marcher. Ainsi le troisième des corps composant l'armée de Silésie, celui d'York, devait à son tour se trouver isolément en face de Napoléon. Le lendemain en effet, 12 février, Napoléon se mit en marche avec la seconde division de vieille garde sous Mortier, une de jeune garde sous Ney, et toute la cavalerie, pensant que c'était assez pour culbuter un ennemi en désordre. Il laissa en arrière vers Montmirail la première division de vieille garde sous Friant, une autre de jeune garde sous Curial, afin de secourir au besoin Marmont qui était resté devant Blucher, et d'avoir des forces à portée de la Seine s'il y avait nécessité d'y courir pour arrêter Schwarzenberg. Telle était sa situation, qu'il fallait qu'il fît face partout, et que, lors même qu'il lui importait de se concentrer quelque part pour frapper des coups décisifs, il était obligé d'y regarder avant d'attirer à lui des corps tous nécessaires ailleurs. Son art était de ne faire partout que l'indispensable, de le faire à temps, vite et avec énergie!

Il partit donc le 12 février, et quitta la route de Montmirail, qui est parallèle à la Marne, pour se diriger perpendiculairement sur la Marne. Il y trouva le général d'York avec environ 18 mille Prussiens et 12 mille Russes restant du corps de Sacken, formés en colonne sur la route de Château-Thierry. La plus grande partie de l'infanterie ennemie était massée derrière un ruisseau près du village des Caquerets. Une compagnie de la garde, envoyée en tirailleurs un peu au-dessous du village, dispersa les tirailleurs ennemis, franchit le ruisseau, et décida les Prussiens, qui voyaient l'obstacle vaincu, à battre en retraite. On traversa le village et on s'avança en plaine, les deux divisions d'infanterie de la garde déployées. Napoléon qui avait porté sa cavalerie à sa droite, lui ordonna de se diriger au grand trot sur le flanc de l'infanterie ennemie, afin de la devancer à Château-Thierry. Cet ordre fut immédiatement exécuté. A cette vue le général d'York envoya sa cavalerie pour résister à la nôtre, mais le général Nansouty, avec les escadrons des gardes d'honneur et ceux de la garde, fondit sur la cavalerie prussienne, la culbuta sur Château-Thierry, en sabra une partie, et lui enleva toute son artillerie légère. Rien n'égalait l'ardeur de nos braves cavaliers, excités à la fois par les dangers de la France et par leur dévouement personnel à l'Empereur.

Fév. 1814.

Pendant ce rapide mouvement de notre cavalerie pour devancer le général d'York sur Château-Thierry, on avait réussi à séparer du gros de l'ennemi une arrière-garde de trois bataillons prussiens et de quatre bataillons russes. Le général Letort, commandant les dragons de la garde, jaloux de surpasser s'il se pouvait tout ce que les troupes à cheval avaient fait depuis quelques jours, chargea à fond de train les sept bataillons avec cinq à six cents chevaux, les rompit, tua une grande quantité d'hommes, et ramassa sur le terrain près de trois mille prisonniers avec une nombreuse artillerie. Puis on se jeta en masse, infanterie et cavalerie, sur Château-Thierry. Le prince Guillaume de Prusse s'était porté en avant avec sa division pour arrêter notre poursuite. Il fut culbuté à son tour après une perte de 500 hommes. On entra pêle-mêle avec l'ennemi dans Château-Thierry, et on y fit encore beaucoup de prisonniers. Les habitants irrités de la conduite des Prussiens, ivres à la fois de joie et de colère, ne faisaient guère quartier aux soldats d'York surpris isolément; ils les tuaient ou les amenaient à Napoléon. Malheureusement l'ennemi avait détruit le pont de Château-Thierry, et une plus longue poursuite nous était dès lors interdite. Napoléon cependant conservait une espérance. En partant pour exécuter cette suite de mouvements, il avait informé

Grands résultats de ce combat, qui eussent été plus grands si le maréchal Macdonald avait pu remonter la Marne, ainsi qu'il en avait l'ordre.

le maréchal Macdonald de ce qu'il allait faire, lui avait prescrit de s'arrêter à Meaux, et, dans quelque état qu'il se trouvât, de rebrousser chemin par la rive droite de la Marne, lui promettant qu'il y recueillerait le plus beau butin imaginable.

Arrivé à Château-Thierry Napoléon attendit donc avec confiance, s'occupant de rétablir le pont de la Marne, et comptant que Macdonald, qui devait se montrer sur l'autre rive, allait ramasser par milliers les prisonniers et les voitures d'artillerie. Mais de toute la journée Macdonald ne parut point. Ce maréchal, qui était habitué à la guerre régulière dans laquelle il excellait, en voulait à Napoléon, à ses généraux, à ses soldats, de ce qu'il avait été ramené des bords du Rhin jusqu'aux portes de Paris avec 6 mille hommes en désordre, s'en prenait à tout le monde au lieu de s'en prendre aux circonstances, et tout préoccupé de l'état de son corps, au lieu de s'en servir comme il était, avait employé son temps à le réorganiser au moyen des ressources qu'on lui avait envoyées à Meaux. Il ne se trouva donc point sur la rive droite de la Marne au moment décisif où Napoléon espérait le voir.

Ce contre-temps, qui restreignait un peu les conséquences de la grande manœuvre de Napoléon, n'empêchait pas qu'elle n'eût déjà produit les plus beaux résultats. Il avait battu, sans perdre plus d'un millier d'hommes, trois des corps de Blucher, et il ne lui en restait plus qu'un à frapper, celui de Blucher lui-même, pour avoir écrasé en détail l'armée de Silésie, l'une des deux qui menaçaient l'Empire, et la plus redoutable, sinon par le nombre au moins par l'énergie. Il lui avait déjà pris 11 à 12 mille hommes, et tué ou blessé 6 à 7 mille. Si Blucher venait se joindre à la suite des battus, il n'y avait plus rien à désirer quant à l'armée de Silésie.

Napoléon, infatigable comme aux plus beaux jours de sa jeunesse, résolut de ne pas perdre un moment pour tirer de cette série d'opérations tous les avantages qu'il pouvait encore en espérer. Il employa le reste de la journée du 12, et la plus grande partie de celle du 13, à réparer le pont de la Marne, afin d'envoyer Mortier à défaut de Macdonald à la poursuite des corps de Sacken et d'York sur Soissons, et tandis qu'il vaquait à ce soin il avait les yeux fixés sur Montmirail où Marmont avait été placé en observation devant Blucher, et sur la Seine où les maréchaux Victor et Oudinot étaient chargés de contenir le prince de Schwarzenberg. Du côté de Montmirail Blucher n'avait pas donné signe de vie, et Marmont était demeuré à Étoges sans essuyer d'attaque. Du côté de la Seine la situation était moins paisible. Le prince de Schwarzenberg, après avoir accordé un peu de repos à ses troupes à Troyes, les avait portées sur la Seine, dont il occupait le contour de Méry à Montereau, et il essayait d'en forcer le passage à Nogent-sur-Seine, à Bray, à Montereau même. Les maréchaux Victor et Oudinot résistaient de leur mieux avec les ressources que Napoléon leur avait laissées, mais demandaient son retour avec instance. Chaque jour il leur avait donné de ses nouvelles et des meilleures, et les avait encouragés à tenir ferme,

Fév. 1814.

Napoléon emploie trente-six heures à rétablir les ponts de la Marne, et à s'occuper soit de Marmont, soit des corps qu'il a laissés sur la Seine.

leur promettant de revenir à leur secours dès qu'il en aurait fini avec Blucher.

Napoléon avait ainsi passé trente-six heures à Château-Thierry, lorsque dans la nuit du 13 au 14, il reçut de Marmont la nouvelle fort grave mais fort satisfaisante, que Blucher, immobile pendant les journées des 10, 11 et 12, avait enfin repris l'offensive, et marchait sur Montmirail probablement à la tête de forces considérables. Napoléon se mit sur-le-champ en route. Il avait, comme on l'a vu, laissé à Montmirail Friant avec la plus forte division de la vieille garde, Curial avec une division de la jeune, et il avait dirigé sur le même point la division Leval arrivant d'Espagne. Une division de cavalerie tirée de tous les dépôts réunis à Versailles était également arrivée à Montmirail. Il prescrivit à ces diverses troupes de se porter de Montmirail sur Champaubert à l'appui du maréchal Marmont. Il y envoya de Château-Thierry la division d'infanterie de jeune garde du général Musnier, et toute la cavalerie de la garde sous les ordres de Ney. En même temps il expédia vers Soissons Mortier avec la seconde division de la garde, avec les lanciers de Colbert et les gardes d'honneur du général Defrance, lui recommandant de poursuivre à outrance les corps vaincus des généraux d'York et Sacken, puis il partit au galop pour devancer de sa personne les troupes qu'il amenait. Il arriva vers neuf heures du matin à Montmirail, et y trouva toutes choses comme il pouvait les désirer, car il semblait qu'en ces derniers jours de faveur la fortune ne lui refusât rien de ce qui devait rendre ses succès éclatants.

Blucher, après avoir attendu le 11, le 12, des nouvelles de Sacken et d'York, se flattant qu'ils se seraient repliés sains et saufs sur la Marne, avait enfin songé à venir à leur secours en se portant à Montmirail avec les troupes de Capzewitz, le corps prussien de Kleist, et les restes d'Olsouvieff. Ces troupes formaient en tout 18 ou 20 mille hommes. Blucher avait mandé en outre au prince de Schwarzenberg de lui envoyer le détachement de Wittgenstein par la traverse de Sézanne, et se promettait avec ce détachement, avec ce qu'il avait sous la main, d'opérer sur les derrières de Napoléon une assez forte diversion pour achever de dégager Sacken et d'York, qui seraient ainsi en mesure de remonter la Marne et de le rejoindre par Épernay et Châlons. C'était raisonner peu sensément, car il pouvait bien en s'avançant ainsi rencontrer Napoléon victorieux d'Olsouvieff, de Sacken et d'York, revenant avec ses forces réunies pour se jeter sur le général de l'armée de Silésie, et accabler le chef après avoir accablé les lieutenants.

Le 13 au matin Blucher avait quitté Vertus, gravi le plateau sur lequel sont situés Champaubert et Montmirail, et fait reculer Marmont qui, n'ayant que cinq à six mille hommes à lui opposer, s'était retiré successivement sur Champaubert, Fromentières et Vauchamps. C'est de là que Marmont avait le 13 au soir écrit à Napoléon. Le 14, en attendant son arrivée, il avait évacué Vauchamps, et pris position un peu en arrière sur la route de Montmirail.

Fév. 1814.

Combat de Vauchamps, livré le 14 février.

Napoléon ayant rejoint Marmont le 14 vers neuf heures du matin, l'offensive fut reprise à l'instant même. Le maréchal Marmont en abandonnant Vauchamps s'était établi sur une hauteur boisée, au sommet de laquelle il avait rangé son artillerie. Blucher marchant avec sa confiance accoutumée envoya la division prussienne Ziethen en avant pour le précéder à Montmirail. A peine sortie de Vauchamps cette division fut accueillie par un violent feu d'artillerie qui lui causa de grandes pertes, et la força à rentrer dans le village. Immédiatement après Marmont dirigea la division Ricard sur Vauchamps, afin d'enlever ce village, et à la faveur des bois environnants essaya de tourner l'ennemi, à gauche par la cavalerie du général Grouchy, à droite par la division d'infanterie Lagrange.

Ces dispositions exécutées avec une extrême vigueur rencontrèrent cependant de grandes difficultés. La division Ricard pénétra dans Vauchamps, y trouva la division Ziethen très-résolue à se défendre, et fut contrainte de se replier. Elle revint à la charge, pénétra une seconde fois dans Vauchamps, et aurait eu de la peine à s'y maintenir sans les mouvements ordonnés sur les deux flancs du village. Grouchy, après avoir fait un détour à travers les bois, déborda Vauchamps par la gauche, tandis que la division d'infanterie Lagrange le débordait par la droite en traversant le bois de Beaumont. Blucher soupçonnant la présence de Napoléon, à la résolution et à l'ensemble des mouvements qui s'opéraient autour de lui, prit le parti de rétrograder. Mais il n'était plus temps de le faire impunément.

D'une part l'infanterie de Ricard tentant un dernier effort sur Vauchamps en chassait la division Ziethen, et de l'autre Grouchy débouchant brusquement des bois, menaçait de lui couper la retraite. Cette division formée en carrés essaya d'abord de tenir tête à notre cavalerie, mais chargée à fond par les escadrons de Grouchy, elle fut rompue et obligée en partie de mettre bas les armes. Le reste s'enfuit vers le gros des troupes prussiennes. Nos cavaliers ramassèrent environ 2 mille prisonniers, une douzaine de pièces de canon et plusieurs drapeaux. Un millier d'hommes tués ou blessés étaient demeurés dans Vauchamps et dans les environs.

Mais Napoléon espérait avoir une meilleure part du corps de Blucher. Il ordonna de le poursuivre sans relâche, et dirigea lui-même cette poursuite pendant une moitié du jour. Marmont, ayant en main les divisions d'infanterie Ricard et Lagrange, appuyé en outre par la division d'Espagne Leval, par l'infanterie de la garde, se mit en marche sur la grande route qui de Montmirail conduit par Vauchamps et Champaubert à Châlons. Il avait sur son front l'artillerie de la garde commandée par Drouot, et sur ses ailes la cavalerie de Grouchy d'un côté, la cavalerie de la garde et du général Saint-Germain de l'autre. C'est dans cet ordre qu'il poursuivit Blucher, lequel se retirait en deux masses compactes, celle de Kleist à gauche de la route, celle de Capzewitz à droite, avec son artillerie et ses attelages sur la route même. Le général prussien avait peu de cavalerie pour protéger son infanterie.

Depuis onze heures du matin jusqu'à trois heures

de l'après-midi on continua cette poursuite en couvrant l'ennemi de boulets, et souvent de mitraille. On le ramena ainsi sur Janvilliers, Fromentières et Champaubert. (Voir la carte n° 63, plan de Montmirail, Champaubert, etc.) Chemin faisant, on s'aperçut que deux de ses bataillons, postés dans un bois, étaient demeurés en arrière. On les enveloppa, et ils furent réduits à se rendre. En même temps, Grouchy voyant que pour avoir tout ou partie des deux masses ennemies qui longeaient les côtés de la route, il fallait les devancer à l'entrée des bois qui entourent Étoges, imagina de se lancer à travers ces bois de toute la vitesse de ses chevaux afin d'y précéder Blucher. Il s'y engagea donc en ordonnant à l'artillerie légère de le rejoindre le plus tôt possible. Tandis qu'il exécutait ce mouvement, on canonnait à chaque pause les deux colonnes de Blucher, et on les avait menées de la sorte jusqu'à la fin du jour, lorsqu'on les vit s'arrêter tout à coup et se hérisser de leurs baïonnettes. Grouchy en effet les avait devancées avec une partie de ses escadrons, et les avait assaillies à gauche, tandis que le général Saint-Germain les abordait à droite avec les cavaliers nouvellement venus de Versailles. Blucher, placé au milieu de son infanterie, fit tout ce qu'il put pour lui communiquer son énergie, et parvint à la ramener en assez bon ordre jusqu'à l'entrée d'Étoges, mais non sans essuyer de grandes pertes. Le général Grouchy, quoique privé de son artillerie qui n'avait pu le suivre, chargea plusieurs fois cette infanterie, et y pénétra le sabre à la main, pendant que le général Saint-Germain en faisait autant de son côté.

On coucha ainsi par terre, avec le secours seul de
l'arme blanche, quelques centaines d'hommes, et on
en prit plus de deux mille, sans compter beaucoup
d'artillerie et de drapeaux. En arrivant à la lisière
même des bois qui précèdent Étoges, il fallut s'arrêter.

Fév. 1814.

On avait déjà pris, blessé ou tué environ sept
mille hommes au maréchal Blucher. Mais Marmont
prétendait avoir encore quelques-unes de ses dépouilles. Il se doutait bien que le général prussien voudrait coucher à Étoges, que ses troupes harassées
se répandraient confusément autour du village, ou
dans la forêt environnante, et qu'en apparaissant
brusquement au milieu d'elles pendant la nuit, on
pourrait les jeter dans un grand désordre, et surtout
les pousser au delà d'Étoges, en bas du plateau sur
lequel on combattait depuis plusieurs jours. Destiné,
d'après toutes les vraisemblances, à garder de nouveau cette position pendant que Napoléon irait combattre ailleurs, Marmont tenait à s'établir à Étoges
même, d'où il pouvait dominer la route de Vertus.
Il résolut donc d'essayer sur Blucher une attaque
de nuit.

Toutefois il n'avait que peu de forces à sa disposition, ses soldats s'étant déjà dispersés dans les
champs pour y chercher à vivre. Il était suivi par la
division du général Leval que Ney prétendait avoir
sous ses ordres. Après une altercation assez vive
entre ce maréchal et lui, il prit un détachement de
cette division, et, avec un de ses régiments de
marine, il s'enfonça dans les bois à la faveur de
l'obscurité, puis fondit brusquement sur Étoges,
au moment où l'ennemi épuisé de fatigue commen-

çait à goûter un peu de repos. Cette attaque imprévue eut un succès complet. Prussiens et Russes, assaillis avant d'avoir pu se mettre en défense, furent refoulés hors d'Étoges, et obligés en pleine nuit de s'enfuir vers Bergères et Vertus. On enleva une bonne portion des troupes du général russe Orosoff, et ce général lui-même avec son état-major. Cette dernière partie de la journée coûta encore plus de 2 mille hommes au corps de Blucher, et beaucoup d'artillerie.

La journée du 14, dite de Vauchamps, fit donc perdre à Blucher de 9 à 10 mille hommes en morts, blessés ou prisonniers. Il n'était pas possible de terminer plus dignement cette suite d'admirables opérations. Parti le 9 février de Nogent-sur-Seine, arrivé le 10 à Champaubert, Napoléon y avait pris ou détruit dans cette journée le corps d'Olsouvieff, battu le 11 à Montmirail le corps de Sacken, battu et refoulé le 12 sur Château-Thierry celui d'York, employé le 13 à rétablir le pont de la Marne pour lancer Mortier à la poursuite de l'ennemi, et le 14, rebroussant chemin sur Montmirail, il avait assailli Blucher qui venait maladroitement s'offrir à ses coups, comme pour lui fournir l'occasion d'accabler le dernier des quatre détachements de l'armée de Silésie. Ainsi, presque sans bataille, en quatre combats livrés coup sur coup, Napoléon avait entièrement désorganisé l'armée de Silésie, lui avait enlevé environ 28 mille hommes sur 60 mille, plus une quantité immense d'artillerie et de drapeaux, et avait puni cruellement le plus présomptueux, le plus brave, le plus acharné de ses adversaires. Il y avait de quoi être fier et de son armée et de lui-même, et des derniers éclats de sa miraculeuse étoile, miraculeuse jusque dans le malheur!

Napoléon dirigea tout de suite sur Paris les 18 mille prisonniers qu'il avait faits, afin que la capitale les vît de ses propres yeux, et qu'en regardant ces trophées dignes des guerres d'Italie, elle crût encore au génie et à la fortune de son empereur!

Paris avait successivement appris les triomphes inespérés de Napoléon, et sauf quelques cœurs égarés par l'esprit de parti ou par la haine du despotisme impérial, s'en était réjoui cordialement. L'annonce des colonnes de prisonniers avait excité une vive attente chez les Parisiens, qui espéraient les voir défiler sur le boulevard dans deux ou trois jours. Mais c'est à peine s'ils avaient osé se livrer à la joie, car tandis qu'ils apprenaient que Blucher et ses lieutenants étaient battus à Champaubert, à Montmirail, à Château-Thierry, à Vauchamps, ils recevaient la nouvelle que Schwarzenberg était près de forcer la Seine de Nogent à Montereau, et que les Cosaques de Platow s'étaient montrés dans la forêt de Fontainebleau. La malheureuse cité, du sein de laquelle la terreur avait fondu pendant vingt ans sur toutes les capitales, était en proie à son tour aux plus cruelles angoisses. La victoire même ne la pouvait garantir de ses terreurs, car un ennemi n'était pas plutôt battu sur la Marne, qu'un autre apparaissait sur la Seine, et que, rassurée du côté de Meaux, elle avait sujet de s'effrayer du côté de Melun et de Fontainebleau. De vives instances étaient

Fév. 1814.

Joie et terreur de Paris, qui en se sachant délivré de tout danger sur la Marne, apprend qu'il est menacé de graves dangers sur la Seine.

donc parties de Paris pour ramener Napoléon sur la Seine. Ce motif lui avait fait abandonner Marmont avant la fin de la journée de Vauchamps, et l'avait forcé de revenir à Montmirail, pour donner de nouveaux ordres et préparer de nouveaux combats.

Voici en effet ce qui s'était passé à la grande armée du prince de Schwarzenberg. Pendant que Napoléon avait quitté l'Aube et la Seine pour se porter sur la Marne, les souverains alliés s'étaient rendus à Troyes, et leur armée les devançant, avait occupé le cours de la Seine de Nogent à Montereau, avait même cherché à s'étendre jusqu'à l'Yonne, afin de se garantir du danger d'être débordée par sa gauche. La prétention de la grande armée de Bohême était de marcher sur Paris par les deux rives de la Seine, par Fontainebleau et Melun, pendant que l'armée de Silésie suivant la Marne y arriverait par Meaux. L'espérance d'y entrer enflammait en ce moment l'imagination d'Alexandre. Tandis que l'empereur François vivait modestement à Troyes, voyant peu de monde, ne fréquentant que M. de Metternich, l'empereur Alexandre livré à une activité fébrile, allait d'un corps d'armée à l'autre, affectant de tout diriger, et recommandant sans cesse à Blucher de l'attendre avant d'entrer à Paris. Le roi de Prusse pour plaire aux patriotes de son état-major, se prêtait à tous les mouvements de son allié, mais avec la gaucherie d'un homme sage, peu fait pour ce rôle vain et agité. C'est dans cet état que les avait trouvés un témoin oculaire digne de foi, le brave et savant général Reynier, qu'on avait échangé contre le général comte de Merveldt (l'un et l'autre avaient été faits prisonniers à Leipzig), et qui, à la suite de cet échange, avait traversé Troyes pour revenir à Paris. Le général Reynier, présenté aux monarques alliés, les avait écoutés, et avait recueilli leurs paroles avec une extrême attention[1]. L'empereur François l'avait conjuré de répéter à son gendre un conseil qu'il lui avait adressé déjà bien des fois, celui de céder à la fortune, d'abandonner ce qu'on exigeait de lui puisqu'il ne pouvait pas le conserver, et de considérer les destinées de l'Autriche dans le moment actuel, pour apprendre que se soumettre aux dures nécessités du présent n'était souvent qu'un moyen de sauver l'avenir. Le roi de Prusse n'avait presque rien dit selon son usage, mais Alexandre avait parlé avec une vivacité singulière. Il avait demandé d'abord au général Reynier quand il croyait être à Paris, et le général ayant répondu qu'il espérait y être le 14 ou le 15 février, Alexandre avait répliqué : Eh bien, Blucher y sera avant vous... Napoléon m'a humilié, je l'humilierai, et je fais si peu la guerre à la France, que s'il était tué je m'arrêterais sur-le-champ. — C'est donc pour les Bourbons que Votre Majesté fait la guerre ? avait dit le général Reynier. — Les Bourbons, avait repris Alexandre, je n'y tiens nullement. Choisissez un chef parmi vous,

Fév. 1814.

---

[1] A peine arrivé à Paris le général Reynier fit de ces entretiens un rapport fidèle qui fut envoyé immédiatement à Napoléon. Ce rapport, l'un des documents secrets les plus curieux du temps, est digne de la plus entière confiance, car le général Reynier était incapable d'altérer la vérité, et d'ailleurs son rapport concorde avec tout ce que les dépêches diplomatiques françaises et étrangères nous apprennent sur le quartier général des souverains.

parmi les généraux illustres qui ont tant contribué à la gloire de la France, et nous sommes prêts à l'accepter.—Alexandre descendant alors aux plus étranges confidences, lui avait laissé entrevoir le projet d'imposer Bernadotte à la France, comme Catherine quarante ans auparavant avait imposé Poniatowski à la Pologne. A cette ouverture le général Reynier avait fort déconcerté le czar, en lui exprimant le mépris que les militaires français avaient conçu pour la conduite et les talents du nouveau prince suédois. Alexandre, surpris et mécontent, avait congédié le général Reynier, qui était parti sur-le-champ pour Paris, et était venu offrir son épée à Napoléon, offre bien méritoire dans de pareilles circonstances, car il avait repoussé les propositions les plus flatteuses d'Alexandre, pour rester fidèle à la France malheureuse. Le général Reynier était Suisse de naissance, mais Français par le cœur et les services.

L'orgueil blessé, le désir de la vengeance inspiraient en ce moment tous les actes de l'empereur Alexandre. C'est par ce motif qu'il avait fait suspendre les séances du congrès, se fondant pour ne plus les reprendre sur ce que M. de Caulaincourt n'avait pas accepté immédiatement les propositions de Châtillon. Il montrait à cet égard une résolution opiniâtre, et ne voulait plus qu'on traitât. M. de Metternich, aidé de lord Castlereagh, s'opposait de toutes ses forces à cette volonté du czar. Le ministre autrichien persistant dans sa politique de ne pas pousser trop loin une lutte qui, au delà d'un certain terme, ne profitait qu'à la prépondérance de la Russie, le ministre anglais disposé à s'arrêter si on lui abandonnait Anvers et Gênes, s'étaient servis pour résister à l'empereur Alexandre de la lettre que M. de Caulaincourt avait secrètement adressée à M. de Metternich, et dans laquelle il demandait si en admettant les bases proposées il pourrait au moins obtenir une suspension d'armes. Appuyés sur cette lettre ils avaient dit que la France étant prête à céder aux vœux des alliés, il n'y avait pas de motif de pousser les hostilités plus loin, que c'était courir des chances inutiles pour un objet qui ne pouvait être le but avoué d'aucune des puissances coalisées. L'empereur François en effet ne pouvait dire à l'Europe qu'il faisait la guerre pour détrôner sa fille, et le cabinet britannique, bien que l'opinion fût actuellement très-modifiée en Angleterre, ne pouvait avouer au parlement qu'il faisait la guerre pour rétablir les Bourbons. Si lord Castlereagh, maître aujourd'hui d'ôter à la France Anvers et Gênes, s'était exposé à un revers en dépassant le but, il lui aurait été impossible de se présenter soit à l'une soit à l'autre des deux chambres. Enfin en prolongeant les hostilités, on risquait de mettre la France de la partie, et déjà on voyait les paysans prendre les armes en quelques endroits, intercepter les convois, tuer les hommes isolés, danger qui menaçait de s'accroître, et qui devait singulièrement ajouter à toutes les difficultés de cette lutte acharnée. Comme on avait un besoin indispensable des troupes de l'Autriche et de l'argent de l'Angleterre, et que M. de Metternich ainsi que lord Castlereagh avaient déployé en cette occasion une remarquable fermeté, on avait consenti à reprendre les conférences, et on avait envoyé aux plénipotentiaires, encore réunis à Châtillon, un projet de préliminaires dont l'adoption devait faire cesser les hostilités à l'instant même, mais qui était tellement humiliant dans la forme qu'on le regardait comme l'équivalent d'une entrée dans Paris. C'était la consolation qu'on avait voulu ménager à l'empereur Alexandre. Il s'en était contenté dans l'espérance que Napoléon n'accepterait pas ce nouveau projet, et en attendant il pressait le prince de Schwarzenberg de marcher sur Paris, afin de n'avoir pas le chagrin ou d'y arriver derrière le maréchal Blucher, ou d'être arrêté par la signature de la paix au moment d'y entrer.

A la suite de ces résolutions le prince de Schwarzenberg s'était avancé parallèlement à la Seine, de Nogent à Montereau. (Voir la carte n° 62.) Il avait dirigé les corps de Wittgenstein et du maréchal de Wrède sur Nogent et Bray, les Wurtembergeois sur Montereau, les troupes de Colloredo et de Giulay sur l'Yonne, ces derniers ayant l'ordre de franchir cette rivière et de se porter sur Fontainebleau. Les réserves russes et prussiennes étaient demeurées sous Barclay de Tolly entre Troyes et Nogent. Wittgenstein et de Wrède s'étant présentés à Nogent et Bray, furent reçus à Nogent par le général Bourmont, que le maréchal Victor y avait laissé avec 1200 hommes seulement. Ce général, après un combat héroïque, les avait repoussés avec perte de 1500 hommes. Mais à Bray ils n'avaient trouvé que des gardes nationales, et ils avaient forcé le passage. Le maréchal Victor, en voyant le passage de la Seine forcé à Bray, n'avait pas osé rester derrière Nogent, et s'était retiré sur Provins et Nangis. Le maréchal Oudinot entraîné dans ce mouvement rétrograde, et n'ayant que la division Rothenbourg pour rétablir les affaires, avait suivi la retraite du maréchal Victor, et l'un et l'autre étaient venus prendre position sur la petite rivière d'Yères, qui traverse la Brie, et va tomber dans la Seine près de Villeneuve-Saint-Georges. Les deux maréchaux rangés derrière cette faible rivière attendaient là que Napoléon vînt à leur secours. Le brave général Pajol n'ayant cessé d'être à cheval malgré des blessures rouvertes, ne pouvait pas tenir à Montereau quand Bray et Nogent étaient abandonnés; il avait recueilli le général Alix, qui venait de défendre Sens avec la plus grande vigueur, et s'était replié de l'Yonne sur le canal de Loing, et du canal de Loing sur Fontainebleau.

Ainsi le 14 février, jour où Napoléon achevait à Vauchamps la défaite de l'armée de Silésie, les troupes de l'armée de Bohême étaient placées, le prince de Wittgenstein à Provins, le maréchal de Wrède à Nangis, les Wurtembergeois à Montereau, le prince de Colloredo dans la forêt de Fontainebleau, le général Giulay à Pont-sur-Yonne, les Cosaques dans les environs d'Orléans, Maurice de Liechtenstein avec les réserves autrichiennes à Sens, enfin Barclay de Tolly avec les gardes russe et prussienne en seconde ligne, entre Nogent et Bray. Quelques nouvelles des revers de Blucher étaient parvenues au quartier général des coalisés, mais on ignorait l'importance de ces revers, et on se flattait de pouvoir arriver jusqu'à Paris par Fontainebleau ou Melun.

Fév. 1814.

Retraite des maréchaux Victor et Oudinot sur la petite rivière d'Yères.

En apprenant ce triste état de choses, Napoléon avec sa prodigieuse activité qui n'avait de limites que dans les forces physiques de ses soldats, se reporta tout de suite de Vauchamps sur Montmirail, suivi de la garde jeune et vieille, et de toute la cavalerie. Il laissa au maréchal Marmont le soin qu'il lui avait déjà confié de se tenir entre la Seine et la Marne, depuis Étoges jusqu'à Montmirail, d'y observer les débris de Blucher, et d'y donner la main à Mortier qui avait été envoyé à la poursuite de Sacken et d'York sur Soissons. Puis il fit ses dispositions pour se reporter sur la Seine et tenir tête au prince de Schwarzenberg.

Grave question de conduite que Napoléon avait à résoudre.

Une grave question s'offrait en ce moment à l'esprit de Napoléon. Fallait-il aller droit de Montmirail à Nogent par Sézanne (route qu'il avait déjà suivie), pour joindre la Seine par le plus court chemin, et tomber ainsi brusquement dans le flanc du prince de Schwarzenberg; ou bien, suivant le mouvement rétrograde des maréchaux Victor et Oudinot, qu'on devait présumer poussé encore plus loin depuis les dernières nouvelles, fallait-il rétrograder jusqu'aux bords de l'Yères, afin d'y recueillir les deux maréchaux, et, réuni à eux, aborder de front le prince de Schwarzenberg pour le refouler sur la Seine qu'il avait franchie? Certainement, s'il était toujours possible à la guerre de connaître à temps les projets de l'ennemi, Napoléon aurait su que les corps de l'armée de Bohême étaient dispersés entre Provins, Nangis, Montereau, Fontainebleau, Sens, et alors se jetant au milieu d'eux avec 25 mille hommes, par le chemin de Sézanne à Nogent qui était le plus court, il aurait pris en flanc les corps éparpillés de l'ennemi, rallié par sa droite Victor et Oudinot, culbuté successivement Wittgenstein et de Wrède sur le prince de Wurtemberg, tous trois sur Colloredo, et détruit ou enlevé une partie de ce qui avait traversé la Seine[1]. Mais Napoléon ayant employé cinq jours à combattre l'armée de Silésie, ignorait ce qui s'était passé à l'armée de Bohême, et dans l'ignorance des événements il devait se conduire d'après la plus grande vraisemblance. Or, la plus grande vraisemblance c'était que les maréchaux après avoir beaucoup rétrogradé, auraient rétrogradé encore, qu'ils se seraient tout au plus arrêtés derrière la petite rivière d'Yères, que Schwarzenberg se trouverait en leur présence, les attaquant avec au moins 80 mille hommes, les ayant peut-être déjà battus, et, dans

---

[1] Je réponds ici au reproche très-peu fondé que le général Koch, dans son excellent et consciencieux ouvrage sur la campagne de 1814, adresse à Napoléon de n'avoir pas marché directement de Montmirail à Provins, au lieu de rétrograder jusqu'à Meaux. Le général Koch, toujours éclairé et impartial, est le seul des écrivains de ce temps qui mérite une vraie confiance; pourtant il s'est trompé quelquefois, surtout quand il n'a pas eu sous les yeux la correspondance impériale, ce qui l'a empêché de connaître et d'apprécier les motifs des déterminations qu'il examine. C'est, comme nous l'avons répété souvent, avec une extrême réserve qu'il faut juger Napoléon, et l'on doit se bien dire que lorsqu'il se trompe, ce qui ne lui arrive presque jamais dans ses combinaisons militaires, c'est qu'il est mu par sa passion politique ou qu'il a été dans l'ignorance forcée de ce que faisait l'ennemi. Mais dans toute autre circonstance on peut affirmer que ses mouvements sont calculés avec une profondeur, une sûreté de vue incomparables. Il faut donc toujours, avant de se prononcer, avoir lu tout ce qui reste de ses intentions écrites, et se dire, lorsqu'on ne trouve pas ses motifs dans les deux causes que nous venons de signaler, qu'ils se trouveront dans les faits mieux étudiés. Il est rare en effet, en les étudiant davantage, qu'on n'y rencontre pas des raisons nouvelles d'admirer son génie, tout en déplorant la politique immodérée qui l'a perdu.

Fév. 1814.

Napoléon se décide pour le dernier parti.

ce cas, en se portant directement sur Nogent ou Provins avec 25 mille hommes seulement, Napoléon s'exposait à rencontrer Schwarzenberg se retournant vers lui avec 80 mille, et lui faisant subir un grave échec, avant qu'il eût rallié les deux maréchaux. De plus, toutes les routes de traverse de Montmirail à Nogent, de Montmirail à Provins, étaient détestables, et on pouvait y rester embourbé. Par cette raison qui était forte, et par celle de la prudence, le plus sûr était, au lieu de percer droit sur la Seine, de rétrograder jusque sur l'Yères, comme l'avaient fait les maréchaux eux-mêmes, de les rejoindre par la route pavée de Montmirail à Meaux, de Meaux à Fontenay et Guignes, et de composer par cette réunion une masse de 60 mille hommes, qui suffisait pour ramener le prince de Schwarzenberg sur la Seine. Au lieu de prendre en flanc le généralissime autrichien on l'aborderait ainsi de front, mais il se pouvait qu'au lieu de le trouver formé en une seule masse, on le trouvât dispersé en plusieurs corps, et il ne serait pas impossible alors de le traiter comme on venait de traiter Blucher lui-même.

Ce plan était le seul que le bon sens pût avouer, et Napoléon qui à la guerre alliait toujours la sagesse à l'audace, n'hésita point à l'adopter. Il ordonna le soir même à sa garde, jeune et vieille, infanterie et cavalerie, à la division d'Espagne Leval, à la cavalerie du général Saint-Germain, d'exécuter le lendemain 15 une forte marche jusqu'à la Ferté-sous-Jouarre, et de sa personne il partit pour Meaux afin de veiller aux mouvements de ses troupes.

Départ de Napoléon

Arrivé dans l'après-midi du 15 à Meaux, il y arrêta ses dernières dispositions. C'est à Meaux que le maréchal Macdonald s'était replié après la retraite qui l'avait tant affligé, et c'est à Meaux qu'il cherchait à réorganiser son corps d'armée. Ce corps, avec les débris qu'il avait ramenés, avec quelques bataillons tirés des dépôts de Paris, avec les gardes nationales qu'on avait pu réunir, fut distribué en trois divisions, et porté à environ 12 mille hommes de toutes armes. Napoléon le fit partir sur-le-champ par la route de Meaux à Fontenay, et l'envoya sur l'Yères, ce petit cours d'eau derrière lequel allaient se concentrer toutes nos forces. Il ordonna aux maréchaux Victor et Oudinot, qui s'y étaient retirés, de continuer à s'y maintenir, et leur annonça son arrivée pour le lendemain 16. La belle cavalerie tirée d'Espagne avait déjà dépassé Paris au nombre de 4 mille cavaliers sans pareils. Napoléon les réunit à Guignes, où il supposait que se livrerait la principale bataille de la campagne. Les deux divisions de jeune garde qu'on organisait à Paris venaient d'en sortir, sous les généraux Charpentier et Boyer, pour se porter sur la rive gauche de la Seine, et intercepter la route de Fontainebleau. Napoléon aurait pu sans doute les amener sur la droite de la Seine, afin de réunir toutes ses ressources aux environs de Guignes, mais c'était trop que de laisser Paris entièrement découvert sur la rive gauche, les coalisés y ayant dirigé une portion notable de leurs forces. En conséquence il envoya ces deux divisions sur l'Essonne, avec la recommandation de s'y défendre jusqu'à la dernière extrémité, et de tâ-

Fév. 1814.

pour Meaux, et de Meaux pour Guignes.

Ses dispositions pour reprendre le cours de la Seine.

cher ainsi de couvrir Paris sur la rive gauche de la Seine, tandis qu'il allait essayer de le dégager sur la rive droite par une bataille décisive. Enfin il donna les instructions nécessaires pour avoir seul en sa possession le passage des rivières sur lesquelles il manœuvrait, pour faire préparer des vivres sur les routes, et surtout pour rassembler les charrettes des cultivateurs, afin que les soldats de la garde transportés sur ces charrettes pussent doubler ou tripler les étapes. Le lendemain il partit de Meaux, et arriva par Fontenay à Guignes au moment même où les maréchaux Victor et Oudinot, refoulés sur l'Yères, en disputaient les bords aux avant-gardes du prince de Wittgenstein et du maréchal de Wrède. (Voir la carte n° 62.) Cet état de choses justifiait la détermination que Napoléon avait prise, car réuni aux deux maréchaux il n'avait plus à craindre Wittgenstein et de Wrède, et allait avoir près de 60 mille hommes à opposer à 50 mille, ce qui lui promettait immédiatement les succès les plus éclatants.

Napoléon, considérant que s'il avait en face une masse imposante de forces, ce ne pouvait être cependant toute l'armée de Schwarzenberg, puisqu'on lui dénonçait la présence de l'ennemi à la fois à Montereau, à Fontainebleau, à Sens, aux environs même d'Orléans, comprit qu'il ne devait avoir devant lui qu'une moitié tout au plus de la grande armée de Bohême, et résolut de prendre l'offensive immédiatement. Bien que sa garde et la division Leval ne fussent point arrivées, il avait avec les trois maréchaux Oudinot, Victor, Macdonald, avec la cavalerie d'Espagne, environ 35 à 36 mille hommes, et c'était bien assez, lui présent, pour en aborder 50 mille. D'ailleurs, en quelques heures, les 25 mille hommes qui le suivaient devaient rejoindre, et il prit ses mesures pour commencer l'action à la pointe du jour.

Fév. 1814.

Le 17 en effet il était à cheval de très-grand matin, dirigeant lui-même les mouvements de ses troupes. Le maréchal Victor ayant formé l'arrière-garde dans la retraite de la Seine sur l'Yères, devint naturellement l'avant-garde. Ce maréchal s'avançait ayant au centre les divisions de réserve Dufour et Hamelinaye qu'il prodiguait volontiers parce qu'elles appartenaient au général Gérard, et sur les ailes les divisions Duhesme et Chataux du 2ᵉ corps qui était le sien, et que par ce motif il ménageait davantage. A droite la cavalerie du 5ᵉ corps sous le général Milhaud, à gauche la cavalerie d'Espagne sous le général Treilhard, marchaient déployées, et prêtes à exécuter des charges à outrance. A la suite du maréchal Victor venaient les maréchaux Oudinot et Macdonald. En arrière et à une distance de plusieurs lieues, la garde, voyageant sur des charrettes, couvrait la route de Meaux à Guignes.

A peine était-on en marche de Guignes sur Mormant, qu'on aperçut le comte Pahlen, formant l'avant-garde du prince de Wittgenstein avec 2,500 hommes d'infanterie et environ 1,800 chevaux. C'était une belle proie qui s'offrait au début des opérations contre l'armée de Bohême. Le général Gérard, supérieur aux autres et à lui-même dans cette rude campagne, se porta en avant à la tête

Combat de Mormant.

d'un bataillon du 32ᵉ, jeunes soldats jetés dans un vieux cadre jadis célèbre en Italie. Il entra l'épée à la main dans Mormant, et en chassa l'infanterie du comte Pahlen qui s'y était réfugiée dans l'espérance d'être secourue par les Bavarois établis à Nangis. Privée de cet asile, l'infanterie russe fut obligée de traverser à découvert l'espace qui sépare Mormant de Nangis. Drouot débouchant de Mormant avec ses canons la couvrit de mitraille, pendant que sur la gauche le comte de Valmy avec les escadrons récemment arrivés d'Espagne, sur la droite le comte Milhaud avec les dragons qui en étaient arrivés l'année précédente, l'assaillirent à coups de sabre. Les carrés de l'infanterie russe, malgré leur solidité, furent enfoncés et pris en entier avec leur artillerie. Leur cavalerie fut atteinte avant d'avoir pu s'enfuir, et en grande partie enlevée ou détruite. Cette échauffourée coûta aux Russes près de 4 mille hommes tant prisonniers que morts ou blessés, et 14 pièces de canon.

Ce début promettait à l'armée du prince de Schwarzenberg un traitement assez semblable à celui qu'avait essuyé l'armée de Blucher. Pourtant il fallait la poursuivre sans relâche, si on voulait obtenir les résultats qu'on était fondé à espérer, et Napoléon précipita le mouvement de tous ses corps. On s'avança rapidement sur Nangis, refoulant à la fois les troupes russes de Wittgenstein dont on venait d'anéantir l'avant-garde, et les troupes bavaroises qui se repliaient sur leur corps de bataille. Le succès de cette nouvelle série d'opérations tenait essentiellement au passage immédiat de la Seine, car si

Napoléon parvenait à la franchir avant que tous les corps ennemis l'eussent repassée, et particulièrement ceux qui s'étaient aventurés sur Fontainebleau, il était presque assuré de prendre en détail la plupart des retardataires. Il se dirigea donc en toute hâte sur les ponts de Nogent, Bray et Montereau qu'il avait devant lui. (Voir la carte n° 62.) Il achemina le maréchal Oudinot par Provins sur Nogent avec une partie de la cavalerie d'Espagne sous le comte de Valmy, et le maréchal Macdonald par Donnemarie sur Bray. Quant à lui, se faisant suivre des troupes du maréchal Victor, il prit à droite, et se porta par Villeneuve sur Montereau. Ne sachant lequel de ces trois ponts serait le plus facile à reconquérir, il dirigeait ses efforts sur les trois à la fois. En marchant hardiment on pouvait bien enlever un ou deux des trois ponts, et alors il était possible de repasser la Seine assez tôt pour couper toute retraite aux corps ennemis qui se seraient trop avancés.

En cheminant sur Villeneuve le maréchal Victor, toujours précédé par les divisions Dufour et Hamelinaye que conduisait le général Gérard, rencontra un peu au delà de Valjouan la division bavaroise Lamotte qui cherchait à s'enfuir, et qui avait peu de cavalerie à opposer à la nôtre. Elle était en travers de la grande route, la gauche fortement établie au village de Villeneuve, la droite déployée dans une petite plaine entourée de bois. Le général Gérard, présent de sa personne à tous les engagements, se porta sur Villeneuve avec un bataillon du 86°, l'enleva à la baïonnette, et ôta ainsi à la division Lamotte l'appui de ce village. Dès lors elle fut obligée de se retirer à travers la petite plaine qu'elle avait derrière elle, pour chercher asile dans les bois. C'était pour nos troupes à cheval le moment de charger. Le général Lhéritier, commandant une partie des dragons de Milhaud, se trouvait là, et s'il eût profité de la circonstance c'en était fait de la division Lamotte. Nos soldats, toujours intelligents, appelaient à grands cris la cavalerie, mais soit que le général Lhéritier attendît les ordres du maréchal Victor qui n'arrivaient pas, soit qu'il n'eût point aperçu cette favorable occasion, il resta immobile, et l'infanterie bavaroise put traverser impunément le terrain découvert qu'elle avait à franchir. Heureusement le général Gérard, guidé par un paysan, avait suivi la lisière des bois, et il déboucha soudainement avec son infanterie sur le flanc de la division Lamotte qui se retirait en carrés. Il attaqua ces carrés à la baïonnette, en rompit plusieurs, et fut secondé très à propos par le général Bordessoulle, qui voyant l'immobilité du reste de la cavalerie, fondit sur l'ennemi avec trois cents jeunes cuirassiers arrivant à peine du dépôt de Versailles. Ces braves débutants, avec une ardeur et une férocité assez fréquente chez les jeunes soldats, s'acharnèrent sur les Bavarois rompus, et en percèrent un grand nombre de leurs sabres. On enleva ainsi 1500 hommes à cette division, qu'on aurait pu prendre tout entière. On marcha ensuite sur Salins, où le maréchal Victor s'arrêta pour coucher, bien qu'il eût l'ordre de courir à Montereau. Il aurait voulu que le général Gérard s'y rendît; mais celui-ci avec ses troupes harassées par une longue marche et par deux combats, ne le pouvait guère, et c'était au maréchal Victor dont les deux divisions n'avaient pas combattu, à former pendant la nuit la tête de la colonne. Le maréchal n'en fit rien : il était fatigué, malade, abattu, mécontent de Napoléon, qui lui reprochait d'avoir mal défendu la Seine, souffrant en un mot physiquement et moralement, bien que toujours prêt à redevenir sur le champ de bataille un officier aussi intelligent que brave. Il coucha donc à Salins à une lieue du pont de Montereau, où nous attendaient les plus grands résultats si notre activité répondait à l'urgence des circonstances.

Napoléon accablé de fatigue avait pris un instant de repos à Nangis avec l'intention de se lever au milieu de la nuit, ainsi qu'il en avait la coutume, pour expédier ses ordres qui devaient être donnés la nuit pour arriver à la pointe du jour à leur destination. A une heure il était debout, et il apprenait que le maréchal Victor était resté à Salins. Son irritation fut vive, car tous les rapports reçus dans la soirée annonçaient que l'ennemi en se retirant avait pris ses précautions pour nous disputer les ponts de Nogent et de Bray, ce qui n'était que trop facile. En effet les coteaux qui à Montereau bordent la Seine et la dominent, s'en éloignent à Bray et à Nogent, et ne fournissent dès lors aucune position dominante pour tirer sur les ponts. Au contraire des villages, s'étendant sur les deux rives et bien barricadés, présentaient des postes que l'armée de Bohême, concentrée par son

Fév. 1814.

Temps perdu à Salins par le maréchal Victor.

mouvement de retraite, pouvait nous disputer longtemps. Il ne restait donc que le pont de Montereau, et ce pont importait d'autant plus que si on le traversait, il était possible de couper le corps de Colloredo aventuré jusqu'à Fontainebleau, et d'enlever ainsi quinze ou vingt mille hommes à la fois, ce qui eût été un événement capital. Napoléon enjoignit au maréchal Victor de quitter son lit sur-le-champ, d'arracher ses troupes à leur bivouac, et de courir à Montereau. Il s'apprêta lui-même à s'y rendre. Avant de se mettre en route il prescrivit aux maréchaux Oudinot et Macdonald d'emporter, l'un Nogent, l'autre Bray, s'il était possible, et, dans le cas contraire, de se replier sur lui pour déboucher tous ensemble par Montereau. La garde ayant fait une journée en charrettes était arrivée à Nangis; Napoléon lui ordonna de suivre Victor sur Montereau.

Il avait eu à prendre dans cette journée une résolution qui attestait l'importance de nos récents succès. A son arrivée dans la soirée à Nangis, un aide de camp du prince de Schwarzenberg, le comte de Parr, était venu à l'improviste demander une suspension d'armes, suspension que M. de Caulaincourt peu de jours auparavant offrait vainement d'acheter au prix des plus cruels sacrifices! Comment se faisait-il que de tant de confiance, d'orgueil, de dureté, on eût passé si vite à tant de sagesse et de modération? Les événements accomplis l'expliquaient suffisamment, et prouvaient tout ce que Napoléon avait gagné dans ces derniers jours. Les souverains réunis à Nogent autour du prince de Schwarzenberg, après avoir eu d'abord de vagues nouvelles de Blucher, avaient su bientôt avec détail l'étendue des revers éprouvés par ce fougueux général, et s'apercevant aux rudes attaques qu'ils venaient d'essuyer eux-mêmes que Napoléon était présent, avaient conçu tout à coup des résolutions plus modestes que celles dans lesquelles ils persistaient la veille encore. L'armée de Bohême était effectivement dans une situation très-grave, car elle s'avançait de front sur une ligne de bataille de plus de vingt lieues, depuis Nogent jusqu'à Fontainebleau, et en quatre colonnes dont une ou deux couraient grand risque d'être enveloppées et détruites, si Napoléon les devançait au passage de la Seine. L'arrêter sur-le-champ était de la plus haute importance, et malgré les propos accoutumés du parti de la guerre à outrance, le prince de Schwarzenberg les dédaignant cette fois, avait imaginé d'envoyer un aide de camp à Napoléon pour lui proposer de s'arrêter où ils se trouvaient, en disant que sans doute c'était dans l'ignorance de ce qui se passait à Châtillon qu'il poussait si vivement les hostilités, que les conférences temporairement suspendues venaient d'être reprises sur des bases admises par M. de Caulaincourt lui-même, et que dans quelques heures on apprendrait probablement la signature des préliminaires de la paix. Il y avait dans une telle assertion ou une supercherie, ou une singulière naïveté. M. de Caulaincourt n'avait pas accepté l'outrageante proposition des coalisés, il s'était borné à demander confidentiellement à M. de Metternich, si l'accepta-

Fév. 1814.

Motifs qui avaient amené cette résolution inopinée.

tion sommaire de cette proposition serait au moins suspensive des hostilités, et il l'avait demandé le lendemain de la bataille de la Rothière, dans un moment de désespoir; mais supposer qu'après les combats de Champaubert, de Montmirail, de Château-Thierry, de Vauchamps, de Mormant, de Villeneuve, Napoléon consentirait à faire rentrer la France dans ses anciennes limites, et, ce qui était bien pis, renoncerait à avoir un avis sur le sort qu'on destinait à l'Italie, à l'Allemagne, à la Hollande, à la Pologne, c'était en vérité une présomption bien étrange, et égale au moins à celle que nous avons plus d'une fois reprochée à Napoléon.

Quoi qu'il en soit, c'est ce qu'on avait chargé l'aide de camp du prince de Schwarzenberg d'aller proposer au quartier général français. Il aurait donc fallu que Napoléon s'arrêtât en pleine victoire, pour accepter la dégradation de la France et la sienne!

Aussi apprit-il avec un sourire ironique l'arrivée du messager de la coalition; il ne voulut pas l'admettre en sa présence, mais il consentit à recevoir la lettre du prince de Schwarzenberg, en disant qu'il répondrait plus tard. Et pourtant il ne savait pas à quelle espèce de propositions se rapportait le message qu'on lui adressait! N'ayant pu que très-difficilement communiquer avec M. de Caulaincourt, duquel il était séparé par toute l'armée de Bohême, il n'avait aucune connaissance de ce qui s'était passé à Châtillon; il ignorait que M. de Caulaincourt après avoir reçu les propositions les plus révoltantes, avait écrit confidentiellement à M. de Metternich; il ignorait que ce dernier avait pris comme officielle, et transmis à ses alliés la lettre de M. de Caulaincourt qui n'était que confidentielle, et qu'ainsi, pour le décider à s'arrêter dans ses succès, on lui offrait pour la France non-seulement le retour aux anciennes frontières de 1790, mais la renonciation au rôle de puissance européenne; il ignorait tous ces détails, sans quoi il eût accueilli bien différemment l'envoyé autrichien. Il ne vit dans ce qu'on lui proposait que le désir de suspendre sa marche victorieuse, sans se douter des conditions de paix qui étaient sous-entendues, et, lui eût-on présenté quelque chose de beaucoup plus acceptable, ce n'est pas au moment où il pouvait par un dernier succès changer la face des choses, qu'il aurait remis dans le fourreau son épée victorieuse. Il ajourna donc sa réponse, et continua sa marche. Craignant toutefois que M. de Caulaincourt, dont l'esprit était en proie aux plus cruelles angoisses, dont la société à Châtillon se composait exclusivement d'ennemis qui lui laissaient ignorer nos succès, ne cédât à tant d'obsessions, et n'usât trop largement de ses pleins pouvoirs, il lui écrivit, avant de monter à cheval pour se rendre à Montereau, la lettre suivante :

Fév. 1814.

« Nangis, le 18 février.

» Je vous ai donné *carte blanche* pour sauver Paris
» et éviter une bataille qui était la dernière espé-
» rance de la nation. La bataille a eu lieu; la Provi-
» dence a béni nos armes. J'ai fait trente à quarante
» mille prisonniers; j'ai pris 200 pièces de canon,
» un grand nombre de généraux et détruit plusieurs
» armées sans presque coup férir. J'ai entamé hier

Il retire à M. de Caulaincourt les pouvoirs illimités qu'il lui avait confiés.

» l'armée du prince de Schwarzenberg que j'espère
» détruire avant qu'elle ait repassé nos frontières.
» Votre attitude doit être la même; vous devez tout
» faire pour la paix, mais mon intention est que
» vous ne signiez rien sans mon ordre, parce que
» seul je connais ma position. En général je ne dé-
» sire qu'une paix solide et honorable, et elle ne
» peut être telle que sur les bases proposées à Franc-
» fort. Si les alliés eussent accepté vos propositions
» le 9 il n'y aurait pas eu de bataille; je n'aurais
» pas couru les chances de la fortune dans un mo-
» ment où le moindre insuccès perdait la France,
» enfin je n'aurais pas connu le secret de leur fai-
» blesse : il est juste qu'en retour j'aie les avantages
» des chances qui ont tourné pour moi. Je veux la
» paix, mais ce n'en serait pas une que celle qui
» imposerait à la France des conditions plus hu-
» miliantes que les bases de Francfort. Ma position
» est certainement plus avantageuse qu'à l'époque
» où les alliés étaient à Francfort; ils pouvaient me
» braver, je n'avais obtenu aucun avantage sur eux,
» et ils étaient loin de mon territoire. Aujourd'hui
» c'est bien différent. J'ai eu d'immenses avantages
» sur eux, et des avantages tels qu'une carrière
» militaire de vingt années et de quelque illustra-
» tion n'en présente pas de pareils. Je suis prêt à
» cesser les hostilités et à laisser les ennemis rentrer
» tranquilles chez eux, s'ils signent des préliminaires
» basés sur les propositions de Francfort. » —

Si les coalisés se faisaient des illusions, Napoléon, on le voit, s'en faisait de bien grandes également, et au lieu de se borner à repousser ce qui était inacceptable, exigeait ce que, dans les circonstances, il était hors d'état d'obtenir!

Tandis qu'il employait de la sorte les premiers instants de la matinée du 18, le maréchal Victor avait enfin marché sur Montereau, et y était arrivé de très-bonne heure. Le général Pajol, après avoir rallié ses troupes dans le bois de Valence, s'était reporté en avant avec sa cavalerie et quelques bataillons de gardes nationales. Il arrivait à la lisière du bois de Valence au moment même où le maréchal Victor débouchait en face du coteau de Surville, lequel domine la Seine et la petite ville de Montereau. (Voir la carte n° 62, et le plan de Montereau carte n° 63.) Ce coteau qu'on gravit par une pente assez ménagée en venant soit de Valence soit de Salins, se termine en pente brusque du côté de la Seine. De son sommet on aperçoit à ses pieds la ville de Montereau, les deux rivières qui viennent s'y réunir, et le pont de la Seine, objet de grand prix que les deux armées allaient se disputer avec furie. Si on enlevait promptement le coteau il était possible, en se précipitant sur le pont qui était en pierres, et moins aisé à détruire qu'un pont de bois, de s'en emparer avant que l'ennemi l'eût coupé. Mais il était difficile de brusquer l'attaque du coteau, les Wurtembergeois s'y trouvant en force. C'était le prince royal de Wurtemberg qui l'occupait. Ce prince, que Napoléon avait fort maltraité jadis, que l'empereur Alexandre au contraire comblait de caresses, et auquel il destinait en mariage sa sœur la grande-duchesse Catherine, ce prince spirituel et brave cherchait à se distinguer, et à racheter par

Fév. 1814.

Importance de la position de Montereau.

des services rendus à la coalition le long dévouement de son père à l'Empire français. De la possession du pont de Montereau dépendait le salut du corps autrichien de Colloredo, aventuré jusqu'à Fontainebleau, et dont la retraite était impossible, si les Français passaient la Seine avant qu'il eût rétrogradé au moins jusqu'à Moret ou Nemours. Aussi, malgré le danger de la position, le prince de Wurtemberg était-il très-résolu à résister, au risque de se faire culbuter du coteau de Surville dans la Seine.

Il avait rangé son infanterie de Villaron à Saint-Martin, en face de la route par laquelle se présentaient les Français, et avait le dos appuyé au coteau de Surville. Il s'était couvert en outre par une nombreuse artillerie.

Le général Pajol, brave et intelligent comme de coutume, avait essayé de se porter avec sa cavalerie sur le revers de la position des Wurtembergeois, afin d'enlever la grande route qui passe derrière le coteau de Surville, et descend en pente rapide sur Montereau. Mais arrêté par une artillerie meurtrière, il avait dû attendre pour accomplir son projet l'attaque qu'allait tenter l'infanterie du maréchal Victor.

L'une des divisions du maréchal, commandée par son gendre, le général Chataux, officier d'un grand mérite, était arrivée la première, et montrait une extrême impatience de réparer la faute que Napoléon venait de blâmer si sévèrement. Elle se jeta tout de suite sur le coteau de Surville, la droite vers Villaron, la gauche vers Saint-Martin. Les soldats, vivement conduits, essayèrent d'escalader la position couverte de clôtures, y parvinrent d'abord, furent repoussés ensuite, et s'y reprirent à plusieurs fois sans en venir à bout, malgré de prodigieux efforts de courage.

Le général Chataux ne s'épargnait pas, mais son impatience même avait un danger, c'était d'épuiser cette brave division avant qu'elle pût être soutenue, et de verser ainsi en pure perte un sang des plus précieux. Bientôt survint la division Duhesme avec le maréchal lui-même, et celle-ci remplaça la division Chataux, qui se porta plus à droite pour attaquer le coteau par sa pente la moins escarpée. Le brave général Chataux, en marchant à la tête de ses soldats, fut frappé d'une balle sous les yeux mêmes de son beau-père, et tomba mourant dans ses bras. Ce funeste accident nuisit à l'attaque de droite, et la division Duhesme à gauche, abordant la position par son côté le moins accessible, n'était pas près de réussir, quand survint le général Gérard avec les divisions Dufour et Hamelinaye.

Napoléon averti qu'on rencontrait des difficultés, et mécontent du maréchal Victor, avait envoyé au général Gérard l'ordre de prendre le commandement en chef, ce que le général Gérard fit sur-le-champ. Voyant que l'artillerie des Wurtembergeois nous incommodait beaucoup, le général réunit toutes ses batteries, ainsi que celles du 2ᵉ corps, et dirigea 60 pièces de canon contre les Wurtembergeois, afin de les ébranler par ce feu violent, avant de les aborder corps à corps. Il leur causa ainsi un tel dommage, que, voulant se débarrasser de ce feu meurtrier, ils essayèrent de se

Fév. 1814.

jeter sur nos pièces pour les enlever. Le général Gérard les laissa avancer, puis fondit sur eux à la tête d'un bataillon, et les ramena à la pointe des baïonnettes sur leur position. En cet instant arrivait Napoléon avec la vieille garde, et Pajol après avoir refoulé la cavalerie ennemie menaçait de tourner le coteau de Surville. A cet aspect la fermeté des Wurtembergeois fut ébranlée, et ils songèrent à battre en retraite pour repasser le pont de Montereau. Mais on ne leur en laissa pas le temps, on les aborda en masse, on gravit le coteau, et on les en délogea de vive force. Pajol, prenant le galop à la tête d'un régiment de chasseurs, s'élança sur la grande route qui passe derrière le coteau de Surville en y formant une descente rapide, et assaillit les Wurtembergeois accumulés sur cette descente, pendant que l'artillerie de la garde, braquée sur le coteau lui-même, les criblait de boulets. De leur côté les braves habitants de Montereau, qui n'attendaient que le moment de se ruer sur l'ennemi, se mirent à tirer de leurs fenêtres. Bientôt ce fut une véritable boucherie. Le prince de Wurtemberg faillit être pris, et ne parvint à s'échapper qu'en laissant dans nos mains 3 mille morts ou blessés, et 4 mille prisonniers, avec la plus grande partie de ses canons. L'objet le plus important, le pont, resta aux chasseurs de Pajol qui le traversèrent au galop, pendant qu'une mine éclatait sous eux sans enlever la clef de voûte. Napoléon placé sur le coteau de Surville d'où il dirigeait lui-même son artillerie, ressentit à ce spectacle une joie extrême, et ne la dissimula point. Il espérait en effet les plus grands résultats de ce beau fait d'armes.

Une fois maître de Montereau son premier soin fut de lancer sa cavalerie au-delà pour chercher à connaître la position de l'ennemi, et savoir ce qu'était devenu le corps autrichien de Colloredo. Mais déjà ce corps avait eu le temps de revenir sur l'Yonne, et il formait en ce moment l'arrière-garde du prince de Schwarzenberg. Il n'était dès lors plus possible de l'atteindre avec des troupes d'ailleurs fatiguées, dont les unes, comme celles du 2ᵉ corps et de la réserve de Paris, avaient combattu toute la journée, dont les autres, comme la garde impériale, avaient sans cesse marché depuis soixante-douze heures, faisant double étape pendant le jour et passant la nuit sur des charrettes. Il fallait donc s'arrêter, prendre le temps de faire passer l'armée par le pont reconquis de Montereau, se porter ensuite en masse sur le prince de Schwarzenberg, pour surprendre et détruire ses divers détachements si on les trouvait dispersés, pour leur livrer bataille si on les trouvait concentrés, bataille qu'on livrerait avec l'ascendant de la victoire et avec les 60 mille hommes qu'on avait actuellement sous la main.

Bien que le pont de Montereau eût été enlevé douze heures trop tard, Napoléon avait lieu néanmoins d'être content de ces huit dernières journées. En effet tandis qu'une semaine auparavant il rétrogradait de Brienne sur Troyes, sans savoir s'il pourrait défendre Paris, il venait dans ce court espace de temps de mettre en pièces l'armée de Blucher, et en fuite celle de Schwarzenberg, et c'était là un changement de situation qui avait de

Fév. 1814.

Regret de Napoléon de n'avoir pu enlever le corps de Colloredo, par suite du temps perdu dans la nuit du 17 au 18.

Immense changement apporté à la situation dans les huit derniers jours.

quoi satisfaire l'orgueil même du vainqueur d'Austerlitz, d'Iéna, de Friedland! Napoléon pouvait, s'il ne s'exagérait pas la portée politique de ses succès, sortir de cette guerre sinon avec toutes les conditions de Francfort, du moins avec quelques-unes des plus essentielles, et surtout avec des stipulations qui ne ressembleraient en rien aux révoltantes propositions de Châtillon. Cependant, il ne se consolait point de n'avoir pu recueillir tous les fruits de ses belles manœuvres, et il s'en prenait à plusieurs de ses lieutenants qui n'avaient pas fait, dans ces circonstances, tout ce qu'il attendait de leur dévouement. A tort ou à raison il se plaignait du général d'artillerie Digeon, qui avait mal approvisionné l'artillerie la veille et le jour même du combat de Montereau, du général Lhéritier qui n'avait pas chargé les Bavarois au combat de Villeneuve, du général Montbrun qui n'avait pas assez bien défendu le pont de Moret sur le Loing (ce n'était pas le célèbre Montbrun, mort, comme on doit s'en souvenir, à la Moskowa), du maréchal Victor, auquel il reprochait d'avoir fait une mauvaise retraite de Strasbourg à Châlons, d'avoir faiblement défendu la Seine, d'avoir retenu les troupes au combat de Villeneuve, d'avoir dormi à Salins au lieu de marcher à Montereau, de laisser paraître enfin en toute occasion un abattement mêlé de mauvaise humeur qui était d'un fâcheux exemple. Aux reproches adressés à ces divers officiers, il y avait bien des réponses à faire : quant au maréchal Victor, quoiqu'il ne méritât pas la colère dont il était l'objet, il faut avouer qu'il se montrait trop découragé, et qu'il ne se retrouvait lui-même que devant l'ennemi, et sous les ordres immédiats de Napoléon. Il faut ajouter que sa famille était de celles qui témoignaient actuellement peu d'empressement pour l'Impératrice. Napoléon le savait, et c'est sous l'impression de ces diverses circonstances, qu'il avait ôté au maréchal son commandement, pour le conférer au général Gérard. Ce coup, joint à la blessure mortelle du général Chataux, avait plongé dans un profond chagrin le malheureux Victor. Il s'était tenu toute la journée au milieu du feu, même après qu'il n'avait plus d'ordres à donner, en dévorant les larmes que lui arrachaient et la mort de son gendre et l'espèce de condamnation dont il était frappé. Il se rendit le soir même au château de Surville, où s'était établi Napoléon qu'il trouva partagé entre la joie d'un beau triomphe obtenu, et le dépit d'un beau triomphe manqué. Napoléon ne se contint pas en le voyant, et oubliant trop la journée de la Rothière, lui reprocha sa conduite pendant les deux derniers mois, mêla à ces reproches militaires quelques reproches politiques, et finit par lui dire que s'il était fatigué ou malade il n'avait qu'à prendre du repos, et à quitter l'armée. Le maréchal, à qui l'ordre de s'éloigner en ce moment paraissait un déshonneur, répondit à l'Empereur qu'il allait s'armer d'un fusil, se ranger dans les bataillons de la vieille garde, et mourir en soldat à côté de ses anciens compagnons d'armes. Napoléon, vivement touché de l'émotion du maréchal, lui tendit la main, et consentit à le garder auprès de lui. Il ne pouvait pas retirer au général Gérard le commandement du 2ᵉ corps, qu'il lui avait conféré le matin même, et que ce général avait si bien mérité, mais il dédommagea le maréchal d'une autre manière. On venait de faire sortir de Paris deux divisions de jeune garde, les divisions Charpentier et Boyer, qui avaient été postées le long de l'Essonne, pour couvrir la capitale sur la gauche de la Seine. Napoléon en composa un corps de la garde, et mit le maréchal Victor à sa tête. Placer ce maréchal près de l'Empereur et lui ôter ainsi toute responsabilité, c'était à la fois le consoler et lui rendre sa valeur, car dégagé du souci du commandement supérieur il redevenait l'un des meilleurs officiers de l'armée.

Le lendemain 19 Napoléon aurait voulu marcher immédiatement sur Nogent pour continuer à poursuivre le prince de Schwarzenberg, et lui livrer une bataille générale si on pouvait le contraindre à l'accepter, mais la nécessité de faire passer par le seul pont de Montereau toutes les troupes qu'il avait actuellement rassemblées, c'est-à-dire les deux divisions de réserve de Paris, le 2ᵉ corps, la garde impériale, la division d'Espagne, et enfin le corps du maréchal Macdonald qui n'avait pu franchir la Seine à Bray, entraîna la perte de toute la journée du 19. Tandis que ses corps employaient le temps à défiler par le pont de Montereau, Napoléon prit ses mesures pour se trouver le plus tôt possible en présence de l'ennemi, et même sur ses flancs s'il le pouvait. Les ponts de Bray et de Nogent ayant été détruits, il fit préparer des moyens de passage près de Nogent pour le corps du maréchal Oudinot : quant à celui du maréchal Macdonald, on vient de voir qu'il l'avait amené jusqu'à Montereau même. Le projet de Napoléon était, Montereau franchi, de tourner à gauche, de longer la Seine jusqu'à Méry, pas loin de son confluent avec l'Aube (voir la carte n° 62), puis arrivé là, au lieu de suivre le prince de Schwarzenberg sur la route de Troyes, de laisser un seul corps sur ses traces, et avec le gros de ses forces de passer la Seine à Méry, de la remonter par la rive droite tandis que le prince de Schwarzenberg la remonterait par la rive gauche, de profiter de ce qu'on n'aurait plus d'ennemi devant soi pour marcher plus vite, et enfin de repasser la Seine au-dessus de Troyes pour livrer bataille au prince de Schwarzenberg sur sa ligne de retraite et sur sa ligne de communication avec Blucher, deux avantages considérables et de la plus grande conséquence. On voit que cet esprit inépuisable privé d'une combinaison en imaginait aussitôt une autre, non moins praticable et non moins féconde.

Napoléon porta donc le gros de ses forces à gauche vers Nogent; cependant pour n'être pas sans liaison avec l'Yonne, et ne pas surcharger la grande route de Troyes, il dirigea le maréchal Macdonald un peu à droite par Saint-Martin-Bosnay et Pavillon, et le général Gérard un peu plus à droite encore par Trainel et Avon. (Voir la carte n° 62.) Il chargea le général Alix, le courageux défenseur de Sens, de réoccuper les bords de l'Yonne avec les gardes nationales et la cavalerie du général Pajol. Ce dernier à la suite de fatigues inouïes, avait vu se rouvrir ses blessures; Napoléon après l'avoir comblé de ré-

Fév. 1814.

par la rive droite.

compenses l'avait renvoyé à Paris et remplacé par le général Alix. Il fit quelques additions à la vieille garde; il lui donna deux beaux bataillons composés des anciens gendarmes d'Espagne, ce qui portait à dix-huit bataillons la division de vieille garde qu'il avait auprès de lui (l'autre était vers Soissons avec le maréchal Mortier), et il lui adjoignit plusieurs compagnies de jeunes soldats, destinées à sortir des rangs pour tirailler, tandis que les vieux soldats resteraient en ligne comme des murailles. Il réitéra ses recommandations pour que l'on ne cessât pas un instant de former à Paris de nouveaux bataillons de ligne, et à Versailles de nouveaux escadrons. Il prescrivit surtout la formation d'un équipage de pont avec les bateaux qu'on pourrait ramasser sur la Seine, car faute de cet instrument de guerre, le passage des rivières françaises était devenu presque aussi difficile pour nous que celui des rivières étrangères, et un obstacle continuel à toutes nos combinaisons.

Napoléon employa à ces diverses mesures les journées du 19 et du 20, que ses troupes employaient à passer la Seine à Montereau, et à s'acheminer sur Nogent. Il avait momentanément établi sa résidence[1]

[1] Nous avons déjà fait remarquer que, faute de connaître la correspondance de Napoléon, on lui reproche souvent ou des fautes qu'il n'a pas commises, ou des intentions qu'il n'a pas eues. Les deux jours passés à Surville en fournissent un nouvel exemple. Divers critiques français et étrangers, après avoir demandé pourquoi en quittant Blucher il ne marcha pas tout droit de Montmirail à Provins pour se jeter dans le flanc du prince de Schwarzenberg, au lieu de faire un détour en arrière par Meaux et Guignes, demandent encore pourquoi il ne franchit pas la Seine à Nogent ou à Bray, au lieu de la franchir à Montereau seulement, et pourquoi après avoir choisi Montereau il perdit deux jours entiers au château de Surville? La lecture de ses lettres

au château de Surville, et il avait grand besoin du temps qui lui était laissé, car ce n'était pas seulement des troupes placées directement sous ses ordres qu'il avait à s'occuper pendant ces deux jours, mais de celles qui défendaient les diverses frontières de France, et qui n'exigeaient pas moins que les autres sa surveillance, et surtout sa forte impulsion. Le général Maison envoyé en Belgique pour y remplacer le général Decaen auquel Napoléon reprochait d'avoir abandonné Willemstadt et Breda, s'était efforcé de faire face aux périls de tout genre dont il était environné. Profi-

Fév. 1814.

Napoléon s'occupe pendant ce temps des troupes qui défendent les diverses frontières.

Campagne du général Maison en Belgique.

répond à toutes ces questions. A Nogent et à Bray la nature des lieux, plats et couverts de villages sur les deux rives, offrait à l'ennemi de telles chances de résistance qu'il n'y avait pas espérance de forcer le passage, et d'ailleurs les ponts étant en bois laissaient peu de moyens de les préserver de la destruction. A Montereau au contraire, on pouvait, grâce au coteau de Surville qui dominait la rive opposée, s'emparer plus aisément du passage; en outre le pont étant en pierre on avait plus de temps pour le sauver. L'événement prouva que Napoléon avait raison. Enfin l'espérance de saisir le corps qui s'était avancé jusqu'à Fontainebleau était un dernier motif capital de préférer le passage à Montereau. Napoléon n'en essaya pas moins de passer les trois ponts à la fois, en appuyant davantage sur le dernier, qui fut le seul sur lequel on réussit. Il fit donc tout ce qu'il pouvait faire. Quant au temps perdu le 19 et le 20 février, sa correspondance démontre qu'il trépignait d'impatience pendant les heures employées à traverser le pont et la petite ville de Montereau. Ce défilé passé, il fallut la journée du 20 pour se concentrer à gauche sur Nogent. Il n'y eut par conséquent pas un moment perdu, et Napoléon qui à cheval franchissait en trois heures les espaces que son armée ne parcourait qu'en vingt-quatre, put rester de sa personne à Surville pour employer la journée du 20 à ses affaires générales, qui n'étaient pas moins urgentes que celles qu'il dirigeait directement. On voit donc qu'ici comme toujours il a raison contre ses critiques, lorsqu'il s'agit bien entendu d'opérations militaires. Mais pour se convaincre de cette vérité, il faut lire ses ordres et ses correspondances, que les historiens, en écrivant son histoire, n'avaient pas eus jusqu'ici à leur disposition.

tant de l'instant où il avait à sa disposition les divisions de jeune garde Roguet et Barrois, il avait fondu sur les Anglais du général Graham et sur les Prussiens du général Bulow, et les avait obligés à s'éloigner d'Anvers. Mais bientôt privé de la division Roguet, réduit à la division Barrois et à quelques bataillons organisés à la hâte dans les dépôts de l'ancien 1er corps, disposant tout au plus de 7 à 8 mille hommes de troupes actives, il s'était vu dans l'alternative ou de rester enfermé dans Anvers, ou de se détacher de cette place, pour essayer de couvrir la Belgique. Il avait préféré ce dernier parti, de beaucoup le plus sage, et avait laissé dans Anvers une garnison de 12 mille hommes, avec l'illustre Carnot dont Napoléon avait accepté les services, noblement offerts dans ce moment extrême. Il s'était reporté ensuite sur Bruxelles, puis sur Mons et Lille, jetant çà et là dans les places du Nord les vivres qu'il pouvait ramasser et les conscrits à demi vêtus, à demi armés, qu'il parvenait à tirer de ses dépôts. Tandis que Carnot supportait avec une impassible fermeté un horrible bombardement, qui du reste n'avait point atteint la flotte, objet de toutes les fureurs de l'Angleterre, le général Maison manœuvrant avec une poignée de soldats entre les autres places du nord de la France, avait, autant que le permettaient les circonstances, sauvé notre frontière, et gardé une force toujours active pour se ruer sur les détachements ennemis qui se trouvaient à sa portée.

Napoléon qui dans sa pénible situation était fort difficile à satisfaire, poussait sans cesse le général

Maison à ne pas rester attaché à ses places, à prendre par derrière les troupes qui avaient marché par Cologne sur la Champagne, et tourmentait de reproches immérités ce général qui n'avait pas besoin d'être excité, car il s'était montré habile, vigoureux et infatigable dans la défense de cette frontière.

Conduite d'Augereau à Lyon.

Napoléon frappait plus juste en adressant des reproches à Augereau, mais là encore, par l'habitude de demander plus pour avoir moins, il était beaucoup trop exigeant. Augereau, vieux, fatigué, dégoûté même, avait cependant retrouvé quelque zèle en présence du danger qui menaçait la France, et en particulier les hommes compromis comme lui dans la révolution. Mais il avait à Lyon trois mille conscrits jetés dans de vieux cadres, et point de magasins, point de vivres, point d'artillerie, point de chevaux. Malheureusement il n'était pas doué de cette activité créatrice avec laquelle on peut tirer d'une grande population toutes les ressources qu'elle contient. Il avait néanmoins tâché de faire nourrir et habiller ses conscrits par la municipalité lyonnaise, amené de Valence quelque artillerie, rappelé de Grenoble la faible division Marchand, et envoyé des aides de camp à Nîmes pour y chercher la division de réserve qui avait été destinée comme celle de Bordeaux à passer du midi au nord. Il était ainsi parvenu dans les premiers jours de février, à réunir outre les quelques mille hommes de Lyon, 3 mille hommes venus de Nîmes, et, ce qui valait beaucoup mieux, 10 mille vieux soldats détachés de l'armée de Catalogne, et avec ces forces il se préparait à entrer en campagne. Mais il avait voulu accorder quelques jours de repos à ses troupes avant d'aller à la rencontre de l'ennemi. Il était toutefois de la plus grande importance qu'il se montrât, car son apparition vers Châlons et Besançon pouvait causer un trouble extrême sur les derrières des armées alliées, et peut-être décider la retraite du prince de Schwarzenberg qui n'était que commencée. Napoléon saisi d'impatience lui adressa la lettre suivante, qui mérite d'être reproduite par l'histoire.

« Nogent-sur-Seine, 21 février 1814.

Lettre caractéristique de Napoléon à Augereau.

« Le ministre de la guerre m'a mis sous les yeux
» la lettre que vous lui avez écrite le 16. Cette lettre
» m'a vivement peiné. Quoi! six heures après avoir
» reçu les premières troupes venant d'Espagne,
» vous n'étiez pas déjà en campagne! six heures
» de repos leur suffisaient. J'ai remporté le combat
» de Nangis avec la brigade de dragons venant
» d'Espagne, qui de Bayonne n'avait pas encore
» débridé. Les six bataillons de Nîmes manquent,
» dites-vous, d'habillement et d'équipement, et sont
» sans instruction! Quelle pauvre raison me donnez-
» vous là, Augereau! J'ai détruit 80 mille ennemis
» avec des bataillons composés de conscrits n'ayant
» pas de gibernes et étant à peine habillés. Les
» gardes nationales, dites-vous, sont pitoyables.
» J'en ai ici 4 mille venant d'Angers et de Bretagne
» en chapeaux ronds, sans gibernes, mais ayant de
» bons fusils : j'en ai tiré bon parti. — Il n'y a pas
» d'argent, continuez-vous. Et d'où espérez-vous
» tirer de l'argent? Vous ne pourrez en avoir que

» quand nous aurons arraché nos recettes des mains
» de l'ennemi. Vous manquez d'attelages : prenez-
» en partout. Vous n'avez pas de magasins : ceci est
» par trop ridicule! — Je vous ordonne de partir
» douze heures après la réception de la présente
» lettre pour vous mettre en campagne. Si vous êtes
» toujours l'Augereau de Castiglione, gardez le com-
» mandement; si vos soixante ans pèsent sur vous,
» quittez-le, et remettez-le au plus ancien de vos
» officiers généraux. — La patrie est menacée et en
» danger; elle ne peut être sauvée que par l'audace
» et la bonne volonté, et non par de vaines tem-
» porisations. Vous devez avoir un noyau de plus de
» 6 mille hommes de troupes d'élite; je n'en ai pas
» tant, et j'ai pourtant détruit trois armées, fait
» 40 mille prisonniers, pris 200 pièces de canon, et
» sauvé trois fois la capitale. L'ennemi fuit de tous
» côtés sur Troyes. Soyez le premier aux balles.
» Il n'est plus question d'agir comme dans les der-
» niers temps, mais il faut reprendre ses bottes et
» sa résolution de 93. Quand les Français verront
» votre panache aux avant-postes, et qu'ils vous
» verront vous exposer le premier aux coups de
» fusil, vous en ferez ce que vous voudrez. »

Fév. 1814.

Non loin d'Augereau se trouvait l'armée d'Italie, à laquelle Napoléon avait envoyé l'ordre de repasser les Alpes pour descendre sur Lyon ; mais il n'avait expédié cet ordre que fort tard, et lorsque le prince Eugène était engagé avec l'armée autrichienne dans les plus rudes combats. Tourné sur sa droite par les détachements autrichiens que la marine anglaise avait débarqués en deçà de l'Adige,

Événements sur le Mincio, bataille de Roverbella, et ordres de Napoléon relativement à l'Italie.

le prince Eugène avait été obligé de quitter ce fleuve dont l'armée ne s'était éloignée qu'avec une profonde tristesse. Il était venu s'établir derrière le Mincio, la gauche à Goito, la droite à Mantoue, avec la résolution de s'y faire respecter. En effet voyant les Autrichiens occupés à passer le Mincio sur sa gauche, vers Valeggio, il avait laissé le général Verdier en position avec un tiers de l'armée, avait franchi le fleuve avec les deux autres tiers par les ponts de Goito et de Mantoue, puis portant cette masse en avant par un rapide mouvement de conversion, il avait pris l'armée autrichienne en flanc tandis qu'elle était en marche pour se rendre sur le point du passage, et lui avait tué, blessé ou enlevé de 6 à 7 mille hommes dans les plaines de Roverbella. Il lui avait pris en outre beaucoup d'artillerie. Il nous en avait coûté environ 3 mille hommes. La perte pour nous était relativement fort considérable, mais nos troupes avaient montré la plus grande vigueur, leur jeune général un talent militaire qui commençait à mûrir, et les Autrichiens confus avaient regagné l'Adige en ajournant leurs projets de conquête jusqu'au jour où Murat tiendrait ses promesses.

Telles étaient les nouvelles qu'un aide de camp du prince Eugène, M. de Tascher, venait apporter à Napoléon au moment même du combat de Montereau. C'était une détermination délicate et digne d'être fort méditée que de persister à évacuer l'Italie, après une victoire éclatante sur le Mincio, et après des victoires plus éclatantes encore entre la Seine et la Marne. Lorsque Napoléon avait ordonné cette évacuation, il l'avait fait non-seulement par le besoin de concentrer ses forces, mais dans l'espérance que les troupes qu'il tirerait d'Italie arriveraient sur le Rhône assez tôt pour y être utiles. La situation présente devait provoquer de nouvelles réflexions. Sans doute, si le prince Eugène avait pu ramener à temps sur Lyon les trente mille soldats qui venaient de gagner la bataille de Roverbella, s'il avait pu les joindre à vingt mille soldats du maréchal Suchet, ce qui aurait fait 50 mille hommes de vieilles troupes, et qu'avec une force pareille il fût tombé par Dijon sur les derrières du prince de Schwarzenberg, il est probable qu'aucun des alliés n'aurait repassé le Rhin, et un tel résultat valait assurément tous les sacrifices imaginables. Mais Napoléon, éclairé trop tard sur le projet des coalisés de faire une campagne d'hiver, n'avait expédié au prince Eugène l'ordre de rentrer en France qu'à la fin de janvier, lorsque ce prince était engagé dans les opérations les plus difficiles, et qu'il ne pouvait se retirer qu'après avoir été victorieux. Actuellement si on maintenait l'ordre de rappel, il lui serait impossible d'être à Lyon avant la fin de mars, et à cette époque Napoléon devait avoir vaincu ou succombé. De plus cette retraite était l'abandon volontaire de l'Italie, c'est-à-dire la perte d'un gage qui à Châtillon devait être du plus grand prix. Quoique Napoléon ne se battît plus en ce moment que pour la ligne du Rhin, avoir en ses mains le Mincio et le Pô, et les bien tenir, était un moyen de faciliter la concession du Rhin par voie de compensation. Ayant donc peu de chance de ramener à temps les

Fév. 1814.

troupes du prince Eugène, et bien des chances de conserver l'Italie, ce qui était d'une haute importance pour les négociations, il prit le parti, que le résultat rendit à jamais regrettable, de ne pas abandonner la Lombardie. Bien que ses raisons eussent une incontestable valeur, il était évidemment influencé par la confiance que lui avaient inspirée ses derniers succès, et c'était fâcheux, car le plus sûr eût été encore de rappeler les 30 mille hommes du prince Eugène. A la guerre la chaîne des événements s'allonge si aisément, qu'on ne doit jamais renoncer à une sage précaution par la crainte qu'elle ne soit tardive.

Ordre au maréchal Suchet d'évacuer toutes les places de l'Aragon et de la Catalogne.

Napoléon eut à s'occuper aussi des armées qui défendaient les Pyrénées, et dont le secours lui aurait été des plus utiles. Le maréchal Suchet n'avait cessé de demander l'autorisation d'évacuer Barcelone, et quelques-unes des places de la Catalogne: quant à celles de la basse Catalogne et du royaume de Valence, telles que Sagonte, Peniscola, Tortose, Mequinenza, Lérida, elles ne pouvaient plus être évacuées en temps opportun. En tirant de Barcelone 7 à 8 mille hommes, et autant de quelques autres petites places, en joignant ces 15 mille hommes aux 15 mille qui lui restaient après le départ de la division acheminée sur Lyon, le maréchal Suchet se serait procuré un corps d'environ 30 mille soldats. Avec une force pareille il pouvait encore décider du sort de la France, si on l'appelait à Lyon de sa personne. Il avait attendu la réponse du ministre de la guerre jusqu'au 11 février, et ne la voyant pas venir il avait regagné la frontière, laissant 8 mille hommes dans la place de Barcelone qu'il n'avait pas osé abandonner sans un ordre formel. Napoléon essaya de réparer cette faute, exclusivement imputable au ministre de la guerre, en donnant au maréchal Suchet l'ordre d'évacuer non-seulement Barcelone, mais tous les postes qu'il occupait encore, et de se créer ainsi un corps d'armée avec lequel il marcherait sur Lyon, en ne laissant dans Perpignan et les places du Roussillon que les garnisons absolument indispensables.

Fév. 1814.

Le maréchal Soult, grâce au système temporisateur de lord Wellington, s'était maintenu, non pas sur la Bidassoa, ni sur la Nive qu'il avait successivement perdues, mais sur l'Adour et le gave d'Oleron. Il avait placé quatre divisions dans Bayonne sous le général Reille, deux sur l'Adour sous le général Foy, et quatre derrière le gave d'Oleron sous son commandement direct. Le général Harispe formait son extrême gauche à Navarreins, il formait lui-même le centre à Peyrehorade, au confluent du gave d'Oleron avec l'Adour; le général Reille formait sa droite à Bayonne. Maître de la navigation de l'Adour, il pouvait approvisionner Bayonne, et pourvoir de vivres et de munitions toutes les parties de son armée. Établi ainsi derrière l'angle de deux rivières, avec environ 40 mille hommes de vieilles troupes (déduction faite des 15 mille expédiés à Napoléon), il contenait son adversaire, qui n'osait ni s'avancer sans les Espagnols de peur de n'être pas assez fort, ni pénétrer en France avec eux, de peur qu'ils ne fissent insurger les paysans français en les pillant. Le général anglais attendait

Position prise par le maréchal Soult sur l'Adour.

donc pour prendre l'offensive, premièrement que les pluies qui étaient très-abondantes cessassent, secondement que son gouvernement lui envoyât de l'argent pour payer les Espagnols, seul moyen de conserver parmi eux la discipline.

Napoléon se flattant de pouvoir tirer encore quelques ressources de cette brave armée, renouvela au maréchal Soult l'injonction de remplir le vide de ses cadres avec des conscrits, et de se préparer à lui expédier au premier signal une autre division d'une dizaine de mille hommes. Ne voulant pas toutefois découvrir Bordeaux, à cause de l'importance morale et politique de cette ville, il s'était décidé à ne faire cet emprunt au maréchal Soult qu'à la dernière extrémité. Ses succès actuels lui donnaient lieu d'espérer qu'il n'y serait pas réduit.

Les deux journées passées à Montereau, pendant que les troupes marchaient, avaient été, comme on le voit, fort utilement employées. Avant de partir Napoléon crut devoir répondre à la lettre que l'aide de camp du prince de Schwarzenberg lui avait apportée.

Il venait enfin d'apprendre ce qui avait eu lieu à Châtillon depuis la reprise des conférences. Le 16 février on avait remis à M. de Caulaincourt une lettre particulière de M. de Metternich, dans laquelle ce ministre l'informant des efforts qu'il avait eu à faire pour surmonter la mauvaise volonté des cours alliées, lui avouait qu'il s'était servi pour y parvenir de sa lettre confidentielle, et lui annonçait qu'à la condition d'accepter formellement les bases de Châtillon, on pourrait tout de suite arrêter le cours des hostilités. M. de Metternich en finissant engageait très-instamment M. de Caulaincourt à saisir cette occasion de conclure la paix, car elle serait, disait-il, la dernière. Le lendemain 17 les plénipotentiaires s'étaient réunis, avaient déclaré qu'ils reprenaient les conférences, mais uniquement sur l'affirmation positive du plénipotentiaire français qu'il était prêt à se soumettre aux conditions proposées dans la dernière séance. Ils avaient présenté ensuite une série d'articles préliminaires plus insultants encore s'il est possible que le protocole du 9 février. Ces articles portaient que la France rentrerait strictement dans ses anciennes limites, sauf quelques rectifications de frontières, qui n'altéreraient en rien le principe posé; qu'elle ne s'ingérerait aucunement dans le sort des territoires cédés, ni en général dans le règlement du sort des États européens; qu'on se bornait à lui annoncer que l'Allemagne composerait un État fédératif, que la Hollande accrue de la Belgique serait constituée en royaume, que l'Italie serait indépendante de la France, et que l'Autriche y aurait des possessions dont les cours alliées détermineraient plus tard l'étendue; que l'Espagne continentale serait restituée à Ferdinand VII; qu'en retour de ces sacrifices l'Angleterre rendrait la Martinique, et de plus la Guadeloupe si la Suède voulait la rétrocéder, mais qu'elle garderait l'île de France et l'île Bourbon. Quant au Cap, à l'île de Malte, aux îles Ioniennes, il n'en était pas plus parlé que de toutes les possessions abandonnées par la France en Italie, en Allemagne, en Pologne.

Fév. 1814.

Reprise de ces conférences, et préliminaires de paix proposés, emportant cessation immédiate des hostilités.

Tels furent ces articles qui étaient déjà contenus dans le protocole du 9 février, mais d'une manière moins explicite et moins offensante, et qui étaient proposés cette fois comme condition d'une suspension d'armes, que la France n'avait pas officiellement demandée, et surtout pas promis de payer d'un tel prix.

M. de Caulaincourt les écouta avec calme, en disant qu'apparemment on ne voulait pas la paix, puisqu'au fond des choses déjà si fâcheux on ajoutait des formes si outrageantes, qu'il recevait du reste communication de ces articles pour en référer à son souverain, et qu'il s'expliquerait à leur sujet lorsqu'il en serait temps. On lui demanda alors un contre-projet. Il répondit qu'il en présenterait un plus tard, et il faut dire, malgré le respect dû à un homme qui se dévouait par pur patriotisme au rôle le plus douloureux, que la crainte de compromettre la paix l'empêcha trop peut-être de manifester son indignation. Les diplomates qui lui étaient opposés crurent en effet que, tout en trouvant ces conditions désolantes, il les accepterait, et que si elles rencontraient des obstacles, ce ne serait que dans le caractère indomptable de Napoléon. Il aurait mieux valu que M. de Caulaincourt se montrât indigné comme Napoléon lui-même aurait pu l'être. Cette conduite aurait pu compromettre non point la paix, toujours assurée à de telles conditions, mais le trône impérial, et il fallait faire comme Napoléon, préférer l'honneur au trône. Ajoutons cependant que si Napoléon pouvait raisonner de la sorte, M. de Caulaincourt son ministre n'y était pas également autorisé, et qu'après la France, le trône de son maître devait avoir le premier rang dans sa sollicitude. Quoi qu'il en soit, M. de Caulaincourt adressa les conseils les plus sages à Napoléon. Il lui dit que ces conditions, il le reconnaissait, n'étaient point acceptables, mais qu'il y aurait moyen de les améliorer; qu'à la vérité on n'obtiendrait jamais les bases de Francfort, à moins de précipiter les coalisés dans le Rhin, mais que si on profitait des victoires actuelles pour transiger, il serait possible, l'Angleterre satisfaite, d'obtenir mieux que les limites de 1790, jamais toutefois ce qu'on entendait par les limites naturelles. Il était possible effectivement en abandonnant l'Espagne, l'Italie, toutes les parties de l'Allemagne, la Hollande, la Belgique, d'obtenir Mayence, Coblentz, Cologne, en un mot d'avoir le Rhin en renonçant à l'Escaut. Et certes une telle paix, il valait la peine de la conclure, sinon pour Napoléon, du moins pour la France. Or avec une victoire encore on aurait pu se l'assurer, et il était sage de la conseiller. M. de Caulaincourt, sans s'expliquer sur ce qu'il faudrait sacrifier des limites naturelles, supplia Napoléon de ne point se montrer absolu, et lui dit avec raison qu'il se trompait s'il croyait que ses victoires l'avaient replacé à la hauteur des bases de Francfort, qu'on pourrait cependant s'en approcher en présentant un contre-projet modéré.

Fév. 1814.

Quand Napoléon reçut à Montereau ces communications, le rouge lui monta au front, et il écrivit sur-le-champ à M. de Caulaincourt la lettre suivante :

Nouvelle irritation de Napoléon, et vive réponse à M. de Caulaincourt.

« Je vous considère comme en chartre privée, ne
» sachant rien de mes affaires et influencé par des

» impostures. Aussitôt que je serai à Troyes je vous
» enverrai le contre-projet que vous aurez à donner.
» Je rends grâce au ciel d'avoir cette note, car il n'y
» aura pas un Français dont elle ne fasse bouillir le
» sang d'indignation. C'est pour cela que je veux
» faire moi-même mon ultimatum... Je suis mécon-
» tent que vous n'ayez pas fait connaître dans une
» note que la France, pour être aussi forte qu'elle
» l'était en 1789, doit avoir ses limites naturelles en
» compensation du partage de la Pologne, de la
» destruction de la république de Venise, de la sé-
» cularisation du clergé d'Allemagne, et des grandes
» acquisitions faites par les Anglais en Asie. Dites
» que vous attendez les ordres de votre gouverne-
» ment, et qu'il est simple qu'on vous les fasse
» attendre, puisqu'on force vos courriers à faire des
» détours de soixante-douze heures, et qu'il vous en
» manque déjà trois. En représailles j'ai déjà or-
» donné l'arrestation des courriers anglais.

» Je suis si ému de l'infâme projet que vous m'en-
» voyez, que je me crois déjà déshonoré rien que de
» m'être mis dans le cas qu'on vous le propose. Je
» vous ferai connaître de Troyes ou de Châtillon mes
» intentions, mais je crois que j'aurais mieux aimé
» perdre Paris, que de voir faire de telles proposi-
» tions au peuple français. Vous parlez toujours des
» Bourbons, j'aimerais mieux voir les Bourbons en
» France avec des conditions raisonnables, que de
» subir les infâmes propositions que vous m'envoyez.

» Surville, près Montereau, 19 février 1814. »

Cette première émotion passée, Napoléon appréciant les sages conseils de M. de Caulaincourt, consentit à poursuivre la négociation, non plus sur les bases qu'il avait chargé son plénipotentiaire de porter à Manheim, et qui comprenaient le Rhin jusqu'au Wahal, un royaume pour le prince Jérôme en Allemagne, un pour le prince Eugène en Italie, et une partie du Piémont pour la France, mais sur des bases nouvelles qui consistaient à demander les limites pures et simples, c'est-à-dire le Rhin jusqu'à Dusseldorf, au delà de Dusseldorf la Meuse, rien en Italie sauf une indemnité pour le prince Eugène, et enfin la juste influence de la France dans le règlement du sort des États européens. Il ne s'en tint pas à cette communication officielle : sachant qu'il existait plus d'une cause de mésintelligence entre les coalisés, que les Autrichiens notamment étaient fatigués de la guerre et offusqués de la suprématie affectée par les Russes, il imagina de répondre à la démarche qu'on avait faite auprès de lui par une lettre qu'il adresserait lui-même à l'empereur François, et par une autre que le major-général Berthier adresserait au prince de Schwarzenberg. Dans ces deux lettres rédigées avec un grand soin il s'efforça de parler le langage de la politique et de la raison. Il disait qu'on en avait appelé à la victoire, que la victoire avait prononcé, que ses armées étaient aussi bonnes que jamais, et que bientôt elles seraient aussi nombreuses; qu'il avait donc toute confiance dans les suites de cette lutte si elle se prolongeait; que cependant il marchait en ce moment sur Troyes, que la prochaine rencontre aurait lieu entre une armée française et une armée autrichienne, qu'il croyait

Fév. 1814.

ne veut pas, toutefois, rompre les négociations.

Lettres écrites à l'empereur François et au prince de Schwarzenberg, et remises au comte de Parr.

être vainqueur, et que cette confiance ne devait étonner personne, mais qu'ayant éprouvé les hasards de la guerre, il voulait bien considérer cette supposition comme douteuse, qu'il raisonnerait donc dans une double hypothèse : que s'il était vainqueur la coalition serait anéantie, et qu'on le retrouverait après cette épreuve aussi exigeant que jamais, car il y serait autorisé par ses dangers et ses triomphes; que s'il était vaincu au contraire, l'équilibre de l'Europe serait rompu un peu plus qu'il ne l'était déjà, mais au profit de la Russie et aux dépens de l'Autriche; que celle-ci en serait un peu plus gênée, un peu plus dominée par une orgueilleuse rivale; qu'elle n'avait donc rien à gagner à une bataille qui dans un cas lui ferait perdre tous les fruits de la bataille de Leipzig, et dans l'autre la rendrait plus dépendante qu'elle n'était de la Russie; que ce qu'elle pouvait vouloir, en Italie par exemple, la France le lui concéderait tout de suite, en consentant à repasser les Alpes; qu'ainsi, sans compter les liens du sang qui devaient être quelque chose après tout, l'intérêt vrai de l'Autriche était de conclure la paix, aux conditions qu'elle-même avait offertes à Francfort.

A ces raisonnements mêlés de beaucoup de paroles douces et flatteuses pour l'empereur François, Napoléon en avait ajouté d'autres non moins spécieux dans la lettre destinée au prince de Schwarzenberg, et bien faits pour toucher la mémoire de ce prince, sa prudence militaire, et son orgueil que les généraux russes et prussiens ne cessaient de froisser. Ces lettres furent expédiées l'une et l'autre à titre de réponse à la dernière démarche du prince de Schwarzenberg. Malheureusement quoique très-habilement raisonnées et écrites, elles ne s'accordaient pas complétement avec la situation morale des puissances alliées, que Napoléon du milieu de son camp ne pouvait pas bien apprécier. Sans doute si l'Autriche eût été moins engagée dans les liens de la coalition, si elle n'avait pas tant craint de rompre cette coalition qui, une fois rompue, la laissait sous la main de fer de Napoléon, si elle n'eût pas tant redouté le caractère de ce dernier, elle aurait pu prêter l'oreille à des considérations qui sous bien des rapports répondaient à l'esprit politique de l'empereur François, à la sagesse de son premier ministre, et à l'amour-propre blessé de son général en chef. Mais ces lettres il était à croire qu'au lieu de les garder pour elle, l'Autriche les montrerait à ses alliés, afin de mettre sa bonne foi à l'abri du soupçon, qu'alors on se ferait de nouvelles protestations de fidélité, et qu'on se serrerait plus étroitement les uns aux autres pour résister à un ennemi qui tour à tour était lion ou renard. Il y avait donc plus à risquer qu'à gagner dans cette tentative auprès de la cour d'Autriche.

Fév. 1814.

Danger de ces lettres.

Quoi qu'il en soit, Napoléon après avoir vaqué à ces soins divers, et ses troupes étant parvenues à la hauteur où il les voulait, partit du château de Surville le 24 au matin, passa la Seine à Montereau et la remonta jusqu'à Nogent. Il trouva partout le pays tellement ravagé, que désespérant d'y vivre, il fit demander avec instances des munitions de bouche à Paris. A Nogent même tout était dans un état affreux par suite du dernier combat. Il accorda sur

Marche de Napoléon sur Troyes.

sa cassette des secours aux sœurs de charité qui avaient pansé les blessés sous les balles de l'ennemi, et à ceux des habitants qui avaient le plus souffert.

Le lendemain 22 continuant à remonter la Seine il se dirigea sur Méry, point où le cours de la Seine se détourne, et au lieu de décrire une ligne de l'ouest à l'est, en décrit une du nord-ouest au sud-est, de Méry à Troyes. (Voir la carte n° 62.) Il suivait la grande route de Troyes, menant avec lui les troupes du maréchal Oudinot (division de jeune garde Rothenbourg, et division Boyer d'Espagne), la vieille garde, les divisions de jeune garde de Ney et de Victor, la réserve de cavalerie, et enfin la réserve d'artillerie. A droite par des chemins de traverse s'avançaient le maréchal Macdonald avec le 11° corps, et un peu plus à droite le général Gérard avec le 2° corps et la réserve de Paris. Sur l'autre rive de la Seine, aux environs de Sézanne, Grouchy avec sa cavalerie et la division Leval s'apprêtait à rejoindre Napoléon par Nogent, et Marmont avec le 6° corps occupait la contrée d'entre Seine et Marne, pour observer Blucher et se lier avec le maréchal Mortier expédié sur Soissons. Les forces de Napoléon, sans les troupes de Marmont, mais avec celles de Grouchy et de Leval, s'élevaient à environ 70 mille hommes.

Napoléon s'attendait toujours à livrer bataille, et il le désirait, car depuis l'ouverture de la campagne il n'avait pas eu 70 mille hommes sous la main, sans compter qu'il suffisait d'une journée pour attirer Marmont à lui. Ainsi que nous l'avons déjà dit, cherchant une combinaison qui pût rendre cette bataille décisive, il avait renoncé à suivre le prince de Schwarzenberg sur la grande route de Troyes, et il avait imaginé de passer la Seine à Méry, de la remonter rapidement par la rive droite en laissant le prince de Schwarzenberg sur la rive gauche, de le devancer à la hauteur de Troyes, et alors de repasser la rivière pour venir lui offrir la bataille entre Troyes et Vandœuvres, après s'être emparé de sa propre ligne de retraite. Si ce plan pouvait s'exécuter, il devait avoir incontestablement d'immenses conséquences.

Le 22 au matin les ordres étant donnés d'après ces vues, notre avant-garde refoula l'arrière-garde du prince de Wittgenstein vers Chatres, et se jeta ensuite sur le pont de Méry qui est très-long, parce qu'il embrasse plusieurs bras de rivière et des terrains marécageux. Ce pont sur pilotis avait été à moitié incendié; néanmoins nos tirailleurs courant sur la tête des pilotis, engagèrent un combat fort vif avec les tirailleurs de l'ennemi, et parvinrent à s'emparer de Méry. Mais bientôt un incendie éclatant dans cette ville à laquelle les Russes avaient mis le feu, arrêta nos progrès. La chaleur devint tellement intense qu'il fallut céder la place, non à l'ennemi, mais à l'incendie, et regagner les bords de la Seine. Au même instant des troupes nombreuses se montrèrent en dehors de Méry, et on dut renoncer à passer outre. Ces troupes qu'on apercevait n'étaient ni les Russes du prince de Wittgenstein, ni les Bavarois du maréchal de Wrède, qu'il aurait été naturel de rencontrer dans cette direction, c'étaient les Prussiens

Fév. 1814.

et lui livrer bataille en se plaçant sur sa ligne de communication.

Combat de Méry.

Subite

eux-mêmes, que le 15 Mortier poursuivait au delà de la Marne, et qui avaient semblé hors de cause pour quelque temps. En sept jours ils s'étaient donc ralliés, et ils étaient revenus, avec qui? sous la conduite de qui? Voilà ce qu'on avait lieu de se demander, et ce que Napoléon se demanda en effet avec un juste étonnement.

Fév. 1814.

apparition des Prussiens.

Ce qui était advenu de Blucher depuis ses récentes défaites.

Son courage, sa promptitude à les réparer, et son retour sur la Seine.

Il le sut bientôt par des prisonniers et par des rapports venus des bords de la Marne. Depuis qu'il avait battu en détail les quatre corps de l'armée de Silésie, ces corps avaient cherché à se remettre de leur défaite, et y avaient en partie réussi. Se sentant vivement poursuivis sur la route de Soissons, les généraux d'York et Sacken s'étaient rejetés à droite, et par Oulchy, Fismes, Reims, avaient regagné Châlons, où Blucher leur avait donné rendez-vous. (Voir la carte n° 62.) Réunis aux débris de Kleist et de Langeron, ils formaient un corps de 32 mille hommes. L'orgueil de cette armée était cruellement humilié. Composée de ce qu'il y avait de plus ardent parmi les Russes et les Prussiens, ayant à sa tête l'audacieux Blucher et tous les affiliés du Tugend-Bund, elle ne se consolait pas, après avoir tant raillé la timidité de l'armée de Bohème, d'avoir essuyé de tels revers. Aussi le désir de rentrer en scène était-il des plus vifs dans ses rangs, et elle avait le mérite de vouloir à tout risque réparer son désastre. Une occasion avait paru s'offrir, et elle l'avait saisie avec empressement.

Marmont après la terrible journée de Vauchamps s'était arrêté à Étoges. Une pareille interruption de poursuite de la part des Français indiquait clairement que Napoléon, répétant contre l'armée de Bohême la manœuvre qui lui avait si bien réussi contre l'armée de Silésie, s'était rejeté sur le prince de Schwarzenberg. Cette conjecture prenait le caractère de la certitude, si on songeait que le prince de Schwarzenberg s'étant avancé jusqu'à Fontainebleau et Provins, Napoléon n'avait pas pu souffrir qu'il approchât davantage de Paris sans courir à lui. Il n'y avait dès lors pour l'armée de Silésie qu'un parti à prendre, c'était de se reporter tout de suite de la Marne vers la Seine, où elle trouverait probablement le détachement de Marmont laissé en observation, et sur lequel elle se vengerait des quatre journées cruelles qu'elle venait d'essuyer.

Ces résolutions prises, Blucher n'avait donné à ses troupes que deux jours de repos, et avait envoyé courriers sur courriers au prince de Schwarzenberg pour l'informer de sa nouvelle entreprise. L'arrivée de renforts assez considérables l'avait confirmé dans ses projets. Il n'avait eu jusqu'ici du corps de Kleist et de celui de Langeron qu'une moitié à peu près. Le reste de ces deux corps, successivement remplacés au blocus des places, rejoignait dans le moment même. Le corps de Saint-Priest, dirigé d'abord vers Coblentz, arrivait aussi, et le 18, en se mettant en marche de Châlons sur Arcis, le maréchal Blucher avait reçu en cavalerie et infanterie 15 à 16 mille hommes de renfort, de manière que son armée tombée sous les coups de Napoléon de soixante et quelques mille hommes à 32 mille, était déjà revenue tout à coup à une force d'environ 48 mille combattants, et se trouvait par conséquent

Fév. 1814.

en mesure de tenter quelque chose de sérieux, tant il est vrai qu'à la guerre la passion a souvent tous les effets du génie, parce qu'elle supplée à la puissance de l'esprit par celle de la volonté!

Blucher s'était donc mis en route pour Arcis, et ayant appris chemin faisant que le prince de Schwarzenberg replié sur Troyes, l'y attendait pour livrer bataille, il s'était dirigé en droite ligne sur Méry, afin d'arriver plus tôt au rendez-vous, et de pouvoir tomber dans le flanc de l'armée française qu'il supposait à la poursuite de l'armée de Bohême.

Napoléon rencontrant Blucher à Méry sur la rive droite de la Seine ne devait plus songer à s'y jeter lui-même. N'imaginant pas toutefois que le général prussien eût pu reformer sitôt une armée d'une cinquantaine de mille hommes, il s'inquiéta peu de son apparition, et ne désespéra pas de saisir le lendemain ou le surlendemain le prince de Schwarzenberg corps à corps, et de le terrasser. Ses soldats croyaient de nouveau à leur supériorité, lui à sa fortune, et ils marchaient tous avec joie à la grande bataille qui se préparait. Napoléon résolut de se porter le lendemain 23 février sur Troyes.

Mais tandis qu'il recherchait cette bataille, son principal adversaire renonçait à la livrer. Le prince de Schwarzenberg était justement effrayé de se trouver en présence de Napoléon qu'il croyait à la tête de forces considérables, et de risquer en une journée le sort de la coalition. On lui avait fait des rapports exagérés sur le nombre des troupes arrivées d'Espagne, et quant à leur valeur, il l'avait éprouvée au combat de Nangis. Il n'évaluait pas les forces de Napoléon à moins de 80 ou 90 mille hommes, exaltés par la victoire et par une situation extraordinaire. Séparé de Blucher qu'il ne savait pas si près, il était réduit à 100 mille hommes, par suite des combats qui avaient été livrés et des détachements qu'il avait fallu faire. Ces 100 mille hommes n'étaient pas aussi bien concentrés que les 80 mille attribués à Napoléon, et il ne lui paraissait pas sage, lorsqu'avec 170 mille on avait été tenu en échec à la Rothière par 50 mille (c'était le nombre qu'on supposait faussement à Napoléon dans cette journée), d'en risquer cent contre quatre-vingt. Et puis si on était battu, on était ramené d'un trait sur le Rhin, on perdait en un jour le fruit des deux campagnes de 1812 et de 1813, et on rendait l'oppresseur commun plus exigeant, plus oppressif que jamais! Pour les Russes, pour les Prussiens que la passion dominait, qui avaient beaucoup à gagner au succès s'ils avaient beaucoup à perdre au revers, il pouvait y avoir des motifs de s'exposer ainsi aux plus grands risques, mais pour les Autrichiens qui couraient la chance de perdre en un jour ce qu'ils avaient regagné en un an, ce que Napoléon leur offrait sans combat, et à qui la victoire ne promettait qu'une augmentation de prépondérance chez les Russes, en vérité le profit à tirer d'une lutte prolongée n'en valait pas la peine. La double lettre de Napoléon, tout en ayant l'inconvénient de trop déceler l'intention de diviser ses ennemis, n'avait pas laissé que de les diviser un peu, en provoquant chez les Autrichiens ces réflexions bien

Fév. 1814.

Grand conseil chez les coalisés, pour savoir s'il faut persister dans un projet de suspension d'armes.

Fév. 1814.

Raisons que fait valoir le parti favorable à l'idée d'un armistice.

naturelles. Une circonstance inquiétante s'ajoutait d'ailleurs à celles que l'on faisait valoir en faveur d'une suspension d'armes. Tandis qu'on avait reçu la nouvelle positive d'un puissant détachement de l'armée d'Espagne arrivé par Orléans à Paris, le bruit d'un autre détachement plus fort encore, commandé par le maréchal Suchet en personne, et venu de Perpignan à Lyon, était également très-répandu, car à la guerre où les impressions sont extrêmement vives, on grossit les faits, même vrais, au point de les convertir bientôt en mensonges. Le comte de Bubna, placé entre Genève et Lyon, craignait d'avoir 50 à 60 mille hommes sur les bras, demandait des secours immédiats, et annonçait de grands malheurs si on ne déférait pas à ses instances. Que deviendrait-on en effet si une bataille était livrée et perdue en Franche-Comté sur les derrières des armées alliées ? Il fallait donc pour prévenir un si fâcheux incident détacher sans retard une vingtaine de mille hommes au profit du comte de Bubna, c'est-à-dire se réduire à 80 mille hommes, et demeurer ainsi en face de Napoléon avec des forces à peine égales aux siennes, ce qui était la plus grave des imprudences. Restait, il est vrai, Blucher dont on ignorait la force présente, mais dont on connaissait le caractère, et dont l'indocilité était telle, que malgré son zèle, on ne pouvait pas se flatter d'avoir à sa disposition les quarante ou cinquante mille hommes qu'il amenait peut-être avec lui.

Par ces raisons qui avaient leur valeur, le sage prince de Schwarzenberg était d'avis d'éviter une bataille générale, de rétrograder sur Brienne, Bar-sur-Aube et Langres, d'y attendre les renforts qui étaient annoncés, d'envoyer en même temps par Dijon une vingtaine de mille hommes au comte de Bubna, et pour se garantir pendant ce temps des attaques de Napoléon, de répondre à sa double lettre en lui proposant un armistice, armistice qui amènerait peut-être la paix, ou, s'il ne l'amenait pas, donnerait le temps d'assurer la victoire.

Fév. 1814.

Ces raisons furent débattues le jour même, 22, dans un conseil tenu au quartier général, en présence des trois souverains, des généraux et des ministres de la coalition. Alexandre, naguère si bouillant, n'osait pas devenir tout à coup l'apôtre de la temporisation, mais il montrait moins de hauteur de sentiment et de langage. Le parti ardent quoique privé de Blucher et de son état-major qui étaient à Méry, trouva cependant quelques organes, et il fut dit pour son compte que reculer était une faiblesse dont l'effet moral serait certainement funeste; que dans la position où l'on était placé il fallait vaincre ou périr; que par la réunion à l'armée de Silésie on aurait des forces presque doubles de celles de Napoléon, que dès lors on vaincrait, parce qu'il était indigne de supposer qu'on pût être vaincu en combattant dans la proportion de deux contre un; qu'en tout cas on n'avait pas d'autre parti à prendre, car un mouvement rétrograde ruinerait de fond en comble les affaires de la coalition; que revenir sur Langres c'était se reporter sur une contrée pauvre en elle-même, et appauvrie encore par le récent séjour des armées, qu'on ne pourrait pas y vivre,

Raisons du parti de la guerre à outrance.

que la retraite sur Langres entraînerait bientôt la retraite sur Besançon; que rétrograder de la sorte c'était rendre à Napoléon tout son prestige, lui rendre tous ses partisans, et inviter les paysans français, qui déjà tuaient les soldats isolés, à s'insurger en masse et à égorger tout ce qui ne serait pas formé en corps d'armée, qu'en un mot hésiter, reculer, c'était périr.

Qui avait raison en ce moment des temporisateurs ou des impatients, personne ne le pourrait dire avec certitude. En effet si les seconds évaluaient justement les forces respectives, les premiers cédaient à des craintes fondées lorsqu'ils refusaient de jouer le tout pour le tout contre Napoléon, car s'il eût gagné la bataille, et dans la disposition de ses troupes il avait beaucoup de chances de la gagner, la coalition aurait été jetée dans le Rhin. On est donc en droit de soutenir que, quoique ses calculs eussent un certain caractère de timidité, le prince de Schwarzenberg à tout prendre avait plus raison que ses adversaires.

Quoi qu'il en soit le parti de la modération insista, et comme il avait acquis depuis les derniers événements autant d'autorité que Blucher et ses partisans en avaient perdu, comme l'empereur Alexandre appuyait un peu moins le parti de Blucher, le prince de Schwarzenberg fit prévaloir son opinion, et la proposition d'un armistice fut résolue. Cette proposition n'engageait à rien, ni quant aux conditions de la paix, ni quant aux conditions de l'armistice lui-même. Si elle n'était point accueillie, elle aurait au moins occupé Napoléon quelques heures, ralenti sa marche d'une journée peut-être, ce qui était beaucoup; si elle était acceptée au contraire, elle permettrait d'aller se concentrer les uns à Langres, les autres à Châlons, de s'y renforcer considérablement, et enfin, suivant le vœu secret des Autrichiens, de renouer les négociations pacifiques avec plus de chances de succès, car une fois les armes déposées on ne les reprendrait pas aisément. Les partisans de la guerre à outrance consentirent à cette démarche dans l'espoir qu'elle n'aboutirait à aucun résultat, et qu'elle ferait peut-être gagner quelques heures, ce qui aux yeux de tous était incontestablement un avantage. Le prince de Schwarzenberg fit choix du prince Wenceslas de Liechtenstein pour l'envoyer au quartier général français, avec la proposition de désigner des commissaires qui, aux avant-postes des deux armées, conviendraient d'une suspension d'armes.

Le 23 Napoléon était en marche de Chatres sur Troyes, lorsqu'aux approches de Troyes le prince Wenceslas de Liechtenstein se présenta pour lui remettre le message du prince de Schwarzenberg. Napoléon, en voyant cette insistance des coalisés pour obtenir un armistice, en conclut beaucoup trop vite qu'ils étaient dans une position difficile, et résolut de paraître les écouter, mais sans s'arrêter, son rôle n'étant pas de les tirer d'embarras. Il était animé par le succès, par le sentiment des grandes choses qu'il venait d'accomplir, par l'espérance de celles qu'il allait accomplir encore, et n'avait actuellement aucune raison de prudence pour se montrer modeste ou circonspect, car au contraire la jactance

Fév. 1814.

Envoi du prince de Liechtenstein à Napoléon pour proposer une suspension d'armes.

Fév. 1814.

Accueil fait par Napoléon au prince de Liechtenstein.

pouvait être de l'habileté. Il s'y livra donc par disposition du moment et par calcul.

Le prince Wenceslas l'ayant fort complimenté sur les belles opérations qu'il venait d'exécuter, Napoléon l'écouta avec une satisfaction visible, parla beaucoup de celles qu'il préparait, exagéra singulièrement l'étendue de ses forces, se plaignit des outrageantes propositions qu'on lui avait adressées, et, d'un sujet passant à l'autre, demanda s'il était vrai que plusieurs princes de Bourbon se trouvassent déjà au quartier général des alliés. En effet le duc d'Angoulême essayait actuellement de se faire accueillir au quartier général de lord Wellington; le duc de Berry était sur une frégate à Belle-Ile, tâchant par sa présence d'agiter les esprits en Vendée; enfin le père de ces deux princes, le comte d'Artois lui-même, muni du titre de lieutenant général du royaume, et représentant Louis XVIII retiré à Hartwel, était venu en Suisse, puis en Franche-Comté, pour obtenir son admission au quartier général des souverains. Toutefois aucun de ces princes n'avait encore réussi dans ses démarches.

Napoléon doit répondre après son entrée dans Troyes.

L'envoyé du prince de Schwarzenberg se hâta de désavouer toute participation de l'Autriche à des menées contraires à la dynastie impériale, et affirma, ce qui était vrai, que le comte d'Artois avait été écarté du quartier général. Cette déclaration fit à Napoléon plus de plaisir qu'il n'en témoigna; il dit qu'il allait s'occuper de la proposition qu'on lui adressait, et qu'il répondrait de la ville même de Troyes, dans laquelle il prétendait entrer immédiatement.

Son assurance bonne à montrer aux Prussiens et aux Russes, n'avait pas autant d'à-propos à l'égard des Autrichiens, qui désiraient la paix, et auxquels il fallait la laisser espérer, pour les disposer à la modération dans les vues, et au moins à l'hésitation dans les conseils.

Fév. 1814.

Arrivé aux portes de Troyes, Napoléon y trouva l'arrière-garde des coalisés décidée à s'y défendre, et menaçant même de brûler la ville si on insistait pour y entrer tout de suite. Une telle menace de la part des Russes avait quelque chose de trop sérieux pour qu'on n'en tînt pas compte. Il fut verbalement convenu que le lendemain 24, les uns sortiraient de Troyes, et que les autres y entreraient sans coup férir, ou du moins sans aucun acte d'agression ou de résistance qui pût mettre la ville en péril. Le lendemain effectivement, les dernières troupes de la coalition sortirent pacifiquement de Troyes, tandis que les nôtres y entrèrent de même, et Napoléon, qui vingt jours auparavant avait traversé cette ville presque en vaincu, l'esprit plein de pressentiments sinistres, ne sachant s'il pourrait défendre Paris, et réduit à ordonner qu'on éloignât de la capitale sa femme, son fils, son gouvernement, son trésor, Napoléon reparaissait maintenant au milieu de Troyes après avoir mis avec une poignée d'hommes les armées de l'Europe en fuite, et il voyait les coalisés, naguère si hautains, lui demander sinon de déposer les armes, du moins de les laisser reposer quelques jours dans le fourreau! Étrange changement de fortune, qui prouve tout ce qu'un homme de caractère et de génie, en sachant persévérer à la guerre,

Convention tacite pour l'évacuation de Troyes et la restitution de cette ville aux Français.

Singulier changement de fortune en un mois.

peut quelquefois faire sortir de chances imprévues et heureuses d'une situation en apparence désespérée! Ce changement de fortune était-il assez décisif pour qu'on y pût compter? Doute cruel, qu'il appartenait à la prudence seule, unie au génie, de convertir en certitude. Il fallait en effet à l'égard des coalisés joindre à la victoire la plus parfaite mesure, pour abattre la jactance des uns, sans décourager la modération des autres, et saisir, pour ainsi dire au vol, l'occasion d'une transaction bien difficile à opérer entre les propositions de Francfort et celles de Châtillon! Là était le problème à résoudre. Napoléon malheureusement se fiait trop au retour décidé de la fortune pour être sage, et il est vrai qu'en ce moment il était fondé à l'espérer, en ne regardant qu'à l'extérieur des choses. Que ne pouvons-nous l'espérer nous-mêmes, et nous faire illusion au moins un instant dans ce triste récit des temps passés, car en 1814 il s'agissait, non d'un homme, non d'un grand homme, qui est ce qu'il y a de plus intéressant au monde après la patrie, mais de la France, à qui on pouvait sauver encore la moitié de sa grandeur, à qui on pouvait conserver Mayence en sacrifiant Anvers!

FIN DU LIVRE CINQUANTE-DEUXIÈME.

LIVRE CINQUANTE-TROISIÈME.

PREMIÈRE ABDICATION.

État intérieur de Paris pendant les dernières opérations militaires de Napoléon. — Secrètes menées des partis. — Attitude de M. de Talleyrand; ses vues; envoi de M. de Vitrolles au camp des alliés. — Conférences de Lusigny; instructions données à M. de Flahaut relativement aux conditions de l'armistice. — Efforts tentés de notre part pour faire préjuger la question des frontières en traçant la ligne de séparation des armées. — Retraite du prince de Schwarzenberg jusqu'à Langres. — Grand conseil des coalisés. — Le parti de la guerre à outrance veut qu'on adjoigne les corps de Wintzingerode et de Bulow à l'armée de Blucher, afin de procurer à celui-ci les moyens de marcher sur Paris. — La difficulté d'ôter ces corps à Bernadotte levée extraordinairement par lord Castlereagh. — Ce dernier profite de cette occasion pour proposer le traité de Chaumont, qui lie la coalition pour vingt ans, et devient ainsi le fondement de la Sainte-Alliance. — Joie de Blucher et de son parti; sa marche pour rallier Bulow et Wintzingerode. — Danger du maréchal Mortier envoyé au delà de la Marne, et de Marmont laissé entre l'Aube et la Marne. — Ces deux maréchaux parviennent à se réunir, et à contenir Blucher pendant que Napoléon vole à leur secours. — Marche rapide de Napoléon sur Meaux. — Difficulté de passer la Marne. — Blucher, couvert par la Marne, veut accabler les deux maréchaux qui ont pris position derrière l'Ourcq. — Napoléon franchit la Marne, rallie les deux maréchaux, et se met à la poursuite de Blucher, qui est obligé de se retirer sur l'Aisne. — Situation presque désespérée de Blucher menacé d'être jeté dans l'Aisne par Napoléon. — La reddition de Soissons, qui livre aux alliés le pont de l'Aisne, sauve Blucher d'une destruction certaine, et lui procure un renfort de cinquante mille hommes par la réunion de Wintzingerode et de Bulow. — Situation critique de Napoléon et son impassible fermeté en présence de ce subit changement de fortune. — Première conception du projet de marcher sur les places fortes pour y rallier les garnisons, et tomber à la tête de cent mille hommes sur les derrières de l'ennemi. — Il est nécessaire auparavant d'aborder Blucher et de lui livrer bataille. — Napoléon enlève le pont de Berry-au-Bac, et passe l'Aisne avec cinquante mille hommes en présence des cent mille hommes de Blucher. — Dangers de la bataille qu'il faut livrer avec cinquante mille combattants contre cent mille. — Raisons qui décident Napoléon à enlever le plateau de Craonne pour se porter sur Laon par la route de Soissons. — Sanglante bataille de

Craonne, livrée le 7 mars, dans laquelle Napoléon enlève les formidables positions de l'ennemi. — Après s'être emparé de la route de Soissons, Napoléon veut pénétrer dans la plaine de Laon pour achever la défaite de Blucher. — Nouvelle et plus sanglante bataille de Laon, livrée les 9 et 10 mars, et restée indécise par la faute de Marmont qui s'est laissé surprendre. — Napoléon est réduit à battre en retraite sur Soissons. — Son indomptable énergie dans une situation presque désespérée. — Le corps de Saint-Priest s'étant approché de lui, il fond sur ce corps qu'il met en pièces dans les environs de Reims, après en avoir tué le général. — Napoléon menacé d'être étouffé entre Blucher et Schwarzenberg, se résout à exécuter son grand projet de marcher sur les places, pour en rallier les garnisons et tomber sur les derrières des alliés. — Ses instructions pour la défense de Paris pendant son absence. — Consternation de cette capitale. — Le conseil de régence consulté veut qu'on accepte les propositions du congrès de Châtillon. — Indignation de Napoléon, qui menace d'enfermer à Vincennes Joseph et ceux qui parlent de se soumettre aux conditions de l'ennemi. — Événements qui se sont passés dans le Midi, et bataille d'Orthez, à la suite de laquelle le maréchal Soult s'est porté sur Toulouse, et a laissé Bordeaux découvert. — Entrée des Anglais dans Bordeaux, et proclamation des Bourbons dans cette ville le 12 mars. — Fâcheux retentissement de ces événements à Paris. — Napoléon en voyant l'effroi de la capitale, vers laquelle le prince de Schwarzenberg s'est sensiblement avancé, se décide, avant de marcher sur les places, à faire une apparition sur les derrières de Schwarzenberg pour le détourner de Paris en l'attirant à lui. — Mouvement de la Marne à la Seine, et passage de la Seine à Méry. — Napoléon se trouve à l'improviste en face de toute l'armée de Bohême. — Bataille d'Arcis-sur-Aube, livrée le 22 mars, dans laquelle vingt mille Français tiennent tête pendant une journée à quatre-vingt-dix mille Russes et Autrichiens. — Napoléon prend enfin le parti de repasser l'Aube et de se couvrir de cette rivière. — Il se porte sur Saint-Dizier dans l'espérance d'avoir attiré l'armée de Bohême à sa suite. — Son projet de s'avancer jusqu'à Nancy pour y rallier quarante à cinquante mille hommes des diverses garnisons. — En route il est rejoint par M. de Caulaincourt, lequel a été obligé de quitter le congrès de Châtillon par suite du refus d'admettre les propositions des alliés. — Fin du congrès de Châtillon et des conférences de Lusigny. — Napoléon n'a aucun regret de ce qu'il a fait, et ne désespère pas encore de sa fortune. — Pendant ce temps les armées de Silésie et de Bohême, entre lesquelles il a cessé de s'interposer, se sont réunies dans les plaines de Châlons, et délibèrent sur la marche à adopter. — Grand conseil des coalisés. — La raison militaire conseillerait de suivre Napoléon, la raison politique de le négliger, pour se porter sur Paris et y opérer une révolution. — Des lettres interceptées de l'Impératrice et des ministres décident la marche sur Paris. — Influence du comte Pozzo di Borgo en cette circonstance. — Mouvement des alliés vers la capitale. — Marmont

PREMIÈRE ABDICATION.

et Mortier s'étant laissé couper de Napoléon, rencontrent l'armée entière des coalisés. — Triste journée de Fère-Champenoise. — Retraite des deux maréchaux. — Apparition de la grande armée coalisée sous les murs de Paris. — Incapacité du ministre de la guerre et incurie de Joseph, qui n'ont rien préparé pour la défense de la capitale. — Conseil de régence où l'on décide la retraite du gouvernement et de la cour à Blois. — Au lieu d'organiser une défense populaire dans l'intérieur de Paris, on a la folle idée de livrer bataille en dehors de ses murs. — Bataille de Paris livrée le 30 mars avec vingt-cinq mille Français contre cent soixante-dix mille coalisés. — Bravoure de Marmont et de Mortier. — Capitulation forcée de Paris. — M. de Talleyrand s'applique à rester dans Paris, et à s'emparer de l'esprit de Marmont. — Entrée des alliés dans la capitale; leurs ménagements; attitude à leur égard des diverses classes de la population. — Empressement des souverains auprès de M. de Talleyrand, qu'ils font en quelque sorte l'arbitre des destinées de la France. — Événements qui se passent à l'armée pendant la marche des coalisés sur Paris. — Brillant combat de Saint-Dizier; circonstance fortuite qui détrompe Napoléon, et lui apprend enfin qu'il n'est pas suivi par les alliés. — Le danger évident de la capitale et le cri de l'armée le décident à rebrousser chemin. — Son retour précipité. — Napoléon pour arriver plus tôt se sépare de ses troupes, et parvient à Fromenteau entre onze heures du soir et minuit, au moment même où l'on signait la capitulation de Paris. — Son désespoir, son irritation, sa promptitude à se remettre. — Tout à coup il forme le projet de se jeter sur les coalisés disséminés dans la capitale et partagés sur les deux rives de la Seine, mais comme il n'a pas encore son armée sous la main, il se propose de gagner en négociant les trois ou quatre jours dont il a besoin pour la ramener. — Il charge M. de Caulaincourt d'aller à Paris afin d'occuper Alexandre en négociant, et se retire à Fontainebleau dans l'intention d'y concentrer l'armée. — M. de Caulaincourt accepte la mission qui lui est donnée, mais avec la secrète résolution de signer la paix à tout prix. — Accueil fait par l'empereur Alexandre à M. de Caulaincourt. — Ce prince désarmé par le succès redevient le plus généreux des vainqueurs. — Cependant il ne promet rien, si ce n'est un traitement convenable pour la personne de Napoléon. — Les souverains alliés, moins l'empereur François retiré à Dijon, tiennent conseil chez M. de Talleyrand pour décider du gouvernement qu'il convient de donner à la France. — Principe de la légitimité heureusement exprimé et fortement soutenu par M. de Talleyrand. — Déclaration des souverains qu'ils ne traiteront plus avec Napoléon. — Convocation du Sénat, formation d'un gouvernement provisoire à la tête duquel se trouve M. de Talleyrand. — Joie des royalistes; leurs efforts pour faire proclamer immédiatement les Bourbons; voyage de M. de Vitrolles pour aller chercher le comte d'Artois. — M. de Talleyrand et quelques hommes éclairés dont il s'est entouré, modèrent le mouvement des royalistes, et veulent qu'on rédige une constitution, qui sera la condition expresse du retour des Bourbons. — Empressement d'Alexandre à entrer dans ces idées.— Déchéance de Napoléon prononcée le 3 avril, et rédaction par le Sénat d'une constitution à la fois monarchique et libérale. — Vains efforts de M. de Caulaincourt en faveur de Napoléon, soit auprès d'Alexandre, soit auprès du prince de Schwarzenberg. — On le renvoie à Fontainebleau pour persuader à Napoléon d'abdiquer; en même temps on cherche à détacher les chefs de l'armée. — D'après le conseil de M. de Talleyrand, toutes les tentatives de séduction sont dirigées sur le maréchal Marmont, qui forme à Essonne la tête de colonne de l'armée. — Événements à Fontainebleau pendant les événements de Paris. — Grands projets de Napoléon. — Sa conviction, s'il est secondé, d'écraser les alliés dans Paris. — Ses dispositions militaires et son extrême confiance dans Marmont qu'il a placé sur l'Essonne. — Réponses évasives qu'il fait à M. de Caulaincourt, et ses secrètes résolutions pour le lendemain. — Le lendemain, 4 avril, il assemble l'armée, et annonce la détermination de marcher sur Paris. — Enthousiasme des soldats et des officiers naguère abattus, et consternation des maréchaux. — Ceux-ci, se faisant les interprètes de tous les hommes fatigués, adressent à Napoléon de vives représentations. — Napoléon leur demande s'ils veulent vivre sous les Bourbons. — Sur leur réponse unanime qu'ils veulent vivre sous le Roi de Rome, il a l'idée de les envoyer à Paris avec M. de Caulaincourt pour obtenir la transmission de la couronne à son fils. — Tandis qu'il feint d'accepter cette transaction, il est toujours résolu à la grande bataille dans Paris, et en fait tous les préparatifs. — Départ des maréchaux Ney et Macdonald, avec M. de Caulaincourt, pour aller négocier la régence de Marie-Louise au prix de l'abdication de Napoléon. — Leur rencontre avec Marmont à Essonne. — Embarras de celui-ci qui leur avoue qu'il a traité secrètement avec le prince de Schwarzenberg, et promis de passer avec son corps d'armée du côté du gouvernement provisoire. — Sur leurs observations il retire la parole donnée au prince de Schwarzenberg, ordonne à ses généraux, qu'il avait mis dans sa confidence, de suspendre tout mouvement, et suit à Paris la députation chargée d'y négocier pour le Roi de Rome. — Entrevue des maréchaux avec l'empereur Alexandre. — Ce prince, un moment ébranlé, remet la décision au lendemain. — Pendant ce temps Napoléon ayant mandé Marmont à Fontainebleau pour préparer sa grande opération militaire, les généraux du 6ᵉ corps se croient découverts, quittent l'Essonne, et exécutent le projet suspendu de Marmont. — Cette nouvelle achève de décider les souverains alliés, et la cause du Roi de Rome est définitivement abandonnée. — M. de Caulaincourt renvoyé auprès de Napoléon pour obtenir son abdication pure et simple. — Napoléon, privé du corps de Marmont, et ne pouvant plus dès lors rien tenter de sérieux, prend le parti d'abdiquer. — Retour de M. de Caulaincourt à Paris et ses efforts pour obtenir un traitement convenable en faveur de Napoléon et de la famille impériale. — Générosité d'Alexandre. — M. de Caulaincourt obtient l'île d'Elbe pour Napoléon, le grand-duché de Parme pour

PREMIÈRE ABDICATION.

Marie-Louise et le Roi de Rome, et des pensions pour tous les princes de la famille impériale. — Son retour à Fontainebleau. — Tentative de Napoléon pour se donner la mort. — Sa résignation. — Élévation de ses pensées et de son langage. — Constitution du Sénat, et entrée de M. le comte d'Artois dans Paris le 12 avril. — Enthousiasme et espérances des Parisiens. — Départ de Napoléon pour l'île d'Elbe. — Coup d'œil général sur les grandeurs et les fautes du règne impérial.

Fév. 1814.

Napoléon voulait procurer quelque soulagement à la ville de Paris naguère si alarmée, et la faire jouir de ses triomphes, il voulait surtout relever les esprits, ce qui était pour l'organisation de ses forces d'un sérieux avantage, car on n'obtient guère de concours d'un peuple découragé. En conséquence, il avait prescrit une cérémonie militaire et religieuse pour la réception des drapeaux et l'entrée des vingt-cinq mille prisonniers qu'on venait d'enlever à l'ennemi. Il avait désiré que ces prisonniers, menés de l'Est à l'Ouest à travers Paris, parcourussent toute l'étendue des boulevards, afin que les Parisiens pussent s'assurer par leurs propres yeux de la réalité des prodiges opérés par leur empereur. En pareille circonstance le calcul excusait l'orgueil.

État intérieur de Paris pendant les dernières opérations militaires de Napoléon.

Fête ordonnée pour la réception des prisonniers.

En effet, à la nouvelle de l'approche de ces prisonniers, la population de Paris afflua sur les boulevards pour voir défiler ensemble Prussiens, Autrichiens et Russes, marchant désarmés sous la conduite de leurs officiers et de leurs généraux. Sans être arrogants ils n'étaient point consternés, et on pouvait discerner sur leur visage un tout autre sentiment que celui que manifestaient jadis les prisonniers d'Austerlitz ou d'Iéna. Il leur restait une certaine confiance et un véritable orgueil d'avoir été pris dans des lieux si voisins de notre capitale.

Fév. 1814.

Joie et compassion des Parisiens en voyant les nombreux prisonniers faits dans les derniers combats.

Bien qu'on fût fatigué de l'arbitraire impérial, et parfaitement éclairé sur les inconvénients d'un despotisme qui, après avoir poussé la guerre jusqu'au Kremlin, la ramenait aujourd'hui jusqu'au pied de Montmartre, cependant les masses, dominées par les impressions du moment, ne pouvaient s'empêcher d'applaudir aux derniers succès de Napoléon, et d'éprouver la satisfaction la plus vive en voyant défiler vaincus et captifs ces soldats étrangers, que chacun avait craint de voir entrer dans Paris en vainqueurs et en dévastateurs. Du reste, avec la délicatesse naturelle à la nation française, on ne les offensa point. L'imprévoyance, hélas! eût été trop grande. Après un premier instant de contentement, on sentit naître en soi la pitié, et en remarquant l'extrême misère de la plupart de ces prisonniers, plus d'une âme bonne et compatissante laissa tomber sur eux une aumône reçue avec une véritable reconnaissance.

Quelques moments de sérénité à la cour.

A la cour les choses prirent un aspect plus serein. De nombreux visiteurs accoururent auprès de l'Impératrice et du Roi de Rome, et en particulier ces hauts fonctionnaires qui, ayant cru le trône impérial en danger, avaient cherché en s'éloignant à n'être pas écrasés sous ses ruines. Ils reparurent

Retour empressé des courtisans qui s'étaient éloignés un moment.

joyeux, quelques-uns cependant assez soucieux de l'accueil qu'on leur ferait, tous vantant la glorieuse campagne dont quelques jours auparavant ils déploraient la témérité, et après avoir beaucoup répété la veille ou l'avant-veille qu'on était fou de ne pas accepter les frontières de 1790, se récriant aujourd'hui contre une paix aussi déshonorante, et déclarant bien haut que les bases de Francfort devaient être la condition absolue de la paix future. Marie-Louise, trop étrangère à notre pays pour connaître et juger ces hommes, troublée d'ailleurs par la joie presque autant qu'elle l'avait été par la crainte, fit bon accueil à tous ceux qui se présentèrent, et se flatta presque de revoir bientôt les beaux jours de sa première arrivée en France [1].

Fév. 1844.

Cette joie, les inconséquences qu'elle amène et excuse, ne s'apercevaient guère chez les partis ennemis. Bien que ces partis fussent deux, les anciens révolutionnaires et les royalistes, ils n'étaient pas deux à regretter les succès de Napoléon. Les révolutionnaires étaient presque joyeux par crainte de l'étranger et par haine des Bourbons. Les royalistes, après avoir espéré un moment le retour de princes chéris, se demandaient avec chagrin s'il fallait tout à coup renoncer à cet espoir. Ils cherchaient une excuse à leurs vœux secrets dans les malheurs que Napoléon avait attirés sur la France, et se disaient que toute main, même celle de l'étranger, était bonne pour se délivrer d'un si odieux despotisme. Cependant ils se contentaient de former des vœux, et ils demeuraient complétement inactifs. Des conversations à voix basse entre les mem-

Dispositions secrètes des partis.

Satisfaction des révolutionnaires, et anxiété des royalistes en voyant le retour des Bourbons mis en doute.

Inaction et impuissance des royalistes.

---

[1] Je ne suppose rien, je prends ces détails dans la correspondance du ministre de la police, dans celle de l'archichancelier, qui informaient Napoléon des moindres détails. J'en avertis le lecteur pour la centième fois, et heureusement pour la dernière, car je suis au terme de ma tâche. Mais je ne me lasse pas de mettre à couvert ma responsabilité d'historien, et c'est un scrupule que le lecteur me pardonnera, car il lui prouvera, je l'espère, mon amour de la vérité.

bres de l'ancienne noblesse et du clergé, des bruits malveillants dans lesquels on exagérait nos revers ou contestait nos succès, une résistance inerte aux mesures de l'administration, constituaient tous leurs efforts contre le gouvernement impérial. Les émigrés qui depuis la révolution n'avaient cessé de vivre à l'étranger auprès des princes de Bourbon, avaient presque perdu l'habitude de correspondre avec l'intérieur de la France. Ils l'essayaient en ce moment sans trouver aucun empressement à leur répondre, et par exemple dans les provinces menacées d'invasion personne n'aurait osé accourir à leur rencontre pour proclamer les Bourbons. A peine quelques royalistes osaient-ils hasarder une manifestation dans les villes déjà solidement occupées par les armées alliées. A Troyes, deux vieux chevaliers de Saint-Louis avaient présenté à Alexandre une pétition pour demander le rétablissement des Bourbons, imprudence qui devait coûter cher à ces infortunés ! A Paris on citait deux membres de l'ancienne noblesse, MM. de Polignac, qui, transférés de leur prison dans une maison de santé, s'étaient évadés pour aller, à leurs risques et périls, offrir à M. le comte d'Artois leur dévouement éprouvé.

Rien de sérieux évidemment ne pouvait être tenté par ces hommes, trop étrangers depuis vingt-cinq ans aux affaires de la France pour y exercer quelque influence. Il fallait que des membres du gouvernement actuel, les uns mécontents de Napoléon qui les avait maltraités, les autres désirant assurer leur situation sous un régime nouveau, tendissent la main aux royalistes, pour qu'une menée tant soit peu efficace, et en tout cas bien cachée, fût ourdie en leur faveur. On essayait quelque chose de pareil actuellement, mais très-secrètement et en tremblant.

Fév. 1814.

De tous les mécontents que le régime impérial avait faits, le plus éclatant, celui qui donnait le plus à penser aux amis des Bourbons comme aux amis des Bonaparte, était M. de Talleyrand. Il était l'objet des espérances des uns, des craintes des autres, et quoiqu'il fût en position, et même à la veille de jouer un grand rôle, ils s'exagéraient beaucoup ce qu'il pouvait et ce qu'il oserait faire. Que le moment venu, Napoléon étant définitivement vaincu, l'ennemi se trouvant dans Paris, M. de Talleyrand fût le seul homme dont on pût se servir pour constituer un nouveau gouvernement sur les ruines du gouvernement renversé, c'était incontestable, mais qu'il pût, et voulût prendre l'initiative d'une révolution, le drapeau tricolore flottant encore sur les Tuileries, c'était une fausse terreur de la police impériale, et une pure illusion des salons royalistes. La mauvaise volonté de M. de Talleyrand pour l'Empire était sans doute aussi grande qu'elle pouvait l'être, mais ses moyens et sa témérité n'étaient pas au niveau de cette mauvaise volonté. En refusant le portefeuille des affaires étrangères deux mois auparavant, surtout parce qu'on ne voulait pas lui laisser la qualité de grand dignitaire, il avait à peu près rompu avec l'Empire, et, comme on l'a vu, Napoléon la veille même de son départ pour l'armée l'avait traité de manière à lui inspirer les plus vives appréhensions. Quelques insinuations de personnes

Tous les yeux fixés sur M. de Talleyrand.

On s'exagère ce qu'il peut faire.

en rapport avec les Bourbons lui avaient appris, ce qu'il savait du reste, que les services d'un évêque marié seraient très-bien accueillis des princes les plus pieux, car il n'y a rien qui ne s'oublie devant les services, non pas rendus mais à rendre. Les partis n'ont que la mémoire qui leur convient : selon le besoin du jour, ils ont tout oublié ou se souviennent de tout. M. de Talleyrand avec sa profonde connaissance des hommes et des choses n'en était donc pas à apprendre que sa carrière, finie avec les Bonaparte, était aisée à recommencer avec les Bourbons. Mais il connaissait le duc de Rovigo, facile, familier, amical même avec ceux qu'il surveillait, capable néanmoins au premier soupçon sérieux, ou au premier ordre de Napoléon, d'appliquer sa rude main de soldat sur un manteau de grand dignitaire. Aussi M. de Talleyrand était-il d'une extrême circonspection.

Chez lui, dans un hôtel de la rue Saint-Florentin, qui devint bientôt célèbre, M. de Talleyrand recevait entre autres personnages le duc de Dalberg, l'abbé de Pradt, le baron Louis. M. de Dalberg, descendant des illustres Dalberg d'Allemagne, neveu du prince Primat, d'abord ennemi, puis ami de l'Empire, bien doté à l'époque des sécularisations, brouillé quelque temps après avec Napoléon parce que celui-ci avait transporté au prince Eugène l'héritage du prince Primat, personnage de petite taille, de manières à la fois allemandes et françaises, de physionomie vive, d'humeur remuante, d'opinion franchement libérale, d'esprit remarquable et surtout très-fin, avait souvent exhalé son mécontentement chez M. de Talleyrand, avec une hardiesse qui avait attiré à sa jeune épouse une disgrâce de cour. Il en était irrité, et ne s'en cachait guère. L'abbé de Pradt, relégué dans son diocèse depuis sa fâcheuse ambassade de Varsovie, aux difficultés de laquelle il avait ajouté tous les défauts de son caractère, était revenu à Paris depuis nos derniers revers, et joignait sa langue à celle du duc de Dalberg, de manière à se faire entendre de la police qui aurait eu l'oreille la plus dure. Le baron Louis, jadis à demi engagé dans les ordres, en étant sorti depuis, exclusivement appliqué aux sciences économiques, doué d'un vrai génie financier, esprit à la fois véhément et ferme, ami de la liberté dans la mesure qu'autorise une sage politique, détestait le régime impérial par les motifs d'un homme éclairé, et fréquentait volontiers un cercle où il trouvait avec beaucoup de lumières toutes les passions qui l'animaient.

Ces personnages et quelques autres se rencontraient sans cesse chez M. de Talleyrand, et y échangeaient l'expression de leurs sentiments. Le pétulant abbé de Pradt y disait avec la vivacité ordinaire de ses allures qu'il fallait tout simplement mettre les Bourbons à la place des Bonaparte; le duc de Dalberg le disait moins, le désirait tout autant, et était capable d'y travailler plus utilement. Le baron Louis demandait qu'on mît fin à un despotisme qui, depuis deux années, paraissait extravagant. M. de Talleyrand, avec sa nonchalance ordinaire, écoutait assez pour encourager ceux qui parlaient de la sorte, pas assez pour être personnelle-

Fév. 1814.

L'abbé de Pradt.

Le baron Louis.

Langage qui se tenait chez M. de Talleyrand.

ment compromis. Quelquefois cependant il s'ouvrait avec un de ces visiteurs, rarement avec deux, et quand il le faisait, c'était avec le duc de Dalberg dont il connaissait la hardiesse, la dextérité, les relations nombreuses, et duquel il pouvait attendre un concours efficace. Il considérait l'abbé de Pradt comme un étourdi, le baron Louis comme un savant administrateur, très-bon à employer dans l'occasion, mais ne leur confiait rien, car dans le moment présent il n'avait pas plus à faire de la légèreté de l'un que du sérieux de l'autre. Il les laissait dire avec un sourire à la fois approbateur et évasif, puis après les avoir écoutés sortait de chez lui, allait rendre visite au duc de Rovigo, sous prétexte de demander des nouvelles, lui témoignait l'intérêt le plus vif pour les succès de l'armée française, affectait de déplorer l'inhabileté de la plupart des agents de Napoléon, disait qu'il était bien malheureux qu'un si grand homme fût si mal servi, en quoi il trouvait le duc de Rovigo tout à fait d'accord avec lui, car ce ministre mécontent de la plupart de ses collègues, se plaignant de n'être plus écouté de Napoléon, regrettant qu'il se fût séparé de M. de Talleyrand, était de ceux auxquels on pouvait faire entendre une critique mesurée de l'état de choses, pourvu qu'elle partît du dévouement et non du désir de renverser. M. de Talleyrand affectait auprès du duc de Rovigo d'être du nombre de ces censeurs qui blâment parce qu'ils aiment, ne trompait son clairvoyant interlocuteur qu'à demi, mais le trompait assez pour atténuer l'effet des propos qu'on tenait à l'hôtel de la rue Saint-Florentin. Rentré chez lui,

M. de Talleyrand permettait de nouveau les conversations les plus hardies, n'avouait qu'au duc de Dalberg son désir de se soustraire à un joug insupportable, en cherchait avec lui les moyens, et ne les découvrait guère. Tenter quelque chose tant que les étrangers armés étaient si loin de Paris, lui semblait impraticable. Une idée qui frappait surtout le duc de Dalberg et M. de Talleyrand, c'est qu'en tâtonnant entre la Seine et la Marne, et en négociant à Châtillon, les coalisés ménageaient à Napoléon les seules chances qu'il eût de se sauver. Rompre toute négociation avec lui, le présenter dès lors à la France comme l'unique obstacle à la paix, profiter de l'une de ses allées et venues pour percer sur la capitale, était à leurs yeux l'unique manière d'en finir. A peine les coalisés paraîtraient-ils aux portes de Paris, qu'on ferait une levée de boucliers, qu'on proclamerait Napoléon déchu, et qu'on briserait ainsi dans ses mains l'épée qu'il était presque impossible de lui arracher.

C'était là ce que MM. de Talleyrand et de Dalberg auraient voulu faire parvenir à l'oreille des souverains coalisés; mais, preuve singulière du peu de concert entre le dedans et le dehors, ils n'avaient pu se procurer un intermédiaire pour communiquer ces idées. Ainsi messieurs de Polignac ayant réussi à s'évader, n'avaient rien emporté ni de M. de Talleyrand ni du duc de Dalberg, les seuls hommes qui fussent en ce moment capables de servir la cause des Bourbons.

Il y avait cependant à Paris un gentilhomme du Dauphiné, doué de beaucoup d'esprit et de cou-

Fév. 1814.

Idées de M. de Talleyrand et du duc de Dalberg sur le moyen le plus sûr de se délivrer du gouvernement impérial.

Le baron de Vitrolles, son origine,

rage, engagé autrefois dans l'armée de Condé, et, quoique ayant conservé des sentiments royalistes, s'était rapproché de son compatriote M. de Montalivet, qui lui avait fait obtenir le titre de baron et celui d'inspecteur des bergeries impériales. Mais mal rattaché à l'Empire par ces demi-faveurs, il sentait tressaillir son cœur à la seule espérance de revoir les Bourbons en France. Ce gentilhomme dauphinois était M. de Vitrolles. Ayant le goût de se mêler aux hommes en place, par curiosité et par ambition, il était entré en relation avec le duc de Dalberg, qui connaissait tous les gens remuants et en était connu, et par le duc de Dalberg avait été introduit chez M. de Talleyrand, qu'il visitait quelquefois. M. de Dalberg cherchant un intermédiaire hardi qui osât se rendre au quartier général de la coalition, pour y transmettre les pensées de M. de Talleyrand et les siennes, avait songé à M. de Vitrolles, et l'avait trouvé tout à fait disposé à entreprendre un pareil voyage. Le difficile c'était d'accréditer M. de Vitrolles auprès des grands personnages, souverains ou ministres, qui tour à tour siégeaient à Langres, à Brienne, à Troyes, selon les alternatives de la guerre. Un seul homme le pouvait de manière à faire accueillir sur-le-champ l'individu qui viendrait en son nom, et cet homme était M. de Talleyrand. Mais jamais il n'aurait voulu confier à qui que ce fût une preuve positive de son action contre le gouvernement établi, et il s'était refusé à envoyer autre chose que des conseils fort sensés, qui seraient transmis verbalement aux souverains et aux ministres de la coalition. M. de Dalberg, qui ne se ménageait guère lorsqu'il pouvait faire un pas vers son but, suppléa à ce que n'osait se permettre M. de Talleyrand. Allemand d'origine, il avait beaucoup fréquenté à Vienne M. de Stadion : il fournit à M. de Vitrolles quelques signes de reconnaissance propres à constater d'une manière certaine que celui qui en était porteur se présentait de sa part, et le mit en route avec la mission de rapporter ce que nous venons d'exposer, ce que le comte Pozzo di Borgo répétait tous les jours à l'empereur Alexandre, c'est-à-dire qu'il fallait rompre toute négociation avec Napoléon, et marcher droit sur Paris. L'armistice qui paraissait se négocier aux avant-postes, et dont la nouvelle était déjà répandue à Paris, était aux yeux du duc de Dalberg une raison de se hâter, et de faire savoir le plus tôt possible aux coalisés que toute main tendue par eux à Napoléon le relevait au moment même où il allait tomber. Après avoir entretenu les ministres et les souverains étrangers, M. de Vitrolles devait se rendre auprès du comte d'Artois, qu'on disait en Franche-Comté, pour lui donner aussi des avis utiles, dont ce prince avait encore plus besoin que les ministres de la coalition. M. de Vitrolles partit par la route de Sens, avec des passe-ports supposés, et sans que M. de Rovigo en sût rien, le secret ayant été renfermé entre MM. de Talleyrand, de Dalberg et de Vitrolles. Obligé de traverser les armées françaises et coalisées, il avait à vaincre de nombreuses difficultés, et ne pouvait arriver promptement au quartier général vers lequel il se dirigeait.

Tandis que se préparaient ainsi les sourdes me-

Fév. 1814.

Entrée de Napoléon à Troyes.

Choix du comte de Flahaut pour traiter d'un armistice à Lusigny.

Nature des instructions données au comte de Flahaut.

nées qui devaient contribuer, beaucoup moins toutefois que ses fautes, à la chute de Napoléon, celui-ci était entré à Troyes, et s'était occupé de l'armistice dont il avait accueilli la proposition. L'armistice, comme moyen de faire gagner du temps aux coalisés et de lui en faire perdre à lui-même, ne lui convenait certainement pas, car il voulait au contraire les joindre au plus vite, pour leur livrer une bataille décisive. Mais cet armistice lui convenait comme moyen de négocier plus directement, plus près de lui, et sous l'impression des coups qu'il portait chaque jour. Il avait donc consenti à envoyer l'un de ses aides de camp aux avant-postes, et avait confié cette mission à M. le comte de Flahaut. Il lui avait donné pour instructions [1] de repousser toute suspension d'armes pendant ces pourparlers, ne voulant pas pour un échange de propos, peut-être insignifiant, laisser échapper le prince de Schwarzenberg; d'exiger un préambule dans lequel on commencerait par déclarer qu'on allait traiter de la paix sur les bases de Francfort, et de tracer enfin la ligne de séparation entre les armées belligérantes de manière à impliquer la conservation pour la France de Mayence et d'Anvers. Si ces conditions étaient admises, Napoléon pouvait en effet déposer les armes, car il n'aurait probablement plus à les reprendre, ayant l'intention bien formelle de ne pas poursuivre la lutte si on lui laissait la ligne du Rhin et des Alpes. Mais déposer les armes sans

[1] Ces instructions existent à la secrétairerie d'État, et n'étaient pas, comme on l'a dit, purement verbales. Le sens en est donc connu d'une manière tout à fait certaine.

PREMIÈRE ABDICATION.

avoir la garantie des bases de Francfort, c'était à ses yeux perdre tous les avantages acquis, la fortune, comme il le croyait, étant alors prononcée pour lui.

M. de Flahaut partit de Troyes le 24, jour même où Napoléon y entrait, se rendit au village de Lusigny, situé à trois lieues au delà, y trouva MM. de Schouvaloff pour la Russie, de Rauch pour la Prusse, et de Langenau pour l'Autriche. En ce moment le maréchal Oudinot poussant l'arrière-garde ennemie sur Vandœuvres, criblait de balles le lieu même où allaient se réunir les négociateurs. Sur la demande de M. de Flahaut il fit porter ailleurs le combat, et le village de Lusigny fut neutralisé.

Les envoyés des puissances alliées paraissaient désirer une prompte solution; M. de Flahaut énonça donc sans différer les conditions dont il était porteur, et il proposa deux choses, premièrement la continuation des hostilités pendant les pourparlers, et secondement l'insertion d'un préambule qui consacrerait les bases de Francfort. Ces deux points n'étaient pas de nature à plaire aux commissaires ennemis, car le premier ôtait à l'armistice son principal intérêt, et le second lui donnait une portée contraire à tous les desseins de la coalition. Visiblement mécontents, les trois commissaires répondirent qu'ils n'avaient aucun pouvoir pour toucher aux questions diplomatiques. Suspendre momentanément les hostilités, et fixer la limite temporaire sur laquelle s'arrêteraient les armées belligérantes, constituait, dirent-ils, leur unique mission. Ils voulaient partir sur-le-champ, mais M. de Flahaut les retint, en les engageant à demander de nouvelles

---

Fév. 1814.

Réunion des commissaires ennemis avec M. de Flahaut dans le village de Lusigny.

La demande d'un préambule qui rappellerait les bases de Francfort est universellement repoussée.

Recours à des instructions nouvelles.

Fév. 1814.

Napoléon se départ de l'idée d'un préambule mentionnant les bases de Francfort, et se borne à exiger une démarcation provisoire qui lui laisserait Anvers et Chambéry.

instructions, et en promettant d'en demander lui-même. Ils consentirent à rester à Lusigny à condition qu'on écrirait immédiatement aux deux quartiers généraux pour réclamer ces nouvelles instructions.

Napoléon, bien qu'il fût fermement résolu à ne pas se désister des frontières naturelles, et que dans cette vue il ne voulût pas interrompre le cours de ses succès à moins d'être assuré des bases de Francfort, n'était pas indifférent toutefois à l'avantage de conclure un armistice, qui équivaudrait à la signature des préliminaires de paix, et qui amènerait un apaisement momentané des vives passions soulevées contre lui. Il renonça donc à ce préambule, qu'il était difficile d'insérer dans un simple armistice, et il consentit à la continuation des pourparlers, s'il pouvait par un détour revenir à son but. Ainsi, par exemple, si en déterminant les limites qui devaient séparer les armées, il obtenait que les coalisés lui laissassent Anvers du côté des Pays-Bas, Chambéry du côté de la Savoie, il tirerait de cette concession une présomption des plus fortes pour le règlement définitif des frontières. En conséquence il autorisa M. de Flahaut à poursuivre la négociation entamée à Lusigny, sans que la mention des bases de Francfort dans le préambule fût accordée, mais à condition que les armées ennemies rétrograderaient dans les Pays-Bas jusqu'au delà d'Anvers, et qu'en Savoie elles se tiendraient en dehors de Chambéry, dont elles étaient fort rapprochées. Si les commissaires ennemis acceptaient cette ligne de démarcation, c'était une présomption en faveur des frontières naturelles, qui sans équivaloir à la mention des bases de Francfort, en était pour ainsi dire l'acceptation de fait.

Fév. 1814.

C'est d'après ces données que M. de Flahaut dut continuer à parlementer à Lusigny. Le général Langenau, tombé malade, avait été remplacé par le général Ducca, porteur des assurances et des conseils les plus pacifiques de l'empereur François. Le nouveau parlementaire était chargé d'insister secrètement auprès de M. de Flahaut, pour que Napoléon ne s'obstinât point à poursuivre la guerre, car l'occasion actuelle était la dernière où il pourrait, sous l'influence de ses récents succès, traiter avantageusement. Le conseil était excellent, si moyennant certains sacrifices on pouvait obtenir mieux que les frontières de 1790, si par exemple en abandonnant Anvers et Bruxelles, on pouvait conserver Mayence et Cologne. Mais si cette insistance signifiait qu'il fallait pour sauver la dynastie abandonner toutes les acquisitions de la France depuis 1790, le conseil, bon de la part d'un beau-père, ne valait rien pour Napoléon, et sa résolution de périr, même en faisant tuer encore bien des milliers d'hommes, convenait mieux à sa gloire et aux véritables intérêts de la France.

Dans les conférences officielles, MM. de Schouvaloff, de Rauch, Ducca, déclarèrent, comme il était facile de le prévoir, qu'ils étaient réunis pour une simple convention militaire, que toute stipulation relative au fond des choses devait leur rester étrangère, qu'ils avaient reçu l'instruction formelle de s'en abstenir, que par conséquent le préambule demandé était inadmissible.

Reprise des conférences.

Fév. 1814.

Discussion de la ligne de démarcation entre les armées belligérantes.

Cette déclaration n'ayant pas provoqué de la part de M. de Flahaut la rupture des conférences, on en vint à la discussion de la ligne de démarcation. Le commissaire français proposa la sienne, conforme aux vues que nous venons d'exposer; les commissaires alliés proposèrent la leur, conforme aux résolutions politiques de leurs cours. Ils voulaient au nord s'avancer jusqu'à Lille, ils consentaient à rétrograder de quelques pas en Champagne et en Bourgogne, admettant la discussion sur la possession de Vitry, de Chaumont, de Langres, mais ils tenaient obstinément à Chambéry, et reproduisaient ainsi, à l'exemple de Napoléon, les prétentions fondamentales de leurs cours par la voie indirecte de l'armistice. On disputa, et on eut encore recours à de nouvelles instructions, ce qui devait prolonger de quelques jours la négociation.

Au lieu de rompre, on fait tourner la discussion en longueur.

On pouvait rompre à cette occasion, car il était facile de voir qu'on ne s'entendrait pas, à moins de nouveaux et graves événements militaires. Mais il ne convenait à aucune des parties de rompre sur-le-champ, car les pourparlers ne suspendant pas les hostilités ne nuisaient à personne, et le prince de Schwarzenberg espérait que peut-être il en résulterait quelque ralentissement dans les opérations de Napoléon. Napoléon de son côté, quoique bien décidé à continuer la lutte, sentant pourtant le besoin d'une paix prochaine, ne voulait pas fermer la nouvelle voie de négociation qui venait de s'ouvrir à ses côtés. Il pouvait toujours la clore d'un seul mot, et en la laissant ouverte il avait une ressource pour un cas pressé, il avait le moyen d'arrêter dans un péril extrême le bras des combattants. Il permit donc à son commissaire de disputer avec les commissaires ennemis sur les innombrables sinuosités d'une ligne de démarcation, qui commençant à Anvers allait finir à Chambéry.

Pendant ces deux jours de pourparlers, 24 et 25 février, il commit malheureusement un acte de vengeance, double résultat du calcul et de la colère.

En entrant à Troyes il fut assailli par les cris d'une partie de la population qui dénonçait quelques individus, coupables, disait-elle, d'avoir pactisé avec les ennemis pendant leur séjour dans la capitale de la Champagne. Bien que tout le monde fût fatigué du régime impérial, pourtant à la vue de l'étranger et au nom des Bourbons, cette unanimité disparaissait pour faire place aux vieilles divisions des partis. Les partisans de l'ancienne royauté, en se montrant, réveillaient dans le cœur des partisans de la révolution une colère assez naturelle, surtout lorsqu'on voyait ces royalistes demander aux ennemis de la France le triomphe de leur cause. A Troyes, deux chevaliers de Saint-Louis, MM. de Vidranges et de Gouault, prenant la cocarde blanche, avaient présenté à Alexandre une adresse pour réclamer le rétablissement des Bourbons. C'était la première manifestation de ce genre que les souverains alliés eussent rencontrée sur leurs pas, et Alexandre avec un sentiment d'humanité qui l'honorait, ne manqua pas de faire remarquer à ceux qui avaient osé se la permettre, que rien n'étant plus variable que le mouvement des armées, tour à tour exposées à s'avancer ou à reculer, que rien surtout n'étant

Fév. 1814.

Napoléon à Troyes.

On lui dénonce deux chevaliers de Saint-Louis qui ont présenté une pétition à l'empereur Alexandre pour le rappel des Bourbons.

moins décidé qu'un changement de dynastie en France, il craignait qu'ils n'eussent commis une imprudence qui pourrait leur devenir funeste. Malgré cette observation l'imprudence était commise, et les royalistes de Troyes n'avaient rien fait pour l'atténuer. Ils avaient mis au contraire une sorte d'ostentation, assurément courageuse, à se parer de leur cocarde blanche.

La population de Troyes, bien qu'elle comptât beaucoup de royalistes dans son sein, était très-irritée contre ceux qui avaient paru sympathiser avec l'ennemi. Aussi les dénonciations retentissaient-elles de tous côtés aux oreilles de Napoléon lorsqu'il entra dans la ville. En entendant le récit de ce qui s'était passé, il éprouva un vif mouvement de colère, et il ordonna l'arrestation de ceux qu'on lui signalait comme coupables. La réflexion, au lieu de calmer cette colère, contribua plutôt à l'exciter. On apprenait en ce moment l'apparition de M. le comte d'Artois en Franche-Comté, celle de M. le duc d'Angoulême en Guyenne, celle de M. le duc de Berry sur les côtes de Bretagne. Il pouvait arriver que des soulèvements royalistes favorisassent les mouvements des armées ennemies, et fussent même pour Paris d'un funeste exemple. Napoléon résolut alors d'arrêter les entreprises des partis par une mesure sévère, qui, en frappant sur un ou deux imprudents, en retiendrait beaucoup d'autres. Le délit commis à Troyes était facile à constater, les lois à appliquer malheureusement peu douteuses, et l'instrument des commissions militaires, que l'état de guerre autorisait, aussi rapide qu'assuré.

Napoléon donna donc l'ordre d'arrêter les inculpés, et de les faire comparaître devant cette justice exceptionnelle. M. de Vidranges, l'un des deux personnages désignés, s'était enfui. M. de Gouault, vieillard à cheveux blancs, compromis par les autres, n'avait pas songé à se dérober aux poursuites. Il fut arrêté, jugé, condamné, et livré au bras militaire.

Un homme excellent, écuyer de l'Empereur, dévoué à sa fortune, M. de Mesgrigny, originaire de Champagne, pressé de sauver des compatriotes, accourut avec la famille du condamné pour se jeter aux pieds de Napoléon. Celui-ci, dont la colère était prompte, mais passagère, à la vue des suppliants laissa prévaloir en lui la pitié sur le calcul, et dit : Eh bien, qu'on lui fasse grâce, s'il en est temps. — On courut en toute hâte, mais l'infortuné vieillard était fusillé.

Napoléon éprouva un regret véritable, mais quand il tombait à chaque instant des milliers d'êtres humains autour de lui, il n'était pas homme à s'arrêter à de pareils incidents. Il reporta son âme infatigable sur le théâtre des immenses événements qu'il avait à diriger, et qui se succédaient avec une rapidité prodigieuse. En ce moment en effet de nouveaux mouvements de l'ennemi se laissaient apercevoir, et provoquaient dans son génie de feu de nouvelles et formidables combinaisons.

Le prince de Schwarzenberg s'était retiré sur Chaumont, ayant laissé à Bar-sur-Aube les Bavarois du maréchal de Wrède, les Russes du prince de Wittgenstein, et le long de l'Aube les Wurtembergeois du prince royal avec le corps autrichien de

Fév. 1814.

La prompte exécution de M. de Gouault empêche l'effet de la grâce accordée par Napoléon.

Nouvelle position prise par l'armée de Bohême.

Sa retraite sur Chaumont.

Giulay. Il avait à Chaumont même les gardes russe et prussienne, et un corps de grenadiers et de cuirassiers qui faisait partie des réserves autrichiennes. Il avait détaché une portion du corps de Colloredo par Dijon sur Lyon, pour aller au secours de Bubna. Ses forces étaient ainsi très-diminuées, et il ne lui restait guère plus de 90 mille combattants.

Blucher était demeuré entre la Seine et l'Aube, de Méry à Arcis, avec les 48 mille hommes qu'il avait pu réunir, attendant impatiemment le signal de la grande bataille dans laquelle il se flattait, non-seulement de venger ses récentes humiliations, mais de trouver les clefs de Paris. Lorsqu'on apprit dans son état-major que le généralissime avait abandonné l'idée de livrer cette bataille, et avait même rétrogradé jusqu'à Langres, ce fut, comme on l'imagine aisément, l'occasion d'un déchaînement inouï contre les Autrichiens, contre leur faiblesse, leur duplicité, leurs arrière-pensées. Le temporiseur autrichien, le prince de Schwarzenberg, fut traité comme ses pareils le sont en tout temps par la race des impatients, et on se mit à dire que si les troupes du père de Marie-Louise faisaient défection, on n'en marcherait pas moins sur Paris, et qu'on saurait bien s'en ouvrir la route, malgré Napoléon, malgré son armée soi-disant victorieuse. On se l'était en effet si bien ouverte à Montmirail et à Vauchamps, qu'il y avait de quoi être fiers et confiants!

Pourtant dans ce fougueux état-major prussien, on n'avait d'autre autorité pour agir que celle qu'on prenait en désobéissant au roi de Prusse, et bien qu'on fût encore très-disposé à user de ce genre

PREMIÈRE ABDICATION.   411

d'autorité, on n'était pas assez audacieux pour s'aventurer sur Paris avec 48 mille hommes. On eut recours au moyen accoutumé, on s'adressa à l'empereur Alexandre qu'on avait la certitude d'entraîner en le flattant, et on lui dépêcha des émissaires pour lui demander deux choses : liberté de mouvements pour l'armée de Silésie, et augmentation notable de forces, qu'il était du reste facile de lui procurer. Cette augmentation pouvait consister dans l'adjonction des corps de Bulow et de Wintzingerode, l'un prussien, l'autre russe, qui après avoir laissé dans les Pays-Bas des détachements employés au blocus des places, s'avançaient à travers les Ardennes. Il fallait, il est vrai, les retirer à Bernadotte, sous les ordres duquel ils se trouvaient, mais on ne manquait pas dans ce moment de raisons contre le prince suédois. On contestait chez les Prussiens sa capacité, son courage, sa loyauté : on l'appelait un militaire sans énergie, un traître à l'Europe, qui occupait à lui seul plus de cent mille hommes pour son affaire de la Norvége, et qui exposait ainsi la coalition à succomber faute de forces suffisantes sur le point décisif. Bernadotte, il est vrai, avait fini par marcher sur le Rhin, et s'était fait précéder par les corps de Bulow et de Wintzingerode. Mais, disaient les Prussiens, il userait toujours de ses forces dans des vues personnelles, pour se faire, par exemple, empereur des Français, s'il pouvait du trône de Suède s'élancer sur celui de France. En lui ôtant les 50 mille hommes de Bulow et de Wintzingerode pour les confier à Blucher, celui-ci aurait 100 mille hommes sous

Fév. 1814.

Blucher demande à être laissé libre de ses mouvements, et renforcé.

Le moyen de le renforcer consisterait dans l'adjonction des corps de Bulow et de Wintzingerode appartenant à Bernadotte.

son commandement, et pourrait en se portant sur les derrières de Napoléon faire évanouir le fantôme qui tenait le prince de Schwarzenberg immobile d'effroi à Chaumont.

Tel était le langage que les envoyés de Blucher étaient chargés de tenir à l'empereur Alexandre, et qu'ils avaient, sauf ce qui était dirigé contre son protégé Bernadotte, grande chance de faire accueillir.

Alexandre écouta ce qu'on lui dit avec beaucoup de satisfaction et de faveur. Quelques jours s'étaient écoulés depuis les échecs de Nangis et de Montereau, et sa vive imagination remise des fortes impressions qu'elle avait éprouvées, s'enflamma de nouveau dès qu'on lui montra la perspective d'entrer à Paris. Il agréa les propositions de Blucher, et provoqua un conseil des coalisés pour les mettre en discussion. Ce conseil, auquel assistèrent outre les trois souverains, MM. de Metternich, de Nesselrode, de Hardenberg, Castlereagh, le prince de Schwarzenberg et les principaux généraux de la coalition, fut fort animé. Alexandre attaqua l'armistice et le système de la temporisation, insista sur la nécessité de pousser vivement la guerre, et déclara que, quant à lui, il était prêt à la continuer avec son fidèle allié le roi de Prusse, si ses autres alliés l'abandonnaient, à quoi l'empereur François répondit en demandant si on ne le rangeait plus dans le nombre des alliés sur lesquels on avait raison de compter. Là-dessus on se tendit la main, et on convint de la nécessité d'agir promptement et vigoureusement, de manière à ne laisser aucun répit à l'ennemi commun. Après quelques explications on se trouva plus d'accord

PREMIÈRE ABDICATION.

qu'on ne l'avait espéré. De part et d'autre on reconnut que l'armistice ne compromettait rien, puisqu'il ne suspendait pas même les hostilités, et que toute stipulation qui directement ou indirectement aurait pu déroger aux propositions de Châtillon avait été soigneusement écartée. Il n'y avait donc rien de changé à la situation des puissances alliées. On s'arrêtait, il est vrai, à Chaumont, mais par une prudence toute simple, pour se tenir à quelque distance de Napoléon, pendant qu'on s'affaiblissait pour expédier sur Dijon des secours reconnus indispensables au comte de Bubna. Du reste la formation d'une armée puissante qui pourrait agir sur les flancs de Napoléon, et le ramener en arrière, était une bonne mesure, qu'il n'y avait aucune raison de ne pas prendre, si on en avait le moyen. Dès lors accorder au maréchal Blucher la liberté de ses mouvements, et le renforcer jusqu'à doubler son armée, si on le pouvait, ne faisait objection dans l'esprit de personne. La difficulté consistait uniquement à priver le jaloux et susceptible Bernadotte de deux corps, qui constituaient la meilleure partie des forces placées sous son commandement. Déjà il s'était plaint, avait même proféré des menaces, parce qu'on ne semblait pas estimer assez haut ses services, et avait laissé entrevoir qu'il pourrait bien rentrer sous sa tente, et s'y croiser les bras. Diverses causes lui avaient inspiré ces dispositions chagrines. L'Autriche n'avait cessé de protéger le Danemark contre la Suède, et on avait refusé d'admettre au congrès de Châtillon un plénipotentiaire suédois. Quant à ce second point, on se souvient sans doute que l'Anglé-

Fév. 1844.

Après s'être expliqué on est disposé à donner satisfaction à Blucher, mais on craint de blesser Bernadotte déjà mécontent.

Causes secrètes du mécontentement de Bernadotte.

terre, la Prusse, la Russie, l'Autriche, avaient reçu pouvoir de traiter pour tous les coalisés, grands et petits, et vraiment le prince Bernadotte par sa personne ne donnait pas assez d'importance à la Suède, pour qu'on accordât à celle-ci le rôle de sixième grande puissance. A ces deux causes de mécontentement s'en joignait une troisième, plus agissante quoique moins avouée. Le ministre d'Angleterre, sondé plusieurs fois sur les projets de la coalition à l'égard du trône de France, avait dit nettement au curieux Bernadotte, que les puissances ne faisaient point la guerre pour substituer une dynastie à une autre, que les questions de gouvernement intérieur ne les regardaient point, et qu'elles laisseraient la France décider de son sort dans le cas où une nouvelle révolution viendrait à éclater chez elle, mais que, pour ce qui les regardait, les Anglais considéraient les Bourbons comme pouvant seuls remplacer convenablement les Bonaparte. L'humeur du nouveau Suédois, qui aurait bien voulu redevenir Français pour régner sur la France, était visible depuis lors, et se manifestait à chaque instant pour la moindre contrariété. On ne le redoutait pas sans doute, mais pourtant un trouble quelconque dans les affaires de la coalition, pendant qu'elle avait toutes ses forces occupées devant Napoléon, était une chose de quelque importance, et on craignait de s'exposer à des difficultés en ôtant à Bernadotte la portion la plus considérable de son armée.

Lord Castlereagh prenant tout sur lui, fait prononcer On n'était arrêté que par cette crainte, et Alexandre, malgré son désir de satisfaire le bouillant Blucher, hésitait avec les autres membres du conseil, lorsque lord Castlereagh se levant soudainement, et agissant comme une sorte de providence qui disposait de tout, demanda aux militaires si véritablement ils regardaient l'adjonction des corps de Bulow et de Wintzingerode à l'armée de Silésie comme nécessaire. Ceux-ci ayant répondu affirmativement, il déclara qu'il se chargeait d'aplanir toutes les difficultés avec le prince royal de Suède. Sur cette déclaration les incertitudes cessèrent, et il fut décidé que Blucher recevrait l'adjonction de Wintzingerode et de Bulow, et pourrait se mouvoir entre la Seine et la Marne de la manière qu'il croirait la plus conforme à l'intérêt général des opérations. Alexandre renvoya les émissaires de Blucher pleins de joie, et du reste en leur racontant ce qui s'était passé, exagéra beaucoup ce que le parti des impatients lui devait en cette circonstance.

Fév. 1814.

l'adjonction désirée par Blucher.

Quels moyens avait donc lord Castlereagh pour tout arranger ainsi de sa seule autorité? Nous allons le dire en peu de mots. D'abord il avait un esprit simple et net qui le portait à admettre sans hésiter les choses nécessaires. Ensuite il tenait dans ses mains la puissance des subsides, et c'était une grande puissance dans la circonstance présente, vu que la Suède n'était pas assez riche pour payer son armée. Avoir ou n'avoir pas vingt-cinq millions, c'était pour Bernadotte avoir ou n'avoir pas d'armée suédoise. De plus, la Suède entourée de tous côtés par la marine anglaise, ne pouvait pas se permettre une fausse démarche impunément. Enfin, lord Castlereagh possédait le moyen de consoler l'orgueil du prince de Suède. On avait levé en Hanovre

Moyens que lord Castlereagh avait à sa disposition pour dédommager Bernadotte et le faire taire.

et pris à la solde de l'Angleterre un corps d'Allemands, tirés des diverses principautés soustraites au joug de la France, et s'élevant à 25 mille hommes commandés par le général Walmoden. Il y avait en Hollande 7 à 8 mille Anglais sous le général Graham. Le prince d'Orange s'occupait à reconstituer l'armée hollandaise, et avait déjà réuni 10 à 12 mille hommes qui devaient recevoir aussi leur part des subsides britanniques. Toutes ces troupes, lord Castlereagh n'avait qu'à dire un mot pour les attribuer à tel ou tel général. Il décida qu'elles seraient placées sous les ordres du prince de Suède, qui réunirait ainsi sous son autorité, outre les Suédois et même les Danois auxquels on venait d'arracher leur soumission, les Allemands, les Anglais, les Hollandais, le prince d'Orange compris. Ces commandements variés allaient lui donner dans le Nord une apparence de roi des rois, qui devait le satisfaire, et le dédommager des forces qu'on lui faisait perdre.

On lui manda ces dispositions, et on envoya aux corps de Bulow et de Wintzingerode l'ordre immédiat de se ranger sous le commandement du maréchal Blucher.

Lord Castlereagh prit occasion de ce qui se passait en ce moment, pour rendre à la coalition un nouveau service non moins signalé que le précédent. On sentait vivement le besoin de l'union parmi les alliés, et on craignait à chaque instant que la coalition actuelle ne vînt à se dissoudre comme toutes celles qui depuis vingt années avaient succombé sous l'épée de Napoléon. On tremblait à cette seule pensée, car, si on commettait la faute de se diviser, le tyran de l'Europe, ainsi qu'on appelait l'Empereur des Français, redevenu aussi puissant, et en outre plus mal disposé que jamais, ferait peser sur tous les souverains un joug accablant. Bien qu'on éprouvât cette crainte au plus haut degré, et qu'elle fût assez fondée, elle n'empêchait dans le camp des alliés ni les mauvais propos, ni les mauvais offices, ni souvent des scènes intérieures extrêmement vives. Les récentes lettres de Napoléon à l'empereur François et au prince de Schwarzenberg, dont le cabinet autrichien avait eu l'habileté de ne pas faire un mystère, avaient redoublé les appréhensions, et quoique la fidélité autrichienne ne parût point ébranlée, on voulait autant que possible resserrer les liens de la coalition, et de plus bien convaincre Napoléon que sa profonde astuce, pas plus que sa redoutable épée, ne parviendraient à les briser.

Fév. 1814.

Lord Castlereagh songeait donc à quelque moyen éclatant de consacrer et de proclamer encore une fois l'union des puissances coalisées. Il s'offrait pour cela une occasion, à la fois naturelle et opportune, c'était la conclusion des nouveaux arrangements financiers que les trois puissances continentales sollicitaient depuis qu'on s'était décidé à porter la guerre au delà du Rhin, et pour lesquels le comte Pozzo avait été envoyé à Londres. On pouvait à propos de ces arrangements se lier les uns aux autres encore plus étroitement que par le passé, stipuler dans quelles vues, pour quel temps, dans quelle proportion, chacun contribuerait à la lutte commune, et même la lutte finie, quelle na-

Idée d'un traité qui lierait pour vingt ans les puissances belligérantes.

Fév. 1814.

ture d'alliance on formerait pour en maintenir les résultats. C'est d'après ces données que lord Castlereagh conçut et fit rédiger un nouveau traité, qu'il résolut de proposer à la signature des cours alliées. Ce traité, outre le but général de cimenter l'union des puissances, avait un but particulier à l'Angleterre, c'était d'agrandir singulièrement son rôle continental, et de se procurer ainsi le moyen certain de faire prévaloir les diverses créations qui lui tenaient si fort à cœur.

Conditions du traité projeté.

En conséquence, lord Castlereagh imagina une alliance solennelle entre l'Angleterre, la Russie, l'Autriche et la Prusse, par laquelle chacune de ces puissances s'engagerait à fournir un contingent permanent de 150 mille hommes, jusqu'à ce que la guerre actuelle fût terminée conformément à leurs désirs. Les six cent mille hommes que ce concours de chacun devait mettre à la disposition de la ligue, étaient indépendants de tout ce qu'on exigerait des puissances secondaires, et devaient par celles-ci être portés à huit cent mille hommes. L'Angleterre ne pouvant pas cependant fournir 150 mille hommes de ses propres troupes, s'obligeait à les donner en troupes à sa solde. Elle en avait déjà près de 100 mille en Espagne, compris les Anglais, les Portugais, les Espagnols, et il lui était facile avec les Hanovriens, les Allemands de toute origine, les Hollandais, de réunir un nouveau contingent de 50 mille hommes.

Dépense et rôle immense qui résulte pour

Elle aurait ainsi, indépendamment de son rôle maritime, un rôle continental presque égal à celui de chacune des trois grandes puissances du continent. Elle y pouvait ajouter une influence que seule elle était capable d'exercer, celle de la richesse, et lord Castlereagh prit sur lui d'offrir pour toute la durée de la guerre un subside annuel de six millions de livres sterling (150 millions de francs), à partager par tiers entre la Russie, la Prusse et l'Autriche. C'était de la part de l'Angleterre un double concours à l'œuvre commune, triple même en comptant sa marine, qui devait lui assurer sur toutes les autres puissances une supériorité décisive, et lui donner la certitude que les arrangements de la future paix n'auraient d'autre base que ses désirs.

<small>Fév. 1814.

l'Angleterre de ce projet de traité.</small>

Moyennant ces stipulations on devait se promettre les uns aux autres de n'écouter aucune proposition particulière, et de ne traiter qu'en commun avec l'ennemi commun, d'après des conditions arrêtées entre tous. Lord Castlereagh, voulant en outre pourvoir à l'avenir, et enchaîner les puissances à l'œuvre qu'elles auraient accomplie, conçut la pensée de les lier pour vingt années, au delà de la paix prochaine. Chacune d'elles en effet devait, la guerre terminée, tenir soixante mille hommes (total 240 mille) au service de celui des alliés que la France essayerait d'attaquer, si la paix conclue elle renouvelait ses agressions contre ses voisins. C'était un moyen de garantir l'existence des deux royaumes dont l'Angleterre désirait ardemment la création, celui des Pays-Bas parce qu'il nous ôtait Anvers, celui du Piémont parce qu'il nous ôtait Gênes.

Il y avait même une idée qui commençait à germer parmi les diplomates de la coalition, c'était non-seulement de donner des possessions sur la gauche du Rhin à la maison d'Orange, mais d'en donner aussi à la Prusse, afin de la placer en état perpétuel de jalousie à l'égard de la France. Cette idée s'était offerte dès 1805 à l'esprit de M. Pitt, et recueillie depuis par lord Castlereagh, elle paraissait un accessoire important du nouveau royaume qu'on voulait créer en réunissant la Belgique à la Hollande. Agréable à la Prusse, que cependant elle compromettait envers nous, cette combinaison n'avait pas de contradiction bien grande à craindre, car, écraser la France, l'enfermer dans un cercle de fer après l'avoir écrasée, était alors le vœu, l'espérance, la joie de tout le monde. Mais c'était aussi pour chacun l'occasion d'exiger la satisfaction de ses intérêts particuliers. Ainsi la Russie, par exemple, demandait pour prix des arrangements auxquels elle se prêterait, que la Hollande la tînt quitte des emprunts contractés à Amsterdam. L'Angleterre, comme on l'a déjà vu, pour compléter son ouvrage, voulait marier la princesse Charlotte, héritière de la couronne, avec le fils du prince d'Orange, et placer en quelque sorte sous un même sceptre, outre les trois royaumes britanniques, la nouvelle monarchie des Pays-Bas.

En imposant à l'Angleterre des charges énormes, le nouveau traité lui procurait de si grands avantages, que le hardi ministre n'avait pas hésité à le proposer, et à s'y attacher comme à son œuvre essentielle. En conséquence, lord Castlereagh en présenta le projet aux puissances avec lesquelles il gouvernait les affaires de l'Europe.

Proclamer une nouvelle alliance pour toute la

durée de la guerre, et valable encore vingt ans après la paix, afin de maintenir le nouvel édifice européen qu'on aurait créé, devait convenir à tous les contractants, car même la paix conclue, on ne cessait pas de craindre les entreprises que la France pourrait faire ultérieurement. Les propositions de lord Castlereagh furent donc accueillies et signées à Chaumont le 1ᵉʳ mars. Ce fut là le fameux traité de Chaumont, qui a servi de fondement à la Sainte-Alliance, et qui, pendant près de quarante années, a dominé la politique européenne, jusqu'au jour où l'Europe s'est enfin aperçue qu'il y avait ailleurs qu'en France de sérieux dangers pour l'équilibre général.

Fév. 1814.

générale aux idées de lord Castlereagh, et signature du fameux traité de Chaumont le 1ᵉʳ mars 1814.

Ce traité fut signé au milieu de la joie des coalisés, tous fort contents d'être solidement liés et largement subventionnés, excepté l'Autriche pourtant, qui tout en voyant dans la nouvelle alliance de précieuses garanties contre les entreprises de la France en Italie, n'en voyait pas autant contre les prétentions de la Russie en Pologne et en Orient. Lord Castlereagh ne borna pas là ses travaux. Il proposa et fit adopter la résolution de persévérer pendant quelque temps encore, mais pendant un temps limité, à négocier à Châtillon. On avait offert la paix à Napoléon, à la condition du retour de la France à ses anciennes limites, et, pour être conséquent avec soi-même, on devait, s'il se résignait, traiter avec lui. D'ailleurs les stipulations de Chaumont, en donnant vingt ans de durée à la coalition, rassuraient contre les tentatives qu'il pourrait faire à l'avenir pour reprendre ses anciennes conquêtes.

Lord Castlereagh fait décider la continuation du congrès de Châtillon, avec l'indication d'un délai fatal, après lequel les négociations seront définitivement rompues.

Mais s'il prolongeait les négociations avec l'intention évidente d'occuper les puissances et de se jouer d'elles, on devait lui fixer un délai, après lequel on déclarerait les négociations rompues, et on proclamerait la résolution définitive de ne plus avoir de relations avec lui, ce qui serait une véritable déchéance prononcée par l'Europe. Jusque-là rien de contraire à sa dynastie ne devait être souffert, et le comte d'Artois en Franche-Comté, le duc d'Angoulême en Guyenne, devaient être éloignés des quartiers généraux des puissances belligérantes.

Ces mesures, du point de vue des coalisés, étaient si bien calculées qu'elles reçurent un prompt et universel assentiment. C'est par elles que lord Castlereagh consacra son influence personnelle, et surtout l'influence de son pays dans la coalition européenne. Aussi écrivit-il à son cabinet que sans doute cet ensemble de mesures coûterait cher à l'Angleterre, mais qu'il était sûr d'être approuvé d'elle, car il s'était agi de prendre ou de laisser échapper le premier rôle, et qu'il s'était hâté de le prendre quoi qu'il pût en coûter aux finances britanniques. Il n'avait certes pas à craindre d'être désavoué, quelle que fût la somme de millions promise. L'Angleterre a toujours su payer sa grandeur, et s'est rarement trompée sur ce qu'elle valait.

Aussitôt ces mesures arrêtées, l'ordre fut envoyé aux plénipotentiaires des quatre cabinets, de signifier à M. de Caulaincourt qu'on attendait la réponse de la France; que si les préliminaires proposés ne lui convenaient pas, elle n'avait qu'à en présenter d'autres, qu'on les examinerait dans un esprit de conciliation, pourvu toutefois qu'ils ne s'écartassent pas sensiblement des principes posés; mais qu'au delà d'un certain temps, on déclarerait le congrès de Châtillon dissous, et toute négociation définitivement abandonnée.

Fév. 1814.

A peine Blucher et ses conseillers, Gneisenau, Muffling et autres, eurent-ils appris la résolution adoptée de les laisser libres, et de les renforcer de 50 mille hommes, qu'ils conçurent de nouveau l'ambition, qui déjà leur avait été funeste, d'entrer les premiers à Paris. Ils examinèrent à peine s'il ne vaudrait pas mieux, avant d'entreprendre ce nouveau mouvement offensif, attendre la jonction des 50 mille hommes qu'on leur destinait, et ils prirent sur-le-champ le parti de se porter en avant, mais en obliquant légèrement à droite, c'est-à-dire en se dirigeant vers la Marne, où ils devaient rejoindre un peu plus promptement Bulow et Wintzingerode qui étaient en marche, l'un vers Soissons, l'autre vers Reims. Dans leur fiévreuse impatience, ils aimaient mieux les rallier chemin faisant, quelque danger qui pût résulter de leur marche isolée, que les attendre dans le voisinage du prince de Schwarzenberg, où les armées de Silésie et de Bohême pouvaient se prêter un secours mutuel. Ils se disaient, à la vérité, que de cette façon ils attireraient Napoléon à eux, et dégageraient le prince de Schwarzenberg, mais ils n'ajoutaient pas que c'était au risque de se compromettre eux-mêmes beaucoup en le dégageant. De plus, ayant vu courir sur leurs flancs quelques troupes légères, ils espéraient en se portant vers la Marne rencontrer peut-être les maréchaux Marmont

Blucher, en apprenant qu'il est libre de ses mouvements, et qu'il va être renforcé, se hâte de reprendre l'offensive.

Son mouvement sur la Marne, sans s'inquiéter de ce qu'il peut y rencontrer.

Fév. 1814.

et Mortier isolés de Napoléon, et trouver ainsi l'occasion de se venger de leurs récentes défaites. Ce qu'ils ne se disaient pas, c'est que les mouvements des corps français étaient calculés autrement que ceux des corps alliés, et qu'ils ne donnaient pas la même prise aux hasards de la guerre.

Quoi qu'il en soit, le 24 février, Blucher, qui s'était porté jusqu'à Méry, repassa l'Aube à Anglure, et se mit en route pour Sézanne. Sentant confusément le danger de cette marche, il fit dire au prince de Schwarzenberg qu'il allait pour le dégager s'exposer à bien des périls, et qu'il le priait instamment, aussitôt qu'il serait débarrassé de la présence de Napoléon, de se reporter en avant pour rendre à l'armée de Silésie le service que l'armée de Bohême allait en recevoir.

Marche des maréchaux Marmont et Mortier pendant que Napoléon s'était porté sur la Seine.

On a vu précédemment quelle avait été la position des maréchaux Mortier et Marmont, pendant que Napoléon revenait de la Marne sur la Seine pour livrer les combats de Nangis et de Montereau. Le maréchal Mortier, envoyé à la suite d'York et de Sacken sur Soissons, n'avait pu atteindre ces deux généraux, qui s'étaient dérobés par leur droite et sauvés sur Châlons, mais il avait repris Soissons tombé un moment dans les mains des alliés. D'après l'ordre de Napoléon, qui le rappelait sur la Marne, il était revenu sur Château-Thierry, et s'y trouvait le jour même où Blucher commençait l'exécution de ses nouveaux projets. Quant au maréchal Marmont, placé entre Étoges et Montmirail, de manière à se lier d'un côté avec le maréchal Mortier sur la Marne, de l'autre avec Napoléon sur l'Aube, il avait successivement occupé Étoges, Montmirail et Sézanne. Ayant vu Blucher passer l'Aube à Anglure le 24, et revenir le 25 sur Sézanne, il s'était retiré en bon ordre sur Esternay, derrière le Grand-Morin, après avoir tué quelques hommes à l'ennemi sans en avoir perdu lui-même. Sa conduite était désormais toute tracée, c'était, en se voyant séparé de Napoléon par le mouvement de Blucher, de se replier sur la Marne, de s'y joindre au maréchal Mortier, et de disputer avec lui le terrain pied à pied, jusqu'à ce que Napoléon pût venir à leur secours. Il avait donc mandé à Mortier, qui se trouvait à Château-Thierry, de se diriger vers la Ferté-sous-Jouarre pendant qu'il s'y rendrait de son côté, et il avait informé Napoléon de ce qui se passait, en le priant d'accourir le plus tôt possible.

Fév. 1814.

Ils cherchent à se réunir entre Château-Thierry et Meaux.

Le 26 au matin, Blucher ayant recommencé sa poursuite, Marmont continua son mouvement rétrograde jusqu'à la Ferté-Gaucher, puis tirant sur la Marne il prit le chemin de la Ferté-sous-Jouarre. (Voir la carte n° 62.) Blucher le suivit comme la veille sans pouvoir l'atteindre, et, en le voyant se diriger sur la Ferté-sous-Jouarre au lieu d'aller à Meaux, tomba dans de grands doutes. Il ne comprit pas que Marmont, allant à la Ferté-sous-Jouarre de préférence à Meaux, ce qui l'éloignait de Paris, devait avoir un grave motif pour agir de la sorte, et que ce ne pouvait être que le désir d'être plus tôt réuni à Mortier; que dès lors, en abandonnant aux deux maréchaux l'avantage de leur réunion, qu'on ne pouvait plus leur disputer, il fallait au moins songer à les couper de Paris, et pour cela courir soi-même

Temps perdu par Blucher à Jouarre.

à Meaux. Il ne fit pas cette réflexion si simple, et, quoique arrivé de très-bonne heure à Jouarre, et pouvant encore occuper Meaux avant la nuit, il perdit la soirée à chercher ce qu'il ne devinait pas, sous le prétexte, si souvent allégué par les généraux qui ne savent pas le prix du temps, d'accorder à ses troupes un repos nécessaire.

Le lendemain 27 février, comprenant enfin que les deux maréchaux, maintenant réunis à la Ferté-sous-Jouarre, devaient avoir grand souci de gagner Meaux afin de se retrouver sur la route de Paris, il dirigea Sacken par sa gauche sur Meaux même, et poussa Kleist droit devant lui sur Sammeron, pour y franchir la Marne au moyen d'un équipage de pont qu'il traînait à sa suite. Outre le motif d'intercepter la route de Paris sur l'une et l'autre rive de la Marne, il avait celui de passer cette rivière avec le gros de ses forces, et de s'en couvrir, dans le cas fort probable où Napoléon abandonnerait l'armée de Bohême pour courir après l'armée de Silésie.

Mais les deux maréchaux français étaient plus alertes que Blucher, et tandis qu'il avait à peine arrêté ses résolutions le 27 au matin, ils étaient à ce même moment en pleine marche sur Meaux, afin de reprendre leurs communications avec Paris, que le besoin urgent d'opérer leur jonction les avait contraints de négliger un instant. Ils ne comptaient pas à eux deux, après leurs fatigues et leurs pertes, plus de 14 mille hommes, d'excellente qualité, il est vrai, mais c'était bien peu pour se faire jour à travers une armée de 50 mille ennemis, qu'ils pouvaient trouver sur la route de Meaux. Heureusement, ils s'y prirent pour réussir avec autant d'adresse que de promptitude.

La Marne entre la Ferté-sous-Jouarre et Meaux décrit une multitude de contours, dont la route de Paris rencontre le bord, comme une tangente touchant successivement à plusieurs cercles. (Voir la carte n° 62.) A Trilport cette route rencontre l'un de ces contours, franchit la Marne, et vient ensuite aboutir à Meaux. Les deux maréchaux étaient partis bien avant le jour, pour atteindre le pont de Trilport, l'occuper, traverser la Marne, et s'emparer de Meaux. De plus, voulant aussi occuper la route de Paris qui suit la rive droite de la Marne, ils avaient jeté le général Vincent sur cette rive, par le pont de la Ferté-sous-Jouarre, et lui avaient ordonné d'aller se placer derrière l'Ourcq, qui, aux environs de Lizy, s'approche très-près de la Marne sans s'y réunir pourtant, et forme avec elle une ligne de défense presque continue. Établis ainsi derrière la Marne et l'Ourcq, la droite à Meaux, la gauche à Lizy, ils pouvaient contenir l'ennemi pendant trois ou quatre jours, recevoir dans l'intervalle des renforts de Paris, et attendre, sans courir de trop grands périls, l'arrivée de Napoléon, qui ne manquerait pas de voler à leur secours dès qu'il connaîtrait leur situation.

Ces dispositions excellentes furent aussi bien exécutées que bien conçues. Le 27 au matin, avant que Blucher pût s'apercevoir de leur mouvement, les deux maréchaux se glissant pour ainsi dire entre l'ennemi et la Marne, par la route de la rive gauche qui est tangente aux divers contours de cette rivière, la franchirent au pont de Trilport, laissèrent la division Ricard pour défendre ce pont, et se portèrent à Meaux. Tandis que le maréchal Marmont, la Marne franchie, arrivait à Meaux par la rive droite, le général Sacken y arrivait par la rive gauche, et déjà même quelques détachements russes avaient pénétré dans la ville au midi, lorsque le maréchal fondit sur eux à la tête de 200 hommes, les repoussa, et ferma sur eux les portes. Au même moment le général Vincent avait passé la Marne à la Ferté-sous-Jouarre, et avait pris position à Lizy, derrière l'Ourcq.

Les deux maréchaux étaient ainsi parvenus avec 14 mille hommes seulement à se soustraire à 50 mille, et Blucher, qui aurait dû les enlever l'un et l'autre, avait la confusion de les voir établis sains et saufs derrière la Marne et l'Ourcq, et la position, de très-périlleuse qu'elle était pour eux, allait maintenant le devenir pour lui. Ce mouvement terminé le 27 février, les maréchaux renouvelèrent à Napoléon l'avis de ce qu'ils avaient fait, et à Joseph la demande de tous les renforts qu'il serait possible de leur envoyer de Paris. Il s'agissait en effet de sauver la capitale encore une fois, et on ne pouvait pas employer plus utilement les ressources qu'elle contenait, qu'en les dirigeant immédiatement sur Meaux.

Napoléon, informé dès le 25 du mouvement de Blucher sur la Marne, et connaissant le caractère présomptueux de ce général, ne doutait pas des imprudences qu'il allait commettre, et se préparait à les lui faire payer cher[1]. Sans perdre un instant,

[1] Le duc de Raguse, ignorant comme toujours les motifs de Napo-

il avait ordonné au maréchal Victor, qui était resté entre Troyes et Méry, de rétablir le pont de Méry sur la Seine, et de se porter à Plancy, pour y passer l'Aube. Il avait prescrit au maréchal Ney de quitter Troyes et de s'acheminer sur Aubeterre, pour franchir l'Aube à Arcis. Sa résolution était de quitter Troyes clandestinement avec 34 ou 35 mille hommes, d'en laisser à peu près autant devant cette ville, et de se jeter sur les derrières de Blucher, pour l'acculer contre la Marne, où les maréchaux Marmont et Mortier le recevraient à la pointe de leurs baïonnettes.

Le 26 au matin, les premiers renseignements s'étant confirmés, il fit partir de Troyes le reste de la garde, et résolut de partir lui-même le len-

---

léon, et le jugeant très-légèrement, lui reproche de n'être parti que le 27, tandis qu'il lui avait fait arriver le 24 l'avis du mouvement de Blucher, et prétend que s'il avait agi deux jours plus tôt, la perte de l'armée de Silésie eût été certaine. La correspondance répond péremptoirement à ce reproche. L'avis du mouvement de Blucher envoyé le 24 de Sézanne ne parvint à Napoléon que le 25, et le 25 même il fit partir Victor de Méry pour Plancy, Ney de Troyes pour Aubeterre. Il n'y eut donc pas une heure de perdue. Le 26, quand l'intention de Blucher fut bien démontrée, Napoléon continua ce mouvement, et il ne partit que le 27 de sa personne, parce qu'il devait donner à ses troupes le temps de marcher. L'avis étant arrivé le 25, le 27 ses troupes étaient rendues à Herbisse au delà de l'Aube. On ne pouvait donc pas agir plus vite, et quand on sait quelle sûreté de jugement, quelle vigueur de caractère il faut à la guerre pour prendre ses résolutions sur-le-champ, surtout dans une position aussi grave que celle où se trouvait Napoléon, position où le premier faux mouvement devait le perdre, on ne peut trop admirer la précision, la vigueur de conduite d'un capitaine, qui, une heure après avoir reçu un avis, met ses troupes en marche, et ne reste en arrière de sa personne que pour cacher plus longtemps ses projets à l'ennemi, et donner, pendant que ses troupes cheminent, des ordres qui embrassent à la fois la direction de toutes les armées et le gouvernement d'un vaste empire.

Fév. 1814.

Précautions prises pour la défense de l'Aube et de la Seine pendant l'absence de Napoléon.

demain pour diriger ce nouveau mouvement, qui, s'il réussissait, pouvait terminer la guerre.

En prenant cette résolution, il fallait laisser en avant de Troyes des forces capables d'imposer au prince de Schwarzenberg. Napoléon confia aux maréchaux Oudinot et Macdonald, et au général Gérard, le soin de défendre l'Aube, en cachant son absence le plus longtemps possible. Le maréchal Oudinot avait, outre la division Rothenbourg de la jeune garde, la division Leval tirée d'Espagne, la moitié de la division Boyer (également tirée d'Espagne), et la cavalerie du comte de Valmy. Le maréchal Macdonald avait le 11e corps avec la cavalerie de Milhaud; le général Gérard avait le 2e corps fondu avec la réserve de Paris, et les cuirassiers de Saint-Germain. Le tout formait une masse d'un peu plus de 30 mille hommes. Napoléon leur ordonna de rejeter les postes ennemis au delà de l'Aube, et d'occuper fortement le cours de cette rivière, soit au-dessus, soit au-dessous de Bar-sur-Aube. Il leur recommanda notamment de faire après son départ crier *Vive l'Empereur,* pour qu'on ne doutât pas de sa présence.

Il emmena le maréchal Victor avec les divisions de jeune garde Boyer et Charpentier, Ney avec les divisions de jeune garde Meunier et Curial, et la deuxième brigade de la division Boyer (d'Espagne), Friant avec la vieille garde, Drouot avec la réserve d'artillerie, et enfin 9 à 10 mille hommes de cavalerie, soit de la garde, soit des dragons d'Espagne, le tout s'élevant, comme nous venons de le dire, à 35 mille hommes. Par sa réunion aux maréchaux

Mortier et Marmont, il devait en avoir bien près de 50 mille.

Avant de quitter Troyes, il prit, suivant son habitude, diverses mesures relatives à l'administration militaire et à la politique. La conscription, qui au lieu des six cent mille hommes décrétés, en avait procuré 120 mille, finissait par ne plus rien fournir du tout. On profitait en effet du profond ébranlement imprimé à l'autorité impériale pour ne point obéir à une loi universellement détestée. Au lieu de quatre à cinq mille conscrits qui jusqu'alors arrivaient quotidiennement à Paris, et qu'on versait à la hâte dans les cadres de la garde ou de la ligne, il n'en arrivait pas mille. Tout au contraire, dans les départements que l'ennemi avait traversés, l'exaspération patriotique était au comble, et on y pouvait trouver des recrues en assez grand nombre et de très-bonne volonté. Napoléon ordonna une sorte de levée en masse dans les départements envahis, sous le prétexte d'appeler dans ces départements les gardes nationales à la défense du pays, et ne voulant pas laisser les hommes dans les cadres des gardes nationales qui n'avaient pas grande valeur, il les fit verser dans les régiments de ligne, avec promesse de libération dès que l'ennemi serait rejeté au delà des frontières. Il réitéra la pressante recommandation de lui envoyer des vivres à Nogent par la Seine, et de plus un équipage de pont, sans lequel tous ses mouvements étaient aussi difficiles qu'en pays étranger. A ces ordres il ajouta la recommandation, souvent adressée à sa femme, à son frère Joseph, à l'archichancelier Cambacérès, au ministre de la

Fév. 1814.

Quelques mesures d'administration militaire prises par Napoléon avant de se mettre en marche.

guerre, de n'avoir pas peur, du moins de ne pas le laisser paraître, d'exécuter promptement et ponctuellement ses instructions, et puis, comme il avait coutume de le dire, *de le laisser faire,* promettant, si on le secondait, d'avoir bientôt précipité la coalition dans le Rhin.

Les commissaires pour l'armistice, réunis depuis le 24 à Lusigny, n'avaient pas cessé de disputer sur la limite qui séparerait les armées belligérantes. Napoléon en partant enjoignit à M. de Flahaut de continuer les pourparlers, et de céder même sur divers points, moyennant que la place d'Anvers et la ville de Chambéry fussent comprises dans la ligne de démarcation. Quoiqu'il n'attendît rien de ces pourparlers, il ne voulait se fermer aucune voie de négociation. M. de Caulaincourt lui conseillait toujours l'abandon d'une partie des bases de Francfort, et lui demandait un contre-projet, que les plénipotentiaires à Châtillon réclamaient avec instance, conformément aux ordres venus de Chaumont. Napoléon dicta une réponse pour ces plénipotentiaires. M. de Caulaincourt devait dire qu'on élaborait au quartier général le contre-projet désiré, mais qu'au milieu de mouvements militaires si multipliés, il n'était pas étonnant que l'Empereur des Français, qui était à la fois chef de gouvernement et chef d'armée, n'eût pas trouvé le temps d'achever un semblable travail. Il devait déclarer, en attendant, que le projet présenté à Châtillon étant non un traité de paix mais une capitulation, on ne l'accepterait jamais; que la France devait dans l'intérêt général conserver son ancienne situation en

PREMIÈRE ABDICATION.

Europe; que pour qu'il en fût ainsi, il fallait qu'elle reçût l'équivalent des extensions de territoire acquises par la Prusse, la Russie et l'Autriche, aux dépens de la Pologne, par l'Allemagne aux dépens des États ecclésiastiques, par l'Autriche aux dépens de Venise, par l'Angleterre aux dépens des Hollandais et des princes indiens; que la France devait donc s'étendre fort au delà des limites de 1790, que de plus elle ne consentirait jamais à ce qu'on décidât sans elle du sort des États qu'elle aurait cédés. De la sorte Napoléon indiquait sur quelles bases il se proposait de négocier, mais sans s'expliquer avec précision sur les frontières qu'il prétendait conserver, ce qu'il ne voulait faire qu'après de nouveaux succès entièrement décisifs. Il recommanda au duc de Vicence de donner à croire qu'il était toujours à Troyes, occupé à y réunir des ressources, et à y préparer un projet de traité en réponse à celui de Châtillon. Il voulut de plus que le conseil de régence, composé des grands dignitaires et des ministres, examinât les propositions de Châtillon, et en donnât son avis. Il se flattait que chez tous les membres du conseil le sentiment serait celui de l'indignation.

Fév. 1814.

Ayant expédié ces affaires si diverses et si graves, Napoléon partit de Troyes bien secrètement, le 27 février au matin, franchit l'Aube à Arcis, et suivant de près ses colonnes, vint coucher à Herbisse, chez un pauvre curé de campagne, qui n'avait à lui offrir qu'un modeste presbytère, mais qui l'offrit cordialement, tant à lui qu'à son nombreux état-major. Après un repas frugal et gai on passa la nuit sur des chaises, des tables ou de la paille, comptant

Napoléon vient coucher à Herbisse le 27 février.

Fév. 1814.

que cette nouvelle course sur les derrières de Blucher serait aussi fructueuse que la précédente. Tout le faisait espérer, et Napoléon sans présomption pouvait se le promettre.

Marche le 28 sur la Ferté-sous-Jouarre.

Le lendemain 28 février, il continua sa marche. Il avait à choisir entre deux partis, ou de suivre Blucher par Sézanne et la Ferté-sous-Jouarre sur Meaux (voir la carte n° 62), ou de se porter directement par Fère-Champenoise sur Château-Thierry. En adoptant cette dernière direction, il avait l'avantage de se placer sur les plus importantes communications de Blucher, de manière à le couper à la fois de Châlons et de Soissons, et à le séparer de Bulow et de Wintzingerode. Mais il y avait dans cette manière d'opérer plus d'un danger, c'était de laisser les maréchaux Marmont et Mortier trop longtemps aux prises avec Blucher devant Meaux, de livrer à celui-ci la principale route de Paris, et enfin de lui fournir une ligne de retraite qui valait bien celle de Châlons ou de Soissons, nous voulons parler de celle de Meaux à Provins, qui lui permettrait de se replier en cas de péril sur le prince de Schwarzenberg. Suivre Blucher tout simplement par Sézanne, la Ferté-Gaucher et la Ferté-sous-Jouarre, était donc le parti le plus sûr, soit pour lui enlever la grande route de Paris, soit pour secourir plus promptement les deux maréchaux, soit enfin pour lui infliger un traitement assez semblable à

Motifs pour adopter cette direction.

celui qu'on lui avait fait essuyer à Montmirail et à Champaubert, car s'il voulait gagner la Seine pour rejoindre le prince de Schwarzenberg, on l'y précéderait; s'il se jetait derrière la Marne pour s'en couvrir, on l'y suivrait, et on l'enfermerait entre la Marne et l'Aisne, sans lui laisser aucun moyen d'en sortir, des précautions ayant été prises pour la conservation de Soissons. Ainsi Napoléon, en exécutant une manœuvre hardie, choisit en même temps la direction la plus sûre, car il avait l'art suprême de garder dans la hardiesse la mesure qui la séparait de l'imprudence, d'être en un mot audacieux et sage. Malheureusement, ce n'était qu'à la guerre qu'il savait allier ces contraires.

Il marcha donc le 28 au matin avec ses trente-cinq mille hommes par Sézanne sur la Ferté-Gaucher et la Ferté-sous-Jouarre. Quelque diligence qu'il mît à franchir les distances, il ne put arriver à la Ferté-Gaucher dans la journée, et passa la nuit entre Sézanne et la Ferté-Gaucher. Le lendemain, 1er mars, il alla coucher à Jouarre, et le 2, de très-grand matin, il parvint à la Ferté-sous-Jouarre. Pendant la marche de Napoléon sur la Marne, Blucher qui avait fini par entrevoir le danger de sa position, n'avait pas déployé pour s'en tirer la célérité que conseillait la plus simple prudence. Il avait d'abord voulu mettre la Marne entre Napoléon et lui, avait passé cette rivière à la Ferté-sous-Jouarre dont il était resté maître depuis la retraite de Marmont et de Mortier, avait détruit le pont de cette ville, et était venu s'établir le long de l'Ourcq, pour essayer de forcer la position des deux maréchaux, pendant que Napoléon, contenu par la Marne, serait obligé de le regarder faire. C'était là une grande imprudence, car la Marne ne pouvait pas arrêter Napoléon plus de trente-six heures, et si,

Mars 1814.

Blucher après avoir tardivement passé la Marne, perd le temps à attaquer la position des maréchaux Marmont et Mortier sur l'Ourcq.

pour des tentatives infructueuses, Blucher se laissait attarder sur les bords de l'Ourcq, il s'exposait à être pris à revers, et acculé entre la Marne et l'Aisne dans un véritable coupe-gorge. Les choses s'étaient en effet passées de la sorte, et tandis que Napoléon s'avançait en toute hâte, Blucher perdait le temps en vains efforts contre la ligne de l'Ourcq. Il avait tenté de porter le corps de Kleist au delà de l'Ourcq, mais Marmont et Mortier, se jetant sur Kleist, l'avaient contraint de repasser ce cours d'eau après une perte considérable. Tandis que les deux maréchaux maintenaient ainsi leur position, Joseph leur envoyait des renforts consistant en 7 mille fantassins et 1,500 cavaliers soit de la garde, soit de la ligne. Ils avaient incorporé ces troupes le 1er mars, et le 2, en voyant arriver Napoléon sur la Marne, ils se tenaient prêts à agir selon ses ordres.

N'ayant pu forcer la position de l'Ourcq, Blucher prend le parti de se retirer sur l'Aisne.

Blucher, placé au delà de la Marne et le long de l'Ourcq qu'il n'avait pu forcer, se trouvait donc entre les deux maréchaux qui défendaient l'Ourcq et Napoléon qui s'apprêtait à franchir la Marne. Il avait les meilleures raisons de se hâter, car à tout moment le danger allait croissant. Néanmoins, il s'obstina, et perdit la journée entière du 2 mars à tâter la ligne de l'Ourcq, pour voir s'il ne pourrait pas battre les maréchaux sous les yeux mêmes de Napoléon arrêté par l'obstacle de la Marne. Ayant

Extrême danger de sa position.

rencontré une vaillante résistance sur tous les points de l'Ourcq, il prit enfin le parti de décamper le 3 au matin pour se rapprocher de l'Aisne, et se réunir ou à Bulow qui arrivait par Soissons, ou à Wintzingerode qui arrivait par Reims. (Voir la carte n° 62.)

Mais il allait se trouver entre la Marne que Napoléon devait avoir bientôt franchie, et l'Aisne sur laquelle il n'y avait à sa portée que le pont de Soissons dont nous étions maîtres; de plus le pays entre la Marne et l'Aisne qu'il devait traverser, était marécageux, et devenu presque impraticable par suite d'un dégel subit. Sa situation était donc des plus alarmantes, grâce à son imprudence et aux profonds calculs de son adversaire.

Sur ces entrefaites, Napoléon parvenu aux bords de la Marne brûlait du désir de la traverser. Il y employa les marins de la garde, et à force d'activité, il put rétablir le passage dans la nuit du 2 au 3 mars. Les nouvelles qu'il recueillait à chaque pas étaient faites pour exciter son impatience au plus haut point. Les paysans venant de l'autre côté de la Marne, et remplis de zèle comme tous ceux qui avaient vu l'ennemi de près, peignaient des plus tristes couleurs l'état de l'armée prussienne. En effet, cette armée, pleine du souvenir de Montmirail, de Château-Thierry, de Vauchamps, et se sachant poursuivie par Napoléon en personne, s'attendait à un désastre. L'état des routes profondément défoncées ajoutait à ses alarmes, et elle se voyait condamnée à abandonner au moins ses canons et ses bagages dès que la faible barrière qui la séparait de Napoléon serait franchie. C'était pour celui-ci un motif de ne pas perdre de temps; et selon sa coutume il n'en perdait pas. Il avait dans les nouvelles reçues des environs de Troyes un autre motif de se presser. On lui annonçait que le prince de Schwarzenberg, ayant pénétré le secret de son départ, avait repris l'offensive, et qu'il poussait de nouveau sur Troyes et Nogent les maréchaux laissés à la garde de l'Aube. Cette circonstance, tout en lui faisant une loi de se hâter, l'inquiétait peu, car il était bien certain, une fois qu'il en aurait fini avec l'armée de Silésie, de pouvoir revenir sur l'armée de Bohême, et de ramener celle-ci en arrière plus promptement qu'elle ne se serait portée en avant. Tout à coup, à la vue des mouvements compliqués de ses adversaires, Napoléon conçut une grande pensée militaire, dont les conséquences pouvaient être immenses. Se rejeter immédiatement sur Schwarzenberg, après avoir battu Blucher, lui paraissait une tactique bien fatigante et surtout trop peu décisive. Il en imagina une autre. L'arrivée en ligne des corps de Bulow et de Wintzingerode, qui lui était annoncée, lui prouvait que les coalisés négligeaient singulièrement le blocus des places, et laissaient pour les investir des forces aussi méprisables en nombre qu'en qualité; qu'il serait donc possible de tirer parti contre eux des garnisons, puisqu'ils se servaient contre nous des troupes de blocus, et de mettre ainsi à profit ce qu'il appelait dans son langage profondément expressif : *les forces mortes*. En conséquence, il résolut de mobiliser tout ce qu'il y avait de troupes disponibles dans les places, et de les en faire sortir pour composer une armée active dont le rôle pourrait devenir des plus importants. On avait jeté dans les forteresses de la Belgique, du Luxembourg, de la Lorraine, de l'Alsace, des conscrits qui, placés dans de vieux cadres, avaient dû acquérir une certaine instruction, depuis deux mois et demi que durait la campagne. Se battant avec des conscrits qui avaient souvent quinze jours d'exercice seulement, Napoléon pouvait penser que des soldats incorporés depuis deux mois et demi étaient des soldats formés. Ces données admises, il était possible de tirer de Lille, d'Anvers, d'Ostende, de Gorcum, de Berg-op-Zoom, 20 mille hommes environ, et 15 mille au moins. On devait en tirer plus du double des places de Luxembourg, Metz, Verdun, Thionville, Mayence, Strasbourg, etc... Si donc, après avoir mis Blucher hors de cause, Napoléon, à qui il resterait 50 mille hommes à peu près, en recueillait 50 mille, en se portant par Soissons, Laon, Rethel, sur Verdun et Nancy (voir la carte n° 61), il allait se trouver avec 100 mille hommes sur les derrières du prince de Schwarzenberg, et sans aucun doute ce dernier n'attendrait pas ce moment pour revenir de Paris sur Besançon. Au premier soupçon d'un pareil projet, le généralissime de la coalition rebrousserait chemin, poursuivi par les paysans exaspérés de la Bourgogne, de la Champagne, de la Lorraine, lesquels, abattus d'abord par la rapidité de l'invasion, avaient senti depuis se réveiller en eux l'amour du sol dans toute sa vivacité. Il arriverait ainsi à moitié vaincu pour tomber définitivement sous les coups de Napoléon. Ce plan si hardi était fort exécutable, car le nombre d'hommes existait, et le trajet pour les rallier n'exigeait ni trop de fatigue, ni trop de temps. En effet de Soissons à Rethel, de Rethel à Verdun, de Verdun à Toul, le chemin à faire n'excédait guère celui qu'on avait déjà fait pour courir

Mars 1814.

de les réunir entre Rethel et Nancy, et d'aller les rallier à Nancy.

Après s'être ainsi renforcé, Napoléon devait, à la tête d'une armée de cent mille hommes, tomber sur les derrières du prince de Schwarzenberg.

alternativement de Schwarzenberg à Blucher. D'ailleurs, peu importaient deux ou trois jours de plus, quand la simple annonce du mouvement projeté aurait ramené l'ennemi de Paris vers les frontières, et dégagé la capitale. Ainsi la guerre pouvait être terminée d'un seul coup si la fortune secondait l'exécution de ce projet, car certainement le prince de Schwarzenberg, déjà réduit à 90 mille hommes par le détachement envoyé à Lyon, revenant traqué par les paysans de nos provinces, ne pourrait pas tenir tête à une armée de cent mille hommes, commandée par l'Empereur en personne.

En conséquence Napoléon ordonna au général Maison de ne laisser à Anvers que des ouvriers de marine, des gardes nationaux, ce qu'il fallait en un mot pour résister à un ennemi qui ne songeait pas à une attaque en règle, d'en faire autant pour les autres places de Flandre, et de s'apprêter à marcher sur Mézières avec tout ce qu'il aurait pu ramasser. Il donna le même ordre aux gouverneurs de Mayence, de Metz, de Strasbourg. Ils devaient les uns et les autres ne laisser que l'indispensable dans ces places, s'y faire suppléer par des gardes nationales, attirer à eux les garnisons des villes moins importantes, et se réunir de Mayence et de Strasbourg sur Metz, de Metz sur Nancy, pour être recueillis en passant. Les faibles troupes qui bloquaient nos forteresses ne pouvaient pas empêcher ces réunions si nos commandants de garnisons agissaient avec vigueur. Dans tous les cas Napoléon venant leur tendre la main, dégagerait ceux qui auraient trouvé des obstacles sur leur chemin. Des hommes sûrs et déguisés furent chargés de porter ces ordres, qu'il n'était pas difficile de faire parvenir, car Mayence exceptée, on avait des nouvelles de presque toutes nos places fortes, tant l'investissement en était incomplet.

Plein de ce projet, en concevant les plus justes espérances, Napoléon, après avoir passé la Marne dans la nuit du 2 au 3 mars, s'attacha à poursuivre Blucher qu'il fallait mettre hors de combat, ou éloigner du moins, pour exécuter le plan qu'il venait d'imaginer. Les rapports du matin étaient unanimes, et représentaient Blucher comme tombé dans les plus grands embarras. En effet on le poussait sur l'Aisne, qu'il ne pouvait franchir que sur le pont de Soissons, lequel nous appartenait. (Voir la carte n° 62.) Il pouvait, il est vrai, se dérober par un mouvement sur sa droite qui le porterait vers Fère-en-Tardenois et vers Reims, ce qui lui permettrait de se sauver en remontant l'Aisne, et en allant la passer dans la partie supérieure de son cours, où les ponts ne manquaient pas, et où il devait rencontrer Bulow et Wintzingerode. Mais Napoléon n'était pas homme à laisser cette ressource à son adversaire. Dans cette intention, il prit lui-même à droite après avoir franchi la Marne, et la remonta par la grande route de la Ferté-sous-Jouarre à Château-Thierry. Il avait ainsi le double avantage d'aller plus vite, et de gagner la route directe de Château-Thierry à Soissons par Oulchy. Une fois sur cette route il avait débordé Blucher, et il était certain de lui fermer l'issue vers Reims, la seule qui lui restât.

Arrivé à Château-Thierry, Napoléon cessa de remonter à droite, et, marchant directement sur Soissons, il poussa vivement Blucher sur Oulchy. Au même instant les maréchaux Mortier et Marmont ayant repassé l'Ourcq sur notre gauche, et débouché de Lizy et de May, se mirent de leur côté à la poursuite de l'ennemi. Une gelée subite survenue le 3 au matin rendit la retraite de Blucher un peu moins difficile. Son danger n'en était pas moins grand, car la route de Reims allait lui être interdite. A Oulchy on retrouve l'Ourcq, et Marmont y eut un engagement fort vif avec l'arrière-garde de Blucher. Il prit ou tua environ trois mille hommes à cette arrière-garde, et la jeta en désordre au delà de l'Ourcq. Le passage était ainsi assuré le lendemain matin pour les maréchaux Mortier et Marmont qui cheminaient de concert. Un autre avantage était obtenu, c'était d'avoir occupé Fère-en-Tardenois par notre extrême droite, et d'avoir intercepté la route de Reims. Blucher n'avait plus d'autre ressource pour franchir l'Aisne que Soissons qui était en notre pouvoir. Nous tenions donc enfin cet irréconciliable ennemi, et nous étions à la veille de l'étouffer dans nos bras!

Napoléon avait porté son avant-garde jusqu'au village de Rocourt, tandis que les troupes de Marmont étaient à Oulchy, et de sa personne il vint coucher à Bézu-Saint-Germain, rempli des plus belles, des plus justes espérances qu'il eût jamais conçues!

Le lendemain en effet, 4 mars, il se mit en marche comptant sur un événement décisif dans la journée. Craignant toujours que Blucher ne réussît à s'échapper par sa droite, il vint lui-même prendre position à Fismes, seule route qui restât praticable

PREMIÈRE ABDICATION. 443

dans la direction de Reims, tandis que Marmont et Mortier poussaient directement sur Soissons par Oulchy et Hartennes. (Voir les cartes n°ˢ 62 et 64.) Quelque parti qu'il adoptât, Blucher était réduit à combattre avec l'Aisne à dos, et avec 45 mille hommes contre 55 mille. Nous n'étions pas habitués dans cette campagne à avoir la supériorité du nombre, et Blucher devait être inévitablement précipité dans l'Aisne. Qu'il voulût s'arrêter à Soissons pour y livrer bataille adossé à une rivière, ou qu'il voulût remonter l'Aisne, la position était la même. S'il s'arrêtait devant Soissons, Napoléon, se réunissant par sa gauche à Marmont et Mortier, tombait sur lui en trois ou quatre heures de temps; s'il voulait remonter l'Aisne pour y établir un pont, ou se servir de celui de Berry-au-Bac, Napoléon de Fismes se jetait encore plus directement sur lui, et ralliant en chemin Marmont et Mortier le surprenait dans une marche de flanc, position la plus critique de toutes. La perte de Blucher était donc assurée, et qu'allaient devenir alors Bulow et Wintzingerode errant dans le voisinage pour le rejoindre? que devenait Schwarzenberg resté seul sur la route de Paris? Les destins de la France devaient donc être changés, car quel que pût être plus tard le sort de la dynastie impériale (question fort secondaire dans une crise aussi grave), la France victorieuse aurait conservé ses frontières naturelles! A tout instant nous recevions de nouveaux présages de la victoire. Le plus grand découragement régnait parmi les troupes de Blucher, tandis que les nôtres étaient brûlantes d'ardeur. On recueillait à chaque pas des

Mars 1814.

Aucune issue laissée à Blucher.

Mars 1814.

Événement soudain qui change la face des choses.

voitures abandonnées et des traînards. Onze ou douze cents de ces malheureux étaient ainsi tombés dans nos mains.

Tout à coup Napoléon reçut la nouvelle la plus imprévue et la plus désolante. Soissons qui était la clef de l'Aisne, Soissons qu'il avait mis un soin extrême à pourvoir de moyens de défense suffisants, Soissons venait d'ouvrir ses portes à Blucher, et de lui livrer le passage de l'Aisne! Qui donc avait pu changer si soudainement la face des choses, et convertir en grave péril pour nous, ce qui quelques heures auparavant était un péril mortel pour l'ennemi? Blucher en effet était non-seulement soustrait à notre poursuite, et désormais protégé par l'Aisne qui de notre ressource devenait notre obstacle, mais il avait en même temps rallié Bulow et Wintzingerode, et atteint une force de cent mille hommes! Qui donc, nous le répétons, avait pu bouleverser ainsi les rôles et les destinées? Un homme faible, qui, sans être ni un traître, ni un lâche, ni même un mauvais officier, s'était laissé ébranler par les menaces des généraux ennemis, et avait livré Soissons. Voici comment s'était accompli cet événement, le plus funeste de notre histoire, après celui qui devait un an plus tard s'accomplir entre Wavre et Waterloo.

État de Soissons.

Soissons était une première fois tombé aux mains des alliés, par la mort du général Rusca, et en avait été tiré par le maréchal Mortier, lorsque celui-ci avait été mis à la poursuite des généraux Sacken et d'York. Sur l'ordre de Napoléon, qui sentait toute l'importance de Soissons dans les cir-

PREMIÈRE ABDICATION.

constances présentes, le maréchal Mortier avait pourvu de son mieux à la conservation de ce poste. La place négligée depuis longtemps n'était pas en état d'opposer une bien grande résistance à l'ennemi, mais avec de l'artillerie et des munitions dont on ne manquait pas, et certains sacrifices que les circonstances autorisaient, on pouvait s'y maintenir quelques jours, et rester ainsi en possession du passage de l'Aisne. D'après une instruction que Napoléon avait revue, et qui avait été expédiée à Soissons, on devait d'abord brûler les bâtiments des faubourgs qui gênaient la défense, puis miner le pont de l'Aisne de manière à le faire sauter si on était trop pressé, ce qui, faute de pouvoir le conserver à l'armée française, devait l'ôter du moins aux armées ennemies. Comme garnison on y avait envoyé les Polonais naguère retirés à Sedan, et dont Napoléon n'était pas dans ce moment très-satisfait. Il est vrai qu'au désespoir de leur patrie perdue, se joignait chez eux une profonde misère, et que de la belle troupe qu'ils formaient jadis il ne restait plus que trois à quatre mille hommes, mal armés et mal équipés. Cependant en présence de l'extrême péril de la France, tout ce qui parmi eux pouvait tenir un sabre ou un fusil avait redemandé à servir. Un millier d'hommes à cheval sous le général Pac avaient rejoint la garde impériale, un millier de fantassins étaient réunis dans Soissons. Deux mille gardes nationaux devaient les renforcer. On avait donné à la place pour gouverneur le général Moreau (nullement parent du célèbre Moreau), et qui ne passait pas pour un mauvais officier. Malheureu-

Mars 1814.

Moyens pris pour la défense de cette place.

Son gouverneur, le général Moreau.

sement il était à lui seul le côté faible de la défense.

Mars 1814.

Arrivée de Bulow et de Wintzingerode sous les murs de Soissons.

Le 1ᵉʳ et le 2 mars on vit apparaître deux masses ennemies, l'une par la rive droite, l'autre par la rive gauche de l'Aisne : c'étaient Bulow qui, arrivant de Belgique et descendant du Nord, abordait Soissons par la rive droite, et Wintzingerode qui, venant du Luxembourg, et ayant pris par Reims, s'y présentait par la rive gauche. Tous deux sentaient l'importance capitale du poste qu'il s'agissait d'enlever, et pour Blucher et pour eux-mêmes. Effectivement Soissons était pour Blucher la seule issue par laquelle il pût franchir la barrière de l'Aisne, et pour eux-mêmes le moyen de sortir d'un isolement qui à chaque instant devenait plus périlleux. S'ils ne pouvaient s'emparer de ce pont, ils étaient obligés de rétrograder, l'un par la rive droite de l'Aisne, l'autre par la rive gauche, pour aller opérer leur jonction plus haut, et de laisser Blucher seul entre l'Aisne et Napoléon. Aussi, après avoir dans la journée du 2 mars canonné sans grand résultat, firent-ils dans la journée du 3 les menaces les plus violentes au général Moreau, et cherchèrent-ils à l'intimider en parlant de passer la garnison par les armes.

Menaces effrayantes à la garnison.

La place ne pouvait pas résister plus de deux à trois jours, car, attaquée par cinquante mille hommes, ayant un millier d'hommes pour garnison, et des ouvrages en mauvais état, une résistance tant soit peu prolongée était absolument impossible. Les deux mille gardes nationaux qui devaient se joindre aux Polonais n'étaient pas venus; les maisons des faubourgs qui gênaient la défense n'avaient pas été détruites, et le pont n'avait pas été miné, ce qui était la faute du gouverneur. On avait donc toutes ces circonstances contre soi; mais enfin les Polonais, vieux soldats, offraient de se défendre jusqu'à la dernière extrémité; de plus, on avait entendu le canon dans la direction de la Marne, ce qui indiquait l'arrivée prochaine de Napoléon, et révélait toute l'importance du poste, que d'ailleurs les pressantes instances de l'ennemi suffisaient seules pour faire apprécier. Dans une position ordinaire, se rendre eût été tout simple, car on doit sauver la vie des hommes quand le sacrifice n'en peut être utile; mais dans la situation où l'on se trouvait, essuyer l'assaut, y succomber, y périr jusqu'au dernier homme, était un devoir sacré. Un officier du génie, le lieutenant-colonel Saint-Hillier, fit sentir le devoir et la possibilité de la résistance, au moins pendant vingt-quatre heures. Néanmoins, le général Moreau, ébranlé par les menaces adressées à la garnison, consentit à livrer la place le 3 mars, et seulement employa la journée à disputer sur les conditions. Il voulait sortir avec son artillerie. Le comte Woronzoff, qui était présent, dit en russe à l'un des généraux : Qu'il prenne son artillerie, s'il veut, et la mienne avec, et qu'il nous laisse passer l'Aisne! — On se montra donc facile, et en concédant au général Moreau la capitulation en apparence la plus honorable, on lui fit consommer un acte qui faillit lui coûter la vie, qui coûta à Napoléon l'empire, et à la France sa grandeur. Le 3 au soir, Bulow et Wintzingerode se donnèrent la main sur l'Aisne, et c'est ainsi que le 4 dans la journée, Blucher trouva ouverte une porte qui aurait dû être fermée, trouva un renfort qui portait

Mars 1814.

Possibilité de tenir au moins vingt-quatre heures.

Le général Moreau intimidé livre Soissons, et sauve Blucher.

son armée à près de cent mille hommes, et fut sauvé en un clin d'œil de ses propres fautes et du sort terrible que Napoléon lui avait préparé.

Quelques historiens, apologistes de Blucher, ont prétendu que le danger qu'il courait n'avait pas été si grand que Napoléon s'était plu à le dire, car Blucher eût été renforcé au moins de Wintzingerode, qui, venant de Reims, était sur la rive gauche de l'Aisne, ce qui aurait porté l'armée prussienne à 70 mille hommes contre 55 mille. D'abord, il n'y avait pas de force numérique qui pût racheter la fausse position de Blucher, car, arrivé le 4 devant Soissons, tandis que Napoléon était ce même jour à Fismes, il eût été obligé ou d'essayer de passer l'Aisne devant lui, en jetant des ponts de chevalets, ou de remonter l'Aisne dix lieues durant, avec l'armée française dans le flanc. L'avantage d'être 70 mille contre 55 mille, ce qui ne nous étonnait guère en ce moment, n'était rien auprès d'une position militaire aussi fausse. Ensuite il est presque certain que Wintzingerode, n'ayant pu faire par Soissons sa jonction avec Bulow dans la journée du 3, se serait hâté de rebrousser chemin le 4, pour aller passer l'Aisne à douze ou quinze lieues plus haut, c'est-à-dire à Berry-au-Bac. Blucher se serait donc trouvé, pendant toute une journée, seul entre Napoléon et le poste fermé de Soissons.

Le désastre était par conséquent aussi assuré que chose puisse l'être à la guerre, et Napoléon, en apprenant que Soissons avait ouvert ses portes, fut saisi d'une profonde douleur, car de la tête de Blucher le danger s'était tout à coup détourné sur la

PREMIÈRE ABDICATION.

sienne. Blucher en effet venait d'acquérir une force de 100 mille hommes, et l'Aisne qui devait être sa perte était devenue son bouclier. Quant à nous il nous fallait, ou passer l'Aisne avec 50 mille hommes devant 100 mille, ce qui était une grande témérité, ou nous en éloigner pour revenir sur la Seine, sans savoir qu'y faire, car comment se présenter devant l'armée de Bohême sans avoir vaincu l'armée de Silésie? On comprendra donc que Napoléon écrivit la lettre suivante au ministre de la guerre :

Mars 1814.

situation où tout est péril pour lui.

« Fismes, 5 mars 1814.

» L'ennemi était dans le plus grand embarras, et
» nous espérions aujourd'hui recueillir le fruit de
» quelques jours de fatigue, lorsque la trahison ou
» la bêtise du commandant de Soissons leur a livré
» cette place.

» Le 3, à midi, il est sorti avec les honneurs de
» la guerre, et a emmené quatre pièces de canon.
» Faites arrêter ce misérable ainsi que les membres
» du conseil de défense; faites-les traduire par-de-
» vant une commission militaire composée de géné-
» raux, et, pour Dieu, faites en sorte qu'ils soient
» fusillés dans les vingt-quatre heures sur la place
» de Grève! Il est temps de faire des exemples. Que
» la sentence soit bien motivée, imprimée, affichée
» et envoyée partout. J'en suis réduit à jeter un
» pont de chevalets sur l'Aisne, cela me fera perdre
» trente-six heures et me donne toute espèce d'em-
» barras. »

Ordre de faire juger et exécuter le général Moreau en vingt-quatre heures.

Et cependant Napoléon ne connaissait qu'une partie de la vérité, car il ignorait que Blucher ve-

Mars 1814.

Quelque malheureuse que soit la perte de Soissons, Napoléon n'est point déconcerté, et songe à forcer le passage de l'Aisne.

nait d'acquérir une force double de la sienne. Ce qu'il savait, c'est que Blucher lui avait échappé, et que pour l'atteindre il était obligé de le suivre au delà de l'Aisne. Le malheur était déjà bien assez grand, et de nature à déconcerter tout autre que lui. Si, après une pareille déconvenue, Napoléon eût été embarrassé, et eût perdu un jour ou deux à chercher un nouveau plan, on pourrait ne pas s'en étonner, en voyant ce qui arrive à la plupart des généraux [1]. Il n'en fut rien pourtant. Bien que Blucher eût pour lui l'Aisne qu'il avait d'abord contre lui, bien qu'il fût renforcé dans une proportion ignorée de nous, mais considérable, Napoléon ne renonça pas à le poursuivre, pour tâcher de le saisir corps à corps, car il lui était impossible, sans l'avoir battu, de revenir sur Schwarzenberg. Bientôt en effet il se serait trouvé pris entre Blucher le suivant à la piste, et Schwarzenberg victorieux des maréchaux qu'on avait laissés à la garde de l'Aube, position affreuse et tout à fait insoutenable. Il fallait donc à

---

[1] M. le général Koch dit, chapitre XIV : « L'Empereur, dont le plan » était déjoué par un événement aussi inattendu, demeura un jour en- » tier dans l'incertitude, et laissa percer son embarras par la nature » des opérations divergentes et hardies qu'il entreprit. » C'est une erreur fort excusable pour qui n'a lu ni les ordres ni la correspondance de Napoléon. Il était assurément fort déçu, mais point déconcerté, comme on va le voir, et il ordonna, sans une heure de temps perdu, les nouvelles dispositions qu'exigeait la circonstance. Ce qui a causé l'erreur de M. le général Koch, c'est qu'il suppose que la reddition de Soissons ayant eu lieu le 3, Napoléon dut la savoir le 4, à cause de la proximité. Mais la correspondance prouve que Napoléon ne la sut que le 5 au matin, parce que les maréchaux Mortier et Marmont ne la connurent que le 4 au soir. Or tous les ordres du passage de l'Aisne sont du 5 au matin. Il n'y eut donc ni hésitation ni temps perdu, et, en pareille circonstance, il y a certainement de quoi s'en étonner.

tout prix, dût-on y succomber, car on succomberait plus certainement en ne le faisant pas, il fallait aller chercher Blucher au delà de l'Aisne, et l'y aller chercher sur-le-champ, avant que l'ennemi songeât à rendre impraticables les passages de cette rivière. Napoléon donna ses ordres le 5 au matin, aussitôt après avoir reçu la nouvelle qui le désolait.

Mars 1814.

Dans la nuit, Napoléon avait envoyé le général Corbineau à Reims, afin de s'emparer de cette communication importante avec les Ardennes, et pour y ramasser tout ce que Wintzingerode avait dû laisser en arrière. Voulant s'assurer le passage de l'Aisne, ce qui était l'objet essentiel du moment, il avait dirigé le général Nansouty avec la cavalerie de la garde sur le pont de Berry-au-Bac, qui était un pont en pierre, et sur lequel passait la grande route de Reims à Laon. (Voir la carte n° 64.) Il avait ordonné aussi que l'on envoyât un détachement de cavalerie sur Maisy, situé à notre gauche, pour y jeter un pont de chevalets, et prescrit en même temps au maréchal Mortier de se rendre sans délai à Braisne, pour aller préparer d'autres moyens de passage à Pontarcy. Son intention était d'avoir trois ponts sur l'Aisne, afin de n'être pas obligé de déboucher par un seul en face de Blucher, ce qui pouvait rendre l'opération impossible. Sans doute, si la vigilance de l'ennemi eût égalé la sienne, on aurait trouvé les cent mille hommes de l'armée de Silésie derrière les points présumés de passage, et ce n'est pas avec cinquante mille soldats, quelque braves qu'ils fussent, qu'on aurait réussi à franchir l'Aisne. Mais il y a toujours à parier qu'en ne

Dispositions pour le passage de l'Aisne.

29.

perdant pas de temps, si peu qu'il en reste, on arrivera assez tôt pour déjouer les précautions de son adversaire. Napoléon, à qui son expérience sans pareille avait appris combien est ordinaire l'incurie de ceux qui commandent, ne désespérait pas de trouver l'Aisne mal gardée, et de pouvoir en exécuter le passage sans coup férir.

En effet, tandis qu'à sa droite le général Corbineau pénétrait dans Reims, y enlevait deux mille hommes de Wintzingerode et beaucoup de bagages, le général Nansouty, avec la cavalerie de la garde et les Polonais du général Pac, rencontrait les Cosaques de Wintzingerode en avant du pont de Berry-au-Bac, les chargeait au galop, les culbutait, et passait le pont à leur suite, malgré quelque infanterie légère laissée pour le garder. La conquête si rapide de ce pont de pierre dispensait de tenter des passages sur d'autres points, car le gros de l'ennemi étant encore à quelque distance, on était maître de déboucher immédiatement, et Napoléon se hâta, dans la nuit du 5 au 6, ainsi que dans la journée du 6, de faire défiler la masse de ses troupes par Berry-au-Bac, afin d'être établi sur la droite de la rivière avant que Blucher pût s'opposer à son déploiement. — C'est un petit bien, s'écria-t-il en apprenant ce succès, en dédommagement d'un grand mal ! — Ce n'était pas un petit bien, si, transporté au delà de l'Aisne, il pouvait remporter une victoire ; mais une victoire était difficile à remporter, Blucher ayant 100 mille hommes des meilleures troupes de la coalition, tandis que nous n'en avions que 55 mille, dans lesquels deux tiers de conscrits, à peine vêtus, nullement instruits, partageant néanmoins le noble désespoir de nos officiers, et se battant avec le plus rare dévouement. Mais il n'y avait plus à compter les ennemis, et il fallait à tout prix livrer bataille, car se rejeter sur Schwarzenberg sans avoir vaincu Blucher, c'était attirer ce dernier à sa suite, et s'exposer à être étouffé dans les bras des deux généraux alliés. Quant au plan de marcher sur les places pour en recueillir les garnisons, il était également impraticable avant d'avoir battu Blucher, car autrement on était condamné à l'avoir sur ses traces, vous suivant partout, et si rapproché qu'on ne pourrait faire un pas sans être vu et atteint par cet incommode adversaire. Il fallait donc combattre, n'importe quel nombre d'ennemis ou quelles difficultés de position on aurait à braver pour vaincre.

Mars 1814.

Blucher avait été fort mécontent de la négligence de Wintzingerode à garder le pont de Berry-au-Bac, et il aurait dû ne s'en prendre qu'à lui-même, car rien ne se fait sûrement si le général en chef n'y pourvoit par sa propre vigilance. Il dissimula toutefois : Wintzingerode commandait les Russes, et il fallait ménager des alliés susceptibles et orgueilleux ; d'ailleurs il lui restait encore une position très-forte et très-facile à défendre, dont il se proposait de se bien servir pour résister aux prochaines attaques de Napoléon.

Quand on a passé l'Aisne à Berry-au-Bac, en suivant la grande route de Reims à Laon, on laisse à droite de vastes campagnes légèrement ondulées ; on longe à gauche le pied des hauteurs de Craonne, puis on s'enfonce à travers des coteaux boisés, et

Position de Craonne occupée par Blucher.

on descend par Festieux dans une plaine humide, au milieu de laquelle apparaît tout à coup la ville de Laon, bâtie sur un pic isolé et toute couronnée de hautes et antiques murailles. (Voir la carte n° 64.) Les hauteurs de Craonne, qu'on aperçoit à sa gauche, après avoir franchi le pont de Berry-au-Bac, ne sont que l'extrémité d'un plateau allongé, qui borde l'Aisne jusqu'aux environs de Soissons, et qui d'un côté forme la berge de l'Aisne, de l'autre celle de la Lette, petite rivière, tour à tour boisée ou marécageuse, coulant parallèlement à l'Aisne, et communiquant par plusieurs vallons avec la plaine de Laon.

C'est sur ce plateau de Craonne, long de plusieurs lieues, et qui se présente comme une sorte de promontoire dès qu'on a passé le pont de Berry-au-Bac, que Blucher avait pris position avec son armée et les cinquante mille hommes qui l'avaient rejoint. Chacun naturellement s'était placé d'après son point de départ. Wintzingerode, arrivé par Reims, s'était porté sur les hauteurs de Craonne par Berry-au-Bac, tandis que Bulow, arrivé par la Fère et Soissons, s'était échelonné entre Soissons et Laon. Blucher, avec Sacken, d'York, Kleist, Langeron, ayant traversé l'Aisne à Soissons, avait remonté les bords de l'Aisne, et se trouvait partie sur le plateau de Craonne, partie sur les bords de la Lette, entre la Lette et Laon.

Le 6 au matin, Napoléon, le passage de l'Aisne opéré, voulut tâter la position de l'ennemi, et fit attaquer vivement les hauteurs de Craonne. On enleva d'abord la ville même de Craonne, et ce ne fut ni sans peine ni sans effusion de sang. Puis, s'engageant dans un vallon entre l'abbaye de Vauclerc à gauche, et le château de la Bôve à droite, Ney et Victor essayèrent d'emporter les hauteurs où la Lette prend sa source. (Voir la carte n° 64.) Ils les abordèrent avec la résolution de s'en rendre maîtres. Mais après une perte de quelques centaines d'hommes, ils reconnurent que ce ne pouvait être que par une attaque sérieuse, c'est-à-dire par une bataille, qu'on en viendrait à bout. Il ne fallait donc pas verser inutilement un sang précieux, et le mieux était de s'arrêter jusqu'à ce qu'on eût pris un parti décisif. Ney et Victor campèrent au pied des hauteurs. La première division de la vieille garde sous Mortier s'établit à Corbeny, la cavalerie de la vieille garde à Craonne, et dans la campagne environnante. La seconde division de la vieille garde passa la nuit en arrière de Berry-au-Bac, et un peu en deçà de l'Aisne, à Cormicy. Marmont était en route sur ce point, pour former l'arrière-garde de l'armée, et la flanquer pendant les graves opérations qu'elle allait entreprendre.

Il fallait nécessairement, comme nous l'avons déjà dit, livrer bataille, quelque douteux que fût le résultat par suite de la force numérique et de la position de l'ennemi, car sans avoir vaincu Blucher, on ne pouvait ni se reporter sur Schwarzenberg, ni aller chercher les garnisons à la frontière. Mais la manière d'engager la bataille donnait naissance à plus d'une question. Aborder directement le plateau de Craonne qui court pendant plusieurs lieues entre l'Aisne et la Lette, pour rejeter l'ennemi sur la

Mars 1814.

de l'attaquer en règle.

Raisons qui obligent Napoléon à préférer

Mars 1814.

L'attaque du plateau de Craonne à toute autre opération.

Lette, et de la Lette dans la plaine de Laon, c'était aborder la difficulté par son côté le plus ardu, et, comme on dit proverbialement, prendre le *taureau par les cornes*. Il y avait un moyen qui semblait moins difficile, c'était, au lieu de s'arrêter à gauche pour y combattre, de défiler tout simplement par notre droite, de suivre la grande chaussée de Reims à Laon par Corbeny et Festieux, et de descendre dans la plaine de Laon, où probablement, en descendant en masse, on eût refoulé l'ennemi sur Laon. Mais outre qu'il y avait sur cette route plus d'un obstacle à surmonter, on livrait ainsi la route de Paris, et l'ennemi ayant Soissons en son pouvoir, était maître, vaincu ou non, de rejoindre la Marne et la Seine, de s'y réunir à Schwarzenberg, et de marcher sur Paris avec 200 mille hommes. Sans doute la même chose devait arriver en se portant sur la frontière, comme Napoléon en avait le projet, pour y rallier les garnisons; mais il ne songeait à le faire qu'après avoir affaibli Blucher par une grande défaite, après avoir considérablement ébranlé le moral des coalisés, et ranimé au même degré le courage des Parisiens et de l'armée. Il importait donc d'aborder Blucher de façon à tendre un bras vers Soissons, et un autre vers Laon (considération décisive dont les critiques militaires n'ont pas tenu compte), et dès lors il n'y avait qu'un moyen, c'était, coûte que coûte, de gravir sur notre gauche le plateau de Craonne, et de faire de ce premier succès le premier acte contre Blucher. Parvenu sur ce plateau, on trouvait un chemin qui en longeait le sommet jusqu'à Soissons. On pouvait le suivre, jeter par un effort de notre droite l'ennemi sur la Lette, puis par un second effort le refouler de la Lette dans la plaine de Laon, et si enfin on parvenait à lui enlever Laon, on aurait terminé la série des opérations contre Blucher, de la manière la plus désirable et la plus décisive. On pouvait, à la vérité, adopter un parti moyen, et par exemple ne pas essayer d'emporter le plateau de Craonne, ne pas s'avancer non plus sur la route de Reims à Laon, mais pénétrer entre deux, à la faveur d'un ravin qui donnait entrée dans la vallée de la Lette, et s'enfoncer ainsi en colonne serrée dans cette vallée, en ayant à gauche les hauteurs de Craonne, à droite celles de la Bôve. Mais il fallait pour cela s'engager dans une gaîne étroite, au milieu de villages boisés et marécageux, avec le danger de voir l'ennemi fondre sur nous des hauteurs qui bordent la Lette de toutes parts, et on aurait eu besoin de vieilles troupes, froidement intrépides, pour s'aventurer dans ce coupe-gorge.

Mars 1814.

L'enlèvement du plateau de gauche par un coup de vigueur, convenait mieux à des troupes jeunes, impétueuses, soutenues par deux divisions de vieille garde; et d'ailleurs, si la position était redoutable, on avait l'avantage de n'avoir affaire de ce côté qu'à une aile des alliés, laquelle était séparée du reste de leur armée par tant d'obstacles qu'elle ne serait pas facilement secourue.

Napoléon se décida donc pour une attaque par sa gauche sur le plateau de Craonne. Il y avait sur ce plateau toute l'infanterie de Wintzingerode, confiée en ce moment au comte de Woronzoff, et tout le

Forces russes chargées de la garde du plateau.

Mars 1814.

Plan de Blucher.

corps de Sacken, avec Langeron en réserve, c'est-à-dire une cinquantaine de mille hommes pourvus d'une nombreuse artillerie. Blucher, par les tentatives de la veille, par la direction de nos mouvements, qu'il discernait parfaitement des hauteurs qu'il occupait, avait bien deviné que nous attaquerions le plateau de Craonne, et, sur le conseil de M. de Muffling, quartier-maître général de l'armée de Silésie, il avait résolu de former une seule masse de presque toute sa cavalerie, de la porter sur la grande route de Laon à Reims, dans le pays découvert, et de la précipiter, au nombre de douze ou quinze mille cavaliers, sur notre flanc droit et sur nos derrières. S'il réussissait, il nous coupait de Berry-au-Bac, et puis nous jetait dans l'Aisne. La combinaison pouvait en effet avoir de graves conséquences pour nous, mais il fallait deux choses, que nous n'eussions pas emporté le plateau, et que la seconde division de la vieille garde, ainsi que le corps de Marmont, destinés à couvrir nos flancs et nos derrières, se fussent laissé enfoncer par la cavalerie ennemie, ce qui n'était guère vraisemblable.

Cette expédition de cavalerie fut confiée à Wintzingerode, regardé parmi les alliés comme le plus alerte de leurs officiers d'avant-garde, et c'est pour ce motif qu'il avait laissé son infanterie et son artillerie légère au comte de Woronzoff. Presque toute la cavalerie des alliés fut donc dirigée sur la Lette à travers le pays fourré qui forme les deux bords de cette petite rivière, et, la Lette franchie, elle fut par un long détour accumulée sur la grande chaussée de Laon à Reims. (Voir la carte n° 64.)

Kleist devait avec son infanterie appuyer Wintzingerode; la cavalerie d'York devait surveiller les deux bords de la Lette; Bulow était chargé de garder Laon, tandis que Woronzoff, Sacken et Langeron défendraient jusqu'à la dernière extrémité le plateau de Craonne.

Mars 1814.

Le 7 mars au matin, Napoléon arrêta son plan d'attaque. Nous avons dit que le plateau de Craonne se composait d'une suite de hauteurs à sommet aplati, s'allongeant entre l'Aisne et la Lette qu'elles séparent, et s'étendant jusqu'aux environs de Soissons. C'était la partie la plus avancée de ce plateau, formant, ainsi qu'on vient de le voir, une espèce de promontoire au milieu de la plaine de Craonne, qu'il fallait emporter. Si on avait dû l'escalader d'un seul coup, la tâche eût été trop difficile. Il y avait comme une première marche à gravir, c'était ce qu'on appelle le petit plateau de Craonne, s'élevant au-dessus de Craonnelle, et fort heureusement occupé par nos troupes dès la veille. Il devait nous servir de point de départ pour nous élever plus aisément sur le plateau lui-même. Afin de rendre l'opération moins meurtrière, Napoléon résolut de la seconder par deux attaques de flanc, que permettait la nature du sol. Deux ravins descendaient du plateau, l'un, celui d'Oulches, situé à notre gauche, et plongeant sur l'Aisne, l'autre, celui de Vauclerc, situé à notre droite, et donnant dans la vallée de la Lette, au milieu de laquelle se trouve la célèbre abbaye de Vauclerc. Ces deux ravins aboutissant, l'un à gauche, l'autre à droite, sur les flancs du plateau, à un endroit qu'on nomme

Plan de Napoléon, fondé sur la nature des lieux.

la *ferme d'Heurtebise*, fournissaient le moyen de prendre à revers les troupes qui défendraient la position principale. Ney, avec ses deux divisions de jeune garde, et ayant pour appui une partie de la cavalerie Nansouty, devait s'engager dans le vallon d'Oulches, tandis que Victor, avec ses deux divisions de jeune garde s'engageant dans celui de Vauclerc, viendrait déboucher sur le plateau, assez près de Ney, vers la ferme d'Heurtebise. Napoléon, au centre avec la vieille garde, la réserve d'artillerie et le gros de la cavalerie, était sur le petit plateau de Craonne, prêt à ordonner l'attaque du grand plateau, lorsque le mouvement de ses ailes lui en donnerait la possibilité. En ce moment, Marmont arrivait de Berry-au-Bac pour couvrir nos derrières. Toutes nos troupes ayant dû défiler les unes après les autres par l'unique pont de Berry-au-Bac, la plus grande partie de notre artillerie était en arrière, circonstance regrettable en face d'un ennemi qui avait réuni en avant de sa position un nombre considérable de bouches à feu.

A dix heures du matin, Napoléon donna le signal de l'attaque. Victor à droite s'engagea dans le vallon de Vauclerc, Ney à gauche dans celui d'Oulches. Victor, avec une brigade de la division Boyer, se dirigea sur le parc de l'abbaye de Vauclerc, où il trouva l'infanterie de Woronzoff bien postée, et protégée par une nombreuse artillerie qui tirait du sommet du plateau. Après des pertes sensibles, Victor se rendit maître du parc de Vauclerc. Au-dessus s'élevaient en étages des maisons et des jardins situés sur le flanc même de la hauteur. L'ennemi y avait

PREMIÈRE ABDICATION.

une réserve qu'il voulut jeter sur la division Boyer, mais trop tardivement. Cette division, solidement établie dans les bâtiments et les jardins de l'abbaye, ne se laissa pas arracher le poste qu'elle avait conquis. L'ennemi l'accabla d'obus, mit en feu les bâtiments où elle s'était logée, mais elle tint ferme au milieu des flammes.

Pendant ce temps on entendait de l'autre côté du plateau, dans le vallon d'Oulches, le canon de Ney aux prises avec Sacken, et s'efforçant d'enlever la ferme d'Heurtebise. Le plateau étant étranglé en cet endroit, il y avait peu de distance entre l'extrémité du ravin de Vauclerc et celle du ravin d'Oulches, et les deux maréchaux combattaient fort près l'un de l'autre. (Voir la carte n° 64.) Ney s'était engagé dans la vallée d'Oulches avec ses deux divisions et la cavalerie de Nansouty. Il avait formé son infanterie en deux colonnes, et s'était avancé sous une mitraille épouvantable, car les Russes avaient accumulé l'artillerie à chacun des débouchés. Les soldats de Ney, jeunes et ardents, supportèrent bravement ce feu, et parvinrent jusqu'au bord du plateau. Mais arrivés là ils trouvèrent l'infanterie de Sacken sur plusieurs lignes, les fusillant à bout portant, et ils furent refoulés dans le fond du ravin. Cependant le destin de la guerre dépendait du résultat de cette bataille, et Ney ne voulait pas que ce résultat dépendît de la mauvaise conduite des troupes qu'il commandait. Sans se décourager, avec cet élan auquel ses soldats ne résistaient jamais, il rallie ses bataillons au fond du ravin, leur parle, les ranime, puis imagine de les réunir en une seule

Mars 1814.

Difficultés que Ney rencontre, et qu'il surmonte avec sa vigueur accoutumée.

colonne, et de fondre au pas de course sur l'ennemi, afin de ne pas lui laisser le temps d'user de ses feux. La colonne se forme en effet avec la résolution de vaincre ou de périr, puis elle s'avance le long du ravin, et parvenue à son extrémité, elle s'élance, le maréchal en tête, sous une grêle de balles. Elle vole, elle aborde comme la foudre l'infanterie surprise de Sacken, la renverse et l'oblige à reculer. Cette infanterie plie sous un pareil effort, et rétrograde jusqu'à un petit hameau qu'on appelle Paissy, en laissant aux divisions de Ney l'espace nécessaire pour se déployer. (Voir la carte n° 64.) Tandis que la gauche de Ney prend pied sur le plateau, sa droite se jette sur la ferme d'Heurtebise, y pénètre malgré la résistance de l'ennemi, et tue tout ce qui l'occupait. Après quelques instants, l'infanterie de Sacken, remise de son émotion, essaie de regagner le terrain perdu, mais les soldats de Ney étant en position égale dans ce moment, ne veulent pas céder le bord du plateau si chèrement acquis. De part et d'autre on se fusille presque à bout portant. A l'attaque de droite, Victor, encouragé par le succès de Ney, n'entend pas rester en arrière. La division Boyer après s'être emparée de l'abbaye de Vauclerc, cherche à déboucher sur le plateau, et vient s'établir avec la division Charpentier à la lisière d'un petit bois qui s'étend de l'abbaye de Vauclerc au hameau d'Ailles. Placée là, elle essuie sans s'ébranler le feu de soixante pièces de canon. Ces deux attaques de flanc ayant dégagé le centre, Napoléon, à la tête de la vieille garde, gravit le plateau presque sans coup férir, et vient prendre position en face de la ferme d'Heurtebise. Il forme ainsi une ligne qui relie l'attaque de Ney à celle de Victor. Le retard de notre artillerie nous laisse exposés au feu des nombreux canons de l'ennemi. Pour compenser cette infériorité Napoléon envoie quatre batteries de Drouot, qui accourent se déployer entre Ney et Victor. Le feu est alors moins inégal, mais toujours horriblement meurtrier, et quoique accablées de boulets et de mitraille les deux divisions Charpentier et Boyer se soutiennent avec une héroïque fermeté.

Mars 1814.

A gauche, au centre, à droite, nous avions pris pied sur le plateau, mais ce n'était pas assez, il fallait s'y maintenir, s'y étendre, et en chasser l'ennemi. Le moment était venu pour la cavalerie de soutenir l'infanterie, car au delà de la ferme d'Heurtebise le terrain commence à s'élargir. Les escadrons de Nansouty ayant suivi Ney à travers le ravin d'Oulches, et ayant débouché avec lui sur le plateau, passent entre les intervalles de ses bataillons, et fondent sur l'ennemi, les lanciers polonais et les chasseurs à cheval en tête, les grenadiers en réserve. Ces braves cavaliers, trouvant ici l'espace pour se déployer, s'élancent au galop, renversent plusieurs carrés russes, les acculent sur le hameau de Paissy, et n'ont qu'un pas à faire pour les précipiter dans un ravin parallèle à celui d'Oulches, et donnant sur l'Aisne. Mais en se repliant, l'infanterie russe démasque une ligne d'artillerie qui tire à mitraille sur nos cavaliers, et les arrête. Ils sont obligés de revenir pour ne pas rester sous ce feu destructeur, et sont suivis par douze escadrons russes. Ceux-ci à leur tour chargent avec tant d'impétuosité qu'ils dépassent les grenadiers à cheval de la garde demeurés en seconde ligne. A l'aspect de cette bourrasque de cavalerie, les jeunes soldats de Ney perdent contenance et s'enfuient vers le ravin d'Oulches, d'où ils s'étaient si bravement élancés à la conquête du plateau. En vain Ney, se jetant au milieu d'eux, les appelle de sa forte voix, de son geste énergique : ils fuient saisis d'une terreur inexprimable, phénomène assez fréquent chez les jeunes gens, que leur émotion rend aussi prompts à la fuite qu'à l'attaque. Napoléon, placé un peu en arrière et veillant aux vicissitudes de la bataille, envoie Grouchy avec le reste de la cavalerie, pour remplir le vide qui vient de se former dans sa ligne de bataille, et tendre un voile qui, cachant la scène à nos fuyards, leur permette de recouvrer leur présence d'esprit. Grouchy arrive, occupe la place, et va charger, quand un coup de feu le renverse de cheval. Privée de son chef, notre cavalerie demeure immobile. Elle protége pourtant le ralliement de l'infanterie de Ney. Vers notre droite Victor à la tête des divisions Boyer et Charpentier, persiste à se soutenir à la lisière du bois d'Ailles. Blessé gravement, il est remplacé par le général Charpentier. Napoléon, craignant que ses ailes qui ont de la peine à se maintenir au bord du plateau ne finissent par céder, fait avancer une division de la vieille garde pour se déployer entre elles. Ces vieux soldats se portent d'un pas résolu entre nos deux ailes, tandis qu'au même instant arrivent quatre-vingts bouches à feu bien longtemps attendues. Notre infériorité en artillerie cesse enfin, et il est temps, car les canons de Drouot sont presque tous démontés. Ces quatre-vingts pièces, mises en batterie entre les troupes de Ney et celles de Victor, vomissent bientôt des torrents de feu sur les Russes, et leur font essuyer des pertes cruelles. L'infanterie de Sacken et de Woronzoff, après avoir tenu quelque temps, cède à son tour sous les décharges répétées de la mitraille. Elle recule et nous abandonne le terrain. Alors de notre gauche à notre droite on s'ébranle pour la suivre. Les troupes de Victor faisant un dernier effort, s'emparent du village d'Ailles, et prennent définitivement leur place à la droite de l'armée. Les troupes de Ney ne restent point en arrière, et notre ligne entière s'avance dès lors en parcourant le sommet du plateau qui tantôt s'élargit, tantôt se resserre, et refoule l'infanterie de Sacken et de Woronzoff sur celle de Langeron. La cavalerie russe s'efforce en vain de charger pour couvrir cette retraite; nos chasseurs et nos grenadiers à cheval se précipitent sur elle et la repoussent. Réfugiée derrière son infanterie, elle se reforme, et essaie de revenir à la charge. Nos dragons la culbutent de nouveau. On parcourt ainsi d'un pas victorieux le sommet du plateau, la gauche à l'Aisne, la droite à la Lette, dominant de quelques centaines de pieds le lit de ces deux rivières, et poussant devant soi les cinquante mille hommes de Sacken, de Woronzoff, de Langeron. On les mène de la sorte pendant deux lieues, c'est-à-dire jusqu'à Filain, et comme ils paraissent en cet endroit vouloir descendre dans la vallée de la Lette, notre gauche portée en avant par

Mars 1814.

Mouvement décisif de Napoléon au centre.

Le plateau est enfin emporté et la bataille gagnée après des prodiges d'énergie.

un rapide mouvement de conversion, les y pousse brusquement. Notre artillerie, se dédommageant de sa tardive arrivée, les suit au bord de la vallée, et les couvre de mitraille, jusqu'à ce qu'ils aient trouvé un abri dans l'enfoncement boisé du lit de la Lette.

La nuit approchait, et rien n'annonçait que nous eussions à craindre quelque effort de l'ennemi sur nos flancs ou sur nos derrières. En effet, cette irruption des quinze mille cavaliers de Wintzingerode, dont Napoléon ignorait le projet, mais dont il avait admis la possibilité, et contre laquelle il avait pris ses précautions en laissant une division de vieille garde et le corps de Marmont au pied des hauteurs de Craonne, ne s'était pas encore exécutée, même à la fin du jour. Malgré les instances de Blucher, qui attachait beaucoup de prix à cette combinaison, la cavalerie de Wintzingerode, engagée dans la vallée de la Lette, au milieu d'un pays fourré et marécageux, embarrassant l'infanterie de Kleist et embarrassée par elle, n'était parvenue à Festieux que très-tard, et n'avait plus osé, l'heure étant fort avancée, tenter une entreprise qui pouvait avoir ses dangers aussi bien que ses avantages. Blucher avait donc été obligé de s'en tenir pour la journée à la perte du plateau de Craonne.

Caractères et résultats de cette sanglante bataille.

Telle avait été cette sanglante bataille de Craonne, consistant dans la conquête d'un plateau élevé, défendu par cinquante mille hommes et une nombreuse artillerie, et attaqué par trente mille avec une artillerie insuffisante. La ténacité d'un côté, la fougue de l'autre, avaient été admirables, et chez nous, les divisions Boyer et Charpentier avaient joint à la fougue une rare patience sous le feu. Ney avait été, comme toujours, l'un des héros de la journée. Les Russes avaient perdu 6 à 7 mille hommes, et on ne sera pas étonné d'apprendre que, débouchant sous un feu épouvantable, nous en eussions perdu 7 à 8 mille. La différence à notre désavantage eût même été plus grande, si notre artillerie, retardée non par sa faute mais par la distance, n'était venue à la fin compenser par ses ravages ceux que nous avions soufferts. Après ce noble effort de notre armée, pouvions-nous le lendemain en tirer d'utiles conséquences? le sang de nos braves soldats aurait-il du moins coulé fructueusement pour la France? Telle était la question qui allait se résoudre dans les quarante-huit heures, et dont la solution, hélas! ne dépendait pas du génie de Napoléon, car dans ce cas elle n'eût pas été un instant douteuse.

Mars 1814.

Napoléon, quoique satisfait de ce premier résultat et touché du dévouement de ses troupes, était fort préoccupé du lendemain; mais sa résolution de combattre, toujours déterminée par la nécessité de vaincre Blucher avant de se reporter sur Schwarzenberg, était la même. Il ne délibérait que sur un point, c'était de savoir, maintenant qu'il était maître du plateau de Craonne, par quel côté il descendrait dans la plaine de Laon. Mais ici encore une nécessité, presque aussi absolue que celle de combattre, le forçait à marcher par la chaussée de Soissons à Laon, et c'était la nécessité de se placer entre ces deux villes, afin d'intercepter la route de Paris. Malheureusement, cette chaussée présen-

Le gain de la bataille de Craonne ne décidait rien, et il fallait expulser Blucher de la plaine de Laon.

Nécessité

tait beaucoup plus de difficultés que celle de Reims pour pénétrer dans la plaine de Laon. Parvenus à la partie du plateau qui se trouve entre Aizy et Filain (voir la carte n° 64), il nous fallait tourner à droite, descendre dans la vallée de la Lette entre Chavignon et Urcel, nous engager dans un défilé, formé à gauche par des hauteurs boisées, à droite par le ruisseau d'Ardon qui vient de Laon, et qui est bordé de prairies marécageuses. On rencontrait successivement sur son chemin les villages d'Étouvelles et de Chivy, et on débouchait ensuite par la chaussée de Soissons dans la plaine de Laon. S'enfoncer avec toute l'armée dans cet étroit défilé, où l'on n'avait guère que la largeur de la chaussée pour manœuvrer, était extrêmement dangereux. L'ennemi, en effet, en occupant fortement les villages d'Étouvelles et de Chivy, pouvait nous arrêter court. Cependant il n'y avait pas moyen d'opérer autrement, car se reporter à droite pour prendre la grande route de Reims à Laon, qui passe l'Aisne à Berry-au-Bac, c'était découvrir celle de Soissons, et si on avait dû prendre en définitive cette route de Reims, ce n'eût pas été la peine de perdre sept mille hommes pour conquérir le plateau de Craonne. La grave raison de se tenir toujours à proximité de Soissons l'ayant emporté dans la première bataille, devait évidemment l'emporter dans la seconde. En conséquence, Napoléon, qui avait bivouaqué le 7 au soir sur le plateau, vint s'établir le 8 entre l'Ange-Gardien et Chavignon, à l'ouverture du défilé qui conduit dans la plaine de Laon. Il accorda cette journée de repos à ses troupes, afin de les laisser res-

Mars 1814.

d'une seconde bataille, et difficultés à vaincre pour la livrer.

pirer, et de donner au maréchal Marmont le temps d'entrer en ligne.

Il voulait se servir de ce maréchal pour parer, autant que possible, aux inconvénients de la situation dans laquelle il était forcé de s'engager. Le maréchal Marmont venait de recevoir de Paris une nouvelle division de réserve, composée, comme celles que commandait le général Gérard, de bataillons de ligne formés à la hâte dans les dépôts. Elle était de 4 mille conscrits, ayant comme les autres quinze à vingt jours d'incorporation, mais conduits par des officiers qu'exaltaient le danger de la France et l'honneur menacé de nos armes. Cette division placée sous les ordres du duc de Padoue, portait à 12 ou 13 mille hommes le corps du maréchal Marmont, et à 48 ou 50 mille le total des forces de Napoléon, déduction faite des pertes de la bataille de Craonne. Il imagina de diriger le corps du duc de Raguse sur la route qu'il ne voulait pas suivre lui-même, celle de Reims à Laon. Ce corps, passant par Festieux, et n'ayant pas grande difficulté à vaincre, viendrait s'établir sur notre droite dans la plaine de Laon, et, attirant à lui l'attention de l'ennemi, faciliterait à notre colonne principale le passage du défilé d'Étouvelles à Chivy. (Voir la carte n° 64.) Sans doute, il y avait du danger, même dans cette précaution, car sur notre gauche Napoléon débouchant par un défilé étroit, sur notre droite Marmont débouchant à découvert dans la plaine de Laon, à une distance l'un de l'autre de trois lieues, pouvaient être accablés successivement, avant d'avoir eu le temps de se donner la main. Mais que faire?

Mars 1814.

Rôle destiné au maréchal Marmont dans les nouvelles opérations qu'on allait entreprendre.

Où n'y avait-il pas danger, et danger plus grand que celui qu'on allait braver? Il n'était pas possible en effet de se détourner de Blucher sans l'avoir battu; il n'était pas possible de suivre en masse la route de Reims sans livrer celle de Soissons, c'est-à-dire de Paris; dès lors le débouché par le défilé d'Étouvelles à Chivy étant la suite d'un enchaînement de nécessités, il fallait s'y résigner, en diminuant de son mieux les difficultés de l'opération. Évidemment on se donnait plus de chances de forcer le défilé en ajoutant à l'attaque de gauche une démonstration accessoire sur la droite. D'ailleurs, une fois l'obstacle vaincu, Napoléon s'appliquant à s'étendre rapidement à droite pour donner la main à Marmont, et celui-ci ne se commettant qu'avec mesure dans la plaine de Laon, les principaux dangers de cette manière d'opérer pouvaient être conjurés. Au surplus on n'avait, nous le répétons, que le choix des périls. Le plus grand de tous eût été d'hésiter et de ne pas agir.

La journée du 8 donnée au repos et au ralliement des troupes.

La journée du 8 ayant été accordée au repos et au ralliement des troupes, Napoléon résolut de se porter le 9 mars au matin au milieu de la plaine humide de Laon. C'était l'audacieux Ney qui devait marcher en tête, et forcer le défilé d'Étouvelles à Chivy. Pour lui faciliter sa tâche, Napoléon chargea le général Gourgaud de pénétrer pendant la nuit avec quelques troupes légères à travers les monticules boisés qui dominaient notre gauche, et de tourner le défilé en apparaissant brusquement sur le flanc de la chaussée entre Étouvelles et Chivy. La division de dragons Roussel avait ordre dès que le défilé serait franchi, de se précipiter au galop sur la ville de Laon, pour tâcher d'y pénétrer pêle-mêle avec l'ennemi.

Le maréchal Ney, pour être plus sûr de réussir, se mit en marche le 9, bien avant le jour, lorsque les troupes alliées étaient encore plongées dans un profond sommeil. Les soldats du 2ᵉ léger, sous la conduite de cet intrépide maréchal, fondirent en colonne serrée sur Étouvelles, y surprirent une avant-garde de Czernicheff qu'ils passèrent au fil de l'épée, et, après avoir occupé ce petit village, se jetèrent sur Chivy dont ils s'emparèrent également. Il arriva même que la petite colonne du général Gourgaud chargée de tourner le défilé, ayant trouvé plus de difficulté que la colonne principale, ne parut devant Chivy qu'après le maréchal Ney. Elle se réunit toutefois à lui au moment où il entrait dans la plaine de Laon. La division de dragons Roussel s'élança alors au galop sur la chaussée; mais elle fut contenue par la mitraille d'une batterie de douze pièces, qui lui tua quelques hommes avec un chef d'escadron. Il fallut donc s'arrêter et attendre l'infanterie avant de songer à l'attaque de Laon. Du reste, le défilé qu'on avait cru si redoutable était heureusement franchi, et toute l'armée pouvait se déployer dans la plaine. Ney se rangea en avant de Chivy, vis-à-vis du faubourg de Semilly. (Voir la carte n° 64.) Charpentier prit position à gauche avec les deux divisions de jeune garde du maréchal Victor, Mortier à droite avec la seconde division de vieille garde, et avec la division de jeune garde Poret de Morvan. Friant à la tête de la principale division de vieille garde,

Mars 1814.

Sanglante bataille de Laon livrée les 9 et 10 mars.

Ney enlève Chivy par un coup de vigueur, et assure ainsi le débouché dans la plaine de Laon.

Mars 1814.

s'établit au centre, en arrière. Venaient enfin la cavalerie et la réserve d'artillerie, complétant un total de trente-six mille combattants. Marmont à trois lieues sur la droite, séparé de Napoléon par des hauteurs boisées, était avec 12 ou 13 mille hommes sur la route de Reims, attendant notre canon pour se risquer en plaine.

Attaque et prise des faubourgs de Semilly et d'Ardon.

Un épais brouillard couvrait le bassin au milieu duquel Laon s'élève, et on voyait à peine les tours de la ville se dresser au-dessus de ce brouillard comme sur une mer. Favorisé par cette brume épaisse, Ney se jeta sur le faubourg de Semilly bâti au pied de la hauteur que la ville couronne ; Mortier avec la division Poret de Morvan se jeta à droite, sur le faubourg d'Ardon situé de même. La vivacité de l'attaque, l'élan d'un heureux début, le brouillard, tout contribua au succès de cette double tentative. En une heure nous nous rendîmes maîtres des deux faubourgs.

Mais bientôt nous aperçûmes à travers le brouillard qui commençait à se dissiper, le site singulier qui devait nous servir de champ de bataille, et l'ennemi put se rassurer en voyant le petit nombre de soldats qui venaient attaquer ses cent mille hommes.

Forme et aspect de la ville de Laon.

Laon s'élève sur un pic de forme triangulaire, assez semblable à un trépied, haut de deux cents mètres, et dominant de tout côté le bassin verdoyant qui l'entoure. (Voir la carte n° 64.) La vieille ville, enceinte de murailles crénelées et de tours, occupe en entier le sommet du tertre. Au pied, dans la plaine, se trouvent au sud les deux faubourgs de Semilly et d'Ardon, que nous venions d'occuper, au nord ceux de la Neuville à gauche, de Saint-Marcel au centre, de Vaux à droite, que nous ne pouvions pas voir, parce que la ville nous les cachait. Blucher, après avoir cédé le plateau de Craonne à nos efforts, était bien résolu à disputer la plaine de Laon, en s'attachant fortement au rocher couronné de murs qui la domine, et aux faubourgs bâtis tout autour. Il y avait dans son âme beaucoup trop de courage, de patriotisme, d'orgueil, pour abandonner à 48 mille hommes un champ de bataille qu'il occupait avec 100 mille, qui était de défense facile, d'importance capitale, et après l'abandon duquel il ne lui restait qu'à se retirer, sans savoir où il s'arrêterait, car l'armée de Silésie était séparée de l'armée de Bohême de manière à ne pouvoir plus la rejoindre. Le sort de la guerre tenait donc à cette position de Laon, et pour les uns comme pour les autres il fallait en être maître ou périr.

Blucher avait un motif de plus de se battre en désespéré. Par suite de la jalousie qui régnait entre les Prussiens et les Russes, quoiqu'ils fussent les plus unis des coalisés, il s'était répandu chez les Russes l'idée fausse qu'à Craonne les Prussiens avaient eu la volonté de les laisser écraser. Cette prévention, déraisonnable comme la plupart de celles qui s'élèvent entre alliés faisant la guerre ensemble, avait amené entre eux une mésintelligence des plus graves; et une bataille où personne ne se ménagerait, était, outre toutes les nécessités militaires que nous avons rapportées, une véritable nécessité morale et politique. Par ces diverses raisons, Blucher avait résolu de défendre Laon à outrance, et il

Mars 1814.

Résolution de Blucher de s'y défendre à outrance.

avait pris dans cette vue de fort bonnes dispositions.

Les troupes prussiennes, qui n'avaient pas combattu la veille étaient, partie sur la hauteur de Laon, partie en plaine, en face des faubourgs de Semilly et d'Ardon que nous venions d'enlever. Elles devaient défendre le poste principal, celui même de Laon. Sur le côté, vers notre gauche et vers la droite de l'ennemi, Woronzoff se trouvait entre Laon et Clacy, vis-à-vis des hauteurs boisées à travers lesquelles nous avions débouché. Les corps des généraux Kleist et d'York, confondus en un seul, étaient à l'extrémité opposée, c'est-à-dire à notre droite et à la gauche des alliés, faisant face à la route de Reims, sur laquelle Marmont était attendu. Restaient Sacken et Langeron, que Blucher avait placés derrière la hauteur de Laon, à l'abri de nos regards comme de nos coups, et en mesure, suivant le besoin, de se porter librement ou sur la chaussée de Soissons ou sur celle de Reims. Blucher, dans l'ignorance où il était de nos projets, ne savait pas de quel côté aurait lieu la principale attaque; il savait seulement par ses reconnaissances, qu'il y avait des troupes françaises sur les deux routes, et c'est par ce motif qu'il avait disposé une grosse réserve derrière Laon, pour la diriger sur le point où le danger se déclarerait.

Dès que le brouillard fut dissipé, Blucher fit attaquer le faubourg de Semilly dont Ney s'était emparé à l'extrémité de la route de Soissons, et celui d'Ardon que Mortier avait enlevé un peu à droite de cette route dans l'intention de donner la main à Marmont. L'infanterie de Woronzoff attaqua Semilly, et celle de Bulow Ardon. Comme il est d'usage dans un retour offensif, les Russes et les Prussiens mirent une grande vigueur dans leur attaque, pénétrèrent dans les deux faubourgs, et en expulsèrent nos soldats. Déjà même la colonne de Woronzoff, qui avait enlevé Semilly, s'avançait en masse sur la chaussée de Soissons, et son mouvement allait couper la retraite aux troupes de Mortier, lesquelles expulsées d'Ardon se trouvaient en l'air sur notre droite. A cet aspect, le maréchal Ney se saisissant de quelques escadrons de la garde, fond sur l'infanterie russe, l'arrête court, donne à son infanterie le temps de se rallier, et la ramène sur Semilly qu'il réoccupe victorieusement. Tandis qu'il accomplit cet exploit sur notre front, à notre droite le général Belliard, remplaçant Grouchy dans le commandement de la cavalerie, se met à la tête des dragons d'Espagne (division Roussel), charge à son tour l'infanterie de Bulow, la culbute, et rouvre au corps de Mortier le chemin d'Ardon.

Après avoir plusieurs fois pris, perdu, repris, ces faubourgs de Semilly et d'Ardon, situés au pied du rocher de Laon, les deux armées restèrent acharnées l'une contre l'autre autour de ces deux points. L'ennemi rentrait dans la moitié d'un faubourg, on l'en chassait, et aussitôt il y revenait. Napoléon, dévoré d'impatience, envoyait aide de camp sur aide de camp au maréchal Marmont, pour presser sa marche, car il se flattait avec raison que l'apparition de ce maréchal produirait chez les coalisés un ébranlement moral, dont on pourrait profiter pour les arracher du pied de cette hauteur à laquelle

Mars 1814.

Ney les occupe de nouveau.

Acharnement à se disputer ces deux faubourgs.

ils étaient si fortement attachés. Mais trois lieues de marécages et de coteaux boisés à traverser, au milieu d'une nuée de Cosaques, laissaient peu d'espérance de communiquer avec Marmont.

En attendant, Napoléon pensant que s'il y avait moyen de déloger Blucher du pied de ce fatal rocher de Laon, c'était en le débordant, chargea le brave Charpentier avec ses deux divisions de jeune garde, lesquelles s'étaient couvertes de gloire l'avant-veille, de filer le long des coteaux boisés qui enceignent la plaine, et d'aller enlever le village de Clacy sur notre gauche, d'où l'on pouvait partir pour tourner Laon par le faubourg de la Neuville et par la route de la Fère.

Cet ordre fut vaillamment exécuté. Le général Charpentier, longeant le pied des coteaux, et se tenant au-dessus des prairies marécageuses de la plaine, tandis que des tirailleurs jetés en avant dans les bois divisaient l'attention de l'ennemi, traversa successivement Vaucelles, Mons-en-Laonnois, et aborda enfin le village de Clacy qu'occupait une division de Woronzoff. Friant, avec une division de la vieille garde, le suivait pour l'appuyer au besoin. Charpentier se jeta sur Clacy avec une telle vigueur, qu'il y pénétra malgré la plus énergique résistance des Russes. Nos jeunes soldats, exaltés par le carnage, égorgèrent quelques centaines d'hommes à coups de baïonnette. On fit plusieurs centaines de prisonniers. Ce succès sur notre gauche était d'assez grande importance pour la suite de la bataille, car il nous donnait quelques chances de tourner Blucher. Il fut compensé cependant vers notre droite

PREMIÈRE ABDICATION.

pâr la perte du faubourg d'Ardon. Bulow s'y jeta une dernière fois avec fureur. La division Poret de Morvan eut son général tué, et fut obligée de se replier. Mais au centre Ney était resté maître du faubourg de Semilly, en tête de la chaussée de Soissons. A droite, si nous avions perdu Ardon, nous avions occupé le village de Leuilly; à gauche nous étions en possession de Clacy, d'où il était possible de tourner Laon. Il y avait donc un progrès véritable accompli par la colonne principale que dirigeait Napoléon en personne, et, malgré notre infériorité numérique, on pouvait espérer encore de conquérir cette plaine de Laon, arrosée déjà de tant de sang, mais à condition qu'à notre extrême droite, c'està-dire sur la route de Reims, tout se passerait heureusement.

Mars 1814.

Sur cette route de Reims en effet, Marmont avait enfin débouché de Festieux dans la plaine de Laon. Son canon s'était fait entendre à deux heures de l'après-midi, et avait rempli Napoléon d'espérance, Blucher d'anxiété.

Le sort de la journée attaché à la diversion que le maréchal Marmont est chargé d'opérer.

Il s'était porté par la route de Reims, la jeune division de Padoue en tête, sur le village d'Athies, en présence des flots de la cavalerie ennemie. (Voir la carte n° 64.) Il avait successivement repoussé cette cavalerie, puis s'était approché du village même d'Athies. Les troupes d'York et de Kleist y étaient en position. Marmont, qui entendait de son côté le canon de l'Empereur, et qui sentait le besoin de faire quelque chose dans cette journée pour le seconder, crut devoir emporter Athies. Voulant en faciliter l'attaque à ses jeunes troupes, il plaça quarante

Ce maréchal parvient à déboucher par Festieux et à s'emparer d'Athies sur la droite de Laon.

bouches à feu sur son front, et canonna impitoyablement ce village. Ensuite il le fit assaillir par l'infanterie du duc de Padoue, et l'enleva. La journée tirant à sa fin, il s'arrêta, et prit position là même où s'était terminé son succès.

Jusque-là tout allait bien, et la journée, quoiqu'on n'eût accompli que la moitié de l'œuvre, promettait de bons résultats pour le lendemain, si on pouvait toutefois conjurer l'infériorité du nombre, grave difficulté, car on se battait dans la proportion d'un contre deux, avec de jeunes troupes contre les plus vieilles bandes de l'Europe. Pourtant on avait exécuté des choses si extraordinaires dans cette campagne, et notamment la veille et l'avant-veille, que si le lendemain on partait vigoureusement du point où l'on était parvenu, et que Marmont attirant à lui la principale masse de l'ennemi, Napoléon pût se lancer de Clacy sur les derrières de Laon, le triomphe était presque certain. Mais il fallait pour qu'il en fût ainsi bien des circonstances heureuses; il fallait d'abord réussir à se concerter à grande distance, à travers les bois, les marécages et les Cosaques, puis enfin passer la nuit, Marmont surtout, dans des positions peu sûres.

Marmont, établi en l'air au village d'Athies, au milieu de la plaine, attendait les instructions de Napoléon, et avait envoyé le colonel Fabvier pour aller les chercher à la tête de 500 hommes. Était-ce bien le cas de les attendre immobile où il était, et n'aurait-il pas dû, après avoir aperçu dans la journée des masses immenses de cavalerie, prendre pour la nuit position en arrière, vers Festieux par exemple, espèce de petit col par lequel il avait débouché dans la plaine, et où il aurait été en parfaite sécurité? Mais la crainte mal entendue d'abandonner le terrain conquis dans l'après-midi, le retint, et l'empêcha d'opérer un mouvement rétrograde que la prudence conseillait. Ce qui était moins excusable encore en demeurant au milieu de flots d'ennemis, c'était de ne pas multiplier les précautions pour se garantir d'une surprise de nuit. Avec une légèreté qui ôtait à ses qualités une partie de leur prix, Marmont s'en remit à ses lieutenants du soin de sa sûreté. Ceux-ci laissèrent leurs jeunes soldats fatigués se répandre dans les fermes environnantes, et ne songèrent pas même à protéger la batterie de quarante pièces de canon qui avait canonné Athies avec tant de succès. C'étaient de jeunes canonniers de la marine, peu habitués au service de terre, qui étaient attachés à ces pièces, et qui n'eurent pas le soin de remettre leurs canons sur l'avant-train, de manière à pouvoir les enlever promptement au premier danger. Tout le monde, chef et officiers, s'en fia ainsi à la nuit, dont on aurait dû au contraire se défier profondément.

Il n'y avait que trop de raisons, hélas, de se défier de cette nuit fatale, car Blucher, dès qu'il avait entendu le canon de Marmont, s'était persuadé que l'attaque par la route de Reims était la véritable, que celle qui avait rempli la journée sur la route de Soissons était une pure feinte, et qu'il fallait porter par conséquent sur la route de Reims le gros de ses forces. Il avait sur-le-champ mis en mouvement Sacken et Langeron restés en réserve derrière Laon,

Mars 1814.

Légèreté de Marmont, qui passe la nuit au milieu de l'armée ennemie, presque sans se garder.

les avait envoyés, en contournant la ville, à l'appui de Kleist et d'York, et y avait ajouté la plus grande partie de sa cavalerie qui de ce côté ne pouvait manquer d'être fort utile. La journée étant très-avancée quand ce mouvement finissait, il n'avait pas voulu néanmoins s'en tenir à des dispositions préparatoires, et avait songé à profiter de l'obscurité pour ordonner une surprise de nuit exécutée par sa cavalerie en masse.

Vers minuit, en effet, tandis que les soldats de Marmont s'y attendaient le moins, une nuée de cavaliers se précipitent sur eux en poussant des cris épouvantables. De vieux soldats, habitués aux accidents de guerre, auraient été moins surpris, et plus tôt réunis à leur poste. Mais une panique soudaine se répand dans les rangs de cette jeune infanterie, qui s'échappe à toutes jambes. Les artilleurs qui n'avaient pas disposé leurs pièces de manière à les enlever rapidement, s'enfuient sans songer à les sauver. L'ennemi lui-même au sein de l'obscurité se mêle avec nous, et fait partie de cette cohue, pendant que son artillerie attelée, galopant sur nos flancs, tire à mitraille, au risque d'atteindre les siens comme les nôtres. On marche ainsi au milieu d'un désordre indicible, sans savoir que devenir, et Marmont emporté par la foule s'en va du même pas qu'elle. Heureusement le 6ᵉ corps, qui faisait le fond des troupes de Marmont, retrouve un peu de son sang-froid, et s'arrête à ces hauteurs de Festieux, où il aurait été si facile de se procurer pour la nuit une position sûre. L'ennemi n'osant pas s'engager plus loin suspend sa poursuite, et nos soldats délivrés de sa présence finissent par se rallier, et par se remettre en ordre.

Cet accident, l'un des plus fâcheux qui soient jamais arrivés à un général, surtout à cause des conséquences dont il fut suivi, ne nous avait coûté matériellement que quelques pièces de canon, deux ou trois cents hommes mis hors de combat, et un millier de prisonniers, qui revinrent en partie le lendemain, mais il ruinait notre entreprise déjà si difficile et si compliquée. En apprenant dans la nuit cette déplorable échauffourée, Napoléon s'emporta contre le maréchal Marmont, mais s'emporter ne réparait rien, et il s'occupa immédiatement du parti à prendre. Renoncer à son attaque et se retirer, c'était commencer une retraite qui devait aboutir à la ruine de la France et à la sienne. Attaquer, quand la diversion confiée à Marmont n'était plus possible, quand on allait avoir devant soi les masses de l'ennemi accumulées entre Laon et la chaussée de Soissons, était bien téméraire. Tous les partis menaient presque à périr. N'écoutant que l'énergie de son âme, Napoléon voulut essayer sur Laon une tentative désespérée, pour voir si le hasard, qui est si fécond à la guerre, ne lui vaudrait pas ce que n'avaient pu lui procurer les plus savantes combinaisons.

Il allait se précipiter sur Laon lorsque Blucher le prévint. Ce dernier avait songé d'abord à jeter sur Marmont une moitié de son armée, le prenant pour notre colonne principale. Mais dans son état-major des voix nombreuses s'étaient élevées contre ce projet, et on lui avait prouvé qu'il fallait avant tout tenir tête à Napoléon devant la ville de Laon. Blu-

Mars 1814.

L'accident arrivé au corps de Marmont laisse Napoléon seul en présence de toute l'armée de Blucher dans la plaine de Laon.

cher, malade ce jour-là, et cédant plus que de coutume à l'avis de ses lieutenants, avait donc suspendu le mouvement prescrit, et s'était décidé à diriger son effort droit devant lui, sur Clacy notamment, par où Napoléon menaçait de le tourner.

Au moment où Napoléon ébranlait ses troupes pour renouveler ses attaques, trois divisions de l'infanterie de Woronzoff se portant à notre gauche, se déployèrent autour du village de Clacy avec l'intention de l'enlever. Le général Charpentier, qui avait remplacé Victor, était à Clacy avec sa division de jeune garde et celle du général Boyer, fort décimées l'une et l'autre par les derniers combats. Ney avait de son côté appuyé à gauche pour soutenir le général Charpentier, et avait disposé son artillerie un peu en arrière et à mi-côte de manière à prendre d'écharpe les masses russes qui allaient se jeter sur Clacy. Dès neuf heures du matin une lutte opiniâtre recommença autour de cet infortuné village, dont la position, heureusement pour nous, était légèrement dominante. Le général Charpentier, qui dans ces journées montra autant d'énergie que d'habileté, laissa l'infanterie russe s'avancer à petite portée de fusil, et puis l'accueillit avec un feu de mousqueterie épouvantable. Les officiers et sous-officiers se prodiguaient pour suppléer au défaut d'instruction de leurs jeunes soldats, dans lesquels ils trouvaient du reste un dévouement sans bornes. La première division russe essuya un feu si meurtrier qu'elle fut renversée au pied de la position, et immédiatement remplacée par une autre qui ne fut pas mieux traitée. Les troupes assaillantes recevaient, outre le feu de Clacy, celui de l'artillerie du maréchal Ney, laquelle, très-avantageusement placée, comme nous venons de le dire, exerçait d'affreux ravages. A la vérité, quelques-uns des projectiles de cette artillerie atteignaient nos soldats à Clacy, mais dans l'ardeur dont on était animé, on ne songeait avant tout qu'à arrêter l'ennemi et à le détruire, n'importe à quel prix.

La même attaque, renouvelée cinq fois par les Russes, échoua cinq fois devant l'héroïsme du général Charpentier et de ses soldats. Les Russes rebutés se replièrent alors sur Laon. Napoléon, reprenant un peu d'espérance, et se flattant d'avoir peut-être fatigué la ténacité de Blucher, porta les deux divisions de Ney (Meunier et Curial) droit sur Laon, par le faubourg de Semilly que nous n'avions pas cessé d'occuper. Nos jeunes soldats, lancés par Ney sur la hauteur, renversèrent tout devant eux, gravirent l'une des faces du pic triangulaire de Laon, et, profitant de la forme du terrain, creuse et rentrante en cet endroit, parvinrent jusqu'aux murailles de la ville. Mais la solide infanterie de Bulow les arrêta au pied du rempart, puis les criblant de mitraille, les força de redescendre de cette hauteur fatale, devant laquelle devait échouer la fortune de nos armes. Napoléon, cependant, qui ne renonçait pas encore à arracher Blucher de ce poste, envoya fort loin sur notre gauche Drouot à la tête d'un détachement, pour voir s'il ne serait pas possible de se porter sur la route de La Fère, et d'inquiéter assez l'ennemi pour lui faire lâcher prise.

Drouot après une hardie reconnaissance, ayant

Mars 1814.

Nécessité

déclaré avec une sincérité qu'on ne mettait jamais en doute, l'impossibilité de cette dernière tentative, Napoléon se résigna enfin à considérer Blucher comme inexpugnable. Depuis quarante-huit heures ils l'étaient l'un pour l'autre, et Blucher avait été aussi impuissant contre les villages de Clacy et de Semilly, que Napoléon contre la hauteur de Laon. Mais Napoléon ne pouvait pas être inexpugnable vingt-quatre heures de plus, si Blucher, revenant au projet de marcher en masse par la route de Laon à Reims, refoulait Marmont sur Berry-au-Bac, et passait l'Aisne sur notre droite. Il n'y avait donc pas moyen de demeurer où l'on était, et il fallait rebrousser chemin pour se replier sur Soissons. Quelque douloureuse que fût cette résolution, comme elle était indispensable, Napoléon la prit sans hésiter, et le lendemain, 11 mars au matin, il repassa le défilé de Chivy et d'Étouvelles, pour se reporter sur Soissons, tandis que Marmont, établi au pont de Berry-au-Bac, défendait l'Aisne au-dessus de lui. L'ennemi se garda bien de suivre ce lion irrité, dont les retours faisaient trembler même un adversaire victorieux. Napoléon put donc regagner Soissons sans être inquiété.

Ces trois terribles journées du 7 à Craonne, du 9 et du 10 à Laon, avaient coûté à Napoléon environ 12 mille hommes, et si elles en avaient coûté 15 mille à l'ennemi, c'était une médiocre consolation, parce qu'il lui restait près de 90 mille combattans, et que nous n'en avions guère plus de 40 mille, même avec la petite division du duc de Padoue qui était venue renforcer le maréchal Marmont. Le pis de tout cela, c'étaient non la perte numérique mais la perte morale, et les conséquences militaires des dernières opérations. Négliger un moment Schwarzenberg pour aller de nouveau battre Blucher, et revenir ensuite sur Schwarzenberg, soit qu'on tombât directement sur celui-ci, soit qu'on recueillît auparavant les garnisons, était la dernière combinaison que Napoléon avait imaginée, et qui devait, si la fortune ne le trahissait pas, le conduire à expulser les ennemis du territoire. Mais n'ayant pas battu Blucher, bien qu'il l'eût rudement traité, il allait être suivi par cet infatigable adversaire en se rejetant sur Schwarzenberg, et il était exposé à les voir se réunir tous deux pour l'accabler. Le danger était évident et très-difficile à conjurer.

Mars 1814.

Napoléon rentra donc fort triste dans Soissons, mais moins triste que l'armée qui comprenait bien la situation et commençait à craindre que tant d'efforts ne fussent impuissants pour sauver la France. Mais l'inflexible génie de Napoléon, éclairé par sa grande expérience, laquelle lui montrait que les chances de la guerre sont inépuisables, et qu'il n'y a jamais à désespérer pourvu qu'on persévère, l'inflexible génie de Napoléon n'était point abattu. Il comptait encore sur de faux mouvements de l'ennemi, et se flattait qu'une faute du présomptueux Blucher, peut-être du prudent Schwarzenberg lui-même, lui rendrait bientôt sa fortune perdue. Il n'avait pas cessé, au surplus, d'être placé entre ses deux adversaires, et en mesure par conséquent d'empêcher leur jonction; il avait encore

Napoléon se replie sur Soissons.

à Paris quelques ressources, et, s'il livrait cette capitale à elle-même, pour se porter vers les places, il en devait trouver là de bien plus considérables, avec lesquelles il pourrait peut-être changer la face des choses. Il conserva donc une fermeté dont peu d'hommes de guerre ont donné l'exemple, et peut-être aucun, car jamais mortel n'était descendu d'une position si haute dans une situation si affreuse. Il avait en effet soulevé le monde contre sa personne, et en avait complétement détaché la France! Il lui restait, à la vérité, un corps d'admirables officiers, formés à son école, remplis d'un saint désespoir qu'ils communiquaient à l'héroïque jeunesse de France, ramassée en marchant pour la faire tuer avec eux; il lui restait son inépuisable génie, l'orgueil de sa grande fortune, et il n'était pas troublé, sans doute aussi parce que, même dans sa chute, il entrevoyait une gloire ineffaçable. Rentré dans Soissons que l'ennemi n'avait pas osé garder, il attendait, l'œil fixé sur ses adversaires, lequel d'entre eux commettrait la faute dont il espérait profiter. Il y était depuis vingt-quatre heures, occupé à donner du pain, des souliers, quelque repos, et une organisation un peu meilleure à ses jeunes soldats, lorsqu'un des nombreux ennemis attachés à sa suite vint se placer à portée de ses coups. C'était le général de Saint-Priest qui amenait un nouveau détachement tiré du blocus des places, où il avait été remplacé par des milices allemandes. Il était venu des Ardennes sur Reims, et avait expulsé de cette ville le détachement de Corbineau. C'étaient quinze mille soldats russes ou prussiens, commandés par un excellent officier, Français malheureusement, que la haine du régime de 1793 avait conduit jadis en Russie, et qui n'avait pas su en revenir lorsque ce régime avait cessé d'ensanglanter la France. Ce n'était pas là une proie assez importante pour dédommager Napoléon de ses derniers échecs, mais en se jetant sur elle il pouvait faire sentir encore le danger de son voisinage, et rendre ses adversaires plus circonspects. En attendant une meilleure fortune, celle-là n'était point à dédaigner.

Mars 1844.

Tandis que Blucher était arrêté au bord de l'Aisne, par la position que Marmont avait prise à Berry-au-Bac, Napoléon fit ses dispositions pour courir de Soissons à Reims, et accabler le corps de Saint-Priest. Le 12 au soir il prescrivit à Marmont de laisser à Berry-au-Bac les forces indispensables, de se porter sur Reims avec le reste, tandis que lui s'y rendrait par la route de Fismes. Ils devaient, le lendemain 13 au matin, opérer leur jonction à une lieue de Reims. Le plus grand secret fut ordonné et observé.

Combat de Reims, et destruction du corps de Saint-Priest.

Le 12 mars, dans la nuit, Napoléon après avoir fait mettre à Soissons trente bouches à feu en batterie, derrière des sacs à terre et des tonneaux, après avoir détruit tous les obstacles qui nuisaient à la défense, après avoir laissé pour garnison quelques fragments de bataillons et un bon commandant, partit pour Reims avec la demi-satisfaction que devait lui inspirer le succès vers lequel il marchait. Dès la pointe du jour, il rencontra le corps de Marmont et le maréchal lui-même, auquel il adressa quelques reproches, moins sévères toutefois qu'il n'aurait eu le droit de les faire, et poussa sur

Reims les trente mille hommes qu'il avait réunis pour ce coup de main.

En route, on trouva sur la droite, au village de Rosnay, deux bataillons prussiens qui faisaient la soupe. (Voir la carte n° 64.) On troubla leur repas en les prenant tous, malgré une certaine résistance de leur part, puis on arriva en face de Reims. Napoléon, qui aurait voulu enlever le corps de Saint-Priest tout entier, songeait à faire passer la Vesle à ses troupes à cheval, et à les porter au delà de Reims pour couper la retraite à l'imprudent ennemi tombé dans ses filets. (Voir la carte n° 62.) Mais les alliés avaient détruit le pont qu'il eût été trop long de rétablir, et il fallut se borner à culbuter sur Reims les troupes de Saint-Priest qui en étaient sorties pour défendre les hauteurs. On les aborda avec la plus grande vigueur, et après un combat fort court on les rejeta des hauteurs sur la ville. Alors l'Empereur lança sur elles les régiments des gardes d'honneur. Le général Philippe de Ségur, qui commandait l'un de ces régiments, tourna l'extrême gauche de l'ennemi, culbuta sa cavalerie, et enleva onze pièces de canon. L'infanterie russe prise à revers par ce mouvement se précipita sur Reims. Elle voulut défendre les portes de la ville, mais on enfonça ces portes à coups de canon, puis on entra pêle-mêle avec elle, et on ramassa quatre mille prisonniers. Ce rapide coup de main qui nous avait à peine coûté quelques centaines d'hommes, en fit perdre environ six mille au corps de Saint-Priest, qui fut pour le moment rejeté assez loin. M. de Saint-Priest lui-même y perdit la vie.

Ce succès, sans rendre à Napoléon l'ascendant qu'il avait après Montmirail, avait l'avantage de procurer quelques consolations à son armée, et de contenir l'ennemi, qui sentait la nécessité de réfléchir à ses moindres mouvements en face d'un tel adversaire. Il s'arrêta à Reims pour voir ce qu'allaient lui conseiller les événements.

Mars 1814.

Le combat de Reims, en procurant quelque consolation à Napoléon, ne lui rend pas la position qu'il avait après Montmirail et Montereau.

La situation avait en effet bien changé, militairement et politiquement, pendant les dix ou douze jours qu'il venait d'employer à se mesurer avec Blucher. En quittant Troyes il avait laissé le maréchal Oudinot, le général Gérard, le maréchal Macdonald, à la poursuite du prince de Schwarzenberg, avec ordre de pousser celui-ci jusqu'au delà de l'Aube, pendant qu'on feignait de négocier un armistice à Lusigny. Il avait en même temps ordonné à ses lieutenants, qui comptaient trente et quelques mille hommes à eux trois, de faire crier *Vive l'Empereur!* aux avant-postes, afin de persuader à l'ennemi qu'il n'était pas parti. Mais une telle illusion n'avait pas duré vingt-quatre heures. La manière dont s'était exécutée la poursuite après son départ, avait été suffisante pour montrer qu'il n'y était plus, et le prince de Schwarzenberg qui avait promis de reprendre l'offensive aussitôt que Napoléon se détournerait de lui pour se jeter sur Blucher, avait tenu parole dès le 27 février au matin. Voulant ramener sur l'Aube les troupes françaises qui avaient franchi cette rivière à sa suite, il avait dirigé le maréchal de Wrède vers Bar-sur-Aube, et le prince de Wittgenstein vers le pont de Dolancourt. (Voir la carte n° 62.) Il avait gardé sous la main Giulay et les réserves autrichiennes.

Le maréchal Oudinot et le général Gérard étaient en position sur l'Aube, le maréchal Macdonald sur la Seine. Les deux premiers, particulièrement menacés, ayant aperçu le 27 au matin le retour offensif de l'ennemi, s'étaient portés, le général Gérard à Bar-sur-Aube, et le maréchal Oudinot à Dolancourt, pour disputer sur ces deux points le passage de l'Aube. Le maréchal Oudinot jugeant mauvaise la position de Dolancourt, car elle était dominée de toute part, pensant de plus qu'un mouvement rétrograde décèlerait trop le départ de Napoléon, avait imaginé de se tenir en avant de l'Aube, et de défendre à outrance les hauteurs d'Arsonval et d'Arrentières. Laissant la division des gardes nationales Pacthod pour couvrir le pont de Dolancourt, il avait porté sur la hauteur au delà les deux brigades de la division Leval, et la brigade qui restait de la division Boyer. Ces trois brigades tirées d'Espagne, appuyées par les dragons venus également d'Espagne, et comprenant 7 mille fantassins et 2 mille chevaux, avec tout au plus trente bouches à feu amenées du fond de la vallée de l'Aube, avaient eu grand'peine à se soutenir en présence des cent bouches à feu de l'ennemi. Les brigades Montfort et Chassé, mitraillées d'abord, puis assaillies par les cuirassiers autrichiens, avaient tenu ferme, et repoussé toutes les attaques, tandis que le comte de Valmy passant l'Aube à gué, venait à leur secours. Ces deux brigades d'infanterie, complétement enveloppées sans en être émues, secourues tour à tour par la brigade Pinoteau, et par les dragons d'Espagne qui avaient chargé au galop la formidable artillerie des Autrichiens et tué les canonniers sur les pièces, avaient conservé leur champ de bataille toute une journée. Enfin vers la nuit, voyant fondre sur elles le reste de la grande armée de Bohême, elles avaient quitté les hauteurs, regagné le bord de la rivière, et opéré leur retraite dans le meilleur ordre. Ce combat admirable de 8 à 9 mille hommes contre 30 mille d'abord, puis contre 40 mille, avait coûté à l'ennemi 3 mille hommes, et à nous 2 mille. Si Napoléon n'avait eu que de pareils soldats, le résultat de cette grande lutte eût été certainement différent.

Mars 1814.

Tandis qu'Oudinot avec les troupes d'Espagne défendait si bien les hauteurs en avant de Dolancourt, le général Gérard de son côté avait arrêté les Bavarois devant Bar-sur-Aube, et leur avait tué beaucoup d'hommes tout en perdant lui-même très-peu de monde, grâce aux barricades dont il s'était couvert. Macdonald entendant la canonnade avait couru de la Seine à l'Aube, pour coopérer à la défense des postes attaqués.

Bien que ce rude combat, dans lequel le prince de Wittgenstein avait été blessé gravement et le prince de Schwarzenberg légèrement, fût de nature à rendre l'armée de Bohême plus prudente encore que de coutume, pourtant il était facile de reconnaître au nombre de troupes déployées que ce n'était là qu'un rideau, et que Napoléon était ailleurs. Si le prince de Schwarzenberg avait pu conserver encore un seul doute à cet égard, il l'aurait perdu en voyant devant lui tout au plus 8 à 9 mille hom-

Retraite des maréchaux sur la Seine.

mes. Dès lors ses projets de retraite sur Chaumont avaient dû être abandonnés, et soit qu'il fût aiguillonné par le blâme des alliés, soit qu'il fût jaloux de tenir la parole donnée à l'armée de Silésie, il avait résolu de se reporter en avant, et de reprendre la position de Troyes au moins, pendant que Blucher continuait à courir les hasards d'une marche isolée. Le 28 donc il s'était remis en mouvement, et les trois généraux français, jugeant avec raison que l'Aube n'était pas tenable, que la position de Troyes elle-même pouvait être tournée de tout côté, s'étaient repliés sur la Seine entre Nogent et Montereau, livrant à chaque pas de vigoureux combats d'arrière-garde. Le prince de Schwarzenberg les avait suivis, avait réoccupé Troyes, et bordé la Seine de Nogent à Montereau. Il avait pris la ferme résolution, Blucher avançant sur Paris, de ne pas le laisser avancer seul.

Militairement la situation s'était donc fort gâtée pendant les dix ou douze jours employés par Napoléon à combattre Blucher. Politiquement, elle était singulièrement empirée.

Les conférences de Lusigny avaient été définitivement abandonnées, le prince de Schwarzenberg n'en ayant plus besoin pour se débarrasser de la poursuite de Napoléon, et Napoléon s'obstinant à cacher une question de frontières sous une question d'armistice. En entrant à Troyes, le prince avait congédié les commissaires qui avaient essayé un instant d'arrêter l'effusion du sang par une suspension d'armes. Du reste, il l'avait fait avec regret, et contraint uniquement par l'esprit qui régnait dans la coalition.

A Châtillon également on était à la veille de rompre. Nous avons dit qu'en faisant signer à Chaumont le traité du 1ᵉʳ mars, lord Castlereagh avait obtenu qu'on fixât un délai fatal, après lequel on cesserait d'attendre le contre-projet demandé à M. de Caulaincourt. Le délai fixé était celui du 10 mars, et on avait déclaré à M. de Caulaincourt qu'après le 10 mars le congrès serait dissous, et toute négociation remise jusqu'à la destruction des uns ou des autres. Le prince Esterhazy, envoyé secrètement par M. de Metternich à M. de Caulaincourt, lui avait renouvelé le conseil de traiter, de traiter à tout prix, car ce moment passé on ne voudrait plus négocier avec Napoléon, et on viserait à lui ôter non-seulement le Rhin, mais le trône. M. de Caulaincourt avait mandé ces détails au quartier général, en suppliant l'Empereur de lui permettre de se désister en quelques points des bases de Francfort, car, s'il persistait dans ses résolutions, la négociation serait rompue à l'instant, et après sa grandeur son existence même serait mise en question.

Ce qu'écrivait M. de Caulaincourt, d'après les avis enveloppés, mais sincères du prince Esterhazy, était rigoureusement exact. A l'impatience d'entrer à Paris qu'éprouvait Alexandre, à la haine furieuse qui animait les Prussiens, étaient venues s'ajouter les excitations du parti royaliste. M. de Vitrolles expédié, comme on l'a vu, avec une commission avouée de M. de Dalberg, mais non avouée de M. de Talleyrand, avait réussi, après beaucoup de traverses, à gagner le quartier général des al-

Mars 1814.

A Châtillon le délai fatal approche.

Secrètes instances de M. de Metternich pour qu'on traite à tout prix.

Impatience d'en finir chez les alliés.

Arrivée de M. de Vitrolles au quartier général des souverains, et effet de ses communications.

liés, et à s'y faire admettre, en se servant des signes de reconnaissance dont il était porteur pour M. de Stadion. Quoiqu'il fût tout à fait inconnu des ministres de la coalition, ils avaient fini par prendre confiance en lui, en écoutant son langage sincère et passionné, en écoutant surtout l'énumération des noms considérables dont il s'autorisait. C'était le premier message sérieux que recevaient les souverains alliés, et il produisait chez eux, outre beaucoup de satisfaction, un redoublement de courage, car l'espérance de trouver dans Paris même un parti qui leur en ouvrirait les portes, et une fois entrés les aiderait à constituer un gouvernement avec lequel ils pourraient traiter, cette espérance, d'abord très-vive quand ils avaient passé le Rhin, très-affaiblie depuis en voyant si peu de manifestations royalistes éclater autour d'eux, se réveillait maintenant, et augmentait fort leur résolution de marcher en avant. Ils avaient longuement questionné M. de Vitrolles sur l'intérieur de Paris, s'étaient plaints de n'en rien savoir, et lui avaient répété le thème en usage, que, n'étant pas venus pour ou contre la cause d'une dynastie, ils ne songeraient à écarter Napoléon du trône que si la France en manifestait le vœu formel, qu'alors ils seraient heureux de contribuer à la délivrer du joug qui pesait sur elle et sur l'Europe. A cela M. de Vitrolles, s'appuyant des noms de MM. de Talleyrand et de Dalberg fort appréciés au camp des alliés, et beaucoup plus que les noms les plus qualifiés parmi les royalistes, avait répondu que la France, tremblante sous la tyrannie impériale, n'osait pas manifester

PREMIÈRE ABDICATION.

ses véritables sentiments, que sachant d'ailleurs les cours de l'Europe occupées à négocier à Châtillon avec Napoléon, elle était encore moins disposée à lever contre lui l'étendard de la révolte, étendard que les souverains armés n'osaient pas lever eux-mêmes, mais que si on rompait définitivement avec lui, les monarques alliés verraient éclater autour d'eux un élan unanime en faveur de la maison de Bourbon. Il était malheureusement vrai que l'aversion de la France pour le despotisme et pour la guerre affaiblissait en elle l'horreur de l'étranger, et que bien qu'elle eût complétement oublié les Bourbons, elle accepterait volontiers tout gouvernement, quel qu'il fût, qui la débarrasserait de souffrances devenues insupportables. Cette vérité, sans doute exagérée par l'envoyé de MM. de Talleyrand et de Dalberg, avait fait naturellement impression sur les ministres et les souverains réunis à Troyes, et ils avaient répondu à M. de Vitrolles qu'on était obligé de continuer jusqu'au terme convenu les conférences de Châtillon; que si Napoléon acceptait les frontières de 1790, on traiterait avec lui; que dans le cas contraire, on romprait, et on entendrait alors tout ce qui pourrait être dit en faveur d'un autre gouvernement que le sien, pourvu que ce gouvernement convînt à la France et présentât des chances de durée. Mais les partisans de la guerre à outrance, quoiqu'ils n'eussent pas besoin d'être excités, en apprenant ces communications, avaient senti redoubler leur désir de rompre à Châtillon, et de marcher sur Paris. C'était là le motif des avis réitérés et secrets que l'Autriche faisait parvenir à

Mars 1814.

Les souverains répondent qu'ils attendent pour rompre avec Napoléon et écouter les ennemis de sa dynastie l'expiration du délai fatal fixé à Châtillon.

Mars 1814.

Napoléon, loin de vouloir céder, fait convoquer le conseil de l'Empire, dans l'espérance que ce conseil sera indigné en entendant les propositions faites à Châtillon.

Séance du conseil de l'Empire.

M. de Caulaincourt. Quelques moments encore et tout allait donc changer de face¹!

A Paris la situation prenait également un aspect des plus menaçants. Napoléon avait, comme on l'a vu, envoyé à la régente Marie-Louise le traité proposé par les plénipotentiaires à Châtillon, et s'était flatté que ce traité déshonorant révolterait quiconque sentait couler du sang dans ses veines. Un conseil en effet, réuni le 4 mars en présence de Marie-Louise et de Joseph, avait reçu communication de toutes les pièces de la négociation. Napoléon, qui avait tant altéré la vérité à l'égard des négociations de Prague, et même de celles de Francfort, s'était décidé cette fois à la dire tout entière, parce qu'il espérait qu'elle soulèverait les cœurs! Hélas! elle n'avait fait que les consterner, énervés qu'ils étaient par un long despotisme! On comptait parmi les hommes composant ce conseil de bons citoyens, d'honnêtes gens, mais ils avaient autant peur de déplaire à Napoléon, en conseillant la paix immédiate, qu'au public, en conseillant la continuation de la guerre. Ils n'avaient donc reçu qu'avec une sorte de crainte l'invitation de délibérer sur ce grave sujet. Dans ce conseil auquel assistaient, outre l'Impératrice et Joseph, les grands dignitai-

---

¹ Le principal personnage employé dans ces négociations, M. de Vitrolles, a raconté dans des mémoires spirituels, et encore inédits, sa mission au camp des alliés. J'en ai dû la communication à l'obligeance du dépositaire. Je suis donc certain d'être exact dans le récit que je viens de faire, et d'autant plus que j'ai pu confronter le témoignage de M. de Vitrolles avec celui de quelques-uns des principaux personnages du temps, et que c'est de leurs témoignages comparés que j'ai composé cette narration.

res, les ministres, et quelques présidents du Conseil d'État, on avait, après la lecture des pièces, gardé un long silence de surprise et d'effroi. Puis Joseph qui présidait, forçant chacun par une interpellation directe à rompre ce silence, les vingt membres présents avaient balbutié leur avis en un langage embarrassé, et avec la brièveté non pas de l'énergie mais de la faiblesse. Le traité proposé, suivant ces divers opinants, était désolant; selon même quelques-uns qui avaient appelé les choses par leur nom, il était une véritable capitulation. Il fallait espérer, disaient-ils, que le génie de l'Empereur, qui avait opéré tant de prodiges, accomplirait encore celui de repousser l'ennemi une dernière fois, et de lui arracher des conditions plus acceptables. Toutefois on ne connaissait pas la situation, Napoléon seul la connaissait, seul pouvait la juger, et émettre un avis éclairé (ce qui était bien vrai grâce à la forme du gouvernement); mais si pourtant la situation était aussi désespérée qu'on le disait, et qu'elle paraissait l'être, à juger des choses d'après les apparences, ne conviendrait-il pas mieux de traiter sur le pied des anciennes frontières, que de laisser entrer l'étranger dans Paris? On ne pouvait se le dissimuler, si l'étranger pénétrait dans la capitale, il ne respecterait pas la dynastie glorieuse sous laquelle on avait le bonheur de vivre; il tenterait un bouleversement intérieur, et c'était là une calamité qu'il fallait écarter à tout prix. Sans doute c'était une perte sensible que celle de la Belgique, mais il valait mieux perdre la Belgique que la France, et surtout que le trône. D'ailleurs la France, après tout, telle qu'elle avait été sous Louis XIV, ayant son empereur à sa tête, serait toujours grande, car sa grandeur ne dépendait pas d'une ou deux provinces. Napoléon avait assez déployé le génie de la guerre, il serait bien à désirer qu'il eût le temps de déployer aussi le génie de la paix, et qu'il pût procurer au pays autant de félicité qu'il lui avait procuré de gloire. Alors, bientôt remise de son épuisement, la France trouverait l'occasion de recouvrer ce que la violence de l'étranger lui enlevait aujourd'hui. Mais en tout cas, répétaient ces hommes asservis qui souhaitaient ardemment la paix sans même oser le dire, en tout cas, si Sa Majesté Impériale, qui seule avait le secret des affaires, qui seule pouvait prononcer en connaissance de cause, inclinait à accepter les anciennes frontières plutôt que de courir de nouveaux hasards, le Conseil était d'avis que l'honneur de l'Empereur le permettait, car son honneur véritable c'était l'intérêt de la France, et l'intérêt de la France c'était la paix immédiate. —

Certes l'intérêt de la France c'était la paix, mais c'était son intérêt un an, deux ans, six ans plus tôt, et c'est alors qu'il aurait fallu le dire. Aujourd'hui, à continuer la guerre, il n'y avait de danger que pour la dynastie, car assurément on ne ferait la France sous les Bourbons ni plus petite, ni plus dénuée d'influence que ne le voulaient les plénipotentiaires de Châtillon; il est même certain que, dans le soin qu'on apportait à l'affaiblir, la crainte de Napoléon entrait pour beaucoup, et qu'avec les Bourbons on chercherait infiniment moins à réduire sa puissance naturelle et séculaire. Les choses en étant à ce point, il n'y avait pas grand péril à risquer encore quelques batailles, pour amener peut-être une transaction entre les anciennes et les nouvelles frontières, pour avoir Mayence en sacrifiant Anvers. Un seul homme, il faut le nommer, M. de Cessac, vota pour qu'on ne souscrivît pas aux propositions de Châtillon. Du reste, même dans ce moment suprême, ce fut de la part des membres du Conseil de régence un concours de soumission inouï. Les plus hardis énonçaient d'un ton un peu plus rogue les mêmes bassesses. — La paix, la guerre, comme l'Empereur voudrait!... — Tel était leur unique avis, en laissant voir cependant que si par hasard l'Empereur préférait la paix, c'était bien là ce qu'ils désiraient tous [1].

Mars 1814.

Napoléon avait toujours manifesté un extrême dédain pour les réunions nombreuses où l'on devait traiter de guerre ou de politique, parce qu'en effet il y avait trouvé les hommes tels que les fait le despotisme, la plupart ayant peu d'opinion, quelques-uns seulement capables de s'en faire une, et parmi ces derniers les uns cherchant la pensée du maître pour y conformer la leur, les autres contredisant par mauvais caractère ou par mécontentement. Ce Conseil, si Napoléon avait pu y assister, aurait bien justifié son sentiment, et révélé les conséquences du régime sous lequel il avait fait succomber la France, et sous lequel il allait succomber lui-même. Au surplus il eût été fort déçu, car c'était une explosion d'indignation patriotique qu'il avait voulu provo-

---

[1] Le procès-verbal de ce Conseil existe avec l'avis de chacun, et si jamais il est publié on verra que nous n'exagérons rien.

quer, et on lui envoyait au contraire une humble et tremblante supplication pour la paix, écrite entre deux peurs : peur de lui, peur de l'ennemi.

Mars 1814.

Malgré l'humilité que montrent en public les principaux personnages de l'État, ils se déchaînent dans les entretiens privés contre l'entêtement de Napoléon.

Langage imprudent des amis de Joseph.

Mais l'humilité qu'on avait montrée devant son épouse, devant son frère et son fidèle archichancelier Cambacérès, on la dépouillait hors de la présence de ces témoins redoutés, et on tenait partout ailleurs un langage bien différent. De la soumission on passait brusquement à une véritable fureur contre son entêtement. — *Cet homme est fou!* était le propos qu'on entendait dans toutes les bouches. — Il nous fera tous tuer, disaient des gens qui n'avaient jamais paru sur un champ de bataille. Parmi les hommes particulièrement attachés à Joseph, et en général c'étaient des employés militaires ou civils qui étaient allés chercher à Madrid la faveur qu'ils ne trouvaient point à Paris, on commençait à insinuer qu'il fallait remettre dans les mains de Joseph le pouvoir de sauver la France. Ces amis de Joseph, fort maltraités par Napoléon qui les accusait d'être la cause de nos malheurs en Espagne, lui payaient ses mauvais traitements en mauvais propos, et disaient qu'il fallait proclamer une régence, en donner la présidence à Joseph, avec lequel l'Europe traiterait plus volontiers qu'avec Napoléon. Ils prétendaient que ce serait une manière adroite de dégager l'orgueil des souverains coalisés, comme celui de Napoléon lui-même, et de tirer la France des mains d'un génie qui n'était propre qu'à la guerre, pour la remettre dans les mains d'un génie essentiellement propre à la paix. C'était vouloir tout simplement faire abdiquer Napoléon au profit de Joseph.

PREMIÈRE ABDICATION.

Aussi n'étaient-ce que les plus téméraires, c'est-à-dire les plus mécontents, qui osaient tenir ce langage. Ceux qui se bornaient à vouloir mettre un terme prochain à la guerre, sans songer à porter la main sur le trône, se contentaient de dire qu'il faudrait, en réponse à l'espèce de consultation provoquée par Napoléon, lui envoyer une adresse dans laquelle on lui demanderait la paix en termes formels.

Mars 1814.

Les choses furent poussées au point que Joseph, entrant dans la pensée de ceux qui voulaient faciliter la paix à son frère au moyen d'une manifestation pacifique, imagina de consulter M. Meneval, dont la fidélité était inaltérable, et le chargea d'écrire au quartier général, pour savoir si une démarche dans le sens de la paix conviendrait à Napoléon, et dans quelle forme il désirerait qu'elle fût faite. M. Meneval déclara qu'il informerait avant tout l'Empereur de ce qui se passait, et qu'il écouterait ensuite les paroles qu'il aurait permission d'entendre. En conséquence il écrivit sur-le-champ à Napoléon avec la réserve délicate qu'il savait allier à une parfaite franchise.

Joseph, plus mesuré que ses amis, consulte secrètement Napoléon pour savoir s'il lui conviendrait qu'on fît une manifestation pacifique.

Napoléon en arrivant à Reims trouva la lettre de M. Meneval, et plusieurs autres qui donnaient l'idée de cet état de choses. Grâce à sa prodigieuse sagacité, que la défiance aiguisait sans la troubler, il devina tout, et peut-être dans le premier moment s'exagéra-t-il un peu ce qu'il avait deviné. Il fut surtout très-mécontent de ce que le duc de Rovigo, ne voulant compromettre personne, et n'attachant pas grande importance aux propos tenus autour de Joseph, ne lui avait rien mandé de ce qui se passait.

Avec cette promptitude et ce défaut de ménagements qui caractérisaient trop souvent sa manière d'agir, il adressa au duc de Rovigo la lettre suivante, qui ne révélerait qu'un triste despotisme, et ne mériterait pas d'être citée, si en même temps elle ne faisait ressortir une inflexibilité de caractère bien extraordinaire en de telles circonstances.

« AU MINISTRE DE LA POLICE.

» Reims, le 14 mars 1814.

» Vous ne m'apprenez rien de ce qui se fait à
» Paris. Il y est question d'adresse, de régence, et
» de mille intrigues aussi plates qu'absurdes, et qui
» peuvent tout au plus être conçues par un imbécile
» comme Miot. Tous ces gens-là ne savent point que
» je tranche le nœud gordien à la manière d'A-
» lexandre. Qu'ils sachent bien que je suis aujour-
» d'hui le même homme que j'étais à Wagram et à
» Austerlitz; que je ne veux dans l'État aucune in-
» trigue; qu'il n'y a point d'autre autorité que la
» mienne, et qu'en cas d'événements pressés c'est
» la Régente qui a exclusivement ma confiance. Le
» roi (Joseph) est faible, il se laisse aller à des in-
» trigues qui pourraient être funestes à l'État, et
» surtout à lui et à ses conseils, s'il ne rentre pas
» bien promptement dans le droit chemin. Je suis
» mécontent d'apprendre tout cela par un autre ca-
» nal que par le vôtre..... Sachez que si l'on avait
» fait faire une adresse contraire à l'autorité, j'au-
» rais fait arrêter le roi, mes ministres et ceux qui
» l'auraient signée. — On gâte la garde nationale,
» on gâte Paris parce qu'on est faible et qu'on ne

» connaît point le pays. Je ne veux point de tribuns
» du peuple. Qu'on n'oublie pas que c'est moi qui
» suis le grand tribun : le peuple alors fera toujours
» ce qui convient à ses véritables intérêts, qui sont
» l'objet de toutes mes pensées. »

Après cette fâcheuse expérience des hommes qui l'entouraient, Napoléon se chargea seul de la réponse à faire aux plénipotentiaires de Châtillon. Il avait déjà ordonné à M. de Caulaincourt d'user de tous les moyens pour alimenter la négociation et en empêcher la rupture, sans concéder néanmoins les bases proposées. Il s'agissait toujours du contre-projet exigé dans un délai fatal, et que Napoléon, sans s'y refuser absolument, éprouvait une extrême répugnance à présenter. Il renouvela ses instructions, en termes cette fois aussi sages qu'honorables. — Demandez, écrivit-il à M. de Caulaincourt, si les préliminaires proposés, et auxquels on veut que vous opposiez un contre-projet, sont le dernier mot des alliés. S'il en est ainsi vous romprez immédiatement, quoi qu'il puisse en arriver, et nous dirons à la France ce qu'on a voulu nous faire subir. Si au contraire, comme c'est probable, on vous répond que ce n'est pas le dernier mot, vous répliquerez que, nous aussi, en nous reportant sans cesse aux bases de Francfort, nous n'avons pas dit notre dernier mot, mais qu'on ne peut pas exiger que nous offrions nous-mêmes dans un contre-projet les sacrifices qu'on prétend nous arracher. Car, ajouta-t-il, si on veut *nous donner les étrivières, c'est bien le moins qu'on ne nous oblige pas à nous les donner nous-mêmes.* —

Mars 1814.

Dans le cas contraire, M. de Caulaincourt est autorisé à faire quelques sacrifices, qui, du reste, laissent encore à la France la ligne du Rhin tout entière.

Napoléon voulait que M. de Caulaincourt, établissant une discussion de détail, pût s'assurer par lui-même de ce qu'il fallait nécessairement sacrifier, et de ce qu'il était possible de défendre encore, car l'inconvénient d'un contre-projet, c'était, dans l'ignorance où nous étions des intentions définitives des alliés sur chaque point, de céder ce qu'on pourrait peut-être retenir. Il autorisa donc M. de Caulaincourt à abandonner d'abord le Brabant hollandais, c'est-à-dire cette partie de la Hollande qu'il avait en 1810 ôtée à son frère Louis. C'était une bien faible concession, car la frontière reportée du Wahal à la Meuse, était toujours ce qu'on appelait la frontière naturelle, ou *bases de Francfort,* et nous conservait l'Escaut et Anvers. Napoléon autorisa en outre son plénipotentiaire à renoncer aux diverses parcelles de territoire que nous possédions sur la rive droite du Rhin, comme annexes de la rive gauche, tels que Wesel, Cassel et Kehl. Dès lors, en gardant la rive gauche, nous abandonnions les ponts qui nous assuraient le débouché sur la rive droite. Napoléon consentit encore à démolir les ouvrages de Mayence, et à faire de cette place une simple ville de commerce. Il se résigna à céder toutes les possessions de la France au delà des Alpes, et tous les États de ses frères soit en Allemagne, soit en Italie, sans en demander d'autre compensation qu'une dotation pour le prince Eugène. Le sacrifice de l'Espagne était fait depuis longtemps : Napoléon le renouvela formellement, et quant à nos colonies, il autorisa M. de Caulaincourt à déclarer, que nous rendre quelques comptoirs de l'Inde (ceux que nous avons encore aujourd'hui) sans les îles de France et de la Réunion, que nous rendre la Guadeloupe sans les Saintes, la Martinique sans nos autres Antilles, c'était si peu, qu'on y renonçait pour des possessions continentales. La France, devait-il dire, préférerait le commerce libre avec les colonies de toutes les nations, déjà devenues indépendantes ou près de le devenir, à quelques possessions dans le nouveau monde, aussi misérables que difficiles à défendre. M. de Caulaincourt, s'il ne pouvait pas obtenir la discussion sur chaque point, devait remettre un contre-projet sur ces bases, et attendre la réponse, quelle qu'elle fût.

Ces instructions déjà envoyées de Craonne, et renouvelées à Reims en y ajoutant un peu plus de latitude, mais sans aller au delà de ce que nous venons de rapporter, n'étaient que la reproduction des bases de Francfort, et ne pouvaient pas prolonger la négociation au delà de quelques jours. M. de Caulaincourt en les recevant fut fort affligé, car s'il aimait son pays comme un bon citoyen, il aimait aussi la dynastie, et il aurait voulu la sauver, Napoléon dût-il y perdre quelque chose de sa gloire personnelle, ce qu'il regardait comme une punition inévitable et méritée de ses fautes. Mais, lié par des ordres absolus, ayant épuisé tous les prétextes dont il pouvait se servir pour reculer de quelques jours le terme fatal du 10 mars, il fut enfin obligé de s'expliquer. Il le fit donc, mais lorsque, dans une note développée qu'il essaya de lire aux plénipotentiaires, il entreprit de discuter les préliminaires présentés le 17 février, et de prouver qu'ils étaient la

Mars 1844.

M. de Caulaincourt, après avoir sous divers prétextes allongé la négociation, lit une note où il essaye de montrer l'injustice des préliminaires du 17 février.

violation d'un engagement positif, puisque les bases de Francfort proposées formellement avaient été acceptées de même, que les frontières auxquelles on voulait réduire la France lui ôtaient la puissance relative qu'elle devait conserver dans l'intérêt de l'équilibre européen, que la possession de la rive gauche du Rhin n'était pour elle que la compensation à peine suffisante du partage de la Pologne, de la sécularisation des États ecclésiastiques, de la destruction de la république de Venise, des conquêtes des Anglais dans l'Inde; quand il entreprit, disons-nous, l'exposé de ces considérations, il y eut un cri unanime des sept ou huit plénipotentiaires présents, qui menacèrent de lever la séance et de ne pas écouter davantage si le plénipotentiaire français continuait à développer une pareille thèse. C'était, dirent-ils, un contre-projet que M. le duc de Vicence devait remettre, et non pas une critique; c'était un contre-projet qu'il avait promis, qu'on attendait patiemment depuis un mois, et qu'on avait mission d'exiger, avec ordre de partir si on ne l'obtenait pas. — M. de Caulaincourt essaya toutefois de les calmer et de leur faire accepter sa note. Il n'y réussit qu'après avoir enduré les récriminations les plus amères, qu'en promettant de remettre un contre-projet, et de le remettre sous vingt-quatre heures.

Le 15, en effet, M. de Caulaincourt remit ce contre-projet en se conformant aux bases que nous venons d'indiquer. Après l'énumération des sacrifices auxquels nous étions prêts à nous résigner, calculée de manière à bien faire ressortir toutes nos concessions, telles par exemple que l'abandon de la Westphalie, de la Hollande, de l'Illyrie, de l'Italie, de l'Espagne, il était dit dans le document présenté que la France consentait à ce que la Hollande fût rendue à un prince de la maison d'Orange avec accroissement de territoire (cet accroissement n'était autre que la restitution du Brabant hollandais), à ce que l'Allemagne fût constituée comme l'avaient indiqué les plénipotentiaires, c'est-à-dire *d'une manière indépendante et sous un lien fédératif*, à ce que l'Italie fût également indépendante, à ce que l'Autriche y eût des possessions tandis que la France reviendrait aux Alpes, à la condition toutefois que le prince Eugène et la princesse Élisa conserveraient une dotation, enfin à ce que le Pape rentrât à Rome, Ferdinand VII à Madrid. La France admettait aussi que l'Angleterre conservât Malte et la plupart de ses acquisitions. Mais cette énumération précise des concessions faites par la France, impliquait naturellement qu'elle entendait garder le Rhin et les Alpes, c'est-à-dire Anvers, Cologne, Mayence, Chambéry, Nice, puisqu'elle ne déclarait pas les abandonner.

Mars 1814.

posées par Napoléon.

Cette fois M. de Caulaincourt ne fut point interrompu par les plénipotentiaires, car il avait rempli la condition de présenter un contre-projet, et il fut écouté avec un froid silence, mais sans étonnement. La lecture du document à peine achevée, les plénipotentiaires se levèrent, et, après avoir donné acte de la remise de notre contre-projet, et annoncé qu'ils allaient l'envoyer au quartier général des souverains, déclarèrent qu'on pouvait regarder la négociation comme définitivement rompue, et que sous qua-

On écoute en silence ce contre-projet, et après en avoir donné acte, on ne laisse pas ignorer à M. de Caulaincourt qu'il vient de rendre certaine et prochaine la rupture des négociations.

rante-huit heures ils quitteraient Châtillon. Les Anglais, et notamment lord Aberdeen, qui dans les formes avaient toujours observé les convenances, répétèrent à M. de Caulaincourt qu'ils regrettaient infiniment qu'on n'eût pas conclu la paix aux conditions par eux énoncées, car on aurait fait cesser l'effusion du sang qui désormais allait être sans terme, qu'à ces conditions on aurait traité de bonne foi avec Napoléon, qu'on l'aurait même reconnu comme empereur, ce que l'Angleterre n'avait jamais fait. Ces déclarations, empreintes de la plus évidente sincérité, désolèrent M. de Caulaincourt, qui n'ayant pas pu sauver la grandeur de l'Empire, aurait voulu sauver au moins l'Empire lui-même! Ce citoyen éminent, qui avait représenté la France après Iéna et Friedland, et avait été comblé alors des caresses de l'Europe tremblante, était, dans sa douleur qu'il ne savait pas assez cacher, un exemple frappant des vicissitudes de la fortune, un exemple que les plénipotentiaires n'auraient pas dû envisager sans une vive crainte. Mais les diplomates ne sont pas plus philosophes que les autres hommes, et le présent les enivre, eux aussi, jusqu'à oublier le passé et l'avenir!

Le contre-projet, remis le 15 mars, devait recevoir sa réponse au plus tard sous deux jours, c'est-à-dire le 17, et le congrès devait être dissous le 18. M. de Caulaincourt le manda sur-le-champ à Napoléon à Reims.

Napoléon le prévoyait, et en avait pris son parti. Arrivé à Reims le 13 au soir, il avait résolu d'y passer le 14, le 15, le 16, peut-être le 17, afin de laisser reposer ses troupes, de fondre les uns dans les autres certains corps organisés à Paris trop à la hâte, et de bien juger la marche des coalisés avant d'arrêter définitivement la sienne. Bien que son second mouvement contre l'armée de Silésie n'eût pas réussi comme le premier, bien qu'il eût été trompé dans ses espérances par la perte de Soissons, et par le résultat des batailles de Craonne et de Laon, néanmoins Blucher avait été fort maltraité, et le prince de Schwarzenberg, quoique revenu de l'Aube sur la Seine, n'avait pas osé se porter au delà de Nogent. Ce prince paraissait attendre pour faire un pas de plus que Napoléon révélât mieux ses desseins. Enfin le combat de Reims, faible dédommagement de cruelles déceptions, avait cependant produit une forte impression sur les coalisés. Napoléon ne se tenait donc pas encore pour vaincu, et il attendait toujours quelque faux mouvement de ses adversaires pour tomber sur eux avec la promptitude de la foudre.

Mars 1814.

M. de Caulaincourt.

Séjour à Reims du 13 au 17 pour s'occuper de quelques détails d'organisation militaire, et pour arrêter ses dernières résolutions.

Le plan qu'il continuait de préférer à tout autre, était de se rapprocher de ses places pour en recueillir les garnisons, et pour s'établir sur les communications des généraux ennemis. Il était fort encouragé à suivre ce plan par l'arrivée à Reims du général Janssens avec 5 à 6 mille hommes, tirés des places des Ardennes, lesquels, réunis en un corps bien compacte, avaient traversé heureusement les provinces envahies. Napoléon avait déjà, comme on l'a vu, ordonné au général Maison de prendre à Lille, à Valenciennes, à Mons, dans les forteresses enfin de la Belgique, tout ce qui ne serait pas indispensable pour en garder les murailles pendant quelques

Motifs de persévérer dans le grand projet de marcher sur les places.

jours, d'en former une petite armée, et de le joindre à ce qui viendrait d'Anvers. Il avait prescrit à Carnot, qui tenait toujours les Anglais en échec devant Anvers, de n'y conserver que les gens de marine, les bataillons les plus récemment organisés, et d'envoyer les meilleurs au nombre d'environ six mille hommes au général Maison. Il avait encore prescrit au général Merle de sortir de Maestricht et des places de la Meuse, aux généraux Durutte et Morand de sortir de Metz et de Mayence (ordres qui étaient parvenus et allaient s'exécuter), et il comptait ainsi tirer des places, depuis Anvers jusqu'à Mayence, environ 50 mille hommes. Il n'avait pas besoin d'aller à Mayence ou Metz pour recueillir ces divers détachements; un simple mouvement sur la haute Marne par Châlons, Vitry, Joinville, mouvement qui ne l'éloignait pas beaucoup du cercle de ses opérations, lui permettait de rallier ce renfort, qui, joint à ce qu'il avait entre la Seine et la Marne, porterait son armée à cent vingt mille hommes, et le placerait en outre sur les derrières de ses adversaires, manière la plus sûre de les attirer loin de Paris. A cette grande conception il y avait néanmoins deux objections : le défaut d'ouvrages défensifs autour de Paris, et la situation morale de cette vaste cité. Napoléon, comme nous l'avons dit, par crainte d'alarmer la population, avait différé jusqu'au dernier moment d'élever les ouvrages nécessaires. Autour de la capitale de la France, où s'élèvent aujourd'hui onze ou douze lieues de murailles et seize citadelles, il n'y avait pas même des redoutes en terre. Quelques batteries palissadées en avant des portes étaient les seuls travaux qu'on y eût exécutés. Douze mille hommes de gardes nationales, choisis parmi les citoyens les plus paisibles et les moins agissants, et quinze ou vingt mille hommes des dépôts avec une nombreuse artillerie, en composaient la garnison. Toutefois c'eût été assez avec un chef énergique pour en écarter l'ennemi pendant quelques jours, surtout si on avait pu donner des fusils au peuple des faubourgs. Mais l'état moral de la capitale était encore la plus grande des difficultés de la défense. La population, partagée entre l'aversion pour l'étranger et l'aversion pour un despotisme, qui, après vingt ans de victoires, avait amené l'Europe armée sous ses murs, était prête à se donner au premier occupant, et un parti de mécontents habiles pouvait dès que l'ennemi paraîtrait se faire l'instrument actif d'une révolution déjà opérée dans les esprits. C'était là pour l'Empire une immense faiblesse, plus dangereuse encore que celle qui naissait de notre état militaire presque détruit. Prince légitime, c'est-à-dire issu d'une ancienne dynastie, ou prince sage ayant conservé la confiance du pays, Napoléon aurait pu avoir l'ennemi dans Paris, comme Frédéric le Grand l'avait eu dans Berlin, et n'en éprouver qu'un échec réparable. Pour lui, au contraire, l'entrée des étrangers dans sa capitale, facilitée par le défaut d'ouvrages défensifs, était non pas un revers militaire, mais l'occasion presque assurée d'une révolution.

C'étaient là de graves objections sans doute contre tout plan qui consistait à s'éloigner de Paris,

<small>Mars 1814.</small>

<small>Malgré cette objection,</small>

Mars 1814.

Napoléon est contraint par la nécessité de persévérer dans son plan.

mais le système de se battre alternativement contre Blucher et Schwarzenberg dans l'angle formé par la Seine et la Marne, étant devenu presque impraticable, premièrement parce qu'il était trop prévu, secondement parce que Napoléon étant acculé au fond de l'angle, les deux masses ennemies en se rapprochant allaient n'en plus faire qu'une, il fallait absolument qu'il changeât de tactique, et il n'y en avait pas une meilleure que celle qui, en lui donnant cinquante mille hommes de plus, l'établissait sur les derrières de l'ennemi. N'ayant pas le choix, Napoléon cherchait à se persuader que le danger politique n'était pas grand, qu'on n'oserait pas secouer le joug de son autorité, et que les Parisiens d'ailleurs, ayant ses frères à leur tête, sauraient se défendre. Il ne se figurait pas alors, parce qu'il ne l'avait pas éprouvé, ce que deviennent l'incertitude et la faiblesse des volontés lorsqu'un gouvernement est moralement ébranlé, et que les esprits l'abandonnent! Soit donc par nécessité, soit par un reste d'illusion, il adopta le plan, si profondément conçu sous le rapport militaire, de marcher sur les places, lequel pour réussir exigeait seulement que Paris tînt cinq ou six jours.

Toutefois, avant de s'engager dans cette audacieuse manœuvre, Napoléon avait voulu donner quelques jours de repos à ses troupes, prescrire certaines dispositions indispensables, et voir s'il ne pourrait pas, avant de s'éloigner, tomber encore une fois sur les derrières de l'une des deux armées envahissantes, celle de Bohême, par exemple, qui ayant pris position à Nogent lui prêtait déjà le flanc. C'est à quoi il avait employé les quatre jours passés à

PREMIÈRE ABDICATION.

Reims, du 14 au 17 mars. Il avait laissé le général Charpentier à Soissons avec quelques débris suffisants pour défendre la place; il avait réorganisé, en les fondant ensemble, les quatre divisions de jeune garde composant les corps de Victor et de Ney; il avait ordonné qu'on lui envoyât de Paris, sous la conduite de Lefebvre-Desnoëttes, environ 3 à 4 mille hommes d'infanterie de jeune garde, 2 mille cavaliers montés du même corps, le faible reste des troupes polonaises, une nouvelle division de réserve formée avec les gardes nationaux qu'on versait dans les dépôts de ligne, et enfin un immense parc d'artillerie. Cette adjonction devait lui procurer environ 12 mille hommes. Il en avait déjà reçu à peu près 6 mille des places des Ardennes sous le général Janssens, et avec ces divers renforts il lui était possible de reporter son armée à 60 mille hommes. S'il y joignait les corps de Macdonald, d'Oudinot et de Gérard, il devait avoir environ 85 mille combattants, et 135 mille, si sa marche vers les places avait tous les résultats qu'il en attendait.

Mars 1814.

Le repos accordé à ses troupes lui ayant paru suffisant, et ses dispositions étant terminées, il résolut de partir de Reims le 17 au matin, et de se rendre à Épernay, pour mieux juger de ce qu'il convenait de faire dans les circonstances actuelles. Paris était doublement alarmé par la nouvelle approche du prince de Schwarzenberg qui avait envoyé des avant-gardes jusqu'à Provins, et par les événements survenus à l'armée d'Espagne entre Bayonne et Bordeaux. Placé au bord de la Marne, à Épernay, Napoléon verrait s'il fallait se jeter tout de suite

Mouvement de Napoléon sur Épernay, afin de bien s'assurer des vrais desseins de l'ennemi.

sur les derrières du prince de Schwarzenberg, pour l'arrêter dans sa marche vers la capitale, ou s'il fallait persister dans le projet de se porter sur les places. Ses dispositions étaient dès la veille conçues dans cette double vue, car tout en acheminant la masse de ses forces sur Épernay, il avait envoyé Ney avec l'infanterie de la jeune garde à Châlons. S'il se portait sur les places il n'avait qu'à diriger tous ses corps vers Châlons à la suite de Ney, ou bien au contraire à les replier vers Fère-Champenoise, s'il se jetait sur le prince de Schwarzenberg. Ney expédié en avant n'aurait pas pour se rendre à Fère-Champenoise plus de chemin à faire en y allant de Châlons que d'Épernay.

Parti le 17 au matin de Reims, il fut rendu le soir à Épernay. Il avait laissé Mortier à Reims, pour seconder Marmont dans la défense de Berry-au-Bac, et leur avait donné mission à l'un et à l'autre de contenir Blucher pendant quelques jours, en disputant successivement les passages de l'Aisne et de la Marne. Arrivé à Épernay, il y apprit que le prince de Schwarzenberg s'était fort avancé au delà de la Seine. Ce dernier était même si engagé dans la direction de Paris, que tomber sur ses derrières semblait un coup de main assuré, de grande conséquence comme celui de Montmirail, et politiquement nécessaire à cause de l'extrême consternation des esprits dans la capitale. En effet on y appelait Napoléon à grands cris, car on ne pouvait voir approcher les baïonnettes étrangères sans invoquer aussitôt le secours de son bras. Les événements de Bayonne et de Bordeaux avaient ajouté à la déso-

PREMIÈRE ABDICATION.

lation des Parisiens. Ces événements, fort graves, comme on va le voir, avaient inspiré aux ennemis du gouvernement une exaltation d'espérance qu'il fallait faire tomber sur-le-champ. Napoléon par tous ces motifs prit sans hésiter le chemin de Fère-Champenoise, afin de se rendre de la Marne sur la Seine. Le 18 au matin toute l'armée fut mise en mouvement dans cette direction.

Mars 1814.

Avant de le suivre dans cette nouvelle série d'opérations, il faut retracer brièvement les événements qui venaient de se passer sur les frontières d'Espagne, et qui avaient si fortement ému les esprits. Le maréchal Soult avait continué d'occuper l'Adour par sa droite, et le gave d'Oléron par son centre et sa gauche, tant que lord Wellington n'avait pas été résolu à se porter en avant. Mais le général anglais ayant reçu les ressources nécessaires pour nourrir les Espagnols, avait pris l'offensive avec huit divisions anglaises, deux divisions portugaises, et quatre espagnoles. Il avait chargé deux divisions anglaises et deux espagnoles de bloquer Bayonne, puis avec le reste (soixante mille hommes environ) il avait marché contre le maréchal Soult, qui lui avait cédé le gave d'Oléron, et était venu prendre position sur le gave de Pau, aux environs d'Orthez.

Court aperçu des événements qui s'étaient passés entre l'Adour et la Garonne pendant que Napoléon combattait entre la Seine et la Marne.

Le maréchal Soult, après avoir laissé une division entière à Bayonne (indépendamment de la garnison), après avoir envoyé à Napoléon deux divisions d'infanterie et plusieurs brigades de cavalerie, conservait encore six divisions d'infanterie, et une de cavalerie, formant en tout 40 mille hommes de troupes excellentes. Si ce n'était pas assez pour vaincre,

État des esprits dans le midi de la France.

surtout en face des troupes anglaises, c'était assez pour disputer le terrain pied à pied, et pour couvrir Bordeaux. Bordeaux était en ce moment la capitale du Midi. Il y régnait, outre un mécontentement particulier aux villes maritimes privées de commerce depuis vingt ans, un esprit religieux et royaliste général dans les provinces méridionales, et ainsi tous les sentiments les plus contraires au régime impérial y fermentaient. Le duc d'Angoulême, fils du comte d'Artois et neveu de Louis XVIII, accouru sur la frontière d'Espagne, n'avait pas été reçu par lord Wellington, grâce au soin que mettaient les Anglais à écarter de cette guerre toute apparence d'une question de dynastie. Mais il se tenait sur les derrières du quartier général, et sa présence causait dans le pays une agitation extraordinaire, ce qui ne s'était pas vu en Franche-Comté et en Lorraine, où l'arrivée du comte d'Artois n'avait produit aucune sensation. De nombreux émissaires royalistes avaient déjà paru à Bordeaux, et il suffisait d'un mouvement de l'ennemi pour y déterminer une explosion.

C'est là ce qui avait décidé Napoléon à laisser une portion si importante de ses troupes entre Bayonne et Bordeaux, et ce qui devait motiver de la part de son lieutenant les plus énergiques efforts pour arrêter l'armée anglaise. Aussi Napoléon avait-il recommandé plusieurs fois au maréchal Soult de déployer la plus grande vigueur, de faire comme il faisait lui-même, c'est-à-dire d'être le premier et le dernier au feu, car lorsqu'on avait à demander aux troupes un dévouement illimité, le vrai moyen de l'obtenir c'était de leur en donner soi-même l'exemple.

Le 26 février, le maréchal Soult avait pris position un peu en arrière d'Orthez, sur les hauteurs qui bordent le gave de Pau, ayant à sa droite le général Reille, au centre le comte d'Erlon, à gauche enfin, à Orthez même, le général Clausel, chacun avec deux divisions. Ce dernier couvrait la route de Sault de Navailles. La cavalerie surveillait les bords du gave. Chaque aile était rangée sur deux lignes, la seconde prête à appuyer la première.

Le 27 février au matin, lord Wellington avait passé le gave, et attaqué avec cinq divisions anglaises la droite des Français confiée au général Reille, tandis qu'à l'extrémité opposée le général Hill avec une division anglaise, avec les Portugais et les Espagnols, abordait le général Clausel à Orthez. La lutte avait été longue et acharnée, et le général Reille à droite comme le général Clausel à gauche, avaient dignement soutenu l'honneur de nos armes. Le général Clausel était resté inébranlable à Orthez, et le général Reille, obligé de rétrograder sur une seconde position, avait néanmoins la certitude de se soutenir, si par un vigoureux emploi des deuxièmes lignes, on recommençait le combat contre un ennemi visiblement épuisé. On pouvait, il est vrai, se trouver vaincu après ce nouvel effort, n'ayant pour réserve, en dehors des six divisions engagées, que la brigade du général Paris qui était composée d'un reliquat de tous les corps. Il pouvait se faire aussi qu'on fût vainqueur, et alors les conséquences eussent été considérables. Ce sont là de ces questions que le caractère

Mars 1814.

Retraite du maréchal Soult sur le gave de Pau.

Bataille d'Orthez.

seul peut résoudre, car l'esprit s'y perd. Le maréchal Soult considérant que cette armée était la dernière qui restât au midi de l'Empire, avait jugé plus sage de se retirer, et avait opéré sa retraite sur Sault de Navailles, après avoir tué ou blessé environ six mille hommes à lord Wellington, et en avoir laissé trois ou quatre mille sur le champ de bataille. Les troupes avaient conservé en se retirant un ordre admirable, et inspiré un véritable respect à l'ennemi.

Mais on venait d'abandonner un terrain bien précieux, et à la suite d'une journée qui sans être une bataille perdue devait en avoir bientôt toute l'apparence, parce que l'ennemi serait autorisé à l'appeler ainsi en avançant, et parce que les populations malveillantes du Midi ne la qualifieraient pas autrement. Après cette bataille d'Orthez il ne restait plus de point où l'on pût s'arrêter jusqu'à la Garonne. Bordeaux allait donc se trouver découvert, et le grand intérêt politique auquel Napoléon avait sacrifié quarante mille hommes, qui sur la Seine eussent sauvé l'Empire, allait être compromis. Il n'y avait qu'une ressource, c'était que le maréchal Soult prît sa ligne d'opération sur Bordeaux, et en fît le but de sa retraite. On était condamné dans ce cas à livrer bataille encore une fois, au risque d'être battu, et puis, battu ou non, il fallait se replier sur Bordeaux, établir un vaste camp retranché autour de cette ville, et s'y défendre comme le général Carnot à Anvers. Il est vrai que Bordeaux n'avait pas les murs d'Anvers, mais il avait mieux, il avait une belle armée, qui, en s'appuyant sur cette ville, devait y être inexpugnable. N'y tînt-elle que quinze à vingt jours, c'était assez pour donner à Napoléon le temps de décider du destin de la guerre entre Paris et Langres.

Mars 1814.

Le maréchal Soult craignant les rencontres avec l'armée anglaise, qui avaient été presque toujours malheureuses (grâce, il faut le dire, à nos généraux et non point à nos soldats), avait imaginé de manœuvrer, et au lieu de couvrir directement Bordeaux, de remonter vers Toulouse, croyant que les Anglais n'oseraient pas s'acheminer sur Bordeaux tant qu'il serait sur leurs flancs et leurs derrières. Ce genre de calcul, convenable à Napoléon dont on avait peur, n'était pas aussi fondé de la part de ses lieutenants, qu'on ne redoutait pas à beaucoup près autant que lui. L'événement le prouva bientôt. En effet, lord Wellington, qui en attirant à lui une partie des troupes laissées autour de Bayonne, disposait de plus de 70 mille hommes, pouvait en détacher 10 ou 12 mille vers Bordeaux, ce qui suffisait pour soulever cette ville, et en garder 60 mille pour suivre le maréchal Soult sur Toulouse. C'est ce qu'il ne manqua pas de faire. Tandis que le maréchal Soult prenait le chemin de Tarbes, lord Wellington détacha de Mont-de-Marsan le maréchal Béresford avec une colonne de troupes anglaises et portugaises, et celui-ci trouvant Bordeaux sans défense y entra le 12 mars. Le général et le préfet, qui avaient tout au plus 1200 hommes, se retirèrent sur la Dordogne, et les royalistes de Bordeaux, secondés par les commerçants impatients d'obtenir l'ouverture des mers, demandèrent à grands cris le rétablissement des

Entrée des Anglais dans Bordeaux le 12 mars, et proclamation des Bourbons dans cette ville.

Bourbons. Le duc d'Angoulême accourut alors, et on proclama la restauration de l'ancienne dynastie en face des Anglais qui ne faisaient rien, n'empêchaient rien, se contentant de répéter que les questions de gouvernement intérieur leur étaient étrangères, qu'ils n'étaient chargés que d'une seule mission, celle d'assurer l'existence de leurs troupes et de garantir la sûreté des populations qui se confieraient à leur loyauté. Le maire de Bordeaux, le comte Lynch, se mettant à la tête du mouvement, fit une proclamation dans laquelle il annonçait le rétablissement des Bourbons, et semblait dire que c'était pour rendre à la France ses princes légitimes que les puissances alliées avaient pris les armes. Lord Wellington, fidèle à ses instructions comme à une consigne militaire, écrivit au duc d'Angoulême pour réclamer contre la proclamation du maire de Bordeaux, et pour déclarer que le renversement d'une dynastie, le rétablissement d'une autre, n'étaient nullement le but des puissances alliées, et qu'il serait obligé de s'en expliquer lui-même devant le public, si on ne revenait pas sur l'assertion qu'on s'était permise.

C'était pousser le scrupule des apparences un peu loin, lorsqu'au fond on ne voulait que ce qu'avait annoncé le maire de Bordeaux. Quoi qu'il en soit, il n'en était pas moins vrai que l'ennemi, profitant d'une fausse manœuvre du maréchal Soult, était entré dans Bordeaux laissé ouvert, et y avait fourni aux royalistes l'occasion facile de proclamer la restauration des Bourbons dans le midi de la France. L'exemple était d'une extrême gravité, et pouvait

PREMIÈRE ABDICATION.

susciter des imitateurs. Il semble même, pour nous qui raisonnons cinquante ans après l'événement, qu'il aurait dû servir d'avertissement à Napoléon, et le fixer irrévocablement autour de Paris. Mais outre que Napoléon ne savait pas au juste à quel point il s'était aliéné les cœurs par son système de guerre continue, il était dominé par l'impossibilité de disputer plus longtemps Paris sous Paris, et par la nécessité d'aller chercher à la frontière ses dernières ressources. Au surplus avant même d'exécuter ce mouvement, il avait résolu, comme on vient de le voir, de porter un coup violent dans le flanc du prince de Schwarzenberg, afin de l'attirer à lui, ou de le retarder au moins dans sa marche sur la capitale. C'était le motif de la direction qu'il avait donnée à ses troupes vers Fère-Champenoise. Il y était arrivé le 18 au soir, et, chemin faisant, la cavalerie de la garde ayant rencontré les Cosaques de Kaisarow, les avait taillés en pièces, et rejetés sur la Seine. On avait bivouaqué à Fère-Champenoise et dans la campagne environnante.

Mars 1814.

Napoléon, pour attirer l'ennemi à lui en s'éloignant de Paris, s'apprête à frapper un coup vigoureux dans le flanc de l'armée de Bohême.

Le lendemain 19 Napoléon, après avoir délibéré s'il marcherait sur Arcis ou sur Plancy (voir la carte n° 62), se dirigea vers ce dernier point, parce que tous les rapports lui représentant le prince de Schwarzenberg comme déjà parvenu à Provins, il croyait en se portant plus près de Provins, avoir plus de chance de tomber au milieu des colonnes très-peu concentrées de l'armée de Bohême.

Course de Napoléon sur Plancy à la tête de toute sa cavalerie.

Toutefois, en raisonnant ainsi, Napoléon n'était pas complétement informé des derniers mouvements de l'ennemi. Encouragé par les événements de

Craonne et de Laon, le prince de Schwarzenberg avait d'abord poussé une avant-garde jusqu'à Provins, sans être bien décidé à tenter quelque chose de décisif, car, outre sa prudence ordinaire, il avait pour le retenir un accès de goutte. Mais aussitôt qu'il avait appris le combat de Reims, il avait redouté quelque nouvelle entreprise de Napoléon, et il s'était empressé de revenir à Nogent. De plus, l'empereur Alexandre, inquiet d'apprendre qu'il se trouvait des troupes françaises à Châlons (on a vu que le corps de Ney s'était dirigé sur cette ville), avait craint que Napoléon se rabattant de Châlons sur Arcis, ne les prît tous à revers, et de Troyes il était allé en toute hâte porter ses craintes au prince de Schwarzenberg, dont le quartier général était entre Nogent et Méry. Le généralissime autrichien, ordinairement moins hardi dans ses projets que l'empereur Alexandre, était cependant moins facile à troubler, et sans être aussi convaincu du péril que le monarque russe, il avait dans la journée du 18 rappelé sur Troyes ses corps trop dispersés, avec l'intention de les concentrer à Bar-sur-Aube, afin de ne pas rester exposé à un mouvement de flanc de son redoutable adversaire.

Ainsi le 19, tandis que Napoléon à la tête de sa cavalerie s'avançait au galop sur Plancy, le maréchal de Wrède qui avait été laissé à la garde de l'Aube et de la Seine, entre Arcis, Plancy et Anglure, était en retraite sur Arcis. (Voir la carte n° 62.) Le corps de Wittgenstein (devenu corps de Rajeffsky), ceux du prince de Wurtemberg et du général Giulay, se repliaient vers Troyes, et les réserves sous Barclay de Tolly se concentraient entre Brienne et Troyes.

Napoléon en débouchant par Plancy avait donc donné un peu trop à droite, c'est-à-dire un peu trop vers Paris, et en fut bientôt convaincu en voyant la marche rétrograde des diverses colonnes de l'armée de Bohême. Néanmoins sachant par expérience qu'en se jetant hardiment au milieu de troupes en retraite, on a plus de chances d'y faire de bonnes prises que d'y rencontrer une forte résistance, il passa sans hésiter le pont de Plancy avec la cavalerie de sa garde, et après avoir traversé l'Aube se porta sur la Seine. Il laissa le général Sébastiani avec les divisions Colbert et Exelmans sur sa gauche, pour s'éclairer du côté d'Arcis, et, avec la vieille garde à cheval de Letort, il courut droit au pont de Méry sur la Seine. (Voir la carte n° 62.) Méry étant occupé par l'ennemi, Letort franchit la Seine à un gué au-dessous, et tomba au milieu de l'arrière-garde du prince de Wurtemberg. Il sabra quelques centaines d'hommes, et opéra une capture d'une grande valeur, celle d'un équipage de pont appartenant à l'armée de Bohême. Si un mois auparavant Napoléon avait eu cet instrument de guerre, il se serait peut-être débarrassé de tous ses ennemis. On venait de lui en envoyer un de Paris, mais si lourd qu'il était impossible de s'en servir. Il fut donc enchanté d'en acquérir un bien construit, léger et facile à transporter. Après cette hardie reconnaissance il laissa vers Méry Letort occupé à courir après la queue des colonnes ennemies, repassa la Seine de sa personne, et vint coucher à Plancy sur l'Aube.

Mars 1814.

Napoléon s'apercevant qu'il a donné trop à droite, revient vers Arcis-sur-Aube.

La journée avait parfaitement éclairci la situation. Le prince de Schwarzenberg se retirait en toute hâte, par la seule crainte d'avoir l'armée française sur son flanc droit; que serait-ce lorsqu'il la croirait sur ses derrières? Napoléon résolut donc de profiter de ce que Paris était dégagé, de ce que le prince de Schwarzenberg montrait si peu de fermeté, pour revenir à son projet de se porter sur les places, d'en recueillir les garnisons, et de prendre ainsi position avec des forces presque doublées sur les derrières de l'ennemi. Il devait paraître bien présumable que le prince de Schwarzenberg, déjà en retraite aujourd'hui, s'y mettrait bien davantage quand Napoléon serait à Vitry, à Saint-Dizier, à Toul, à Nancy, et que de son côté Blucher n'avancerait pas lorsque Schwarzenberg rétrograderait [1].

Il donne Arcis pour point de réunion à ses troupes avant de se porter sur la Lorraine.

En conséquence, Napoléon fit les dispositions suivantes. Il ordonna aux maréchaux Oudinot et Macdonald, au général Gérard, maintenant débarrassés de la présence de l'ennemi, de remonter vers lui par Provins, Villenauxe, Anglure, Plancy, et de le rejoindre à Arcis par la rive droite de l'Aube. Ney, acheminé sur Arcis par la même rive, devait y parvenir dans la journée avec la jeune garde, et Friant avec la vieille. Napoléon résolut de s'y rendre lui-même le lendemain matin 20, avec la cavalerie de la garde, en remontant l'Aube par la rive gauche. Après avoir rallié autour d'Arcis, Ney, Friant, Oudinot, Macdonald, Gérard, et recueilli chemin faisant quelques dépouilles de l'ennemi, après avoir

---

[1] Je parle ici d'après la correspondance de Napoléon, retraçant jour par jour, heure par heure, ses résolutions et ses mouvements.

PREMIÈRE ABDICATION. 525

reçu les convois partis de Paris sous Lefebvre-Desnoëttes, il devait tirer droit de l'Aube sur la Marne, et se porter à Vitry, Saint-Dizier, peut-être même à Bar-le-Duc. Les maréchaux Mortier et Marmont laissés à Reims et à Berry-au-Bac, pouvaient le rejoindre facilement par Châlons, et Napoléon leur en expédia l'ordre. Tout fut ainsi réglé de manière à se diriger avec 70 mille hommes sur les places. Après ces dispositions, Napoléon écrivit à Paris ce qu'il allait faire, recommanda fort le sang-froid à tout le monde, et se montra rempli de confiance. Cette confiance était en partie affectée, mais en grande partie sincère, car il sentait le mérite de ses combinaisons, et ne doutait guère de leur succès.

Mars 1814.

Le lendemain, 20 mars, jour qui devait être plus d'une fois mémorable dans sa vie, il quitta Plancy pour remonter l'Aube par la rive gauche avec une portion de sa cavalerie. Letort en avait laissé une autre portion autour de Méry, afin de ramasser des bagages et des prisonniers. Le général Sébastiani, avec les divisions Colbert et Exelmans, avait pris les devants et s'était porté sur Arcis. Dans son extrême confiance, Napoléon n'avait pas daigné repasser l'Aube pour cheminer à couvert, et il avait marché sur Arcis par la route qu'il avait tracée aux divers détachements de sa cavalerie.

Napoléon en se portant sur Arcis par la rive gauche de l'Aube, trouve devant lui toute l'armée de Bohême.

Parvenu vers le milieu du jour à Arcis (Arcis-sur-Aube), il y trouva le général Sébastiani, fort soucieux de ce qu'il avait vu en route. Le maréchal Ney qui venait de s'y rendre avec son infanterie par la rive droite de l'Aube, paraissait non moins soucieux que le général Sébastiani. L'un et l'autre,

Situation de Napoléon surpris sur la gauche de l'Aube avec 20 mille hommes contre 90 mille.

après avoir repoussé les avant-postes bavarois, croyaient avoir aperçu entre l'Aube et la Seine, c'est-à-dire entre Arcis et Troyes, toute l'armée de Bohême. Or, s'il en était ainsi, on n'avait pas de temps à perdre pour abandonner Arcis, qui est sur la rive gauche de l'Aube, et pour passer sur la rive droite, afin de mettre cette rivière entre soi et l'ennemi. Tandis que par la réunion de troupes ordonnée sur Arcis on devait y avoir bientôt 70 mille hommes, quand Oudinot, Macdonald, Gérard et Lefebvre seraient arrivés, et 85 mille à Vitry, quand Mortier et Marmont auraient rejoint, on n'en avait pas dans le moment plus de 20 mille. En effet on avait 5 mille hommes de cavalerie de la garde; Ney amenait 9 à 10 mille hommes d'infanterie de la jeune garde, et Friant 5 à 6 mille de la vieille. Ce n'était pas de quoi tenir tête aux 90 mille combattants du prince de Schwarzenberg concentrés entre Arcis et Troyes.

Napoléon se décide néanmoins à tenir tête à l'ennemi.

Napoléon qui avait vu à Méry les colonnes de Schwarzenberg en retraite, ne pouvait pas imaginer que ce prince songeât à faire halte entre Troyes et Arcis pour y risquer une bataille. Une reconnaissance fort légèrement exécutée sur la route de Troyes par un jeune officier, le confirmait dans sa persuasion, et il fit établir l'infanterie de Ney en avant d'Arcis, un peu sur la gauche, au Grand-Torcy; il envoya en même temps chercher sur l'autre rive de l'Aube sa vieille garde qui était près d'arriver, ainsi que Lefebvre-Desnoëttes dont on annonçait l'approche. Ce dernier lui amenait 6 mille hommes environ. Dans cette attitude il résolut d'attendre les événements,

PREMIÈRE ABDICATION. 527

qui ne pouvaient manquer de s'éclaircir avant très-peu d'heures. Bientôt en effet ils acquirent la plus effrayante clarté.

Mars 1814.

Le prince de Schwarzenberg, bien qu'il fût peu téméraire, avait néanmoins la fermeté d'un vieux soldat, et après avoir replié ses principaux corps de Nogent sur Troyes, ne pouvait pas avec 90 mille hommes reculer davantage devant les 30 ou 40 mille qu'il supposait à Napoléon. D'ailleurs il était fatigué des propos des Prussiens, de leurs forfanteries continuelles, et il voulait leur prouver qu'il était aussi capable qu'eux d'affronter la rencontre du terrible Empereur des Français. Il résolut donc de faire face à droite, et de se porter sur Arcis, pour accepter la bataille si on la lui offrait, pour empêcher en tout cas les Français de se jeter sur Troyes, et d'y opérer de nouvelles captures. Dans cette vue il ordonna aux Bavarois de s'approcher d'Arcis par sa droite; il porta les corps de Rajeffsky, de Wurtemberg, de Giulay directement sur Arcis, et lia ces deux masses par les gardes et réserves. Vers deux heures il se trouva en face d'Arcis.

Le général Sébastiani, piqué de certaines paroles de Napoléon qui n'avait pas pris ses craintes au sérieux, s'était lancé avec quelques escadrons sur la route de Troyes, pour mieux voir ce qu'il croyait du reste avoir bien vu une première fois. Au delà d'Arcis, dans la direction de Troyes, le sol fortement ondulé peut dans ses plis cacher des quantités considérables de troupes. Bientôt le général Sébastiani, ayant franchi les premières ondulations du terrain, découvrit la cavalerie bavaroise et la cava-

Bataille d'Arcis-sur-Aube livrée le 20 mars.

Irruption subite de la cavalerie ennemie.

lerie autrichienne s'avançant en masse, et il revint à toute bride dire à Napoléon ce qui en était. On se hâta de faire monter à cheval les divisions Colbert et Exelmans pour les opposer à l'ennemi. Le général Kaisarow à la tête de plusieurs milliers de chevaux chargea la division Colbert qui en comptait à peine 7 à 800, et la rejeta sur la division Exelmans, qui, entraînée elle-même par le choc, fut obligée de céder. Tous ensemble, poursuivis et poursuivants, arrivèrent pêle-mêle sur Arcis. Ney était à gauche au Grand-Torcy avec l'infanterie de la jeune garde. Entre le Grand-Torcy et Arcis il y avait tout au plus trois ou quatre bataillons, au nombre desquels s'en trouvait un, polonais de nation, et commandé par le chef de bataillon Skrzynecki, le même qui, en 1830, a si noblement et si habilement défendu comme général en chef la Pologne expirante. Ce bataillon n'eut que le temps de se former en carré pour recueillir Napoléon, et le soustraire au torrent de la cavalerie ennemie. Les Polonais, fiers du précieux dépôt confié à leurs baïonnettes, tinrent ferme sous une pluie d'obus, et sous les assauts répétés d'innombrables escadrons. Mais Napoléon ne profita pas longtemps de l'asile qu'il avait trouvé au milieu d'eux. Le premier choc de cette cavalerie amorti, il sortit du carré, se transporta vers Arcis, au risque d'être enlevé, arrêta, rallia ses cavaliers en fuite, et les lança lui-même sur l'ennemi. Nos escadrons, électrisés par sa présence, chargèrent avec la plus grande vigueur, et parvinrent à contenir, sans pouvoir la repousser toutefois, la masse trop supérieure des cavaliers bavarois et autrichiens. Pendant ce temps Ney, établi dans le Grand-Torcy, s'apprêtait à résister à tous les efforts de l'armée de Bohême. L'essentiel était de tenir jusqu'à ce que la vieille garde, dont on apercevait les têtes de colonne sur l'autre rive de l'Aube, eût passé cette rivière et occupé Arcis. Lorsque les six mille vieux soldats composant cette troupe d'élite seraient en avant d'Arcis, et se lieraient aux dix mille jeunes soldats de Ney qui défendaient le Grand-Torcy, on pouvait être tranquille. Mais il fallait qu'ils arrivassent.

En attendant Ney soutenait à Torcy des assauts furieux. Le corps du maréchal de Wrède était entré en ligne, et par sa droite composée des Autrichiens, attaquait le Grand-Torcy, tandis que par sa gauche composée des Bavarois, il cherchait à séparer ce village de la petite ville d'Arcis. Toutes les réserves russes, prussiennes, autrichiennes, comprenant les gardes, les grenadiers, les cuirassiers, marchaient à l'appui de cette attaque. Nous avions donc en face de nous plus de quarante mille hommes d'infanterie, sans compter des flots de cavalerie.

Ney défendit le Grand-Torcy avec son énergie accoutumée. Établi dans les maisons et derrière les rues barricadées du village, il arrêta par un feu épouvantable les masses de l'infanterie autrichienne. Vaincu un moment par le nombre, il fut rejeté hors du Grand-Torcy, mais se mettant à la tête de quelques bataillons, et faisant à la baïonnette une charge désespérée, il rentra dans le village, et parvint à s'y maintenir. Au même instant, Napoléon courant sans cesse d'Arcis à Torcy, pour encourager les troupes par sa présence, faillit voir sa prodigieuse destinée

Mars 1814.

la ramène à l'ennemi.

Défense héroïque de Ney au Grand-Torcy avec l'infanterie de la jeune garde.

terminée d'un seul coup. Un obus tombe devant les rangs d'un jeune bataillon, peu habitué encore à ce genre de spectacle, et les hommes les plus rapprochés du projectile fumant reculent d'un pas. Napoléon pousse son cheval sur l'obus pour leur enseigner le mépris du danger. L'obus éclate, le couvre de feu et de fumée, et il sort sain et sauf du nuage enflammé. Son cheval seul est blessé. Il se jette sur un autre au milieu des cris d'enthousiasme de ses jeunes soldats.

Grâce à ces actes d'une héroïque témérité nous conservons notre position. Enfin la vieille garde traverse le pont d'Arcis sous la conduite de l'intrépide Friant. Napoléon la range lui-même en avant d'Arcis, et envoie deux de ses vieux bataillons à l'appui de Ney. Le secours arrive à propos, car en ce moment la garde russe, entrée en ligne, venait renforcer le maréchal de Wrède. Une dernière attaque, encore plus violente que les précédentes, est essayée contre le Grand-Torcy. Ney la soutient avec une fermeté imperturbable, et la repousse victorieusement.

Tandis que ce renfort de vieille infanterie est survenu si à propos, Lefebvre-Desnoëttes, parti de Paris pour rejoindre l'armée, débouche par le pont d'Arcis à la tête de deux mille chevaux avec lesquels il avait devancé son infanterie. Le général Sébastiani, disposant alors de quatre mille chevaux, se déploie dans la plaine d'Arcis, laquelle s'élève légèrement vers l'ennemi. Il s'apprête à prendre une revanche. Ses escadrons bien lancés culbutent ceux de Kaisarow, les renversent sur ceux de Frimont, et se vengent de l'échauffourée du matin. Mais bientôt on voit apparaître la cavalerie bavaroise, la grosse ca-

PREMIÈRE ABDICATION.

valerie russe, et la prudence conseille de se retirer sur Arcis. On gagne ainsi la fin du jour, Ney se maintenant au Grand-Torcy, la vieille garde à Arcis, la cavalerie entre deux, et on échappe au désastre qu'avec moins d'énergie nous aurions certainement essuyé. Effectivement nous avions combattu d'abord avec 14 mille hommes contre 40 mille, puis avec 20 contre 60, et enfin avec 22 ou 23 contre 90, car sur notre droite les corps de Giulay, de Wurtemberg, de Rajeffski, avaient débouché de Nozay, et commençaient à prendre part au combat lorsque la nuit était venue séparer les deux armées.

Mars 1814.

L'ennemi est contenu jusqu'à la fin du jour, et l'avantage reste aux 20 mille Français qui ont tenu tête à 60 mille ennemis.

Au loin sur notre droite s'était passé un épisode qui aurait pu avoir des suites fâcheuses, sans la rare vaillance de la cavalerie de la garde. On se souvient que les chasseurs et les grenadiers à cheval avaient été laissés au delà du pont de Méry, sur la gauche de la Seine, avec les captures qu'ils avaient opérées la veille, et notamment avec l'équipage de pont qu'ils avaient pris. Partis le matin de Méry avec cet équipage de pont, ils avaient essayé de rejoindre l'armée en marchant directement de Méry sur Arcis par Premier-Fait. (Voir la carte n° 62.) Ils étaient tombés naturellement au milieu de toute la cavalerie des corps de Rajeffski, de Giulay et de Wurtemberg, réunis sous le commandement du prince de Wurtemberg. Assaillis par une force cinq ou six fois plus considérable qu'eux, ils ne s'étaient sauvés qu'en déployant la plus rare valeur, et en se battant pendant plusieurs heures le sabre à la main. Rejoints enfin par des escadrons du dépôt de Versailles, qui avaient fait route par Méry, ils s'étaient

Brillant avantage de la cavalerie de la garde.

repliés sur Méry même, sans avoir perdu plus d'une centaine de cavaliers, et sans avoir surtout laissé échapper leur équipage de pont. Le lendemain ils gagnèrent Plancy, passèrent l'Aube, et vinrent se réunir à l'armée par la rive droite de cette rivière, avec les corps d'Oudinot, de Macdonald, de Gérard, qui étaient en marche de Provins sur Arcis.

Telle fut la bataille d'Arcis-sur-Aube, la dernière que Napoléon livra en personne dans cette campagne, et où l'armée ainsi que lui firent des prodiges d'énergie. Il se regardait comme victorieux, et le croyait sincèrement, car c'était un miracle que 20 mille hommes eussent résisté à une masse qui s'était successivement élevée de 40 à 90 mille. Il était fier de lui-même et de ses soldats, et voyait dans cette possibilité de combattre à forces si inégales, des garanties de succès pour la suite de la guerre. Sa confiance était devenue telle qu'il voulut le lendemain même tenir tête à toute l'armée du prince de Schwarzenberg. Cependant il ne pouvait être rejoint dans la journée que par le corps d'Oudinot, et en y ajoutant ce que Lefebvre-Desnoëttes avait amené, il aurait atteint tout au plus une force de 32 mille hommes. Il n'était donc pas prudent de braver le choc de 90 mille combattants, surtout en ayant une rivière à dos. Aussi finit-il par céder aux conseils de la raison et de ses maréchaux qui insistaient pour qu'il mît l'Aube entre lui et l'ennemi. Après avoir tenu ses troupes déployées en avant d'Arcis, pendant qu'on préparait un deuxième pont, il les fit replier soudainement à travers les rues de cette petite ville, franchit les deux ponts, et laissa le prince de Schwarzenberg fort surpris et fort déçu de voir lui échapper une proie qui semblait assurée. Les ponts de l'Aube furent rompus, et le maréchal Oudinot vint border la rive droite avec son corps, appuyé d'une nombreuse artillerie. L'ennemi ne pouvant se résoudre à laisser l'armée française s'en aller saine et sauve, voulut tenter le passage de la rivière, et demeura pendant cette tentative exposé à un feu meurtrier. Il perdit encore dans cette journée du 21 plus d'un millier d'hommes sans aucun résultat, car partout où il se présenta pour essayer de franchir l'Aube, les troupes d'Oudinot bien postées l'accueillirent par un feu nourri de mousqueterie et de mitraille. Ce n'est pas trop de dire que ces deux jours coûtèrent à l'armée de Bohême 8 à 9 mille hommes, tandis que nous n'en perdîmes pas plus de 3 mille, grâce à notre petit nombre et à l'avantage de nous battre à couvert dans des positions défensives.

Au milieu de ces perpétuelles aventures de guerre, Napoléon trouvant l'armée toujours héroïque et dévouée quoique souvent mécontente, comptant sur son génie, croyant plus que jamais aux ressources de son art, était loin de désespérer de sa cause, et toutefois il ne se faisait pas complétement illusion sur sa situation politique. Bien qu'il ne voulût pas s'avouer à quel point il s'était aliéné la nation par ses guerres continuelles et par son gouvernement arbitraire, il n'avait garde cependant de s'aveugler sur l'état moral de la France. Sur le terrain même d'Arcis, et au milieu du feu, s'entretenant familièrement avec le général Sébastiani, Corse comme lui, et doué d'un grand sens politique, Eh bien, général, lui demanda-t-il, que dites-vous de ce que vous voyez? — Je dis, répondit le général, que Votre Majesté a sans doute d'autres ressources que nous ne connaissons pas. — Celles que vous avez sous les yeux, reprit Napoléon, et pas d'autres. — Mais alors, comment Votre Majesté ne songe-t-elle pas à soulever la nation? — Chimères, répliqua Napoléon, chimères, empruntées aux souvenirs de l'Espagne et de la Révolution française! Soulever la nation dans un pays où la Révolution a détruit les nobles et les prêtres, et où j'ai moi-même détruit la Révolution!... —

Le général resta stupéfait, admirant ce sang-froid et cette profondeur d'esprit, et se demandant comment tant de génie ne servait pas à empêcher tant de fautes.

Le moment était venu pourtant de prendre une résolution définitive. Entre Arcis et Châlons, l'Aube et la Marne ne sont guère qu'à onze ou douze lieues de distance l'une de l'autre. (Voir la carte n° 62.) Blucher, auquel on avait opposé Marmont et Mortier pour le contenir, pouvait être ralenti, mais non arrêté par ces deux maréchaux. Les armées de Bohême et de Silésie ne devaient pas tarder à se réunir, et on allait être alors étouffé dans leurs bras. Napoléon avec ce qu'il avait de forces, ne pouvant plus les battre séparément, à moins de circonstances extrêmement heureuses que la fortune ne lui ménageait plus guère, pouvait encore moins les battre réunies. Poursuivre son idée de se rapprocher des places, pour s'y procurer un renfort de cinquante mille

PREMIÈRE ABDICATION.

hommes, et pour attirer l'ennemi loin de Paris, était définitivement la seule ressource qui lui restât, ressource qui, hasardeuse avec lui, eût été mortelle avec un autre.

Mars 1814.

Il résolut donc de partir le 21 mars pour Vitry sur la Marne. En passant par Sommepuis il ne lui fallait pas plus de deux jours pour franchir la distance d'Arcis à Vitry. (Voir la carte n° 62.) De Vitry il lui était facile de se porter à Bar-le-Duc, et sans qu'il fît un pas de plus, les garnisons de Metz, de Mayence, de Luxembourg, de Thionville, de Verdun, de Strasbourg, avaient la possibilité de le joindre au nombre de trente et quelques mille hommes. Si Napoléon se portait jusqu'à Metz, ce qui n'exigeait que trois journées, il pouvait, en pivotant autour de cette place, faire insurger la Lorraine, l'Alsace, la Franche-Comté, et recevoir des Pays-Bas quinze mille hommes encore. Il devait donc se trouver à Metz à la tête de 120 mille combattants, au milieu de provinces soulevées contre l'ennemi, et si le maréchal Suchet, envoyé pour remplacer Augereau, recueillant tout ce qui était sur son chemin, remontait sur Besançon avec 40 mille hommes, les destinées devaient certainement être changées.

Départ d'Arcis-sur-Aube le 21 mars.

Napoléon manda à Paris ses dernières résolutions, prescrivit qu'on lui expédiât en matériel d'artillerie, en bataillons de la jeune garde, en bataillons tirés des dépôts, tout ce qui ne serait pas indispensable à la défense de la capitale; recommanda de nouveau de ne pas se troubler si l'ennemi approchait, ce qui, selon lui, ne pouvait être qu'une apparition de deux ou trois jours, car

Ordres envoyés à Paris au moment où Napoléon s'en éloigne.

les alliés le suivraient dès qu'ils le sauraient sur leurs communications. Il renouvela aux maréchaux Marmont et Mortier l'ordre de le joindre sur la Marne par Châlons, et se mit ensuite en route pour Vitry. Précédemment il n'avait jamais quitté la Seine sans laisser de Nogent à Montereau des corps respectables. Ce n'était plus le cas cette fois, puisqu'il était obligé d'exécuter en masse la diversion projetée sur les derrières de l'ennemi, et que c'était sur cette diversion seule qu'il comptait désormais pour sauver Paris. Vingt mille hommes laissés entre Nogent et Paris n'eussent pas arrêté le prince de Schwarzenberg, et eussent manqué à Napoléon dans les opérations qu'il méditait. Toutefois, croyant utile de garder les ponts de la Seine, et possible d'y arrêter l'ennemi quelques heures, ce qui dans certains cas n'était pas indifférent, il laissa le général Souham avec un mélange de gardes nationales et de bataillons organisés à la hâte, pour disputer Nogent, Bray, Montereau. Le général Alix qui, avec des forces de cette composition, avait si bien défendu Sens, et qui s'y trouvait encore, fut placé sous les ordres du général Souham.

Le trajet d'Arcis à Sommepuis s'opéra sans difficulté. A peine rencontra-t-on quelques bandes de Cosaques qui voltigeaient entre l'Aube et la Marne, et pillaient le pays tout ruiné qu'il était. Les corps d'Oudinot, de Macdonald, de Gérard, qui avaient marché de Provins sur Arcis, en côtoyant l'Aube, défendirent successivement la rivière au pont d'Arcis, et défilèrent ainsi en vue de l'ennemi sans en recevoir aucun dommage.

Le 21 au soir Napoléon, avec une partie de l'armée, coucha à Sommepuis. (Voir la carte n° 62.) Le lendemain, 22, il marcha sur Vitry avec une avant-garde. Vitry avait été mis en état de défense par l'armée de Silésie, et cinq à six mille Prussiens et Russes, protégés par des ouvrages de campagne, l'occupaient. Napoléon, ne voulant pas risquer une affaire meurtrière pour un poste qui n'avait pas d'importance, fit chercher un gué entre Vitry et Saint-Dizier. On en découvrit un à Frignicourt, et il y passa avec sa cavalerie et les divisions de jeune garde du maréchal Ney. Il laissa un détachement pour garder ce gué, et il vint coucher au château du Plessis près Orconte. Il lança sur Saint-Dizier la cavalerie légère du général Piré, qui réussit à y entrer, et y enleva deux bataillons prussiens.

Mars 1814.

Arrivée à Vitry le 22.

Le lendemain 23, Napoléon jugea convenable de s'arrêter à Saint-Dizier pour y attendre la queue de ses colonnes, car Oudinot, Macdonald, Gérard étaient en arrière, et il voulait également rallier Marmont et Mortier, qui avaient ordre de venir à lui par Châlons. Il fallait attendre aussi la division de gardes nationales du général Pacthod qui avait bien servi avec Oudinot et Macdonald, et qu'on avait laissée à Sézanne pour escorter un dernier convoi de troupes et de matériel. Toutefois, ayant des doutes sur la possibilité de recueillir ce dernier rassemblement, Napoléon ordonna au ministre de la guerre de veiller à sa sûreté, et de le rappeler même à Paris si on ne croyait pas qu'il lui fût possible de percer jusqu'à Vitry à travers les masses ennemies.

Séjour à Saint-Dizier.

Sans perdre un instant Napoléon poussa sa cava-

Confiance

Mars 1814.

de Napoléon dans sa manœuvre, et persuasion où il est d'avoir attiré l'ennemi à sa suite.

lerie légère sur Bar-le-Duc, afin qu'elle s'emparât du pont de Saint-Mihiel sur la Meuse, de celui de Pont-à-Mousson sur la Moselle, et il expédia de nouveau à toutes les garnisons l'ordre de le rejoindre. Il s'apprêtait à leur épargner la moitié du chemin, en marchant encore une journée ou deux à leur rencontre, et il allait ainsi voir ses forces augmenter d'heure en heure. Sans les maréchaux Mortier et Marmont, sans le convoi de Sézanne dont il n'avait reçu qu'une partie, et en défalquant les pertes d'Arcis ainsi que les troupes laissées à la garde des ponts de la Seine, il avait environ 55 mille hommes. Il devait en avoir 70 mille avec ces deux maréchaux, 80 avec le dépôt de Sézanne, et arriver successivement à 100 mille et au delà, si les garnisons parvenaient à se réunir à lui. Aussi tout en appréciant la gravité de sa situation restait-il confiant dans le succès de ses habiles manœuvres, et le 23 mars, écrivant au ministre de la guerre une lettre qui respirait un sang-froid imperturbable, il lui exposait sa marche, ses motifs pour ne pas tenter l'attaque de Vitry, le projet de s'approcher de Metz, et de tirer de cette place et des autres un renfort considérable; la certitude de causer un grand trouble à l'ennemi en se portant sur ses communications; le découragement de la plupart des coalisés qui n'avaient jamais eu d'avantages sérieux sur les troupes françaises, qui tout récemment avaient essuyé des pertes énormes à Arcis-sur-Aube, et étaient presque au regret de s'être avancés si loin; l'espérance par conséquent d'amener sous peu des événements nouveaux et importants; l'utilité de

PREMIÈRE ABDICATION.

Mars 1814.

veiller sur le rassemblement de Sézanne, de l'augmenter même si les circonstances le permettaient; la possibilité de recourir à la conscription de 1815, car en Champagne, en Lorraine les paysans se levaient en masse, et l'urgence de faire promptement usage de cette ressource; l'importance pour les maréchaux Marmont et Mortier qui s'étaient repliés sur Château-Thierry de se reporter en avant pour rejoindre l'armée; la confiance enfin malgré toutes les angoisses de la situation de sauver bientôt la France et lui-même de cette crise formidable. Personne n'eût soupçonné en lisant cette lettre, qui devait être la dernière adressée au ministre de la guerre, que Napoléon approchait de la plus grande des catastrophes.

Arrivée de M. de Caulaincourt au quartier général, après la dissolution du congrès de Châtillon.

Dans ce moment arriva au quartier général de l'Empereur M. de Caulaincourt, qui venait de quitter le congrès de Châtillon. Ce noble serviteur du prince et du pays, avait, comme on l'a vu, remis un contre-projet, afin d'obtempérer aux sommations réitérées des plénipotentiaires alliés, et avait tâché d'en rendre la lecture supportable à ses auditeurs, tout en s'éloignant le moins possible des instructions de Napoléon. Les plénipotentiaires des puissances, après avoir écouté le texte du contre-projet français avec un silence glacial, et avoir pris les ordres de leurs souverains, avaient lu le 18 mars une note solennelle, dans laquelle ils déclaraient que la France ayant exactement reproduit toutes les conditions déjà reconnues inacceptables par l'Europe, les conférences étaient définitivement rompues, et que la guerre serait poursuivie à outrance, jusqu'à ce que la France admît purement et simplement les préliminaires du 17 février. A cette déclaration M. de Metternich avait joint une lettre particulière pour M. de Caulaincourt, dans laquelle il le suppliait encore une fois d'y bien penser avant de quitter le lieu du congrès, car, disait-il, la France de Louis XIV, accrue des conquêtes de Louis XV, valait bien qu'on y attachât quelque prix, et méritait qu'on ne la jouât pas plus longtemps à ce jeu si dangereux et si incertain des batailles. Quelque tenté que fût le plénipotentiaire français de suivre un semblable conseil, il n'avait pas osé outre-passer ses instructions au point où il l'aurait fallu pour retenir à Châtillon les membres du congrès. Il se sépara donc des plénipotentiaires le lendemain 19, et le 20 toutes les légations partirent de Châtillon pour regagner les quartiers généraux des armées belligérantes.

M. de Caulaincourt eut quelque peine à rejoindre Napoléon, qu'il trouva à Saint-Dizier. Le retour de la légation française produisit sur l'armée une impression pénible, car il ôtait toute confiance dans les négociations, et n'en laissait plus que dans un duel à mort avec la coalition. Or, si les journées de Montmirail, de Champaubert, de Montereau avaient élevé les cœurs au niveau de celui de Napoléon, celles de Craonne, de Laon, d'Arcis-sur-Aube les avaient fait promptement redescendre de cette hauteur, et la manœuvre aventureuse qu'on essayait loin de Paris, manœuvre dont peu de gens étaient capables d'apprécier le mérite, étonnait, inquiétait des esprits déjà fortement ébranlés. La noble et sévère figure de M. de Caulaincourt, plus triste encore que de coutume, n'était pas propre à dérider les visages au quar-

PREMIÈRE ABDICATION.

tier général. Napoléon accueillit son ministre amicalement, en homme qui n'éprouvait pas d'humeur parce qu'il n'éprouvait pas de trouble. Ce retour lui avait cependant causé une certaine impression, mais passagère, et il la domina bientôt. Il était à table, soupant avec Berthier, lorsque M. de Caulaincourt arriva. — Vous avez bien fait de revenir, lui dit-il, car, je ne vous le cacherai pas, si vous aviez accepté l'ultimatum des alliés, je vous aurais désavoué. Mieux vaut pour vous et pour moi avoir évité un pareil éclat. Au fond ces gens-là ne sont pas de bonne foi. Si vous aviez cédé, bientôt ils auraient demandé davantage. Ils répandent partout qu'ils en veulent à moi et non à la France. Mensonges que tout cela! Ils s'en prennent à moi parce qu'ils savent que seul je puis sauver la France (ce qui était vrai alors, car celui qui l'avait perdue pouvait seul la sauver); mais au fond, c'est à la France et à sa grandeur qu'ils en veulent. L'Angleterre convoite la Belgique pour la maison d'Orange; la Prusse convoite la Meuse pour elle-même; l'Autriche désirerait nous ôter l'Alsace et la Lorraine pour en trafiquer avec la Bavière et les princes allemands. On veut nous détruire, ou nous amoindrir jusqu'à nous réduire à rien. Eh bien, mon cher Caulaincourt, il vaut mieux mourir que d'être amoindris de la sorte. Nous sommes assez vieux soldats pour ne pas craindre la mort. On ne dira pas cette fois que c'est pour mon ambition que je combats, car il me serait aisé de sauver le trône; mais le trône avec la France humiliée, je n'en veux point. Voyez ces braves paysans comme ils s'insurgent

Mars 1814.

Napoléon ne manifeste aucun regret de la dissolution du congrès.

Son langage résolu et chaleureux.

déjà, et tuent des Cosaques de toutes parts! Ils nous donnent l'exemple, suivons-le. Croiriez-vous que ces misérables du Conseil de régence voulaient accepter l'infâme traité qu'on vous a proposé? Ah! je leur ai prescrit de se taire et de se tenir tranquilles. Ces pauvres paysans valent bien mieux que ces gens de Paris. Vous allez assister, mon cher Caulaincourt, à de belles choses. Je vais marcher sur les places, et rallier trente ou quarante mille hommes d'ici à quelques jours. L'ennemi me suit évidemment. On ne peut pas expliquer autrement la masse de cavalerie qui nous entoure. La brusque apparition que j'ai faite sur ses derrières a ramené Schwarzenberg, et en apprenant que je menace ses communications il n'osera pas se risquer sur Paris. Je vais avoir bientôt cent mille hommes dans la main, je fondrai sur le plus rapproché de moi, Blucher ou Schwarzenberg n'importe, je l'écraserai, et les paysans de la Bourgogne l'achèveront. La coalition est aussi près de sa perte que moi de la mienne, mon cher Caulaincourt, et si je triomphe nous déchirerons ces abominables traités. Si je me trompe, eh bien, nous mourrons! nous ferons comme tant de nos vieux compagnons d'armes font tous les jours, mais nous mourrons après avoir sauvé notre honneur. —

M. de Caulaincourt, qui autant que personne était capable de comprendre cet héroïque langage, se rappelait trop de fautes commises, trop de refus hors de propos et que l'honneur ne commandait point, pour n'être pas mécontent, et froidement improbateur. Berthier, devant qui se tenaient ces discours, était consterné. Il était frappé comme Napoléon du tumulte qui se faisait autour de l'armée, doutait comme lui que ce fût là un simple détachement, mais se demandait d'autre part comment 200 mille coalisés, presque victorieux, pouvaient se laisser détourner de Paris, cette grande proie qu'ils avaient sous la main, pour suivre une poignée d'hommes hasardée sur leurs derrières. Il doutait, et, en une si grave circonstance, le doute était une angoisse douloureuse, car si l'ennemi ne suivait pas, il pouvait en quelques jours être dans Paris. Ce sentiment était général. Contenu devant Napoléon, il éclatait ailleurs en très-mauvais propos. Quant à Napoléon lui-même, sans exclure le doute, il répétait toujours à M. de Caulaincourt : Vous avez bien fait de revenir, je vous aurais désavoué. Vous êtes venu à temps pour assister à de grandes choses. —

Mars 1814.

Toute cette énergie, admirable comme don de Dieu, mais déplorable quand on songe que, si mal employée, elle nous avait conduits au bord d'un abîme, ne se communiquait guère, et chacun s'attendait d'un moment à l'autre à un affreux dénoûment. Ce dénoûment approchait en effet, et l'heure fatale, hélas! était venue. Les combinaisons militaires de Napoléon étaient assurément bien profondes, mais si sa situation militaire pouvait se rétablir à force de génie, il n'y avait pas de génie qui pût rétablir sa situation politique. Paris plein de terreur, plein de dégoût d'un tel régime, régime glorieux mais sanglant, ordonné mais despotique, Paris pouvait au premier contact d'un ennemi qui se présentait en libérateur, échapper à la main de Napoléon, et devenir le théâtre d'une révolution! Or, il suffi-

La véritable question était de savoir si l'ennemi, au lieu de suivre Napoléon, ne se jetterait pas sur Paris pour y opérer une révolution politique.

sait que les coalisés soupçonnassent cette triste vérité, pour que négligeant les considérations de prudence, ils songeassent à tenter sur Paris non pas une opération militaire, mais une opération politique, et alors les plans de Napoléon devaient être déjoués, et son trône, que sa puissante main avait relevé deux ou trois fois depuis un mois, devait enfin s'écrouler. On va voir combien les coalisés étaient près de deviner la redoutable vérité, qui faisait toute notre faiblesse devant les envahisseurs de notre patrie.

Le prince de Schwarzenberg n'avait pas trop compris le mouvement de l'armée française sur Arcis, et il faut avouer qu'à moins d'être dans le secret, il eût été difficile de le comprendre. Sa première supposition, et la plus naturelle, avait été que Napoléon venait lui livrer bataille, et ce prince s'était décidé à l'accepter à Arcis-sur-Aube, comme Blucher à Craonne et à Laon. Prévoyant une lutte sanglante de plusieurs jours, il était loin de s'en croire quitte le soir du 21. Le 22, en voyant Napoléon s'éloigner, il avait cherché à deviner quels pouvaient être ses projets, avait passé l'Aube à sa suite, et était venu prendre position entre Ramerupt et Dampierre, derrière un gros ruisseau qu'on appelle le Puits, la gauche à l'Aube, le front couvert par le Puits, la droite dans la direction de Vitry. (Voir la carte n° 62.) Il attendait là les nouvelles attaques de son adversaire, craignant toujours de sa part quelque manœuvre extraordinaire.

Mais Napoléon, ainsi qu'on vient de le voir, ne songeait guère à l'attaquer, et lui préparait effectivement une manœuvre bien extraordinaire, en se por-

PREMIÈRE ABDICATION.

tant de l'Aube à la Marne, dans la direction de Metz. Le lendemain 23, pendant que Napoléon s'arrêtait à Saint-Dizier pour que les corps formant sa queue eussent le temps de le joindre par le gué de Frignicourt, la cavalerie légère du prince de Schwarzenberg qui suivait ces corps à la piste, s'était aperçue de la marche de l'armée française, et avait reconnu clairement qu'elle se dirigeait sur Vitry. L'intention de Napoléon ne laissait dès lors plus de doute, et il voulait évidemment manœuvrer sur les communications des alliés. Que faire en présence d'une situation si nouvelle? Fallait-il suivre Napoléon vers la Lorraine, ou bien tendre la main à Blucher qui ne pouvait être éloigné, et, uni à ce dernier, marcher sur Paris, à la tête de deux cent mille hommes? La question était grave, l'une des plus graves que les chefs d'empire et les chefs d'armée aient jamais eu à résoudre.

Mars 1814.

Bientôt le prince de Schwarzenberg s'aperçoit de la marche de Napoléon sur Vitry, et comprend qu'il veut se porter sur les communications des alliés.

A se conduire militairement, dans le sens le plus étroit du mot, il ne fallait pas livrer ses communications, il fallait au contraire veiller sur elles avec d'autant plus de soin qu'on avait affaire à un ennemi plus redoutable et plus audacieux. Puisqu'il les menaçait en ce moment, on devait le suivre, le suivre en compagnie de Blucher, et en finir avec lui avant d'aller recueillir à Paris le prix de la guerre. Sans doute il y avait quelques avantages à marcher sur Paris, et notamment celui d'abréger la lutte; pourtant si on était arrêté devant cette capitale par une résistance non-seulement militaire, mais populaire, et s'il arrivait qu'on fût retenu quelques jours sous ses murs, on pouvait, pendant qu'on serait

Les règles de la guerre conseillent de suivre Napoléon, celles de la politique de se porter sur Paris.

occupé à se battre contre la tête barricadée des faubourgs, être assailli en queue par Napoléon revenu avec une armée de cent mille hommes, et se trouver dans une position des plus périlleuses.

Ces raisons étaient du plus grand poids, et auraient même été décisives, si la situation eût été ordinaire, et si on avait été exposé à rencontrer devant Paris la résistance que l'importance de cette ville, le patriotisme et le courage de son peuple, devaient faire craindre. Mais la situation était telle qu'il n'y avait rien de plus douteux que cette résistance. Bien qu'on n'eût reçu qu'une seule communication de l'intérieur, celle qu'avait apportée M. de Vitrolles, et que jusqu'ici aucune manifestation n'eût démontré la vérité de cette communication, qu'au contraire les paysans commençassent à prendre les armes dans les provinces envahies, on avait pu reconnaître à plus d'un symptôme que si M. de Vitrolles exagérait les choses en peignant la France comme désirant ardemment les Bourbons, il avait raison toutefois quand il soutenait qu'elle ne voulait plus de la guerre, de la conscription, des préfets impériaux, et que dès qu'on lui fournirait l'occasion de faire éclater ses véritables sentiments, elle se prononcerait contre un gouvernement qui, après avoir porté la guerre jusqu'à Moscou, l'avait ramenée aujourd'hui jusqu'aux portes de Paris. Il y avait un personnage beaucoup plus écouté que M. de Vitrolles, c'était le comte Pozzo di Borgo, revenu de Londres, lequel, ayant acquis sur les alliés une influence proportionnée à son esprit, ne se lassait pas de leur répéter qu'il fallait marcher sur Paris. — Le but de la guerre, disait-il, est à Paris. Tant que vous songez à livrer des batailles, vous courez la chance d'être battus, parce que Napoléon les livrera toujours mieux que vous, et que son armée, même mécontente, mais soutenue par le sentiment de l'honneur, se fera tuer à côté de lui jusqu'au dernier homme. Tout ruiné qu'est son pouvoir militaire, il est grand, très-grand encore, et, son génie aidant, plus grand que le vôtre. Mais son pouvoir politique est détruit. Les temps sont changés. Le despotisme militaire accueilli comme un bienfait au lendemain de la révolution, mais condamné depuis par le résultat, est perdu dans les esprits. Si vous donnez naissance à une manifestation, elle sera prompte, générale, irrésistible, et Napoléon écarté, les Bourbons que la France a oubliés, aux lumières desquels elle n'a pas confiance, les Bourbons deviendront tout à coup possibles, de possibles nécessaires. C'est politiquement, ce n'est pas militairement qu'il faut chercher à finir la guerre, et pour cela, dès qu'il se fera entre les armées belligérantes une ouverture quelconque, à travers laquelle vous puissiez passer, hâtez-vous d'en profiter, allez toucher Paris du doigt, du doigt seulement, et le colosse sera renversé. Vous aurez brisé son épée que vous ne pouvez pas lui arracher. — Telle est la substance des discours que le comte Pozzo adressait sans cesse à l'empereur Alexandre, et au surplus il travaillait sur une âme facile à persuader. Outre l'esprit très-remarquable d'Alexandre, le comte Pozzo avait pour le seconder toutes les passions de ce prince. Se venger, non de

Mars 1814.

Profondes raisons qu'il en donne.

l'incendie de Moscou auquel il ne songeait plus guère, mais des humiliations que Napoléon lui avait infligées, entrer dans Paris, dans la capitale de la civilisation, y détrôner un despote, y tendre aux Français une main généreuse, s'en faire applaudir, était chez lui un rêve enivrant. Ce rêve l'occupait tellement, que pour le réaliser il était capable d'une audace qui n'était ni dans son cœur ni dans son esprit.

L'opinion de marcher sur Paris avait successivement gagné tous les esprits dans le sein de la coalition.

Du reste l'opinion que professait le comte Pozzo di Borgo avait envahi peu à peu toutes les têtes. Née d'abord parmi les Prussiens, chez qui elle avait été engendrée par la haine, elle avait fini par pénétrer chez les Russes, et même chez les Autrichiens. On comprenait très-bien chez ces derniers que frapper politiquement Napoléon était la manière la plus sûre et la plus prompte de le détruire. L'empereur François et M. de Metternich, quoique regrettant en lui, non pas un gendre, mais un chef plus capable qu'aucun autre de gouverner la France, avaient reconnu, depuis la rupture du congrès de Châtillon, qu'il fallait enfin prendre un parti décisif même contre sa personne. Ils avaient longtemps répugné à pousser les choses à la dernière extrémité, mais le Rhin franchi, ayant admis le principe des limites de 1790, ce qui rendait vacants les anciens Pays-Bas qu'on devait leur payer avec l'Italie, connaissant trop bien Napoléon pour croire qu'il se soumettrait jamais à une telle réduction de territoire, ils en étaient venus par avidité aux mêmes conclusions que les Prussiens par haine, les Russes par vanité. Aller chercher à Paris la solution poli-

PREMIÈRE ABDICATION.

tique qui contiendrait en même temps la solution militaire, leur semblait désormais nécessaire. Le prince de Schwarzenberg, esprit timide mais sûr, en était venu à penser à cet égard comme M. de Metternich, et comme l'empereur François, car en ce moment l'Autriche présentait le phénomène singulier, d'un empereur, d'un premier ministre, et d'un généralissime, identiques dans leurs sentiments, et ne faisant qu'un homme, étranger à l'amour comme à la haine, et conduit uniquement par de profonds calculs. Dans cette disposition le prince de Schwarzenberg, voyant la route de Paris ouverte, inclinait pour la première fois à la prendre, de manière que l'unanimité était presque acquise à la résolution de marcher sur la capitale de la France, bien que plusieurs officiers fort éclairés opposassent encore à cette marche téméraire l'autorité des règles, qui enseignent qu'il ne faut ni abandonner le soin de ses communications, ni manquer le but par trop d'impatience d'y atteindre. Toutefois un événement extrêmement favorable à l'opinion la plus hardie s'était passé dans la journée. La cavalerie de Wintzingerode, formant l'avant-garde de Blucher, venait de se rencontrer près de la Marne avec celle du comte Pahlen, appartenant au prince de Schwarzenberg. On s'était félicité, réjoui de cette jonction, qui du reste aurait dû s'opérer plus tôt, car la bataille de Laon s'étant livrée les 9 et 10 mars, il était étrange que Blucher n'eût pas suivi Napoléon ou les maréchaux chargés de le remplacer sur l'Aisne, et que le 23 il fût encore à tâtonner entre l'Aisne et la Marne. Mais Blucher avait agi comme

Mars 1814.

La jonction opérée entre Blucher et Schwarzenberg est une nouvelle raison de marcher sur Paris.

les généraux qui ont plus de résolution de caractère que d'esprit. Il avait essayé de prendre Reims, puis Soissons, avait longtemps attendu quelques mille hommes du corps de Bulow restés en arrière, enfin s'était décidé à pousser devant lui les maréchaux Mortier et Marmont, et avait rejoint la Marne par Châlons. Quoi qu'il en soit, il arrivait avec cent mille hommes, et on en avait ainsi deux cent mille pour marcher sur Paris. Une telle force faisait tomber bien des objections tirées des règles de la guerre étroitement entendues.

Dans cet état des choses, le prince de Schwarzenberg se trouvant au château de Dampierre avec l'empereur Alexandre pour y passer la nuit, on apporta tout à coup des dépêches prises sur un courrier de Paris, que la cavalerie légère des alliés avait arrêté. Il y avait dans le château de Dampierre le prince Wolkonski, exerçant auprès d'Alexandre les fonctions de chef de son état-major, et M. le comte de Nesselrode, exerçant celles de chef de sa chancellerie. On fit appeler ce dernier, qui ayant longtemps vécu à Paris pouvait mieux qu'un autre saisir le vrai sens des dépêches interceptées, et on le chargea d'en prendre connaissance. Elles étaient en effet d'une importance extrême. Elles consistaient en lettres de l'Impératrice et du duc de Rovigo à l'Empereur. Les unes et les autres exprimaient sur l'état intérieur de Paris les plus vives inquiétudes. Celles de l'Impératrice, empreintes d'une sorte de terreur, n'avaient pas sans doute une grande signification, car elles pouvaient bien n'être que l'expression de la faiblesse d'une femme.

Mais celles du duc de Rovigo avaient une tout autre valeur, car ministre de la police et homme de guerre, fort habitué aux positions difficiles, il ne pouvait être suspect de timidité, et il déclarait que Paris comptait dans son sein des complices de l'étranger fort influents, et qu'à l'apparition d'une armée coalisée il était probable qu'ils suivraient l'exemple des Bordelais. Cette révélation était dans le moment d'une immense gravité ; elle achevait d'éclairer la situation politique, et faisait cesser toutes les incertitudes qu'on aurait pu conserver sur la conduite à tenir. Après cet aveu involontaire échappé au gouvernement de l'Empereur, à sa femme, à son ministre de la police, on ne pouvait plus douter que son trône ne fût près de tomber en ruine, et que toucher à Paris ne fût le moyen assuré de le faire écrouler. On courut éveiller l'empereur Alexandre et le prince de Schwarzenberg, on leur communiqua les pièces interceptées, et pour l'un comme pour l'autre la démonstration fut complète. Marcher sur Paris parut la résolution à laquelle il fallait s'arrêter tout de suite, et qu'on devait mettre à exécution dès le lever du soleil. Les trois souverains n'étaient pas actuellement réunis. Alexandre, le plus actif des trois, voulant toujours être partout, et particulièrement auprès des généraux, se trouvait auprès du généralissime. Le plus modeste, le plus sage, celui qui se donnait le moins de mouvement, et qui, n'étant pas militaire, prétendait ne devoir causer aux militaires aucun embarras par sa présence, l'empereur François, résidait actuellement assez loin, c'est-à-dire à Bar-sur-Aube. Le roi

Mars 1814.

La marche sur Paris est résolue.

de Prusse, formant entre les deux une sorte de terme moyen, plus réservé que l'un, plus actif que l'autre, avait pris gîte dans les environs. Il fut convenu qu'on irait le chercher immédiatement, qu'on mettrait l'armée en mouvement dès le matin pour se rapprocher de la Marne, où l'on devait rencontrer Blucher, et que là réunis tous ensemble, après une délibération dont le résultat ne pouvait devenir douteux par la présence des Prussiens, on prendrait la route de Paris. Le prince de Schwarzenberg se chargea de mander à son maître le parti qu'on adoptait, et l'engagea, en lui écrivant, à ne pas songer à rejoindre la colonne d'invasion, car il pourrait bien, au milieu du croisement des armées belligérantes, tomber dans les mains de son gendre, ce qui serait une grave complication dans les circonstances actuelles. Il existait à travers la Bourgogne une ligne de communication, pour ainsi dire autrichienne, puisqu'on avait envoyé de Troyes à Dijon des secours au comte de Bubna. Le prince de Schwarzenberg conseilla donc à l'empereur François et à M. de Metternich de se diriger sur Dijon, car outre qu'il était sage de ne pas se faire prendre, il était convenable aussi que l'empereur François n'assistât point au détrônement de son gendre, et surtout de sa fille. Ces dispositions arrêtées, on quitta Dampierre le 24 au matin pour se rendre à Sommepuis.

Il ne fallait pas beaucoup de temps pour y arriver, ce point étant à une distance de trois lieues à peine. L'empereur Alexandre, le prince de Schwarzenberg, le chef d'état-major Wolkonski, le comte de Nesselrode, partis tous ensemble du château de Dampierre, rencontrèrent à Sommepuis le roi de Prusse, Blucher et son état-major. On prétend que la résolution fatale qui devait conduire les armées de l'Europe au milieu de Paris, fut prise sur un petit tertre, situé dans les environs de Sommepuis, et que là s'établit la délibération dont le résultat était certain d'avance, puisqu'à tous les sentiments qui avaient parlé dans le château de Dampierre étaient venues s'ajouter les passions prussiennes. On fut à peu près unanime. Les réponses en effet s'offraient en foule aux objections qu'élevaient les militaires méthodiques, qui ne sortaient pas des règles de la guerre servilement comprises. Napoléon allait se placer sur les communications des armées alliées, mais on allait aussi se placer sur les siennes. Le mal qu'il allait causer en saisissant les magasins des alliés, leurs hôpitaux, leurs arrière-gardes, leurs convois de matériel, on le lui rendrait au double, au triple, en capturant tout ce qui devait se trouver entre Paris et l'armée française, sur la route de Nancy. Il prendrait beaucoup, on prendrait davantage. Et puis où irait-on, les uns et les autres? Napoléon à Metz, à Strasbourg, où sa présence ne déciderait rien, et les alliés à Paris, où ils avaient la certitude d'opérer une révolution, et d'arracher à Napoléon le pouvoir qui le rendait si redoutable. Le suivre c'était obéir à ses vues, car c'était évidemment ce qu'il avait voulu, en exécutant ce mouvement si étrange, si imprévu vers la Lorraine. C'était se laisser détourner du but essentiel, et s'exposer à une nouvelle série de hasards militaires, car on le trouve-

Mars 1814.

Conseil en pleins champs où la marche sur Paris est arrêtée et combinée.

rait renforcé par l'adjonction de ses garnisons, on recommencerait avec des armées épuisées contre des armées récemment recrutées le jeu redoutable des batailles, où il fallait convenir que Napoléon était le plus fort, on serait entraîné à des longueurs, à des complications interminables, et très-probablement on finirait par tomber dans quelque piége qu'il aurait eu l'art de tendre, qu'on n'aurait pas eu l'art d'éviter, et dans lequel on succomberait. Aller à Paris, frapper Napoléon au cœur, était bien plus court, plus sûr même en paraissant plus hasardeux ; et en tout cas, supposé qu'on ne pût point entrer dans la capitale de la France, il restait une ligne de retraite assurée, c'était la route de Paris à Lille, la route de Belgique, où l'on rencontrerait le prince de Suède arrivant avec cent mille Hollandais, Anglais, Hanovriens et Suédois.

Il n'y avait rien de concluant à opposer à ces raisons. Tout le monde y céda, et déjoua ainsi les calculs de Napoléon, car tout le monde consulta les considérations politiques, tandis que lui, méprisant la politique dont il n'écoutait guère les avis, n'avait tenu compte que des considérations militaires. Comme de coutume, ayant militairement raison, il avait politiquement tort, et à se tromper toujours ainsi, il était inévitable qu'il finît par périr !

Il fut donc immédiatement résolu qu'on arrêterait tous les corps d'armée sur le lieu où ils se trouvaient, et qu'on leur ordonnerait de commencer le lendemain matin leur marche sur Paris. Toutefois, on ne pouvait pas laisser Napoléon sans aucun surveillant à sa suite, soit pour le harceler, soit pour l'observer, et pour être averti de ce qu'il ferait dans le cas où, sa détermination changeant, il reviendrait sur Paris. On chargea le général Wintzingerode de s'attacher à ses pas avec dix mille chevaux, quelques mille hommes d'infanterie légère, et une nombreuse artillerie attelée. C'était tout ce qu'il fallait pour lui causer çà et là quelques dommages, mais surtout pour être informé de ses résolutions aussitôt qu'elles seraient formées. On aurait voulu en s'acheminant vers Paris avoir un émissaire qui précédât l'armée alliée, et qui entrât en rapport avec MM. de Talleyrand et de Dalberg, sur lesquels on comptait pour opérer une révolution. Il y en avait un de fort indiqué, c'était M. de Vitrolles, envoyé par ces chefs des mécontents, et en le renvoyant on n'eût fait que répondre à une ouverture venant de leur part. Mais on n'avait plus M. de Vitrolles. Fidèles, il faut le reconnaître, aux engagements pris à Châtillon, les souverains alliés n'avaient pas voulu entendre M. de Vitrolles avant la dissolution du congrès. Se considérant comme libres depuis, ils avaient consenti à le recevoir et à l'entretenir, et lui avaient manifesté le désir qu'il retournât à Paris. Mais celui-ci, pressé de voir les Bourbons qu'il aimait, et qui allaient devenir les maîtres de la France, avait préféré se rendre en Lorraine, où l'on supposait le comte d'Artois déjà arrivé, que de retourner à Paris, exposé à tomber dans les mains du duc de Rovigo. Il insista donc pour qu'on lui permît de se mettre à la recherche de M. le comte d'Artois. Il y avait, en effet, bien des choses utiles à faire auprès de ce prince, car il

Mars 1814.

Napoléon avec dix mille chevaux et quelques bataillons d'infanterie légère.

Admission de M. de Vitrolles auprès des souverains alliés, et son renvoi auprès du comte d'Artois en Lorraine.

était urgent, le jour même où l'on pénétrerait dans ce Paris si redoutable, si redouté, de s'y présenter non en conquérants, mais en libérateurs, d'avoir pour cela un gouvernement tout prêt, dans les bras duquel la France pourrait se jeter, et, bien que les Bourbons ne fussent pas l'objet d'une préférence décidée de la part des puissances coalisées, le retour de ces princes résultait si naturellement de la force des choses, que s'entendre avec eux était de la plus grande importance. Les souverains alliés consentirent donc au départ de M. de Vitrolles pour la Lorraine, et il fut convenu qu'après avoir vu le comte d'Artois, il reviendrait au quartier général sous Paris. Il avait été chargé de dire au comte d'Artois qu'il fallait, en remettant le pied sur le sol de la France, dépouiller bien des préjugés, oublier bien des choses et bien des hommes, et se diriger par le conseil de MM. de Dalberg, de Talleyrand, et autres personnages pareils.

M. de Vitrolles étant ainsi parti avant les événements d'Arcis-sur-Aube, on n'avait en marchant sur Paris aucun moyen préparé de communiquer avec l'intérieur, mais une fois les portes de cette capitale ouvertes par le canon, on présumait que les relations seraient faciles à établir. Le lendemain, 25 mars, jour de funeste mémoire, les masses de la coalition, désormais réunies, se mirent en mouvement, l'armée de Blucher par la droite, l'armée de Schwarzenberg par la gauche, l'une et l'autre se dirigeant sur Fère-Champenoise, route de Paris entre la Marne et la Seine.

Dans cette direction il était impossible qu'on ne

rencontrât pas beaucoup de corps, malheureusement désunis, qui avaient ordre et désir de rejoindre Napoléon. Les principaux étaient les corps des maréchaux Mortier et Marmont, laissés en observation devant Blucher, et le grand convoi de renforts et de matériel envoyé sur Sézanne pour y recevoir l'escorte du général Pacthod. Voici jusqu'au 25 mars au matin ce qui était advenu des uns et des autres.

Napoléon, en quittant Reims, avait laissé le maréchal Mortier à Reims même pour y servir d'appui au maréchal Marmont qui défendait le pont de l'Aisne à Berry-au-Bac, tandis que le général Charpentier avec quelques débris défendait à Soissons le deuxième pont de l'Aisne. Lorsque Blucher, après avoir perdu six ou sept jours en vaines délibérations à Laon, voulut marcher sur l'Aisne, il trouva le pont de Berry-au-Bac trop bien gardé pour essayer de l'emporter de vive force. Il envoya un fort détachement à quelques lieues au-dessus, à Neufchâtel, où le passage était facile, tandis qu'il faisait un simulacre de passage au-dessous, à Pontavert. Dès que le détachement qui avait franchi l'Aisne à Neufchâtel fut descendu à la hauteur de Berry-au-Bac, Blucher s'avança le 18 sur ce dernier pont pour l'attaquer. Mais le maréchal Marmont l'avait miné, et une affreuse explosion le fit voler dans les airs sous les yeux de l'armée prussienne. Marmont se retira alors par Roucy sur Fismes. Ce fut une faute et une cause de grands malheurs.

Ce qu'il y aurait eu de plus naturel pour le maréchal Marmont, c'eût été de se retirer sur sa ré-

Mars 1814.

dispersés que les armées alliées allaient rencontrer sur leur chemin.

Opérations des maréchaux Marmont et Mortier depuis que Napoléon les avait laissés sur l'Aisne.

Faute de Marmont, qui se retire sur Fismes au lieu de se retirer serve, c'est-à-dire sur le maréchal Mortier qui était à Reims. Il est vrai que Napoléon avait donné la double instruction de couvrir Paris et de se tenir en communication avec lui. Mais si Fismes était sur la route de Paris, Reims y était aussi, et on avait l'avantage en s'y rendant de réunir ses forces et de rester en communication immédiate avec Napoléon. Il fallait donc se rendre à Reims et non à Fismes, car en marchant vers Fismes on s'exposait presque certainement à être coupé de Napoléon, ce qui était contraire à une moitié de ses ordres, et pouvait amener, comme on va le voir, de funestes conséquences.

Le maréchal Marmont, probablement influencé par la vue des corps ennemis qui avaient passé l'Aisne à Neufchâtel, et qui étaient dirigés contre sa droite, se porta instinctivement à gauche, et c'est par ce motif tout machinal qu'il se replia sur Fismes. Arrivé en cet endroit, il se sentit isolé, et appela à lui le maréchal Mortier. Celui-ci, modeste, nullement jaloux, sachant que le maréchal Marmont avait plus d'esprit que lui et oubliant qu'il n'avait pas autant de bon sens, se fit un devoir de déférer aux avis de son collègue, partit le 19 de Reims, et vint le joindre à Fismes, ce qui prouve que les deux maréchaux auraient pu se rendre d'abord à Reims, sans être pour cela coupés de la route de Paris. Ils avaient environ 15 mille hommes à eux deux.

Ils restèrent en position sur une hauteur dite de Saint-Martin jusqu'au lendemain 20 mars au soir, tant l'ennemi était peu insistant, et tant il eût été possible dans ces premiers jours de manœuvrer.

comme on aurait voulu entre Paris et Napoléon. Le 20 au soir on reçut des dépêches de Napoléon, écrites de Plancy au moment où il partait pour Arcis, qui blâmaient le mouvement sur Fismes, comme séparant les maréchaux de lui, et prescrivaient de le rejoindre par la route jugée la plus courte et la plus sûre. Revenir sur Reims n'était plus possible, car l'ennemi avait profité de notre retraite pour l'occuper. De Fismes à Épernay, ce qui eût été la route la plus directe pour se réunir à Napoléon, il n'y avait pas de chemins propres à l'artillerie. (Voir la carte n° 62.) Il fallait donc descendre sur Château-Thierry pour y passer la Marne, puis remonter entre la Marne et la Seine par la route de Montmirail, en perdant deux jours, et en s'exposant à beaucoup de rencontres fâcheuses. Comme il n'y avait pas de choix, les deux maréchaux partirent le soir même du 20, et arrivèrent le 21 à Château-Thierry. Ils y rétablirent le passage de la Marne, et le lendemain 22 ils se portèrent sur Champaubert par deux voies différentes, afin de ne pas s'embarrasser l'un l'autre en suivant le même chemin. Ils y arrivèrent dans la soirée. Le 23, ils se rendirent à Bergères, et commencèrent à découvrir les partis ennemis. Alors ils ne purent plus marcher qu'en tâtonnant. Ils apprirent là que Napoléon avait eu à Arcis une affaire sanglante, qu'il avait repassé l'Aube, et s'était reporté sur la Marne, aux environs de Vitry. Le chercher dans cette direction, et tâcher d'arriver jusqu'à lui, était le devoir des maréchaux, quelque grand que fût le péril. En conséquence ils résolurent de s'avancer jusqu'à Soudé-

Mars 1814.

Les deux maréchaux essayent de rejoindre Napoléon par Château-Thierry.

Ils s'approchent de l'armée ennemie pour voir s'ils ne trouveront pas une issue qui leur permette de rejoindre Napoléon.

Sainte-Croix, à une demi-marche de Vitry. S'ils trouvaient une issue à travers les colonnes de l'armée coalisée, leur intention était de s'y jeter aveuglément afin de rejoindre Napoléon. S'ils n'y pouvaient réussir, et si cette armée restait interposée en masse compacte entre Napoléon et eux, leur projet était de suivre ses mouvements avec précaution, et de se replier pour couvrir Paris si elle se dirigeait sur cette capitale. Il n'y avait en effet que cette conduite à tenir, une fois la faute commise de s'être retiré sur Fismes au lieu de se retirer sur Reims.

Le lendemain 24 mars, les deux maréchaux se rendirent à Soudé-Sainte-Croix; mais le maréchal Mortier, voulant savoir ce qui se passait du côté de Châlons, imagina de prendre la traverse de Vatry qui devait nécessairement allonger sa route. Le soir Marmont, arrivé à Soudé-Sainte-Croix, se trouva seul au rendez-vous, et en fut fort inquiet. Une ligne immense de feux se développait devant lui, et l'horizon en paraissait embrasé. Il choisit trois de ses officiers parlant à la fois allemand et polonais, et les envoya en reconnaissance. L'un de ces trois officiers, Polonais d'origine, aussi brave qu'intelligent, pénétra dans les bivouacs ennemis, et y apprit tout ce qu'il voulait savoir. Il revint aussitôt faire son rapport au maréchal Marmont. Suivant ce rapport, on avait devant soi toutes les armées de la coalition, deux cent mille hommes à peu près, et on était par cette masse énorme séparé de Napoléon parti pour Saint-Dizier. Il n'était guère possible de parvenir à travers un pareil obstacle jusqu'à l'armée impériale. Marmont dépêcha un officier à Mortier

PREMIÈRE ABDICATION.

pour l'inviter à le rejoindre au plus vite, et l'engager à prendre en arrière une position qui les mît à l'abri du dangereux voisinage dont on venait de faire la découverte.

Mars 1814.

Le jour suivant, 25 mars, Mortier se transporta auprès de Marmont pour avoir un entretien avec lui. Il avait perdu du temps à exécuter le trajet par la traverse de Vatry, et y avait recueilli les mêmes informations que son collègue. En présence de cette conformité de renseignements, tous deux furent d'avis de rétrograder sur Fère-Champenoise. Les colonnes de l'ennemi paraissant se diriger sur eux, rendaient d'ailleurs ce mouvement inévitable. Marmont s'apprêta donc à se retirer sur Sommesous, en priant instamment son collègue de se diriger sur ce point.

Telles avaient été jusqu'au 25 mars au matin, moment où les armées alliées s'ébranlaient pour marcher sur Paris, les opérations des maréchaux Marmont et Mortier. Deux autres corps, ceux du général Pacthod et du général Compans, allaient se trouver dans une situation à peu près semblable. Le général Pacthod avait été laissé à Sézanne avec sa division de gardes nationales, pour escorter les renforts destinés à l'armée. Il avait successivement recueilli divers bataillons, les uns de ligne, les autres de jeune garde venus de Paris sous le général Compans, et une immense artillerie, le tout comprenant environ une dizaine de mille hommes, sur lesquels Napoléon avait compté pour le renforcer, et qu'il avait plusieurs fois recommandés à la surveillance du ministre de la guerre. Ce ministre ne

Troupes du général Compans et du général Pacthod errant à l'aventure comme celles des deux maréchaux.

s'en était guère occupé, et ces bataillons erraient à l'aventure, attendant des instructions qu'on ne leur envoyait point. Le général Pacthod informé par diverses reconnaissances qu'il était près de Marmont et de Mortier, avait écrit à ce dernier qui n'avait su quoi lui prescrire, et, ne recevant pas de réponse, il s'était acheminé de Sézanne sur Fère-Champenoise, dans la direction de l'Aube à la Marne, ce qui devait le faire tomber en travers de la ligne suivie par les deux maréchaux, et lui fournir le moyen de se réunir à eux. Dans cette même matinée du 25 il avait déjà traversé cette ligne, et il était près d'un endroit appelé Villeseneux. (Voir la carte n° 62.) Le général Compans avait suivi de très-loin le général Pacthod.

Voilà quelle était la position des divers corps français lorsque le 25 au matin, les armées coalisées, abandonnant à Wintzingerode la poursuite de Napoléon, prirent le chemin de Paris. Blucher s'avançait à droite s'appuyant à la Marne, Schwarzenberg à gauche, s'appuyant à l'Aube. Près de vingt mille hommes de cavalerie précédaient les deux colonnes. L'infanterie suivait à une demi-heure de distance.

Dès que le maréchal Marmont vit l'orage se diriger de son côté, il comprit que l'ennemi délaissait Napoléon pour se porter sur Paris, et il rebroussa chemin vers Sommesous, route de Fère-Champenoise. Le maréchal, excellent manœuvrier, rétrograda en bon ordre, abritant sa cavalerie, trop peu nombreuse, derrière ses carrés d'infanterie. A chaque position tenable il s'arrêtait, couvrait de mitraille l'ennemi trop pressant, puis se remettait en marche, protégeant toujours son artillerie et sa cavalerie avec ses carrés dont la solidité ne se démentait point.

Mars 1814.

A Sommesous, il éprouva une nouvelle contrariété. Mortier, quoiqu'en se hâtant, n'avait pu arriver encore au rendez-vous, et il fallut l'y attendre, afin de prévenir une séparation. Réunis, les deux maréchaux comptaient tout au plus 15 mille hommes : que seraient-ils devenus s'ils avaient été séparés?

Marmont attendit donc de pied ferme l'arrivée de son collègue, mais il lui fallut essuyer bien des charges de cavalerie, et, ce qui était fâcheux, perdre bien des moments précieux, pendant lesquels les colonnes ennemies avaient le loisir d'avancer et de devenir plus menaçantes. Enfin Mortier parut, et on se mit en route pour Fère-Champenoise.

A peine avait-on franchi quelques mille mètres que l'on fut assailli par une masse effrayante de troupes à cheval, appuyée par de l'infanterie. Les deux maréchaux se réfugièrent dans une position qui leur permettait de résister un certain temps. Deux ravins assez rapprochés et courant, parallèlement, l'un vers Vassimont, l'autre vers Connantray, laissaient entre eux un espace ouvert de peu d'étendue, et assez facile à défendre. Les maréchaux vinrent se placer entre les deux ravins, barrant l'espace qui les séparait, ayant leur gauche au ravin de Vassimont, leur droite à celui de Connantray, et couvrant ainsi la route de Fère-Cham-

Marmont et Mortier se défendent vaillamment entre Vassimont et Connantray contre les flots de la cavalerie ennemie.

penoise. (Voir la carte n° 62.) Ils tinrent autant qu'ils purent dans cette position en face de la cavalerie et de l'artillerie ennemies. La cavalerie française restée en plaine s'y défendit vaillamment, mais fut enfin refoulée par celle de Pahlen, et forcée de se replier derrière notre infanterie.

Sur ces entrefaites, le temps qui était mauvais, étant devenu pire, et une grêle abondante, chassée dans les yeux de nos artilleurs, leur ôtant presque la vue des objets, les gardes russes à cheval s'élancèrent sur les cuirassiers de Bordessoulle qui étaient à notre gauche, un peu en avant de Mortier, et les refoulèrent sur notre infanterie. La jeune garde ayant formé ses carrés en toute hâte, mais privée de ses feux par la pluie, ne put arrêter l'ennemi, et deux carrés de la brigade Jamin furent enfoncés. Au même instant un spectacle inquiétant vint troubler l'esprit des troupes restées jusque-là inébranlables malgré leur jeunesse. Ce n'était pas tout que de disputer pendant une heure ou deux le terrain qui s'étendait entre les ravins de Vassimont et de Connantray, il fallait bien finir par se replier, et défiler alors à travers le village même de Connantray où nous avions appuyé notre droite, et où passait la grande route de Fère-Champenoise. Or tandis que le gros de la cavalerie ennemie nous chargeait de front, une partie de cette cavalerie ayant franchi le ravin de Connantray à notre droite, galopait sur nos derrières vers Fère-Champenoise. Des menaces pour nos derrières se joignant ainsi à des attaques réitérées sur notre front, on fit volte-face un peu trop vite, et on se retira sur Fère-

Champenoise avec une certaine confusion. Le corps de Marmont parvint à traverser Connantray sans perdre autre chose que quelques canons, mais Mortier eut de la peine à se tirer d'embarras, et il aurait été accablé si un secours inespéré ne fût survenu tout à coup.

Parmi les troupes des généraux Pacthod et Compans il y avait des régiments de cavalerie organisés à la hâte dans le dépôt de Versailles. L'un de ces régiments ayant suivi le mouvement du général Pacthod, parut à l'improviste entre Vassimont et Connantray, chargea la cavalerie ennemie, dégagea notre infanterie, et sauva le corps du maréchal Mortier. Ce dernier en fut quitte comme Marmont en sacrifiant une partie de son artillerie qui ne put franchir le ravin de Connantray pour gagner Fère-Champenoise.

Cette échauffourée, où le mauvais temps se faisant l'allié d'un ennemi dix fois plus nombreux que nous, avait paralysé la résistance de nos soldats, nous coûta environ trois mille hommes et beaucoup d'artillerie. C'était une perte cruelle, soit en elle-même, soit relativement à la faiblesse numérique des deux maréchaux, et ce n'était pas la dernière qu'ils dussent éprouver.

Il était impossible de séjourner à Fère-Champenoise, et on ne pouvait s'arrêter qu'à la nuit. Il fallut donc se mettre en marche sur Sézanne. Mais on n'était pas sûr d'y arriver, pressé qu'on était par des flots d'ennemis. Heureusement que pour se rendre à Sézanne, on côtoyait les hauteurs sur lesquelles passe la grande route de Châlons à Montmi-

Mars 1814.

Les deux maréchaux passent la nuit près de Sézanne.

rail, et où l'on avait livré un mois auparavant de si beaux combats. L'un des monticules appartenant à ces hauteurs, et formant une sorte de promontoire avancé dans la plaine, se trouvait tout près, et à droite. On alla y prendre position pour la nuit, et s'y mettre à l'abri des attaques incessantes de la cavalerie des alliés. Mais tandis qu'on y marchait, une affreuse canonnade retentissait à droite en arrière. Les maréchaux en furent très-soucieux, et Mortier alors se rappela le brave et infortuné Pacthod, qui lui avait demandé des instructions qu'il n'avait pu lui donner.

Le général Pacthod en effet, cherchant à rejoindre les maréchaux, s'était porté au delà de Fère-Champenoise, et, pour les retrouver, s'était avancé jusqu'à Villeseneux. Ayant appris là leur mouvement rétrograde, il revenait, poursuivi par la cavalerie de Wassiltsikoff, et se dirigeait sur Fère-Champenoise au moment même où Mortier en sortait. Le général Pacthod, qui ne se flattait plus d'y arriver, avait pris le parti de se retirer vers Pierre-Morains et Bannes, dans l'espérance de trouver un asile près des marais de Saint-Gond. Il marchait avec trois mille gardes nationaux formés en cinq carrés, et avait été contraint de se réfugier dans un fond couronné de tous côtés par les troupes ennemies. Ces troupes ne se reconnaissant pas d'abord, car elles appartenaient celles-ci à Blucher, celles-là au prince de Schwarzenberg, avaient tiré les unes sur les autres. Bientôt revenues de leur erreur, elles avaient croisé leurs feux sur les malheureux carrés du général Pacthod. Les deux derniers de ces carrés, chargés de faire l'arrière-garde depuis Villeseneux, n'avaient cessé de montrer une contenance héroïque, quoique composés de gardes nationaux qui pour la plupart n'avaient jamais fait la guerre. Entourés et accablés de mitraille, ils avaient tenu ferme jusqu'à ce que démolis par l'artillerie, et enfoncés enfin par la cavalerie, ils fussent sabrés presque jusqu'au dernier homme. Les trois autres, poussés vers le marais de Saint-Gond, finirent par se confondre en une seule masse, se refusant toujours sous des flots de mitraille à mettre bas les armes. Chaque décharge d'artillerie y produisait d'affreux ravages.

L'empereur Alexandre et le roi de Prusse, accourus sur les lieux, furent touchés de tant d'héroïsme. Alexandre envoya un de ses officiers les sommer en son nom, et alors ce qui en restait se rendit à lui. Ce prince ne put s'empêcher de concevoir des inquiétudes en voyant de simples gardes nationaux se défendre avec cette énergie, et il en témoigna son étonnement et son admiration quelques jours plus tard. Noble et triste épisode de ces guerres aussi folles que sanglantes !

Cette cruelle journée de Fère-Champenoise, que les coalisés ont décorée du nom de bataille, et qui ne fut que la rencontre fortuite de deux cent mille hommes avec quelques corps égarés qui se battirent dans la proportion d'un contre dix, nous coûta environ six mille morts, blessés ou prisonniers, sans compter une artillerie très-nombreuse. Le corps du général Compans, ayant de bonne heure pris le parti de rétrograder, avait marché sur Coulom-

Mars 1814.

des gardes nationales.

Une partie se laisse sabrer sans se rendre, le reste ne se rend qu'aux souverains alliés eux-mêmes.

La division Compans réussit à se sauver sur Meaux.

miers, et il put devancer sain et sauf les masses ennemies sur la route de Meaux.

Le lendemain 26 mars, les deux maréchaux, comptant à peu près 12 mille hommes à eux deux, se dirigèrent sur la Ferté-Gaucher, pour gagner la Marne entre Lagny et Meaux, et venir défendre Paris, car la Marne, comme on sait, se jetant dans la Seine à Charenton, c'est-à-dire au-dessus de Paris, protége cette capitale contre l'ennemi arrivant du nord-est. (Voir la carte n° 62.) Ils traversèrent Sézanne de bonne heure, n'y trouvèrent que quelques Cosaques qu'ils dispersèrent, et continuèrent leur chemin par Mœurs et Esternay. Le maréchal Mortier formait la tête, le maréchal Marmont la queue de la colonne.

Dans la seconde moitié du jour, les postes avancés de notre cavalerie signalèrent l'ennemi à la Ferté-Gaucher, ce qui causa une extrême surprise et une sorte d'épouvante. Le général Compans ayant pu y passer quelques heures auparavant, et l'ennemi qui nous poursuivait étant derrière nous, on ne comprenait pas comment on était ainsi devancé. Pourtant la chose était fort naturelle, quoiqu'elle parût ne pas l'être. Blucher, en se portant sur Châlons pour s'y joindre à l'armée de Bohême, avait laissé Bulow devant Soissons, et lancé Kleist et d'York sur les traces des deux maréchaux. Kleist et d'York les avaient suivis sur Château-Thierry, et de Château-Thierry s'étaient jetés directement sur la Ferté-Gaucher, pour leur couper la route de Paris.

Mortier et Marmont délibérèrent sur le terrain même, et convinrent, le premier de forcer le passage à la Ferté-Gaucher, pendant que le second contiendrait l'ennemi acharné à les poursuivre, en défendant la position de Moutils à outrance. En effet la division de vieille garde Christiani attaqua vigoureusement la Ferté-Gaucher, mais ne put déloger l'ennemi bien posté sur les bords du Grand-Morin. De son côté le maréchal Marmont se défendit vaillamment au défilé de Moutils. On remplit ainsi la journée, mais le cœur dévoré de soucis, et sans savoir comment on sortirait de ce coupe-gorge, car on avait les troupes alliées devant et derrière soi. Vers la nuit cependant on imagina de se rabattre à gauche, en marchant à travers champs, et d'essayer de gagner Provins par la traverse de Courtacon. (Voir la carte n° 62.) La chose s'exécuta comme elle avait été résolue. Profitant de l'obscurité, on se jeta dans la campagne à gauche, et on parvint à gagner Provins, après d'affreuses angoisses, et sans avoir essuyé d'autre perte que celle de quelques caissons. Heureusement on avait sauvé les hommes et les canons, et à peine en avait-il coûté quelques voitures pour sortir de cette conjoncture effrayante. Seulement la route de l'armée était changée, et il ne restait d'autre moyen d'arriver à Paris que de suivre le chemin qui borde la droite de la Seine, de Melun à Charenton. Dès lors l'ennemi, libre de se porter sur la Marne, et de la passer partout où il voudrait, n'avait d'autre obstacle à craindre dans l'accomplissement de ses desseins que la faible division du général Compans, qui s'était retirée sur Meaux. Il fallait donc se hâter pour être rendu à temps sous les murs de Paris, pour s'y

Mars 1814.

pour se faire jour.

Ils se dérobent par une marche de nuit, et gagnent Provins.

joindre au général Compans s'il avait pu se sauver, pour se réunir en un mot à tout ce qu'il y avait de bons citoyens, et défendre avec eux la capitale de notre pays contre l'Europe avide de vengeance.

Les maréchaux, comprenant qu'il n'y avait pas d'autre conduite à tenir, donnèrent aux troupes un repos qui leur était indispensable, car elles n'avaient cessé depuis trois jours de marcher même la nuit, et partirent le soir du 27 pour s'approcher de Paris, le maréchal Marmont par la route de Melun, le maréchal Mortier par celle de Mormant, afin de ne pas s'embarrasser en suivant le même chemin.

Le lendemain 28, ils vinrent coucher à la même hauteur, l'un à Melun, l'autre à Mormant. Le 29, ils se réunirent, et passèrent la Marne au point où elle se jette dans la Seine, c'est-à-dire au pont de Charenton. Les deux maréchaux allèrent prendre les ordres de Joseph et de la Régente relativement à la défense de la capitale.

De son côté, le général Compans, recueillant sur son chemin les troupes en retraite, celles du général Vincent qui avaient occupé Château-Thierry, celles du général Charpentier qui avaient occupé Soissons, et qui revenaient les unes et les autres poussées par les masses de la coalition, fit halte à Meaux, en détruisit les ponts, en noya les poudres, et se replia par Claye et Bondy sur Paris.

Les deux armées de Silésie et de Bohême, parvenues au bord de la Marne, avaient à prendre leurs dispositions pour se présenter devant Paris. Cette grande capitale, connue du monde entier, est, comme on sait, située au-dessous du confluent de la Marne avec la Seine (voir la carte n° 62), et c'est sa partie la plus considérable, la plus peuplée, qui s'offre à l'ennemi venant du nord-est. Elle n'avait d'autre protection, à l'époque dont nous racontons l'histoire, que les hauteurs de Romainville, de Saint-Chaumont et de Montmartre. Il fallait donc que les alliés franchissent la Marne en masse pour venir forcer nos dernières défenses, et venger vingt années d'humiliations. Ils passèrent cette rivière au-dessus et au-dessous de Meaux, et se distribuèrent comme il suit dans leur marche sur Paris.

Mars 1814.

D'abord ils mirent de garde à Meaux les corps de Sacken et de Wrède pour y couvrir leurs derrières contre une attaque inopinée, précaution toute naturelle quand on avait laissé Napoléon à Saint-Dizier. Blucher, avec les corps de Kleist et d'York confondus en un seul, avec le corps de Woronzoff (précédemment Wintzingerode) avec celui de Langeron, comprenant 90 mille hommes à eux quatre, dut se porter plus à droite et gagner la route de Soissons, pour s'acheminer par le Bourget sur Saint-Denis et Montmartre. (Voir la carte n° 62.) On avait confié au corps de Bulow le soin de s'emparer de Soissons. Le prince de Schwarzenberg, avec le corps de Rajeffsky (précédemment Wittgenstein) et les réserves, s'élevant en tout à 50 mille hommes, dut venir par la route de Meaux, Claye et Bondy sur Pantin, la Villette et les hauteurs de Romainville. Le prince royal de Wurtemberg, avec son corps et celui de Giulay, forts de 30 mille hommes environ, dut venir par Chelles, Nogent-sur-Marne et Vincennes, sur Montreuil et Charonne.

Dispositions des généraux ennemis pour l'attaque de Paris.

Mars 1814.

Agitation et douleur de la population de Paris.

Les trois colonnes avaient ordre de se trouver le 29 au soir devant Paris, afin d'être en mesure d'attaquer le 30. Elles se mirent en effet en marche pour arriver au jour convenu sous les murs de la grande capitale, vieil objet de leur haine et de leur ambition.

On devine, sans qu'il soit nécessaire de le dire, les émotions dont la population parisienne était agitée. Enfin, il n'y avait plus à en douter, les armées réunies de la coalition avaient pris la résolution de marcher sur Paris. Napoléon, soit nécessité, soit combinaison qu'on ne savait comment expliquer, était en ce moment éloigné de sa capitale, et se trouvait dans l'impossibilité de la protéger. A l'exception de quelques hommes aveuglés par l'esprit de parti, la masse des habitants était saisie de douleur, et elle aurait souhaité un défenseur quel qu'il fût. Le désir d'être débarrassé du gouvernement de Napoléon n'était rien auprès de la crainte d'un assaut, et des horreurs qui pouvaient s'ensuivre. La garde nationale, tirée exclusivement de la classe moyenne, et réduite à douze mille hommes, n'avait pas trois mille fusils. Une partie avait des piques qui la rendaient ridicule. Le peuple, quoique ennemi de la conscription et des droits réunis, frémissait à la vue de l'étranger, et aurait volontiers pris les armes, si on avait pu lui en donner, et si on avait voulu les lui confier. Il errait, oisif, inquiet, mécontent, dans les faubourgs et sur les boulevards. Aux barrières se pressait une foule de campagnards poussant devant eux leur bétail, et emportant sur des charrettes ce qu'ils avaient pu sauver de leur

Spectacle que présentait en ce moment la capitale.

modeste mobilier. On n'avait pas même songé à les dispenser de l'octroi, et quelques-uns étaient obligés de vendre à vil prix une portion de ce qu'ils apportaient pour acheter le droit d'abriter le reste dans la capitale. Les malheureux aussitôt entrés allaient encombrer les boulevards et les places publiques, et, après s'être fait avec leurs charrettes et leur bétail une espèce de campement, couraient çà et là, demandant des nouvelles, les colportant, les exagérant, et gémissant au bruit du canon qui annonçait le ravage de leurs propriétés. Au-dessus de ce peuple si divers, si confus, si troublé, flottait dans une sorte de désolation le plus étrange gouvernement du monde. L'Impératrice Régente vivement alarmée pour elle-même et pour son fils, craignant à la fois les soldats de son père et le peuple au milieu duquel elle était venue régner, ne trouvant plus auprès de Cambacérès, frappé de stupeur, les directions qu'elle était habituée à en recevoir, se défiant à tort de Joseph, doux et affectueux pour elle, mais signalé à ses yeux comme un jaloux de l'Empereur, ne sachant dès lors où chercher un conseil, un appui, avait été jetée par le bruit du canon dans un état de trouble extrême. Joseph, que le canon n'effrayait point, mais qui, à la vue des trônes de sa famille tombant les uns après les autres, commençait à désespérer de celui de France, Joseph, qui sous les coups d'éperon de l'Empereur, s'était un moment mêlé de l'organisation des troupes mais sans y rien entendre, n'avait ni le savoir, ni l'activité, ni l'autorité nécessaires pour s'emparer fortement des éléments de résistance existant encore

Mars 1814.

État du gouvernement en l'absence de Napoléon.

dans Paris. Le ministre de la guerre, Clarke, duc de Feltre, laborieux mais incapable, faible, très-près d'être infidèle, prenant le contre-pied de tous les avis du duc de Rovigo qu'il détestait, était à peine en état d'exécuter la moitié des ordres de l'Empereur, lesquels du reste se rapportaient exclusivement à l'armée active. Le duc de Rovigo, intelligent, brave, mais décrié comme l'instrument d'une tyrannie perdue, n'était écouté de personne. Les autres ministres, hommes purement spéciaux, ne sortaient pas du cercle de leurs fonctions, et se bornaient dans les circonstances présentes à partager la consternation générale. Enfin le seul homme capable, non pas de créer des ressources, car jamais il ne s'était occupé d'administration, mais de donner de bons avis en fait de conduite, M. de Talleyrand, souriait des embarras de tous ces personnages, se moquait d'eux, et leur payait en mépris la défiance qu'il leur inspirait. Tel était l'assemblage confus de princes et de ministres qui en ce moment était chargé du salut de la France! Ainsi se retrouvaient partout les tristes conséquences de la politique de conquête : des ouvrages magnifiques, des armes, des soldats à Dantzig, à Hambourg, à Flessingue, à Palma-Nova, à Venise, à Alexandrie, et à Paris rien, rien! ni une redoute, ni un soldat, ni un fusil, pas même un gouvernement, et pour toute ressource, pour diriger l'énergie du plus brave peuple de l'univers, une femme éplorée, et des frères, non pas sans courage mais sans autorité, parce que tout dans l'État avait été réduit à un homme, et que cet homme absent, la pensée, la volonté, l'action semblaient s'évanouir au sein de la France paralysée!

Mars 1814.

Lorsque le 28 mars on connut la prochaine arrivée des maréchaux, et qu'on ne put conserver aucun doute sur l'approche de l'ennemi, Joseph, qui était dépositaire des instructions de Napoléon, soit écrites, soit verbales, relativement à ce qu'il faudrait faire de l'Impératrice et du Roi de Rome en cas d'une attaque contre Paris, Joseph en fit part à l'Impératrice, à l'archichancelier Cambacérès, au ministre Clarke, et il n'entra dans la pensée d'aucun d'eux de désobéir, bien qu'il s'élevât dans l'esprit de Joseph et de Cambacérès beaucoup d'objections contre la mesure prescrite. L'Impératrice, quant à elle, était prête à partir, à rester, selon ce qu'on lui dirait des volontés de son époux. Il fut convenu qu'on assemblerait sur-le-champ le Conseil de régence, pour lui soumettre la question, et provoquer de sa part une résolution conforme aux intentions de Napoléon, expressément et itérativement exprimées.

Le Conseil fut réuni dans la soirée du 28 mars sous la présidence de l'Impératrice. Il se composait de Joseph, des grands dignitaires Cambacérès, Lebrun, Talleyrand, des ministres, et des présidents du Sénat, du Corps législatif, du Conseil d'État.

Convocation du Conseil de régence, et discussion dans ce Conseil pour savoir s'il faut faire sortir de Paris Marie-Louise et le Roi de Rome.

A peine était-on rassemblé aux Tuileries qu'avec la permission de la Régente le ministre de la guerre prit la parole, et exposa la situation en termes tristes et étudiés. Il dit qu'on avait pour unique ressource les corps fort réduits des maréchaux Mortier et Marmont, quelques troupes rentrées sous le général Compans, quelques bataillons péniblement

Exposé de l'état des choses par le ministre de la guerre.

tirés des dépôts, une garde nationale de douze mille hommes dont une partie seulement avait des fusils, un peuple disposé à se battre mais désarmé, quelques palissades aux portes de la ville sans aucun ouvrage défensif sur les hauteurs, en un mot vingt-cinq mille hommes environ, dénués des secours de l'art, obligés de tenir tête à deux cent mille soldats aguerris et pourvus d'un immense matériel. Il accompagna cet exposé des expressions du dévouement le plus absolu à la famille impériale, et conclut au départ immédiat de l'Impératrice et du Roi de Rome qu'il fallait, selon lui, envoyer tout de suite sur la Loire, hors des atteintes de l'ennemi.

Opinion de M. Boulay de la Meurthe, des ducs de Rovigo, de Massa et de Cadore.

M. Boulay (de la Meurthe), impatient d'émettre son avis en écoutant le ministre de la guerre, s'éleva vivement contre une pareille proposition, et en développa avec véhémence les inconvénients faciles à saisir au premier aperçu. Il dit que ce serait à la fois abandonner et désespérer la capitale, qui voyait une sorte d'égide dans la fille et le petit-fils de l'empereur d'Autriche, qu'en paraissant ne songer qu'à son propre salut, ce serait inviter chacun à suivre cet exemple; que dès lors on pouvait regarder la défense de Paris comme impossible, ses portes comme ouvertes d'avance à l'ennemi, et que par ce départ du gouvernement on aurait créé soi-même le vide qu'un parti hostile, soutenu par l'étranger, remplirait en proclamant les Bourbons, ainsi qu'on venait de le voir à Bordeaux. M. Boulay (de la Meurthe), après avoir développé ces idées, proposa de faire jouer à Marie-Louise le rôle de son illustre aïeule Marie-Thérèse, de la conduire à l'hôtel de ville avec son fils dans ses bras, et de faire appel au peuple de Paris, qui fournirait au besoin cent mille soldats pour la défendre.

Cet avis, auquel il n'y aurait pas eu d'objection à opposer, si on avait eu cent mille fusils à donner au peuple de Paris, et si le gouvernement impérial avait voulu les lui confier, cet avis fut approuvé par la majorité, notamment par le ministre de la police, duc de Rovigo, et par le vieux duc de Massa, qui, malgré son âge et le délabrement de sa santé, soutint avec éloquence et presque avec jeunesse l'opinion contraire au départ. Le sage et froid duc de Cadore trouva lui-même une sorte de chaleur pour appuyer l'avis de rester à Paris et de s'y défendre énergiquement. Au milieu de cette sorte d'unanimité, Joseph paraissant approuver ceux qui combattaient la proposition de quitter Paris, se taisait pourtant, comme paralysé par une puissance inconnue. Le prince Cambacérès, courbé sous le poids de ses chagrins, se taisait également. L'Impératrice, vivement agitée, demandait du regard un conseil à tous les assistants.

M. de Talleyrand, avec l'autorité attachée à son nom, prit à son tour la parole, et exprima une opinion vraiment surprenante pour ceux qui auraient connu ses relations secrètes. Avec cette gravité lente, gracieuse et dédaigneuse à la fois, qui caractérisait sa manière de parler, il émit un avis profondément politique, tel qu'il aurait pu l'émettre s'il avait été entièrement dévoué aux Bonaparte. Il s'étendit peu sur l'enthousiasme qu'on pourrait provoquer en allant à l'hôtel de ville avec l'Impératrice et le Roi de

Mars 1814.

La presque unanimité semble se prononcer pour que Marie-Louise et son fils restent à Paris.

Opinion de M. de Talleyrand.

Rome, car son esprit n'ajoutait guère foi à ce genre de ressources, mais il insista sur le danger de laisser Paris vacant. Évacuer la capitale c'était, selon lui, la livrer aux entreprises qu'un parti ennemi ne manquerait pas d'y tenter à la première apparition des armées coalisées. Ce parti ennemi que chacun connaissait, était celui des Bourbons. La coalition dont il avait toute la faveur approchait. Abandonner Paris, en faire partir Marie-Louise, c'était débarrasser la coalition de toutes les difficultés qu'elle pouvait rencontrer pour opérer une révolution. Telle fut, non dans les termes, mais quant au sens, l'opinion exprimée par M. de Talleyrand, et il était singulier d'entendre l'homme qui devait être le principal auteur de la prochaine révolution la décrire si parfaitement à l'avance.

Les gens sans finesse, et qui justement parce qu'ils n'en ont pas en supposent partout, crurent dans le moment, et répétèrent que M. de Talleyrand avait soutenu cet avis pour qu'on en suivît un autre. Ils commettaient là une erreur puérile. M. de Talleyrand, consulté à l'improviste, avait obéi à son bon sens, et conseillé ce qu'il y avait de mieux. De plus, le projet de départ le contrariait. Rester à Paris après avoir conseillé d'en sortir, c'était se mettre gravement en faute; partir, c'était courir les aventures à la suite du gouvernement qui s'en allait, et s'éloigner du gouvernement qui arrivait. Enfin, le conseil de rester avait une couleur de dévouement qui pouvait être utile, si Napoléon, qu'on ne croirait réellement perdu qu'en le sachant mort, venait à triompher. Après avoir ainsi obéi à la nature de son esprit

PREMIÈRE ABDICATION. 579

et à ses convenances, M. de Talleyrand se tut, ôtant à tous les assistants le courage d'émettre un avis politique après le sien. On recueillit les voix, et un premier recensement des votes parut assurer une majorité considérable à ceux qui désapprouvaient le départ de l'Impératrice et du Roi de Rome.

Ce résultat était à peine annoncé qu'une anxiété singulière éclata sur le visage du ministre Clarke, et surtout sur celui du prince Joseph, qui cependant avait encouragé visiblement l'opinion en faveur de laquelle la majorité venait de se prononcer. Alors, comme s'il eût cédé à une nécessité impérieuse, le ministre de la guerre se leva, et prononça un discours développé pour conseiller de nouveau le départ de l'Impératrice et du Roi de Rome. Il en donna des raisons qui, sans être bonnes, étaient les moins mauvaises qu'on pût alléguer. Tout n'était pas dans Paris, disait-il, tout n'y devait pas être, et Paris pris, il fallait défendre à outrance le reste de la France, et le disputer opiniâtrement à l'ennemi. Il fallait, avec l'Impératrice, avec le Roi de Rome, se rendre dans les provinces qui n'étaient pas envahies, y appeler les bons Français à sa suite, et se faire tuer avec eux pour la défense du sol et du trône. Or, cette lutte prolongée n'était pas possible, si, en laissant l'Impératrice et son fils dans la capitale, on les exposait à tomber dans les mains des souverains coalisés. On rendrait ainsi à l'empereur d'Autriche le gage précieux qu'on tenait de lui, et si quelque part on voulait lever l'étendard de la résistance, on n'aurait aucune des personnes augustes autour desquelles il serait possible de rassembler les sujets dé-

37.

voués à l'Empire. Or, cette probabilité de voir l'ennemi pénétrer dans Paris était plus grande qu'on ne l'imaginait, car il y avait très-peu de chances, avec les ressources restées dans la capitale, de résister aux deux cent mille hommes qui marchaient sur elle.

Le ministre de la guerre avait pris tant de peine par pure obéissance. Au fond il n'avait d'avis sur rien. Les arguments qu'il avait fait valoir, et qu'il avait puisés dans le souvenir historique des résistances désespérées, ces arguments, vrais à Vienne sous Marie-Thérèse, à Berlin sous le grand Frédéric, faux à Paris sous un soldat vaincu, ne touchèrent personne, car sans s'en rendre compte, et sans oser le dire, chacun sentait qu'avec un gouvernement d'origine révolutionnaire, dont la faveur était perdue, et auquel il y avait un remplaçant tout préparé, quitter la capitale c'était donner ouverture à une révolution. Chacun donc persista, et les avis ayant été recueillis de nouveau, on vit la presque unanimité se prononcer pour que Marie-Louise et le Roi de Rome restassent dans Paris.

Alors Joseph sortit de son silence obstiné, et ce qui semblait inexplicable dans son attitude s'expliqua. Il lut deux lettres de l'Empereur, l'une datée de Troyes après la bataille de la Rothière, l'autre de Reims après les batailles de Craonne et de Laon, dans lesquelles Napoléon disait qu'à aucun prix il ne fallait laisser tomber son fils et sa femme dans les mains des alliés. Nous avons fait connaître le motif qui avait inspiré Napoléon en écrivant ces deux lettres. C'était, indépendamment de l'affection très-réelle qu'il avait pour sa femme et son fils, le désir de conserver dans ses mains un gage précieux ; c'était de plus la crainte que Marie-Louise ne devînt l'instrument docile de tout ce qu'on voudrait tenter contre lui, notamment en créant une régence qui serait son exclusion du trône. Après l'inquiétante bataille de la Rothière, il avait pensé ainsi, et il avait pensé encore de même après les douteuses batailles de Craonne et de Laon. Ces deux lettres furent pour le Conseil de régence un coup accablant. Au premier moment, ceux dont l'opinion était vaincue, s'écrièrent qu'on avait eu bien tort de les assembler pour leur demander un avis, s'il y avait un ordre de Napoléon, ordre absolu, n'admettant pas de discussion. Mais bientôt la réflexion succédant à la première impression, ils examinèrent les lettres citées, et contestèrent l'usage qu'on en faisait. La première avait été écrite dans d'autres circonstances, après la bataille de la Rothière, lorsqu'il paraissait n'y avoir aucune chance de résister à l'ennemi. Depuis, d'éclatants succès, mêlés il est vrai d'événements moins heureux, avaient prolongé la guerre, et en avaient rendu le résultat incertain. Les circonstances étaient donc différentes, et Napoléon ne donnerait peut-être pas aujourd'hui les mêmes ordres.

Mars 1814.

A cette interprétation la seconde lettre, écrite de Reims le 16 mars, lendemain de l'heureux combat de Reims, et au moment où commençait la marche vers les places fortes, répondait péremptoirement. Il fallut donc se rendre, et consentir au départ pour le lendemain matin 29. Il fut convenu toutefois que Joseph et les ministres resteraient afin de diriger la

Consternation du Conseil de régence.

défense de Paris, et qu'ils ne partiraient que lorsqu'on ne pourrait plus disputer cette ville à l'ennemi. L'archichancelier Cambacérès, peu propre au tumulte des armes, et d'ailleurs conseiller indispensable de la Régente, dut seul accompagner Marie-Louise. On se sépara consterné, et dans un état d'agitation qui n'était pas ordinaire sous ce gouvernement jusque-là si obéi et si paisible. On s'accusait en effet les uns les autres, et on s'imputait la ruine prochaine de l'Empire. Quelques membres des plus ardents reprochèrent au duc de Rovigo de n'avoir pas recours aux moyens qui avaient sauvé la France en quatre-vingt-douze, et par exemple de ne pas chercher à soulever le peuple; à quoi il répliqua qu'il était bien de cet avis, mais que pour armer le peuple il lui faudrait deux choses qu'il n'avait pas, des armes d'abord, et ensuite la permission de recourir à un tel moyen. En descendant l'escalier des Tuileries, M. de Talleyrand, qui marchait comme il parlait, c'est-à-dire lentement, dit au duc de Rovigo, en s'appuyant sur la canne dont il s'aidait habituellement : Eh bien, voilà donc comment devait finir ce règne glorieux!... Terminer sa carrière comme un aventurier, au lieu de la terminer paisiblement sur le plus grand des trônes, et après avoir donné son nom à son siècle... quelle fin!... L'Empereur serait bien à plaindre, s'il n'avait pas mérité son sort en s'entourant de pareilles incapacités!... — Le duc de Rovigo, qui lui aussi avait senti sa faveur décroître, et ne faisait pas grand cas de ceux qui l'avaient remplacé dans la confiance de l'Empereur, baissa la tête, ne répondit rien, parut même approuver les paroles M. de Talleyrand. Celui-ci alors, avec un regard qui était une provocation à un peu plus de confiance, ajouta : Pourtant il ne peut convenir à tout le monde de se laisser écraser sous de telles ruines, et c'est le cas d'y songer!... — Puis, trouvant le duc de Rovigo silencieux, car quoique mécontent ce serviteur était fidèle, il termina l'entretien par ces simples mots : Nous verrons. — Il se jeta ensuite dans sa voiture, craignant presque d'en avoir trop dit.

Après cette séance, dont les suites furent si graves, Joseph, le prince Cambacérès, Clarke, en accompagnant l'Impératrice dans ses appartements, se communiquèrent ce qu'ils pensaient, et s'avouèrent entre eux que le parti adopté par obéissance à Napoléon avait de bien grands inconvénients. — Mais dites-moi, reprit alors Marie-Louise, ce que je dois faire, et je le ferai. Vous êtes mes vrais conseillers, et c'est à vous à m'apprendre comment je dois interpréter les volontés de mon époux. — Le prince Cambacérès dont la sagesse était désormais sans force, Joseph qui craignait la responsabilité, n'osèrent conseiller la désobéissance aux lettres de Napoléon. Cependant on décida qu'avant de s'y conformer, on s'assurerait bien si le péril était aussi réel qu'on l'avait cru, et si dès lors il était déjà temps de faire application d'ordres jugés si dangereux. Il fut donc résolu que Joseph et Clarke feraient le lendemain matin une reconnaissance militaire autour de Paris, et que l'Impératrice ne partirait qu'après un dernier avis de leur part.

Le lendemain 29, la place du Carrousel se remplit des voitures de la Cour. On y avait chargé, outre le bagage de la famille impériale, les papiers les plus précieux de Napoléon, les restes de son trésor particulier qui s'élevaient à environ 18 millions, la plus grande partie en or, et enfin les diamants de la Couronne. Une foule inquiète et mécontente était accourue, car Marie-Louise paraissait à beaucoup d'esprits une garantie contre la barbarie des étrangers. On ne pillerait pas, se disait-on, on ne brûlerait pas, on n'écraserait pas sous les bombes, la ville qui renfermait la fille et le petit-fils de l'empereur d'Autriche. — Le départ de Marie-Louise semblait une désertion, une sorte de trahison. Toutefois la foule restait inactive et muette. Quelques officiers de la garde nationale ayant réussi à pénétrer dans le palais, car dans le malheur l'étiquette tombe devant l'émotion publique, firent effort auprès de Marie-Louise pour l'empêcher de partir, en lui disant qu'ils étaient prêts à la défendre elle et son fils jusqu'à la dernière extrémité. Elle répondit tout en larmes qu'elle était une femme, qu'elle n'avait aucune autorité, qu'elle devait obéir à l'Empereur, et les remercia beaucoup de leur dévouement sans pouvoir ni le refuser ni l'accepter. L'infortunée (elle était sincèrement attachée alors à la cause de son fils et de son époux), l'infortunée allait, venait dans ses appartements, attendant Joseph qui n'arrivait pas, ne sachant que dire, que résoudre, et pleurant. Enfin des messages réitérés de Clarke annonçant que la cavalerie légère de l'ennemi inondait déjà les environs de la capitale, elle partit vers midi, dévorée de chagrin, emmenant son fils qui trépignait de dé-

PREMIÈRE ABDICATION.

pit, et demandait où on le menait. — Où on le menait, malheureux enfant!... A Vienne, où il devait mourir, sans père, presque sans mère, sans patrie, réduit à ignorer son origine glorieuse!... malheureux enfant, né de la prodigieuse aventure qui avait uni un soldat à la fille des Césars, et dont la destinée, après nos revers, est ce qu'il y a de plus digne de pitié dans ces événements extraordinaires!

Le long cortége de cette cour consternée, triste exemple des vicissitudes humaines, fait pour effrayer tout ce qui est heureux, s'écoula vers Rambouillet, au milieu de la foule mécontente, mais silencieuse, et prévoyant en ce moment l'avenir comme s'il lui eût été dévoilé tout entier. Douze cents soldats de la vieille garde escortaient la Cour fugitive. Cette funeste journée du 29, veille d'une journée plus funeste encore, fut consacrée à quelques préparatifs de défense. Joseph avait employé la matinée à exécuter en compagnie de plusieurs officiers une reconnaissance des environs de Paris, ce qui avait retardé ses réponses à l'Impératrice, et il en avait rapporté la conviction qu'avec les moyens dont on disposait, on ne défendrait pas la capitale vingt-quatre heures. Il est certain qu'avec les forces amenées par les deux maréchaux, avec les dépôts existant dans Paris, on ne pouvait guère opposer plus de 22 ou 23 mille soldats à l'ennemi qui en comptait près de 200 mille. La garde nationale comprenait bien 12 mille hommes que le sentiment du devoir, l'horreur de l'étranger, auraient convertis en soldats dévoués, mais il y en avait tout au plus 3 ou 4 mille qui eussent des armes. Parmi le peuple on

Mars 1814.

Insuffisance des moyens pour une défense régulière.

aurait trouvé des bras vigoureux, et dans ce danger commun très-dociles, mais on n'avait pas de fusils à leur donner. Quant aux ouvrages défensifs, nous avons dit qu'ils se bornaient à quelques redoutes mal armées, et à quelques tambours en avant des portes, construits en palissades et sans fossés. Napoléon cependant avait envoyé des ordres, malheureusement très-généraux, tels qu'il lui était possible de les envoyer de loin, et au milieu des mouvements si multipliés de l'armée active. D'ailleurs, comme il s'agissait d'une résistance irrégulière, soutenue en se servant de tout ce qu'on avait sous la main, rien ne pouvait être prévu ni prescrit d'avance. Il eût fallu que Napoléon fût présent, avec sa volonté, son activité, son esprit inventif, son indomptable énergie, pour tirer parti des ressources qu'offrait Paris, et l'excellent mais irrésolu Joseph, l'incapable et douteux duc de Feltre, n'étaient guère propres à le suppléer en pareille circonstance. Ils n'étaient frappés que d'une chose, c'est qu'ils avaient 20 ou 25 mille hommes de troupes régulières, et que l'ennemi en avait 200 mille. Certainement l'idée d'une bataille dans ces conditions devait n'inspirer que du désespoir, mais c'était la plus inepte des conceptions que de prétendre livrer bataille sous les murs de Paris, car la bataille perdue, et il était impossible qu'elle ne le fût pas, tout était perdu, la bataille, Paris, le gouvernement et la France. Il fallait défendre Paris comme le général Bourmont quelques jours auparavant avait défendu Nogent, comme le général Alix avait défendu Sens, comme les Espagnols avaient défendu leurs villes, comme le peuple parisien lui-même a trop souvent défendu Paris contre ses gouvernements, avec ses faubourgs barricadés, avec sa population derrière les barricades, sauf à réserver l'armée de ligne pour la jeter sur les points où l'ennemi aurait pénétré. Or pour une résistance de ce genre, les ressources étaient loin de manquer. L'armée, avec ce qu'on allait adjoindre aux corps des maréchaux Marmont et Mortier, pouvait bien être portée à 24 ou 25 mille hommes. Il y avait 12 mille gardes nationaux, auxquels on aurait pu livrer 5 ou 6 mille fusils ordinairement disponibles sur les 30 ou 40 mille qu'on travaillait à réparer, et que Clarke s'obstinait à conserver pour les troupes actives, ce qui aurait élevé à 8 ou 9 mille le nombre des gardes nationaux qui auraient été régulièrement armés. Le peuple de Paris aurait fourni à cette époque 50 à 60 mille volontaires qu'il eût été facile d'armer avec des fusils de chasse dont la capitale a toujours abondé, que le zèle des habitants eût offerts, et qu'en tout cas on eût trouvé les moyens de prendre administrativement. Vincennes contenait 200 bouches à feu de tout calibre et des munitions immenses. On aurait pu en couvrir les hauteurs de Paris, et assurément personne n'eût refusé ses chevaux pour les y transporter. En barricadant les rues des faubourgs et de la ville, en plaçant la population derrière ces barricades, en couvrant d'artillerie certaines positions choisies, en disposant l'armée sur les points où un succès de l'ennemi était à craindre, ou bien en la jetant des hauteurs dans le flanc des colonnes d'attaque, comme la configuration des lieux le permet-

Mars 1814.

tait, il était possible certainement d'interdire à l'ennemi l'entrée de Paris, au moins pour quelques jours. Les lieux eux-mêmes, bien étudiés, eussent offert des ressources dont on aurait pu se servir très-utilement.

{Mars 1814.}

{Configuration des lieux autour de la capitale, et parti qu'on pouvait en tirer.}

Tout le monde connaît ou pour l'avoir habitée, ou pour l'avoir visitée, la grande capitale qu'il s'agissait de défendre. L'ennemi arrivant par la rive droite de la Seine, rencontrait forcément le demi-cercle de hauteurs qui entoure Paris, de Vincennes à Passy, et qui renferme sa partie la plus populeuse et la plus riche. Du confluent de la Marne et de la Seine, près de Charenton, jusqu'à Passy et Auteuil (voir la carte n° 62), une chaîne de hauteurs plus ou moins élevées, tantôt élargies en plateau comme à Romainville, tantôt saillantes comme à Montmartre, enceignent Paris, et offraient de précieux moyens de résistance, même avant qu'un Roi patriote eût couvert ces positions de fortifications invincibles. Au sud et à l'est de ce demi-cercle (en restant toujours sur la rive droite de la Seine), se trouvent Vincennes, sa forêt, son château, et les escarpements de Charonne, de Ménilmontant, de Montreuil. La colonne ennemie qui se présente de ce côté est presque sans communication avec celle qui se présente au nord-est, c'est-à-dire dans la plaine Saint-Denis, à moins qu'elle n'ait eu d'avance la précaution de s'emparer du plateau de Romainville. Si cette précaution n'a pas été prise, une force défensive, bien établie sur le plateau de Romainville, peut tomber dans le flanc de la colonne ennemie qui arrive par Vincennes, ou dans le flanc de celle qui traversant la plaine Saint-Denis veut attaquer les barrières de la Villette, de Saint-Denis, de Montmartre. Cette dernière colonne venant par le nord-est à travers la plaine Saint-Denis, rencontre forcément la butte Saint-Chaumont, les hauteurs de Montmartre, de l'Étoile et de Passy, et si elle appuie trop vers l'Étoile, elle s'expose à être acculée sur le bois de Boulogne, et jetée dans la Seine, grâce au retour que cette rivière fait sur elle-même de Saint-Cloud à Saint-Denis.

Mars 1814.

Les hauteurs de l'Étoile, de Montmartre, de Saint-Chaumont, de Romainville, étant couvertes de fortes redoutes et de beaucoup d'artillerie, la ville étant barricadée et défendue par la population, l'armée étant distribuée entre les barrières les plus menacées, mais réservée surtout pour occuper le plateau de Romainville, une résistance non pas invincible assurément, mais prolongée quelques jours au moins, pouvait être opposée à la coalition, et donner à Napoléon le temps de manœuvrer sur ses derrières, temps sur lequel il avait compté, n'imaginant pas que la défense de Paris se réduisît à une journée, c'est-à-dire au nombre d'heures que 25 mille hommes mettraient à se battre en rase campagne contre 200 mille.

Mais on n'avait songé ni à faire ces études de terrain, ni à se servir de la population de Paris, parce que Napoléon étant absent, personne ne savait ni penser, ni agir. A peine restait-il à ceux qui le remplaçaient le courage du soldat, qui, dans notre pays, fait rarement défaut. Au-dessous de Joseph, au-dessous de Clarke, qui auraient dû com-

Joseph et Clarke n'avaient rien

Mars 1814.

fait pour tirer parti des ressources que présentait Paris.

mander et ne commandaient pas, le général Hulin était chef de la place de Paris, et le maréchal Moncey chef de la garde nationale. Chacun des deux s'occupait, sans aucun concert avec l'autre, de ce qui le concernait spécialement. Le général Hulin, brave homme, très-dévoué, mais habitué depuis longtemps à sommeiller dans Paris, s'était hâté d'envoyer quelques pièces de canon sur Montmartre et sur la butte Saint-Chaumont. N'ayant pas l'autorité nécessaire pour employer les chevaux des particuliers à transporter l'artillerie de Vincennes, il avait pu à peine traîner sur les hauteurs quelques bouches à feu, dressées sur des plates-formes inachevées, et pourvues de munitions insuffisantes ou n'allant pas au calibre des canons. Le maréchal Moncey, toujours disposé à remplir son devoir, après avoir vainement réclamé des fusils pour la garde nationale, avait obtenu au dernier moment les trois mille fusils disponibles, les lui avait fait distribuer, puis avait rangé les six mille gardes nationaux qu'il était parvenu à armer, les uns derrière les palissades élevées aux barrières, les autres en réserve afin de les envoyer sur les points les plus menacés.

Quant aux maréchaux Marmont et Mortier, le ministre Clarke s'était borné à leur assigner comme terrain de combat le pourtour de Paris, sans examiner s'il était raisonnable ou non de livrer une bataille en avant de la capitale. Il avait confié la droite de ce pourtour à Marmont, qui devait défendre ainsi le sud et l'est des hauteurs, c'est-à-dire l'avenue de Vincennes, les barrières du Trône et de Charonne, le plateau de Romainville, plus une partie du revers nord de ce plateau, jusqu'aux Prés Saint-Gervais. Il avait confié la gauche à Mortier, qui devait défendre le terrain depuis le canal de l'Ourcq jusqu'à la Seine, c'est-à-dire la plaine Saint-Denis.

Ces deux maréchaux, après tous les combats qu'ils avaient soutenus pendant leur retraite, ne ramenaient pas en tout plus de douze mille hommes. On leur adjoignit le général Compans qui s'était sauvé par miracle, et qui avait avec lui la division de jeune garde récemment organisée à Paris, et la division Ledru des Essarts tirée des dépôts. Il avait environ 6 mille baïonnettes. On le plaça sous les ordres du maréchal Marmont. Le général Ornano, commandant les dépôts de la garde, en avait tiré encore une division de quatre mille jeunes gens, n'ayant jamais vu le feu, et arrivés à Paris depuis quelques jours seulement. Elle était commandée par le général Michel, et fut mise sous les ordres du maréchal Mortier. Grâce à ce dernier secours les forces actives des deux maréchaux s'élevaient à 22 mille hommes. En arrière d'eux, 6 mille gardes nationaux, quelques centaines de vétérans et de jeunes gens des Écoles attachés au service de l'artillerie, portaient à environ 28 ou 29 mille les défenseurs de la capitale, et ces braves gens, comme on vient de le voir, avaient pour les protéger quelques pièces de canon sur les hauteurs de Montmartre, de Saint-Chaumont, de Charonne, et quelques palissades en avant des barrières.

Les maréchaux, arrivés dans la soirée du 29, eurent tout juste le temps de voir le ministre de la guerre, et de s'entretenir un instant avec lui, pen-

Mars 1814.

Distribution des troupes sur le pourtour de Paris.

dant que leurs troupes prenaient un repos indispensable. La confusion était si grande, que quoique l'administration des subsistances eût réuni des vivres en suffisante quantité, les soldats eurent à peine de quoi se nourrir. Ils vécurent uniquement de la bonne volonté des habitants. Les deux maréchaux les laissèrent reposer quelques heures, pour les porter ensuite sur le terrain où ils devaient combattre.

Les souverains alliés étaient le 29 au soir au château de Bondy, et, abordant Paris par le nord-est, ils avaient résolu de l'attaquer par la rive droite de la Seine, car aucun ennemi, à moins d'y être contraint par des circonstances extraordinaires, n'aurait voulu joindre aux difficultés naturelles de l'attaque celle d'une opération exécutée au delà de la Seine, avec charge de repasser cette rivière en cas d'insuccès. Ayant donc à opérer sur la rive droite de la Seine, les généraux de la coalition combinèrent leurs efforts conformément à la nature des lieux. Ils se décidèrent à trois attaques simultanées : une à l'est, exécutée par Barclay de Tolly, avec le corps de Rajeffsky et toutes les réserves (50 mille hommes environ), ayant spécialement pour but d'enlever, par Rosny et Pantin, le plateau de Romainville; une au sud, pour seconder la précédente, exécutée par le prince royal de Wurtemberg, avec son corps et celui de Giulay (à peu près 30 mille hommes), et devant aboutir à travers le bois de Vincennes aux barrières de Charonne et du Trône; enfin, une troisième, au nord, dans la plaine Saint-Denis, exécutée par Blucher à la tête de 90 mille

PREMIÈRE ABDICATION.

hommes, et particulièrement dirigée contre les hauteurs de Montmartre, de Clichy, de l'Étoile. De ces trois colonnes, la plus avancée dans sa marche était celle de Barclay de Tolly. Celle de Blucher, venue par la route de Meaux, et ayant à gagner la chaussée de Soissons, était, le 29 au soir, moins rapprochée du but que les deux autres. Le prince de Wurtemberg qui avait eu à longer la Marne, et l'avait passée tard, était également en arrière. Il fut convenu que les uns et les autres entreraient en action le plus tôt qu'ils pourraient.

Mars 1814.

De notre côté les maréchaux Marmont et Mortier, étant arrivés à une heure fort avancée de la soirée, et ayant couché entre Charenton, Vincennes, Charonne, durent venir par le sud occuper les hauteurs. Marmont avec ses troupes gravit les escarpements de Charonne et de Montreuil, pour aller s'établir sur le plateau de Romainville et sur le revers nord de ce plateau jusqu'aux Prés Saint-Gervais. (Voir le plan de Paris dans la carte n° 62.) Mortier avait encore plus de chemin à parcourir. Montant par le boulevard extérieur de Charonne à Belleville, ayant ensuite à descendre sur Pantin, la Villette et la Chapelle, il devait enfin gagner la plaine Saint-Denis, pour s'établir la droite au canal de l'Ourcq, la gauche à Clignancourt, au pied même des hauteurs de Montmartre. Il lui fallait donc pour être en ligne beaucoup plus de temps qu'à Marmont. Heureusement il devait avoir affaire à Blucher, qui était lui-même en retard, et il avait ainsi la certitude de n'être pas devancé par l'ennemi.

Dispositions faites par les maréchaux Mortier et Marmont.

Marmont se fiant trop légèrement au rapport d'un

Marmont

Mars 1814.

s'empare du plateau de Romainville, et s'y établit.

officier, n'avait pas cru que le plateau de Romainville fût occupé, et par ce motif ne s'était guère pressé d'y arriver. Lorsqu'il s'y présenta les troupes de Rajeffsky en avaient déjà pris possession. Avec 1200 hommes de la division Lagrange il se jeta sur les avant-postes ennemis, les chassa du plateau, et les refoula sur Pantin et Noisy. Au même instant la division Ledru des Essarts se logea dans le bois de Romainville, qui couvre le flanc des hauteurs du côté de la plaine Saint-Denis. Marmont distribua ensuite ses troupes de la manière suivante. Il avait à sa disposition l'une des dernières divisions tirées des dépôts de Paris, sous le duc de Padoue, ses anciennes divisions Lagrange et Ricard, le rassemblement du général Compans qu'on lui avait adjoint la veille, et enfin quelque cavalerie sous les généraux Chastel et Bordessoulle. Il laissa sa cavalerie entre Charonne et Vincennes, avec mission de défendre le pied des hauteurs du côté sud, et de couvrir la barrière du Trône; il plaça le duc de Padoue à sa droite, sur le bord extrême du plateau de Romainville, dans les plus hautes maisons de Bagnolet et de Montreuil, qui sont bâties en amphithéâtre sur le revers méridional, ayant besoin de soleil pour leurs arbres fruitiers. Il rangea sur le plateau même et au centre la division Lagrange, adossée aux maisons de Belleville, la division Ricard à gauche dans le bois de Romainville, enfin, sur le penchant nord, la division Ledru des Essarts, du corps de Compans, et au pied dans la plaine, aux Prés Saint-Gervais, la division Boyer de Rebeval. La division Michel, qui attendait le maréchal Mortier pour se ranger sous ses ordres, gardait en son absence la Grande et la Petite-Villette.

La fusillade et la canonnade avaient de bonne heure réveillé Paris, qui du reste n'avait guère dormi, et Joseph, accompagné du ministre de la guerre, du ministre de la police, des directeurs du génie et de l'artillerie, avait établi son quartier général au sommet de la butte Montmartre.

Barclay de Tolly, convaincu que lorsque le prince royal de Wurtemberg au sud, Blucher au nord, seraient entrés en ligne, le combat tournerait bientôt à l'avantage des alliés, ne voulut cependant pas laisser aux défenseurs de Paris le premier succès de la journée. Il résolut en conséquence de reprendre le plateau de Romainville, et il y employa une partie de ses réserves. Ces réserves se composaient des gardes à pied et à cheval, et des grenadiers réunis. Le général Paskewitch dut, avec une brigade de la 2ᵉ division des grenadiers, gravir le plateau par Rosny; il dut aussi l'attaquer par le sud, en s'y portant par Montreuil avec la seconde brigade de cette 2ᵉ division, et avec la cavalerie du comte Pahlen. La 1ʳᵉ division des grenadiers fut confiée au prince Eugène de Wurtemberg, pour assaillir Pantin et les Prés Saint-Gervais dans la plaine au nord.

Cette attaque, conduite avec vigueur, eut un commencement de succès. Le général Mezenzoff, qui avait été repoussé le matin, renforcé par les grenadiers, remonta sur le plateau malgré la division Lagrange, et parvint à l'occuper. A droite, la 2ᵉ brigade des grenadiers, après avoir tourné le plateau par Montreuil et Bagnolet, obligea la division du

Mars 1814.

Bataille de Paris, livrée le 30 mars 1814.

Barclay de Tolly reprend une partie du plateau de Romainville avec le secours des divisions de grenadiers.

duc de Padoue, en la débordant, à rétrograder. Nous perdîmes donc du terrain, bien que nos soldats résistassent avec une bravoure désespérée soit au nombre, soit à la qualité des troupes qui étaient les plus aguerries de la coalition.

Cependant, tout en perdant du terrain, nous contenions l'ennemi. En effet les cuirassiers russes, amenés sur le plateau, essayèrent de charger notre infanterie, furent couverts de mitraille, et arrêtés par nos baïonnettes. A mesure qu'on se retirait de Romainville sur Belleville, le plateau se resserrant, nos troupes avaient l'avantage de se concentrer. A droite nous trouvions l'appui des maisons de Bagnolet, à gauche celui du bois de Romainville, et nos soldats, se dispersant en tirailleurs, faisaient essuyer aux assaillants des pertes nombreuses. Notre artillerie, favorisée par le terrain, parce que le plateau s'élevait en rétrogradant vers Belleville, vomissait la mitraille sur les grenadiers russes, et à chaque instant renversait parmi eux des lignes entières. Pendant ce temps les jeunes soldats de Ledru des Essarts avaient reconquis arbre par arbre le bois de Romainville, et débordé ainsi les troupes russes qui avaient occupé la largeur du plateau. Au pied même du plateau, vers le côté nord, le général Compans était resté maître de Pantin avec le secours de la division Boyer de Rebeval, et des Prés Saint-Gervais avec le secours de la division Michel. Il avait même rejeté au delà des deux villages le prince de Wurtemberg qui avait tenté de s'en emparer à la tête de la 1re division de grenadiers.

Le maréchal Mortier s'établissant enfin dans la

plaine Saint-Denis, avait placé les divisions Curial et Charpentier de jeune garde à la Villette, la division Christiani de vieille garde à la Chapelle, et sa cavalerie au pied même de Montmartre.

Il était dix heures du matin, et si nous avions eu, indépendamment des troupes qui couvraient le pourtour de Paris, une colonne de dix mille soldats aguerris pour prendre l'offensive, nous aurions pu en ce moment infliger un grave échec aux alliés. Mais loin d'être en mesure de prendre l'offensive, nous avions à peine de quoi défendre nos positions. Dans cet état de choses, le prince de Schwarzenberg attendant ses deux ailes qui étaient en retard, et nos deux maréchaux étant réduits à la défensive, on se bornait de part et d'autre à canonner et à tirailler, avec grande supériorité du reste de notre côté, grâce au zèle des troupes et à l'avantage du terrain.

A cette heure Joseph tenait conseil sur la butte Montmartre, où il était allé s'établir. Plusieurs officiers envoyés auprès des maréchaux lui avaient apporté de leur part, avec la promesse de se faire tuer eux et leurs soldats jusqu'au dernier homme, de tristes pressentiments pour les suites de la journée, et à peu près la certitude d'être obligés de rendre la capitale. Ces nouvelles agitaient fort Joseph, qui redoutait non pas le danger, mais les humiliations, et qui ne voulait à aucun prix devenir prisonnier de la coalition. Or les progrès de l'attaque lui faisaient craindre d'être en quelques heures au pouvoir de l'ennemi. On voyait du haut de Montmartre les masses noires et profondes de Blucher traverser la plaine

Mars 1814.

qui était en arrière à cause des distances, s'établit enfin dans la plaine Saint-Denis.

La canonnade et la fusillade se continuent sans résultat marqué pendant les premières heures du jour.

Joseph, qui était placé sur les hauteurs de Montmartre, reconnaissant l'impossibilité d'une résistance prolongée, quitte Paris suivi des ministres, et laisse aux maréchaux les pouvoirs nécessaires pour traiter avec l'ennemi,

Saint-Denis, et des officiers venus des environs de Vincennes affirmaient qu'à l'est et au sud on apercevait une nouvelle armée qui tournait Paris, et cherchait à y pénétrer par les barrières de Charonne et du Trône. Ainsi ce qu'on recueillait par les yeux, ce qu'on recueillait par la bouche des allants et venants, tout annonçait une catastrophe imminente. Joseph en délibéra avec les ministres qui l'avaient accompagné, avec les directeurs du génie et de l'artillerie, et tout le monde fut d'avis que sous quelques heures il faudrait rendre Paris. En effet la défense étant réduite à une bataille livrée en plaine dans la proportion d'un contre dix, le résultat ne pouvait être douteux, quelque braves que fussent nos soldats et nos généraux. En présence d'une telle certitude, Joseph résolut de s'éloigner. Des reconnaissances lui ayant appris qu'on découvrait déjà les Cosaques sur le chemin de la Révolte et à la lisière du bois de Boulogne, il se hâta de partir, en ordonnant aux ministres de le suivre, ainsi qu'on en était convenu, lorsque le moment suprême serait arrivé. Pour toute instruction il autorisa les deux maréchaux, quand ils ne pourraient plus se défendre, à stipuler un arrangement qui garantît la sûreté de Paris, et procurât à ses habitants le meilleur traitement possible.

Sur ces entrefaites, l'attaque de l'ennemi avait fait des progrès inévitables. Au nord, c'est-à-dire dans la plaine Saint-Denis, le maréchal Blucher avait franchi enfin la distance qui le séparait de nos positions. Le général Langeron avait repoussé d'Aubervilliers et de Saint-Denis nos faibles avant-postes, et envoyé sa cavalerie et son infanterie légères par le chemin de la Révolte jusqu'à la lisière du bois de Boulogne. Le gros de son infanterie se dirigeait vers le pied de Montmartre, tandis que le corps du général d'York prenant à gauche (gauche des alliés) se portait sur la Chapelle par la route de Saint-Denis, et que les corps de Kleist et de Woronzoff, prenant plus à gauche encore, marchaient sur la Villette. Le prince de Schwarzenberg, voyant Blucher en ligne, lui demanda un renfort pour aider le prince Eugène de Wurtemberg à enlever Pantin, les Prés Saint-Gervais, tous les villages, en un mot, situés au pied du plateau de Romainville. La division prussienne Kotzler, les gardes prussienne et badoise furent alors envoyées au secours du corps de Rajeffsky, et passèrent le canal de l'Ourcq, près de la ferme du Rouvray, pour participer à une nouvelle attaque.

Tandis que ces mouvements s'exécutaient au nord, le prince royal de Wurtemberg au sud avait franchi également la distance qui le séparait du point d'attaque, et apporté son concours aux troupes alliées. Après avoir traversé le pont de Neuilly-sur-Marne, et y avoir laissé le corps de Giulay pour garder ses derrières, il avait marché sur deux colonnes, l'une longeant les bords de la Marne, l'autre traversant par le chemin le plus court la forêt de Vincennes. La première avait enlevé le pont de Saint-Maur, contourné la forêt, et assailli Charenton par la rive droite. Les gardes nationales des environs, qui avec l'École d'Alfort défendaient le pont de Charenton, se trouvant prises à revers, avaient été forcées, malgré une vaillante résistance, d'abandonner le poste, et de se jeter à travers la campagne sur la gauche de la Seine. Cette colonne ennemie ayant atteint son but, qui était d'occuper tous les ponts de la Marne pour empêcher aucun corps auxiliaire de venir troubler l'attaque de Paris, s'était mise à tirailler avec la garde nationale devant la barrière de Bercy. La seconde colonne du prince de Wurtemberg avait traversé en ligne droite le bois de Vincennes, et prêté assistance au comte Pahlen, ainsi qu'aux troupes de Rajeffsky et de Paskewitch qui attaquaient Montreuil, Bagnolet, Charonne.

Attaque repoussée du prince Eugène de Wurtemberg sur les Prés Saint-Gervais.

Toutes les forces alliées se trouvant portées en ligne, l'action recommença avec plus de violence. Au nord la division du prince Eugène de Wurtemberg, secondée par les grenadiers russes déjà venus à son secours, et par les troupes prussiennes récemment arrivées, se jeta sur Pantin et les Prés Saint-Gervais, mais fut chaudement reçue par les divisions de jeune garde Boyer de Rebeval et Michel, que commandait le général Compans. Un moment les coalisés réussirent à s'emparer des deux villages, mais nos jeunes soldats s'adossant alors au pied des hauteurs où ils rencontraient l'appui d'une artillerie bien postée, reprirent courage, et rentrèrent dans les villages, où le carnage devint épouvantable. De ce côté, l'ennemi ne réussit donc point, quelque vigoureuse que fût son attaque.

Progrès de l'ennemi sur le plateau de Romainville.

Sur le plateau de Romainville, la défense fut non pas moins énergique, mais moins heureuse. Les troupes des généraux Helfreich et Mezenzoff, sou-

PREMIÈRE ABDICATION.

tenues par les grenadiers de Paskewitch, quoique d'abord repoussées, avaient fini par gagner du terrain. Ayant réussi notamment à s'emparer de Montreuil et de Bagnolet, elles s'étaient établies sur le versant sud du plateau, et bien secondées par les troupes du comte Pahlen et du prince royal de Wurtemberg qui opéraient entre Vincennes et Charonne, elles avaient conquis les premières maisons de Ménilmontant. La division de réserve du duc de Padoue qui formait la droite de Marmont, se trouvant débordée, avait été forcée de se replier, et de découvrir les divisions Lagrange et Ricard qui occupaient le milieu du plateau. Sur la gauche de Marmont, la division Ledru des Essarts, vivement poussée d'arbre en arbre dans le bois de Romainville, voyait également le bois lui échapper peu à peu.

Mars 1814.

Se sentant ainsi pressé sur ses deux flancs, Marmont imagina de tenter un effort au centre contre la masse ennemie qui s'avançait bien serrée, couverte sur son front par une artillerie nombreuse, appuyée sur ses ailes par de forts détachements de grosse cavalerie. Le maréchal se mit lui-même à la tête de quatre bataillons formés en colonne d'attaque, et fondit sur les grenadiers russes qui marchaient en première ligne. Douze pièces de canon chargées à mitraille tirèrent de fort près sur nos soldats, qui soutinrent ce feu avec une fermeté héroïque, et continuèrent de se porter en avant. Mais au même instant ils furent abordés de front par les grenadiers russes, et pris en flanc par les chevaliers-gardes que conduisait Miloradowitch. Accablés par

Tentative de Marmont sur le centre de l'ennemi.

Mars 1814.

Ce maréchal est obligé de se replier sur Belleville.

le nombre, les quatre bataillons de Marmont furent obligés de plier, après s'être battus corps à corps avec une véritable fureur. Le maréchal les ramena sur Belleville, et il allait succomber sous la masse des assaillants de toutes armes, quand un brave officier nommé Ghesseler, embusqué sur la droite, dans un petit parc dit des Bruyères, dont il ne reste plus aujourd'hui que le souvenir, s'élança à la tête de deux cents hommes dans le flanc de la colonne ennemie, et parvint en dégageant le maréchal à lui faciliter la retraite sur Belleville. Dans le même moment le bois de Romainville fut définitivement abandonné, et le plateau étant évacué de toutes parts, la défense se trouva reportée, au centre sur Belleville, à droite (revers sud), vers Ménilmontant que la division de Padoue était venue occuper, à gauche enfin (revers nord), à la côte de Beauregard, où la division Ledru des Essarts avait trouvé un asile. Au pied de celle-ci, les divisions Boyer et Michel luttaient opiniâtrément. Elles avaient perdu Pantin, mais elles défendaient les Prés Saint-Gervais avec la dernière obstination.

Partout le combat était acharné, et les hommes tombaient par milliers, notamment parmi les coalisés qui recevaient de tous côtés un feu plongeant. Dans la plaine Saint-Denis, Kleist et Woronzoff avaient attaqué la Villette, défendue par la division Curial; York attaquait la Chapelle, défendue par la division Christiani, sous les yeux du maréchal Mortier. En avant de Clignancourt, les escadrons de Blucher étaient aux prises avec la cavalerie du général Belliard, et avaient rarement l'avantage.

PREMIÈRE ABDICATION.

Ainsi de la plaine Saint-Denis à la barrière du Trône, le combat continuait avec des chances diverses. Notre ligne avait reculé, mais les alliés avaient déjà perdu dix mille hommes, et nous cinq à six mille seulement. Nos soldats épuisés étaient soutenus par cette idée que Paris était derrière eux, et vingt-quatre mille hommes luttaient sans trop de désavantage contre cent soixante-dix mille. Un moment on annonça l'arrivée de Napoléon (c'était la subite apparition du général Dejean qui avait occasionné ce faux bruit), et le cri de *Vive l'Empereur!* propagé par une espèce de commotion électrique, retentit dans nos rangs. Nos troupes, ranimées par l'espérance, se jetèrent avec fureur sur l'ennemi. De part et d'autre on combattait avec une sorte de rage, car pour les uns il s'agissait d'atteindre d'un seul coup le but de la guerre, et pour les autres d'arracher leur patrie à un désastre.

Mars 1814.

En ce moment se passait à Vincennes un fait à jamais glorieux pour la jeunesse française. En avant de la barrière du Trône se trouvait une batterie servie par des vétérans et par les élèves de l'École polytechnique, que Marmont, exclusivement occupé de ce qui se passait sur le plateau de Romainville, avait presque laissée sans appui. Cette batterie s'étant engagée trop avant sur l'avenue de Vincennes, afin de tirer contre la cavalerie de Pahlen, fut tournée par quelques escadrons qui passant par Saint-Mandé vinrent la prendre à revers. Les braves élèves de l'École, sabrés sur leurs pièces, résistèrent vaillamment, et furent heureusement secourus par la garde

Belle conduite de l'École polytechnique sur l'avenue de Vincennes.

nationale postée à la barrière du Trône, et par un détachement de dragons. Ces derniers s'élançant sur les pièces parvinrent à les reprendre. On ramena la batterie sur les hauteurs de Charonne, et là, aidés d'une foule d'hommes du peuple armés de fusils de chasse, nos braves jeunes gens continuèrent à faire un feu meurtrier.

Belleville reste le point culminant de la défense.

La clef de toute la position était à Belleville : tant que ce point culminant de la chaîne des hauteurs n'était pas emporté, la masse ennemie qui combattait au nord, devant la Villette, la Chapelle et Montmartre, celle qui combattait au sud, entre Vincennes et Charonne, ne pouvaient pas faire de progrès sérieux. La ligne courbe des alliés était comme arrêtée vers son milieu, à un point fixe qui était Belleville. Belleville en effet domine le plateau de Romainville lui-même. Des clôtures nombreuses, jointes à l'avantage de la position, y rendaient la résistance plus facile. Marmont, établi en cet endroit avec les débris des divisions Lagrange, Ricard, Padoue, Ledru des Essarts, disposant en outre d'une nombreuse artillerie de campagne, y tenait ferme contre une multitude d'assaillants, et il avait fait répondre au message de Joseph qui autorisait les maréchaux à traiter, que jusqu'ici il n'était pas encore réduit à se rendre. L'officier du maréchal, porteur de cette réponse, avait trouvé Joseph parti, et il était revenu sans avoir pu remplir sa mission.

Le prince de Schwarzenberg ordonne deux attaques,

Cependant l'heure fatale approchait. Le prince de Schwarzenberg ne voulant pas finir la journée sans avoir enlevé le point décisif, avait ordonné d'y diriger deux colonnes d'attaque, une au sud, qui passant entre Ménilmontant et le cimetière du Père Lachaise, s'emparerait du boulevard extérieur, et séparerait ainsi Belleville de l'enceinte de Paris; une au nord, qui serait chargée d'emporter à tout prix les Prés Saint-Gervais, la Petite-Villette, la butte Saint-Chaumont, et viendrait par le nord donner la main à la colonne qui aurait passé par le sud.

<small>Mars 1814.

une au nord, une au sud, par le boulevard extérieur, afin de couper Belleville de l'enceinte de Paris.</small>

Vaincre ou périr était dans ce moment la loi des coalisés, et il leur fallait forcer tous les obstacles sans aucune perte de temps, car à chaque instant Napoléon pouvait survenir, et s'il les eût trouvés repoussés de Paris, il les aurait cruellement punis d'avoir osé s'y montrer. Vers trois heures de l'après-midi l'action recommença violemment. Le chef de bataillon d'artillerie Paixhans, qui prouva dans cette journée ce qu'on aurait pu faire avec de la grosse artillerie bien postée, avait placé huit pièces de gros calibre au-dessus de Charonne, sur les pentes de Ménilmontant, quatre sur le revers nord de Belleville, et huit sur la butte Saint-Chaumont. Il était près de ses pièces chargées à mitraille, avec ses canonniers les uns vétérans, les autres jeunes gens des Écoles, et attendait que l'ennemi, maître de la plaine, essayât d'aborder les hauteurs. En effet les grenadiers russes s'avancent les uns au sud du plateau par Charonne, les autres sur le plateau même en face de Belleville, les autres enfin au nord, à travers les Prés Saint-Gervais. Tout à coup ils sont couverts de mitraille; des lignes entières sont renversées. Pourtant ils soutiennent le feu avec constance, gravissent au sud les pentes de Ménilmontant, et viennent par

<small>Malgré un usage habile et meurtrier de la grosse artillerie, fait par le commandant Paixhans, la double attaque finit par réussir.</small>

le boulevard extérieur prendre Belleville à revers, Belleville où le maréchal Marmont se défend avec acharnement. L'autre division de grenadiers, qui avec les Prussiens et les Badois attaquait Pantin, les Prés Saint-Gervais, la Petite-Villette, et les avait arrachés aux divisions Boyer et Michel presque détruites, gravit la butte Saint-Chaumont sous le feu plongeant des batteries du commandant Paixhans, emporte la butte qui faute de troupes n'était pas défendue par de l'infanterie, et se joint à la colonne qui arrive du revers sud par Charonne et Ménilmontant. Les ennemis, ayant gagné le boulevard extérieur par ses deux pentes nord et sud, se trouvent ainsi entre Belleville et la barrière de ce nom, qu'ils sont près d'enlever.

Marmont, coupé de Paris, y rentre l'épée à la main à la tête de quelques hommes qui lui restent.

A cette nouvelle le maréchal Marmont, qui n'avait pas cessé de se maintenir à Belleville, se voyant coupé de l'enceinte de Paris, réunit ce qui lui reste d'hommes, et ayant à ses côtés les généraux Pelleport et Meynadier, le colonel Fabvier, fond l'épée à la main sur les grenadiers russes qui commençaient à pénétrer dans la grande rue du faubourg du Temple. Il les repousse, ferme la barrière sur eux, et rétablit la défense au mur d'octroi.

Vaillante défense de la Villette et de la Chapelle par le maréchal Mortier.

Mortier de son côté se bat héroïquement dans la plaine Saint-Denis, entre la Villette et la Chapelle. La Villette, à sa droite, défendue contre Kleist et d'York par les divisions Curial et Charpentier, vient enfin d'être envahie par un flot d'ennemis. A ce spectacle Mortier, qui occupait la Chapelle avec la division de vieille garde Christiani, prend une partie de cette division, et se rabattant de gauche à droite

sur la Villette, y entre à la pointe des baïonnettes, et parvient à rejeter en dehors la garde prussienne après en avoir fait un affreux carnage. Mais bientôt de nouvelles masses ennemies prenant la Grande-Villette à revers par le canal de l'Ourcq, et pénétrant entre la Villette et la Chapelle, il est contraint d'abandonner la plaine et de se replier sur les barrières. Au même instant Langeron s'avance vers le pied de Montmartre. Langeron, un Français, dirige sur Paris les soldats ennemis! En se portant sur Montmartre il s'attend à essuyer des flots de mitraille, mais surpris de trouver ces hauteurs silencieuses, il les gravit, et s'empare de la faible artillerie qu'on y avait placée, et que gardaient à peine quelques sapeurs-pompiers. Il marche ensuite sur la barrière de Clichy, que les gardes nationaux, sous les yeux du maréchal Moncey, défendent bravement, et avec un courage qui prouve ce qu'on aurait pu obtenir de la population parisienne!

Telle était la fin de vingt-deux ans de triomphes inouïs, qui ayant eu successivement pour théâtres Milan, Venise, Rome, Naples, le Caire, Madrid, Lisbonne, Vienne, Dresde, Berlin, Varsovie, Moscou, venaient se terminer d'une manière si lugubre aux portes de Paris!

Rien n'ayant été préparé pour une résistance prolongée, avec les rues barricadées, la population derrière les barricades, et les troupes en réserve, toute défense ayant été réduite à une bataille livrée en dehors de Paris avec une poignée de soldats contre une armée formidable, et cette bataille se

Mars 1814.

Occupation de Montmartre par le général Langeron.

Rien n'ayant été disposé pour une défense prolongée au moyen du concours de la population, les maréchaux

trouvant inévitablement perdue, ce n'était pas en lui opposant le mur d'octroi qu'il eût été possible d'arrêter l'ennemi. Il fallait donc épargner à Paris un désastre inutile. Marmont, ne voyant plus d'autre ressource, avait songé à user des pouvoirs conférés par Joseph aux deux maréchaux commandant l'armée sous Paris, et avait successivement envoyé deux officiers en parlementaires pour proposer au prince de Schwarzenberg une suspension d'armes. L'animation du combat était si grande, que l'un n'avait pu pénétrer, et que l'autre avait été blessé. Marmont alors en avait dépêché un troisième.

En ce moment était arrivé à perte d'haleine le général Dejean, pour annoncer que Napoléon, apprenant la marche des coalisés sur la capitale, avait changé de direction, qu'il s'avançait en toute hâte vers Paris, qu'il suffisait de tenir deux jours pour le voir paraître à la tête de forces considérables, qu'il fallait donc s'efforcer de résister à tout prix, et essayer, si on ne pouvait résister davantage, d'occuper l'ennemi au moyen de quelques pourparlers. En effet, Napoléon, dans cette extrémité, et le congrès de Châtillon étant dissous, avait écrit à son beau-père pour rouvrir les négociations, et il autorisait à le dire au prince de Schwarzenberg, afin d'obtenir une suspension d'armes de quelques heures. Le maréchal Mortier reçut le général Dejean, sous une grêle de projectiles, et lui montrant les débris de ses divisions qui disputaient encore la Villette et la Chapelle, il l'eut bientôt convaincu de l'impossibilité de prolonger cette résistance. Il fut donc reconnu qu'il n'y avait pas autre chose à faire que de s'adresser au prince de Schwarzenberg, et le maréchal lui écrivit effectivement quelques mots sur la caisse d'un tambour percé de balles. Il lui disait que Napoléon avait rouvert les négociations sur des bases que les alliés ne pourraient pas repousser, et qu'en attendant il était désirable, dans l'intérêt de l'humanité, d'arrêter l'effusion du sang.

Mars 1814.

Un officier porteur de cette lettre partit au galop, traversa les rangs des deux armées, et parvint à joindre le prince de Schwarzenberg. Celui-ci répondit qu'il n'avait aucune nouvelle de la reprise des négociations et ne pouvait sur ce motif interrompre le combat, mais qu'il était disposé à suspendre cette boucherie si on lui livrait Paris sur-le-champ. Au même instant, le troisième officier envoyé par le maréchal Marmont, ayant réussi à pénétrer auprès du généralissime, et ayant annoncé qu'on était prêt, pour sauver Paris, à souscrire à une capitulation, les pourparlers s'engagèrent plus sérieusement, et un rendez-vous fut assigné à la Villette aux deux maréchaux. Ils s'y rendirent, et y trouvèrent M. de Nesselrode, avec plusieurs plénipotentiaires. On commença sans perdre un instant à traiter d'une suspension d'hostilités. Diverses prétentions furent d'abord mises en avant par les représentants de l'armée coalisée. Ils voulaient que les troupes qui avaient défendu Paris déposassent les armes. Un mouvement d'indignation fut la seule réponse des deux maréchaux. Puis les parlementaires ennemis se réduisirent à demander que les maréchaux se retirassent en Bretagne avec leurs troupes, pour qu'ils ne pussent exercer aucune in-

Capitulation de Paris.

fluence sur la suite de la guerre. Les maréchaux refusèrent de nouveau, et exigèrent qu'on les laissât se retirer où ils voudraient. On en tomba d'accord, moyennant qu'ils évacueraient la ville dans la nuit. Cette condition fut acceptée, et il fut convenu que des officiers se réuniraient dans la soirée pour régler les détails de l'évacuation de la capitale.

Telle fut cette célèbre capitulation de Paris, à laquelle il n'y a rien de sérieux à reprocher, car pour les deux maréchaux elle était devenue une nécessité. Ils avaient assurément fait tout ce qu'on pouvait attendre d'eux, puisqu'avec 23 ou 24 mille hommes ils avaient pendant une journée entière tenu tête à 170 mille, dont 100 mille engagés, et qu'ayant eu 6 mille hommes hors de combat, ils en avaient tué ou blessé le double à l'ennemi. Qu'on se figure ce qui serait arrivé, si Paris occupant les coalisés trois ou quatre jours encore, ils avaient été surpris par Napoléon paraissant sur leurs derrières avec 70 mille combattants! Et s'il n'en fut pas ainsi, à qui s'en prendre, sinon à Napoléon d'abord, qui se décidant trop tard à avouer sa situation, n'avait pas fait exécuter sous ses yeux les travaux nécessaires autour de la capitale; qui dispersant ses ressources d'Alexandrie à Dantzig, n'avait pas eu cinquante mille fusils à donner aux Parisiens; et après lui, à ceux qui chargés de le suppléer en son absence, avaient montré si peu d'activité, d'intelligence et d'énergie, et avaient réduit la défense de la capitale à une bataille de 24 mille hommes contre 170 mille?

En traitant pour leurs corps d'armée, les deux maréchaux n'avaient rien pu stipuler relativement à la ville de Paris, et au gouvernement qui résidait en ses murs, car ils n'avaient ni pouvoirs ni mission pour le faire. De plus tous les ministres s'étaient retirés à la suite de Joseph. Le duc de Rovigo obéissant à ce qui était convenu (on avait réglé que les ministres suivraient la Régente dès que Paris ne serait plus tenable), était parti en laissant aux deux préfets, celui qui dirige l'administration de la capitale et celui qui en dirige la police, le soin d'y maintenir la tranquillité. Il n'y avait donc plus de gouvernement, et le vide dont le danger avait été tant de fois signalé par ceux qui s'opposaient au départ de la Régente, était enfin produit.

L'homme destiné à remplir bientôt ce vide, M. de Talleyrand, que par un instinct secret Napoléon avait entrevu comme l'auteur probable de sa chute, et que le public, par un instinct tout aussi sûr, regardait comme l'auteur nécessaire d'une révolution prochaine, M. de Talleyrand se trouvait en ce moment dans une extrême perplexité. En sa qualité de grand dignitaire, il devait suivre la Régente; mais en partant il fuyait le grand rôle qui l'attendait, et en ne partant pas il s'exposait à être pris en flagrant délit de trahison, ce qui pouvait devenir grave, si Napoléon par un coup de fortune toujours possible de sa part, reparaissait victorieux aux portes de la capitale. Pour sortir d'embarras, il imagina de se transporter auprès du duc de Rovigo, afin d'en obtenir l'autorisation de rester à Paris, car, disait-il, en l'absence de tout gouvernement, il serait en position de rendre encore d'importants services. Le duc de Rovigo, soupçonnant que ces

Mars 1814.

Paris resté sans gouvernement, par le départ de la cour et des ministres.

Conduite de M. de Talleyrand, et ses efforts pour se faire autoriser à rester à Paris.

services seraient rendus à d'autres qu'à Napoléon, lui refusa cette autorisation, qu'il n'avait pas d'ailleurs le pouvoir d'accorder. M. de Talleyrand alla trouver les préfets, n'obtint pas davantage ce qu'il désirait, et ne sachant comment faire pour couvrir d'un prétexte spécieux sa présence prolongée à Paris, prit le parti de monter en voiture pour feindre au moins la bonne volonté de suivre la Régente. Vers la chute du jour, à l'heure où finissait le combat, il se présenta, sans passe-port et en grand appareil de voyage, à la barrière qui donnait sur la route d'Orléans. Elle était occupée par des gardes nationaux fort irrités contre ceux qui depuis deux jours désertaient la capitale. Il se fit autour de sa voiture une sorte de tumulte, naturel selon quelques contemporains, et selon d'autres préparé à dessein. On lui demanda son passe-port qu'il ne put montrer; on murmura contre ce défaut d'une formalité essentielle, et alors, avec une déférence affectée pour la consigne des braves défenseurs de Paris, il rebroussa chemin et rentra dans son hôtel. La plupart de ceux qui avaient contribué à le retenir, et qui ne désiraient pas de révolution, ne se doutaient pas qu'ils avaient retenu l'homme qui allait en faire une.

N'étant pas complétement rassuré sur la régularité de sa conduite, M. de Talleyrand se rendit chez le maréchal Marmont, qui, la bataille finie, s'était hâté de regagner sa demeure, située dans le faubourg Poissonnière. Des gens de toute espèce y étaient accourus, cherchant quelque part un gouvernement, et allant auprès de l'homme qui en ce moment semblait en être un, puisqu'il était le chef de la seule force existant dans la capitale. Le maréchal Mortier lui était subordonné pour toutes les occasions importantes. Les deux préfets, une partie du corps municipal, et beaucoup de personnages marquants s'y étaient transportés. Chacun y parlait des événements avec émotion, et selon ses sentiments. En voyant le maréchal dont le visage était noirci par la poudre et l'habit déchiré par les balles, on le félicitait sur sa courageuse défense de Paris, et puis on s'entretenait de la situation. Il y avait une sorte d'unanimité contre ce qu'on appelait la lâche désertion de tous ceux que Napoléon avait laissés dans la capitale pour la défendre, et contre Napoléon lui-même dont la folle politique avait amené les soldats de l'Europe au pied de Montmartre. Les royalistes, et il n'en manquait pas dans cette réunion, n'hésitaient plus à dire qu'il fallait se soustraire à un joug insupportable, et prononçaient hardiment le nom des Bourbons. Deux banquiers considérables, liés, l'un par la parenté, l'autre par l'amitié, avec le maréchal duc de Raguse, MM. Perregaux et Laffitte, attirèrent l'attention par la vivacité de leur langage. Le second surtout, dont la fortune était commencée, et dont l'esprit vif et brillant était généralement remarqué, se prononça fortement, et alla jusqu'à s'écrier, en entendant proférer le nom des Bourbons : « Eh bien, soit, qu'on nous donne les Bourbons, si l'on veut, mais avec une constitution qui nous garantisse d'un despotisme funeste, et avec la paix dont nous sommes privés depuis trop longtemps! » — Cet accord de

Mars 1814.

Langage qu'on tient en sa présence.

sentiments contre le despotisme impérial, poussé jusqu'à faire considérer les Bourbons comme très-acceptables par des hommes de la haute bourgeoisie qui ne les avaient jamais connus, produisit une singulière impression sur les assistants. On disait là aussi qu'il fallait ne pas s'occuper seulement de l'armée, mais de la capitale. Le maréchal Marmont répondit qu'il n'avait pas pouvoir de stipuler pour elle, et on jugea convenable que les préfets, avec une députation du conseil municipal et de la garde nationale, se rendissent auprès des souverains alliés, pour réclamer le traitement auquel Paris avait droit de la part de princes civilisés, qui depuis le passage du Rhin s'annonçaient comme les libérateurs et non comme les conquérants de la France.

C'est au milieu de ces discours que survint M. de Talleyrand. Il eut un entretien particulier avec le maréchal Marmont. Il voulait d'abord en obtenir quelque chose qui ressemblât à l'autorisation de demeurer à Paris, ce que le maréchal pouvait lui procurer moins que personne, et du reste il y tenait déjà beaucoup moins en voyant ce qui se passait. Il songea sur-le-champ à faire servir cette visite à un dénoûment qu'il commençait à regarder comme inévitable, et comme devant nécessairement s'accomplir par ses propres mains. Aucun homme n'était aussi sensible à la flatterie que le maréchal Marmont, et aucun ne savait la manier aussi bien que M. de Talleyrand. Le maréchal avait commis dans cette campagne de graves fautes, mais connues des militaires seuls, et il y avait déployé la bravoure la plus brillante. Dans cette journée du 30 mars notamment il avait acquis des titres durables à la reconnaissance du pays. Son visage, ses mains, son habit, portaient témoignage de ce qu'il avait fait. M. de Talleyrand vanta son courage, ses talents, son esprit surtout, bien supérieur, affirmait-il, à celui des autres maréchaux. Le duc de Raguse ne se tenait pas d'aise, quand on lui disait qu'il avait de l'esprit, et que ses camarades n'en avaient pas, et il est vrai que sous ce rapport, il avait ce qui manquait à presque tous les autres. Il écouta donc avec un profond sentiment de satisfaction ce que lui dit le dangereux tentateur qui préparait sa chute. M. de Talleyrand s'efforça de lui montrer la gravité de la situation, la nécessité de tirer la France des mains qui l'avaient perdue, et lui fit entendre que, dans les circonstances présentes, un militaire qui venait de défendre Paris avec éclat, qui avait encore sous ses ordres les soldats à la tête desquels il avait combattu, possédait des moyens de sauver son pays qui n'appartenaient à personne. M. de Talleyrand s'en tint là, car il savait qu'une séduction ne s'accomplit jamais en une fois. Mais lorsqu'il se retira le malheureux Marmont était enivré, et, au milieu des désastres de la France, il rêvait déjà pour lui-même les destinées les plus brillantes, tandis que le soldat simple et sage qui avait été son collègue dans cette journée du 30 mars, qui lui aussi avait le visage noirci par la poudre, Mortier, dévorait sa douleur dans l'isolement où le laissaient sa modestie et sa droiture.

La nuit était avancée; les officiers choisis par les maréchaux allèrent régler avec les représentants du prince de Schwarzenberg les détails de l'évacuation de Paris, et les deux préfets, avec une députation choisie parmi les membres du conseil municipal et les chefs de la garde nationale, partirent de l'hôtel de ville pour se rendre au château de Bondy, et y invoquer les bons sentiments des souverains victorieux.

Ce qui se passait à Saint-Dizier entre Napoléon et l'arrière-garde de Wintzingerode pendant les événements de Paris.

En ce moment même Napoléon arrivait aux portes de Paris. On l'a vu s'arrêtant le 23 mars aux environs de Saint-Dizier, pour y faire reposer ses troupes, et se donner le temps de rallier les garnisons dont il était venu chercher le renfort. Le 24, le 25, il avait opéré divers mouvements entre Saint-Dizier et Vassy, se flattant toujours d'avoir attiré à sa suite le prince de Schwarzenberg, et autorisé à le croire par les rapports de ses lieutenants, qui, sous l'impression de la journée d'Arcis-sur-Aube, s'imaginaient voir autour d'eux des masses innombrables d'ennemis. Du reste il était résolu à s'en assurer d'une manière positive, en abordant de très-près, à la première occasion, la nombreuse troupe de cavalerie qui s'était attachée à ses pas. Pendant ce temps, M. de Caulaincourt, inconsolable de la rupture des négociations, insistait pour qu'on essayât de les rouvrir, à quoi Napoléon ne paraissait guère disposé. Une circonstance favorable s'était offerte pourtant, et M. de Caulaincourt lui avait fait une sorte de violence pour l'amener à la mettre à profit. Le général Piré, battant l'estrade avec la cavalerie légère, avait fait prisonniers le baron de Wessenberg, et M. de Vitrolles lui-même qui revenait de sa mission auprès du comte d'Artois, mais qu'heureusement pour lui on ne reconnut point. M. de Caulaincourt secondé par Berthier, avait obtenu qu'on renverrait M. de Wessenberg libre avec une lettre pour le prince de Metternich, dans laquelle M. de Caulaincourt affirmerait que Napoléon était enfin résigné à de grands sacrifices, sans toutefois dire lesquels. C'est tout ce que M. de Caulaincourt avait pu arracher à son maître, bien qu'il eût voulu donner un peu plus de précision à ces nouvelles ouvertures, afin de les faire accueillir. Délivré à condition de remplir cette mission, M. de Wessenberg s'en était chargé, et faisant passer M. de Vitrolles pour un de ses domestiques, l'avait sauvé du plus grand des périls.

Mars 1814.

Le 26, l'occasion d'une forte reconnaissance s'étant présentée, Napoléon n'avait eu garde de la laisser échapper. Tandis qu'il était entre Saint-Dizier et Vassy sur la gauche de la Marne, remplissant de ses partis le pays entre la Marne et l'Aube, il avait aperçu une cavalerie très-nombreuse sur la rive droite de la Marne, un peu au-dessous de Saint-Dizier, dans la direction de Vitry. A la vue de l'ennemi se montrant en force, il n'y avait pas à hésiter; il fallait marcher à lui pour le battre d'abord, et ensuite pour savoir qui cet ennemi pouvait être. Malgré le grave inconvénient de traverser une rivière devant une troupe en bataille, on marcha droit au gué d'Hœricourt, on y franchit la Marne en masse, à l'exception du corps d'Oudinot qui fut envoyé un peu au-dessus, pour la passer à Saint-Dizier. L'ennemi fut embarrassé en reconnaissant que c'était à l'armée française tout entière qu'il avait affaire.

Brillant combat de Saint-Dizier.

Néanmoins il avait dix mille chevaux et quelques mille hommes d'infanterie légère, et il les lança sur nous au moment où nous traversions la Marne. On reçut les uns et les autres comme il convenait. La cavalerie de la garde, après s'être mêlée avec les escadrons ennemis, les mit en complète déroute. Ils furent obligés de se replier, et Wintzingerode, car c'était lui, voyant qu'il s'était engagé fort imprudemment, résolut de gagner la route de Bar-sur-Aube, malgré l'inconvénient de défiler à portée de Saint-Dizier qu'Oudinot venait d'occuper. On chargea à outrance l'ennemi en retraite, et tandis qu'il était vivement poussé en queue, il fut pris en flanc par notre infanterie qui débouchait de Saint-Dizier. Deux bataillons d'infanterie ayant voulu se former en carré, le brave Letort fondit sur eux à la tête des dragons de la garde, et les coucha par terre. L'élan était tel que les dragons continuèrent leur course sans s'inquiéter des fantassins russes qu'ils avaient enfoncés et dépassés. Ces derniers, qui avaient paru se rendre, voyant les dragons partis, essayèrent de se relever, et tirèrent sur eux par derrière. Nos cavaliers alors, rebroussant chemin, les sabrèrent impitoyablement. Cette poursuite dura jusqu'à la nuit, et on revint à Saint-Dizier après avoir tué ou pris à l'arrière-garde de Wintzingerode, chargée de nous suivre et de nous tromper, environ quatre mille hommes et trente bouches à feu. Il nous en avait à peine coûté trois ou quatre cents hommes, brillant trophée, le dernier, hélas, de cette héroïque et fatale campagne !

Le lendemain 27, Napoléon informé que l'en-

PREMIÈRE ABDICATION.

nemi tenait encore Vitry, s'en approcha pour l'enlever. Mais un vieux mur, un fossé plein d'eau, opposaient un obstacle assez difficile à vaincre. Macdonald, que nos récents malheurs avaient irrité, en fit la remarque à Napoléon avec quelque aigreur, et une altercation était engagée entre eux à ce sujet, lorsqu'on apporta un bulletin de l'ennemi saisi par nos soldats, et racontant à sa manière la triste journée de Fère-Champenoise. Ce bulletin, quoique la date en fût inexacte, révélait avec certitude la marche des coalisés sur Paris. Après la triste confirmation de ce fait, obtenue de la bouche de quelques prisonniers, Napoléon se reporta sur Saint-Dizier, fort touché d'une pareille nouvelle, plus touché encore de l'effet qu'elle produisait autour de lui. Les esprits déjà très-inquiets de ce qui avait pu se passer depuis qu'on s'était dirigé vers la Lorraine, ne gardèrent plus de mesure en apprenant que les coalisés avaient marché sur Paris. On se déchaîna avec une sorte d'emportement contre le fol entêtement de Napoléon, auquel, depuis le retour de M. de Caulaincourt, on attribuait la rupture des négociations. On se mit à dire qu'après avoir fait périr déjà une partie de l'armée dans cette campagne, il allait faire périr la capitale elle-même, et que tandis qu'il bataillait inutilement sur les derrières de la coalition, celle-ci vengeait peut-être l'incendie de Moscou sur Paris en flammes. Bientôt l'émotion devint telle, qu'il fallut en tenir grand compte, et le lendemain 28, Napoléon, revenu à Saint-Dizier, délibéra en compagnie de Berthier, Ney, Caulaincourt, sur le parti à prendre. Si on avait pu prévoir

Mars 1814.

qui révèlent à l'armée la marche des alliés sur Paris.

Le cri de l'armée oblige Napoléon à renoncer à son plan, et à marcher sur Paris.

qu'il n'était plus temps de secourir Paris, le mieux assurément eût été de persévérer dans un projet, hasardeux sans doute, mais présentant les seules chances de salut qu'il fût permis d'entrevoir encore, de laisser par conséquent l'ennemi faire des révolutions dans la capitale, et de se jeter sur ses derrières avec les cent vingt mille hommes qu'on serait parvenu à réunir. Mais dans l'espérance qui n'était pas perdue de sauver Paris, il était naturel d'y marcher en toute hâte, et puisqu'on n'avait pas réussi à en détourner les généraux alliés par la dernière manœuvre, d'essayer au moins de les surprendre au moment où ils seraient occupés devant cette grande ville, et de tomber sur eux avec la violence de la foudre. Berthier, Ney furent de cet avis, et le soutinrent avec chaleur. Dans l'émotion qu'on éprouvait, courir à Paris était devenu la passion universelle. Napoléon, qui ne se gouvernait point par l'émotion, pensait différemment. Il avait marché vers les places pour se refaire une armée, pour revenir à cette force de cent mille hommes, qui dans ses mains devait faire trembler la coalition. Paris pris, ou en danger de l'être, ne suffisait pas pour le détourner d'un si grand but, car dès qu'on le saurait en possession d'une force pareille, il était presque certain que les coalisés sortiraient de Paris bien vite, ou expieraient, s'ils y restaient, la satisfaction d'y avoir paru un moment. Napoléon s'arrêtait peu à l'idée d'une révolution politique, parce que, malgré toute sa sagacité, il ne se figurait pas le décri dans lequel son gouvernement était tombé. Il n'envisageait les choses qu'au point de vue mili-

PREMIÈRE ABDICATION.

taire, et de ce point de vue il regardait comme plus important d'avoir cent mille hommes que de sauver Paris. Cependant, seul de son avis, accusé d'un entêtement insensé, il dut céder en présence de la douleur universelle, et se résoudre à venir au secours de la capitale. Mais à y marcher il fallait y marcher sur-le-champ, car pour y arriver à temps il n'y avait pas une minute à perdre. Napoléon prit donc son parti soudainement, et il se mit en route à l'heure même, coupant droit de la Marne à l'Aube, de l'Aube à la Seine, pour revenir sur Paris par la gauche de la Seine, et éviter ainsi la rencontre des armées coalisées.

Mars 1814.

Nécessité de se hâter, une fois le parti pris de revenir sur Paris.

Parti le 28 de Saint-Dizier, il avait couché avec l'armée à Doulevent (voir la carte n° 62), était reparti le 29, avait passé l'Aube à Dolancourt, et était venu coucher à Troyes, laissant en arrière l'armée qui ne pouvait pas franchir les distances aussi vite que lui. En route il avait reçu un message de M. de Lavallette, qui lui signalait le danger imminent de la capitale, la masse d'ennemis qui la menaçaient au dehors, l'activité des intrigues qui la menaçaient au dedans, et sur ce message il avait encore accéléré sa marche. Le 30 au matin il avait poussé jusqu'à Villeneuve-l'Archevêque, et là, cessant de marcher militairement, voulant apporter au moins à Paris le secours de sa présence, il avait pris la poste, et tantôt à cheval, tantôt dans un misérable chariot, il s'était, avec M. de Caulaincourt et Berthier, dirigé sur Paris. Il avait envoyé en avant, comme on l'a vu, le général Dejean, pour annoncer son arrivée et presser instamment les maréchaux de

Marche précipitée de Napoléon

Pour aller plus vite, Napoléon quitte l'armée, et arrive de sa personne à Fromenteau le 30 vers minuit.

prolonger la résistance. Vers minuit, ayant couru toute la journée, soit à cheval, soit en voiture, il était enfin parvenu à Fromenteau, impatient de savoir ce qui se passait. Déjà on apercevait une nombreuse cavalerie précédée de quelques officiers. Sans hésiter, Napoléon appela ces officiers à lui. Qui est là? demanda-t-il. — Général Belliard, répondit le principal d'entre eux. — C'était en effet le général Belliard, qui, en exécution de la capitulation de Paris, se rendait à Fontainebleau, afin d'y chercher un emplacement convenable pour les troupes des deux maréchaux. Napoléon se précipitant alors à bas de sa voiture, saisit par le bras le général Belliard, le conduit sur le côté de la route, et là multipliant ses questions, il lui donne à peine le temps d'y répondre, tant elles sont pressées. — Où est l'armée? demande-t-il tout de suite. — Sire, elle me suit. — Où est l'ennemi? — Aux portes de Paris. — Et qui occupe Paris? — Personne; il est évacué! — Comment, évacué!.... et mon fils, ma femme, mon gouvernement, où sont-ils? — Sur la Loire. — Sur la Loire!... Qui a pu prendre une résolution pareille? — Mais, Sire, on dit que c'est par vos ordres. — Mes ordres ne portaient pas telle chose... Mais Joseph, Clarke, Marmont, Mortier, que sont-ils devenus? qu'ont-ils fait?—Nous n'avons vu, Sire, ni Joseph, ni Clarke, de toute la journée. Quant à Marmont et à Mortier, ils se sont conduits en braves gens. Les troupes ont été admirables. La garde nationale elle-même, partout où elle a été au feu, rivalisait avec les soldats. On a défendu héroïquement les hauteurs de Belleville, ainsi que leur revers vers la Villette. On a même défendu Montmartre, où il y avait à peine quelques pièces de canon, et l'ennemi croyant qu'il y en avait davantage, a poussé une colonne le long du chemin de la Révolte pour tourner Montmartre, s'exposant ainsi à être précipité dans la Seine. Ah! Sire, si nous avions eu une réserve de dix mille hommes, si vous aviez été là, nous jetions les alliés dans la Seine, et nous sauvions Paris, et nous vengions l'honneur de nos armes!... — Sans doute si j'avais été là, mais je ne puis être partout!... Et Clarke, Joseph, où étaient-ils? Mes deux cents bouches à feu de Vincennes, qu'en a-t-on fait? et mes braves Parisiens, pourquoi ne s'est-on pas servi d'eux? — Nous ne savons rien, Sire. Nous étions seuls et nous avons fait de notre mieux. L'ennemi a perdu douze mille hommes au moins. — Je devais m'y attendre! s'écrie alors Napoléon. Joseph m'a perdu l'Espagne, et il me perd la France... Et Clarke! J'aurais bien dû en croire ce pauvre Rovigo, qui me disait que Clarke était un lâche, un traître, et de plus un homme incapable. Mais c'est assez se plaindre, il faut réparer le mal, il en est temps encore. Caulaincourt! ma voiture... — Ces mots dits, Napoléon se met à marcher dans la direction de Paris, en commandant à tout le monde de le suivre, comme s'il pouvait ainsi gagner du temps. Mais Belliard et ceux qui l'entourent s'efforcent de le dissuader. — Il est trop tard, lui dit Belliard, pour vous rendre à Paris; l'armée a dû le quitter; l'ennemi y sera bientôt, s'il n'y est déjà. — Mais, répond Napoléon, l'armée nous la ramènerons en avant, l'ennemi nous le jetterons hors

Mars 1814.

de Paris; mes braves Parisiens entendront ma voix, ils se lèveront tous pour refouler les barbares hors de leurs murs. — Ah! Sire, il est trop tard, répète Belliard, l'infanterie est là qui me suit; d'ailleurs nous avons signé une capitulation qui ne nous permet pas de rentrer. — Une capitulation! et qui donc a été assez lâche pour en signer une? — De braves gens, Sire, qui ne pouvaient faire autrement. — Au milieu de ce colloque, Napoléon marche toujours, ne voulant rien écouter, demandant sa voiture que Caulaincourt n'amène point, lorsqu'on aperçoit un officier d'infanterie. C'était Curial. Napoléon l'appelle, et apprend alors que l'infanterie est là, c'est-à-dire à trois ou quatre lieues de Paris, et qu'il n'est plus temps d'y rentrer. Vaincu par les faits, par les explications qu'on lui donne, il s'arrête aux deux fontaines qui s'élèvent sur la route de Juvisy, s'assied au bord, et demeure quelque temps la tête dans ses mains, plongé dans de profondes réflexions.

On se tait, on regarde, on attend. Enfin il se lève, il demande un lieu où il puisse s'abriter quelques instants. Il avait fait, outre trente lieues en voiture, trente lieues à cheval, il était accablé par la fatigue, mais il ne la sentait pas. Il voulait une table, de la lumière, pour étaler ses cartes, pour donner ses ordres. On se rend chez le maître de poste voisin. On fait luire un peu de lumière et on aperçoit enfin son visage, qui conservait un reste d'animation, mais sans aucun trouble, et ne laissait paraître qu'une invincible énergie.

On étale des cartes; il examine, il réfléchit, puis

il dit : Si j'avais ici l'armée, tout serait réparé ! Alexandre va se montrer aux Parisiens; il n'est pas méchant, il ne veut pas brûler Paris, il ne veut que se faire voir à cette grande ville. Il passera demain une revue, il aura une partie de ses soldats à droite de la Seine, une autre à gauche; il en aura une portion dans Paris, une autre dehors, et, dans cette position, si j'avais mon armée, je les écraserais tous. La population se joindrait à moi, jetterait ce qu'elle a de plus lourd sur la tête des alliés, les paysans de la Bourgogne les achèveraient. Il n'en reviendrait pas un sur le Rhin, la grandeur de la France serait refaite. Si j'avais l'armée ! mais je ne l'aurai que dans trois ou quatre jours. Ah ! pourquoi ne pas tenir quelques heures de plus?... — Et en proférant ces paroles, Napoléon va et vient dans la pièce fort petite, qui le contient à peine avec les témoins peu nombreux de cette scène étrange.... — Pour le calmer, M. de Caulaincourt lui dit : Mais, Sire, l'armée viendra, et dans quatre jours Votre Majesté pourra encore faire ce qu'elle ferait aujourd'hui. — Napoléon qui jusque-là ne semblait ni écouter ni saisir ce qu'on lui disait, relève tout à coup la tête, va droit à M. de Caulaincourt, et lui, qui n'avait jamais paru admettre la possibilité d'une révolution, s'écrie : Ah ! Caulaincourt, vous ne connaissez pas les hommes ! Trois jours, deux jours ! vous ne savez pas tout ce qu'on peut faire dans un temps si court. Vous ne savez pas tout ce qu'on fera jouer d'intrigues contre moi; vous ne savez pas combien il y a d'hommes qui me quitteront. Je vous les nomme-

Mars 1814.

inspiration de Napoléon, et son espérance de sauver Paris et l'Empire.

Napoléon envoie M. de Caulaincourt à Paris pour gagner trois ou quatre jours en traitant avec les souverains, et avoir ainsi le temps de ramener l'armée.

rai tous, si vous voulez. Tenez, on prétend que j'ai ordonné de faire sortir de Paris l'Impératrice et mon fils; la chose est vraie, mais je ne puis pas tout dire. L'Impératrice est une enfant, on se serait servi d'elle contre moi, et Dieu sait quels actes on lui aurait arrachés!... Mais oublions ces misères. Trois jours, quatre jours, c'est bien long! Pourtant l'armée arrivera, et si on me seconde la France peut être sauvée. — Napoléon se tait, réfléchit, fait encore quelques pas toujours rapides, puis, avec l'accent de l'inspiration : Caulaincourt, s'écrie-t-il, je tiens nos ennemis; Dieu me les livre! je les écraserai dans Paris, mais il faut gagner du temps. C'est vous qui m'aiderez à le gagner. — Alors, indiquant qu'il voulait être seul, il demeure avec M. de Caulaincourt, et lui expose ses idées, qui sont les suivantes. Il faut que M. de Caulaincourt se rende à Paris, aille voir Alexandre, duquel il sera bien accueilli, qu'il fasse appel aux souvenirs de ce prince, qu'il cherche à réveiller ses anciens sentiments, qu'il lui fasse entrevoir les dangers qui le menacent dans cette grande capitale, Napoléon surtout approchant avec soixante mille hommes, en recueillant vingt mille qui sortent de Paris, les uns et les autres avides de vengeance, et voulant à tout prix relever l'honneur de nos armes. Cette perspective, Alexandre, même sans qu'on la lui montre, doit en avoir l'imagination frappée, et quand on s'appliquera à la placer sous ses yeux, elle produira bien plus d'effet encore. Si, dans cette disposition d'esprit, on lui offre une paix immédiate, à des conditions qui s'approcheront de celles de Châtillon, il ne voudra pas compromettre son triomphe, il prêtera l'oreille, il renverra M. de Caulaincourt au quartier général français. M. de Caulaincourt ira et reviendra. Trois, quatre jours seront bientôt passés, et alors, ajoute Napoléon, j'aurai l'armée, et tout sera réparé! — Mais, Sire, répond M. de Caulaincourt, ne serait-ce pas le cas de négocier sérieusement, de vous soumettre aux événements si ce n'est aux hommes, et d'accepter les bases de Châtillon, au moins les principales? — Non, réplique Napoléon, c'est bien assez d'avoir hésité un instant. Non, non, l'épée doit tout terminer. Cessez de m'humilier! on peut aujourd'hui encore sauver la grandeur de la France. Les chances restent belles, si vous me gagnez trois ou quatre jours. — M. de Caulaincourt, tout ferme qu'il était, avait peine à résister au torrent de cette énergie que tant de malheurs n'avaient point abattue, et il demande qu'on lui adjoigne le prince Berthier, qui a le secret des ressources dont l'Empereur dispose encore, qui est connu, estimé des souverains, qui pourra se faire écouter. Napoléon ne laisse pas achever M. de Caulaincourt. D'abord il a besoin de Berthier, qui seul connaît dans tous ses détails la distribution de l'armée sur le théâtre confus de la guerre; mais ce n'est pas sa plus forte raison. Berthier est excellent, dit Napoléon, il a de grandes qualités, il m'aime, je l'aime, mais il est faible. Vous n'imaginez pas ce qu'en pourraient faire les intrigants qui vont s'agiter. Allez, partez sans lui, il n'y a que vous dont la trempe puisse résister au foyer de ces intrigues. —

Après ce colloque si animé, il fut convenu que

Mars 1814.

M. de Caulaincourt

Napoléon irait s'établir à Fontainebleau, qu'il y concentrerait l'armée, y réunirait les ressources qui lui restaient, et que tandis qu'il préparerait tout pour une dernière et formidable lutte, M. de Caulaincourt s'efforcerait sinon d'arrêter, du moins de ralentir les entreprises politiques que les alliés allaient tenter dans Paris avec le secours des mécontents, qu'il gagnerait ainsi trois ou quatre jours, qu'alors l'heure suprême du salut sonnerait, et que Napoléon paraîtrait aux portes de la capitale pour y succomber peut-être, mais pour y entraîner certainement la coalition dans sa chute. M. de Caulaincourt accepta cette mission avec sa fidélité ordinaire, non pas toutefois dans l'intention de tromper les souverains alliés, car il n'eût voulu tromper personne, pas même les ennemis de son pays, mais dans l'espérance de faire renaître quelques relations entre un maître intraitable et l'Europe victorieuse. Il partit donc pour Paris, tandis que Napoléon partait pour Fontainebleau après avoir ordonné aux troupes qui arrivaient de prendre position sur la rivière d'Essonne et de s'y établir solidement. C'est derrière cette ligne que Napoléon voulait opérer la concentration de ses forces. Il était si animé qu'on eût pu le croire à la veille de l'une des grandes victoires de sa vie, aussi bien qu'au lendemain du plus grand des désastres. Dans sa tête ardente il avait déjà conçu un dessein qui pouvait, selon lui, changer les destinées. Il amenait à sa suite environ 50 mille hommes, auxquels allaient se joindre les 15 ou 18 mille sortant de Paris. Avec ce qu'il pouvait attirer à lui des bords de la Seine et de l'Yonne, il n'aurait pas moins de 70 mille combattants. Il voulait les concentrer entre Fontainebleau et Paris, le long de l'Essonne, sa droite à la Seine, sa gauche dans la direction d'Orléans, où étaient sa femme et son fils. L'ennemi serait dispersé dans Paris, partagé sur les deux rives de la Seine, et avec soixante-dix mille soldats qui avaient au cœur la rage de l'honneur et du patriotisme, Napoléon ne désespérait pas de frapper encore des coups terribles, des coups qui retentiraient à travers les siècles! Qui sait même! il referait peut-être en une journée sanglante la grandeur de la France! — Ces idées s'étaient succédé dans son esprit avec la rapidité de l'éclair, et après avoir expédié M. de Caulaincourt à Paris, il donna des ordres au général Belliard, lui prescrivit de se porter sur la rivière d'Essonne, d'y appeler les deux maréchaux, et de les y établir du bord de la Seine à la route d'Orléans. Il lui annonça que le lendemain il leur fournirait, au moyen du grand parc d'artillerie, de quoi remplacer ce qu'ils avaient perdu dans la glorieuse et funeste bataille de Paris. Cela fait, il quitta MM. de Caulaincourt et Belliard, et partit avec Berthier pour Fontainebleau, afin d'y attendre et d'y rallier l'armée.

Mars 1814.

Napoléon va s'établir à Fontainebleau, et donne les ordres nécessaires pour réunir toute l'armée derrière l'Essonne.

Tandis que Napoléon prenait ce chemin, M. de Caulaincourt avait pris celui de Paris, et s'était rendu à l'hôtel de ville, auprès de l'autorité municipale, la seule qui subsistât encore dans notre capitale abandonnée. Mais déjà cette autorité s'était transportée au château de Bondy, pour recommander aux souverains alliés la population parisienne. La moitié de la nuit s'était écoulée. L'empereur Alexan-

M. de Caulaincourt se rend à Paris auprès du conseil municipal.

Ce corps s'est transporté auprès d'Alexandre, dont

dre avait accueilli de son mieux les deux préfets et la députation qui les accompagnait. Ce monarque, maître enfin de Paris, était au comble de la joie. Son orgueil une fois satisfait, tous ses bons sentiments avaient repris le dessus. Son penchant le plus prononcé était le désir de plaire, et il n'était personne à qui il voulût plaire autant qu'à ces Français, qui l'avaient vaincu tant de fois, qu'il venait de vaincre à son tour, et dont il ambitionnait les applaudissements avec passion. Surprendre à force de générosité ce peuple généreux, était en ce moment son rêve le plus cher : noble faiblesse si c'en était une !

Il reçut donc avec une extrême courtoisie les deux préfets et la députation parisienne, leur répéta ce qu'il avait déjà dit si souvent, qu'il ne faisait point la guerre à la France, mais à la folle ambition d'un seul homme; qu'il n'entendait imposer à la France ni un gouvernement, ni une paix humiliante, mais la délivrer d'un despotisme dont elle n'avait pas moins souffert que l'Europe. Il garantit pour la capitale les traitements les plus doux, moyennant que le peuple parisien demeurât paisible, et se montrât aussi amical envers ses nouveaux hôtes que ceux-ci voulaient l'être envers lui. Il consentit sans difficulté à laisser la police de Paris à la garde nationale, et à ne pas loger ses soldats chez les habitants. Il demanda seulement des vivres qu'on avait, et qu'on lui promit.

Aussitôt la conversation générale terminée, il s'adressa individuellement à chaque membre de la députation, et affirma de nouveau qu'en apportant

PREMIÈRE ABDICATION.

à la France la paix la plus honorable, il lui laisserait en outre la plus entière liberté dans le choix de son gouvernement. Il parut surtout fort impatient de savoir ce qu'était devenu M. de Talleyrand, ce que faisait ce grand personnage, et où il était actuellement. M. de Nesselrode, présent à l'entretien, pria M. de Laborde, qu'il connaissait, et qui était membre de la députation, de se rendre auprès de M. de Talleyrand, de le retenir à Paris s'il n'était pas parti, et de l'assurer de la part des souverains de toute leur considération.

Pendant que les préfets étaient auprès d'Alexandre, les officiers des deux armées avaient arrêté les conditions de l'évacuation de Paris. Ils étaient convenus que vers sept heures du matin les soldats des maréchaux Marmont et Mortier livreraient les barrières aux soldats des armées alliées, après quoi les souverains feraient leur entrée dans Paris.

Sur ces entrefaites M. de Caulaincourt n'ayant pas trouvé à l'hôtel de ville les autorités parisiennes, s'était rendu lui-même au château de Bondy, avait rencontré en route la députation qui s'en retournait, avait eu quelque difficulté à se faire admettre auprès d'Alexandre, et y avait enfin réussi. En le voyant, Alexandre l'accueillit avec la même cordialité qu'autrefois, l'embrassa même de la manière la plus affectueuse, lui expliqua pourquoi il ne l'avait pas reçu à Prague, puis arrivant aux grands événements du jour, lui dit qu'exempt de tout ressentiment, ne désirant que la paix, la venant chercher à Paris puisqu'il n'avait pu la trouver à Châtillon, il la voulait honorable pour la France, mais

Mars 1814.

Soin que l'empereur Alexandre met à s'informer de ce qu'est devenu M. de Talleyrand.

M. de Caulaincourt au château de Bondy.

Son entretien avec Alexandre.

sûre pour l'Europe, et que pour ce motif ni lui ni ses alliés ne consentiraient plus à négocier avec Napoléon; qu'ils n'auraient pas de peine d'ailleurs à trouver quelqu'un avec qui on pût traiter, car il leur revenait de toute part que la France était aussi fatiguée de Napoléon que l'Europe elle-même, et qu'elle ne demandait pas mieux que d'être débarrassée de son despotisme; qu'au surplus les alliés n'avaient pas le projet de faire violence à cette noble France, qu'ils entendaient au contraire la respecter profondément, lui laisser le choix de son souverain, et conclure la paix avec ce souverain dès qu'elle l'aurait désigné; qu'une fois entrés dans Paris ils consulteraient les gens les plus notables, qu'ils les prendraient dans toutes les nuances d'opinion, et que ce que les personnages les plus accrédités du pays auraient décidé, les alliés l'adopteraient, et le consacreraient par l'adhésion de l'Europe.

Consterné de ce langage calme, doux, mais résolu, M. de Caulaincourt essaya de combattre les idées émises par Alexandre. Il s'efforça de lui faire sentir le danger pour les alliés de se conduire, eux, représentants de l'ordre social et monarchique en Europe, comme des fauteurs de révolution, de détrôner un prince longtemps reconnu, adulé de toutes les cours, accepté par elles comme allié, et par l'une d'elles comme gendre; le danger d'en croire à cet égard des mécontents, qui ne consulteraient que leurs passions, de se tromper ainsi sur les vrais sentiments de la France, qui, tout en désapprouvant les guerres continuelles de Napoléon, restait reconnaissante de la gloire et de l'ordre intérieur dont elle avait joui sous son règne, et était peu disposée à échanger sa puissante et glorieuse main contre la main débile et oubliée des Bourbons; le danger enfin de pousser au désespoir Napoléon et l'armée, de commettre à de nouveaux et affreux hasards un triomphe inespéré, triomphe qu'on pourrait consolider à l'instant même, et rendre définitif par une paix équitable et modérée.

<small>Mars 1814.

Efforts infructueux de M. de Caulaincourt pour persuader Alexandre.</small>

Alexandre parut peu touché de ces raisons. Il répondit qu'on écouterait non pas des mécontents, mais des hommes sensés, n'ayant ni parti pris, ni intérêt suspect; que le goût de renverser des trônes, les souverains alliés ne l'avaient pas, et ne pouvaient pas l'avoir; que le danger de réduire Napoléon au désespoir, ils en tenaient compte; mais qu'ils étaient résolus, après être venus si loin, et maintenant surtout qu'ils étaient si unis, de pousser la lutte à bout, pour n'avoir pas à la recommencer dans des conditions peut-être moins favorables; qu'ils s'attendaient sans doute à des coups extraordinaires de la part de Napoléon, tant qu'il lui resterait une épée dans les mains, mais que, fussent-ils repoussés de Paris, ils y reviendraient, jusqu'à ce qu'ils eussent conquis une paix sûre, et qu'une paix sûre on ne pouvait pas l'espérer de l'homme qui avait ravagé l'Europe de Cadix à Moscou.

Il était visible néanmoins que tout en affectant de ne pas craindre un dernier acte désespéré de Napoléon, Alexandre en était intérieurement troublé, et que ce serait un argument d'un poids considérable dans les négociations qui allaient suivre. A propos de ces résolutions qui paraissaient si fermement arrêtées de la part des puissances, M. de Caulaincourt demanda au czar si cependant l'Autriche n'aurait aucune considération pour les liens de famille, et si elle aurait conduit si loin ses soldats pour avoir l'honneur de détrôner sa fille; que ce ne serait plus alors le cas de tant reprocher au peuple français d'avoir égorgé une archiduchesse, quand on venait soi-même en détrôner une autre. — L'Autriche, reprit Alexandre, a eu de la peine à se décider; mais depuis que vous avez refusé l'armistice de Lusigny, imaginé par elle pour ménager un accommodement, elle est aussi convaincue que nous qu'on ne peut pas traiter avec son gendre, et que pour obtenir une paix durable il faut la signer avec un autre que lui.

A cette déclaration Alexandre ajouta de nouvelles assurances d'amitié pour M. de Caulaincourt, l'engagea à venir le revoir dans la journée, lui promit de l'accueillir à toute heure, mais lui fit promettre à son tour de garder à Paris la réserve d'un parlementaire, puis il le quitta, car l'heure du triomphe approchait, et son orgueil était impatient. Il ne voulait pas brûler Paris, mais y entrer.

Le jeudi 31 mars 1814, jour de douloureuse et ineffaçable mémoire, les souverains alliés se mirent en marche, vers les dix ou onze heures du matin, pour faire dans Paris leur entrée triomphale. L'empereur Alexandre s'était attribué, et on lui avait laissé prendre, le premier rôle. Le roi de Prusse le lui cédait de bien grand cœur, trop heureux du succès des armes alliées, succès que sa défiance du sort lui avait fait mettre en doute jusqu'au dernier instant. L'empereur François et M. de Metternich, séparés du quartier général des alliés par la bataille d'Arcis-sur-Aube, s'étaient retirés à Dijon, où ils ignoraient la prise de Paris. Le prince de Schwarzenberg avait du reste assez d'autorité et de connaissance de leurs intentions pour les remplacer complétement dans ces graves circonstances. Lord Castlereagh, ministre d'un gouvernement où il faut tout expliquer à la nation, était allé donner au Parlement les motifs du traité de Chaumont. Personne ne pouvait donc en ce moment disputer au czar l'empire de la situation, et il y parut bientôt par le dehors aussi bien que par le fond des choses.

Mars 1814.

Alexandre ayant à sa droite le roi de Prusse, à sa gauche le prince de Schwarzenberg, derrière lui un brillant état-major, et pour escorte cinquante mille soldats d'élite, observant un ordre parfait, et portant au bras une écharpe blanche qu'ils avaient adoptée pour éviter les méprises sur le champ de bataille, Alexandre s'avançait à cheval à travers le faubourg Saint-Martin. Une proclamation des deux préfets, annonçant les intentions bienveillantes des monarques alliés, avait averti la population parisienne de l'événement solennel et douloureux qui allait attrister ses murs. Dire les émotions de cette population, en proie aux sentiments les plus contraires, serait difficile. Le peuple de Paris, toujours si sensible à l'honneur des armes françaises, irrité de n'avoir pas obtenu les fusils qu'il demandait, soupçonnant même des trahisons là où il n'y avait eu que des faiblesses, supportait avec une aversion peu dissimulée la présence

Aspect de Paris, et sentiments divers de la population.

Mars 1814.

des soldats étrangers. La bourgeoisie plus éclairée sans être moins patriote, appréciant les causes et les conséquences des événements, était partagée entre l'horreur de l'invasion, et la satisfaction de voir cesser le despotisme et la guerre. Enfin, l'ancienne noblesse française, à force de haïr la révolution oubliant la gloire du pays qui jadis lui était si chère, éprouvait de la chute de Napoléon une joie folle, qui ne lui permettait pas de sentir actuellement le désastre de la patrie. Quelques membres de cette noblesse, dans le désir d'amener à Paris un événement semblable à celui de Bordeaux, parcouraient le faubourg Saint-Germain, la place de la Concorde, le boulevard, en agitant un drapeau blanc, et en poussant des cris de *vive le roi!* qui restaient sans écho, et provoquaient même assez souvent une désapprobation manifeste. Calme et triste, la garde nationale faisait partout le service, prête à maintenir l'ordre, que personne au surplus ne songeait à troubler.

Manifestations des royalistes.

Tel était l'aspect de Paris. En suivant à travers une foule pressée et silencieuse le faubourg Saint-Martin jusqu'au boulevard, les souverains alliés ne rencontrèrent d'abord que des visages mornes, et parfois menaçants. Du reste pas une insulte, pas une acclamation ne signalèrent leur marche grave et lente. En arrivant au boulevard et en s'approchant des grands quartiers de la capitale, les visages commencèrent à changer avec les sentiments de la population. Quelques cris se firent entendre qui indiquaient qu'on appréciait les dispositions généreuses d'Alexandre. Il y répondit avec une sensibilité marquée. Bientôt ses saluts répétés à la population, l'ordre rassurant observé par ses soldats, amenèrent des manifestations de plus en plus amicales. Enfin parut le groupe royaliste qui depuis le matin se promenait dans Paris en agitant un drapeau blanc. Ses cris enthousiastes de *vive Louis XVIII, vive Alexandre, vive Guillaume,* éclatèrent subitement aux oreilles des souverains, et leur causèrent une satisfaction visible. Aux cris violents de ce groupe vinrent se joindre ceux de femmes élégantes, agitant des mouchoirs blancs, et saluant avec la vivacité passionnée de leur sexe la présence des monarques étrangers : triste spectacle qu'il faut déplorer sans s'en étonner, car c'est celui que donnent en tous lieux et en tout temps les peuples divisés. Les joies des partis y étouffent en effet les plus légitimes douleurs de la patrie !

Ces dernières manifestations rassurèrent les souverains alliés, que la froideur malveillante témoignée par les masses populaires dans le faubourg Saint-Martin et le boulevard Saint-Denis avait inquiétés d'abord, non pour leur sûreté personnelle, mais pour la suite de leurs desseins. Ils se rendirent sans s'arrêter aux Champs-Élysées, pour y passer la revue de leurs soldats. C'était une manière de remplir, par un grand spectacle militaire, les heures de cette journée, tandis que leurs ministres vaqueraient à des soins plus sérieux et plus pressants. Il était urgent, effectivement, de parler à cette ville de Paris, si redoutée même dans sa défaite, de lui dire qu'on ne venait ni conquérir, ni opprimer, ni humilier la France, qu'on lui apportait seulement la paix, dont

Mars 1814.

Affabilité d'Alexandre.

Grande revue aux Champs-Élysées.

n'avait pas voulu un chef intraitable, et que quant à la forme de son gouvernement, on la laisserait libre de choisir celle qui lui conviendrait. Mais pour concerter ce langage, pour savoir même à qui l'adresser, il fallait s'aboucher avec des personnages accrédités, et pendant la revue des Champs-Élysées, M. de Nesselrode s'était rendu auprès de celui qu'indiquait une sorte de désignation universelle, c'est-à-dire auprès de M. de Talleyrand. Il l'avait trouvé dans son célèbre hôtel de la rue Saint-Florentin, attendant cette démarche si facile à prévoir, et lui avait demandé, au nom des monarques alliés, quel était le gouvernement qu'il fallait constituer, en lui déclarant qu'on s'en fierait à ses lumières plus volontiers qu'à celles d'aucun homme de France. M. de Talleyrand, qui connaissait et appréciait depuis longtemps l'habile diplomate dépêché auprès de lui, l'accueillit avec empressement, et lui dit, ce qui était vrai, que le gouvernement impérial était complétement ruiné dans les esprits, que le régime de la guerre perpétuelle inspirait en 1814 autant d'horreur que celui de la guillotine en 1800, et que rien ne serait plus facile que d'opérer une révolution, si on traitait la France avec les égards dont ce grand pays était digne, si on lui prouvait surtout par les faits aussi bien que par les paroles, que les souverains alliés voulaient être non pas ses conquérants, mais ses libérateurs. Dans ces termes généraux il était aisé de s'entendre. M. de Nesselrode répéta les assurances qu'il était chargé de prodiguer, et les deux diplomates commençaient à discuter les graves sujets que comportait la circonstance,

PREMIÈRE ABDICATION.

lorsque M. de Nesselrode reçut de l'empereur Alexandre un message singulier, dont l'objet était le suivant. Par une modestie pleine de délicatesse, Alexandre avait voulu loger non aux Tuileries, mais à l'Élysée, et pendant la revue on lui avait remis un billet dans lequel on prétendait que l'Élysée était miné. Il avait envoyé ce billet à M. de Nesselrode pour que celui-ci s'informât si un tel avis avait le moindre fondement. M. de Nesselrode communiqua ce message à M. de Talleyrand, qui sourit d'un avis aussi puéril, et qui cependant offrit courtoisement de mettre à la disposition de l'empereur Alexandre son hôtel, où aucun danger n'était à craindre, et où depuis longtemps régnaient des habitudes tout à fait princières. M. de Nesselrode saisit cette offre avec empressement, car c'était donner un haut témoignage de considération à un personnage dont on avait grand besoin, c'était augmenter son influence, et se ménager même bien des commodités pour l'œuvre qu'on allait entreprendre.

Les hommes qui depuis quelque temps étaient ou les confidents ou les visiteurs assidus de M. de Talleyrand, le duc de Dalberg, l'abbé de Pradt, le baron Louis, le général Dessoles, et une infinité d'autres, étaient accourus chez lui pour s'entretenir des prodigieux événements qui étaient en voie de s'accomplir. Il avait donc sa cour toute formée pour recevoir l'empereur Alexandre lorsque celui-ci, après avoir passé ses troupes en revue, se transporterait à l'hôtel de la rue Saint-Florentin. L'empereur Alexandre étant descendu de cheval sur la place de la Concorde, se rendit à pied chez le grand

Mars 1814.

Il est convenu que l'empereur Alexandre prendra son logement chez M. de Talleyrand.

La revue de ses troupes finie, Alexandre se rend chez M. de Talleyrand.

dignitaire impérial, lui tendit la main avec cette courtoisie qui séduisait tous ceux qui ne savaient pas combien il y avait de finesse cachée sous le charme de ses manières, traversa les appartements qui contenaient déjà une foule empressée, se laissa présenter les nouveaux royalistes dont le nombre augmentait à vue d'œil, et après avoir prodigué à chacun les témoignages les plus flatteurs, s'enferma avec M. de Talleyrand pour le consulter sur les importantes résolutions qu'il s'agissait d'adopter. Le roi de Prusse, le prince de Schwarzenberg, appelés à cette conférence, s'y rendirent immédiatement, et M. de Talleyrand demanda l'autorisation d'y introduire son véritable, son unique complice, le duc de Dalberg, qui, plus téméraire que lui, avait osé envoyer un émissaire au camp des alliés. A peine assemblés ces éminents personnages entreprirent de traiter le grand sujet qui les réunissait, celui du gouvernement à donner à la France.

Conférence des souverains avec M. de Talleyrand et avec quelques personnages sur le choix du gouvernement qui convient à la France.

Alexandre qui avait déjà pris l'habitude, et qui continua de la prendre chaque jour davantage, d'ouvrir les entretiens et de les clore, Alexandre commença par répéter ce qu'il disait à tout le monde, que lui et ses alliés n'étaient pas venus en France pour y opérer des révolutions, mais pour y chercher la paix; qu'ils l'auraient faite à Châtillon, si Napoléon s'y était prêté, mais que n'ayant trouvé à Châtillon que des refus, obligés de venir chercher cette paix jusque dans les murs de Paris, ils étaient prêts à la conclure avec ceux qui la voudraient franchement; qu'il ne leur appartenait pas de désigner les hommes qui seraient chargés de représenter la France en cette circonstancé, et de constituer son gouvernement, qu'à cet égard ils n'avaient la prétention d'imposer personne, que Napoléon lui-même ils n'auraient pas pris sur eux de l'exclure, s'il ne s'était exclu en refusant péremptoirement des conditions auxquelles l'Europe attachait sa sûreté; mais qu'après lui la régente Marie-Louise, le prince Bernadotte, la république elle-même, et enfin les Bourbons, ils étaient prêts à admettre tout ce que la nation française paraîtrait désirer. Seulement, dans l'intérêt de l'Europe et de la France, on devait choisir un gouvernement qui pût se maintenir, surtout en succédant à la puissante main de Napoléon, car l'œuvre qu'on allait accomplir, il ne fallait pas qu'on eût à la recommencer.

Mars 1814.

Alexandre ne dissimula pas que, tout en ayant pour les Bourbons une préférence naturelle, les monarques alliés craignaient que ces princes, inconnus aujourd'hui de la France et ne la connaissant plus, ne fussent incapables de la gouverner; qu'ils n'espéraient pas non plus qu'on parvînt à composer un gouvernement sérieux avec une femme et un enfant, comme Marie-Louise et le Roi de Rome, que c'était l'avis notamment de l'empereur d'Autriche; que cherchant ainsi le meilleur gouvernement à donner à la France il avait, lui, songé quelquefois au prince Bernadotte, mais que ne trouvant pas beaucoup d'assentiment lorsqu'il parlait de ce candidat il se garderait bien d'insister; que du reste dans cet état d'indécision, l'avis des souverains en serait d'autant plus facile à plier au vœu de la France, seule autorité à consulter ici; que pour eux ils n'avaient

Exposé des sentiments des souverains fait par l'empereur Alexandre.

Déclaration que les souverains entendent laisser la France libre dans le choix de son souverain.

qu'un intérêt et un droit, c'était d'avoir la paix, mais de l'avoir sûre en l'accordant honorable, telle qu'on la devait à une nation couverte de gloire, et à laquelle ils ne s'en prenaient point de leurs maux, sachant bien que sous le joug détesté qu'on venait de briser elle avait souffert autant que l'Europe.

A ce langage, doux, flatteur, insinuant, un seul homme était appelé à répondre, et c'était M. de Talleyrand. C'est à lui que s'adressaient particulièrement ces questions comme au plus accrédité des personnages auxquels on pouvait les poser. Généralement peu impatient de se prononcer, laissant volontiers les plus pressés dire leur sentiment, mais sachant se décider quand il le fallait, M. de Talleyrand possédait au plus haut point le discernement des situations, savait découvrir ce qui convenait à chacune, et avait de plus l'art de donner à ses avis une forme piquante ou sentencieuse, qui leur valait tout de suite la vogue d'un bon mot, ou d'un mot profond. Il avait clairement discerné qu'élevé par la victoire, Napoléon ne pouvait se soutenir que par elle, que vaincu il était détrôné; que la république n'étant pas proposable à une génération qui avait assisté aux horreurs de 1793, la monarchie étant le seul gouvernement alors possible, il n'y avait de dynastie acceptable que celle des Bourbons, car on ne crée pas à volonté et artificiellement les conditions qui rendent une famille propre à régner. Le génie, le hasard des révolutions, peuvent un moment élever un homme, et on venait d'en avoir la preuve, mais ce phénomène passé, les peuples reviennent promptement à ce que le temps et de longues habitudes nationales ont consacré. A l'abri désormais des vengeances impériales, M. de Talleyrand dit lentement mais nettement la vérité à ce sujet. Napoléon, selon lui, n'était plus possible. La France, à laquelle il avait rendu de grands services qu'il lui avait malheureusement fait payer cher, voyait en lui ce qu'y voyait l'Europe, c'est-à-dire la guerre, et elle voulait la paix. Napoléon était donc en ce moment le contraire du vœu formel, absolu de la génération présente. Consentirait-il à signer la paix, il ne faudrait pas y compter. En effet une paix, même très-honorable, telle que la France pourrait l'accepter, telle que l'Europe dans sa haute raison devrait l'accorder, cette paix quelle qu'elle fût, serait toujours tellement au-dessous de ce que Napoléon devait prétendre, qu'il ne saurait y souscrire sans déchoir, dès lors sans avoir l'intention de la rompre. Il ne fallait donc plus songer à lui, puisqu'il était incompatible avec la paix, qui était le besoin du monde entier, et on verrait bientôt, en laissant éclater l'opinion universelle encore comprimée, que cette manière de penser était au fond de tous les esprits. Que si Napoléon était impossible personnellement, il était tout aussi impossible dans sa femme et son fils. Qui pouvait croire sérieusement qu'il ne serait pas derrière Marie-Louise et le Roi de Rome, pour gouverner sous leur nom? Personne. Ce serait Napoléon avec tous ses inconvénients et tous ceux de la dissimulation. Il fallait par conséquent renoncer à une semblable combinaison, et puisque le prince auguste qui avait donné sa fille à Napoléon faisait un généreux sacrifice à l'Europe, on devait accepter ce sacrifice en remerciant l'empereur d'Autriche de si bien comprendre les besoins de la situation. Quant au prince Bernadotte, devenu l'héritier du trône de Suède, c'était chose moins sérieuse encore. Après avoir eu un soldat de génie, la France n'accepterait pas un soldat médiocre, couvert du sang français. Restaient donc les Bourbons. Sans doute la France, qui les avait tant connus, les connaissait peu aujourd'hui, et éprouvait même à leur égard certaines préventions. Mais elle referait connaissance avec eux, et les accueillerait volontiers s'ils apportaient, en revenant, non les préjugés qui avaient déjà perdu leur maison, mais les saines idées du siècle. M. de Talleyrand ajoutait qu'il fallait les lier par de sages lois, et les réconcilier avec l'armée, en plaçant auprès d'eux ses représentants les plus illustres; qu'avec du tact, des soins, de l'application, tout cela pourrait se faire; qu'il fallait bien d'ailleurs que ce fût possible, car c'était nécessaire; qu'après tant d'agitations, le besoin le plus impérieux des esprits était de voir l'édifice social rétabli sur ses véritables bases, et qu'il ne semblerait l'être que lorsque le trône de France serait rendu à ses antiques possesseurs. Résumant enfin son opinion en quelques mots, M. de Talleyrand dit : La république est une impossiblité; la régence, Bernadotte, sont une intrigue; les Bourbons seuls sont un principe. —

Un tel langage avait de quoi plaire aux souverains alliés, et il aurait trouvé parmi eux des approbateurs encore plus chauds, si le vrai représentant de la vieille Europe, l'empereur François, si le chef du parti tory, lord Castlereagh, eussent été présents.

Pourtant le rare bon sens du roi Guillaume désirait que tout ce qu'on venait de dire fût vrai. Alexandre sans le désirer autant, était prêt cependant à l'admettre, si la restauration des Bourbons était un moyen de pacifier la France sans l'humilier, de lui plaire surtout après l'avoir vaincue. M. de Talleyrand voulant donner à son opinion, nette, ferme, mais exprimée sans véhémence, l'appui d'un langage plus vif, plus chaleureux que le sien, proposa aux souverains alliés et à leurs ministres assemblés dans son salon, de leur faire entendre quelques Français, qui, à des titres divers, par leur esprit, leurs fonctions, leur rôle, méritaient d'être écoutés. On introduisit l'abbé de Pradt, archevêque de Malines, récemment ambassadeur à Varsovie, le baron Louis, financier habile, employé par Napoléon dans quelques opérations importantes, le général Dessoles, l'ancien chef d'état-major de Moreau, l'un des hommes les plus estimés de l'armée.

L'entrevue cessa dès lors d'avoir le caractère d'un tête-à-tête. L'entretien devint animé, et quelquefois confus à force de vivacité. L'abbé de Pradt avec la pétulance de son langage, le baron Louis avec la fermeté de son esprit, le général Dessoles avec une haute raison, affirmèrent chacun à sa manière, que c'en était fait de la domination de Napoléon, que personne ne voulait plus d'un furieux, prêt à immoler la France et l'Europe à de sanglantes chimères; que dans sa femme et son fils on ne verrait que lui sous un nom supposé, que dans Bernadotte on verrait un outrage, que désirant une monarchie, on ne pouvait admettre que les Bour-

Mars 1814.

M. de Talleyrand fait intervenir divers personnages pour appuyer ce qu'il a dit.

bons; que sans doute on ne pensait pas à eux, mais qu'on n'avait pas eu le temps d'y penser, que leur nom une fois prononcé franchement, tout le monde comprendrait qu'il n'y avait que ces princes de possibles, et qu'en prenant par de bonnes lois des précautions contre leurs préjugés, on aurait leurs avantages sans leurs inconvénients.

L'opinion de M. de Talleyrand admise comme la bonne par les monarques alliés.

Personne n'était plus influencé que l'empereur Alexandre par l'ensemble et la chaleur des avis. — Si vous êtes tous de cette opinion, s'écria-t-il, ce n'est pas à nous à contredire. Et regardant ses alliés qui donnaient leur assentiment d'un signe de tête, notamment le prince de Schwarzenberg qui avait très-visiblement approuvé ce qu'on avait dit contre la régence de Marie-Louise, il se montra prêt à accepter les Bourbons; car, ajoutait-il, ce n'étaient pas les représentants des vieilles monarchies européennes qui pouvaient élever des objections contre le rétablissement de cette antique famille. Le principe admis, il s'agissait du moyen à employer pour consommer la déchéance de Napoléon, et pour instituer un gouvernement nouveau qui pacifierait la France avec l'Europe, et la France avec elle-même.

Il est convenu qu'on se servira du Sénat pour opérer les changements projetés.

M. de Talleyrand et ceux qui composaient son conseil improvisé, furent d'avis qu'on pourrait se servir du Sénat, et qu'on le trouverait empressé à renverser le maître qu'il avait adulé si longtemps, car en l'adulant il l'avait toujours haï au fond du cœur. Mais pour inspirer à ce corps le courage de se prononcer, il fallait que Napoléon parût irrévocablement condamné. Sans cette certitude, la même timidité qui avait tenu le Sénat silencieux

Afin de donner au Sénat le courage de se prononcer, les souverains déclarent qu'ils ne traiteront plus

PREMIÈRE ABDICATION.

devant Napoléon, le tiendrait silencieux encore devant son ombre. Pour lever cette difficulté, il se présentait un moyen fort simple, mais qui devait précéder toute autre démarche, c'était de déclarer que les monarques alliés, réunis à Paris, et disposés à concéder la paix la plus honorable à la France, avaient pris la résolution de ne plus traiter avec Napoléon, avec lequel toute paix sincère et durable était jugée impossible. Bien que ce fût un engagement assez grave à prendre, ce moyen étant le seul qui pût faire éclater l'opinion publique à l'égard de Napoléon, il n'y avait guère à hésiter, et on n'hésita point. Le projet de déclaration fut adopté. Pourtant, au gré de ceux qui désiraient les Bourbons et voulaient être satisfaits le plus tôt possible, ce n'était pas assez de dire qu'on ne traiterait plus avec Napoléon, il fallait dire encore qu'on ne traiterait avec aucun autre membre de sa famille, car si on laissait une chance ouverte en faveur de son fils, ce serait assez pour glacer les gens timides, sur lesquels il importait d'agir dans le moment. Ce complément indispensable fut ajouté sur la proposition de l'abbé de Pradt, et la déclaration suivante, signée par Alexandre au nom de ses alliés, fut immédiatement placardée sur les murs de Paris.

« Les armées des puissances alliées ont occupé la
» capitale de la France. Les souverains alliés accueil-
» lent le vœu de la nation française.

» Ils déclarent :

» Que si les conditions de la paix devaient ren-
» fermer de plus fortes garanties lorsqu'il s'agissait
» d'enchaîner l'ambition de Bonaparte, elles doivent

Mars 1814.

avec Napoléon ni avec aucun membre de sa famille.

Texte de cette déclaration.

» être plus favorables, lorsque par un retour vers
» un gouvernement sage, la France elle-même
» offrira des assurances de repos.

» Les souverains alliés proclament en consé-
» quence :

» Qu'ils ne traiteront plus avec Napoléon Bona-
» parte ni avec aucun membre de sa famille;

» Qu'ils respectent l'intégrité de l'ancienne
» France, telle qu'elle a existé sous ses rois légi-
» times; ils peuvent même faire plus, parce qu'ils
» professent toujours le principe que, pour le bon-
» heur de l'Europe, il faut que la France soit grande
» et forte;

» Qu'ils reconnaîtront et garantiront la Constitu-
» tion que la nation française se donnera. Ils invi-
» tent par conséquent le Sénat à désigner un gou-
» vernement provisoire, qui puisse pourvoir aux
» besoins de l'administration, et préparer la consti-
» tution qui conviendra au peuple français.

» Les intentions que je viens d'exprimer me sont
» communes avec toutes les puissances alliées.

» ALEXANDRE.
» P. S. M. I.

» *Le secrétaire d'État*, comte de NESSELRODE.

» Paris, le 31 mars 1814, trois heures après-midi. »

Il fut convenu que s'appuyant sur cette déclaration, M. de Talleyrand et ses coopérateurs s'abou-
cheraient avec les membres du Sénat, les décideraient à nommer un gouvernement provisoire, et
qu'on aviserait ensuite aux moyens de prononcer

directement et définitivement la déchéance de Napoléon.

Après ce premier acte les souverains se séparèrent. Alexandre demeura chez M. de Talleyrand, le roi de Prusse alla fixer sa résidence dans l'hôtel du prince Eugène, qui est devenu depuis l'hôtel de la légation de Prusse. Les ordres furent donnés pour que les troupes alliées ne prissent point leur logement chez les habitants, mais que, pourvues des vivres nécessaires, elles établissent leurs bivouacs sur les principales places de la capitale, et notamment dans les Champs-Élysées. Le général Sacken fut nommé gouverneur de Paris. Les rédacteurs des divers journaux furent, ou changés, ou invités à parler dans le sens de la révolution nouvelle. On se servit du télégraphe, tel qu'il existait alors, pour annoncer les grands événements accomplis dans la capitale, avec mention réitérée des intentions généreuses des puissances. Les royalistes, anciens ou nouveaux, qui avaient dans cette journée assiégé l'hôtel Talleyrand, se répandirent dans la capitale afin d'y propager l'espérance, et presque la certitude du prochain rétablissement des Bourbons. Ceux d'entre eux qui avaient promené le matin dans Paris le drapeau blanc, s'étant assemblés tumultueusement, proposèrent de s'adresser aux souverains étrangers pour leur demander que les Bourbons fussent immédiatement proclamés. Ils trouvaient que si c'était déjà quelque chose de déclarer qu'on ne traiterait plus avec Napoléon, ce n'était point assez, et qu'il fallait annoncer qu'on traiterait exclusivement avec les Bourbons, seuls souverains légitimes de la France.

Mars 1814.

Publicité donnée aux intentions des souverains.

Après une délibération vive et confuse, on se sépara d'accord sur un point, l'envoi d'une députation à Alexandre pour lui exprimer le vœu formel des royalistes. En effet, cette députation alla chercher Alexandre à l'Élysée d'abord, puis à l'hôtel de la rue Saint-Florentin, ne fut point reçue par ce prince, mais par M. de Nesselrode, qui, se renfermant dans la réserve convenable, leur répéta que l'Europe réunie à Paris entendait suivre exclusivement le vœu de la France, et que si, comme tout l'indiquait, ce vœu était favorable aux Bourbons, les souverains alliés seraient heureux d'assister à leur restauration, et d'y contribuer par leur plein assentiment.

Le premier acte de cette révolution était donc accompli. Les souverains entrés dans Paris, reçus paisiblement par une population désarmée qu'ils s'attachaient à flatter, s'étaient mis en rapport avec quelques grands personnages, et sur leur conseil avaient déclaré qu'ils ne traiteraient plus avec Napoléon, tandis qu'ils étaient prêts au contraire à traiter avantageusement avec tout gouvernement issu du vœu de la nation française. C'était assez pour que l'opinion fatiguée de la domination d'un soldat, qui ne prenait jamais de repos et n'en laissait à personne, se prononçât bientôt en faveur de la seule dynastie qui s'offrît à l'esprit en dehors de celle que la victoire avait élevée et que la victoire renversait. Un moment d'hésitation en présence d'un événement si subit, et après vingt-quatre ans d'absence des Bourbons, était bien naturel ; mais les heures allaient produire ici l'effet qu'en d'autres temps produisent les mois et les années.

Le soir même, et le lendemain 1er avril, tous ces esprits remuants qui se précipitent dans le torrent des révolutions, les uns pour en profiter, les autres pour le plaisir de s'y mêler, allaient, venaient sans cesse, et de chez M. de Talleyrand couraient chez les personnages dont le concours était nécessaire, en particulier chez les sénateurs. Il n'y avait d'aucun côté grande résistance à craindre, car pour tout le monde Napoléon vaincu était Napoléon détrôné. Il existait bien dans le peuple de Paris quelques regrets pour le guerrier éblouissant qui avait longtemps charmé son imagination, et qui quelques jours auparavant semblait encore le défenseur de ses murs; mais si on excepte le peuple de quelques grandes villes, et surtout les paysans dont la chaumière avait été ravagée, pour la France entière, la paix, conséquence assurée de la chute de Napoléon, était un immense soulagement. Du reste parmi ceux qui mettent plus directement la main aux événements, l'entraînement vers un nouvel état de choses était général. Les anciens révolutionnaires, sans songer que c'étaient les Bourbons qui allaient remplacer Napoléon, se livraient au plaisir de la vengeance contre l'auteur du 18 brumaire. Les gens sensés reconnaissaient dans ce qui arrivait la suite tant prédite des folles témérités qu'ils avaient déplorées, et d'un pouvoir sans contre-poids. Les hommes, occupés particulièrement de leurs intérêts, cherchaient la fortune pour aller vers elle, et ne la voyant plus du côté de Napoléon tournaient ailleurs leurs regards. Avec des dispositions aussi unanimes, on n'avait point à craindre que le Sénat se souvînt de sa longue soumission

Avril 1814.

Sentiments de la majorité de la France à l'égard de Napoléon.

Facilités qu'on devait trouver auprès du Sénat pour l'amener à se faire l'instrument d'une révolution.

Avril 1814.

Vains efforts de M. de Caulaincourt pour arrêter les sénateurs prêts à abandonner Napoléon.

pour en rougir ou pour y persévérer. Ordinairement on s'en prend d'une trop longue soumission à celui qui vous l'a imposée, et loin d'être un embarras pour la pudeur, elle est au contraire un prétexte pour l'ingratitude. Le fidèle et infortuné duc de Vicence avait pu s'en convaincre dans cette même journée du 31 mars, et dans la nuit qui avait suivi, car en sortant de chez l'empereur Alexandre il n'avait cessé de visiter tour à tour les nombreux personnages qui, à des titres divers, avaient servi le gouvernement impérial, et pouvaient en ce moment extrême lui apporter un utile secours. Il lui semblait qu'en invoquant la foi promise, ou au moins la reconnaissance, car il n'y avait pas alors une fortune qui ne fût due à Napoléon, on parviendrait à raffermir les fidélités ébranlées, et que si les souverains alliés fort soigneux de ménager le sentiment public, le trouvaient tant soit peu persistant en faveur de Napoléon, ils s'arrêteraient, et, au lieu de faire une révolution, se borneraient à faire la paix, œuvre pour laquelle M. de Caulaincourt était aujourd'hui tout préparé. Cette fois en effet il avait pris au fond de son cœur la résolution de violer ses instructions, et dût-il être désavoué à Fontainebleau, il était déterminé à signer à Paris la paix de Châtillon. Mais sa tournée non interrompue pendant vingt-quatre heures, le consterna, l'indigna, le remplit de mépris pour les hommes, qu'il ne connaissait pas assez pour s'attendre à ce qui lui arrivait. Droit, rude, sensé, M. de Caulaincourt n'avait pas cette profonde science des hommes, qui ôte toute colère en ôtant toute surprise. Il passa ces deux jours à s'étonner et à s'emporter. Sa première visite se dirigea vers l'hôtel de la rue Saint-Florentin, et là son sentiment ne fut point celui de la surprise, car il n'ignorait pas les justes griefs de M. de Talleyrand, et trouvait sa conduite toute naturelle. Seulement il aurait voulu pouvoir le décider à en tenir une autre. — Il est trop tard, lui dit le grand acteur de la scène du jour; il n'y a plus à s'occuper de Napoléon que pour lui ménager une retraite éloignée. C'est un insensé, qui a tout perdu, qui devait tout perdre, et dont il ne faut plus nous parler. Prenez-en votre parti, et songez à vous. Votre honorable renommée, l'amitié de l'empereur Alexandre, vous assurent une place sous tous les gouvernements. Occupez-vous de vous, et oubliez un maître auquel votre droiture était devenue importune. — M. de Caulaincourt, s'attendant à ce langage dans la bouche de M. de Talleyrand, écarta ce qui le concernait, et usant du privilége d'une ancienne amitié, s'efforça de réveiller le penchant qu'on avait supposé à M. de Talleyrand pour la régence de Marie-Louise, sous laquelle il aurait pu être le premier personnage de l'État. — Il est trop tard, répéta le prince de Bénévent. J'ai voulu sauver Marie-Louise et son fils, en les retenant à Paris, mais une lettre de cet homme destiné à tout perdre, est venue décider le départ pour Blois, et produire le vide que nous cherchons à remplir. Renoncez, vous dis-je, à vos regrets : tout est fini pour Napoléon et les siens; songez à vos enfants, et laissez-nous sauver la France, par les seuls moyens qu'il soit possible aujourd'hui d'employer. — M. de

Caulaincourt, trouvant M. de Talleyrand irrévocablement engagé dans la cause des Bourbons, avait désespéré dès lors d'exercer sur lui aucune influence. Quittant M. de Talleyrand, et traversant au sortir de son cabinet, un groupe tout composé de fonctionnaires de l'Empire, où l'abbé de Pradt faisait, selon sa coutume, entendre les paroles les moins réservées, M. de Caulaincourt qui se rappelait les longues adulations de l'archevêque de Malines, ne put se défendre d'un mouvement d'indignation, marcha droit à lui, et ne lui laissa d'autre asile que l'escalier de l'hôtel Saint-Florentin. On entoura, on essaya de calmer M. de Caulaincourt, en lui disant que son honorable fidélité l'égarait, qu'il se trompait, et qu'il fallait enfin ouvrir les yeux à la vérité. — Mais pourquoi ne pas les ouvrir plus tôt, s'était écrié M. de Caulaincourt, en s'adressant à tous ces hommes naguère chauds partisans de l'Empire, pourquoi ne pas les ouvrir plus tôt? car en m'aidant un peu, il y a six mois, nous aurions pu arrêter sur le bord de l'abîme celui que vous appelez aujourd'hui un fou, un extravagant, un despote intraitable! — A cela on n'avait répliqué qu'en détournant la tête, et en répétant que Napoléon avait tout perdu. Toujours désolé, M. de Caulaincourt était ensuite accouru chez quelques sénateurs. Il avait vu bien peu de portes ne pas rester fermées, même devant son nom autrefois si honoré, si accueilli. Ceux-ci étaient absents, ceux-là feignaient de l'être. Quelques-uns cependant, pris au dépourvu, étaient demeurés accessibles. Parmi ces derniers, les uns paraissaient embarrassés, consternés, et cherchaient à cacher sous de profonds gémissements la résolution visible de faire tout ce qu'on leur demanderait. Les autres plus osés, élevant tout à coup la voix, disaient qu'il était temps de penser à la France, trop oubliée, trop sacrifiée à un homme qui l'avait gravement compromise, et qui allait achever de la perdre si on ne se hâtait de l'arracher de ses mains. — Sacrifiée par qui, disait M. de Caulaincourt avec emportement, sinon par ceux qui aujourd'hui s'aperçoivent pour la première fois que le héros, le dieu de la veille, est un insensé, un despote, qu'il faut précipiter du trône pour le salut de la France? — Mais les réflexions de l'honnête duc de Vicence quelque justes qu'elles fussent ne répareraient rien, et il voyait bien que la cause de Napoléon était désormais perdue, que tout au plus en abandonnant le père on sauverait peut-être le fils, mais qu'on en aurait à peine le temps, car la rapidité des événements était effrayante. Au surplus, quoique indigné du spectacle qu'il avait sous les yeux, il sentait si bien que ce qu'on disait, déplacé dans les bouches qui le faisaient entendre, était vrai néanmoins, que souvent prêt à se révolter, il finissait par baisser la tête, et par s'éloigner en silence, comme s'il eût été le coupable auquel s'adressaient les justes reproches qui retentissaient de toute part. Désespérant donc d'arrêter le Sénat, il s'était promis de se rejeter sur Alexandre et sur le prince de Schwarzenberg, pour sauver quelque chose de ce grand naufrage.

Avril 1814.

Mais le succès que M. de Caulaincourt n'obtenait pas auprès des sénateurs, M. de Talleyrand l'obtenait sans difficulté. Quelques-uns feignant l'indignation,

M. de Talleyrand au contraire trouve les sénateurs

le plus grand nombre gémissant, tous cherchant à se bien placer dans l'esprit de l'homme qui allait disposer de l'avenir, semblaient décidés à donner un assentiment complet à ce qu'on leur proposerait. On avait trouvé plus de caractère chez ceux qui, disciples de M. Sieyès, avaient formé dans le Sénat une opposition inactive, mais sévère. Ceux-là paraissaient prêts à tout oser contre Napoléon, et leur dignité était à l'aise, car ils ne l'avaient jamais encensé, mais leur résignation à tout accepter ne s'était pas montrée égale à celle de leurs collègues. Ils avaient demandé si c'était en vaincus qu'on entendait les amener aux pieds des Bourbons, et si en rappelant cette famille, on ne songerait pas à garantir les principes de la révolution française, et à relever la liberté immolée si longtemps à l'auteur du 18 brumaire. On avait cherché à les rassurer, en leur disant qu'indépendamment de ses grandes lumières, l'ancien évêque d'Autun était fort intéressé à prendre ses précautions contre les Bourbons, et qu'après avoir écarté Napoléon par les votes du Sénat, il s'occuperait immédiatement de faire rédiger une constitution appropriée aux besoins et aux lumières du siècle.

Les choses ainsi entendues, M. de Talleyrand prit, en sa qualité de grand dignitaire et de vice-président du sénat, la résolution de convoquer ce corps pour le 1er avril, lendemain de l'entrée des armées alliées, afin de pourvoir à la défaillance de l'autorité publique. Bien qu'on eût frappé à beaucoup de portes, qu'on eût visité beaucoup de sénateurs, le nombre de ceux qui avaient quitté la capitale à la suite de Marie Louise, ou qui étaient par leurs fonctions retenus auprès de Napoléon, le nombre surtout des intimidés, était si grand, qu'à peine put-on réunir soixante-dix sénateurs environ sur cent quarante. A trois heures ils étaient en séance, attendant avec résignation ce qu'on allait leur proposer. Dans un discours assez mal écrit par l'abbé de Pradt, M. de Talleyrand leur dit qu'ils étaient appelés à venir au secours d'un *peuple délaissé* (manière de fonder sur le départ de la Régente la résolution qu'il s'agissait de prendre), et à pourvoir au plus indispensable besoin de toute société, celui d'être gouvernée; qu'ils étaient donc invités à créer un gouvernement provisoire, lequel saisirait les rênes de l'administration actuellement abandonnées. A ce discours prononcé avec l'ordinaire nonchalance de M. de Talleyrand, et écouté dans un profond silence, personne n'opposa une objection. Mais les membres de l'opposition libérale demandèrent sur-le-champ que l'œuvre de ce gouvernement provisoire ne consistât pas seulement à se saisir de l'administration de l'État que personne ne dirigeait plus en ce moment, mais à rédiger une Constitution qui consacrerait les principes de la Révolution française, et un séducteur, aposté pour allécher ses collègues, s'empressa d'ajouter que le Sénat et le Corps législatif devraient occuper la place des grands corps politiques dans la Constitution future. On s'accorda réciproquement ces diverses propositions, et il fut entendu que le gouvernement qu'on allait nommer, après s'être emparé du pouvoir, procéderait immédiatement à la rédaction d'une Constitution. Ces points convenus, il fallait songer à composer ce gou-

Avril 1814.

Création par le Sénat d'un gouvernement provisoire, dans la séance du 1er avril.

MM. de Talleyrand, de Dalberg, de Beurnonville,

vernement qualifié de provisoire. Il est inutile de dire que le nombre, le choix des individus, tout avait été arrêté d'avance chez M. de Talleyrand. Le nombre de trois ne répondant pas assez aux divers besoins de la circonstance, on avait adopté celui de cinq, et, quant aux personnes, on avait cherché parmi les amis de M. de Talleyrand les hommes qui, tout en lui étant soumis, avaient d'utiles relations avec les différents partis. A M. de Talleyrand, chef indiqué du nouveau gouvernement, on adjoignit donc quatre personnes. La première fut le duc de Dalberg, peu connu en France, mais l'ouvrier le plus ancien, le plus actif, le plus habile de la trame sourde qui éclatait actuellement au grand jour, et en outre lié intimement avec les princes et les ministres étrangers qui étaient les appuis nécessaires de la nouvelle révolution. Ce choix imaginé pour la diplomatie étrangère, il en fallait un pour l'armée. On songea au vieux Beurnonville, officier des premiers temps de la révolution, médiocrité bienveillante et mobile, tout à l'heure s'apitoyant avec M. de Lavallette sur les malheurs de Napoléon, et à présent indigné contre ses fautes à l'hôtel Talleyrand, ayant du reste de grandes relations d'amitié avec la plupart des mécontents de l'armée. Il fallait aussi répondre le plus possible aux opinions des partis, sans sortir de la société de M. de Talleyrand, essentiellement modérée. On désigna M. de Jaucourt, galant homme, ancien constituant, doux, éclairé, libéral, ayant appartenu à la minorité de la noblesse, et représentant heureusement les hommes qui voulaient unir les Bourbons et la liberté. Enfin pour que le royalisme, influence

PREMIÈRE ABDICATION.

importante du moment, eût sa part, on choisit M. l'abbé de Montesquiou, l'un des présidents de l'Assemblée constituante, resté pendant l'Empire le correspondant secret de Louis XVIII, homme d'église et homme du monde à la fois, ne disant point la messe, fréquentant les salons, conservant plus d'un préjugé politique quoique affectant de n'avoir aucun préjugé religieux, instruit, spirituel, indépendant, mais hautain et irritable, adopté aujourd'hui presque comme un accessoire, et destiné à devenir bientôt le personnage principal, parce qu'à l'avantage de représenter une puissance qui grandissait d'heure en heure, il joignait celui d'être parmi les membres du nouveau gouvernement l'homme qui avait les sentiments les plus prononcés.

Avril 1814.

Comme nous venons de le dire, on avait préparé ces choix chez M. de Talleyrand. Le Sénat se forma en groupes, se les communiqua de bouche en bouche, et les confirma par son vote sans avoir l'idée de repousser un seul nom parmi ceux qu'on lui avait présentés. Ces résolutions une fois arrêtées, M. de Talleyrand laissa aux sénateurs le soin de les rédiger en termes officiels, et retourna rue Saint-Florentin, où l'attendaient les nombreux courtisans de sa nouvelle grandeur, tous convaincus qu'il rappellerait les Bourbons, et les dominerait après les avoir rappelés.

Les hommes qu'on venait de désigner pouvaient constituer un gouvernement nominal, nuancé des couleurs du jour, mais non un gouvernement effectif capable d'administrer les affaires. Pour s'en procurer un pareil il fallait composer un ministère. A peine revenu du Luxembourg chez lui, M. de

Choix des ministres.

Talleyrand, réuni à ses collègues, s'occupa de chercher des ministres. Deux importaient avant tout, celui des finances et celui de la guerre, car il fallait se procurer de l'argent et détacher l'armée de Napoléon. On fit pour les finances un choix dont la France devra éternellement s'applaudir, celui du baron Louis, esprit véhément et vigoureux, comprenant mieux qu'aucun homme de cette époque la puissance du crédit, puissance féconde, seule capable de fermer les plaies de la guerre et de remplacer le génie créateur de Napoléon. Pour la guerre, on céda trop à la passion du jour, et on fit une nomination qui avait malheureusement tous les caractères d'une réaction, en appelant à ce département le général Dupont, l'infortunée victime de Baylen. Dans les derniers temps on avait songé plus d'une fois aux brillants exploits du général Dupont pendant les années 1805 et 1806, on avait plaint ses infortunes imméritées, et depuis que l'on commençait à blâmer Napoléon en secret tout en continuant de l'aduler en public, on avait dit à voix basse que le général Dupont avait été la victime désignée pour abuser l'opinion sur les fautes de la guerre d'Espagne. On crut à tort que ce choix, accusateur pour Napoléon, mais réparateur envers l'armée, plairait à celle-ci, et on ne comprit pas qu'au contraire il l'irriterait. M. de Talleyrand, l'un des juges du général Dupont, l'envoya chercher à Dreux où il était prisonnier. On fit venir également un administrateur impérial, homme de beaucoup d'esprit, qui s'était signalé récemment par de vives épigrammes contre l'Empire, et on le chargea du département de l'intérieur. Cet administrateur était

M. Beugnot. On remit la justice à un magistrat respectable et libéral, M. Henrion de Pansey; la marine à un conseiller d'État disgracié, estimable et laborieux, M. Malouet; les affaires étrangères à un diplomate instruit, étranger aux partis, ayant la modération ordinaire de sa profession, M. de Laforest. La police, sous la forme de direction générale, fut confiée à un employé de ce département, M. Anglès, ami secret des Bourbons, et les postes furent livrées à un ennemi subalterne de Napoléon, M. de Bourrienne, son ancien secrétaire, éloigné de son cabinet pour des motifs qui n'avaient rien de politique.

A ces nominations, les unes excellentes, les autres médiocres ou fâcheuses, on en ajouta une qui était des mieux entendues. La garde nationale, très-bien composée, avait tenu une conduite ferme et honorable, et elle méritait qu'on lui témoignât de la considération. On lui donna un commandant digne d'elle, M. le général Dessoles, ancien chef d'état-major de Moreau, caractère arrêté, esprit fin et cultivé, jadis républicain, aujourd'hui partisan de la monarchie constitutionnelle, et réunissant en lui le double caractère militaire et civil, qui convient à la tête d'une troupe qu'on a nommée la milice citoyenne.

Ces divers personnages ne reçurent qu'un titre provisoire, comme celui du gouvernement qui les instituait. Ils furent qualifiés de *commissaires délégués à l'administration* de la justice, de la guerre, de l'intérieur, etc. Ils eurent ordre de se rendre immédiatement à leur poste, pour se saisir des affaires le plus tôt et le plus complétement qu'ils pourraient.

On avait donc un gouvernement auquel il était possible de s'adresser, avec lequel les souverains avaient le moyen de traiter, et dont ils allaient se servir pour arracher à Napoléon ce qui lui restait de puissance militaire et civile sur la France.

Instituer un gouvernement provisoire, c'était déclarer que celui de Napoléon n'existait plus, et ce pas était considérable. On ne l'eût pas osé faire sans l'appui des deux cent mille baïonnettes étrangères qui occupaient Paris. Ce résultat toutefois ne suffisait pas à l'impatience des royalistes encore peu nombreux mais zélés qui s'agitaient dans la capitale, et qui, à défaut du nombre, avaient pour eux l'empire des circonstances. Ils auraient voulu qu'on proclamât sur-le-champ les Bourbons; ils obsédaient M. de Talleyrand et M. de Montesquiou pour qu'on prît à cet égard un parti décidé, et que sans transition comme sans délai on déclarât Louis XVIII seul souverain légitime de la France, n'ayant pas cessé de régner depuis la mort de l'infortuné Louis XVII.

Aller si vite ne convenait ni aux calculs de M. de Talleyrand qui ne voulait pas des Bourbons sans conditions, ni à son caractère qui n'était jamais pressé, ni à sa prudence qui voyait encore bien des intermédiaires à franchir. A tous les impatients il opposait ses armes habituelles, la nonchalance et le dédain, et il se croyait fondé à leur dire, ce qui était vrai au moins pour quelque temps, que c'était à lui seul à régler le mouvement des choses.

Battus de ce côté, les royalistes ardents s'étaient rejetés sur le conseil municipal de Paris et sur l'état-major de la garde nationale. Il y avait dans l'un et

PREMIÈRE ABDICATION.

dans l'autre de grands propriétaires, de riches négociants, des membres distingués des professions libérales. On devait donc y trouver des partisans du royalisme. On en trouva en effet dans le conseil municipal, et un avocat de talent, ayant plus d'éclat que de justesse d'esprit, M. Bellart, rédigea une adresse aux Parisiens, dans laquelle il énumérait en un langage virulent ce que les partis appelaient alors les crimes de Napoléon, ce que l'histoire plus juste appellera ses fautes, quelques-unes malheureusement fort coupables, presque toutes irréparables. A la suite de cette longue énumération, M. Bellart proposait la déchéance, en ajoutant résolûment que la France ne pouvait se sauver qu'en se jetant dans les bras de la dynastie légitime, et que les membres du conseil municipal, quelque danger qu'ils eussent à courir, se faisaient un devoir de le proclamer à la face de leurs concitoyens. Cette adresse fut adoptée à l'unanimité. La délibération avait lieu en présence du préfet, M. de Chabrol, qui devait à Napoléon sa soudaine élévation, car il avait passé tout à coup de la préfecture de Montenotte à celle de la Seine. Il aurait pu s'y opposer, cependant il crut avoir concilié ses devoirs envers Napoléon dont il était l'obligé, et envers les Bourbons qu'il aimait, en déclarant que ses convictions étaient conformes à l'adresse proposée, mais que sa reconnaissance l'empêchait de la signer. La pièce, revêtue de la signature de tous les membres présents du conseil municipal, fut dans la soirée même du 1ᵉʳ avril, moment où le Sénat instituait le gouvernement provisoire, placardée sur les murs

Avril 1814.

aux Parisiens, ayant pour but de demander le rétablissement des Bourbons.

Le gouvernement provisoire laisse afficher cette adresse, mais n'en permet de Paris. On courut en même temps à l'hôtel Saint-Florentin pour obtenir du gouvernement provisoire qu'il la fît insérer au *Moniteur*. M. de Talleyrand se montra importuné de cette impatience, qui, selon lui, pouvait tout gâter. Ses collègues, excepté M. de Montesquiou, furent de cet avis, et on se contenta de laisser afficher la pièce dans les rues de la capitale sans lui donner place au *Moniteur*.

L'essai ne fut pas aussi heureux auprès de l'état-major de la garde nationale. Le général Dessoles, qu'on venait de mettre à sa tête, avait sans hésiter pris parti pour les Bourbons, en voulant toutefois qu'on les liât par une sage Constitution. Il se prêta aux efforts qui furent tentés pour faire arborer la cocarde blanche à la garde nationale. Mais on fut arrêté par la résistance que l'on rencontra, particulièrement dans le chef de l'état-major, M. Allent, si connu et si estimé pendant trente années comme le membre le plus éclairé du Conseil d'État. Il y avait dans cette garde, avec beaucoup de lumières, de sagesse, d'amour de l'ordre, de blâme surtout pour les fautes de Napoléon, un grand sentiment de patriotisme. Elle rougissait de voir l'ennemi au sein de la capitale; elle s'était partiellement battue aux barrières, elle se serait battue tout entière si on lui avait fourni des armes, et surtout si la Régente ne l'eût pas abandonnée, et aurait rivalisé avec le peuple dans la défense de Paris. Sans improuver ceux qui cherchaient à remplacer un gouvernement devenu insupportable et impossible, elle voyait avec une sorte de répugnance cette œuvre entreprise de moitié avec l'étranger, et il fallait des ménagements pour la conduire, un acte après l'autre, à la déchéance de Napoléon et à la proclamation des Bourbons. Après quelques tentatives, il fut évident qu'on ne devait pas trop se hâter, et qu'on s'exposait à heurter des sentiments honnêtes, sincères et encore très-vifs.

Ce fut une leçon pour les impatients, une force pour les gens sages qui, comme M. de Talleyrand, n'aimaient pas qu'on marchât trop vite. Il venait d'arriver à Paris l'un des membres les plus ardents du parti royaliste, et en ce moment le plus utile; nous voulons parler de M. de Vitrolles, dépêché, comme on l'a vu, au camp des souverains alliés, admis auprès d'eux après la rupture du congrès de Châtillon, et envoyé ensuite en Lorraine, pour donner quelques bons avis à M. le comte d'Artois, et le préparer ainsi au rôle que la Providence semblait lui destiner. Le choix pour faire parvenir au prince des conseils de prudence n'était pas le meilleur peut-être, mais M. de Vitrolles, homme d'esprit, longtemps familier de MM. de Talleyrand et de Dalberg, était convaincu qu'on ne pouvait arriver qu'entouré d'eux, et gouverner qu'avec eux. C'était la vérité sur les personnes, si ce n'était pas encore la vérité sur les choses, et l'une pouvait conduire à l'autre. M. de Vitrolles, arrivé à Nancy, avait eu de la peine à trouver le prince qui était encore obligé de se cacher, et l'avait rempli de contentement en lui faisant connaître les récentes résolutions des souverains, et les raisons qu'on avait d'espérer un prochain changement dans l'état des choses en France. La nouvelle de la bataille du 30 mars avait changé

Avril 1814.

Arrivée de M. de Vitrolles à Paris.

Sa mission auprès du comte d'Artois.

cette espérance en certitude. Le prince, que la joie rendait facile à tout entendre, à tout accorder, n'avait opposé d'objection à rien. S'entourer d'hommes devenus illustres et restés puissants, bien traiter l'armée, lui semblait tout simple. D'ailleurs, répétait-il fréquemment, j'ai beaucoup connu M. l'évêque d'Autun, nous avons passé ensemble quelques-unes des plus belles années de notre jeunesse, et je suis certain qu'il a pour moi les sentiments d'amitié que j'ai conservés pour lui. En effet, M. le comte d'Artois, quand il était jeune et ami des plaisirs, avait rencontré M. de Talleyrand faisant et pensant sous son habit sacerdotal, ce que faisait et pensait le prince sous son habit de gentilhomme. M. le comte d'Artois s'en était repenti, il est vrai, et M. de Talleyrand pas du tout, mais ces souvenirs formaient entre eux un genre de lien qui ne leur était pas désagréable. M. de Vitrolles, en assurant au prince qu'il trouverait dans M. de Talleyrand des sentiments pareils aux siens, lui avait bien recommandé cependant de ne pas l'appeler évêque d'Autun, et s'était attaché à graver dans sa mémoire que l'évêque d'Autun, sorti des ordres et marié, était devenu prince de Bénévent, grand dignitaire de l'Empire, président du Sénat. M. le comte d'Artois averti se reprenait alors, appelait M. de Talleyrand prince de Bénévent, puis l'instant d'après l'appelait encore évêque d'Autun, se reprenait de nouveau, retombait sans cesse dans la même faute, et dans ces choses insignifiantes donnait déjà l'exemple de cette mémoire malheureuse, de laquelle rien n'était sorti, dans laquelle rien ne devait pénétrer, et qui allait

PREMIÈRE ABDICATION.

deux fois encore entraîner sa chute et celle de son auguste race [1].

Pour le moment, le seul point dont il fallait convenir, c'est qu'on s'entourerait des hommes de l'Empire qui consentaient à livrer l'Empire aux Bourbons, et sur ce point M. de Vitrolles et le comte d'Artois avaient été naturellement d'accord. Seulement le prince voulait entrer dans Paris tout de suite, et y faire reconnaître son titre de lieutenant général du royaume comme émanant exclusivement de son frère Louis XVIII, lequel n'avait pas quitté Hartwell, résidence située aux environs de Londres. M. de Vitrolles était de cet avis autant que le prince, et il était reparti pour Paris avec mission d'y négocier cette entrée immédiate, et cette reconnaissance sans restriction du titre de lieutenant général. En route, il avait été exposé, comme on l'a vu, aux accidents les plus étranges, avait été pris avec M. de Wessenberg, relâché avec lui, puis arrivé à Paris, était tombé subitement au milieu de l'hôtel Saint-Florentin, dans le moment même où, s'occupant très-peu du comte d'Artois, on songeait à se débarrasser successivement des liens qui attachaient encore hommes et choses à l'Empire. Ces liens, quoique relâchés, et presque brisés, il restait à les rompre définitivement, et pour cela même il fallait un peu de temps. Le Sénat, après avoir institué un gouvernement provisoire, se préparait à frapper Napoléon

Avril 1814.

M. de Vitrolles revient avec la mission de faire recevoir M. le comte d'Artois tout de suite et sans condition.

---

[1] Je n'aime point la caricature en histoire, et je ne veux point en faire une ici, mais je rapporte ce détail parce qu'il me paraît caractéristique, et qu'il est contenu dans les mémoires intéressants, spirituels et certainement sincères de M. de Vitrolles.

de déchéance, mais ne voulait se donner aux Bourbons qu'au prix d'une constitution. M. de Talleyrand qui partageait cette opinion, promettait depuis vingt-quatre heures à tous les sénateurs qu'il en serait ainsi, et de plus l'empereur Alexandre, sincèrement épris alors des idées libérales, avec la parfaite bonne foi qu'il apportait dans ses premières impressions, se disait qu'il fallait donner à l'Europe non-seulement la paix mais la liberté, et commencer par la France. Il y avait donc bien autre chose à faire dans ces deux ou trois premiers jours qu'à recevoir à bras ouverts M. le comte d'Artois; il y avait à rompre définitivement avec Napoléon en le frappant de déchéance, il y avait à déterminer la forme du futur gouvernement, à rédiger une Constitution, et à l'imposer comme condition du nouveau règne.

L'étonnement du messager du comte d'Artois fut extrême. M. de Vitrolles était de sa nature impétueux, aimant à se mêler des choses les plus hautes, même de celles qui étaient supérieures à sa position, fier des dangers qu'il avait courus, et fort enorgueilli de sa nouvelle importance. Doué d'une remarquable intelligence, il sentait très-bien que les Bourbons ne pouvaient pas régner comme autrefois, mais la prétention de leur faire des conditions quelconques, écrites ou sous-entendues, le confondait de surprise et d'indignation (sentiment qui était alors dans le cœur de tous les royalistes), et il se serait volontiers laissé aller à des propos fort déplacés, si la grandeur de tout ce qu'il avait sous les yeux n'avait contenu son impétuosité. Pourtant il comprit qu'avant de recevoir le prince, n'importe à quelle condition, il fallait détrôner Napoléon qui ne l'était pas encore, qu'il fallait amener à cette résolution un grand corps, le Sénat, lequel était peu estimé du public sans doute, mais contenait les meilleurs restes de la révolution française et était armé de ses grands principes, qu'il fallait enfin accomplir cette œuvre devant une armée que Napoléon commandait en personne. En présence des difficultés qui restaient à vaincre, M. de Vitrolles se calma un peu, mais il demeura pressant, il dit et redit que M. le comte d'Artois était là, impatient d'arriver, impatient de témoigner sa gratitude à MM. de Talleyrand et de Dalberg, et que décemment on ne pouvait le faire trop longtemps attendre.

M. de Talleyrand opposa à cette impatience le corps amortissant qu'il opposait à tous les chocs importuns, sa moqueuse insouciance, disant lentement, après avoir promené çà et là des regards distraits, qu'il fallait voir, qu'il restait bien des choses à faire avant d'en arriver au bonheur de se jeter dans les bras de M. le comte d'Artois, et qu'au surplus on s'en occuperait le plus prochainement qu'on pourrait. M. de Vitrolles entendit de la bouche de M. de Dalberg des paroles bien plus capables encore de le glacer, si son ardeur avait été moins grande. M. de Dalberg était des plus décidés contre Napoléon, mais des plus décidés aussi contre le rétablissement inconditionnel des Bourbons. Il était franchement libéral, et ne ménageait à personne l'expression de ses sentiments. — Il s'agit bien d'aller vite! dit-il à M. de Vitrolles, il s'agit

Avril 1814.

MM. de Talleyrand et de Dalberg font comprendre à M. de Vitrolles qu'il faut savoir prendre patience.

Avril 1814.

d'aller sûrement. Rien n'est aisé ici. On a toutes les peines imaginables à obtenir que la déchéance soit définitivement prononcée. Napoléon intimide encore tout le monde. On ne peut se servir que du Sénat. Le Sénat vaincu par les événements se rendra, mais en exigeant des garanties, et il aura raison. D'ailleurs l'empereur de Russie, par qui tout se fait ici, pense comme le Sénat. Ce n'est pas par goût que ce prince accepte les Bourbons, et il est d'avis qu'on prenne beaucoup de précautions en remettant la France dans leurs mains. Sachez donc attendre, et ne pas vouloir cueillir le fruit avant qu'il soit mûr. — Quelque révoltante que parût à M. de Vitrolles cette manière de procéder, il fallut bien se soumettre et attendre.

Après avoir procédé indirectement à l'égard de Napoléon pour l'institution d'un gouvernement provisoire, on procède directement en prononçant sa déchéance.

Du reste on n'avait guère perdu de temps. Le 31 mars on avait reçu les souverains étrangers, et fait décider par eux qu'ils ne traiteraient plus avec Napoléon, ni avec aucun membre de sa famille : le 1er avril on avait formé un gouvernement provisoire, et laissé placarder dans Paris l'adresse du corps municipal en faveur des Bourbons. On était au matin du 2 avril : il n'y avait donc aucun instant qui n'eût été employé. Mais l'heure était venue de passer à l'acte essentiel et décisif, celui de prononcer la déchéance de Napoléon. Instituer un gouvernement provisoire, c'était bien déclarer implicitement qu'on ne reconnaissait plus le gouvernement de Napoléon, mais il fallait le déclarer explicitement, et après avoir franchi le premier pas, le Sénat ne pouvait certainement pas refuser de franchir le second. Pourtant, si on voyait quelques sénateurs

Le Sénat

PREMIÈRE ABDICATION. 671

pressés de se faire valoir, parlant et agissant assez vivement dans le sens du jour, la masse était consternée, silencieuse, inactive, et quoique prête à prononcer la déchéance de Napoléon, elle demandait des yeux, sinon de la voix, qu'on se chargeât de formuler l'arrêt, afin qu'elle n'eût qu'à le signer. Mais il y avait dans le Sénat quelques personnages moins embarrassés et plus enclins à se mettre en avant, c'étaient les anciens opposants, qui ordinairement se réunissaient à Passy, où, sous l'inspiration de M. Siéyès, ils déversaient leur blâme, hélas! trop justifié, sur tous les actes de l'Empereur. Après douze années d'oppression leur cœur était plein, et sentait le besoin de s'épancher. M. de Talleyrand, qui dans les derniers temps avait raillé l'Empire pour son compte, sans aucun concert avec les opposants de Passy, fut d'avis de donner carrière à leur ressentiment, et de leur laisser proposer et rédiger l'acte de déchéance. On en chargea M. Lambrechts, homme honnête, simple et courageux, qui ne songeait qu'à être utile, sans s'inquiéter de savoir s'il servait les calculs de gens plus avisés que lui. La soirée du 2 avril fut consacrée à préparer la déchéance, en promettant à ceux qui s'en faisaient les instruments de s'occuper sur-le-champ de la Constitution, condition formelle et reconnue du retour à l'ancienne dynastie.

Le jour même où l'on devait procéder à cet acte, M. de Talleyrand présenta le Sénat à l'empereur Alexandre. Ce monarque, uniquement occupé de plaire aux Parisiens, s'était déjà promené à pied au milieu d'eux, les caressant du regard, leur arrachant

Avril 1814.

consterné se prête à tout, pourvu que son rôle soit le moins actif possible.

On se sert des anciens opposants pour rédiger l'acte de la déchéance.

Rôle et popularité de l'empereur Alexandre dans Paris.

des saluts par sa bonne mine et une affabilité séduisante, prodiguant çà et là les mots heureux, disant à tout venant qu'il admirait les Français, qu'il les aimait, qu'il ne leur imputait aucunement les malheurs de la Russie, qu'il ne voulait pas se venger d'eux, mais au contraire leur faire tout le bien possible, qu'il ne se regardait pas comme leur vainqueur mais comme leur libérateur, et qu'il savait bien que s'il avait triomphé de leur résistance, c'est parce qu'ils sentaient et pensaient comme lui, et avaient horreur du joug qu'on était venu briser. Ces idées, reproduites en cent manières, fines, délicates, gracieuses, avaient produit leur effet, et l'orgueil national désintéressé devant un vainqueur si pressé de plaire aux vaincus, on s'était prêté à ses caresses, on les lui avait rendues, et il est vrai qu'Alexandre était devenu tout à coup le personnage le plus populaire de Paris. Seul regardé, seul compté, seul recherché par ces Parisiens, dispensateurs de la gloire dans les temps modernes, il était enivré de son succès, et disposé à le payer en rendant à la France tous les services compatibles avec l'ambition russe.

On lui présenta donc le Sénat dans la soirée du 2 avril. Il l'accueillit avec la plus parfaite courtoisie, lui répéta qu'il s'était armé non pas contre la France, mais contre un homme, qu'il avait admiré comment les Français se battaient même à contre-cœur, qu'il voyait avec bonheur cette horrible lutte finie, et qu'en preuve de la satisfaction dont il était rempli, et de l'espérance qu'il avait de ne pas la voir renaître, il venait d'ordonner la délivrance immédiate des prisonniers français détenus dans la vaste étendue de son empire. Le Sénat, charmé de tout ce qui pouvait excuser sa soumission, remercia vivement Alexandre de cet acte magnanime, et lui promit de son côté de concourir de son mieux à mettre fin aux malheurs de la France et du monde.

Dans cette même journée le Sénat prononça définitivement la déchéance de Napoléon. La résolution formulée en deux articles essentiels portait que la souveraineté héréditaire établie dans la personne de Napoléon et de ses descendants était abolie, et que tous les Français étaient déliés du serment qu'ils lui avaient prêté. La proposition une fois présentée ne pouvait être adoptée qu'à l'unanimité. Elle le fut sans aucune résistance, dans une sorte de silence grave et triste, comme un arrêt du destin déjà rendu ailleurs, et plus haut que le Sénat, plus haut que la terre. Il n'y avait de satisfaits, et osant le montrer, que les anciens opposants. Aussi furent-ils chargés de rédiger les considérants de cet acte capital. M. Lambrechts accepta cette mission, et parlant pour le Sénat comme il l'eût fait pour lui-même, il proposa les considérants qui suivent : Napoléon avait violé toutes les lois en vertu desquelles il avait été appelé à régner; il avait opprimé la liberté privée et publique, enfermé arbitrairement les citoyens, imposé silence à la presse, levé les hommes et les impôts en violation des formes ordinaires, versé le sang de la France dans des guerres folles et inutiles, couvert l'Europe de cadavres, jonché les routes de blessés français abandonnés, enfin porté l'audace jusqu'à ne plus respecter le principe du

Avril 1814.

Acte de la déchéance présenté et adopté le 2 avril au soir.

Étranges considérants de cet acte.

vote de l'impôt par la nation, en levant les contributions dans le mois de janvier dernier sans le concours du Corps législatif, jusqu'à ne pas même respecter la *chose jugée*, en faisant casser l'année précédente la décision du jury d'Anvers. Napoléon, par ces motifs, devait être déclaré déchu du trône, et ses descendants avec lui.

M. Lambrechts avait tellement paru oublier que si la liberté individuelle et la liberté de la presse avaient été sacrifiées, c'était au Sénat à l'empêcher, puisqu'il était chargé de l'examen des actes extraordinaires relatifs aux personnes et aux écrits; que si des conscriptions sans cesse répétées avaient permis des guerres folles, il ne pouvait s'en prendre qu'à lui-même, car il les avait votées sans mot dire, de 1804 à 1814; que si dans la levée des hommes et des impôts les formes avaient été violées, la faute était également à lui, car le vote des hommes et de l'argent avait été transféré du Corps législatif au Sénat, du consentement de ce dernier et en violation des constitutions impériales; qu'enfin si tout récemment la chose jugée n'avait pas été respectée, il devait encore s'en attribuer le tort, puisqu'il avait consenti à casser la décision du jury d'Anvers; l'honnête M. Lambrechts, disons-nous, avait tellement paru oublier ces faits présents cependant à toutes les mémoires, que le Sénat s'était presque trouvé à l'aise, comme s'il eût été devant un public aussi oublieux que lui-même. Du reste, les considérants avaient rencontré la même adhésion silencieuse que l'acte, et on était si pressé de proclamer le résultat, que pour ne pas perdre de temps on avait placardé dans Paris la déclaration de déchéance, en laissant les anciens opposants la motiver comme ils voudraient.

Dès ce moment l'acte essentiel était accompli, et en prononçant la déchéance, on avait dégagé les Français de leur serment envers Napoléon et envers sa famille. Pourtant ce n'était pas tout que de briser les liens légaux qui attachaient encore la France à la dynastie impériale, il fallait enlever à Napoléon lui-même les moyens de reprendre le sceptre arraché de ses mains, et bien qu'on fût abrité derrière deux cent mille hommes, un sentiment d'effroi se répandait de temps en temps parmi les auteurs de la révolution qui s'accomplissait actuellement, surtout quand ils songeaient à l'homme qui était à Fontainebleau, à ce qu'il y faisait, à ce qu'il pouvait y faire. Il lui restait l'armée qui avait combattu sous ses ordres, renforcée de ce qu'il avait ramassé en route, et des troupes qui avaient combattu sous Paris; il lui restait l'armée de Lyon, mal commandée par Augereau mais excellente, les armées incomparables des maréchaux Soult et Suchet, éloignées sans doute mais faciles à rapprocher en les attirant à soi ou en allant à elles; il lui restait enfin l'armée d'Italie! que ne pouvait-il pas entreprendre avec de tels moyens, exaspéré qu'il était, et jouissant de ses facultés autant que jamais, comme les deux derniers mois en avaient donné de terribles preuves? Et, en cet instant même, ne pouvait-il pas tout de suite, seulement avec ce qu'il avait sous la main, fondre sur Paris, et s'il ne triomphait pas, signaler au moins sa fin

Avril 1814.

La déchéance prononcée, restait à ôter à Napoléon les moyens de ressaisir le pouvoir.

Craintes qu'il inspirait encore.

par quelque catastrophe tragique, par quelque vengeance éclatante, qui couronneraient dignement sa formidable carrière? On tremblait rien qu'à penser à ces chances diverses, et parmi cette foule d'allants et venants qui remplissaient l'hôtel Talleyrand, les uns royalistes d'ancienne date, les autres royalistes du jour ou tout au plus de la veille, on était loin d'être rassuré : on colportait, on commentait, on affirmait ou niait les nouvelles arrivées de Fontainebleau et des environs.

Il y avait un moyen de conjurer le danger, c'était de provoquer dans l'armée quelque mouvement comme celui qui venait de se produire dans le Sénat. La fatigue certes n'existait pas seulement parmi les serviteurs civils de l'Empire, et elle était aussi grande au moins parmi ses serviteurs militaires. Les infortunés qui, à la suite de Napoléon, avaient promené leur corps souvent mutilé de Milan à Rome, de Rome aux Pyramides, des Pyramides à Vienne, de Vienne à Madrid, de Madrid à Berlin, de Berlin à Moscou, sans jamais entrevoir le terme de leurs peines, rares survivants de deux millions de guerriers, devaient être bien autrement épuisés et dégoûtés que ceux qui dans le Sénat s'étaient fatigués de la fatigue d'autrui. Tant qu'ils avaient eu la gloire et les riches dotations pour prix des périls incessants qui menaçaient leur tête, ils avaient, non sans murmurer, suivi leur heureux capitaine. Mais aujourd'hui que l'édifice des dotations, qui s'étendait comme l'édifice colossal de l'Empire de Rome à Lubeck, venait de s'écrouler, aujourd'hui que la gloire n'était plus cette gloire éclatante qu'on recueille à la suite de la victoire, mais cette gloire vertueuse et amère qu'on recueille à la suite de défaites héroïquement supportées, il n'était pas impossible par d'adroites menées de convertir les murmures en clameurs, les clameurs en sédition militaire. D'ailleurs on avait de fort bonnes raisons à donner aux gens de guerre, déjà persuadés par leurs souffrances, pour les engager à quitter le plus exigeant des maîtres. Il ne s'agissait pas en effet d'abandonner Napoléon pour l'étranger, ou même pour les Bourbons, ce qui aurait inspiré aux uns d'honnêtes scrupules, aux autres de profondes répugnances, mais de l'abandonner pour se rallier au gouvernement provisoire qui venait de surgir des malheurs mêmes que Napoléon avait attirés sur la France. Ce gouvernement après tout, ce n'étaient ni les étrangers ni les Bourbons, bien que les étrangers pussent être son appui et les Bourbons sa fin, c'était la réunion des hommes les plus considérables du régime impérial, qui, au milieu de Paris déserté par la femme et les frères de Napoléon, découvert par une fausse manœuvre de sa part, et envahi par l'ennemi, s'étaient concertés pour sauver le pays, le réconcilier avec l'Europe, et faire cesser une lutte désastreuse et désormais inutile. Tant que Napoléon avait représenté le sol et l'avait défendu, quelque coupable qu'il pût être, on devait s'attacher opiniâtrement à lui; mais maintenant qu'à la suite d'une fatale complication de fautes et de revers, il était vaincu, et ne pouvait plus rien pour la France, que la ruiner peut-être par la prolongation d'une guerre calamiteuse, n'était-il pas légitime de se séparer

Avril 1814.

d'un homme en qui ne se personnifiait plus le salut du pays, bien qu'en lui se personnifiât encore la gloire de nos armes, et de se rallier autour d'un gouvernement qui, sans parti pris d'imposer telles ou telles institutions, telle ou telle dynastie, faisait appel aux bons citoyens pour qu'ils l'aidassent à tirer le pays d'une crise épouvantable, sauf à voir ensuite (son titre provisoire l'indiquait assez) sous quelles lois, sous quelle famille souveraine, on placerait définitivement la France affranchie et sauvée.

Des idées si sages devaient avoir accès auprès de tous les hommes sensés, et à plus forte raison auprès d'hommes dégoûtés, épuisés, soucieux pour leurs intérêts, comme l'étaient les chefs de l'armée, ayant pour la plupart outre les griefs généraux des griefs particuliers, car Napoléon avait eu plus d'un de ses lieutenants à redresser, notamment pendant la dernière campagne, et il l'avait fait avec la brusquerie d'un caractère impétueux et absolu. Pourtant, il faut dire à leur honneur que devant l'ennemi aucun d'eux n'avait fléchi, et que les plus fatigués, les plus mécontents avaient été souvent les plus braves. Mais il y a terme à tout, même au dévouement, surtout quand on n'en voit plus la cause légitime, et qu'on se croit sacrifié aux passions d'un maître insensé. Or, Napoléon ne devait plus paraître autre chose à des hommes qui étaient persuadés qu'il avait toujours pu faire la paix, et qu'il ne l'avait jamais voulu. Il lui arrivait ce qui arrive à ceux qui ne disent pas constamment la vérité, c'est qu'on ne les croit plus alors même qu'ils la disent. Napoléon avait été coupable de ne

PREMIÈRE ABDICATION.

pas conclure la paix à Prague, imprudent de ne pas la conclure à Francfort, mais à Châtillon il était honorable à lui de ne l'avoir pas acceptée, à Fontainebleau il était héroïque de vouloir prolonger la guerre pour tirer Paris des mains de l'ennemi. Mais on ne croyait rien de tout cela, et le chagrin, le noble chagrin de M. de Caulaincourt était presque devenu pour Napoléon une calomnie. Les regrets que M. de Caulaincourt exprimait d'avoir vu la paix tant de fois repoussée, faisaient supposer que récemment encore, notamment à Châtillon, la paix avait été honorablement possible, et follement refusée. On ne voyait plus dans Napoléon qu'un fou furieux, des mains duquel il fallait tout de suite et à tout prix tirer la France et soi-même.

Dans les rangs inférieurs de l'armée, il existait quelquefois le sentiment violent de la fatigue physique, mais un jour de soleil, un bon repas, une heure de repos, la vue de Napoléon, suffisaient pour le faire disparaître. C'était parmi les chefs que se manifestait la plus dangereuse des fatigues, la fatigue morale, et elle était proportionnée au grade, c'est-à-dire à la prévoyance. Grande chez les généraux, elle était extrême chez les maréchaux.

Il y en avait un, entre tous, celui peut-être qu'on en aurait le moins soupçonné, que M. de Talleyrand, avec son aptitude à démêler le côté faible des cœurs, avait d'avance désigné du doigt comme l'homme qui céderait le plus tôt aux bonnes et aux mauvaises raisons qu'on pouvait employer pour détacher de Napoléon ses lieutenants les plus intimes, et celui-là n'était autre que le maréchal Marmont. Cet officier,

Avril 1814.

Dispositions personnelles du maréchal Marmont, qui l'avaient fait choisir comme but de toutes les menées.

que Napoléon avait créé maréchal et duc, par complaisance d'ancien condisciple bien plus que par estime pour ses talents, ne se croyait pas sous le régime impérial apprécié à sa juste valeur, porté à sa véritable place, et il est vrai qu'en goûtant sa personne, en estimant son brillant courage, Napoléon ne faisait aucun cas de sa capacité. Cet esprit présomptueux et incomplet, à demi ouvert, à demi appliqué, croyant approfondir ce qu'il pénétrait à peine, voulant partout le premier rôle, et tout au plus capable du second, n'ayant pas assez de supériorité pour diriger, pas assez de modestie pour obéir, était antipathique à Napoléon, qui lui préférait de beaucoup l'esprit simple, solide, même un peu borné, mais ponctuel et énergique dans l'obéissance, de plusieurs de ses maréchaux. Aussi avait-il placé au-dessus de Marmont bien des hommes au-dessus desquels Marmont croyait être. Marmont en outre avait commis à Craonne une faute grave, qui cependant ne lui avait pas attiré tous les reproches qu'il aurait mérités, et il en voulait à Napoléon au lieu de s'en vouloir à lui-même. Ces misères de la vanité, M. de Talleyrand les avait parfaitement démêlées dans l'entretien qu'il avait eu avec Marmont le 30 mars au soir, et il avait désigné ce maréchal comme le but auquel devaient tendre toutes les séductions. La vanité mécontente est en effet, dans les moments de crise, un but vers lequel l'intrigue peut se diriger avec grande probabilité de succès. Ajoutez que Marmont avait dans la circonstance présente une position qui devait, autant que son caractère, attirer sur lui les efforts des séducteurs. Il venait de défendre Paris avec éclat, s'était attribué tout l'honneur de cette défense, bien que la moitié en revînt de droit au maréchal Mortier. Il était enfin avec son corps d'armée placé sur l'Essonne, il couvrait le rassemblement qui se formait à Fontainebleau, et le faire passer du côté du gouvernement provisoire, c'était décider la question que le génie et le caractère indomptables de Napoléon semblaient rendre douteuse encore. On avait cherché un intermédiaire qu'on pût employer en cette occasion, et on en avait trouvé un parfaitement choisi, dans la personne d'un ancien ami, d'un ancien aide de camp de Marmont, de M. de Montessuy, qui avait jadis quitté l'armée pour la finance et honorablement réussi dans cette nouvelle carrière, qui partageait toutes les idées saines de la haute bourgeoisie sur le despotisme impérial et sur la guerre, qui avait enfin sur Marmont l'influence qu'ont souvent les aides de camp sur leurs généraux, influence consistant à connaître leurs faiblesses et à savoir s'en servir. On chargea M. de Montessuy de lettres des principaux personnages du nouveau gouvernement, tant pour Marmont que pour d'autres chefs de l'armée, et on l'envoya à Essonne. A ce moyen on en ajouta un autre non moins efficace. Depuis que Napoléon, retiré à Fontainebleau, avait paru y concentrer ses forces, on avait transporté une partie de l'armée coalisée sur la rive gauche de la Seine. On avait réuni à Paris et dans les environs les réserves des alliés, plus le corps de Bulow employé d'abord au blocus de Châlons, et on avait rangé en-

Avril 1814.

Émissaires envoyés à Marmont et à divers chefs de l'armée.

tre Juvisy, Choisy-le-Roi, Longjumeau, Montlhéry, une portion notable des troupes de la coalition. On avait établi non loin d'Essonne le quartier général du prince de Schwarzenberg, pour que le généralissime se tînt prêt à profiter des premières faiblesses de Marmont. Marmont ne fut pas le seul objet de ces menées; on expédia auprès du maréchal Oudinot un officier de ses parents, on fit écrire par Beurnonville à son ami le maréchal Macdonald, on dépêcha enfin à Fontainebleau une quantité d'émissaires qui étaient militaires pour la plupart, et que le désir ardent d'avoir des nouvelles devait faire accueillir par la curiosité, la fatigue ou l'infidélité.

Le thème développé dans toutes les communications écrites ou verbales, c'est qu'on appartenait au pays et non à un homme, que cet homme avait perdu la France, que si, après l'avoir compromise, il avait les moyens de la sauver, on devrait peut-être se dévouer encore à lui, mais qu'il ne pouvait plus rien que répandre inutilement un sang généreux déjà versé à trop grands flots; que l'Europe était résolue à ne plus traiter avec lui, et qu'à tout gouvernement, excepté au sien, elle serait prête à concéder des conditions honorables; qu'il fallait donc, sans plus tarder, se rattacher au gouvernement provisoire, avec lequel l'Europe était disposée à traiter; qu'en se rattachant à ce gouvernement on lui donnerait de la force, de l'autorité, tous les moyens en un mot de se faire respecter, soit des monarques coalisés, soit des Bourbons contre lesquels on voulait, en les rappelant, prendre des précautions légales. Enfin à ces raisons parfaitement sensées et honnêtes, on en devait ajouter de moins élevées, quoique avouables, c'est que les Bourbons, dont le retour était prochain, accueilleraient à bras ouverts les militaires qui reviendraient à eux, et particulièrement ceux qui se prononceraient les premiers.

Indépendamment de ces menées, les auteurs principaux de la nouvelle révolution avaient eu soin de faire partir de Paris M. de Caulaincourt, car ce personnage, admis auprès d'Alexandre aussi intimement que lorsqu'il représentait à Saint-Pétersbourg le vainqueur d'Austerlitz et de Friedland, les offusquait par sa présence autant que les avait offusqués naguère le congrès de Châtillon. En effet, tant qu'on semblait négocier avec l'Empereur déchu, rien n'était sûr à leurs yeux, et ils avaient fait sentir au czar qu'il n'était ni sage ni généreux de les engager à se compromettre davantage, s'il restait quelque chance de rapprochement avec Napoléon. Alexandre l'avait compris, et bien que par un sentiment de pure bonté il lui en coûtât de dire la vérité tout entière à M. de Caulaincourt, il avait fini par le décourager complétement, afin de le contraindre à quitter Paris sans être obligé de lui en donner l'ordre. M. de Caulaincourt lui répétant sans cesse qu'il était dupe d'intrigants, de gens de parti qui le trompaient sur les sentiments de la France, et que pour vouloir pousser son triomphe à bout, il s'exposait peut-être à quelque catastrophe qui envelopperait dans un désastre commun la capitale de la France et l'armée alliée, Alexandre lui avait dit qu'il n'en croyait ni les

Avril 1814.

La présence de M. de Caulaincourt à Paris, et ses fréquentes entrevues avec Alexandre donnant de l'ombrage, on l'oblige à partir pour Fontainebleau.

gens de parti ni les intrigants, mais ses propres yeux ; que personne ne voulait plus de Napoléon, que la France n'était pas moins fatiguée de lui que l'Europe elle-même, qu'il fallait donc se soumettre à la nécessité et renoncer à le voir régner; qu'on savait bien ce dont il était capable, mais qu'on était prêt, et que sous peu on le serait davantage ; que ceux qui aimaient Napoléon n'avaient plus qu'un service à lui rendre, c'était de l'engager à se résigner, et que c'était le seul moyen d'obtenir pour lui un sort moins rigoureux. S'appliquant toujours à ménager M. de Caulaincourt, Alexandre, en parlant d'un sort moins rigoureux pour Napoléon, avait laissé entrevoir qu'il s'agissait pour sa personne d'une retraite meilleure, et pour son fils d'un trône sous la régence de Marie-Louise. M. de Caulaincourt, quoique peu enclin aux illusions, avait alors conçu certaines espérances, et s'était dit que ce trône serait peut-être celui de France, accordé au Roi de Rome sous la tutelle de sa mère. Prêt à se rendre à Fontainebleau, il avait tenté un dernier effort auprès du prince de Schwarzenberg, qui, en qualité de représentant du beau-père de Napoléon, d'ancien négociateur du mariage de Marie-Louise, devait être un peu plus disposé à ménager sinon Napoléon lui-même, au moins sa dynastie. Mais M. de Caulaincourt l'avait trouvé encore plus décourageant qu'Alexandre, et beaucoup moins réservé dans ses termes. Le prince de Schwarzenberg, importuné de la présence de M. de Caulaincourt et de ses instances, lui avait dit qu'il fallait enfin s'expliquer franchement ; qu'on ne voulait plus de

Napoléon ni des siens; que l'Autriche avait lutté pour lui jusqu'au bout, que dans le désir de faire naître une dernière occasion de rapprochement elle avait imaginé l'armistice de Lusigny, qu'au lieu de répondre à ses intentions paternelles, Napoléon avait écrit à son beau-père une lettre offensante pour ce monarque, car elle le supposait prêt à tromper ses alliés, et dangereuse pour l'Europe si la cour d'Autriche avait été capable de se laisser séduire; qu'à partir de ce jour l'empereur François profondément blessé avait entièrement adhéré à l'idée de ne plus traiter avec Napoléon, qu'on avait dans cette idée tenté l'opération hasardeuse de marcher sur Paris, qu'on y avait réussi malgré les dangers attachés à une semblable entreprise, et qu'on ne resterait certainement pas au-dessous de sa bonne fortune; qu'on ne voulait donc plus de Napoléon à aucun prix; que trouvant d'ailleurs la France du même avis, il ne voyait pas pourquoi on s'arrêterait dans une voie qui était la seule vraiment sûre, car il n'y avait de repos à espérer qu'en se débarrassant de l'homme qui depuis dix-huit ans bouleversait le monde; que pour ce qui concernait sa femme et son fils, c'était une chimère de chercher à les faire régner, que ni l'un ni l'autre ne le pouvaient; que l'Autriche au surplus ne voulait pas en assumer la responsabilité; que ce serait ou le gouvernement de Napoléon continué sous un nom supposé, ou le plus faible, le plus impuissant des gouvernements, qui ne donnerait ni repos à la France, ni sécurité à l'Europe; qu'il fallait donc en prendre son parti, et que lui, M. de Caulaincourt, au lieu de solliciter vainement des gens qui l'écoutaient avec le visage attentif par politesse, et l'oreille fermée par devoir, ferait mieux d'aller dire la vérité à Napoléon, et en le décidant à se résigner à son sort, terminer pour lui, pour la France, pour tout le monde, une douloureuse et trop longue agonie.

Irrité par cette rude franchise, M. de Caulaincourt qui aimait beaucoup aussi à dire la vérité sans ménagements, demanda au prince de Schwarzenberg, s'il n'était pas étonnant que, lui ministre du beau-père de Napoléon, affectât d'être contre Napoléon le plus décidé des représentants de l'Europe; que, lui naguère l'humble solliciteur du mariage de Marie-Louise, fût aujourd'hui le contempteur le plus hautain de ce mariage et des devoirs moraux qui en résultaient; que, lui le lieutenant si empressé et si bien récompensé de l'empereur des Français dans la campagne de Russie, se montrât si sévère pour ses entreprises guerrières; qu'il oubliât enfin si tôt, après avoir eu des occasions si récentes de s'en souvenir, ce qu'étaient l'armée française et son chef? — Vous supposez peut-être, ajouta fièrement M. de Caulaincourt, que parce que moi, constant apôtre de la paix, je suis ici en suppliant pour avoir cette paix que je désirais après Wagram, après Dresde comme à présent, vous supposez que mon attitude est celle du maître que je sers! Vous vous trompez. Son génie est aussi indomptable que jamais. Il est de plus exaspéré. Ses soldats partagent ses ressentiments, et si les Autrichiens ont pu, en ayant l'ennemi dans leur capitale, livrer encore les batailles d'Essling et de Wagram, les Français ne feront pas moins pour arracher leur patrie aux mains de l'étranger, et, après tout, il n'y a pas si grand orgueil à croire que les Français valent les Autrichiens, et Napoléon l'archiduc Charles! —

Avril 1814.

Un peu ramené par la rudesse de M. de Caulaincourt, le prince de Schwarzenberg lui répondit qu'il n'avait jamais oublié ce qu'il devait personnellement à Napoléon, mais qu'il y avait quelqu'un à qui il devait davantage, c'était son propre souverain; que le mariage de Marie-Louise, il l'avait désiré, demandé même, qu'il n'en méconnaissait pas la valeur, qu'il y voyait un lien, mais pas une chaîne; qu'en considération de ce lien, l'Autriche avait tout fait en 1813 et en 1814 pour éclairer Napoléon et l'amener à des résolutions modérées, qu'elle n'y avait pas réussi, et qu'il devait y avoir terme à tout, même aux ménagements de la parenté; que quant aux actes de désespoir, on en prévoyait de redoutables de la part d'un homme de génie commandant l'armée française, mais qu'on était préparé, qu'on se battrait aussi en désespérés; que si pour les Français il s'agissait d'arracher leur patrie aux mains de l'étranger, il s'agissait pour toutes les puissances d'arracher leur indépendance aux mains d'un dominateur impitoyable; qu'on avait été esclave, qu'on ne voulait plus l'être; que s'il fallait sortir de Paris, on en sortirait, mais qu'on y rentrerait, et que les alliés ne seraient pas moins dévoués à leur indépendance que les Français à l'intégrité de leur sol.

Il est évident que si l'Autriche, par convenance et par prudence, avait voulu ménager Napoléon en 1813, et s'était contentée, en lui offrant la paix de Prague, de mettre des bornes à sa domination

Vues évidentes de l'Autriche.

absolue sur l'Europe, que si à Francfort elle avait encore, par convenance et prudence, offert de lui laisser la France avec le Rhin et les Alpes, et que si en dernier lieu à Châtillon, pour éviter les hasards de la marche sur Paris, elle avait offert de lui laisser la France de 1790, il est évident qu'aujourd'hui, croyant avoir surmonté tous les dangers, et satisfait à toutes les convenances, l'Autriche aimait mieux en finir d'un gendre insupportable, et surtout recueillir tous les fruits de la commune victoire, fruits pour elle inespérés et immenses, car en ôtant à la France les Pays-Bas et les provinces du Rhin et en y renonçant pour elle-même, elle aurait en échange la ligne de l'Inn, le Tyrol, et enfin l'Italie. Le plaisir fort douteux pour elle, et en beaucoup de cas très-embarrassant, de voir une archiduchesse demeurer Régente de France, ne valait pas le danger de voir son terrible gendre ressaisir le sceptre, et elle préférait donner à cette archiduchesse une indemnité en Italie, même à ses dépens, que de la laisser à Paris pour y garder la place de Napoléon. Ce calcul, fort naturel, ne prouvait pas que François II fût mauvais père; il prouvait que ce prince aimait mieux l'intérêt de ses peuples que celui de sa fille, et on ne peut pas dire qu'il manquât ainsi à ses véritables devoirs.

C'est là ce qui expliquait le peu d'appui que la cause de Napoléon trouvait auprès du prince de Schwarzenberg, représentant beaucoup trop franc d'une politique que M. de Metternich, s'il eût été à Paris en ce moment, eût suivie avec plus de ménagement, mais avec autant de constance. M. de

PREMIÈRE ABDICATION.

Caulaincourt, convaincu par tout ce qu'il avait vu et fait pendant ces trois jours, qu'il ne ramènerait personne à Napoléon, ni parmi les serviteurs les plus éminents de l'Empire, ni parmi les représentants des souverains alliés, voulut cependant voir l'empereur Alexandre encore une fois, afin de savoir si la personne de Napoléon étant sacrifiée, il ne resterait pas du moins quelque chance pour sa dynastie. Alexandre le reçut avec la même bonté, mais en lui répétant à peu près ce qu'il lui avait dit de la nécessité d'aller à Fontainebleau conseiller un grand et dernier sacrifice. — Partez, lui dit-il, partez, car on me demande à chaque instant votre renvoi; on me dit que votre présence intimide beaucoup de gens et leur fait craindre de notre part un retour vers Napoléon. Je finirai par être obligé de vous éloigner, car ni mes alliés ni moi ne voulons autoriser de pareilles suppositions. Je n'ai aucun ressentiment, croyez-le. Napoléon est malheureux, et dès cet instant, je lui pardonne le mal qu'il a fait à la Russie. Mais la France, l'Europe ont besoin de repos, et avec lui elles n'en auront jamais. Nous sommes irrévocablement fixés sur ce point. Qu'il réclame ce qu'il voudra pour sa personne : il n'est pas de retraite qu'on ne soit disposé à lui accorder. S'il veut même accepter la main que je lui tends, qu'il vienne dans mes États, et il y recevra une magnifique, et, ce qui vaut mieux, une cordiale hospitalité. Nous donnerons lui et moi un grand exemple à l'univers, moi en offrant, lui en acceptant cet asile. Mais il n'y a plus d'autre base possible de négociation que son abdication. Partez donc, et

Avril 1814.

Entretien de M. de Caulaincourt avec Alexandre, avant de quitter Paris.

revenez au plus tôt avec l'autorisation de traiter aux seules conditions que nous puissions admettre. —

M. de Caulaincourt chercha à savoir si en abdiquant Napoléon sauverait le trône de son fils. Alexandre refusa de s'expliquer, affirma toutefois que la question relative aux Bourbons n'était pas résolue irrévocablement, bien que tout semblât tendre vers eux, montra toujours la même froideur à leur égard, et insista de nouveau pour que M. de Caulaincourt s'occupât le plus promptement possible du sort personnel de Napoléon. M. de Caulaincourt, voulant jeter la sonde, demanda si en ôtant à Napoléon la France, on lui donnerait la Toscane en indemnité. — La Toscane! repartit Alexandre. Quoique ce soit bien peu de chose en comparaison de l'Empire français, pouvez-vous croire que les puissances laissent Napoléon sur le continent, et que l'Autriche le souffre en Italie? C'est impossible. — Mais Parme, Lucques, reprit M. de Caulaincourt. — Non, non, rien sur le continent, répéta Alexandre; une île, soit... la Corse, peut-être... — Mais la Corse est à la France, répliqua M. de Caulaincourt, et Napoléon ne peut consentir à recevoir une de ses dépouilles. — Eh bien, l'île d'Elbe, ajouta Alexandre; mais partez, amenez votre maître à une résignation nécessaire, et nous verrons. Tout ce qui sera convenable et honorable sera fait. Je n'ai pas oublié ce qui est dû à un homme si grand et si malheureux. —

M. de Caulaincourt partit sur ces paroles, convaincu que sans un prodige militaire il n'y avait absolument rien à espérer pour Napoléon, et presque rien pour son fils, et que le devoir était de lui faire connaître la vérité. Il se mit en route le 2 avril au soir, au moment où la déchéance allait être prononcée, et certain qu'elle le serait dans quelques heures. Il arriva au milieu de la nuit à Fontainebleau.

Tandis qu'à Paris M. de Caulaincourt s'efforçait en vain de raffermir les fidélités chancelantes, et d'arrêter les souverains dans leurs résolutions extrêmes, Napoléon à Fontainebleau n'avait pas perdu le temps. Les doléances ne convenaient pas plus à son grand caractère, que les illusions à son grand esprit. Si quelquefois il se livrait aux illusions, c'était comme une excuse ou un encouragement qu'il se donnait à lui-même dans ses desseins téméraires, et sans en être tout à fait dupe. Dans le malheur, il ne craignait pas d'ouvrir entièrement les yeux à la vérité, et savait la voir sans pâlir. Quoiqu'il fût hors de Paris, il avait presque deviné ce qui s'y passait; il avait prévu que les souverains chercheraient à tirer les dernières conséquences de leur triomphe, que le Sénat l'abandonnerait, et que pour conjurer ce double danger, un grand événement militaire était la seule ressource. Aussi, dès son retour à Fontainebleau avait-il pris ses cartes et ses états de troupes, et saisissant d'un coup d'œil sûr la belle mais terrible chance que la fortune semblait lui ménager encore, avait-il résolu de ne pas la laisser échapper.

Les coalisés, après avoir perdu en morts ou blessés environ 12 mille hommes sous les murs de Paris, et après avoir attiré à eux le corps de Bulow, comptaient encore 180 mille combattants. Napoléon en ajoutant à ce qu'il amenait les corps des maréchaux Mortier et Marmont, et quelques troupes des bords de l'Yonne et de la Seine, n'en avait pas moins de 70 mille. La disproportion était énorme, mais la passion de l'armée (nous parlons de la passion qui régnait dans les rangs inférieurs), le génie de Napoléon, les circonstances locales, pouvaient compenser cette infériorité numérique, et tout faisait présager une immense catastrophe, pour la capitale ou pour la coalition. Quand on songe au prix du succès, si on avait triomphé, à la France rétablie d'un seul coup dans sa grandeur, (il s'agit ici de sa grandeur désirable et non de sa grandeur folle, de la ligne du Rhin et non de celle de l'Elbe), nous n'hésitons pas à dire que le gain possible justifiait l'enjeu, toutes les splendeurs de Paris eussent-elles succombé dans une journée sanglante. La frontière du Rhin valait bien tout ce qui aurait pu périr dans la capitale, et nous ne saurions approuver ceux qui ayant suivi Napoléon jusqu'à Moscou, ne l'auraient pas suivi cette fois jusqu'à Paris.

Quoi qu'il en soit, Napoléon conçut un plan dont le résultat ne lui paraissait pas douteux, et dont la postérité jugera le succès au moins vraisemblable. Depuis qu'il s'était établi à Fontainebleau pour y concentrer ses troupes, les alliés s'étaient partagés en trois masses, une de 80 mille hommes sur la gauche de la Seine, entre l'Essonne et Paris (voir la carte n° 62); une autre dans l'intérieur même de Paris, une autre enfin au dehors sur la droite de la Seine. Napoléon considérait la situation qu'ils avaient prise comme mortelle pour eux, si on savait en profiter. Il voulait franchir brusquement l'Essonne avec son armée, refouler les 80 mille hommes de Schwarzenberg sur les faubourgs de Paris, faire appel aux Parisiens pour qu'ils se joignissent à lui, et, profitant du trouble probable des coalisés assaillis à l'improviste, les écraser, soit qu'il entrât dans la ville à leur suite, soit qu'il passât brusquement sur la droite de la Seine par tous les ponts dont il disposait, et qu'il se précipitât sur leur ligne de retraite. Il est en effet probable qu'avec les 70 mille hommes réunis sous sa main, Napoléon culbuterait les 80 mille hommes qui lui étaient directement opposés, que ceux-ci refoulés sur Paris y rentreraient en désordre, que le moindre concours des Parisiens convertirait ce désordre en déroute, et que Napoléon les suivant à brûle-pourpoint, ou se portant par la droite de la Seine sur leur ligne de retraite, placerait la coalition dans une position dont elle aurait beaucoup de peine à se tirer, eût-elle à sa tête ce qu'elle n'avait pas, le plus grand des capitaines. Il est très-probable encore qu'après un tel événement, et aidé des paysans de la Bourgogne, de la Champagne, de la Lorraine, qui ne manqueraient pas de se jeter sur les vaincus puisqu'ils se jetaient déjà sur les vainqueurs, Napoléon aurait bientôt ramené la coalition jusqu'au Rhin. S'il se trompait, il nous semble, quant à nous, qu'il valait mieux se tromper avec lui ce jour-là, que s'être trompé avec lui à Wilna en 1812, à Dresde en 1813. Du reste, s'inquiétant peu des dangers de Paris, il raisonnait à l'égard de cette capitale comme les Russes à l'égard de Moscou, et il pensait qu'on ne pouvait

Avril 1814.

Avril 1814.

Après avoir arrêté son plan, Napoléon passe tout de suite aux détails d'exécution, et donne les ordres nécessaires.

payer d'un prix trop élevé l'extermination de l'ennemi qui avait pénétré au cœur de la France.

Imperturbable au milieu des situations les plus violentes, et toujours passant sur-le-champ de la conception de ses plans aux détails d'exécution, il avait donné ses ordres en conséquence. Il avait rangé les maréchaux Marmont et Mortier le long de la rivière d'Essonne, Marmont à Essonne même, Mortier à Mennecy. Il avait renforcé le corps de Marmont de la division Souham, qui comptait au moins six mille hommes; remplacé l'artillerie de Marmont et de Mortier, restée en partie sous les murs de Paris, et fourni à ces deux maréchaux, au moyen des ressources du grand parc, soixante bouches à feu parfaitement approvisionnées. Il leur avait prescrit d'entourer Corbeil d'ouvrages de campagne, afin de s'en approprier le pont, indépendamment de celui de Melun dont il était maître, de manière à pouvoir manœuvrer à volonté sur l'une et l'autre rive de la Seine; de réunir à Corbeil tous les approvisionnements de grains répandus en abondance sur la droite de cette rivière, et de fabriquer à la poudrerie d'Essonne autant de poudre qu'on pourrait. Il avait échelonné sa cavalerie dans la direction d'Arpajon, afin de se mettre en communication avec Orléans, où il venait d'appeler sa femme, son fils, ses frères et ses ministres. Il avait fait avancer la jeune garde entre Chailly et Ponthierry, pour ménager de la place aux corps d'Oudinot, de Macdonald et de Gérard qui allaient arriver. Enfin il avait mandé les troupes qui, sous le général Alix, avaient si bien défendu l'Yonne, et prenait ainsi toutes ses dispositions pour avoir l'armée entière concentrée derrière l'Essonne dans la journée du 4, terme le plus rapproché possible en considérant la distance à parcourir de Saint-Dizier à Fontainebleau. Chaque jour il passait en revue les corps qui rejoignaient, et, sans s'expliquer clairement, leur laissait entrevoir une éclatante revanche du revers essuyé sous les murs de la capitale. La garde à son aspect poussait des cris frénétiques. Fantassins et cavaliers, agitant les uns leurs fusils, les autres leurs sabres, mêlaient au cri ordinaire de *Vive l'Empereur*, ce cri bien plus significatif : *A Paris! à Paris!* — Les autres corps de l'armée, plus jeunes et plus sensibles à la souffrance, arrivaient quelquefois fatigués et tristes. Mais ils ne résistaient pas à la présence de Napoléon, à la vue de son visage tout à la fois sombre et inspiré, et, après un peu de repos, recevaient la contagion des sentiments dont le foyer ardent était dans la garde impériale. Les chefs de l'armée au contraire étaient consternés, et la présence de Napoléon les embarrassait, les irritait même, sans les ranimer. Ils n'osaient pas contester qu'une dernière et sanglante bataille fût un devoir à remplir envers le pays, si on pouvait ainsi le sauver, mais ils se récriaient contre l'idée de la livrer dans l'intérieur de Paris, si c'était là que Napoléon voulût combattre, ce qu'ils ignoraient, mais ce qu'ils répandaient autour d'eux, pour rendre ce projet odieux. Leurs aides de camp et leurs complaisants tenaient le même langage. Il en était autrement des officiers attachés aux troupes. Ceux-là ne parlaient que de venger l'honneur des armes, et soufflaient

Avril 1814.

Napoléon passe tous les jours ses troupes en revue.

Enthousiasme de la garde impériale.

Cet enthousiasme se communique

leurs passions à leurs soldats. Aussi dès que Napoléon se montrait, des transports violents éclataient de toute part, et il se manifestait un sentiment commun, non pas de dévouement à sa personne, mais d'exaspération contre l'ennemi et contre les traîtres qui, disait-on, avaient livré la capitale.

Il y a des jours, tristes jours! où le devoir est obscur, et où les cœurs les plus honnêtes sont perplexes. C'était le cas ici, et on pouvait très-sincèrement être d'un avis à Paris, d'un autre avis à Fontainebleau. Nous comprenons en effet qu'à Paris on pût, sans estimer le Sénat, adhérer à ses résolutions, et préférer la paix, la liberté sous l'ancienne dynastie, à la guerre perpétuelle sous un gouvernement arbitraire et violent, et qu'à Fontainebleau au contraire, pour de braves soldats n'ayant pas à choisir entre deux régimes politiques, mais à expulser l'étranger du sol, la seule espérance d'écraser la coalition, fût-ce au milieu des ruines de Paris, les transportât d'un bouillant enthousiasme. Et, bien que la vérité ne dépende pas des lieux, que vérité ici, elle ne soit pas mensonge là, il nous semble que la manière de l'envisager peut dépendre des situations, et que le devoir peut différer suivant le lieu où l'on se trouve. A Paris, de bons citoyens devaient opter pour la Charte et pour les Bourbons; des soldats à Fontainebleau, sur une simple espérance d'expulser l'ennemi du territoire, devaient exposer leur vie encore une fois, et il eût été plus patriotique de mourir dans cette journée en avant d'Essonne que jadis à Austerlitz ou à Iéna, car on serait mort certainement pour le pays, et on se serait dévoué non pas au bonheur, mais au malheur!

Du reste, nous le répétons, il était naturel qu'en face d'événements si graves les âmes fussent profondément agitées. M. de Caulaincourt effectivement les trouva fort émues, et lorsque dans la nuit du 2 avril il parut à la porte de Napoléon, les oisifs d'état-major qui gardaient cette porte l'assaillirent de leurs questions, et le supplièrent de dire la vérité à l'Empereur. Ce noble personnage n'avait pas besoin d'y être convié. Il exposa simplement, sans détour, sans réticence, tout ce qu'il avait vu et entendu pendant son séjour à Paris, ne dissimula pas même à Napoléon les colères furieuses dont il était l'objet, ni surtout les résolutions extrêmes des souverains à son égard, et quoiqu'il n'hésitât jamais à donner un avis, il ne l'osa pas cette fois, tant il était difficile de se prononcer, tant le moindre conseil était inutile et cruel, seulement à insinuer. Napoléon accueillit M. de Caulaincourt avec une grande douceur et des marques visibles de gratitude. Il ne parut ni troublé ni étonné de tout ce qu'il entendait. Il avait appris déjà par diverses informations quelques-uns des faits rapportés par M. de Caulaincourt, et avait deviné les autres. Il connaissait l'institution du gouvernement provisoire, même la déchéance, sans les considérants toutefois, et notamment les efforts tentés pour renverser sa statue. — C'est bien fait, dit-il à M. de Caulaincourt, il m'arrive là ce que j'ai mérité. Je ne voulais pas de statues, car je savais qu'il n'y a sûreté à les recevoir que de la postérité. Pour les conserver de son vivant, il faudrait être toujours heureux! Denon a voulu flatter, j'ai eu la faiblesse de céder,

Avril 1814.

Arrivée de M. de Caulaincourt.

Accueil que lui fait Napoléon.

Froid jugement que porte Napoléon sur les événements de Paris.

Avril 1814.

et vous voyez ce que j'y ai gagné. Mais passons à un sujet plus important. Rien ne me surprend dans votre récit. Talleyrand se venge de moi, c'est tout simple... Les Bourbons me vengeront de lui... Mais tous ces hommes de la révolution qui remplissent le Sénat, et parmi lesquels il y a plus d'un régicide, sont bien imprudents de se jeter ainsi dans les bras de l'étranger, qui les jettera dans les bras des Bourbons. Mais ils sont effrayés, ils cherchent leur sûreté où ils peuvent. Quant aux souverains alliés, ils veulent abaisser la France. Pourtant ils se comportent envers moi peu dignement. J'ai pu détrôner l'empereur François et le roi Guillaume, j'ai pu déchaîner les paysans russes contre Alexandre, je ne l'ai pas fait. Je me suis conduit à leur égard en souverain, ils se conduisent à mon égard en jacobins. Ils donnent là un mauvais exemple. Le moins hostile d'entre eux est Alexandre. Il est vengé, et de plus il est bon, quoique rusé. Les Autrichiens sont ce que je les ai toujours vus, humbles dans l'adversité, insolents et sans cœur dans la prospérité. Ils m'ont presque forcé de prendre leur fille, et maintenant ils agissent comme si cette fille n'était pas la leur. Schwarzenberg est tout à l'émigration, Metternich aux Anglais. Mon beau-père les laisse faire. Nous verrons s'il leur permettra d'aller jusqu'aux dernières extrémités. L'Impératrice espère le contraire. Quant aux Anglais et aux Prussiens, ils veulent l'anéantissement de la France. Cependant tout n'est pas fini. On cherche à m'écarter, parce qu'on sent que seul je puis relever notre fortune. Je ne tiens pas au trône, croyez-le. Né soldat,

Ses paroles à M. de Caulaincourt.

je puis redevenir citoyen. Vous connaissez mes goûts : que me faut-il ? Un peu de pain, si je vis; six pieds de terre, si je meurs. Il est vrai, j'ai aimé et j'aime la gloire... Mais la mienne est à l'abri de la main des hommes... Si je désire commander quelques jours encore, c'est pour relever nos armes, c'est pour arracher la France à ses implacables ennemis. Vous avez bien fait de ne rien signer. Je n'aurais pas souscrit aux conditions qu'on vous aurait imposées. Les Bourbons peuvent les accepter honorablement; la France qu'on leur offre est celle qu'ils ont faite. Moi, je ne le puis pas. Nous sommes soldats, Caulaincourt, qu'importe de mourir, si c'est pour une telle cause? D'ailleurs, ne croyez pas que la fortune ait prononcé définitivement. Si j'avais mon armée, j'aurais déjà attaqué, et tout aurait été fini dans deux heures, car l'ennemi *est dans une position à tout perdre.* Quelle gloire si nous les chassions, quelle gloire pour les Parisiens d'expulser les Cosaques de chez eux, et de les livrer aux paysans de la Bourgogne et de la Lorraine, qui les achèveraient! Mais ce n'est qu'un retard. Après-demain, j'aurai les corps de Macdonald, d'Oudinot, de Gérard, et si on me suit je changerai la face des choses. Les chefs de l'armée sont fatigués, mais la masse marchera. *Mes vieilles moustaches de la garde* donneront l'exemple, et il n'y aura pas un soldat qui hésite à les suivre. En quelques heures, mon cher Caulaincourt, tout peut changer... Quelle satisfaction... quelle gloire!...—

Après ces paroles prononcées avec un mélange de calme et d'entraînement communicatif, Napoléon

Avril 1814.

Napoléon remet au lendemain

envoya M. de Caulaincourt se reposer, et tomba lui-même dans un profond sommeil.

Le lendemain, 3 avril, il passa la journée en revues et en préparatifs, et tantôt plongé dans ses réflexions, tantôt le visage animé, et la flamme du génie dans les yeux, il semblait plein d'un vaste projet dont il était impatient de commencer l'exécution. Les troupes en ce moment suprême ne résistaient pas à l'effet de sa présence, et quoique épuisées en arrivant, criaient à son aspect : *Vive l'Empereur!* avec une sorte de frénésie. Les vieux soldats de la garde en leur racontant, avec la crédulité des camps, qu'une indigne trahison avait livré Paris, les remplissaient de colère, et elles ne manifestaient d'autre désir que d'arracher la capitale de la main des traîtres. A la vérité, ces sentiments particuliers aux soldats et aux officiers des régiments, n'étaient plus, comme nous venons de le dire, les mêmes dans les états-majors. Les émissaires venus de Paris s'étaient glissés parmi ces derniers, et avaient prétendu que Napoléon étant légalement déchu, ceux qui continuaient de le servir ne servaient plus qu'un rebelle, et n'étaient eux-mêmes que des rebelles; qu'il était temps de quitter un homme qui avait perdu la France, qui les perdrait eux-mêmes s'ils ne se séparaient de lui, et de se rallier au gouvernement paternel des Bourbons tout disposé à leur ouvrir les bras; qu'avec ce gouvernement seul on aurait la paix, car l'Europe était résolue à en finir avec Napoléon et ses adhérents; que l'armée, en quittant un camp qui désormais n'était plus que celui de la rébellion, conserverait ses grades, pensions et dignités, et jouirait enfin, à l'ombre d'un trône tutélaire, de la gloire qu'elle avait acquise et qu'on ne lui contestait point, qu'autrement elle allait être enveloppée par quatre cent mille ennemis, et détruite jusqu'au dernier homme. Ce langage avait facilement pénétré dans l'âme fatiguée et soucieuse des principaux chefs, et amené de leur part un singulier déchaînement non-seulement contre les fautes politiques de Napoléon, fautes trop réelles et trop désastreuses, mais contre ses prétendues fautes militaires. Il n'était plus, à les entendre, qu'un aventurier, qui avait rencontré une veine heureuse, et en avait abusé jusqu'à ce qu'il l'eût épuisée. En 1813, il n'avait commis que des bévues, en 1814 également, et tout récemment encore il s'était trompé, en allant chercher à Saint-Dizier un ennemi qu'il fallait venir chercher à Paris. Maintenant rendu plus extravagant que jamais par le malheur, il voulait livrer une dernière bataille, et faire égorger les malheureux restes de son armée. — Une dernière bataille soit, disaient-ils, si c'était pour relever l'honneur des armes, et surtout pour sauver la France! Mais, dans sa colère contre les Parisiens, Napoléon avait résolu de la livrer au sein même de Paris, apparemment pour tuer autant de Parisiens que d'Autrichiens, de Prussiens ou de Russes! — C'était surtout cette allégation d'une bataille dans Paris qu'on répandait perfidement, pour rendre plus odieuse encore la suprême tentative qui se préparait, et en admettant qu'on ne pouvait se refuser à un dernier effort, s'il y avait chance de le rendre utile à la France, on demandait avec une épouvante quelquefois feinte,

Avril 1814.

On fait surtout valoir l'idée d'une bataille livrée dans Paris même pour révolter tous les cœurs.

quelquefois sincère, s'il ne fallait pas être fou ou barbare pour vouloir convertir Paris en un champ de bataille, et fournir ainsi aux souverains le prétexte légitime de faire de la capitale de la France une nouvelle Moscou! —

Ces propos avaient porté l'agitation des états-majors au comble, et, tandis qu'une véritable fureur patriotique animait la garde, et de la garde passait dans les rangs inférieurs de l'armée, un sentiment tout opposé animait les états-majors et les chefs. La journée du 3 avril ne fit qu'accroître ce double courant d'idées contraires, sous l'influence des communications venues soit de Paris soit des avant-postes.

Le jour suivant, c'est-à-dire le 4 au matin, Napoléon parut enfin décidé à agir. Il s'en expliqua positivement avec M. de Caulaincourt. Les corps de Macdonald, d'Oudinot, de Gérard, étaient près d'arriver, et en leur accordant cette journée de repos, il comptait pouvoir le lendemain 5, ou le surlendemain 6 au plus tard, les porter en ligne, et attaquer l'ennemi avec 70 mille combattants. Le succès ne lui semblait pas douteux. Il donna de très-grand matin des ordres pour que la garde s'ébranlât tout entière, et allât se placer derrière Marmont et Mortier sur l'Essonne, à l'effet d'appuyer le mouvement, et de laisser la place libre pour les troupes qui arriveraient successivement. Après avoir passé en revue les corps qui allaient partir, il fit former en cercle autour de lui les officiers et sous-officiers, et de sa voix vibrante, il leur adressa ces paroles énergiques :

« Soldats, l'ennemi en nous dérobant trois mar-

» ches, s'est rendu maître de Paris. Il faut l'en chas-
» ser. D'indignes Français, des émigrés, auxquels
» nous avons eu la faiblesse de pardonner jadis,
» ont fait cause commune avec l'étranger, et ont ar-
» boré la cocarde blanche. Les lâches! ils recevront le
» prix de ce nouvel attentat... Jurons de vaincre ou
» de mourir, et de venger l'outrage fait à la patrie
» et à nos armes. » — Nous le jurons! répondirent
avec ardeur ces vieux officiers passionnés pour leur
drapeau, et ils s'en allèrent répandre la flamme dont
ils étaient pleins dans les rangs de leurs soldats.
Les troupes défilèrent en poussant des acclamations
fanatiques.

Avril 1814.

Cette scène terminée, Napoléon remonta l'escalier du palais, suivi d'une foule d'officiers, animés
les uns de l'enthousiasme qui venait d'éclater, les
autres de sentiments tout contraires. Sur-le-champ,
on se forma en groupe autour des maréchaux, et
là il n'y eut qu'un cri, c'est que la résolution de
jouer leur existence et celle de la France dans
une dernière folie, était évidemment prise, et que
c'était le cas de l'empêcher en se prononçant contre
un pareil acte de démence. Tous furent de cet avis,
mais c'était à qui ne dirait pas les premiers mots.
Les aides de camp entourèrent les généraux, les
généraux les maréchaux, et, s'excitant les uns les
autres, ils demandèrent bientôt que leurs chefs re-
fusassent l'obéissance. Le maréchal Macdonald arrivait à peine, car il n'avait pas quitté son corps. Il
descendait de cheval couvert de la boue des grandes
routes, et on venait de lui remettre une lettre de
Beurnonville, portant l'adresse erronée que voici :

Cris de colère dans les états-majors.

Arrivée du maréchal Macdonald, et dispositions personnelles de ce maréchal.

A M. le maréchal Macdonald, duc de Raguse. — Marmont, à qui le titre de duc de Raguse, inscrit sur l'adresse, avait fait parvenir la lettre en question, l'avait lue, et ayant reconnu qu'elle était destinée au maréchal Macdonald, la lui avait renvoyée. Cette lettre conjurait Macdonald, au nom de l'amitié, au nom de sa famille exposée à périr au milieu des flammes de la capitale, et à laquelle il était tendrement attaché, de se séparer du tyran qui n'était plus qu'un rebelle, pour se donner au gouvernement légitime des Bourbons qui allaient rentrer en France la paix dans une main, la liberté dans l'autre. — Macdonald avait conservé dans le cœur les sentiments de l'armée du Rhin, il était irrité de ce qu'il avait vu et souffert dans les deux dernières campagnes, et il aimait ses enfants avec passion. On venait de lui donner de leurs nouvelles et de lui apprendre qu'ils étaient dans Paris. Il en eut l'âme navrée. On l'entoura, on lui dit qu'il devait se joindre aux maréchaux ses collègues, et contribuer à mettre fin à un règne odieux et insensé. Il le promit, et demanda seulement le temps d'aller revêtir un costume plus convenable. On était arrivé ainsi jusqu'à la porte du cabinet de Napoléon, et on s'anima jusqu'à ne plus vouloir quitter l'antichambre, dans l'intention de veiller sur les maréchaux et de les défendre si, à la suite de la scène qui se préparait, l'Empereur voulait les faire arrêter. Il y eut même dans cette espèce d'émeute quelques officiers assez égarés pour s'écrier qu'au besoin il fallait se débarrasser de la personne de Napoléon[1]. En un

---

[1] Je tiens ce déplorable détail de témoins oculaires, hommes respec-

mot, c'était le spectacle d'une de ces révoltes de la soldatesque dont l'empire romain avait fourni autrefois de si odieux exemples, et c'était bien, il faut le reconnaître, une digne fin de ce règne si déplorablement guerrier, que de s'achever au milieu d'une sédition militaire!

Avril 1814.

Les maréchaux entrèrent : c'étaient Lefebvre, Oudinot, Ney. Macdonald allait les rejoindre. Ils trouvèrent autour de Napoléon le major-général Berthier, les ducs de Bassano et de Vicence, et quelques autres personnages éminents. Napoléon venait de se débarrasser de son chapeau, de son épée, et marchait, parlait dans son cabinet avec une véhémence plus qu'ordinaire. Les maréchaux étaient tristes, embarrassés, n'osant pas proférer une parole. Devinant ce que cachait leur silence et voulant les forcer à le rompre, Napoléon les questionna, leur demanda s'ils avaient des nouvelles de Paris, à quoi ils répondirent qu'ils en avaient, et de bien fâcheuses. Puis il leur demanda ce qu'ils pensaient. — Tout ce qui était arrivé, dirent-ils, était bien douloureux, bien déplorable, et ce qu'il y avait de plus désolant, c'est qu'on ne voyait pas la fin de cette cruelle situation. — La fin, repartit Napoléon, elle dépend de nous. Vous voyez ces braves soldats, qui n'ont ni grades ni dotations à sauver, ils ne songent qu'à marcher, qu'à mourir pour arracher la France aux mains de l'étranger. Il faut les suivre. Les coalisés sont partagés entre les deux rives de la Seine dont nous avons les ponts principaux, et

Les maréchaux suivent Napoléon dans son cabinet, en compagnie de quelques personnages éminents.

Paroles que leur adresse Napoléon.

Leur réponse malveillante et timide.

tables que je ne puis nommer, et qui peuvent être rangés au nombre des plus honnêtes gens de leur temps.

dispersés dans une ville immense. Vigoureusement abordés dans cette position, ils sont perdus. Le peuple parisien est frémissant, il ne les laissera pas partir sans les poursuivre, et les paysans les achèveront. Sans doute, ils peuvent revenir : mais Eugène est de retour d'Italie avec trente-six mille hommes; Augereau en a trente, Suchet vingt, Soult quarante. Je vais attirer à moi la plus grande partie de ces forces; j'ai soixante-dix mille hommes ici, et avec cette masse, je jetterai dans le Rhin tout ce qui sera sorti de Paris et voudra y rentrer. Nous sauverons la France, nous vengerons notre honneur, et alors j'accepterai une paix modérée. Que faut-il pour tout cela? Un dernier effort, qui vous permettra de jouir en repos de vingt-cinq années de travaux. —

Ces raisons, quoique frappantes, ne parurent pas être du goût des assistants. Ils objectèrent à Napoléon que, s'il était légitime de vouloir livrer une dernière bataille, dans le cas toutefois où elle pourrait être utile et ne serait pas l'occasion d'une irrémédiable catastrophe, il était affreux de la livrer dans Paris, et de faire de notre capitale une autre Moscou. Napoléon répondit à cette objection qu'on le calomniait quand on prétendait qu'il voulait se venger des Parisiens, qu'il ne cherchait pas à faire de Paris un champ de bataille, mais qu'il prenait l'ennemi là où la Providence le lui livrait, et que dans la position où étaient les coalisés, ils seraient nécessairement détruits. S'adressant alors à Lefebvre, à Oudinot, à Ney, il leur demanda si leur désir était de vivre sous les Bourbons? A cette question, ils poussèrent de vives exclamations. Lefebvre, avec la violence d'un vieux jacobin, affirma qu'il ne le voulait point, et il était sincère. Ney s'en exprima avec une incroyable véhémence, et dit que jamais ses enfants ne pourraient trouver sous les Bourbons ni bien-être ni même sûreté, et que le seul souverain désirable pour eux était le Roi de Rome. — Eh bien, reprit Napoléon, croyez-vous qu'en abdiquant je vous assurerais à vous et à vos enfants l'avantage de vivre sous mon fils? Ne voyez-vous pas tout ce qu'il y a de ruse et de mensonge dans cette idée d'une régence au profit du Roi de Rome, imaginée pour vous séparer de moi, et pour nous perdre en nous divisant? Ma femme, mon fils, ne se soutiendraient pas une heure, vous auriez une anarchie qui après quinze jours aboutirait aux Bourbons... D'ailleurs, ajouta-t-il, il y a des secrets de famille que je ne puis divulguer... Le gouvernement de ma femme est impossible.... — Napoléon faisait ainsi allusion aux motifs qui l'avaient porté à ordonner que sa femme sortît de Paris, et le principal de ces motifs, c'était la faiblesse de Marie-Louise qu'il connaissait bien. Mais tandis que les maréchaux avaient éclaté en dénégations violentes, lorsque Napoléon leur avait parlé de vivre sous les Bourbons, ils s'étaient tus lorsqu'il avait parlé de son abdication et des conséquences qu'elle pourrait avoir, n'osant pas dire, mais laissant deviner que l'abdication était véritablement ce qu'ils désiraient. Napoléon le comprit sans paraître s'en apercevoir. En ce moment survint Macdonald, ému, troublé de tout ce qu'il avait appris, tenant la lettre de Beurnonville à la

Avril 1814.

Vive dénégation de leur part.

Vivre sous le fils de Napoléon, semble leur désir secret.

Arrivée du maréchal Macdonald, et sa participation

45.

main. — Quelles nouvelles nous apportez-vous? lui dit Napoléon. — De bien mauvaises, répondit le maréchal. On assure qu'il y a deux cent mille ennemis dans Paris et que nous allons y livrer bataille. Cette idée est affreuse... n'est-il pas temps de finir?... — Il ne s'agit pas, répliqua Napoléon, de livrer bataille dans Paris, il s'agit de profiter des fautes de l'ennemi. — Là-dessus on discuta, et Napoléon demandant ce qu'était la lettre qu'il avait à la main, Macdonald lui dit : Sire, je n'ai rien de caché pour vous, lisez-la. — Ni moi pour vous tous, repartit Napoléon; qu'on la lise à haute voix. — M. de Bassano prit la lettre, la lut avec l'embarras, avec la souffrance d'un sujet resté aussi respectueux que fidèle envers son maître. Napoléon écouta cette lecture avec un calme dédaigneux, puis sans se plaindre de la franchise du maréchal Macdonald, il répéta que Beurnonville et ses pareils n'étaient que des intrigants, qui, de moitié avec l'étranger, cherchaient à opérer une contre-révolution; qu'ils laisseraient la France ruinée et à jamais affaiblie; que les Bourbons, loin de pacifier la France, la mettraient bientôt en confusion, tandis qu'avec un peu de persévérance il serait facile de changer cette situation en deux heures. — Oui, reprit Macdonald, toujours le cœur navré à l'idée d'une bataille dans Paris, oui, on le pourrait peut-être, mais en nous battant dans notre capitale en cendres, et probablement sur les cadavres de nos enfants. — De plus, sans oser dire qu'il désobéirait, le maréchal déclara qu'on n'était pas sûr de l'obéissance des soldats. Ney sembla confirmer cette déclaration. Arrivés ainsi à la limite qui sépare le respect de la révolte, les maréchaux mettaient sur le compte des soldats un refus d'obéir qui n'appartenait qu'à eux. Napoléon le sentit et leur dit fièrement : Si les soldats ne vous obéissent point à vous, ils m'obéiront à moi, et je n'ai qu'un mot à dire pour les conduire où je voudrai... — Puis avec un ton de hauteur qui n'admettait pas de réplique, il ajouta : Retirez-vous, messieurs; je vais aviser, et je vous ferai connaître mes résolutions. —

Ils sortirent tout étonnés de s'être montrés si hardis, quoiqu'ils l'eussent été bien peu, et si émerveillés de leur courage, qu'ils se vantèrent auprès de leurs aides de camp d'avoir déchiré tous les voiles, se faisant ainsi beaucoup plus coupables qu'ils ne l'avaient été réellement[1]. Ils se retirèrent attendant le résultat de cette scène extraordinaire,

Avril 1814.

Napoléon irrité, mais contenu, renvoie les maréchaux de sa présence.

Ils vont se vanter au dehors d'avoir dit à Napoléon plus qu'ils n'ont osé dire.

---

[1] On a dit, on a écrit, on a répété sous toutes les formes, que la scène qui s'était passée le 4 avril au matin dans le cabinet de l'Empereur avait été une scène de violence poussée jusqu'à la menace, jusqu'à lui arracher presque son abdication par la force. J'ai eu sous les yeux les mémoires manuscrits des deux témoins les plus respectables de cette scène; j'ai recueilli les souvenirs de témoins oculaires dignes de foi, et j'ai acquis la conviction que les récits qu'on a répandus à ce sujet sont entièrement controuvés. Au fond, la scène eut bien pour but et pour résultat d'arracher à Napoléon son abdication conditionnelle, mais quant à la forme les choses se renfermèrent dans la mesure que j'ai gardée dans ce récit. Les versions exagérées dont je conteste l'exactitude ont eu pour origine, et pour triste origine, les vanteries de certains personnages militaires, qui, voulant se faire valoir quelques jours après, se représentèrent comme plus coupables envers Napoléon qu'ils ne l'avaient été véritablement, et eurent fort à le regretter un an après. Ce sont ces vanteries, exagérées encore par des colporteurs de faux bruits, qui ont donné lieu aux versions inexactes répandues sur ce sujet, et je suis certain que la vérité se réduit à ce que je viens d'exposer.

extraordinaire vraiment, car Napoléon tout-puissant ils n'avaient jamais osé lui adresser une observation, lorsqu'il aurait peut-être suffi d'un mot pour l'arrêter sur la pente qui menait aux abîmes.

Napoléon dans cette journée n'aurait eu qu'un pas à faire en dehors de son cabinet, pour en appeler des maréchaux aux colonels et aux soldats, et il eût trouvé des serviteurs enthousiastes, prêts à le suivre partout, prêts même à lui faire raison de serviteurs ingrats et rassasiés. Mais vouloir que dans ce moment il jetât à la porte de son palais tout un état-major, formé de généraux et de maréchaux qui lui avaient prodigué leur sang pendant vingt années, qu'il en composât un avec des colonels et des chefs de bataillon, pour marcher ainsi à une opération formidable, c'est trop demander même au caractère le plus énergique et le plus résolu.

Resté seul avec Berthier, avec MM. de Caulaincourt et de Bassano, Napoléon donna cours à l'irritation qu'il avait jusque-là contenue. — Les avez-vous vus, leur dit-il, ardents quand il s'agissait de ne pas vivre sous les Bourbons, silencieux quand je leur parlais de mon abdication? C'est là en effet ce qu'ils désirent, car on leur a persuadé que moi hors de cause, ils pourront jouir sous mon fils des richesses que je leur ai prodiguées. Pauvres esprits qui ne voient pas qu'entre les Bourbons et moi il n'y a rien, que ma femme et mon fils ne sont qu'une ombre, destinée à s'évanouir en quelques jours ou en quelques mois! — Ensuite Napoléon se plaignit qu'on eût osé lire en sa présence une lettre aussi inconvenante que celle de Beurnonville, et s'étendit sur la faiblesse et l'ingratitude des hommes. M. de Caulaincourt essaya de le calmer, en lui disant que le maréchal Macdonald était un personnage du plus noble caractère, qui n'avait montré cette lettre que parce que Napoléon la lui avait demandée; que cette répugnance à se battre dans Paris, prétexte pour les uns, était pour d'autres un sentiment sérieux et sincère, et il ajouta que l'idée de son abdication en faveur de son fils était fort répandue, et qu'elle était du reste la seule base sur laquelle on pût encore négocier.

Napoléon, revenu bientôt à cette indifférence supérieure avec laquelle les grands esprits se mettent au-dessus des événements, avoua que son abdication au profit du Roi de Rome était l'idée du moment, que c'était peut-être une satisfaction à donner à des âmes troublées, et il déclara qu'il y était tout disposé, pour leur prouver l'inanité d'une semblable combinaison. — Je consens, dit-il à M. de Caulaincourt, à ce que vous retourniez à Paris pour offrir de négocier sur cette base, à ce que vous emmeniez même avec vous les maréchaux les plus épris de ce projet; vous me délivrerez d'eux, ce qui ne sera pas un médiocre avantage, car j'ai de quoi les remplacer ici, et, pendant que vous occuperez les alliés au moyen de cette nouvelle proposition, moi je marcherai, et je terminerai tout l'épée à la main. Il faut même vous hâter de partir, car, d'ici à vingt-quatre heures, vous ne pourriez plus franchir la ligne des avant-postes. —

Napoléon adhéra donc assez promptement à la proposition d'abdiquer au profit de son fils, comme

Avril 1814.

L'intention vraie de Napoléon est de donner ainsi une satisfaction apparente aux maréchaux, et de gagner encore deux jours dont il croit avoir besoin.

à une nouvelle manière de gagner deux ou trois jours, d'endormir la vigilance de l'ennemi, de satisfaire ses maréchaux, et de se débarrasser de deux ou trois d'entre eux qui étaient devenus singulièrement incommodes. Cependant, il ajouta que si on accordait la régence de sa femme au profit de son fils, à des conditions tout à la fois honorables et rassurantes pour le maintien de ce nouvel ordre de choses, il était possible qu'il acceptât. Malgré ce langage, il y avait bien peu de chances pour que la négociation qu'il se proposait d'interrompre bientôt à coups de canon, pût réussir.

Après avoir donné aussi brusquement cette face nouvelle à la situation, il s'agissait de choisir les hommes chargés d'accompagner M. de Caulaincourt à Paris. M. de Caulaincourt aurait voulu avoir Berthier pour faire valoir les considérations militaires, M. de Bassano pour se tenir le plus près possible de la pensée de Napoléon. Mais Napoléon n'en voulut pas entendre parler. Berthier lui était indispensable pour transmettre ses ordres à l'armée. M. de Bassano, quoiqu'il fût, disait-il, bien innocent des dernières guerres, en était responsable aux yeux du public et des souverains. Il ne consentit qu'à l'envoi de M. de Caulaincourt, accompagné de deux ou trois maréchaux. Il songea d'abord à Ney.
— C'est le plus brave des hommes, dit-il, mais j'ai des gens qui en ce moment se battront aussi bien que lui, et vous m'en débarrasserez. Cependant veillez sur lui, c'est un enfant. S'il tombe dans les mains de Talleyrand ou d'Alexandre, il est perdu, et vous n'en pourrez plus rien faire. Prenez

Marmont qui m'est dévoué, et qui soutiendra bien les droits de mon fils. — Puis revenant sur ce qu'il avait dit, Napoléon ajouta : Non, ne prenez pas Marmont, il est trop nécessaire sur l'Essonne. — Alors on proposa Macdonald, qui aurait plus de crédit que Marmont parce qu'il n'avait jamais passé pour un complaisant, qui d'ailleurs était un parfait honnête homme, et défendrait les intérêts qu'on lui confierait comme les siens propres. Napoléon adhéra à ces propositions, rédigea lui-même l'acte de son abdication conditionnelle, avec ce tact, cette hauteur de langage qu'il apportait dans toutes les pièces émanées de sa plume, et ordonna qu'on fît rentrer les maréchaux.

— J'ai réfléchi, leur dit-il, à notre situation, à ce qu'elle vous a inspiré, et j'ai résolu de mettre à l'épreuve la loyauté des souverains. Ils prétendent que je suis le seul obstacle à la paix et au bonheur du monde. Eh bien, je suis prêt à m'immoler pour faire tomber cette prévention, et à quitter le trône, mais à la condition de le transmettre à mon fils, qui pendant sa minorité sera placé sous la régence de l'Impératrice. Cette proposition vous convient-elle ?

— A ces mots, les maréchaux qu'une pareille solution tirait d'embarras, et à qui elle convenait fort d'ailleurs, car ils aimaient bien mieux vivre sous un enfant et une femme qui leur appartenaient, que sous les Bourbons qui leur étaient absolument étrangers, poussèrent des cris de reconnaissance et d'admiration, saisirent les mains de Napoléon, les serrèrent avec une vive émotion, en s'écriant qu'il n'avait jamais été plus grand à aucune époque de

Avril 1814.

Napoléon rappelle les maréchaux, et leur annonce sa nouvelle résolution.

Leur joie en apprenant un projet qui les tire d'embarras.

sa vie. Après ces témoignages, qu'il reçut avec une médiocre satisfaction, sans laisser voir toutefois ce qu'il éprouvait, Napoléon leur dit : Mais maintenant que je viens de condescendre à vos désirs, vous me devez de défendre les droits de mon fils, qui sont les vôtres, de les défendre non-seulement de votre épée, mais de votre autorité morale. — Il leur annonça ensuite qu'il avait choisi deux d'entre eux pour accompagner le duc de Vicence à Paris, et pour aller négocier l'établissement de la régence de Marie-Louise. Il désigna Ney et Macdonald, en racontant comment il avait d'abord songé à Marmont, et pourquoi il y avait renoncé. Ney fut extrêmement flatté de ce choix; Macdonald en fut touché, car il n'avait jamais été l'un des amis personnels de l'Empereur. — Maréchal, lui dit Napoléon, j'ai eu longtemps des préventions contre vous, mais vous le savez, elles sont détruites. Je connais votre loyauté, et je suis sûr que vous serez le plus solide défenseur des intérêts de mon fils. — En proférant ces mots, il lui tendit la main, que Macdonald pressa vivement dans les siennes, en promettant de justifier la confiance que l'Empereur lui témoignait en cette occasion, promesse que bientôt il devait tenir noblement. Napoléon, quoiqu'il eût renoncé à envoyer Marmont à Paris, laissa cependant à ses plénipotentiaires la liberté de le prendre avec eux en passant à Essonne, s'ils croyaient sa présence utile, se réservant dans ce cas de le remplacer dans le poste qu'il occupait. Ces explications terminées, Napoléon lut l'acte suivant, qu'il venait de rédiger :

PREMIÈRE ABDICATION.

« Les puissances alliées ayant proclamé que l'Empereur Napoléon était le seul obstacle au rétablissement de la paix en Europe, l'Empereur Napoléon, fidèle à son serment, déclare qu'il est prêt à descendre du trône, à quitter la France et même la vie, pour le bien de la patrie, inséparable des droits de son fils, de ceux de la régence de l'Impératrice, et des lois de l'Empire. Fait en notre palais de Fontainebleau, le 4 avril 1814. »

Avril 1814.

Texte de l'abdication conditionnelle.

Cette rédaction ayant reçu une approbation unanime, Napoléon prit une plume pour y ajouter sa signature. Avant d'y apposer son nom, sentant la gravité de cette démarche malgré les projets secrets qu'il nourrissait, il fut saisi d'un regret douloureux, non pour le trône, mais pour les chances auxquelles on allait peut-être renoncer, et songeant encore à la position si imprudente prise par les alliés, il s'écria : Et pourtant... pourtant nous les battrions, si nous voulions !... — Après cette exclamation, qui fit baisser la tête aux assistants, il signa la pièce, la remit à M. de Caulaincourt, et congédia ses trois ambassadeurs, toujours plus porté à combattre qu'à négocier, et résolu, si les moyens qu'il préparait ne se brisaient pas dans ses mains, d'interrompre à coups de canon la négociation nouvelle qu'on allait entamer à Paris.

Les maréchaux accompagnés de M. de Caulaincourt quittèrent immédiatement Fontainebleau afin de se rendre auprès des monarques alliés. Ils devaient passer à Essonne pour se conformer aux intentions de Napoléon, et pour y faire demander au quartier général du prince de Schwarzenberg l'au-

Les maréchaux passent par Essonne, pour y attendre l'autorisation de se rendre à Paris.

torisation de traverser les avant-postes. Arrivés à Essonne vers cinq heures après midi, ils y trouvèrent en effet le maréchal Marmont, lui firent part de la mission dont ils étaient chargés, et qu'il était autorisé à partager avec eux. A leur grande surprise, le maréchal se montra froid, embarrassé, et peu disposé à les accompagner. Le malheureux, hélas, avait succombé à tous les piéges qu'on lui tendait depuis quatre jours !

L'ancien aide de camp qu'on lui avait dépêché la veille, M. de Montessuy, l'avait joint, et, après lui avoir communiqué les lettres du gouvernement provisoire, y avait ajouté ses propres exhortations. Il était facile à cet envoyé de parler avec effet, car il était convaincu, et pensait avec tout le haut commerce de Paris dont il faisait partie, qu'il était temps de se séparer d'un gouvernement arbitraire et désastreusement belliqueux, qui avait jeté la France dans un abîme de maux, et n'était pas capable de l'en tirer. L'agent du gouvernement provisoire s'y était pris de plus d'une manière pour pénétrer dans une âme dont il connaissait toutes les issues. Après avoir parlé au patriotisme de Marmont, il avait parlé à sa vanité, à son ambition. Il n'avait pas manqué de dire en effet que dans cette campagne Marmont s'était couvert de gloire, que la France, l'Europe avaient les yeux sur lui; que seul entre les maréchaux il avait assez d'intelligence politique pour comprendre ce qu'exigeaient les circonstances ; que les circonstances commandaient de se séparer de Napoléon, d'entourer, de fortifier le gouvernement provisoire chargé de conclure la paix, de rappeler les Bourbons, et en les rappelant de leur imposer une sage constitution; qu'en secondant l'accomplissement de cette œuvre excellente il jouerait dans l'armée le rôle de M. de Talleyrand dans la politique, qu'il n'aurait sous les Bourbons qu'à choisir sa situation, qu'après le service qu'il aurait rendu tout lui serait dû, et qu'il réunirait le double avantage de sauver son pays et d'en être magnifiquement récompensé.

Avril 1814.

Il y avait assurément beaucoup de vérité dans ce qu'on disait là au malheureux Marmont, et de la part de celui qui le disait une entière sincérité. Il était vrai que pour de simples citoyens exempts de tout engagement personnel, ignorant la situation militaire, ne sachant pas s'il y avait encore des chances de battre la coalition, d'arracher de ses mains la France vaincue, le mieux était de se rattacher aux Bourbons, de tâcher d'obtenir avec eux une paix moins dure, et un gouvernement moins despotique. Mais ces considérations devaient demeurer étrangères à un officier comblé des bontés de Napoléon, à un soldat surtout chargé d'une consigne, celle de garder l'Essonne avec vingt mille hommes, consigne capitale qui intéressait non-seulement Napoléon mais la France, car tant qu'il restait quelque part une force imposante, ce n'était pas seulement le sort de Napoléon, mais celui de la France qu'on pouvait améliorer en négociant, consigne sacrée enfin comme celle de tout soldat, jusqu'à ce qu'il en soit relevé.

Nature des devoirs qui liaient Marmont à la cause de Napoléon.

Sans doute un militaire ne cesse pas d'être citoyen parce qu'il est soldat, et parce qu'il verse son sang pour la patrie, ne perd pas le droit de s'intéresser à ses destinées, et d'y contribuer. Aussi Marmont pouvait-il courir à Fontainebleau auprès de Napoléon, forcer l'entrée de son palais, après l'entrée de son palais celle de son cœur, lui parler au nom de la France, le supplier de ne pas la déchirer davantage, de la céder aux Bourbons plus capables que lui de la réconcilier avec l'Europe et de la rendre libre ; il pouvait lui dire toutes ces choses, s'il était de ceux qui les croyaient vraies, et puis s'il n'était pas écouté, il devait remettre à Napoléon son épée, avec son épée le poste qu'il occupait, et se rendre auprès du gouvernement provisoire pour apporter à ce gouvernement en se ralliant publiquement à sa cause, une chose de grande valeur, une chose dont Marmont pouvait disposer sans ingratitude et sans trahison, son exemple ! La reconnaissance en effet enchaîne l'intérêt personnel, mais n'enchaîne pas le devoir. Sans cette démarche préalable, livrer secrètement à l'ennemi la position de l'Essonne, était une trahison véritable !

Mobiles secrets qui avaient agi sur Marmont.

Convention secrète de Marmont avec le prince de Schwarzenberg.

Et pourtant Marmont n'avait pas l'âme d'un traître, loin de là ! Mais il était vain, ambitieux et faible, et malheureusement il suffit de ces défauts dans des circonstances graves pour aboutir quelquefois à des actes que la postérité frappe de réprobation. Marmont avait écouté ce qu'on lui disait sur ses talents à la fois militaires et politiques, sur l'importance personnelle qu'il pouvait acquérir, sur les services qu'il pouvait rendre, et, cédant à l'appât trompeur d'une position immense dans l'État, égale peut-être à celle de M. de Talleyrand, il avait consenti à entrer en pourparlers avec le prince de Schwarzenberg, qui s'était pour ce motif transporté à Petit-Bourg. Après de nombreuses allées et venues on était secrètement convenu des conditions suivantes. Marmont devait avec son corps d'armée quitter l'Essonne le lendemain, gagner la route de la Normandie où il se mettrait à la disposition du gouvernement provisoire, et comme il ne se dissimulait pas les conséquences d'un acte pareil, car non-seulement il enlevait à Napoléon près du tiers de l'armée, mais la position si importante de l'Essonne, il avait stipulé que si, par suite de cet événement, Napoléon tombait dans les mains des monarques alliés, on respecterait sa vie, sa liberté, sa grandeur passée, et on lui procurerait une retraite à la fois sûre et convenable. Cette seule précaution, dictée par un repentir honorable, condamnait l'acte de Marmont, en révélant toute la gravité que lui-même y attachait.

Ces conditions, consignées par écrit, avaient été remises au prince de Schwarzenberg. Mais ce n'était pas tout que d'avoir été séduit, il en fallait séduire d'autres, il fallait gagner les généraux de division, placés au-dessous du maréchal Marmont, car sans leur concours il était difficile de faire exécuter aux troupes le mouvement convenu. Il n'était pas du reste très-difficile de les entraîner. Ils ne savaient rien ou presque rien de la situation générale; ils ne savaient pas s'il était possible, ou non, d'arracher la France des mains de la coalition au moyen d'une dernière bataille; ils se disaient seulement ce que tout le monde se disait alors, c'est que Napoléon après avoir fait tuer le plus grand nombre d'entre eux, était prêt à faire tuer encore ceux qui survivaient pour obéir à son entêtement. Profitant de leur disposition d'esprit, Marmont leur dit qu'après avoir fait faute sur faute, après avoir laissé entrer les coalisés dans Paris, Napoléon voulait commettre la folie insigne de les attaquer dans Paris même, avec cinquante mille hommes contre deux cent mille, d'exposer ainsi le peu de soldats qui lui restaient à être tués tous, en leur donnant pour tombeau les ruines de Paris et de la France. On pouvait assurément représenter ainsi les choses, car elles avaient par plus d'un côté cet affreux aspect. A de telles peintures, que répondirent les généraux à qui Marmont s'adressait? Ils répondirent qu'il ne fallait pas suivre Napoléon dans cette dernière et extravagante aventure, et qu'on devait mettre soi-même un terme aux malheurs de la France. Ils promirent donc de suivre Marmont sur Versailles, dès qu'il leur en donnerait l'ordre. Pour eux, ce qui par le fait est devenu une défection, n'était qu'une séparation légitime et urgente d'avec un insensé!

Tels étaient les liens dans lesquels les maréchaux trouvèrent Marmont enlacé lorsqu'ils arrivèrent à Essonne. Il hésita d'abord à s'expliquer, et n'opposa que de vains prétextes aux instances qu'ils lui firent pour l'emmener à Paris. Cependant comme il n'avait pas l'âme faite pour enfanter la trahison, pas plus que pour en porter le poids, il finit par tout avouer à Macdonald et à Caulaincourt, en palliant sa conduite le mieux possible, et en la motivant sur toutes les raisons qu'il pouvait donner, et qui ressemblaient fort, il faut le dire, à celles qui avaient porté les maréchaux eux-mêmes à exiger l'abdication de Napoléon. Macdonald, après avoir vivement blâmé l'acte de Marmont, s'efforça de lui démontrer que le meilleur moyen de réparer sa faute c'était de redemander son engagement au prince de Schwarzenberg, en s'appuyant sur l'abdication conditionnelle de Napoléon, sacrifice qui les obligeait tous à défendre énergiquement les droits de son fils, et puis de se rendre à Paris pour y plaider auprès des souverains la cause du Roi de Rome. Marmont, sans rien objecter à ces raisonnements, parut répugner néanmoins à se mettre dans une pareille contradiction avec lui-même, et resta plongé dans les plus vives perplexités. Un moment il se montra prêt à courir à Fontainebleau pour y solliciter l'indulgence de Napoléon, en lui avouant ses torts, mais soit crainte, soit confusion, il ne persista pas dans ce bon mouvement, et revint au conseil de Macdonald, celui de reprendre son engagement des mains du prince de Schwarzenberg, d'aller ensuite à Paris soutenir avec eux la cause du Roi de Rome, en ayant soin de suspendre jusqu'au retour tout mouvement de son corps d'armée.

En effet, il appela ses généraux auprès de lui, les entretint de ce nouvel état de choses, leur annonça l'abdication conditionnelle de Napoléon, la négociation qui allait s'entamer sur cette base, et convint avec eux de s'abstenir de tout mouvement jusqu'à de nouveaux ordres de sa part. Il rejoignit

Avril 1814.

Marmont promet à Macdonald de retirer son engagement, et convient avec ses généraux de suspendre ensuite M. de Caulaincourt et les maréchaux, et, l'autorisation de franchir les avant-postes étant arrivée, il les suivit à Petit-Bourg. Toutefois il ne voulut point entrer en même temps qu'eux, sous prétexte qu'il avait à s'expliquer en tête-à-tête avec le prince de Schwarzenberg, avant de prendre part aux conférences communes. M. de Caulaincourt et les maréchaux introduits dans le château eurent de vives altercations, d'abord avec le prince de Schwarzenberg qui soutenait imperturbablement la froide politique du cabinet autrichien, puis avec le prince royal de Wurtemberg qui parlait de Napoléon et de la France en termes fort amers. Le maréchal Ney qui avait eu autrefois ce prince sous ses ordres, et ne l'avait guère ménagé, lui répondit avec hauteur que s'il était une maison en Europe qui eût perdu le droit d'accuser l'ambition de la France, c'était assurément celle de Wurtemberg. On était engagé dans ces fâcheux entretiens, lorsqu'on reçut la permission de se rendre à Paris demandée pour les représentants de Napoléon. Ceux-ci partirent, et retrouvèrent en sortant le maréchal Marmont qui les attendait, après avoir obtenu, disait-il, de la loyauté du prince de Schwarzenberg la restitution de son engagement. Malgré cette assertion, tout porte à croire que le prince ne lui avait rendu sa parole que temporairement, pour la durée seule d'une négociation dont à ses yeux le succès était impossible, et à la condition d'exiger l'exécution de l'engagement pris, si cette négociation était rompue. Ce qui le prouve, c'est la publicité que les coalisés donnèrent immédiatement

PREMIÈRE ABDICATION.

à la convention signée avec le maréchal Marmont.

M. de Caulaincourt et les maréchaux arrivèrent à l'hôtel de la rue Saint-Florentin le 5 avril vers une ou deux heures du matin. Quand on sut qu'ils venaient offrir l'abdication de Napoléon au profit du Roi de Rome et de Marie-Louise, et appuyer cette négociation de toute l'autorité de l'armée, l'émotion fut grande autour du gouvernement provisoire, qui ne cessait d'avoir jour et nuit de nombreux assidus à sa porte, solliciteurs ou curieux. On trembla à l'idée de voir Napoléon exerçant le pouvoir derrière sa femme et son fils, et se vengeant de ceux qui l'avaient abandonné. Depuis le 2 avril au soir, moment où la déchéance avait été prononcée, les royalistes s'étaient fort multipliés, les uns s'enhardissant peu à peu à professer une foi ancienne chez eux, les autres sentant le royalisme naître dans leur cœur avec le succès. Le nombre des gens compromis et disposés à s'alarmer s'était donc augmenté considérablement, et les alarmes furent poussées à ce point que le plus engagé de tous, M. de Talleyrand, se demanda lui-même s'il ne faudrait pas s'arrêter dans la voie où il avait fait tant de pas qu'on devait croire sans retour. En effet, importuné par M. de Vitrolles, qui insistait, comme on l'a vu, sur l'admission immédiate et sans condition de M. le comte d'Artois à Paris, il en était à débattre ces exigences, et allait même remettre une lettre pour le prince à M. de Vitrolles, lorsqu'on avait annoncé les maréchaux. Frappé de leur apparition inattendue, il avait retenu cette lettre, et engagé M. de Vitrolles à rester jusqu'à ce que les derniers doutes fussent levés,

Avril 1814.

Arrivée de M. de Caulaincourt et des maréchaux à Paris.

Terreur des royalistes et du gouvernement provisoire en apprenant la mission des maréchaux.

46.

ce que celui-ci avait accepté, voulant, lorsqu'il irait rejoindre le prince, n'avoir à lui annoncer que des résolutions certaines et définitives.

M. de Caulaincourt et les maréchaux eurent avec les membres du gouvernement provisoire un premier entretien court et froid, et qui serait devenu orageux, si la question n'avait pas dû se vider ailleurs. La nuit était avancée, et le roi de Prusse s'était retiré dans l'hôtel qui lui servait de résidence. L'empereur Alexandre, établi à l'hôtel Talleyrand, reçut tout de suite les envoyés de Napoléon. Avant de livrer ce prince à l'influence des nouveaux venus, M. de Talleyrand qui craignait sa mobilité, s'efforça de fixer dans son esprit les idées qu'il avait déjà essayé d'y faire entrer, en lui répétant que Napoléon était impossible, parce qu'il était la guerre, que Marie-Louise était également impossible, parce qu'elle était Napoléon à peine dissimulé, que Bernadotte était ridicule, qu'il n'y avait d'admissible que les Bourbons, que d'ailleurs depuis cinq jours on avait marché constamment dans cette voie, et que la raison comme la loyauté voulaient qu'on n'abandonnât point des gens qui s'étaient compromis sur la foi des souverains alliés, à la puissance et à la parole desquels ils avaient dû croire. M. de Talleyrand ne s'en tint point à cette précaution, et il donna à l'empereur Alexandre une espèce de gardien, le général Dessoles, esprit ferme, avons-nous dit, engagé dans la cause des Bourbons, non par intérêt, mais par conviction, et capable de soutenir son opinion contre toute sorte de contradicteurs. Bien que n'ayant pas les mêmes titres que

PREMIÈRE ABDICATION.

les maréchaux Ney et Macdonald pour parler au nom de l'armée, il avait cependant quelque droit de répondre à ceux qui en parlant pour elle, ne se renfermeraient pas dans l'exacte vérité des choses.

Avril 1814.

Alexandre accueillit M. de Caulaincourt et les maréchaux avec la courtoisie qui lui était naturelle, et dont il ne faisait jamais plus volontiers étalage qu'en présence des militaires français. Après les avoir complimentés sur leurs exploits dans la dernière campagne, et sur le dévouement héroïque avec lequel ils avaient rempli leurs devoirs militaires, après avoir ajouté que ces devoirs accomplis il était temps pour eux de choisir entre un homme et leur pays, et de ne plus sacrifier leur pays par fidélité pour cet homme, il s'appliqua, ce qu'il faisait souvent, à retracer l'origine de la présente guerre, et à montrer en remontant jusqu'à 1812, que c'était Napoléon seul qui l'avait provoquée. Il dit que la Russie avait supporté patiemment en 1809, en 1810, en 1811, toutes les charges de l'alliance, avait privé ses sujets de tout commerce pour se prêter aux combinaisons politiques de la France contre l'Angleterre, lorsque Napoléon, mobile autant qu'absolu, avait soudainement inventé une législation commerciale nouvelle, et prétendu l'imposer à ses alliés; qu'à cette époque, lui Alexandre, avait fait les représentations les plus amicales et les plus irréfutables, que néanmoins, malgré l'injustice de ce qu'on lui demandait, il était disposé à un dernier sacrifice, quand Napoléon avait brusquement envahi son territoire et l'avait mis

Les envoyés de Napoléon reçus par Alexandre.

Paroles de ce prince, et longue explication de sa conduite.

dans la nécessité de se défendre ; qu'alors secondé par le courage de son armée et par son climat, il avait repoussé l'envahisseur ; qu'arrivé sur la Vistule il se serait arrêté, si l'Europe opprimée n'avait imploré son secours ; qu'après Lutzen et Bautzen, les souverains alliés avaient voulu s'entendre avec Napoléon, lui laisser ses immenses conquêtes, et alléger seulement le joug qui pesait sur eux, mais qu'il s'y était obstinément refusé ; que sur le Rhin on s'était arrêté de nouveau pour lui offrir ce beau fleuve comme frontière, et qu'il n'avait pas répondu ; qu'à Châtillon on lui avait offert la France de Louis XIV et de Louis XV, qu'il avait refusé encore, et qu'alors il avait bien fallu venir chercher à Paris la paix qu'on n'avait pu trouver nulle part ; qu'entrés dans Paris, les souverains alliés ne voulaient ni humilier la France, ni lui imposer un gouvernement ; qu'ils étaient occupés de bonne foi à découvrir celui qu'elle désirait véritablement, celui qui, en lui donnant le bonheur, assurerait à l'Europe le repos ; qu'ils n'avaient aucun pacte avec les Bourbons, et que s'ils inclinaient vers eux, c'était plutôt par nécessité que par choix ; qu'ils étaient prêts, tant leur déférence pour l'opinion de la France était grande, à adopter le gouvernement que les députés de l'armée, ici présents, désigneraient, à condition seulement que ce gouvernement n'eût rien d'alarmant pour l'Europe. Redoublant alors de flatteries à l'égard de ses interlocuteurs, Alexandre ajouta : Entendez-vous, messieurs, entre vous, adoptez la Constitution qui vous plaira, choisissez le chef qui conviendra le

PREMIERE ABDICATION. 727

mieux à cette Constitution, et, si c'est parmi vous, qui par vos services et votre gloire réunissez tant de titres, qu'il faut aller prendre ce nouveau chef de la France, nous y consentirons de grand cœur, et nous l'adopterons avec empressement, pourvu qu'il ne menace ni notre repos ni notre indépendance. —

Avril 1814.

de l'armée pour souverain de la France.

Le maréchal Ney, que son impétuosité naturelle portait toujours à se mettre en avant, se hâta de répondre aux paroles courtoises du czar, et, trop pressé même d'entrer dans ses idées, il dit qu'ils avaient souffert plus que personne de ces guerres incessantes dont se plaignait l'Europe, que ce dominateur absolu dont elle ne voulait plus, ils en avaient été les premières victimes, car le continent était couvert des corps de leurs compagnons d'armes, et que quant à eux ils ne seraient pas les moins ardents à désirer son éloignement du trône. — Ce langage, quelque vrai qu'il pût être, était peu adroit, et peu fait surtout pour imposer à des souverains dont on ne pouvait modifier les résolutions qu'en leur exagérant le dévouement de l'armée pour Napoléon. Il produisit sur Alexandre une impression sensible, que regrettèrent les collègues du trop fougueux maréchal. Il poursuivit son discours, et répondant à l'insinuation flatteuse d'Alexandre en faveur d'un candidat choisi parmi les militaires français, insinuation qui, si elle avait été sérieuse, n'aurait pu se rapporter qu'à Bernadotte, il donna à entendre que parmi les hommes d'épée il n'y en avait qu'un qui fût parvenu à cette hauteur d'où l'on peut régner sur les peuples, que celui-là, condamné par

Le maréchal Ney prend le premier la parole.

la fortune, s'était mis lui-même hors de cause par son abdication, qu'après lui aucun militaire n'oserait afficher de telles prétentions, et que le seul qui osât peut-être y penser, couvert du sang français, révolterait tous les cœurs; que le fils de Napoléon, avec sa mère pour Régente, était donc le seul gouvernement présentable à l'armée et à la France.

Avril 1814.

Chaleur qu'il met à défendre le fils de Napoléon.

Cette proposition nettement formulée, Ney et Macdonald, l'un après l'autre, défendirent avec véhémence, et une sorte d'éloquence toute militaire, la cause du Roi de Rome. Ils s'élevèrent avec passion contre l'idée du rappel des Bourbons, s'attachant à démontrer la difficulté de les faire accepter par la France nouvelle qui ne les connaissait pas, et de leur faire accepter à eux-mêmes cette France qu'ils ne connaissaient pas davantage, la probabilité par conséquent de voir bientôt éclater entre le trône et le pays une incompatibilité de sentiments qui amènerait des troubles fâcheux, et tromperait les espérances de repos que l'Europe fondait sur la restauration de l'ancienne dynastie. Puis ils firent valoir la convenance, bien grande suivant eux, de laisser les générations nouvelles sous un gouvernement de même nature qu'elles, composé des hommes qui depuis vingt ans administraient les affaires publiques, qui détestaient autant que l'Europe elle-même le système de la guerre continue, car ils en avaient supporté tout le poids, et qui d'ailleurs auraient à leur tête une princesse dont les souverains alliés ne pouvaient se défier, puisqu'elle était la fille de l'un d'entre eux. Parlant enfin pour l'armée en particulier, les

Le maréchal Macdonald joint ses efforts à ceux du maréchal Ney.

maréchaux dirent qu'il était bien dû quelque chose à ces guerriers qui avaient tant versé leur sang pour la France, et qui étaient prêts à en verser le reste si on les y obligeait, qui seuls en ce moment retenaient le désespoir de Napoléon, et qu'on leur devait au moins, au lieu de les faire vivre sous des princes qui les flatteraient en les détestant, de les placer sous le fils du général auquel ils avaient dévoué leur existence, et qui les avait conduits vingt ans à la victoire.

Ces considérations présentées avec une extrême chaleur ne laissèrent pas de produire sur Alexandre une impression visible. Essayant de contredire les deux maréchaux, plutôt pour les pousser à donner toutes leurs raisons que pour les combattre, il leur cita les actes récents du Sénat, leur fit remarquer qu'on avait déjà fait bien des pas vers la restauration de l'ancienne dynastie, et que les représentants les plus qualifiés de la Révolution et de l'Empire n'avaient pas hésité à se prononcer en sa faveur.

Au premier mot dit sur le Sénat, le maréchal Ney ne put contenir sa colère. — Ce misérable Sénat, s'écria-t-il, qui aurait pu nous épargner tant de maux en opposant quelque résistance à la passion de Napoléon pour les conquêtes, ce misérable Sénat toujours pressé d'obéir aux volontés de l'homme qu'il appelle aujourd'hui un tyran, de quel droit élève-t-il la voix en ce moment? Il s'est tu quand il aurait dû parler, comment se permet-il de parler maintenant que tout lui commande de se taire? La plupart de messieurs les sénateurs jouissaient

Avril 1814.

Alexandre alléguant la conduite du Sénat, le maréchal Ney s'emporte contre ce corps, et demande qu'on mette les maréchaux en sa présence.

paisiblement de leurs dotations pendant que nous arrosions l'Europe de notre sang. Ce n'est pas eux qui ont droit de se plaindre du règne impérial, c'est nous, militaires, qui en avons supporté les rigueurs; et si, oubliant toute convenance, ils osent afficher des prétentions, mettez-nous en face d'eux, Sire, et vous verrez si leur bassesse pourra élever la voix en notre présence. —

Alexandre paraît un moment ébranlé.

Ému par ces paroles, Alexandre parut prêt à consentir à une conférence des maréchaux avec les principaux sénateurs. Le général Dessoles voyant combien on perdait de terrain, essaya d'intervenir dans cette discussion. Il le fit avec véhémence, et même avec une certaine rudesse. On l'interrompit plusieurs fois, et le débat devint confus et violent. Ne trouvant guère d'appui autour de lui, le général Dessoles fit alors une sorte d'appel à la loyauté d'Alexandre, et lui représenta qu'on s'était bien engagé dans la voie du rétablissement des Bourbons pour reculer, qu'une foule d'honnêtes gens s'étaient compromis sur la foi des souverains alliés, et qu'il ne serait pas loyal de les abandonner. Cet argument vrai, mais un peu égoïste, et déjà allégué par M. de Talleyrand, n'allait guère au noble caractère du général Dessoles, qui n'était conduit en ceci que par des convictions désintéressées; il finit aussi par blesser l'empereur Alexandre. Ce prince répondit fièrement que personne n'aurait jamais à regretter de s'être fié à lui et à ses alliés, qu'il ne s'agissait pas ici d'intérêts personnels, mais d'intérêts généraux, embrassant la France, l'Europe et le monde, et que c'était par des vues plus élevées qu'il fallait se guider. Rompant l'entretien qui avait duré presque toute la nuit, et faisant remarquer qu'il était seul présent parmi les souverains, car le roi de Prusse lui-même était absent, Alexandre congédia gracieusement les maréchaux en leur donnant rendez-vous pour le milieu de la matinée, afin de leur communiquer ce qu'après de mûres réflexions auraient décidé les monarques alliés.

Avril 1814.

Remise de la décision à quelques heures.

Bien qu'on eût fait trop de pas sur le chemin qui menait à la restauration des Bourbons pour revenir aisément en arrière, la cause du Roi de Rome et de Marie-Louise ne semblait pas tout à fait perdue, et les maréchaux, se faisant illusion, sortirent de cette première entrevue avec plus d'espérance qu'il n'était raisonnable d'en concevoir. Écoutés par Alexandre avec complaisance, traités avec des égards qui étaient presque du respect, échauffés par la discussion, ils se retirèrent de chez lui fort animés, et en apercevant dans l'antichambre de l'empereur de Russie les hommes qui naguère faisaient foule dans les antichambres de Napoléon, ils ne surent pas se contenir, quoiqu'ils dussent bientôt donner eux-mêmes le spectacle qui les blessait si fort en cet instant. La discussion reprit sur-le-champ avec les membres du gouvernement provisoire et avec plusieurs de ses ministres. Elle fut moins mesurée que devant l'empereur Alexandre. Le général Beurnonville ayant voulu s'adresser au maréchal Macdonald, Retirez-vous, lui dit celui-ci; votre conduite a effacé en moi une amitié de vingt années. — Puis rencontrant sur ses pas le général

Dupont, Général, lui dit-il, on avait été injuste, cruel peut-être à votre égard, mais vous avez bien mal choisi l'occasion et la manière de vous venger. — Le maréchal Ney ne fut pas plus réservé, et cette scène allait prendre un caractère fâcheux, lorsque M. de Talleyrand fit remarquer aux interlocuteurs que le lieu n'était pas convenable pour discuter de la sorte, car on était chez l'empereur de Russie auquel on manquait ainsi de respect, et il les invita à descendre chez lui, où ils se trouveraient dans les appartements du gouvernement provisoire. — Nous ne reconnaissons pas votre gouvernement provisoire, et nous n'avons rien à lui dire, répondit le maréchal Macdonald, puis il sortit brusquement emmenant avec lui ses collègues. —

Les négociateurs de Napoléon se rendirent chez le maréchal Ney pour y passer le reste de la nuit, et attendre la réponse des souverains alliés, qui devait leur être remise dans le courant de la matinée.

Pendant que cette grave question se discutait avec des chances diverses dans l'hôtel de la rue Saint-Florentin, elle se résolvait ailleurs, non par des arguments vrais ou faux, mais par le plus mauvais de tous, par une défection. Napoléon, comme on l'a vu, n'attachait pas grande importance à la démarche tentée par les maréchaux, et ne songeait qu'au projet de passer l'Essonne avec les 70 mille hommes qui lui restaient, pour accabler les coalisés, ou s'ensevelir avec eux sous les ruines de Paris. Ayant besoin de Marmont qui commandait le corps établi sur l'Essonne, il l'avait mandé à Fontainebleau afin de lui donner ses dernières instructions.

Prévoyant toutefois que Marmont aurait pu suivre les maréchaux à Paris, il avait prescrit qu'on lui envoyât à son défaut le général chargé de le remplacer.

Il avait confié cette commission au colonel Gourgaud. Cet officier brave et dévoué, mais ne transmettant pas toujours les ordres de l'Empereur avec la mesure convenable, se montra surpris de ne pas trouver le maréchal Marmont à son poste, et demanda d'un ton presque menaçant l'officier qui commandait à sa place. A le voir on eût dit qu'il représentait un maître irrité, instruit de ce qui s'était passé à Petit-Bourg entre Marmont et le prince de Schwarzenberg. Il n'en était rien pourtant. Napoléon et le colonel Gourgaud ignoraient tout, mais ce dernier, cédant aux fâcheuses habitudes de l'état-major impérial, allait à son insu déterminer un événement de grande importance. Il y a des temps où la fortune après vous avoir tout pardonné ne vous pardonne plus rien, et vous punit non-seulement de vos fautes, mais de celles d'autrui. Napoléon l'éprouva cruellement en cette circonstance.

C'était le vieux général Souham qui, en sa qualité de plus ancien divisionnaire, commandait en l'absence du maréchal Marmont. Le colonel Gourgaud parla du même ton, tant à lui qu'aux autres généraux, Compans, Bordessoulle, Meynadier, et, par surcroît de malheur, un nouvel ordre arriva en cet instant, ordre écrit cette fois, adressé directement au général Souham, et lui prescrivant de se rendre immédiatement à Fontainebleau. C'était la suite naturelle d'un usage établi à l'état-major impérial, et consistant à répéter par écrit tous les or-

Avril 1814.

Le général Souham qui remplaçait Marmont ayant été appelé au quartier général, se figure que Napoléon est instruit de la défection projetée, et veut sévir contre les généraux du 6ᵉ corps.

dres verbaux de l'Empereur. Le vieux Souham ne fit pas cette réflexion si simple, mais frappé de la manière dont le colonel Gourgaud avait parlé, frappé plus encore de la répétition écrite des mêmes ordres, et ayant en ce moment la défiance d'une conscience qui n'était pas irréprochable, il conçut sur-le-champ une pensée des plus malheureuses. Napoléon, suivant lui, savait tout, il connaissait non-seulement la convention secrète conclue par le maréchal Marmont avec le prince de Schwarzenberg, mais l'adhésion qu'elle avait reçue des généraux divisionnaires du 6ᵉ corps, et il les appelait à Fontainebleau pour les faire arrêter, peut-être même fusiller. Le général Souham était un général de la révolution, excellent homme de guerre, ancien ami de Moreau, ayant conservé pour Napoléon la haine sourde de tous les généraux de l'armée du Rhin, se plaignant comme Vandamme, et avec autant de motifs, de n'avoir pas été fait maréchal, resté républicain au fond du cœur, et assez habitué aux procédés révolutionnaires pour croire Napoléon capable des actes les plus violents. Il assembla tout de suite ses collègues, les généraux Compans, Bordessoulle, Meynadier, leur dit que Napoléon, évidemment informé de ce qui s'était passé, les appelait auprès de lui pour les faire fusiller, et qu'il n'était pas d'humeur à s'exposer à une fin pareille. Ils n'en étaient pas plus d'avis que lui, et après quelques objections qui tombèrent devant l'affirmation répétée que Napoléon savait tout, ils consentirent à ce que proposait le général Souham, c'est-à-dire à ne pas attendre le retour du maréchal

PREMIÈRE ABDICATION. 735

Marmont pour exécuter la convention conclue avec le prince de Schwarzenberg, et par conséquent à passer l'Essonne pour se mettre aux ordres du gouvernement provisoire. Le général Souham était si rempli de l'idée qu'on l'appelait pour s'emparer de sa personne, qu'il avait établi un piquet de cavalerie sur la route de Fontainebleau, avec ordre d'arrêter et d'abattre le premier officier d'état-major qui paraîtrait, si Napoléon, par impatience d'être obéi, renouvelait ses messages. Le colonel Fabvier, attaché à l'état-major du maréchal Marmont, désolé de ces résolutions si légères et si fâcheuses, s'efforça en vain de calmer le général Souham, de lui prouver qu'il s'exagérait le danger de sa situation, qu'au surplus les précautions qu'il venait de prescrire pour garder la route devaient le rassurer, qu'il n'avait qu'à y joindre celle de rester de sa personne au delà de l'Essonne, de manière à s'échapper au premier signal, que ne pas s'en tenir là, mais prendre sur soi le déplacement des troupes, c'était mériter et peut-être encourir le traitement qu'il redoutait bien à tort en ce moment. Rien ne put calmer cet esprit effaré, et aux excellentes raisons du colonel Fabvier il ne sut opposer que cet adage vulgaire de la soldatesque : *Il vaut mieux tuer le diable que se laisser tuer par lui*. Il persista donc dans son erreur.

Poussés par cette fatale illusion, les généraux divisionnaires du 6ᵉ corps avertirent le prince de Schwarzenberg, ou ceux qui le remplaçaient, de leur prochain mouvement, et craignant de rencontrer de fortes oppositions de la part des troupes, ordonnèrent que tous les officiers des régiments,

Avril 1814.

depuis les colonels jusqu'aux sous-lieutenants, marchassent avec leurs soldats et à leur poste, de peur que les officiers se réunissant pour s'entretenir, ne vinssent à se communiquer leurs réflexions, peut-être leurs doutes, et ne fussent ainsi amenés à un soulèvement contre des chefs dont ils auraient deviné la défection.

Défection du 6ᵉ corps, les troupes ignorant ce qu'elles font.

Ces précautions une fois prises, le 6ᵉ corps conduit par ses généraux franchit l'Essonne vers quatre heures du matin, le 5, pendant que les maréchaux étaient en conférence rue Saint-Florentin. Il s'avança en silence vers les avant-postes ennemis. Les troupes obéirent, ignorant la faute qu'on leur faisait commettre, les unes supposant que c'était la suite de l'abdication dont la nouvelle s'était répandue dans la soirée, les autres que c'était un mouvement concerté pour surprendre l'ennemi. Pourtant en voyant les soldats alliés border paisiblement les routes, et les laisser passer sans faire feu, elles commencèrent à concevoir des soupçons. Bientôt même elles murmurèrent. Quelques officiers complices de la défection cherchèrent à les apaiser, en alléguant divers prétextes, et firent continuer la marche sur Versailles. Mais les murmures allaient croissant à chaque pas, et tout présageait un soulèvement en arrivant à Versailles même. Ainsi passa à l'ennemi le 6ᵉ corps, à une seule division près, celle du général Lucotte, à qui l'ordre parut suspect et qui refusa de l'exécuter. La ligne de l'Essonne resta donc découverte, et le 6ᵉ corps, si nécessaire à l'exécution des projets de Napoléon, fut complétement perdu pour lui.

PREMIÈRE ABDICATION.

Le brave colonel Fabvier n'ayant aucun moyen d'empêcher cette triste résolution, n'avait vu d'autre ressource, pour en prévenir les effets, que de se transporter en toute hâte à Paris auprès du maréchal Marmont. Mais dépourvu d'autorisation, il eut beaucoup de peine à franchir les avant-postes ennemis, n'y réussit qu'à force de sollicitations et de faux prétextes, arriva enfin à l'hôtel Talleyrand, n'y rencontra plus le chef qu'il cherchait, courut chez le maréchal Ney, y trouva les trois maréchaux assemblés, et fit à Marmont le récit qu'on vient de lire.

En apprenant cette terrible nouvelle, Marmont éprouva une violente émotion. — Je suis perdu, s'écria-t-il, déshonoré à jamais! — Le malheureux, hélas! ne crut pas assez ce qu'il disait, car il aurait fait les derniers efforts pour écarter de lui toute part de responsabilité dans cette défection. Mais il se contenta de gémir, de se plaindre, et de demander des consolations à ses collègues (fort peu disposés à lui en offrir), au lieu d'aller lui-même à Versailles afin de ramener ses troupes à leur poste à travers tous les périls. Tandis qu'il consumait le temps en doléances inutiles, un message de l'empereur de Russie vint annoncer aux représentants de Napoléon qu'ils étaient attendus rue Saint-Florentin. Ils partirent suivis de Marmont qui ne cessait de se lamenter sans agir, et dépourvus d'espérance depuis la fatale nouvelle qui était venue les surprendre.

Pendant que cette scène se passait sur la route de Versailles, les auteurs de la restauration des

Avril 1814.

Le colonel Fabvier court avertir Marmont.

Marmont se désespère sans rien faire pour écarter de lui la responsabilité dont il est menacé.

Bourbons s'étaient donné eux aussi beaucoup de mouvement. L'empereur Alexandre avait paru si ému du langage tenu par les maréchaux, et ses alliés eux-mêmes, bien que naturellement portés pour les Bourbons, avaient paru si touchés de l'avantage de terminer immédiatement la guerre par un accord avec Napoléon, que les royalistes réunis chez M. de Talleyrand conçurent de véritables alarmes. Ils redirent à l'empereur Alexandre tout ce qu'ils lui avaient déjà dit bien des fois depuis cinq jours; ils dépêchèrent le général Beurnonville auprès du roi de Prusse, pour lui répéter les mêmes choses; ils n'avaient rien à faire pour persuader le prince de Schwarzenberg, mais ils le supplièrent de ne pas faiblir. En un mot ils ne négligèrent aucun soin pour prévenir un retour de fortune, qui dépendait surtout de la mobile volonté d'Alexandre. Ces efforts du reste étaient à peu près superflus, car on n'avait rien à dire aux cours alliées pour leur démontrer que les Bourbons valaient mieux que Napoléon caché derrière la régence de sa femme, mais elles craignaient de pousser Napoléon au désespoir, et ce motif était le seul qui pût les faire hésiter. Pourtant, après s'être réunis à l'hôtel Saint-Florentin, et avoir délibéré, les représentants de la coalition furent d'avis de persévérer, premièrement parce qu'ils s'étaient déjà fort avancés en faisant prononcer la déchéance de Napoléon et de ses héritiers, secondement parce que les Bourbons étaient bien autrement rassurants pour eux qu'une régence qui laisserait à Napoléon la tentation et le moyen de reprendre le sceptre, avec le sceptre l'épée; enfin parce que l'œuvre de se débarrasser de l'oppresseur commun étant si avancée, il valait mieux la pousser à terme, même au prix d'une dernière effusion de sang, que de l'abandonner presque accomplie. Ils avaient donc chargé Alexandre de déclarer qu'on persistait dans ce qui avait été primitivement décidé, mais sans lui communiquer une résolution énergique qu'ils n'avaient pas eux-mêmes, et sans lui donner pour les Bourbons une ardeur de zèle qui leur manquait.

Avril 1814.

Alexandre, entouré du roi de Prusse et des ministres de la coalition, reçut les maréchaux présentés par M. de Caulaincourt, avec la même bienveillance que la veille. Il exprima encore une fois cette idée reproduite depuis quelques jours jusqu'à satiété, que les souverains alliés étaient venus à Paris pour y chercher la paix, et nullement pour humilier la France ou lui imposer un gouvernement; puis il répéta, d'une manière précise et résolue, les raisons déjà énoncées contre le maintien personnel de Napoléon sur le trône de France, mais d'une manière beaucoup moins ferme celles qu'on pouvait alléguer contre la régence de Marie-Louise. Il se prononça sur cette dernière partie du sujet d'une façon qui n'avait rien d'absolu, et qui laissait même ouverture au renouvellement de la discussion. Elle recommença en effet; les maréchaux répétèrent avec une extrême véhémence ce qu'ils avaient dit contre le rappel des Bourbons, et se montrèrent presque menaçants en parlant des forces qui restaient à Napoléon, et du dévouement qu'il trouverait de leur part pour la défense des droits du Roi de

L'événement d'Essonne achève de décider Alexandre.

47.

Rome. Alexandre, visiblement perplexe, regardait tantôt les interlocuteurs, tantôt ses alliés, comme s'il eût songé à une solution autre que celle qu'il avait mission de notifier [1], lorsqu'entra tout à coup un aide de camp qui lui adressa en langue russe quelques mots à voix basse. M. de Caulaincourt comprenant un peu cette langue, crut deviner qu'on annonçait au czar la défection du 6e corps, évidemment ignorée de ce monarque, à en juger par son étonnement. — Tout le corps? demanda Alexandre en avançant son oreille qui était un peu dure. — Oui, tout le corps, répondit l'aide de camp. — Alexandre revint aux négociateurs, mais distrait, et paraissant écouter à peine ce qu'on lui disait. Il s'éloigna ensuite un instant, pour s'entretenir avec ses alliés. Pendant que les trois négociateurs étaient seuls (Marmont n'avait pas osé se joindre à eux cette fois), M. de Caulaincourt dit aux deux maréchaux que tout était perdu, car il ne pouvait plus douter que la nouvelle apportée à l'empereur Alexandre ne fût celle de la défection du 6e corps, et que cette nouvelle ne changeât toutes les dispositions du czar. Alexandre reparut bientôt, mais cette fois ferme dans son attitude, décidé dans son langage, et déclarant qu'il fallait renoncer soit à Napoléon, soit à Marie-Louise, que les Bourbons seuls convenaient à la France comme à l'Europe, que du reste l'armée au nom de laquelle on parlait était au moins divisée, car il apprenait à l'instant qu'un corps entier avait passé sous la bannière

---

[1] Je parle d'après le témoignage écrit des hommes les plus dignes de foi, et les moins hostiles au maréchal Marmont et aux Bourbons.

du gouvernement provisoire, que toute l'armée suivrait sans doute ce bon exemple, qu'elle rendrait ainsi à la France un service au moins égal à tous ceux qu'elle lui avait déjà rendus, que sa gloire et ses intérêts seraient soigneusement respectés, que les princes rappelés au trône fonderaient sur elle, sur son appui, sur ses lumières, le nouveau règne; que pour ce qui regardait Napoléon, il n'avait qu'à s'en fier à la loyauté des souverains alliés, et qu'il serait traité lui et sa famille d'une manière conforme à sa grandeur passée. Ces paroles dites, Alexandre entretint les maréchaux l'un après l'autre, témoigna à Macdonald l'estime qui lui était due, caressa Ney de manière à troubler la tête malheureusement faible de ce héros, et retint quelques instants M. de Caulaincourt. Là, dans un court entretien, il laissa voir à celui-ci que les dernières indécisions des alliés avaient été terminées par l'événement qui s'était passé la nuit sur l'Essonne, car à partir de ce moment on avait bien compris que Napoléon ne pouvait plus rien tenter, et qu'il ne lui restait qu'à se résigner à sa destinée. L'empereur Alexandre renouvela les assurances qu'il avait déjà données du traitement le plus généreux à l'égard de Napoléon, ne dissimula pas qu'il s'était peut-être beaucoup avancé en offrant l'île d'Elbe, mais il ajouta qu'il tiendrait son engagement, et promit d'une manière formelle de faire accorder à Marie-Louise et au Roi de Rome une principauté en Italie. Puis il congédia M. de Caulaincourt en le pressant de revenir au plus tôt avec les pouvoirs de son maître afin d'achever cette négociation, car d'heure

Avril 1814.

Alexandre engage M. de Caulaincourt à retourner à Fontainebleau pour obtenir l'abdication pure et simple, en promettant le plus généreux traitement pour Napoléon et sa famille.

en heure la situation de Napoléon perdait ce que gagnait celle des Bourbons, et les dédommagements qu'on était disposé à lui accorder devaient en être fort amoindris.

M. de Caulaincourt resté seul avec Macdonald, qui ne l'avait pas quitté, s'apprêta à retourner à Fontainebleau. Ney, entouré par les membres et les ministres du gouvernement provisoire, retenu au milieu d'eux, fut comblé de témoignages capables d'ébranler la tête la plus solide. Le maréchal Marmont de son côté était venu chez M. de Talleyrand où il allait être exposé à de nouvelles séductions. Il arrivait consterné de ce qui s'était passé sur l'Essonne, et cherchant dans les yeux des assistants un jugement qu'il craignait de trouver sévère, surtout en se rappelant ce que les maréchaux ses collègues lui avaient dit le matin. Mais au lieu d'expressions improbatives, ou au moins équivoques, il ne rencontra partout que l'assentiment le plus flatteur, les serrements de main les plus expressifs. On lui dit qu'après avoir héroïquement fait son devoir dans la dernière campagne, il venait de mettre le comble à sa belle conduite en sauvant la France par la détermination qu'il avait prise, qu'il n'était aucun prix trop grand pour un tel service, et que les Bourbons se hâteraient d'acquitter ce prix, quel qu'il pût être. L'infortuné Marmont était prêt d'abord à protester contre les faux mérites qu'on lui attribuait. Mais, assailli de félicitations, il n'eut pas la force de repousser tant d'honneur, tant d'espérances brillantes, et sans s'en douter, sans le vouloir, acceptant les compliments, il accepta la réprobation qui depuis est restée si cruellement attachée à sa mémoire.

Dans les révolutions les péripéties sont promptes et brusques. Tandis que les allants et venants de l'hôtel Talleyrand, ravis d'apprendre la défection du 6ᵉ corps et la résolution définitive des alliés, comblaient Marmont de compliments, cherchaient ainsi à l'associer à leur joie et à leurs espérances, une nouvelle soudaine vint altérer un instant leur félicité. Tout à coup on répandit le bruit qu'une sédition militaire avait éclaté à Versailles parmi les soldats du 6ᵉ corps, que ces soldats se disant trompés par leurs généraux, voulaient les fusiller, et qu'on n'était pas bien sûr des conséquences de cet accident imprévu. Avec plus de calme qu'on n'en conserve en pareille circonstance, on aurait compris qu'un corps de quinze mille hommes, séparé du gros de l'armée française, complétement entouré par les troupes alliées, serait anéanti ou désarmé s'il essayait de revenir sur ce qu'il avait fait. Mais on ne raisonne pas aussi juste dans le tumulte des journées de révolution. On craignit que ce corps, revenant en arrière par un coup de désespoir héroïque, ne rallumât les passions des troupes restées à Fontainebleau ainsi que l'ardeur belliqueuse de Napoléon, ne donnât même une forte émotion au peuple de Paris tranquille en apparence mais frémissant à la vue des étrangers, et ne fût en quelque sorte la cause d'un changement complet de scène. On fut ému et profondément troublé.

Un homme seul pouvait empêcher que l'heureux

Avril 1814.

Le 6ᵉ corps s'étant insurgé à Versailles, on supplie Marmont d'aller le faire rentrer dans l'ordre.

Avril 1814.

Marmont a la faiblesse d'accepter une mission qui le rend complice de l'événement d'Essonne.

événement de la nuit ne devînt si promptement malheureux, et cet homme, c'était le maréchal Marmont. Ce maréchal effectivement devait avoir sur les troupes du 6e corps une grande influence, et plus que personne il était capable de les maintenir dans la voie où elles avaient été engagées. On l'entoura donc, et on le supplia d'aller achever l'œuvre commencée. On lui répéta pour la centième fois que le rétablissement de Napoléon contre l'Europe entière était impossible, que l'Europe, fût-elle vaincue sous les murs de Paris, ne se tiendrait point pour battue, recommencerait la guerre avec un nouvel acharnement, que la France serait ainsi exposée à une affreuse prolongation de maux, que la paix avec les frontières de 1790, que les Bourbons avec des garanties légales, étaient bien préférables à des chances pareilles, qu'au surplus lui Marmont était entré dans cette voie, qu'il y avait poussé son corps d'armée, que reculer maintenant serait hors de son pouvoir, resterait inexplicable, et que, déjà perdu avec Napoléon, il le serait à jamais avec les Bourbons. — Marmont qui ne voulait pas être ainsi perdu avec tout le monde, et qui, d'ailleurs, après avoir eu la faiblesse d'accepter des félicitations imméritées, désirait acquérir des titres incontestables à la faveur royale, se décida à partir pour Versailles, afin de ramener à l'obéissance les troupes mutinées du 6e corps. Il s'y rendit sur-le-champ, et, arrivé sur les lieux, trouva ses soldats en pleine insurrection, réunis hors de la ville, et refusant de reprendre leurs rangs malgré les efforts du général Bordessoulle auquel ils reprochaient vivement la conduite qu'on leur avait fait tenir. L'arrivée imprévue du maréchal Marmont leur causa une véritable satisfaction. Comme il était absent au moment où la défection s'était accomplie, ils supposaient qu'il l'avait ignorée, et en le voyant accourir, ils furent persuadés qu'il venait les tirer du mauvais pas où on les avait engagés. En outre, Marmont s'était acquis leurs sympathies par sa brillante bravoure dans la dernière campagne. Il se présenta donc à eux, fit appel à leurs souvenirs, retraça les circonstances périlleuses où il les avait commandés, et où il avait toujours été le premier au danger, réussit ainsi à leur arracher des acclamations, et, après avoir établi ses droits à leur confiance, leur dit que les ayant toujours conduits dans le chemin de l'honneur, il ne les en ferait pas sortir maintenant, qu'il les y conduirait encore lorsque ce chemin s'ouvrirait devant eux; mais que dans l'état de trouble où il les voyait, ils ne pouvaient être que des instruments de désordre, destinés à être vaincus par le premier ennemi qu'ils rencontreraient sur leurs pas, qu'il les suppliait donc de rentrer dans le devoir, de se replacer sous leurs chefs, promettant, dès qu'ils seraient redevenus une véritable armée, de revenir parmi eux, et d'y demeurer jusqu'à ce que la France fût sortie de la crise affreuse où elle se trouvait. — Marmont n'en dit pas davantage, et ses soldats expliquèrent ses réticences par le voisinage de l'ennemi qui les entourait de toutes parts. Ils se calmèrent, reprirent leurs rangs, et parurent disposés à attendre

Avril 1814.

Succès de la mission de Marmont; son retour triomphal à l'hôtel Talleyrand.

patiemment ce qu'il ferait d'eux. Au surplus il suffisait de quelques instants de soumission pour qu'on n'eût plus rien à craindre de leur mutinerie. Les coalisés naturellement allaient placer entre le 6ᵉ corps et Fontainebleau une barrière impossible à franchir.

Marmont retourna tout de suite à Paris pour annoncer l'heureux résultat de sa courte mission, pour recevoir les flatteries de cet hôtel de la rue Saint-Florentin qui l'avaient perdu, et dont il ne pouvait plus se passer. On l'y entoura de nouveau, on le combla de plus de caresses que jamais, et on lui promit cette éternelle reconnaissance, qui, de la part des peuples, des partis et des rois, n'est pas toujours assurée aux services même les plus purs et les plus avouables!

Vrai caractère de la conduite du maréchal Marmont.

Ainsi s'accomplit cette défection, qu'on a appelée la trahison du maréchal Marmont. Si l'acte de ce maréchal avait consisté à préférer les Bourbons à Napoléon, la paix à la guerre, l'espérance de la liberté au despotisme, rien n'eût été plus simple, plus légitime, plus avouable. Mais même en ne tenant aucun compte des devoirs de la reconnaissance, on ne peut oublier que Marmont était revêtu de la confiance personnelle de Napoléon, qu'il était sous les armes, et qu'il occupait sur l'Essonne un poste d'une importance capitale : or quitter en ce moment cette position avec tout son corps d'armée, par suite d'une convention secrète avec le prince de Schwarzenberg, ce n'était pas opter comme un citoyen libre de ses volontés, entre un gouvernement et un autre, c'était tenir la conduite du soldat qui déserte à l'ennemi! Cet acte malheureux, Marmont a prétendu depuis n'en avoir qu'une part, et il est vrai qu'après en avoir voulu et accompli lui-même le commencement, il s'arrêta au milieu, effrayé de ce qu'il avait fait! Ses généraux divisionnaires, égarés par une fausse terreur, reprirent l'acte interrompu et l'achevèrent pour leur compte, mais Marmont en venant s'en approprier la fin par sa conduite à Versailles, consentit à l'assumer tout entier sur sa tête, et à en porter le fardeau aux yeux de la postérité!

Les agitations étaient tout aussi grandes mais d'une autre nature à Fontainebleau. Les trois plénipotentiaires y étaient retournés vers la fin de cette journée du 5, pour y transmettre la réponse définitive des souverains alliés. Le maréchal Ney, comblé des caresses du gouvernement provisoire, s'était fait fort d'obtenir et de rapporter l'abdication pure et simple de Napoléon. Aussi n'avait-il point attendu ses deux collègues pour partir, soit désir d'être seul, soit excès d'empressement à tenir ses promesses. Il avait trouvé Napoléon instruit de la défection du 6ᵉ corps, en appréciant mieux que personne les conséquences militaires et politiques, calme d'ailleurs, montrant d'autant plus de hauteur que la fortune montrait plus d'acharnement contre lui, et n'étant disposé à laisser voir ce qu'il éprouvait qu'aux deux ou trois personnages qui avaient exclusivement sa confiance. Napoléon remercia poliment le maréchal Ney d'avoir accompli sa mission, mais ne le mit guère sur la voie des épanchements et des conseils, devinant à son

Avril 1814.

Retour des maréchaux à Fontainebleau.

Empressement du maréchal Ney à devancer ses collègues.

Avril 1814.

Son entretien avec Napoléon.

attitude, à son empressement à arriver le premier, qu'il avait un vif désir de contribuer au dénoûment, et peut-être de s'en faire un mérite. Il écouta, presque sans répondre, tout ce que voulut dire le maréchal, et en effet celui-ci s'étendit longuement sur la résolution irrévocable des souverains, sur l'impossibilité de les en faire changer, sur l'espèce d'entraînement avec lequel on se prononçait à Paris pour la paix et pour les Bourbons, sur l'état de délabrement de l'armée, sur l'impossibilité d'en obtenir de nouveaux efforts, et, à propos du sang si abondamment versé par elle, il parla des malheurs présents avec vérité, mais sans ménagement, car cette âme guerrière était plus forte que délicate. Toutefois il ne s'éloigna point du respect dû à un maître sous lequel lui et ses compagnons d'armes avaient contracté l'habitude de courber la tête [1]. Napoléon après l'avoir écouté froidement et

[1] Il est aussi difficile de savoir ce qui s'est passé dans cette dernière entrevue que dans la précédente, dont nous avons parlé, page 704 et suivantes. Le maréchal Ney n'a rien écrit, et Napoléon dans ses Mémoires de Sainte-Hélène, par respect pour l'infortune et l'héroïsme du maréchal, a gardé un complet silence. Seulement il est facile de reconnaître à quelques-unes de ses expressions, qu'il avait senti vivement l'attitude du maréchal Ney dans les derniers jours de l'Empire. Le maréchal eut le tort en rentrant à Paris de se vanter, notamment auprès du général Dupont, ministre de la guerre, qui en a consigné le souvenir dans ses Mémoires, d'avoir forcé Napoléon à abdiquer. Tout prouve que le maréchal en cette occasion s'accusa mal à propos, et qu'il s'était borné, dans la scène de Fontainebleau, à manquer de ménagements envers le malheur, sans se permettre une violence de propos qui n'était guère possible. Ce qui nous porte à le croire, c'est que M. de Caulaincourt en arrivant vers minuit, c'est-à-dire quelques instants après le maréchal Ney, trouva Napoléon parfaitement calme, n'ayant ni dans son attitude ni dans son langage l'animation qu'une scène violente aurait dû lui laisser, n'ayant de plus aucune résolution

patiemment, lui répondit qu'il aviserait, et qu'il lui ferait connaître le lendemain ses résolutions définitives. Après cette entrevue le maréchal Ney, pressé d'acquitter sa promesse, se hâta d'adresser au prince de Bénévent une lettre, dans laquelle racontant son retour à Fontainebleau à la suite de l'insuccès des négociations du matin, insuccès qui était *dû*, écrivait-il, *à un événement imprévu* (l'événement d'Essonne), il ajoutait que l'Empereur Napoléon, *convaincu de la position critique où il avait placé la France, et de l'impossibilité où il se trouvait de la sauver lui-même, paraissait décidé à donner son abdication pure et simple*. Après cette assertion, au moins prématurée, le maréchal disait qu'il espérait pouvoir porter lui-même l'acte authentique et formel de cette abdication. La lettre était datée de Fontainebleau, onze heures et demie du soir.

arrêtée. M. de Caulaincourt, dans quelques souvenirs consignés par écrit, dit positivement qu'en comparant ce qu'il avait vu à Fontainebleau avec ce qu'il entendit raconter quelques jours plus tard de la conduite du maréchal Ney, il eut de la peine à s'expliquer les versions répandues, et qu'il ne put s'empêcher de croire que le maréchal Ney s'était calomnié lui-même. Sans doute il ne fut content ni du langage ni de l'attitude du maréchal Ney à l'hôtel Saint-Florentin, mais il ne put croire à la réalité des scènes de violence qu'on racontait à Paris, et que beaucoup d'historiens ont rapportées depuis. Quant au maréchal Macdonald, tout en se montrant, dans ses Mémoires manuscrits, peu satisfait du maréchal Ney, il raconte les scènes auxquelles il a pris part d'une manière qui exclut complétement l'idée d'une violence exercée sur Napoléon. Nous citons ces deux personnages éminents, les seuls qui aient écrit comme témoins oculaires les scènes de Fontainebleau en 1814, et les plus dignes de foi entre tous ceux qui auraient pu les écrire, pour ramener toutes choses au vrai. Aussi nous flattons-nous d'avoir donné ici comme ailleurs la vérité aussi exactement que possible, et ne craignons-nous pas d'affirmer que tous les récits qui s'écartent de la mesure dans laquelle nous nous renfermons, sont ou entièrement faux, ou au moins singulièrement exagérés.

Avril 1814.

Entretien du maréchal Macdonald et de M. de Caulaincourt avec Napoléon.

M. de Caulaincourt et le maréchal Macdonald arrivèrent immédiatement après le maréchal Ney. Ils trouvèrent Napoléon déjà profondément endormi, et, après l'avoir réveillé, ils lui racontèrent avec les mêmes détails que le maréchal Ney, mais en termes différents, tout ce qui s'était passé à Paris depuis la veille, c'est-à-dire leurs négociations d'abord heureuses, du moins en apparence, et bientôt suivies d'un insuccès complet après la défection du 6.ᵉ corps. Ils ne dissimulèrent pas à Napoléon que, dans leur conviction profonde, quelque douloureux qu'il fût pour eux de se prononcer de la sorte, il n'avait pas autre chose à faire que de donner son abdication pure et simple, s'il ne voulait pas empirer sa situation personnelle, ôter à sa femme, à son fils, à ses frères, toute chance d'un établissement convenable, et attirer enfin sur la France de nouveaux et irrémédiables malheurs. Ce conseil se reproduisant coup sur coup, quoique présenté cette fois dans les termes les plus respectueux, importuna Napoléon. Il répondit avec une sorte d'impatience qu'il lui restait beaucoup trop de ressources pour accepter sitôt une proposition aussi extrême. — Et Eugène, s'écria-t-il, Augereau, Suchet, Soult, et les cinquante mille hommes que j'ai encore ici... croyez-vous que ce ne soit rien ?.... Du reste, nous verrons... A demain... — Puis, montrant qu'il était tard, il envoya ses deux négociateurs prendre du repos, en leur témoignant à quel point il appréciait leurs procédés nobles et délicats.

Entretien confidentiel de Napoléon

A peine les avait-il congédiés qu'il fit rappeler M. de Caulaincourt, pour lequel il avait non pas plus d'estime que pour le maréchal Macdonald, mais plus d'habitude de confiance. Toute trace d'humeur avait disparu. Il dit à M. de Caulaincourt combien il était satisfait de la conduite du maréchal Macdonald qui, longtemps son ennemi, se comportait en ce moment comme un ami dévoué, parla avec indulgence de la mobilité du maréchal Ney, et s'exprimant sur le compte de ses lieutenants avec une douceur légèrement dédaigneuse, dit à M. de Caulaincourt : Ah! Caulaincourt, les hommes, les hommes!... Mes maréchaux rougiraient de tenir la conduite de Marmont, car ils ne parlent de lui qu'avec indignation, mais ils sont bien fâchés de s'être autant laissés devancer sur le chemin de la fortune.... Ils voudraient bien, sans se déshonorer comme lui, acquérir les mêmes titres à la faveur des Bourbons. — Puis il parla de Marmont avec chagrin, mais sans amertume. — Je l'avais traité, dit-il, comme mon enfant. J'avais eu souvent à le défendre contre ses collègues qui n'appréciant pas ce qu'il a d'esprit, et ne le jugeant que par ce qu'il est sur le champ de bataille, ne faisaient aucun cas de ses talents militaires. Je l'ai créé maréchal et duc, par goût pour sa personne, par condescendance pour des souvenirs d'enfance, et je dois dire que je comptais sur lui. Il est le seul homme peut-être dont je n'aie pas soupçonné l'abandon : mais la vanité, la faiblesse, l'ambition, l'ont perdu. Le malheureux ne sait pas ce qui l'attend; son nom sera flétri. Je ne songe plus à moi, croyez-le, ma carrière est finie, ou bien

Avril 1814.

avec M. de Caulaincourt.

Belles et touchantes paroles de Napoléon.

près de l'être. D'ailleurs quel goût puis-je avoir à régner aujourd'hui sur des cœurs las de moi, et pressés de se donner à d'autres?... Je songe à la France qu'il est affreux de laisser dans cet état, sans frontières, quand elle en avait de si belles! C'est là, Caulaincourt, ce qu'il y a de plus poignant dans les humiliations qui s'accumulent sur ma tête. Cette France que je voulais faire si grande, la laisser si petite!... Ah, si ces imbéciles ne m'eussent pas délaissé, en quatre heures je refaisais sa grandeur, car, croyez-le bien, les alliés en conservant leur position actuelle, ayant Paris à dos et moi en face, étaient perdus. Fussent-ils sortis de Paris pour échapper à ce danger, ils n'y seraient plus rentrés. Leur sortie seule devant moi eût été déjà une immense défaite. Ce malheureux Marmont a empêché ce beau résultat. Ah, Caulaincourt, quelle joie c'eût été de relever la France en quelques heures!... Maintenant que faire? Il me resterait environ 150 mille hommes, avec ce que j'ai ici et avec ce que m'amèneraient Eugène, Augereau, Suchet, Soult, mais il faudrait me porter derrière la Loire, attirer l'ennemi après moi, étendre indéfiniment les ravages auxquels la France n'est déjà que trop exposée, mettre encore bien des fidélités à l'épreuve, qui peut-être ne s'en tireraient pas mieux que celle de Marmont, et tout cela pour continuer un règne qui, je le vois, tire à sa fin! Je ne m'en sens pas la force. Sans doute il y aurait moyen de nous relever en prolongeant la guerre. Il me revient que de tous côtés les paysans de la Lorraine, de la Champagne, de la Bourgogne, égorgent les détachements isolés. Avant peu le peuple prendra l'ennemi en horreur; on sera fatigué à Paris de la générosité d'Alexandre. Ce prince a de la séduction, il plaît aux femmes, mais tant de grâce dans un vainqueur révoltera bientôt le sentiment national. De plus les Bourbons arrivent, et Dieu sait ce qui les suit! Aujourd'hui ils vont pacifier la France avec l'Europe, mais demain dans quel état ils la mettront avec elle-même! Ils sont la paix extérieure, mais la guerre intérieure. D'ici à un an vous verrez ce qu'ils auront fait du pays. Ils ne garderont pas Talleyrand six mois. Il y aurait donc bien des chances de succès dans une lutte prolongée, chances politiques et militaires, mais au prix de maux affreux.... D'ailleurs, pour le moment, il faut autre chose que moi. Mon nom, mon image, mon épée, tout cela fait peur.... Il faut se rendre.... Je vais rappeler les maréchaux, et vous verrez leur joie, quand ils seront par moi tirés d'embarras, et autorisés à faire comme Marmont, sans qu'il leur en coûte l'honneur... » —

Ce complet détachement des choses, cette indulgence envers les personnes, tenaient chez Napoléon à la grandeur de l'esprit, et au sentiment de ses immenses fautes. Si en effet ses infatigables lieutenants étaient aujourd'hui si fatigués, c'est qu'il avait atteint en eux le terme des forces humaines, et qu'il n'avait su s'arrêter à la mesure ni des hommes ni des choses. Ce n'étaient pas eux seulement qui étaient fatigués, c'était l'univers, et leur défection n'avait pas d'autre cause. Mais après de telles fautes il sied au génie de les sentir, de puiser dans ce sentiment une noble justice, et de s'élever ainsi à cette hauteur de langage qui donne tant de dignité au malheur.

Napoléon parla ensuite du sort qu'on lui réservait. Il accepta l'île d'Elbe, et pour ce qui le concernait, se montra extrêmement facile. — Vous le savez, dit-il à M. de Caulaincourt, je n'ai besoin de rien. J'avais 150 millions économisés sur ma liste civile, qui m'appartenaient comme appartiennent à un employé les économies qu'il a faites sur son traitement. J'ai tout donné à l'armée, et je ne le regrette pas. Qu'on fournisse de quoi vivre à ma famille, c'est tout ce qu'il me faut. Quant à mon fils, il sera archiduc, cela vaut peut-être mieux pour lui que le trône de France. S'il y montait, serait-il capable de s'y tenir? Mais je voudrais pour lui et pour sa mère la Toscane. Cet établissement les placerait dans le voisinage de l'île d'Elbe, et j'aurais ainsi le moyen de les voir. —

M. de Caulaincourt répondit que le Roi de Rome n'obtiendrait jamais une telle dotation, et que, grâce à Alexandre, il aurait Parme tout au plus. — Quoi! reprit Napoléon, en échange de l'Empire de France, pas même la Toscane!... Et il se soumit aux affirmations réitérées de M. de Caulaincourt. Après son fils, il s'occupa de l'Impératrice Joséphine, du prince Eugène, de la reine Hortense, et insista pour que leur sort fût assuré. — Du reste, dit-il à M. de Caulaincourt, toutes ces choses se feront sans peine, car on ne sera pas assez mesquin pour les contester. Mais l'armée, mais la France, c'est à elles surtout qu'il faudrait songer. Puisque j'abandonne le trône

et que je fais plus, que je remets mon épée, ayant encore tant de moyens de m'en servir, n'ai-je pas le droit de prétendre à quelque compensation? Ne pourrait-on pas améliorer la frontière française, puisque la force qui en résultera pour la France ne sera pas dans mes mains, mais dans celles des Bourbons? Ne pourrait-on pas stipuler pour l'armée le maintien de ses avantages, tels que grades, titres, dotations? ne pourrait-on pas, ce qui lui serait si sensible, conserver ces trois couleurs qu'elle a portées avec tant de gloire dans toutes les parties du monde? Puisque enfin nous nous rendons sans combattre, lorsqu'il nous serait si facile de verser tant de sang encore, ne nous doit-on pas quelque chose, moi, moi seul, l'objet de toutes les haines et de toutes les craintes, n'en devant pas profiter?...
— Et s'étendant longuement sur ce thème qui lui tenait à cœur, Napoléon voulait qu'on stipulât quelque chose pour la France et pour l'armée. M. de Caulaincourt essaya de le désabuser à cet égard, en lui montrant que ces intérêts si grands, si respectables, il ne lui serait plus donné de les traiter; que d'après le principe posé, celui de sa déchéance, la faculté de représenter la France, de négocier pour elle, avait passé au gouvernement provisoire, et qu'on n'écouterait rien de ce qui serait dit par lui sur ce sujet. — Mais, repartit Napoléon, ce gouvernement provisoire, quelle force a-t-il autre que la mienne, autre que celle que je lui prête en me tenant ici à Fontainebleau avec les débris de l'armée? Lorsque je me serai soumis, et l'armée avec moi, il sera réduit à la plus complète impuissance; on

l'écoutera encore moins que nous, et il sera contraint de se rendre à discrétion. —

Telle était en effet la situation, et on ne pouvait mieux la décrire, mais celui qui la déplorait ainsi en était le principal auteur, et il devait s'y résigner comme à tout le reste. M. de Caulaincourt s'appliqua de son mieux à le lui faire comprendre, et ce grave personnage mettant une sorte d'insistance à ramener Napoléon au seul sujet qui le regardât désormais, c'est-à-dire à sa personne et à sa famille, l'ancien maître du monde impatienté s'écria : On veut donc me réduire à discuter de misérables intérêts d'argent!... C'est indigne de moi... Occupez-vous de ma famille, vous Caulaincourt... Quant à moi, je n'ai besoin de rien... Qu'on me donne la pension d'un invalide, et ce sera bien assez! —

Après ces entretiens qui remplirent la nuit et la matinée du 6 avril, après la rédaction de l'acte qui contenait son abdication définitive, à laquelle il apporta beaucoup de soin, Napoléon rappela les maréchaux pour leur faire connaître ses dernières résolutions. Admis auprès de lui, et ne sachant pas ce qu'il avait décidé, ils renouvelèrent leurs doléances; ils recommencèrent à dire que l'armée était épuisée, qu'elle n'avait plus de sang à répandre, tant elle en avait répandu, et ils étaient si pressés d'obtenir la faculté de courir auprès du nouveau gouvernement, qu'ils en seraient venus peut-être, s'ils avaient trouvé de la résistance, à manquer pour la première fois de respect à Napoléon. Mais après avoir mis une sorte de malice à les laisser quelques instants dans cette anxiété, Napoléon leur dit : Messieurs, tranquillisez-vous. Ni vous, ni l'armée, n'aurez plus de sang à verser. Je consens à abdiquer purement et simplement. J'aurais voulu pour vous, autant que pour ma famille, assurer la succession du trône à mon fils. Je crois que ce dénoûment vous eût été encore plus profitable qu'à moi, car vous auriez vécu sous un gouvernement conforme à votre origine, à vos sentiments, à vos intérêts... C'était possible, mais un indigne abandon vous a privés d'une situation que j'espérais vous ménager. Sans la défection du 6ᵉ corps, nous aurions pu cela et autre chose, nous aurions pu relever la France... Il en a été autrement... Je me soumets à mon sort, soumettez-vous au vôtre... Résignez-vous à vivre sous les Bourbons, et à les servir fidèlement. Vous avez souhaité du repos, vous en aurez. Mais, hélas! Dieu veuille que mes pressentiments me trompent!... Nous n'étions pas une génération faite pour le repos. La paix que vous désirez moissonnera plus d'entre vous sur vos lits de duvet, que n'eût fait la guerre dans nos bivouacs. — Après ces paroles prononcées d'un ton triste et solennel, Napoléon leur lut l'acte de son abdication, conçu dans les termes suivants :

Avril 1814.

« Les puissances alliées ayant proclamé que l'Em-
» pereur Napoléon était le seul obstacle au rétablisse-
» ment de la paix en Europe, l'Empereur Napoléon,
» fidèle à ses serments, déclare qu'il renonce pour
» lui et ses héritiers aux trônes de France et d'Italie,
» parce qu'il n'est aucun sacrifice personnel, même
» celui de la vie, qu'il ne soit prêt à faire à l'inté-
» rêt de la France. »

Acte d'abdication.

En entendant cette lecture, les lieutenants de Napoléon se précipitèrent sur ses mains pour le remercier du sacrifice qu'il faisait, et lui répétèrent ce qu'ils lui avaient déjà dit à propos de son abdication conditionnelle, c'est qu'en descendant ainsi du trône il se montrait plus grand que jamais. Il permit à leur joie secrète ces dernières flatteries, et les laissa dire, car il ne voulait pas plus les abaisser que s'abaisser lui-même par de misérables récriminations. D'ailleurs, qui les avait faits tels? Lui seul, par le despotisme qui avait brisé leur caractère, par les guerres interminables qui avaient épuisé leurs forces : il n'avait donc pas droit de se plaindre, et il agissait noblement en reconnaissant les conséquences inévitables de ses erreurs, et en s'y soumettant sans éclat humiliant ni pour lui ni pour les autres.

Il fut ensuite convenu que M. de Caulaincourt, suivi comme auparavant des maréchaux Macdonald et Ney, se rendrait à Paris, pour porter à Alexandre l'acte définitif de l'abdication, acte dont il resterait l'unique dépositaire, et qu'il devait échanger contre le traité qui assurerait à la famille impériale un traitement convenable. Napoléon insista encore une fois pour qu'il ne fût fait d'efforts, s'il en fallait pour réussir, qu'en ce qui concernait son fils et ses proches. Il congédia les maréchaux et serra affectueusement la main à M. de Caulaincourt, toujours le dépositaire principal de sa confiance.

A peine cette nouvelle fut-elle connue dans Fontainebleau, que la tristesse se répandit dans les rangs des vieux soldats. Au contraire parmi les officiers de haut grade on éprouva un immense soula-

PREMIÈRE ABDICATION. 759

gement. On pouvait en effet quitter sans trop d'embarras l'ancien maître pour le nouveau. La plupart des maréchaux cherchèrent comment ils feraient arriver leur adhésion au gouvernement provisoire. Ils auraient volontiers chargé M. de Caulaincourt de ce soin, si sa hauteur n'eût écarté ce genre de confiance. Mais leur supplice touchait à son terme, et vingt-quatre heures allaient suffire pour que les modèles d'adhésion abondassent, avec des signatures capables de mettre les plus scrupuleux d'entre eux à leur aise.

M. de Caulaincourt et les deux maréchaux repartirent immédiatement pour Paris, où ils arrivèrent à une heure fort avancée de la journée du 6. A minuit ils étaient chez l'empereur de Russie, qui les attendait avec une extrême impatience, impatience partagée par le gouvernement provisoire et par ses nombreux adhérents. Bien que la défection du 6ᵉ corps eût fort diminué les craintes qu'inspirait encore Napoléon, bien que les assurances données par le maréchal Ney et par la plupart des personnages militaires avec lesquels on s'était mis en correspondance, eussent laissé peu de doute sur la prochaine adhésion de l'armée, on était toujours saisi d'un sentiment de terreur en songeant à tout ce que pouvait tenter le génie infernal, comme on l'appelait, qui s'était retiré à Fontainebleau, et qu'on honorait par la peur qu'on éprouvait, tout en cherchant à le déshonorer par un débordement d'injures inouï. Ce fut une sorte de joie universelle, quand le maréchal Ney eut dit aux plus pressés de l'hôtel Saint-Florentin, qu'ils pouvaient être tran-

Avril 1814.

Retour à Paris de M. de Caulaincourt et des maréchaux.

quilles, et qu'on apportait l'abdication pure et simple. Lorsque les envoyés de Napoléon entrèrent chez l'empereur Alexandre, ce prince, qui réservait toujours à M. de Caulaincourt son premier serrement de main, courut cette fois au maréchal Ney pour le remercier de ce qu'il avait fait, et lui dire qu'entre tous les services qu'il avait rendus à sa patrie, le dernier ne serait pas le moins grand. Le monarque russe faisait allusion à la lettre de la veille, dans laquelle le maréchal Ney s'était vanté d'avoir décidé l'abdication, et avait promis d'en apporter l'acte formel. M. de Caulaincourt et le maréchal Macdonald, ignorant l'existence de cette lettre, et n'ayant rien vu qui pût leur faire considérer le maréchal Ney comme l'auteur des dernières résolutions de Napoléon, furent singulièrement surpris, et laissèrent apercevoir leur surprise au maréchal Ney qui en parut embarrassé. Alexandre se hâta de rendre communs aux deux autres négociateurs les remercîments qu'il avait d'abord adressés au maréchal Ney, et s'étant enquis des conditions auxquelles ils livreraient l'acte essentiel dont ils étaient dépositaires, il n'y trouva rien à objecter. Quant à l'île d'Elbe pourtant il déclara qu'il tiendrait sa parole, parce qu'il se regardait comme engagé par les quelques mots qu'il avait dits à M. de Caulaincourt, mais que ses alliés jugeaient cette concession imprudente, et la blâmaient ouvertement, qu'il en serait néanmoins comme il l'avait promis; que, relativement au Roi de Rome, à Marie-Louise, une principauté en Italie était le moins qu'on pût faire, et que l'Autriche allait recouvrer assez de territoires dans cette contrée pour ne pas marchander avec sa propre fille; que, quant aux frères de Napoléon, à sa première femme, à ses enfants adoptifs, au prince Eugène, à la reine Hortense, on accorderait tout ce qui serait dû, qu'il s'y engageait personnellement, que son ministre M. de Nesselrode serait au besoin le défenseur des intérêts de la famille Bonaparte, qu'on eût à s'adresser à ce ministre pour les détails, sauf à recourir à lui Alexandre, en cas de difficulté. En congédiant les négociateurs, l'empereur de Russie retint M. de Caulaincourt, s'expliqua plus franchement encore avec ce noble personnage qu'il traitait toujours en ami, et lui avoua que les nouvelles qu'il venait de recevoir du soulèvement des paysans français, sans l'alarmer, l'inquiétaient cependant, car ces paysans avaient égorgé un gros détachement russe dans les Vosges. Il s'apitoya ensuite sur les abandons qui allaient se multiplier autour de Napoléon, recommanda de ne pas perdre de temps pour régler ce qui le concernait, car deux choses faisaient, disait-il, de grands progrès en ce moment, la bassesse des serviteurs de l'Empire, et l'enivrement des serviteurs de l'ancienne royauté. A ce sujet il parla des Bourbons et de leurs amis avec une liberté singulière, montra à la fois de la surprise, du dégoût, de l'humeur de ce qu'il voyait de toutes parts, et dit qu'après avoir eu tant de peine à se sauver des folies guerrières de Napoléon, on aurait bien de la peine aussi à se garantir des folies réactionnaires des royalistes. Il congédia M. de Caulaincourt en lui promettant toute son amitié pour lui-même, et son appui pour l'infortune de Napoléon.

Avril 1814.

Même après la déchéance prononcée par le Sénat, la crainte que Napoléon à Fontainebleau ne cessait d'inspirer, avait contenu encore les royalistes, et les avait empêchés de se livrer à toutes leurs passions. La défection du 6ᵉ corps qui réduisait Napoléon à une complète impuissance, les avait déjà fort rassurés; mais en apprenant son abdication pure et simple, c'est-à-dire la remise faite par lui-même de sa terrible épée, ils n'avaient plus gardé de mesure dans l'explosion de leurs sentiments. Qu'ils fussent, après tant de souffrances, de sang versé, de désastres publics et privés, qu'ils fussent joyeux de revoir les princes sous lesquels ils avaient été jeunes, riches, puissants, heureux, rien n'était plus naturel et plus légitime! Qu'à la joie ils ajoutassent toutes les fureurs de la haine triomphante, hélas! rien n'était plus naturel aussi, mais plus déplorable pour la dignité de la France! Jamais en effet on n'a surpassé, dans aucun temps, dans aucun pays, l'explosion de colère qui signala la déchéance constatée de Napoléon, et il faut reconnaître que les partisans de l'ancienne royauté, qualifiés spécialement du titre de royalistes, n'étaient pas les seuls à vociférer les plus violentes injures. Les pères et mères de famille, réduits jusqu'ici à maudire en secret cette guerre qui dévorait leurs enfants, libres désormais de faire éclater leurs sentiments, n'appelaient Napoléon que des noms les plus atroces. On n'avait pas plus maudit Néron dans l'antiquité, Robespierre dans les temps modernes. On ne le désignait plus que par le titre de l'*Ogre de Corse*. On le représentait comme un monstre, occupé à dévorer des géné-

---

Avril 1814.

Joie du gouvernement provisoire et des royalistes à la nouvelle de l'abdication pure et simple.

Déchaînement inouï dont Napoléon devient l'objet en ce moment.

rations entières, pour assouvir une rage de guerre insensée. Un écrit, secrètement préparé par M. de Chateaubriand dans les dernières heures de l'Empire, mais publié seulement à l'abri des baïonnettes étrangères, était l'expression exacte de ce débordement de haines sans pareilles. Dans un style où il semblait que la passion eût surexcité le mauvais goût trop fréquent de l'écrivain, M. de Chateaubriand attribuait à Napoléon tous les vices, toutes les bassesses, tous les crimes. Cet écrit était lu avec une avidité incroyable à Paris, et de Paris il passait dans les provinces, excepté toutefois dans celles où l'ennemi avait pénétré. Contraste singulier! les provinces qui souffraient le plus des fautes de Napoléon, lui en voulaient moins que les autres, parce qu'elles s'obstinaient à voir en lui l'intrépide défenseur du sol. Partout ailleurs la colère allait croissant, et comme un homme irrité s'irrite encore davantage en criant, l'esprit public paraissait s'enivrer lui-même de sa propre fureur. Le meurtre du duc d'Enghien sur lequel on s'était tu si longtemps, le perfide rendez-vous de Bayonne où avaient succombé les princes espagnols, étaient le sujet des récits les plus noirs, comme si à la vérité déjà si grave on avait eu besoin d'ajouter la calomnie. Le retour d'Égypte, le retour de Russie, étaient qualifiés de lâches abandons de l'armée française compromise. Napoléon, disait-on, n'avait pas fait une seule campagne qui fût véritablement belle. Il n'avait eu, dans sa longue carrière, que quelques événements heureux, obtenus à coups d'hommes. L'art militaire, corrompu en ses mains, était devenu une vraie

Avril 1814.

boucherie. Son administration, jusque-là si admirée, n'avait été qu'une horrible fiscalité destinée à enlever au pays son dernier écu et son dernier homme. L'immortelle campagne de 1814 n'était qu'une suite d'extravagances inspirées par le désespoir. Enfin, un ordre donné par l'artillerie dans la bataille du 30 mars, à l'insu de Napoléon qui était à quatre-vingts lieues de Paris, et prescrivant de détruire les munitions de Grenelle pour en priver l'ennemi, était considéré comme la résolution de faire sauter la capitale. Un officier, cherchant à flatter les passions du jour, prétendait s'être refusé à l'exécution de cet ordre épouvantable. Le monstre, disait-on, avait voulu détruire Paris, comme un corsaire qui fait sauter son vaisseau, avec cette différence qu'il n'était pas sur le vaisseau. Du reste, ajoutait-on, il n'était pas Français, et on devait s'en féliciter pour l'honneur de la France. Il avait changé son nom de *Buonaparte,* il en avait fait *Bonaparte,* et c'était *Buonaparte* qu'il le fallait appeler. Le nom de Napoléon même ne lui était pas dû. Napoléon était un saint imaginaire; c'est Nicolas qu'il fallait joindre à son nom de famille. Ce monstre, disait-on encore, cet ennemi des hommes, était un impie. Tandis qu'en public il allait entendre la messe à sa chapelle, ou à Notre-Dame, il faisait, dans son intimité, avec Monge, Volney et autres, profession d'athéisme. Il était dur, brutal, battait ses généraux, outrageait les femmes, et, comme soldat, n'était qu'un lâche. Et la France, s'écriait-on, avait pu se soumettre à un tel homme! On ne pouvait expliquer cette aberration que par l'aveuglement qui suit les révolutions! A ce débordement de paroles s'étaient ajoutés des actes du même caractère. La statue de Napoléon, à laquelle on avait vainement attaché une corde pour la renverser le jour de l'entrée des coalisés, attaquée quelques jours plus tard avec les moyens de l'art, avait été descendue de la colonne d'Austerlitz dans un obscur magasin de l'État, et en contemplant le monument la haine publique avait la satisfaction de n'apercevoir que le vide sur son sommet dépouillé.

Telle était l'explosion de colère à laquelle, par un terrible retour des choses d'ici-bas, l'homme le plus adulé pendant vingt années, l'homme qui avait le plus joui de l'admiration stupéfaite de l'univers, devait assister tout vivant. Au surplus, il était assez grand pour se placer au-dessus de telles indignités, et assez coupable aussi pour savoir qu'il s'était attiré par ses actes ce cruel revirement d'opinion. Mais il y avait quelque chose de plus triste encore dans ce spectacle, c'étaient les flatteries prodiguées en même temps aux souverains alliés. Sans doute Alexandre, par la conduite qu'il tenait et dont il donnait l'exemple à ses alliés, méritait les remercîments de la France. Mais si l'ingratitude n'est jamais permise, la reconnaissance doit être discrète quand elle s'adresse aux vainqueurs de son pays. Il n'en était pas ainsi, et on s'évertuait à redire qu'il était bien magnanime à des souverains qui avaient tant souffert par les mains des Français, de se venger d'eux aussi doucement. Les flammes de Moscou étaient rappelées tous les jours, non par des écrivains russes, mais par des écrivains

Avril 1814.

Flatteries adressées aux souverains qui occupent Paris.

français. On ne se contentait pas de louer le maréchal Blucher, le général Sacken, braves gens dont l'éloge était naturel et mérité dans les bouches prussiennes et russes, on allait chercher un émigré français, le général Langeron, qui servait dans les armées du czar, pour raconter avec complaisance combien il s'était distingué dans l'attaque de Montmartre, et combien de justes récompenses il avait reçues de l'empereur Alexandre. Ainsi, dans les nombreuses péripéties de notre grande et terrible révolution, le patriotisme devait, comme la liberté, avoir ses revers, et, de même que la liberté, idole des cœurs en 1789, était devenue en 1793 l'objet de leur aversion, de même le patriotisme devait être foulé aux pieds jusqu'à faire honorer l'acte, coupable en tout temps, de porter les armes contre son pays. Tristes jours que ceux de réaction, où l'esprit public, profondément troublé, perd les notions les plus élémentaires des choses, bafoue ce qu'il avait adoré, adore ce qu'il avait bafoué, et prend les plus honteuses contradictions pour un heureux retour à la vérité!

Naturellement si Napoléon était un monstre auquel il fallait arracher la France, les Bourbons étaient des princes accomplis auxquels il fallait la rendre le plus tôt possible, comme un bien légitime qui leur appartenait. La France ne les avait pas précisément oubliés, car vingt ans ne suffisent pas pour qu'on oublie une illustre famille qui a grandement régné pendant des siècles, mais la génération présente ignorait absolument comment et à quel degré ils étaient les parents de l'infortuné roi mort

PREMIÈRE ABDICATION.

sur l'échafaud, et de l'enfant non moins infortuné mort entre les mains d'un cordonnier. On se demandait si c'étaient des fils, des frères, des cousins de ces princes malheureux, car, excepté quelques gens âgés, la masse n'en savait rien. La flatterie, prompte à courir de celui qu'on appelait le tyran déchu, à ceux qu'on appelait des anges sauveurs, attribuait à ces derniers toutes les vertus, et ils en avaient assurément qui auraient mérité d'être célébrées dans un langage plus noble et plus sérieux. On disait que Louis XVI avait laissé un frère, Louis-Stanislas-Xavier, destiné aujourd'hui à lui succéder sous le nom de Louis XVIII, lequel était un savant, un lettré et un sage; qu'il avait laissé un autre frère, le comte d'Artois, modèle de bonté et de grâce française, enfin des neveux, le duc d'Angoulême, le duc de Berry, types de l'antique honneur chevaleresque. Sous ces princes, doux, justes, ayant conservé les vertus qu'une affreuse révolution avait presque emportées de la terre, la France, aimée, estimée de l'Europe, trouverait le repos et le laisserait au monde. Elle trouverait même la liberté, qu'elle n'avait pas rencontrée au milieu des orgies sanguinaires de la démagogie, et que lui apporteraient des princes formés vingt ans à l'école de l'Angleterre. Il y avait une incontestable portion de vérité dans ce langage de la flatterie impatiente, et tout cela pouvait devenir vrai, si les passions des partis ne venaient corrompre tant d'heureux éléments de prospérité et de repos.

Quoi qu'il en soit, les Bourbons, outre leur mérite, avaient pour eux la puissance de la nécessité.

Avril 1814.

Soudain enthousiasme pour les princes de la maison de Bourbon.

Nécessité du rétablisse-

Avril 1844.

ment des Bourbons.

En effet, la République, toute souillée encore du sang versé en 1793, n'étant pas proposable à la France épouvantée, la royauté seule étant possible, et des deux royautés alors présentes aux esprits, celle du génie, celle de la tradition, la première s'étant perdue par ses égarements, que restait-il, sinon la seconde, consacrée par les siècles, et rajeunie par le malheur? Il était donc bien naturel qu'après avoir employé quelques jours à se remettre les Bourbons en mémoire, on se ralliât à eux avec un entraînement qui croissait d'heure en heure.

Conditions mises à l'entrée de M. le comte d'Artois à Paris.

Il fallait donc se hâter de faire deux choses : rédiger la Constitution qui lierait les Bourbons en les rappelant, et en même temps recevoir M. le comte d'Artois à Paris. M. le comte d'Artois était demeuré caché à Nancy, comme on l'a vu, attendant le retour de M. de Vitrolles, qui était venu se concerter avec le gouvernement provisoire, et qui n'avait pas voulu retourner auprès du prince avant que la question de la régence de Marie-Louise fût vidée. Cette régence étant définitivement repoussée, le rappel des Bourbons restant la seule solution imaginable, il fallait renvoyer M. de Vitrolles à Nancy pour qu'il y allât chercher le prince. M. de Talleyrand et les membres du gouvernement provisoire, malgré les exigences de M. de Vitrolles, lui donnèrent pour instruction de dire à M. le comte d'Artois qu'il serait reçu aux portes de Paris avec tous les honneurs dus à son rang; qu'il serait conduit à Notre-Dame pour y entendre un *Te Deum*, et de Notre-Dame aux Tuileries; qu'il devrait entrer avec l'uniforme de garde national; qu'il était même à désirer qu'il prît la cocarde tricolore, car ce serait un moyen certain de s'attacher l'armée; que tel était l'avis des hommes éclairés dont le concours était actuellement indispensable; que le pouvoir qu'on lui attribuerait serait celui de représentant de Louis XVIII, dont il avait les lettres patentes; que ces lettres seraient soumises au Sénat, qui, s'appuyant sur elles, décernerait au prince le titre de lieutenant-général du royaume, aux conditions, bien entendu, de la Constitution nouvelle.

Avril 1814.

M. de Vitrolles, sous l'inspiration des sentiments qui animaient le vieux parti royaliste, se récria fort contre la cocarde tricolore, les couleurs blanches étant selon lui celles de l'antique royauté, et l'emblème de son droit inaliénable; contre la prétention du Sénat d'investir lui-même M. le comte d'Artois du pouvoir royal, et par-dessus tout contre l'idée d'imposer une Constitution au souverain légitime. M. de Talleyrand n'aimant point à lutter, et comptant sur le temps pour arranger toutes choses, dit assez légèrement à M. de Vitrolles qu'il fallait partir sans délai pour aller chercher le prince, qu'on verrait au moment même de l'entrée de M. le comte d'Artois comment on pourrait résoudre la difficulté de la cocarde; que, relativement à la Constitution, il était indispensable d'en faire une, mais qu'on la rendrait le moins gênante possible, et qu'on tâcherait surtout de lui ôter l'apparence d'une loi imposée. Il lui répéta, en un mot, qu'il fallait partir, et ne pas retarder par des difficultés puériles la marche des événements. Il le chargea en même temps de porter au prince l'assu-

Résistance de M. de Vitrolles à ces conditions.

rance de son dévouement personnel le plus absolu.

Afin de convaincre davantage M. de Vitrolles qu'il n'y avait pas mieux à faire que de s'en aller avec ces conditions, on lui procura une audience de l'empereur Alexandre. Pendant cette audience M. de Vitrolles ayant voulu, avec l'arrogance des partis victorieux, plaider pour les anciennes couleurs et pour la pleine liberté du roi de France, l'empereur Alexandre, sortant de sa douceur habituelle, lui dit que les monarques alliés n'avaient pas franchi le Rhin avec quatre cent mille hommes pour rendre la France esclave de l'émigration; que sans avoir la prétention de lui imposer un gouvernement, ils suivraient l'avis de l'autorité actuellement la seule admise et admissible, celle du Sénat; que s'étant servis de cette autorité pour détrôner Napoléon, ils ne la payeraient pas d'ingratitude en la détrônant elle-même; que l'autorité du Sénat d'ailleurs était à leurs yeux la seule sage, la seule éclairée, et qu'il n'y avait qu'elle qui pût imprimer à tout ce qu'on ferait un caractère à la fois régulier et national; qu'après tout la puissance qui avait enfoncé les portes de Paris était là, que cette puissance était celle de l'Europe, qu'il fallait la subir, et surtout ne pas lui inspirer le regret de s'être déjà si fort engagée en faveur des Bourbons.

M. de Vitrolles aurait été bien tenté de contredire, car il trouvait maintenant odieuse l'influence étrangère qu'il n'avait pas craint d'aller chercher à Troyes, et la regardait comme insupportable depuis qu'elle donnait de bons conseils. Pourtant il n'y avait pas à répliquer, et il se mit en route porteur des conditions du gouvernement provisoire, se promettant bien avec ses amis d'en rabattre dans l'exécution le plus qu'ils pourraient.

Avril 1814.

La plus pressante des mesures à prendre, c'était de rédiger la Constitution. Il importait de se hâter, premièrement pour rendre définitive la déchéance de Napoléon en lui donnant les Bourbons pour successeurs, secondement pour lier les Bourbons eux-mêmes en les rappelant, et les astreindre aux principes de 1789. Cette double idée de rappeler les Bourbons et de leur imposer de sages lois, propagée par M. de Talleyrand, avait pénétré dans toutes les têtes. D'après le plan primitif, c'était le gouvernement provisoire lui-même qui devait arrêter le projet de Constitution. Afin d'accomplir cette tâche il avait voulu s'aider des membres les plus éclairés et les plus accrédités du Sénat, et les avait réunis auprès de lui. Aux premiers mots proférés sur ce grave sujet, on avait vu surgir les idées les plus contradictoires, toutes celles qui en 1791 dominaient les esprits et les entraînaient en sens divers. En effet l'instruction politique de la France, successivement interrompue par la Terreur et par l'Empire, avait en quelque sorte été suspendue, et on en était aux idées de l'Assemblée constituante, modérées toutefois par le temps. M. de Talleyrand, qui haïssait la dispute, avait alors résolu de laisser faire les sénateurs eux-mêmes, en leur recommandant trois choses : d'aller vite, de lier les Bourbons en les rappelant, et pour les mieux lier d'établir le Sénat dans la nouvelle Constitution à titre de Chambre haute de la monarchie restaurée. Il cherchait ainsi à contenter le Sénat

La principale des conditions imposées à M. le comte d'Artois était une Constitution.

L'œuvre de la Constitution nouvelle abandonnée à quelques sénateurs et à M. de Montesquiou.

49.

dont on avait besoin, et à en faire un obstacle contre l'émigration. Après ce conseil, M. de Talleyrand avait abandonné l'œuvre, et des membres du gouvernement provisoire il n'était resté sur le terrain que M. l'abbé de Montesquiou, disputeur opiniâtre et hautain, tenant beaucoup à savoir quelles conditions on imposerait aux Bourbons, dont il était l'agent secret et très-fidèle.

Les discussions furent vives entre ce personnage et les sénateurs chargés de rédiger la Constitution. Voici sur quoi portèrent ces discussions. Le Sénat voulait d'abord que Louis XVIII, frère et héritier de l'infortuné Louis XVI, depuis la mort de l'auguste orphelin resté prisonnier au Temple, fût considéré comme *librement* rappelé par la nation, et saisi de la royauté seulement après qu'il aurait prêté serment à la Constitution nouvelle. On s'adressait à ce prince, sans doute à cause de son origine royale dont on reconnaissait ainsi la valeur héréditaire, mais on allait le chercher *librement*, et on le prenait *à condition*, en vertu du droit qu'avait la nation de disposer d'elle-même. Le Sénat prétendait concilier ainsi l'un et l'autre droit, celui de l'ancienne royauté, et celui de la nation, en les admettant tous les deux, et en les liant par un contrat réciproque. Ce point, vivement contesté, une fois établi, venait la question de la forme du gouvernement, sur laquelle heureusement il n'y avait pas de contestation même entre les esprits les plus opposés. Ainsi un roi inviolable, dépositaire unique du pouvoir exécutif, l'exerçant par des ministres responsables, partageant le pouvoir législatif avec deux Chambres, l'une aristocratique, l'autre démocratique, était admis universellement. Sur certains détails seulement tenant à la pratique de ce système, il y avait des divergences. Les esprits imbus des préjugés de la Constituante souhaitaient que les deux Chambres jouissent de l'initiative en fait de présentation des lois, le Roi conservant toujours la faculté de les sanctionner, faculté que personne du reste ne songeait à lui contester. On n'avait pas alors appris par expérience que sous cette forme de gouvernement, l'essentiel pour les Chambres c'est d'arriver par le mécanisme de la Constitution à obtenir des ministres de leur choix. Ces ministres obtenus font ensuite les lois généralement désirées, car autrement des ministres contraints de présenter et d'exécuter des lois qu'ils n'auraient pas voulues, seraient les exécuteurs ou les plus gauches ou les moins sincères. On discutait donc, faute d'expérience, sur l'importance de l'initiative. Faute aussi d'expérience, ou pour mieux dire, sous l'influence d'expériences trop récentes et trop douloureuses, on parlait d'ôter au Roi le droit de paix et de guerre, oubliant encore que toutes ces prérogatives qu'on revendiquait pour les Chambres sont renfermées bien plus convenablement dans une seule, celle d'éloigner ou d'amener à volonté les ministres, qui, étant les élus de la majorité, font suivant ses désirs la paix ou la guerre. Enfin un autre sujet, tout de circonstance, celui qui concernait la composition des deux Chambres, était l'objet de nombreuses discussions. La seconde, dite Chambre *basse* par les Anglais, qui sont assez fiers pour tenir non pas aux mots mais aux choses, ne donnait matière à aucun

Avril 1814.

dissentiment. Au lieu de la faire nommer par le Sénat sur des candidats que présenteraient les corps électoraux, ainsi que cela se pratiquait sous l'Empire, on était d'accord de la faire élire directement par les colléges électoraux, en renvoyant à la législation ordinaire le soin d'organiser ces colléges. Le conflit le plus grave s'élevait au sujet de la Chambre *haute*. M. de Talleyrand et ses collaborateurs voulaient que sous la monarchie restaurée des Bourbons, toute influence appartînt au Sénat, composé des illustrations de la Révolution et de l'Empire. C'eût été assurément la chose la plus désirable, car les membres de ce Sénat avaient assez l'habitude de la soumission pour ne pas devenir gênants envers la royauté, et étaient assez imbus des sentiments de la révolution française pour opposer à l'émigration un obstacle invincible. Aussi M. de Talleyrand les avait-il encouragés à s'établir solidement dans la Constitution nouvelle en se déclarant pairs héréditaires. Il avait en cela trouvé l'empereur Alexandre complétement de son avis, car ce prince généreux et enthousiaste, ayant auprès de lui son ancien instituteur, M. de Laharpe, et mis par celui-ci en rapport avec les sénateurs libéraux, abondait entièrement dans leurs idées, répugnait à placer la France sous le joug de l'émigration après l'avoir arrachée au joug de l'Empire, et voulait se servir exclusivement du Sénat, soit pour détrôner Napoléon, soit pour lier les Bourbons en les rappelant.

Encouragés dans ces tendances par des convictions sincères, par leurs intérêts, par de hautes approbations, les sénateurs n'entendaient pas faire les choses à demi. Ils voulaient que le Sénat tout entier composât la Chambre haute sous les Bourbons, et pour qu'il n'y fût pas noyé dans une immense promotion de pairs appartenant à l'émigration, ils prétendaient limiter le nombre des membres de cette Chambre au nombre actuel des sénateurs, et accorder seulement au Roi la faculté de pourvoir aux vacances, faculté singulièrement restreinte, l'hérédité de la pairie étant admise. A ces avantages politiques ils avaient le projet d'ajouter des avantages pécuniaires, en s'attribuant la propriété de leur dotation, qui serait divisée par égale part entre les sénateurs vivants. Du reste pour ne pas paraître songer exclusivement à eux, les sénateurs voulaient encore que le Corps législatif actuel, jusqu'à son remplacement successif, composât la Chambre *basse* de la monarchie.

Enfin venaient les points sur lesquels il y avait unanimité : le vote de la dépense et de l'impôt par les Chambres, l'égalité de la justice pour tous, l'inamovibilité de la magistrature, la liberté individuelle, la liberté des cultes, la liberté de la presse sauf la répression des délits par les tribunaux, l'égale admissibilité des Français à tous les emplois, le maintien des grades et dotations de l'armée, la conservation de la Légion d'honneur, la reconnaissance de la nouvelle noblesse avec rétablissement de l'ancienne, le respect absolu de la dette publique, l'irrévocabilité des ventes des biens dits *nationaux*, et enfin l'oubli des actes et opinions par lesquels chacun s'était signalé depuis 1789. Ainsi dès cette époque on était d'accord, sauf quelques points de circonstance, sur la forme de monarchie, qualifiée de *constitutionnelle*, consistant dans un roi héréditaire, inviolable, représenté par des ministres responsables devant deux Chambres diverses d'origine et pourvues des moyens de plier les ministres à leur opinion, monarchie qui n'est ni anglaise, ni française, ni allemande, mais de tous les pays et de tous les temps, car elle est la seule possible dès qu'on repousse la monarchie absolue.

En général la masse des royalistes, enivrée de joie à l'idée de revoir les Bourbons, ne s'occupait guère de questions constitutionnelles. Pourvu qu'on lui rendît le Roi d'autrefois, c'était assez pour elle. A la vérité elle l'aimait mieux maître de tout comme jadis, qu'entouré de gênes révolutionnaires, mais enfin qu'on le lui rendît, n'importe comment, et elle se croyait sûre de retrouver son bonheur passé. Cependant quelques personnages, plus avisés ou plus subtils, ayant systématisé leurs préjugés, prétendaient recouvrer le Roi *libre*, et à aucun prix ne le voulaient recevoir chargé d'entraves. M. l'abbé de Montesquiou était des principaux. Pour lui, comme pour ceux qui partageaient sa manière de voir, le Roi était seul souverain, et la prétendue souveraineté de la nation n'était qu'une impertinence révolutionnaire. Sans doute le Roi, qui n'avait pas les yeux fermés à la lumière, pouvait de temps en temps, tous les siècles ou demi-siècles, s'apercevoir qu'il y avait des abus, et les réformer, mais de sa pleine autorité, en octroyant une *ordonnance réformatrice*, laquelle irait au besoin jusqu'à modifier les formes du gouvernement, jamais jusqu'à aliéner le principe absolu de l'autorité royale. Voilà tout ce qu'ils étaient capables de concéder; mais imposer des conditions à la souveraineté du Roi, souveraineté d'ordre divin, venant de Dieu non des hommes, la soumettre à un serment, et ne rendre qu'à ce prix la couronne à son possesseur légitime, c'étaient suivant eux autant d'actes de révolte et d'insurrection.

M. de Talleyrand, n'ayant guère le temps et pas davantage le goût de s'occuper de questions de ce genre, s'en fiant d'ailleurs au Sénat du soin d'enchaîner les Bourbons, avait laissé M. de Montesquiou aux prises avec les sénateurs chargés de rédiger la nouvelle Constitution. Cet abbé philosophe et politique ne se tenait pas de colère quand on énonçait devant lui le principe de la souveraineté nationale. Pourtant il n'était pas assez aveugle pour oser soutenir ouvertement le principe opposé, et pour espérer surtout de le faire prévaloir, car on aurait fait tourner notre planète en sens contraire plutôt que d'amener les hommes de la révolution à reconnaître que le Roi seul était souverain, que la nation était sujette, et n'avait que le droit d'être par lui bien traitée, comme les animaux par exemple ont le droit de n'être pas accablés par l'homme de souffrances inutiles. Aussi, tout en s'emportant, et se récriant contre ceci, contre cela, M. de Montesquiou n'osa-t-il pas aborder de front la difficulté, et contester le principe d'une sorte de contrat entre la royauté et la nation. Mais il profita de ce que le Sénat avait donné prise, en se faisant une trop grande part dans la future Constitution, pour se montrer à son égard violent, et presque injurieux. — Qu'êtes-vous donc, dit-il aux sénateurs,

Avril 1814.

Vives altercations entre M. de Montesquiou et les sénateurs chargés de rédiger la Constitution.

pour vous imposer ainsi à la nation et au Roi? A la nation? mais quel autre titre auriez-vous, qu'une Constitution que vous venez de renverser, ou une confiance que la nation ne vous a pas témoignée, et qu'il est douteux qu'elle éprouve? Au Roi?... mais il ne vous connaît pas, il est mon souverain et le vôtre, il revient par des décrets providentiels dont ni vous ni moi ne sommes les auteurs, et n'a aucune condition à subir de votre part. Limiter le nombre des pairs! Ne donner au Roi que la faculté de remplir les vacances!... Mais c'est violer les principes de la monarchie constitutionnelle, tels qu'on les entend dans le pays où on la connaît le mieux, en Angleterre; c'est faire de la pairie une oligarchie omnipotente, contre laquelle le Roi n'ayant pas la faculté de la dissolution comme à l'égard de la seconde Chambre, et privé des promotions par la limitation du nombre des pairs, resterait absolument impuissant. La pairie serait tout simplement un souverain absolu, et cette pairie ce serait vous-mêmes! Vous auriez rappelé le Roi seulement pour servir de voile à votre omnipotence! —

Sur ce dernier point, il faut le reconnaître, M. l'abbé de Montesquiou avait raison, et limiter le nombre des pairs c'était rendre la pairie omnipotente. Mais il fut blessant, impertinent même, et sembla dire aux sénateurs qu'on pourrait bien leur laisser à tous leurs pensions, à quelques-uns leurs siéges, mais que c'était tout ce qu'on pouvait faire pour une troupe de révolutionnaires qui n'avaient plus la faveur populaire, qui n'auraient jamais la faveur royale, et qui avaient brisé leur seul appui en brisant Napoléon.

Les sénateurs auraient pu répondre que s'ils ne représentaient ni le Roi ni la nation, personne dans le moment ne les représentait plus qu'eux, mais qu'avec leurs fautes et leurs faiblesses ils représentaient quelque chose de fort considérable, la Révolution française; qu'ils étaient les dépositaires fidèles de ses principes, que c'était là une force morale immense, qu'ils y joignaient une force de fait tout aussi incontestable, celle d'être la seule autorité reconnue, notamment par les étrangers tout-puissants à Paris; qu'ils avaient la couronne dans les mains, qu'ils la donneraient *à condition*, sauf à ceux qui prétendaient la recouvrer, à la refuser si les conditions ne leur convenaient point. Malheureusement parmi ces hommes, dont les opinions étaient tenaces, mais le caractère brisé, personne n'était capable de parler avec vigueur. Au lieu de répondre ils se contentèrent d'agir. Regardant M. de Montesquiou comme un arrogant, avant-coureur d'autres bien pires que lui, ils se hâtèrent d'écrire ce qui leur convenait dans leur projet de Constitution, encouragés qu'ils étaient par l'approbation secrète de M. de Talleyrand, et par l'approbation peu dissimulée de l'empereur Alexandre. Il faut ajouter que ces altercations avaient acquis leur plus grande vivacité le 5 avril, le jour même où les maréchaux traitaient à Paris la question de la régence de Marie-Louise, et où les représentants du royalisme étaient en proie aux plus grandes alarmes. Obtenir dans un pareil moment la proclamation des Bourbons par le Sénat, n'importe à quelle condition, était un avantage inestimable. —

Avril 1814.

M. de Talleyrand pousse les uns et les autres à finir l'œuvre.

Finissons-en, dit M. de Talleyrand à M. de Montesquiou, obtenons de la seule autorité reconnue l'exclusion des Bonaparte et le rappel des Bourbons, et puis on s'appliquera, ou à se débarrasser de gênes importunes, ou à les subir. — Finissez-en, dit-il également aux sénateurs, proclamez les Bourbons, car Bonaparte vous ferait payer cher vos actes du 1er et du 2 avril. Proclamez les Bourbons, et imposez-leur les conditions que vous voudrez. Si elles ne leur conviennent pas ils refuseront la couronne, mais n'en croyez rien. Ils prendront la couronne n'importe comment, et nous serons sortis des mains du furieux qui est à Fontainebleau. — Ces conseils, excellents pour ajourner les difficultés, fort insuffisants pour les résoudre, étaient un moyen de se tirer actuellement d'embarras. Le Sénat les suivit, et le lendemain 6, tandis que les maréchaux retournaient à Fontainebleau pour demander l'abdication pure et simple, il vota la Constitution en la fondant sur les bases que nous avons exposées.

Constitution dite du Sénat.

Le Sénat dans cette Constitution *rappelait librement au trône*, sous le titre de Roi des Français, Louis-Stanislas-Xavier, frère de Louis XVI, et lui conférait la royauté héréditaire, dont ce prince ne devait être saisi qu'après avoir prêté serment d'observer fidèlement la Constitution nouvelle; il établissait ensuite un Roi inviolable, des ministres responsables, deux Chambres, l'une héréditaire, l'autre élective; il composait avec le Sénat la Chambre héréditaire, dont il limitait le nombre à 200 membres, ce qui laissait à la royauté une cinquantaine de nominations à faire; il composait la Chambre élective avec le Corps législatif actuel, jusqu'au renouvellement légal de ce corps; il assurait aux membres du Sénat leurs dotations, à ceux du Corps législatif leurs appointements; il réservait au Roi le pouvoir exécutif tout entier, le droit de paix et de guerre compris; il partageait le pouvoir législatif entre le Roi et les deux Chambres, admettait une magistrature inamovible, consacrait la liberté des cultes, la liberté individuelle, la liberté de la presse; il maintenait la Légion d'honneur, les deux noblesses, les avantages attribués à l'armée, la dette publique, les ventes dites nationales, et proclamait enfin l'oubli des votes et actes antérieurs, etc.

Ces dispositions rédigées en termes simples, clairs, et assez généraux pour laisser beaucoup à faire au temps, furent votées le 6 au soir. Le 7 on imprima la Constitution; le 8 on la publia dans les divers quartiers de la capitale. L'effet, il faut le dire, n'en fut pas heureux. Le Sénat, qu'on aurait dû fortement appuyer, car lui seul pouvait transporter la couronne de Napoléon aux Bourbons, lui seul pouvait dans cette transmission représenter la nation à un titre quelconque, et faire de sages conditions pour elle, le Sénat, disons-nous, que par ces motifs on aurait dû appuyer, n'était ni estimé ni aimé de personne. Les bonapartistes reprochaient à ce corps d'avoir levé sur son fondateur une main parricide; les amis de la liberté, à peine réveillés d'un long sommeil, ne voyaient en lui que le servile instrument d'un insupportable despotisme; enfin, les royalistes systématiques détestant en lui la Révolution et l'Empire, étaient indignés de ce qu'il osait surgir du milieu de sa honte pour dicter des conditions au Roi légitime ; et quelles conditions ! celles qu'il empruntait à une révolution abhorrée. C'était à leurs yeux un acte de révolte, d'impudence, de cynisme inouï. Ils eurent recours au moyen le plus aisé, celui dont avait usé M. de Montesquiou, ils attaquèrent le Sénat par son côté faible, et ils se récrièrent, avec tout le public du reste, contre le soin qu'il avait eu de garantir ses intérêts en spécifiant le maintien de sa dotation. On venait de lâcher la bride à la presse, non pas celle des journaux, mais celle des pamphlets, la seule en vogue alors, et ce fut un déluge d'écrits, de plaisanteries amères contre ce Sénat *conservateur*, qui, de tout ce qu'il était chargé de conserver, n'avait su conserver que ses dotations. L'avidité prise sur le fait est l'un des vices dont il est toujours facile de faire rire les hommes, ordinairement impitoyables pour les travers dont ils sont le plus atteints. Aussi provoqua-t-on contre le Sénat un rire de mépris universel. Le public se laissa prendre au piége, et ne s'aperçut pas qu'en riant de ce corps il se faisait le complice de l'émigration, dont les vices étaient en ce moment bien plus à craindre que ceux du Sénat. C'était un malheur, que les hommes calmes et éclairés, toujours si peu nombreux dans les révolutions, pouvaient seuls apprécier. Mais le public tout entier, unissant sa voix à celle des royalistes, sembla dire aux sénateurs : Disparaissez avec le maître que vous n'avez su ni contenir, ni défendre ! —

Les royalistes, quoique peu habiles encore, car ils sortaient d'une longue inaction, essayèrent de tirer quelque parti du Corps législatif contre le Sénat, mais sans beaucoup de succès. Le Corps législatif, prorogé par Napoléon pour sa manifestation récente, n'était pas légalement réuni. Mais la légalité n'est pas une difficulté dans un moment où l'on détrône les souverains, et ce corps s'était assemblé en aussi grand nombre qu'il avait pu, pour jouer son rôle dans la nouvelle révolution. Trouvant le premier rôle pris par le Sénat, qui seul avait prononcé la déchéance, qui seul rappelait les Bourbons, et que les souverains étrangers reconnaissaient comme la seule autorité existante, il devait se borner à suivre, et il était visiblement jaloux. Quoique n'ayant pas été plus ferme que le Sénat, et possédant moins de lumières, il avait acquis une certaine popularité pour la conduite qu'il avait tenue au mois de décembre précédent, et les royalistes, devinant sa jalousie, se mirent à le flatter, dans l'espérance de s'en servir. Pourtant ces menées ne pouvaient pas être de grande conséquence. Le Corps législatif, réduit à proférer quelques paroles d'adhésion aux importantes résolutions qui venaient d'être adoptées, pouvait bien tenir un langage un peu différent de celui du Sénat, mais il était incapable d'émettre des résolutions véritablement divergentes, et les Bourbons allaient rentrer liés par la Constitution du 6 avril, ou par une autre à peu près semblable : c'était là le résultat essentiel.

M. de Caulaincourt, particulièrement chargé de stipuler les intérêts de Napoléon et de sa famille, voyait avec douleur le torrent des adhésions se précipiter vers Paris, depuis la nouvelle répandue de l'abdication pure et simple. Les maréchaux Ou-

Avril 1814.

du Corps législatif contre le Sénat.

Quoi qu'on pût faire, le fond des choses était gagné, et une Constitution peu différente de celle du Sénat était assurée.

Empressement des adhésions lorsque le rappel des Bourbons n'est plus douteux.

dinot, Victor, Lefebvre, et une foule de généraux, s'étaient hâtés d'envoyer leur soumission au gouvernement provisoire. Les ministres de l'Empire, réunis autour de Marie-Louise à Blois, avaient fait de même pour la plupart, et, à leur tête, le prince archichancelier Cambacérès. Il n'y avait que les chefs d'armée éloignés, le maréchal Soult commandant l'armée d'Espagne, le maréchal Suchet celle de Catalogne, le maréchal Augereau celle de Lyon, le maréchal Davout celle de Westphalie, le général Maison celle de Flandre, qui n'eussent point parlé, car ils n'en avaient pas eu le temps. Mais le gouvernement provisoire leur avait dépêché des émissaires pour les sommer officiellement, et les prier officieusement de se rallier au nouvel ordre de choses, en leur montrant l'inutilité et le danger de la résistance, et sauf un peut-être, le maréchal Davout dont le caractère opiniâtre était connu, on espérait des réponses conformes aux circonstances, et, il faut le dire, à la raison, car, après l'abdication de Napoléon, on ne comprend pas quel intérêt, soit public, soit privé, on aurait pu alléguer en faveur d'une résistance prolongée.

Chaque jour qui s'écoulait, en rendant le nouveau gouvernement plus fort, rendait Napoléon plus faible, et ses représentants plus dépendants des négociateurs avec lesquels ils avaient à traiter. Alexandre en avait averti loyalement M. de Caulaincourt, et lui avait conseillé de se hâter, car c'est tout au plus, avait-il dit, si je pourrai, en y employant toute mon autorité, faire accorder ce que je vous ai promis. — En effet on se récriait dans le camp des souverains, et dans les salons du gouvernement provisoire, contre la faiblesse que ce monarque avait eue d'accorder l'île d'Elbe, et de placer ainsi Napoléon si près du continent européen. Il y avait surtout un personnage, récemment arrivé, le duc d'Otrante, qui, envoyé en mission auprès de Murat pendant la dernière campagne, était désespéré de s'être trouvé absent tandis qu'une révolution s'accomplissait à Paris, et d'avoir par là laissé le premier rôle à M. de Talleyrand. Moins propre que celui-ci à traiter avec les cabinets européens, il était bien plus apte à diriger les intrigues dans les grands corps de l'État, et présent à Paris il aurait acquis une importance presque égale à celle de M. de Talleyrand. Condamné à n'être que le second personnage, il allait, venait, blâmait, approuvait, conseillait, et jetait les hauts cris contre l'idée d'accorder l'île d'Elbe à Napoléon, pour lequel il avait autant de haine que de crainte. Il qualifiait de folie la généreuse imprudence d'Alexandre, et à force de se donner du mouvement, il avait soulevé à lui seul une forte opposition contre les conditions promises à l'Empereur déchu. L'Autriche de son côté répugnait à concéder une principauté en Italie à Marie-Louise, laissait douter de son consentement pour Parme et Plaisance, et le refusait absolument pour la Toscane. Enfin le gouvernement provisoire lui-même avait ses objections. Il ne voulait pas laisser à Napoléon l'honneur de stipuler certains avantages pour l'armée, comme la conservation de la cocarde tricolore et de la Légion d'honneur, prétendant que les intérêts de cette nature ne le regardaient plus, et il contestait

Avril 1814.

Difficultés que rencontre M. de Caulaincourt, soit auprès du gouvernement provisoire, même les conditions pécuniaires, moins à cause de ce qu'il en coûterait au Trésor, qu'à cause de l'espèce de reconnaissance du règne impérial qui semblerait en résulter. Mais Alexandre s'était prononcé avec une sorte d'irritation, et avait fait sentir à ses alliés qu'on lui avait assez d'obligation pour ne pas l'exposer à manquer à sa parole. Il voulait donc qu'on en finît sur-le-champ. Mais M. de Metternich, resté à Dijon auprès de l'empereur d'Autriche, et ne tenant pas à être à Paris pendant qu'on détrônait Marie-Louise, lord Castlereagh ne voulant pas être responsable auprès des chambres anglaises du rappel des Bourbons qu'il désirait cependant avec ardeur, se faisaient attendre l'un et l'autre. On annonçait pour le 10 avril l'arrivée de ces deux ministres, et il était impossible de conclure sans eux.

Tout à coup un incident léger faillit interrompre la négociation, et donner aux événements un cours entièrement nouveau. Si auprès de Napoléon certains courages faiblissaient d'heure en heure, la plupart au contraire s'exaltaient par le spectacle de la faiblesse générale. Ces derniers ne se disaient pas que quelques jours auparavant ils partageaient eux-mêmes la fatigue commune, qu'ils avaient maudit cent fois l'ambition exorbitante qui avait fait couler leur sang sur tant de champs de bataille, et ils étaient tout pleins de l'impression que leur causait la vue du grand homme abandonné, et resté presque seul à Fontainebleau. Quelques-uns sans doute songeaient surtout à leur carrière brusquement interrompue, mais tous étaient sincèrement révoltés de la défection de Marmont et du caractère d'ingratitude qu'elle avait pris; ils criaient à la trahison, et étaient prêts à se jeter sur leurs chefs qu'on accusait d'être les auteurs de l'abdication forcée de l'Empereur. Le bruit s'était répandu en effet que les maréchaux avaient fait violence à Napoléon pour l'obliger à renoncer au trône. A un fait faux on ajoutait des détails plus faux encore, et bien des têtes exaltées n'étaient pas loin de se porter à des violences réelles, représailles des violences imaginaires qu'on se plaisait à raconter. Quand Napoléon paraissait dans la cour du palais de Fontainebleau, beaucoup d'officiers brandissaient leurs sabres et lui offraient le sacrifice de leur vie. Profondément touché de ces témoignages, revenant au calcul des forces qui restaient à ses lieutenants, Soult, Suchet, Augereau, Eugène, Maison, Davout, il n'avait pu dans certains moments s'empêcher d'éprouver quelques regrets, et de les laisser voir. S'associant à ce sentiment, les hommes jeunes, généreux, mais irréfléchis, qui éprouvaient pour lui un redoublement d'enthousiasme, s'étaient, dans la nuit du 7 au 8, livrés à plus d'agitation que de coutume. Les anciens chasseurs et grenadiers de la garde notamment, restés à Fontainebleau, avaient parcouru les rues de cette petite ville aux cris de : *Vive l'Empereur! à bas les traîtres!* Ils avaient menacé d'égorger ceux qu'on qualifiait ainsi, et demandé à se précipiter sur Paris en désespérés. Cependant après un instant de condescendance, Napoléon, ne prévoyant pas dans sa froide raison qu'on pût tirer un grand résultat d'un mouvement pareil, avait envoyé ses plus fidèles serviteurs pour calmer une effervescence inutile, et cette émotion n'avait été que le dernier éclat d'une flamme près de s'éteindre.

Un des officiers qui ne partageaient pas ces regrets imprudents et en craignaient l'effet, avait eu la lâcheté de les dénoncer aux alliés, en ajoutant la fausse nouvelle que Napoléon s'était échappé de Fontainebleau pour aller se mettre à la tête des armées d'Italie, de Catalogne et d'Espagne [1]. Quand ce renseignement parvint à l'état-major des souverains, il y causa la plus vive agitation. Après la désertion du 6ᵉ corps, involontaire de la part des soldats, la désertion individuelle avait commencé à s'introduire dans l'armée, et il ne restait pas plus d'une quarantaine de mille hommes à Napoléon. Ces quarante mille hommes, conduits par lui, et pouvant être soutenus par le peuple parisien, causaient aux deux cent mille coalisés qui étaient dans Paris et que deux cent mille autres étaient prêts à rejoindre, une terreur indicible, et ne leur laissaient pas de repos tant que durait l'état d'incertitude où l'on se trouvait. Alexandre, passant tout à coup avec la mobilité de sa nature d'une extrême confiance à une extrême défiance, se crut trompé par les représentants de Napoléon, et oubliant même la loyauté de M. de Caulaincourt qui pourtant lui était si connue, supposa que la fidélité faisait taire chez lui la sincérité, que par conséquent lui et les deux maréchaux étaient à Paris pour cacher une grande manœuvre militaire. La supposition aurait pu être

[1] M. de Caulaincourt, qui avait connu l'auteur de la dénonciation, n'a pas voulu le livrer au mépris de la postérité, et a refusé d'en consigner le nom dans ses souvenirs.

vraie quelques jours auparavant lorsqu'ils avaient été envoyés pour la première fois, et qu'ils n'avaient pas engagé leur parole, mais actuellement ce n'était qu'une illusion de la crainte. Alexandre fit appeler les trois plénipotentiaires, leur témoigna son mécontentement, et alla jusqu'à leur dire que s'il avait suivi son premier mouvement et les conseils de ses alliés, il les aurait fait arrêter. M. de Caulaincourt répondit avec hauteur au soupçon dont ils étaient l'objet; il dit qu'après le noble abandon que le monarque russe avait montré en traitant avec eux, ils n'auraient jamais voulu être les complices même d'une ruse de guerre; il soutint qu'on avait menti indignement aux monarques alliés, et offrit de se constituer prisonnier jusqu'à ce que le fait eût été vérifié. Alexandre n'accepta point cette proposition, et pour prouver qu'il n'avait pas conçu ces défiances à la légère, il communiqua la dénonciation et le nom du dénonciateur à M. de Caulaincourt. Celui-ci fut indigné, et d'un commun accord on envoya des officiers à Fontainebleau pour aller aux informations. Quelques heures après ces officiers revinrent avec la relation exacte de ce qui s'était passé. D'après leur rapport, tout se bornait à une espèce de sédition militaire qui s'était apaisée d'elle-même, Napoléon n'ayant pas voulu en profiter.

Avril 1814.

C'était pour tout le monde une raison de hâter le dénoûment. Cette raison n'était pas la seule, car on annonçait à chaque instant l'arrivée de M. le comte d'Artois, et ce prince reçu dans Paris avec les acclamations qui ne manquent jamais aux nouveaux arrivants, il pouvait devenir impossible de rien obtenir pour Napoléon. Alexandre avait bien promis de ne pas admettre M. le comte d'Artois à Paris avant la signature des conventions relatives à la famille impériale, mais c'était un motif de plus d'en finir. On se hâta donc. D'abord on pensa qu'il n'était pas sage de vivre sur un armistice tacite qui pouvait à tout moment être rompu, sans qu'il y eût à accuser personne. On convint d'un armistice formel et écrit pour toutes les armées, et particulièrement pour celle qui campait autour de Fontainebleau. Il fut stipulé quant à celle-ci, que la Seine depuis Fontainebleau jusqu'à Essonne la séparerait des troupes alliées, et à partir de la ville d'Essonne, l'Essonne elle-même, en suivant cette rivière aussi loin que l'exigerait l'extension des cantonnements. Cet armistice signé, on s'occupa du traité qui devait régler le sort de Napoléon et de sa famille.

L'île d'Elbe, quoique contestée plus d'une fois à l'instigation de M. Fouché et des ministres autrichiens, ne fut plus mise en question grâce à la volonté bien prononcée d'Alexandre. Il fut convenu que Napoléon posséderait cette île en toute souveraineté, en conservant pendant sa vie le titre dont le monde était habitué à le qualifier, celui d'Empereur. Il fut convenu en outre qu'il pourrait se faire accompagner de sept à huit cents hommes de sa vieille garde, lesquels lui serviraient d'escorte d'honneur et de sûreté. Restait à fixer le sort de Marie-Louise et de son fils. M. de Metternich était arrivé le 10 avril, et avait refusé la Toscane, disant qu'Alexandre, en se montrant disposé à l'accorder, n'était généreux que du bien d'autrui. Parme et Plaisance avaient été assignés à la mère et au fils. On s'était ensuite occupé des arrangements pécuniaires. On avait consenti à un traitement annuel de deux millions pour Napoléon, et à pareille somme à partager entre ses frères et sœurs. Ces sommes devaient être prises tant sur le Trésor français que sur le revenu des immenses pays cédés par la France. A cette condition, Napoléon s'engageait à livrer toutes les valeurs du Trésor extraordinaire ainsi que les diamants de la couronne. Sur ce Trésor extraordinaire on lui permettait de distribuer 2 millions en capital aux officiers dont il voudrait récompenser les services. Une principauté était promise au prince Eugène, lorsqu'on arrêterait les arrangements définitifs de territoire. Enfin la dotation de l'impératrice Joséphine devait être maintenue, mais réduite à un million.

Ce n'est qu'après de longs débats que ces arrangements furent adoptés. Le gouvernement provisoire y faisant obstacle, non à cause de l'étendue des sacrifices pécuniaires, mais à cause de la reconnaissance du règne impérial qu'on pouvait en induire, Alexandre voulut que les représentants de Napoléon fussent placés en présence de M. de Talleyrand et des ministres alliés, dans une réunion commune. La discussion fut vive, et le maréchal Macdonald que les petitesses de cette discussion indignaient, y soutint avec énergie la cause de la famille impériale. Enfin, la rudesse et la fierté de M. de Caulaincourt, qui surpassèrent même les hauteurs habituelles de M. de Talleyrand, mirent un

Avril 1814.

terme au débat, et on tomba d'accord. On était au 10 avril, et on annonçait l'arrivée prochaine de M. le comte d'Artois.

<small>Signature définitive du traité du 11 avril.</small>

Le 11 il y eut une réunion générale des ministres des puissances, des membres du gouvernement provisoire et des représentants de Napoléon. Le traité fut signé par les ministres des monarques alliés, sur des instruments séparés, et M. de Talleyrand, au nom du gouvernement royal, sans adhérer au traité lui-même, garantit l'exécution des conditions qui concernaient la France. M. de Caulaincourt, pour la première fois alors, se dessaisit de l'abdication de Napoléon, et la remit à M. de Talleyrand qui la reçut avec une joie peu dissimulée. Ainsi devait finir la plus grande puissance qui eût régné sur l'Europe depuis Charlemagne, et le conquérant qui avait signé les traités de Campo-Formio, de Lunéville, de Vienne, de Tilsit, de Bayonne, de Presbourg, était réduit à accepter, par son noble représentant, non pas le traité de Châtillon dont il avait eu raison de ne pas vouloir, mais le traité du 11 avril, qui lui accordait l'île d'Elbe, avec une pension pour lui et les siens : terrible exemple du châtiment que la fortune réserve à ceux qui se sont laissé enivrer par ses faveurs!

Ces signatures échangées, M. de Talleyrand prenant la parole avec un mélange de dignité et de courtoisie, dit aux trois envoyés de Napoléon, que leurs devoirs envers leur maître malheureux étant largement remplis, le gouvernement comptait maintenant sur leur adhésion, et y tenait à cause de leur mérite et de leur honorable renommée. A cette ouverture, M. de Caulaincourt répondit que ses devoirs envers Napoléon ne seraient pleinement accomplis que lorsque toutes les conditions qu'on venait de souscrire auraient été fidèlement exécutées. Le maréchal Ney répondit qu'il avait déjà adhéré au gouvernement des Bourbons, et qu'il y adhérait de nouveau. — Je ferai, dit le maréchal Macdonald, comme M. de Caulaincourt. — On se quitta après ces déclarations, et M. de Caulaincourt, suivi du maréchal Macdonald, repartit immédiatement pour Fontainebleau.

Un peu avant la signature de ce traité du 11 avril Napoléon avait fait redemander à M. de Caulaincourt l'acte de son abdication. Bien qu'il n'eût aucune illusion sur l'Autriche, et qu'il comprît que, tout en aimant sa fille, François II dût lui préférer l'intérêt de son empire, il s'était flatté que si Marie-Louise voyait son père, elle en obtiendrait quelque chose, la Toscane peut-être, précieuse par le voisinage de l'île d'Elbe. Il lui avait donc conseillé par la correspondance secrète qu'il avait établie avec elle, de s'adresser à l'empereur François. Marie-Louise suivant ce conseil, avait envoyé plusieurs émissaires à Dijon, et avait reçu de son père des protestations de tendresse qui étaient de nature à lui laisser quelque espérance. En même temps un faux avis parvenu à Napoléon lui avait fait croire que François II désapprouvait la précipitation avec laquelle on condamnait la régence de Marie-Louise au profit des Bourbons. C'est à la suite de ce faux avis que Napoléon avait redemandé l'acte de son abdication, mais sans insister, ayant bientôt reconnu

Avril 1814.

Retour de M. de Caulaincourt et du maréchal Macdonald à Fontainebleau.

Remerciments que leur adresse Napoléon.

Long entretien de Napoléon avec M. de Caulaincourt.

lui-même la légèreté des informations qu'on lui avait fait parvenir. M. de Caulaincourt avait nettement refusé pour ne pas rompre les négociations. Napoléon appréciant ses motifs accueillit M. de Caulaincourt et le maréchal Macdonald avec beaucoup de cordialité et de témoignages de gratitude. Il prit le traité de leurs mains, le lut, l'approuva, sauf le refus de la Toscane qu'il regrettait, et remercia vivement ses deux négociateurs, surtout le maréchal Macdonald, duquel il n'aurait pas attendu une conduite aussi amicale. Il les renvoya ensuite tous deux, comme s'il eût voulu prendre quelque repos, et remettre au lendemain la suite de cet entretien.

A peine les deux négociateurs étaient-ils sortis, qu'il fit, selon son habitude, rappeler M. de Caulaincourt, pour s'épancher avec lui en toute confiance. Il était calme, plus doux que de coutume, et avait dans ses paroles et son attitude quelque chose de solennel. Bien qu'il eût mis à se modérer dans ces circonstances extraordinaires toute la force de son âme, et que sur les ailes de son génie il se fût comme élevé au-dessus de la terre, ce que M. de Caulaincourt n'avait pu s'empêcher d'admirer profondément, il sembla en ce moment s'élever plus haut encore, et parler de toutes choses avec un désintéressement extraordinaire. Il remercia de nouveau M. de Caulaincourt, mais cette fois très-personnellement, de ce qu'il avait fait, et en parut pénétré de gratitude, quoique n'en éprouvant aucune surprise. Il répéta que le traité était suffisant pour sa famille, plus que suffisant pour lui-même qui n'avait besoin de rien, mais exprima encore une fois ses regrets quant à la Toscane. — C'est une belle principauté, dit-il, qui aurait convenu à mon fils. Sur ce trône, où les lumières sont restées héréditaires, mon fils eût été heureux, plus heureux que sur le trône de France toujours exposé aux orages, et où ma race n'a pour se soutenir qu'un titre, la victoire. Ce trône en outre eût été nécessaire à ma femme. Je la connais, elle est bonne, mais faible et frivole.... — Mon cher Caulaincourt, ajouta-t-il, César peut redevenir citoyen, mais sa femme peut difficilement se passer d'être l'épouse de César. Marie-Louise aurait encore trouvé à Florence un reste de la splendeur dont elle était entourée à Paris. Elle n'aurait eu que le canal de Piombino à traverser pour me rendre visite; ma prison aurait été comme enclavée dans ses États; à ces conditions j'aurais pu espérer de la voir, j'aurais même pu aller la visiter, et quand on aurait reconnu que j'avais renoncé au monde, que, nouveau *Sancho, je ne songeais plus qu'au bonheur de mon île,* on m'aurait permis ces petits voyages; j'aurais retrouvé le bonheur dont je n'ai guère joui même au milieu de tout l'éclat de ma gloire. Mais maintenant, quand il faudra que ma femme vienne de Parme, traverse plusieurs principautés étrangères pour se transporter auprès de moi.... Dieu sait!... Mais laissons ce sujet, vous avez fait ce que vous avez pu.... je vous en remercie; l'Autriche est sans entrailles.... — Il serra de nouveau la main à M. de Caulaincourt, et parla de sa vie tout entière avec une rare impartialité et une incomparable grandeur.

Avril 1814.

Il convint qu'il s'était trompé, qu'épris de la France, du rang qu'elle avait dans le monde, de

Jugement de Napoléon sur ses

Avril 1814.

maréchaux, sur ses ministres, et sur lui-même.

celui qu'elle pouvait y avoir, il avait voulu élever avec elle et pour elle un empire immense, un empire régulateur, duquel tous les autres auraient dépendu, et il reconnut qu'après avoir réalisé presque en entier ce beau rêve, il n'avait pas su s'arrêter à la limite tracée par la nature des choses. Puis il parla de ses généraux, de ses ministres, donna un souvenir à Masséna, affirma que c'était celui de ses lieutenants qui avait fait les plus grandes choses, ne reparla plus de cette campagne de Portugal, trop justifiée, hélas! par nos malheurs dans la Péninsule, mais répéta ce qu'il avait dit plus d'une fois, qu'à la belle défense de Gênes en 1800 il n'avait manqué qu'une chose, vingt-quatre heures de plus dans la résistance. Il parla de Suchet, de sa profonde sagesse à la guerre et dans l'administration, dit quelques mots du maréchal Soult et de son ambition, ne prononça pas une parole sur Davout, qui depuis deux ans avait échappé à ses regards, et faisait en ce moment à Hambourg des prodiges d'énergie ignorés en France; il s'entretint enfin de Berthier, de son sens si juste, de son honnêteté, de ses rares talents comme chef d'état-major. — Je l'aimais, dit-il, et il vient de me causer un vrai chagrin. Je l'ai prié de passer quelque temps avec moi à l'île d'Elbe, il n'a pas paru y consentir..., pourtant je ne l'aurais pas retenu longtemps. Croyez-vous que je veuille prolonger indéfiniment une vie oisive et inutile? Cette preuve de dévouement lui eût peu coûté, mais son âme est brisée, il est père, il songe à ses enfants; il se figure qu'il pourra conserver la principauté de Neufchâtel; il se trompe, mais c'est bien excusable. J'aime Berthier... je ne cesserai pas de l'aimer... Ah! Caulaincourt, sans indulgence il est impossible de juger les hommes, et surtout de les gouverner! — Puis Napoléon parla de ses autres généraux, cita Gérard et Clausel comme l'espoir de l'armée française, et fit quelques réflexions non pas amères mais tristes sur l'empressement de certains officiers à le quitter. — Que ne le font-ils franchement, dit-il? Je vois leur désir, leur embarras, je cherche à les mettre à l'aise, je leur dis qu'ils n'ont plus qu'à servir les Bourbons, et au lieu de profiter de l'issue que je leur ouvre, ils m'adressent de vaines protestations de fidélité, pour envoyer ensuite sous main leur adhésion à Paris, et prendre un faux prétexte de s'en aller. Je ne hais que la dissimulation. Il est si naturel que d'anciens militaires couverts de blessures cherchent à conserver sous le nouveau gouvernement le prix des services qu'ils ont rendus à la France! Pourquoi se cacher? Mais les hommes ne savent jamais voir nettement ce qu'ils doivent, ce qui leur est dû, parler, agir en conséquence. Mon brave Drouot est bien autre. Il n'est pas content, je le sens bien, non à cause de lui, mais de notre pauvre France. Il ne m'approuve point; il restera cependant, moins par affection pour ma personne, que par respect de lui-même... Drouot... Drouot, c'est la vertu! —

Napoléon s'entretint ensuite de ses ministres. Il parut affecté de ce qu'aucun d'eux n'était venu de Blois lui faire ses adieux. Il parla du duc de Feltre, comme il en avait toujours pensé, peu favorablement. Il vanta la probité, le savoir, l'application au travail du duc de Gaëte et du comte Mollien. Puis il s'étendit sur l'amiral Decrès. Il semblait attacher à ce ministre, qu'il aimait peu, une importance proportionnée à son esprit. — Il est dur, impitoyable dans ses propos, dit Napoléon, il prend plaisir à se faire haïr, mais c'est un esprit supérieur. Les malheurs de la marine ne sont pas sa faute, mais celle des circonstances. Il avait préparé avec peu de frais un matériel magnifique. J'avais, Caulaincourt, cent vingt vaisseaux de ligne! L'Angleterre, tout en se promenant sur les mers, ne dormait pas. Elle m'a fait beaucoup de mal sans doute, mais j'ai laissé dans ses flancs un trait empoisonné. C'est moi qui ai créé cette dette, qui pèsera sur les générations futures, et sera pour elles un fardeau éternellement incommode, s'il n'est accablant. — Napoléon parla aussi de M. de Bassano, de M. de Talleyrand, du duc d'Otrante. — On accuse Bassano bien à tort, dit-il. En tout temps il faut une victime à l'opinion. On lui impute mes plus graves résolutions. Vous savez, vous qui avez tout vu, ce qui en est. C'est un honnête homme, instruit, laborieux, dévoué, et d'une fidélité inviolable. Il n'a pas l'esprit de Talleyrand, mais il vaut bien mieux. Talleyrand, quoi qu'il en dise, ne m'a pas beaucoup plus résisté que Bassano dans les déterminations qu'on me reproche. Il vient de trouver un rôle, et il s'en est emparé. Du reste, on doit souhaiter que les Bourbons gouvernent dans son esprit. Il sera pour eux un précieux conseiller, mais ils ne sont pas plus capables de le garder six mois, que lui de demeurer six mois avec eux. Fouché est un misérable. Il va s'agiter, et tout brouiller. Il me hait profondément, autant qu'il me craint. C'est pour cela qu'il me voudrait voir aux extrémités de l'Océan. —

Avril 1814.

Cette conversation était interminable, et M. de Caulaincourt admirait le jugement impartial, presque toujours indulgent, de Napoléon, où il restait à peine quelques traces des passions de la terre. Dans ce moment on annonça le comte Orloff, qui apportait les ratifications du traité du 11 avril, que l'empereur Alexandre avait mis une extrême courtoisie à expédier sur-le-champ. Napoléon en parut importuné, et ne voulut pas se séparer de M. de Caulaincourt, peu pressé qu'il était d'apposer sa signature au bas d'un tel acte. Il poursuivit cet entretien, et, après avoir parlé des autres, arrivant à parler de lui-même, de sa situation, il dit avec un accent de douleur profond : Sans doute, je souffre, mais les souffrances que j'endure ne sont rien auprès d'une qui les surpasse toutes! finir ma carrière en signant un traité où je n'ai pas pu stipuler un seul intérêt général, pas même un seul intérêt moral, comme la conservation de nos couleurs, ou le maintien de la Légion d'honneur! signer un traité où l'on me donne de l'argent!... Ah! Caulaincourt, s'il n'y avait là mon fils, ma femme, mes sœurs, mes frères, Joséphine, Eugène, Hortense, je déchirerais ce traité en mille pièces!... Ah! si mes généraux qui ont eu tant de courage et si longtemps, en avaient eu deux heures de plus, j'aurais changé les destinées... Si même ce misérable Sénat qui, moi écarté, n'a aucune force personnelle pour négocier, ne

Cause de la vraie douleur de Napoléon.

s'était mis à ma place, s'il m'eût laissé stipuler pour la France, avec la force qui me restait, avec la crainte que j'inspirais encore, j'aurais tiré un autre parti de notre défaite. J'aurais obtenu quelque chose pour la France, et puis je me serais plongé dans l'oubli... Mais laisser la France si petite, après l'avoir reçue si grande!... quelle douleur!...—

Et Napoléon semblait accablé sous le poids de ses réflexions, qui dans les fautes d'autrui lui montraient les siennes mêmes, car effectivement si ses généraux ne l'avaient pas voulu suivre une dernière fois, c'est qu'il les avait épuisés, si le Sénat ne l'avait pas laissé faire, c'est qu'on sentait la nécessité de lui arracher le pouvoir des mains pour terminer une affreuse crise. Toutes ces vérités il les apercevait distinctement sans les exprimer, et se punissait lui-même en se jugeant, car c'est ainsi que la Providence châtie le génie : elle lui laisse le soin de se condamner, de se torturer par sa propre clairvoyance. Puis avec un redoublement de douleur, Napoléon ajouta : Et ces humiliations ne sont pas les dernières!... Je vais traverser ces provinces méridionales, où les passions sont si violentes. Que les Bourbons m'y fassent assassiner, je le leur pardonne; mais je serai peut-être livré aux outrages de cette abominable populace du Midi. Mourir sur le champ de bataille ce n'est rien, mais au milieu de la boue et sous de telles mains!—

Napoléon semblait en ce moment entrevoir avec horreur, non pas la mort qu'il était trop habitué à braver pour la craindre, mais un supplice infâme!... S'apercevant enfin que cet entretien avait singulièrement duré, s'excusant d'avoir retenu si long-

PREMIÈRE ABDICATION.

temps M. de Caulaincourt, il le renvoya avec des démonstrations encore plus affectueuses, répétant qu'il le ferait rappeler quand il aurait besoin de lui. M. de Caulaincourt le quitta, vivement frappé de ce qu'il avait entendu, et persistant à voir dans ces longues récapitulations, dans ces jugements suprêmes sur lui-même et sur les autres, un adieu aux grandeurs et non pas à la vie. — Il se trompait. C'était un adieu à la vie que Napoléon avait cru faire en s'épanchant de la sorte. Il venait en effet de prendre la résolution étrange, et peu digne de lui, de se donner la mort. Les caractères très-actifs éprouvent rarement le dégoût de la vie, car ils s'en servent trop pour être tentés d'y renoncer. Napoléon, qui a été l'un des êtres les plus actifs de la nature humaine, n'avait donc aucun penchant au suicide; il le dédaignait même comme une renonciation irréfléchie aux chances de l'avenir, qui restent toujours aussi nombreuses qu'imprévues pour quiconque sait supporter le fardeau passager des mauvais jours. Néanmoins dans toute adversité, même le plus courageusement supportée, il y a des moments d'abattement, où l'esprit et le caractère fléchissent sous le poids du malheur. Napoléon eut dans cette journée l'un de ces moments d'insurmontable défaillance. Le traité relatif à sa famille étant signé, l'honneur des souverains y étant engagé, le sort de son fils, de sa femme, de ses proches lui paraissant assuré, il crut s'être acquitté de ses derniers devoirs. Il lui semblait d'ailleurs que pour d'honnêtes gens sa mort imprimerait aux engagements pris envers lui un caractère plus sacré, et qu'en cessant de

Avril 1814.

Caulaincourt sans que celui-ci ait deviné ses intentions.

Résolution de Napoléon de se donner la mort.

le craindre on cesserait de le haïr. Dès lors jugeant sa carrière finie, ne se comprenant pas dans une petite île de la Méditerranée, où il ne ferait plus rien que respirer l'air chaud d'Italie, ne comptant pas même sur la ressource des affections de famille, car dans cet instant de sinistre clairvoyance il devinait qu'on ne lui laisserait ni son fils, ni sa femme, humilié d'avoir à signer un traité dont le caractère était tout personnel et pour ainsi dire pécuniaire, fatigué d'entendre chaque jour le bruit des malédictions publiques, se voyant avec horreur dans son voyage à l'île d'Elbe livré aux outrages d'une hideuse populace, il eut un moment l'existence en aversion, et résolut de recourir à un poison qu'il avait depuis longtemps gardé sous la main pour un cas extrême. En Russie, au lendemain de la sanglante bataille de Malo-Jaroslawetz, après la soudaine irruption des Cosaques qui avait mis sa personne en péril, il avait entrevu la possibilité de devenir prisonnier des Russes, et il avait demandé au docteur Yvan une forte potion d'opium pour se soustraire à l'insupportable supplice d'orner le char du vainqueur. Le docteur Yvan, comprenant la nécessité d'une telle précaution, lui avait préparé la potion qu'il demandait, et avait eu soin de la renfermer dans un sachet, pour qu'il pût la porter sur sa personne, et n'en être jamais séparé. Rentré en France, Napoléon n'avait pas voulu la détruire, et l'avait déposée dans son nécessaire de voyage, où elle se trouvait encore.

A la suite des accablantes réflexions de la journée, regardant le sort des siens comme assuré, ne croyant pas le compromettre par sa mort, il choisit cette nuit du 11 avril pour en finir avec les fatigues de la vie, qu'il ne pouvait plus supporter après les avoir tant cherchées, et tirant de son nécessaire la redoutable potion, il la délaya dans un peu d'eau, l'avala, puis se laissa retomber dans le lit où il croyait s'endormir pour jamais.

Avril 1814.

une forte dose d'opium.

Disposé à y attendre les effets du poison, il voulut adresser encore un adieu à M. de Caulaincourt, et surtout lui exprimer ses dernières intentions relativement à sa femme et à son fils. Il le fit appeler vers trois heures du matin, s'excusant de troubler son sommeil, mais alléguant le besoin d'ajouter quelques instructions importantes à celles qu'il lui avait déjà données. Son visage se distinguait à peine à la lueur d'une lumière presque éteinte; sa voix était faible et altérée. Sans parler de ce qu'il avait fait, il prit sous son chevet une lettre et un portefeuille, et les présentant à M. de Caulaincourt, il lui dit : Ce portefeuille et cette lettre sont destinés à ma femme et à mon fils, et je vous prie de les leur remettre de votre propre main. Ma femme et mon fils auront l'un et l'autre grand besoin des conseils de votre prudence et de votre probité, car leur situation va être bien difficile, et je vous demande de ne pas les quitter. Ce nécessaire (il montrait son nécessaire de voyage) sera remis à Eugène. Vous direz à Joséphine que j'ai pensé à elle avant de quitter la vie. Prenez ce camée que vous garderez en mémoire de moi. Vous êtes un honnête homme, qui avez cherché à me dire la vérité... Embrassons-nous. — A ces dernières paroles qui ne pouvaient plus laisser de

L'opium avalé, il rappelle M. de Caulaincourt.

doute sur la résolution prise par Napoléon, M. de Caulaincourt, quoique peu facile à émouvoir, saisit les mains de son maître et les mouilla de ses larmes. Il aperçut près de lui un verre portant encore les traces du breuvage mortel. Il interrogea l'Empereur, qui, pour toute réponse, lui demanda de se contenir, de ne pas le quitter, et de lui laisser achever paisiblement son agonie. M. de Caulaincourt cherchait à s'échapper pour appeler du secours. Napoléon, d'abord avec prière, puis avec autorité, lui prescrivit de n'en rien faire, ne voulant aucun éclat, ni surtout aucun œil étranger sur sa figure expirante.

M. de Caulaincourt, paralysé en quelque sorte, était auprès du lit où semblait près de s'éteindre cette existence prodigieuse, quand le visage de Napoléon se contracta tout à coup. Il souffrait cruellement, et s'efforçait de se roidir contre la douleur. Bientôt des spasmes violents indiquèrent des vomissements prochains. Après avoir résisté à ce mouvement de la nature, Napoléon fut contraint de céder. Une partie de la potion qu'il avait prise fut rejetée dans un bassin d'argent que tenait M. de Caulaincourt. Celui-ci profita de l'occasion pour s'éloigner un instant, et appeler du secours. Le docteur Yvan accourut. Devant lui tout s'expliqua. Napoléon réclama de sa part un dernier service, c'était de renouveler la dose d'opium, craignant que celle qui restait dans son estomac ne suffît pas. Le docteur Yvan se montra révolté d'une semblable proposition. Il avait pu rendre un service de ce genre à son maître, en Russie, pour l'aider à se soustraire à une situation affreuse, mais il regrettait amèrement de l'avoir fait, et, Napoléon insistant, il s'enfuit de sa chambre où il ne reparut plus. En ce moment survinrent le général Bertrand et M. de Bassano. Napoléon recommanda qu'on divulguât le moins possible ce triste épisode de sa vie, espérant encore que ce serait le dernier. On avait lieu de le penser en effet, car il semblait accablé, et presque éteint. Il tomba dans un assoupissement qui dura plusieurs heures.

Avril 1814.

Long assoupissement.

Ses fidèles serviteurs restèrent immobiles et consternés autour de lui. De temps en temps il éprouvait des douleurs d'estomac cruelles, et il dit plusieurs fois : Qu'il est difficile de mourir, quand sur le champ de bataille c'est si facile ! Ah ! que ne suis-je mort à Arcis-sur-Aube ! —

La nuit s'acheva sans amener de nouveaux accidents. Il commençait à croire qu'il ne verrait pas cette fois le terme de la vie, et les personnages dévoués qui l'entouraient l'espéraient aussi, bien heureux qu'il ne fût pas mort, sans être très-satisfaits pour lui qu'il vécût. Sur ces entrefaites on annonça le maréchal Macdonald qui, avant de quitter Fontainebleau, désirait présenter ses hommages à l'Empereur sans couronne. — Je recevrai bien volontiers ce digne homme, dit Napoléon, mais qu'il attende. Je ne veux pas qu'il me voie dans l'état où je suis. — Le comte Orloff de son côté attendait les ratifications qu'il était venu chercher. On était au matin du 12; à cette heure M. le comte d'Artois allait entrer dans Paris, et beaucoup de personnages étaient pressés de quitter Fontainebleau. Napoléon voulut être un peu remis avant de laisser qui que ce fût approcher de sa personne.

Après un assez long assoupissement, M. de Caulaincourt et l'un des trois personnages initiés au secret de cet empoisonnement, prirent Napoléon dans leurs bras, et le transportèrent près d'une fenêtre qu'on avait ouverte. L'air le ranima sensiblement. — Le destin en a décidé, dit-il à M. de Caulaincourt, il faut vivre, et attendre ce que veut de moi la Providence. Puis il consentit à recevoir le maréchal Macdonald. Celui-ci fut introduit, sans être informé du secret qu'on tenait caché pour tout le monde. Il trouva Napoléon étendu sur une chaise longue, fut effrayé de l'état d'abattement où il le vit, et lui en exprima respectueusement son chagrin [1]. Napoléon feignit d'attribuer à des souffrances d'estomac dont il était quelquefois atteint, et qui annonçaient déjà la maladie dont il est mort, l'état dans lequel il se montrait. Il serra affectueusement la main du maréchal. — Vous êtes, lui dit-il, un brave homme, dont j'apprécie la généreuse conduite à mon égard, et je voudrais pouvoir vous témoigner ma gratitude autrement qu'en paroles. Mais les honneurs, je n'en dispose plus; de l'argent, je n'en ai point, et d'ailleurs il n'est pas digne de vous. Mais je puis vous offrir un témoignage auquel vous serez, je l'espère, plus sensible. — Alors demandant un sabre placé près de son chevet, et le présentant au maréchal, Voici, lui dit-il, le sabre de Mourad-Bey, qui fut un des trophées de la bataille d'Aboukir, et que j'ai souvent porté. Vous le garderez en mémoire de nos dernières relations, et vous le

---

[1] C'est le propre récit du maréchal dans ses Mémoires encore manuscrits.

transmettrez à vos enfants. — Le maréchal accepta avec une vive émotion ce noble témoignage, et embrassa l'Empereur avec effusion. Ils se quittèrent pour ne plus se revoir, bien que leur carrière à l'un et à l'autre ne fût pas finie. Le maréchal partit immédiatement pour Paris. Berthier était parti aussi en promettant de revenir, mais d'une manière qui n'avait pas persuadé son ancien maître. — Vous verrez qu'il ne reviendra pas, avait dit Napoléon, tristement mais sans amertume. —

Durant cet intervalle M. de Caulaincourt avait enfin trouvé le temps d'expédier les ratifications du traité du 11 avril, et de les remettre au comte Orloff revêtues de la signature impériale. Il était retourné auprès de Napoléon, qui venait de recevoir de Marie-Louise une lettre extrêmement affectueuse. Cette lettre lui donnait les nouvelles les plus satisfaisantes de son fils, lui témoignait le dévouement le plus complet, et exprimait la résolution de le rejoindre aussi promptement que possible. Elle produisit sur Napoléon un effet extraordinaire. Elle le rappela en quelque sorte à la vie. C'était comme si une nouvelle existence se fût offerte à sa puissante imagination. — La Providence l'a voulu, dit-il à M. de Caulaincourt, je vivrai.... Qui peut sonder l'avenir! D'ailleurs ma femme, mon fils me suffisent. Je les verrai, je l'espère, je les verrai souvent; quand on sera convaincu que je ne songe plus à sortir de ma retraite, on me permettra de les recevoir, peut-être de les aller visiter, et puis j'écrirai l'histoire de ce que nous avons fait.... Caulaincourt, s'écria-t-il, j'immortaliserai vos noms!... Puis il

Avril 1814.

Lettre de Marie-Louise qui rend à Napoléon quelque goût pour la vie.

ajouta : Il y a encore là des raisons de vivre!....

— Alors se rattachant avec une prodigieuse mobilité à cette nouvelle existence dont il venait de se tracer l'image, il s'occupa des détails de son établissement à l'île d'Elbe, et voulut que M. de Caulaincourt allât lui-même, soit auprès de Marie-Louise, soit auprès des souverains, pour régler la manière dont sa femme le rejoindrait. Il n'avait songé à se réserver aucun argent; tout le trésor de l'armée avait été épuisé pour la solde. Il restait quelques millions à Marie-Louise. Son intention était de les lui laisser, afin qu'elle n'eût de service à réclamer de personne, et surtout pas de son père. Seulement d'après la nécessité démontrée de recourir à cette unique ressource, il consentit à ce qu'on partageât avec elle. Il chargea M. de Caulaincourt d'aller la voir, et de lui conseiller de nouveau de demander une entrevue à l'empereur François qui, touché peut-être par sa présence, lui accorderait la Toscane. Elle devait ensuite venir le trouver par Orléans sur la route du Bourbonnais. Toutefois il recommanda itérativement à M. de Caulaincourt de ne pas presser Marie-Louise de le rejoindre, de laisser à cet égard ses résolutions naître de son cœur, car, dit-il plusieurs fois, je connais les femmes et surtout la mienne! Au lieu de la cour de France, telle que je l'avais faite, lui offrir une prison, c'est une bien grande épreuve! Si elle m'apportait un visage triste ou ennuyé, j'en serais désolé. J'aime mieux la solitude que le spectacle de la tristesse ou de l'ennui. Si son inspiration la porte vers moi, je la recevrai à bras ouverts; sinon, qu'elle reste à Parme ou à Florence, là où elle

PREMIÈRE ABDICATION.

régnera enfin. Je ne lui demanderai que mon fils. — Après l'expression de ces scrupules, Napoléon s'occupa des détails de son voyage. On était convenu de le faire accompagner à l'île d'Elbe par des commissaires des puissances, et il parut tenir surtout à la présence du commissaire anglais. — Les Anglais, dit-il, sont un peuple libre, et ils se respectent. — Tous ces détails réglés, il se sépara de M. de Caulaincourt, en lui renouvelant ses témoignages de confiance absolue et de gratitude éternelle. M. de Caulaincourt partit pour aller remplir sa mission auprès de Marie-Louise et des souverains.

Tandis que cette scène lugubre avait lieu à Fontainebleau, une scène toute différente se passait à Paris, car au milieu des perpétuelles vicissitudes de ce monde, la joie, incessamment portée des uns aux autres, vient luire tout à coup sur des visages longtemps assombris, en laissant plongés dans une noire tristesse les visages sur lesquels elle n'avait cessé de briller. En effet tout était agitation, empressement, démonstrations de dévouement autour de M. le comte d'Artois, qui allait faire dans Paris son entrée solennelle.

M. de Vitrolles avait rejoint le Prince le 7, et l'avait trouvé à Nancy assistant à un *Te Deum* que l'on chantait pour célébrer ce qu'on appelait la délivrance de la France. M. le comte d'Artois fut saisi d'une émotion bien naturelle en apprenant qu'il allait enfin rentrer dans cette ville de Paris qu'il avait quittée en 1790, pour vivre proscrit environ un quart de siècle. Il avait autour de lui quelques amis fidèles, MM. François d'Escars, Jules de Polignac,

Avril 1814.

Voyage du comte d'Artois à travers les provinces envahies.

Roger de Damas, de Bruges, l'abbé de Latil, qui partageaient son bonheur et se préparaient à l'accompagner dans la capitale. Il laissa M. le comte Roger de Damas à Nancy pour y prendre, sous le titre de gouverneur, l'administration de la Lorraine, et après s'être muni d'un uniforme de garde national, il se mit en route de manière à être dans les environs de Paris le jour qui serait choisi pour son entrée.

Les provinces qu'on traversait étaient horriblement ravagées. Des cadavres d'hommes et de chevaux infectaient les chemins ; les bâtiments de ferme étaient en cendres ; les ponts étaient barricadés ou coupés ; la population était en fuite ou cachée, et accourait quand elle entendait un roulement de voiture autre que celui des canons. On la comblait de joie quand on lui annonçait la paix, et d'étonnement quand à cette nouvelle on ajoutait celle du retour des Bourbons. Elle restait froide au nom de ces princes, car dans les provinces de l'est Napoléon était encore pour les habitants le défenseur du sol, bien que par sa politique il y eût attiré les ennemis.

A Châlons, presque tout le monde était absent. A Meaux, l'évêque, le préfet, les fonctionnaires, les principaux habitants avaient quitté la ville pour ne pas assister à l'arrivée du Prince. Pourtant M. le comte d'Artois, dès qu'il pouvait se faire voir ou entendre, ne manquait jamais de réussir. Avec peu de savoir, mais avec une remarquable facilité d'expression, une bonne grâce parfaite, une noble figure à laquelle un nez aquilin, une lèvre pendante donnaient tout à fait le caractère de sa famille, et qu'une grande expression de bonté, un extrême désir de plaire rendaient agréable à tous, il avait de quoi ramener les cœurs à lui. A Châlons, à Meaux, il finit par vaincre la froideur de ceux qu'il put joindre, et les laissa beaucoup mieux disposés qu'il ne les avait trouvés.

En approchant de Paris, M. de Vitrolles reçut une lettre de M. de Talleyrand qui lui mandait ce qui s'était passé, c'est-à-dire l'adoption et la publication de la Constitution du Sénat, l'obligation imposée au Roi de jurer cette Constitution avant d'être mis en possession de la royauté, par conséquent l'obligation pour M. le comte d'Artois de prendre un engagement quelconque avant d'être reconnu comme lieutenant général du royaume, enfin le désir universel des gens raisonnables et notamment des souverains alliés, de voir la cocarde tricolore adoptée par les princes de Bourbon. M. de Vitrolles, en recevant cette lettre, courut chez M. le comte d'Artois, se récria fort contre ce qu'il appelait la nonchalance, la légèreté de M. de Talleyrand, qui ne savait, disait-il, résister à aucune demande, et, faute de fermeté dans les vues, promettait tantôt à l'un tantôt à l'autre, sans jamais tenir parole à personne. M. le comte d'Artois avait l'âme tellement remplie de joie qu'il était difficile dans le moment d'y faire entrer un sentiment triste. Lui et ses amis avaient bien pour la cocarde tricolore une répugnance instinctive, mais les subtilités constitutionnelles les touchaient moins, et le comte d'Artois, étonné du courroux de M. de Vitrolles, lui demanda si tout ce qu'on lui annonçait était vraiment assez

Avril 1814.

Lettre de M. de Talleyrand reçue en route, et annonçant les conditions de l'entrée de M. le comte d'Artois.

M. de Vitrolles envoyé

mauvais pour prendre feu comme il faisait, et surtout pour en venir à un éclat. Le Prince s'attacha donc lui-même à calmer M. de Vitrolles, et il fut convenu que ce dernier irait clandestinement à Paris, pour y lever ou éluder les principales difficultés. Pendant ce temps le Prince continua son voyage, et vint coucher au château de Livry.

M. de Vitrolles s'étant transporté le 11 au soir rue Saint-Florentin, chez M. de Talleyrand, y trouva ce qu'il y avait laissé, c'est-à-dire une confusion extrême, des Cosaques étendus dans la cour sur de la paille, au premier étage l'empereur Alexandre entouré de son état-major, à l'entre-sol le gouvernement provisoire, les membres de ce gouvernement dans une pièce, quelques copistes dans une autre, et M. de Talleyrand, tantôt dans celle-ci, tantôt dans celle-là, accueillant les solliciteurs avec un sourire insignifiant, les donneurs de conseils avec un mouvement de tête qui n'engageait à rien, concluant le moins qu'il pouvait, et laissant faire le temps, qui fait beaucoup de choses, mais qui cependant ne les fait pas toutes. M. de Vitrolles, toujours fort actif, mais moins condescendant à mesure que son prince était plus près de Paris, s'emporta vivement contre la cocarde aux trois couleurs, et contre le serment exigé du roi Louis XVIII avant l'investiture de la royauté. Il semblait dire que l'on refuserait de telles conditions. Le visage incolore et ironique de M. de Talleyrand était fort déconcertant pour les gens impétueux; il sourit des menaces de M. de Vitrolles, et puis il en vint aux explications.

Au sujet de la cocarde, il était survenu un incident assez singulier, fortuit ou combiné, qui avait beaucoup simplifié la difficulté. A peine la Constitution avait-elle été publiée que beaucoup de royalistes, ivres de joie, s'étaient répandus dans les provinces, annonçant le retour des Bourbons, et portant la cocarde blanche à leur chapeau, comme si ce signe était désormais universellement adopté. Deux ou trois d'entre eux s'étant rendus à Rouen, auprès du maréchal Jourdan, qui commandait dans cette division militaire, et que son aversion pour l'Empire, ses opinions libérales et monarchiques, disposaient favorablement à l'égard des Bourbons rappelés avec de bonnes lois, ils l'avaient trouvé prêt à adhérer aux actes du Sénat; et comme de plus ils lui avaient dit que la cocarde blanche avait été prise à Paris, le maréchal Jourdan n'attachant d'importance qu'à l'acte essentiel, celui du rappel des Bourbons avec une Constitution libérale, avait fait une adresse aux troupes pour leur annoncer la nouvelle révolution, les inviter à s'y rallier, et leur prescrire la cocarde blanche. Il leur avait même donné l'exemple en la prenant lui-même. N'ayant affaire qu'à des détachements épars, à des dépôts sans consistance, le maréchal n'avait rencontré aucune résistance. La cocarde blanche avait été acceptée par les troupes, et on était venu en donner la nouvelle à Paris comme une circonstance déterminante, de manière qu'on avait pris cette cocarde à Rouen en croyant suivre l'exemple de Paris, et on allait la prendre à Paris en croyant suivre l'exemple de Rouen. Considérant ainsi la question comme résolue, on avait, par une décision du 9, ordonné

Avril 1814.

relative à la cocarde blanche.

à la garde nationale parisienne d'arborer la cocarde blanche, bien qu'elle y eût répugné d'abord. Sur ce point la difficulté se trouvait à peu près surmontée, du moins pour la garde parisienne, et M. le comte d'Artois devant porter l'uniforme de cette garde, qui était tricolore, on se flattait d'avoir opéré une sorte de transaction entre les deux drapeaux. Il fut donc admis que M. le comte d'Artois entrerait ayant la cocarde blanche à son chapeau, et sur sa personne l'uniforme tricolore de garde national.

Quant à la Constitution, l'arrangement était plus difficile. MM. de Talleyrand, de Jaucourt, de Dalberg, membres du gouvernement provisoire, discutaient la question avec M. de Vitrolles, et ne savaient plus à quel expédient recourir pour résoudre la difficulté. Sur ces entrefaites, quelques allants et venants s'étant introduits chez M. de Talleyrand, on les admit à la consultation, et on chercha comment on pourrait saisir M. le comte d'Artois de la lieutenance générale du royaume, sans violer les décisions du Sénat, et sans faire contracter à M. le comte d'Artois un engagement dont il n'avait pas le goût, et qu'il n'était pas autorisé à prendre, n'ayant pas eu le temps de consulter Louis XVIII. Un expédient se présenta, c'était de faire donner par M. de Talleyrand sa démission de président du gouvernement provisoire, et de transmettre cette présidence à M. le comte d'Artois. Mais, même dans ce cas, il fallait l'intervention du Sénat, et, pour l'obtenir, on ne pouvait se dispenser de se lier de quelque manière envers ce corps. Importuné de pareilles difficultés, M. de Talleyrand dit à M. de Vitrolles :

Entrez d'abord, et nous verrons ensuite... — Ainsi selon sa coutume il s'en fiait aux choses du soin de s'arranger elles-mêmes, si on ne savait pas les arranger de sa propre main.

M. de Vitrolles retourna le 11 au soir au château de Livry, après être convenu que le lendemain 12 avril M. le comte d'Artois ferait son entrée dans Paris. M. de Talleyrand qui avait sous la main M. Ouvrard, sortant à peine des prisons impériales, et toujours renommé pour son luxe, le chargea d'aller à Livry faire tous les préparatifs de la réception. On envoya aussi à Livry la garde nationale à cheval, et six cents hommes à pied de cette même garde, pour servir d'escorte d'honneur au prince. Celui-ci, rayonnant de joie, les accueillit avec une cordialité qui les toucha beaucoup, et comme s'il eût voulu corriger l'effet de la cocarde blanche placée à son chapeau, il leur dit qu'il s'était procuré à Nancy un uniforme pareil au leur, et qu'il entrerait le lendemain dans Paris avec le même habit qu'eux, comme avec les mêmes sentiments. Des acclamations répondirent à ces gracieuses paroles, et pour le moment gens d'autrefois, gens d'aujourd'hui, parurent du meilleur accord.

Le lendemain 12 une affluence considérable s'était formée dès le matin sur la route et dans les rues aboutissant à la barrière de Bondy. Les hommes qui étaient nés royalistes, ceux que la révolution avait faits tels, et le nombre de ces derniers était grand, avaient pris les devants afin d'assister à un spectacle bien imprévu pour eux, car après l'échafaud de Louis XVI, après les victoires de Napoléon, qui au-

Avril 1814.

L'entrée de M. le comte d'Artois à Paris est fixée au 12 avril.

Affluence et émotion des spectateurs.

rait jamais cru que Paris s'ouvrirait encore pour recevoir les Bourbons en triomphe? Pourtant, avec un peu de réflexion, on aurait pu le prédire, car il faut compter sur de brusques et violents retours, dès qu'on dépasse le but raisonnable et honnête des révolutions. Mais qui est-ce qui réfléchit, surtout parmi les masses? A cette époque, tant de gens avaient perdu leurs pères, leurs frères, leurs enfants sur l'échafaud ou sur les champs de bataille; tant de gens avaient eu leur famille dispersée, leur patrimoine envahi, que leur émotion était profonde à la seule idée de revoir un prince qui était pour eux la vivante image d'un temps où ils avaient été jeunes, où ils croyaient avoir été heureux, et dont ils avaient oublié les vices. Aussi, dans l'attente de la prochaine apparition du prince, des milliers de visages étaient-ils fortement émus, et quelques-uns mouillés de larmes. La sage bourgeoisie de Paris, expression toujours juste du sentiment public, longtemps attachée à Napoléon qui lui avait procuré le repos avec la gloire, et détachée de lui uniquement par ses fautes, avait bientôt compris que Napoléon renversé, les Bourbons devenaient ses successeurs nécessaires et désirables, que le respect qui entourait leur titre au trône, que la paix dont ils apportaient la certitude, que la liberté qui pouvait se concilier si bien avec leur antique autorité, étaient pour la France des gages d'un bonheur paisible et durable. Cette bourgeoisie était donc animée des meilleurs sentiments pour les Bourbons, et prête à se jeter dans leurs bras, s'ils lui montraient un peu de bonne volonté et de bon sens. La figure si avenante de M. le comte d'Artois était tout à fait propre à favoriser ces dispositions, et à les convertir en un élan universel.

Dès onze heures du matin, M. le comte d'Artois, entouré d'un grand nombre de personnages à cheval appartenant à toutes les classes, mais surtout à l'ancienne noblesse, se dirigea vers la barrière de Bondy. A chaque instant de nouveaux-venus, des fonctionnaires de haut rang, des officiers français, des officiers étrangers, accouraient pour se joindre au cortége, et quand ils étaient reconnus, les rangs s'ouvraient pour les laisser parvenir jusqu'au Prince. Les royalistes réunis autour de lui étaient singulièrement animés. Si parmi les personnages qui survenaient, il y en avait quelques-uns de l'ancienne noblesse dont la fidélité eût chancelé un moment, des cris frénétiques de *Vive le Roi!* éclataient à leur présence, et prouvaient que l'oubli ne serait pas pratiqué par les royalistes, même à l'égard les uns des autres. M. de Montmorency, rattaché à l'Empire quand tout le monde l'était en France, aide-major général de la garde nationale, arrivant avec son chef, le général Dessoles, fut assailli de ces cris affectés de *Vive le Roi!* comme si on avait eu besoin d'enseigner aux Montmorency l'amour des Bourbons. En avançant vers la barrière, on vit paraître un groupe de cavaliers en grand uniforme et en panache tricolore : c'étaient les maréchaux Ney, Marmont, Moncey, Kellermann, Sérurier, n'ayant pas quitté des couleurs qui étaient encore celles de l'armée. Les cris recommencèrent, mais sans violence, car en présence de ces hommes redoutables, un instinct des plus prompts avait appris, même aux plus fougueux amis du Prince, qu'il fallait se contenir. Le maréchal Ney se trouvait en tête du groupe. Son énergique figure, violemment contractée, décelait un extrême malaise, sans aucune crainte toutefois, car personne n'eût osé lui manquer d'égards. Au cri : *Voilà les maréchaux!* l'entourage du Prince s'ouvrit avec empressement. M. le comte d'Artois poussant son cheval vers eux, leur serra la main à tous.—Messieurs, leur dit-il, soyez les bienvenus, vous qui avez porté en tous lieux la gloire de la France. Croyez-le, mon frère et moi n'avons pas été les derniers à applaudir à vos exploits. — Placé auprès du Prince, touché de son accueil, le maréchal Ney reprit bientôt une attitude plus aisée et plus naturelle. Près de la barrière on trouva le gouvernement provisoire, son président en tête, qui venait recevoir M. le comte d'Artois aux portes de la capitale. M. de Talleyrand prononça quelques paroles courtoises, respectueuses et brèves, auxquelles le Prince répondit par les mots heureux que lui inspirait la situation. Puis on s'achemina vers Notre-Dame, en suivant les grands quartiers de Paris. Dans les faubourgs, le spectacle ne fut pas des plus animés; il changea sur les boulevards. La bourgeoisie, sensible à l'espérance de la paix et du repos, fortement émue par les souvenirs qui se pressaient dans tous les esprits, charmée de la bonne mine du prince, lui fit l'accueil le plus cordial. L'émotion alla croissant en approchant de la cathédrale. A la porte de l'église M. le comte d'Artois fut reçu par le chapitre. On s'était appliqué à éloigner le cardinal Maury, archevêque de Paris non institué, en l'accablant d'outrages pendant huit jours dans tous les journaux de la capitale. Ainsi l'intrépide défenseur de la cause royale dans l'Assemblée constituante, pour quelques actes de faiblesse envers l'Empire, n'obtenait pas l'oubli promis à tous. Le Prince conduit sous le dais au fauteuil royal, y fut dans l'église même l'objet de démonstrations bruyantes. Tous les grands fonctionnaires de l'État, tous les états-majors étaient réunis dans la basilique; le Sénat seul y manquait. Revenu à la dignité d'attitude dont il n'aurait jamais dû s'écarter, il ne voulait assister à aucune cérémonie qui pût signifier de sa part la reconnaissance de l'autorité des Bourbons, tant qu'il n'y aurait pas un engagement pris à l'égard de la Constitution. Les cris éclatèrent de nouveau lorsque le clergé prononça ces paroles sacramentelles : *Domine, salvum fac regem Ludovicum,* et le comte d'Artois qui ne les avait pas entendues depuis que son auguste frère avait porté la tête sur l'échafaud, ne put retenir ses pleurs.

La cérémonie terminée, M. le comte d'Artois fut conduit aux Tuileries, au milieu de la même affluence et d'acclamations toujours plus significatives. A la porte du palais de ses pères, il fallut le soutenir, tant était forte son émotion, et les assistants, les larmes aux yeux, firent retentir l'air des cris de *Vive le Roi!* Monté au premier étage du palais, il remercia ceux qui l'avaient accompagné, et les maréchaux en particulier, qui durent alors se retirer. Ces derniers, en quittant les Tuileries et en laissant le Prince au milieu des grands personnages de

Avril 1814.

Te Deum chanté à la cathédrale.

Entrée du prince aux Tuileries.

l'émigration, sentirent déjà qu'ils seraient étrangers dans cette cour, au rétablissement de laquelle ils venaient de participer, et un regard de défiance et de regret indiqua ce pénible sentiment sur leur visage[1].

L'impression causée par cette journée dans la capitale avait été des plus vives. Le Prince, par sa bonne grâce, son émotion sincère, l'à-propos de son langage, y avait contribué sans doute, mais elle était due surtout aux grands souvenirs du passé, si puissamment réveillés en cette occasion. Il semblait que la nation et l'ancienne royauté s'adressassent ces paroles : Nous avons cherché le bonheur les uns sans les autres, nous n'avons marché qu'à travers le sang et les ruines, réconcilions-nous, et soyons heureux en nous faisant des concessions réciproques. — Certainement on ne se le disait pas avec cette clarté, mais on le sentait confusément et profondément, et si les souvenirs qui en ce moment remuaient fortement les âmes et les rapprochaient, ne venaient pas bientôt les éloigner après les avoir réunies, la France pouvait être heureuse en jouissant sous ses anciens rois d'une paisible liberté. Mais que de sagesse il eût fallu à tous pour qu'il en fût ainsi ! Cependant il était permis de l'espérer, et l'on était fondé à croire que la grande victime de Fontainebleau, immolée par sa faute au bonheur public, suffirait pour l'assurer.

Les Tuileries restèrent ouvertes le lendemain, et quiconque se présentait avec un nom, peu ou point qualifié, s'il pouvait rappeler qu'en telle ou telle

[1] C'est le propre récit de M. de Vitrolles.

circonstance il avait vu les Princes, avait souffert avec eux ou pour eux, était accueilli, et sentait sa main affectueusement serrée par M. le comte d'Artois. En un instant on répétait dans tout Paris les paroles sorties de la bouche du Prince, et la flatterie, prompte à aider le sentiment, comparait sa personne gracieuse et affable à la personne brusque et dure de l'usurpateur déchu. On n'entendait, on ne lisait que de perpétuelles comparaisons entre la tyrannie ombrageuse, défiante, souvent cruelle du soldat parvenu, et l'autorité paternelle, douce et confiante des anciens princes légitimes. On faisait sur ce thème mille jeux d'esprit plus ou moins justes. — Nous avons eu assez de gloire, disait M. de Talleyrand à M. le comte d'Artois, apportez-nous l'honneur. — Le génie était autant en discrédit que la gloire. Ces mots de génie et de gloire, si fastidieusement répétés depuis quinze ans, avaient fait place à d'autres dans le vocabulaire des flatteurs, et on n'entendait parler que du droit, de la légitimité, de l'antique sagesse. Ainsi, chaque époque a son langage en vogue qu'il faut lui concéder, sans y attacher plus d'importance qu'il ne convient.

Avril 1814.

Comparaison établie par les flatteurs entre Napoléon et les Bourbons.

Les Bourbons étant rentrés aux Tuileries, il ne restait plus qu'à emporter hors de France, et dans la retraite qui lui était destinée, le lion vaincu et enfermé à Fontainebleau. M. de Caulaincourt avait reçu mission de régler avec les souverains étrangers les détails du voyage de Napoléon à travers la France, voyage difficile à cause des provinces méridionales par lesquelles il fallait passer. Il avait été convenu que chacune des grandes puissances

Préparatifs du voyage de Napoléon.

belligérantes, la Russie, la Prusse, l'Autriche, l'Angleterre, enverrait un commissaire chargé de la représenter auprès de Napoléon, et d'assurer le respect de sa personne et l'exécution du traité du 11 avril. En désignant M. de Schouvaloff comme son commissaire, Alexandre lui avait dit en présence de M. de Caulaincourt : Votre tête me répond de celle de Napoléon, car il y va de notre honneur, et c'est le premier de nos devoirs de le faire respecter, et arriver sain et sauf à l'île d'Elbe. — Ce monarque avait en même temps expédié un de ses officiers auprès de Marie-Louise, pour qu'elle ne fût inquiétée ni par les Cosaques, ni par les furieux du parti royaliste, naturellement plus nombreux sur les bords de la Loire qu'ailleurs.

Marie-Louise, que nous avons laissée sur la route de Blois après la bataille de Paris, avait voyagé à petites journées, le désespoir dans l'âme, craignant pour la vie de son époux, pour la couronne de son fils, pour son sort à elle-même, et, faute de lumières, ne sachant pas mesurer ces différentes craintes à l'étendue réelle du danger. Les nouvelles de la prise de Paris, du retour de Napoléon vers cette capitale, de son abdication, et enfin de l'attribution du duché de Parme à elle et à son fils, lui étaient successivement parvenues. Elle avait cruellement souffert pendant ces diverses péripéties, car bien qu'elle ne fût pas douée de la force qui produit les grands dévouements, elle était douce, bonne, elle avait de l'attachement pour Napoléon, et une véritable tendresse maternelle pour le Roi de Rome. Le beau duché de Parme, où elle allait régner seule,

PREMIÈRE ABDICATION.

était sans doute un certain dédommagement de ce qu'elle perdait; pourtant elle y songeait à peine dans le moment, et la vue de son époux tombé du plus haut des trônes dans une sorte de prison, touchait son âme faible mais nullement insensible. D'après sa propre impulsion, et sur les conseils de madame de Luçay, elle avait songé un instant à courir à Fontainebleau pour se jeter dans les bras de Napoléon, et ne plus le quitter. Mais le désir de voir son père afin d'en obtenir la Toscane, désir dans lequel Napoléon l'avait lui-même encouragée, l'avait fait hésiter. De plus un incident qui, bien qu'insignifiant, avait produit sur elle une pénible impression, l'avait singulièrement indisposée contre les Bonaparte. Ses beaux-frères voyant l'ennemi approcher de la Loire, l'avaient engagée à se retirer au delà, ce qu'elle répugnait à faire, et ce qui avait amené une scène tellement vive que ses serviteurs l'entendant, étaient pour ainsi dire accourus à son secours. Elle en avait conservé une extrême irritation, et quand des officiers d'Alexandre et de l'empereur François étaient venus la prendre sous leur protection, elle s'était livrée volontiers à eux, ne se doutant pas qu'elle allait devenir avec son fils un gage dont la coalition ne se dessaisirait jamais. Il avait été ensuite convenu qu'elle se rendrait à Rambouillet pour y recevoir la visite de son père.

Avant son départ, la protection de la Russie et de l'Autriche ne put lui épargner un genre d'outrage qui n'est que trop ordinaire au milieu de semblables catastrophes. En quittant Paris, elle avait emporté le reste du trésor personnel de Napoléon,

Avril 1814.

Enlèvement du trésor personnel de Napoléon, que Marie-Louise avait emporté avec elle.

consistant en dix-huit millions, or ou argent, et en une riche vaisselle. A ce trésor étaient joints les diamants de la couronne. Les dix-huit millions étaient le dernier débris des économies de Napoléon sur sa liste civile, et la vaisselle d'or était sa propriété personnelle. Sur ces 18 millions, il avait été envoyé quelques millions à Fontainebleau, soit pour la solde de l'armée, soit pour la dépense du quartier général, et d'après l'ordre formel de Napoléon lui-même, Marie-Louise avait mis environ deux millions dans ses voitures, pour son propre usage. Il restait à peu près dix millions dans les fourgons de la cour fugitive. Le gouvernement provisoire manquant d'argent imagina d'envoyer des agents à la suite de Marie-Louise, pour saisir ce trésor, sous prétexte qu'il se composait de sommes dérobées aux caisses de l'État. Il n'en était rien, mais on ne s'inquiète guère d'être vrai et juste en de pareilles circonstances.

Suivant une autre coutume de ces temps de crise, on choisit pour agent un ennemi, et on le prit en outre dans les rangs inférieurs de l'administration. C'était M. Dudon, expulsé du conseil d'État par ordre de Napoléon. Cet agent s'étant rendu à Orléans, se saisit des dix millions placés dans les fourgons du Trésor, de la vaisselle personnelle de Napoléon, d'une partie des diamants de Marie-Louise, malgré les réclamations de celle-ci et les efforts des commissaires étrangers pour lui épargner une telle avanie. On rapporta à Paris ces dépouilles impériales, dont le nouveau gouvernement avait grand besoin.

D'Orléans Marie-Louise se rendit à Rambouillet

pour y attendre son père. L'empereur d'Autriche, entré le 15 avril à Paris, où il avait été reçu en grande pompe par ses alliés, et avec beaucoup de froideur par le peuple parisien qui jugeait sévèrement la conduite du père de l'Impératrice, se rendit à Rambouillet afin de voir sa fille. Il la combla de témoignages de tendresse, et s'efforça de lui persuader que tous ses malheurs étaient imputables à son mari; que l'Autriche n'avait rien négligé pour amener une paix honorable, tantôt à Prague, tantôt à Francfort, tantôt enfin à Châtillon; que jamais Napoléon n'avait voulu y souscrire; que c'était un homme de génie sans doute, mais absolument dépourvu de raison, et avec lequel l'Europe avait été réduite à en venir aux dernières extrémités; que lui, empereur d'Autriche, n'avait pu agir autrement qu'il n'avait fait; que ses devoirs de souverain avaient dû passer avant sa tendresse de père; que sa tendresse de père d'ailleurs n'était pas restée inactive, car il avait ménagé à sa fille une belle principauté en Italie; qu'elle y serait souveraine, qu'elle pourrait s'y occuper de son fils, et lui préparer un doux et paisible avenir; que les plus favorisées des branches de la maison impériale étaient rarement traitées aussi bien; que, lorsque ce terrible orage serait passé, si elle voulait visiter son époux, et même vivre avec lui, elle en aurait la liberté, mais qu'actuellement, le plus sage était d'aller se reposer à Vienne des émotions qui l'avaient si profondément agitée; qu'elle y serait entourée des soins de sa famille jusqu'à ce qu'elle pût se rendre soit à Parme, soit même à l'île d'Elbe; mais qu'actuellement, il

Avril 1814.

de Marie-Louise à Rambouillet.

Son entrevue avec son père.

Elle consent à se rendre provisoirement à Vienne.

serait pénible, inconvenant de chercher à se réunir à Napoléon, pour traverser la France en prisonnière; qu'elle serait pour lui un embarras plutôt qu'un secours; que la vie, la sûreté de l'Empereur vaincu et désarmé étaient un dépôt confié à l'honneur des monarques alliés; qu'elle devait donc être tranquille à ce sujet, et suivre le conseil de venir passer les premiers instants de cette séparation au milieu des embrassements de sa famille et des souvenirs de son enfance.

Marie-Louise, trouvant commode pour sa faiblesse ce qu'on lui proposait du reste avec les formes les plus affectueuses, adhéra aux désirs de son père, et consentit à se diriger sur Vienne, tandis que Napoléon s'acheminerait vers l'île d'Elbe. Elle chargea M. de Caulaincourt d'assurer Napoléon de son affection, de sa constance, de son désir de le rejoindre le plus tôt possible, et de sa résolution de lui amener son fils, dont elle promettait de prendre, et dont elle prenait en effet le plus grand soin.

Quant aux frères de Napoléon, à ses sœurs, à sa mère, ils se dispersèrent tous après le départ de Marie-Louise, et cherchèrent à gagner au plus vite les frontières de Suisse et d'Italie, pour s'y soustraire aux avanies dont ils étaient menacés. Quant aux divers ministres et agents du gouvernement impérial qui avaient accompagné la Régente à Blois, ils se dispersèrent également, et la plupart pour venir à Paris adhérer aux actes du Sénat.

Tel fut le sort de tout ce qui appartenait à Napoléon durant ces derniers jours. En attendant il était à Fontainebleau, parfaitement résigné aux rigueurs du destin, impatient de voir les préparatifs de son voyage terminés, et d'être enfin rendu dans le lieu où il allait goûter un genre de repos dont il ne pouvait pressentir encore ni la nature ni la durée. Chaque jour il voyait la solitude s'accroître autour de lui. Il trouvait tout simple qu'on le quittât, car ces militaires qui l'avaient suivi partout, le dernier jour excepté, devaient être pressés de se rallier aux Bourbons, pour conserver des positions qui étaient le juste prix des travaux de leur vie. Il aurait voulu seulement qu'ils y missent un peu plus de franchise, et, pour les y encourager, il leur adressait le plus noble langage. — Servez les Bourbons, leur disait-il, servez-les bien; il ne vous reste pas d'autre conduite à tenir. S'ils se comportent avec sagesse, la France sous leur autorité peut être heureuse et respectée. J'ai résisté à M. de Caulaincourt dans ses vives instances pour me faire accepter la paix de Châtillon. J'avais raison. Pour moi ces conditions étaient humiliantes; elles ne le sont pas pour les Bourbons. Ils retrouvent la France qu'ils avaient laissée, et peuvent l'accepter avec dignité. Telle quelle la France sera encore bien puissante, et quoique géographiquement un peu moindre, elle demeurera moralement aussi grande par son courage, son génie, ses arts, l'influence de son esprit sur le monde. Si son territoire est amoindri sa gloire ne l'est pas. Le souvenir de nos victoires lui restera comme une grandeur impérissable, et qui pèsera d'un poids immense dans les conseils de l'Europe. Servez-la donc sous les princes que ramène en ce

Avril 1814.

à Fontainebleau.

moment la fortune variable des révolutions, servez-la sous eux comme vous avez fait sous moi. Ne leur rendez pas la tâche trop difficile, et quittez-moi, en me gardant seulement un souvenir. —

Tel est le résumé du langage qu'il tenait tous les jours dans la solitude croissante de Fontainebleau. On a vu comment Ney et Macdonald s'étaient séparés de lui. Oudinot, Lefebvre, Moncey l'avaient quitté, chacun à sa manière. Berthier s'était retiré aussi, mais en quelque sorte par un ordre de son maître. Napoléon lui avait confié le commandement de l'armée pour qu'il le transmît au gouvernement provisoire, et que pendant cette transmission il pût confirmer les grades qui étaient le prix du sang versé dans la dernière campagne. Berthier avait promis de revenir; Napoléon l'attendait, et en voyant les heures, les jours s'écouler sans qu'il reparût, désespérait de le voir, et en souffrait sans se plaindre. Au lieu de l'arrivée de Berthier, c'était chaque jour un nouveau départ de quelque officier de haut grade. L'un quittait Fontainebleau pour raison de santé, l'autre pour raison de famille ou d'affaires; tous promettaient de reparaître bientôt, aucun n'y songeait. Napoléon feignait d'entrer dans les motifs de chacun, serrait affectueusement la main des partants, car il savait que c'étaient des adieux définitifs qu'il recevait, et leur laissait dire, sans le croire, qu'ils allaient revenir. Peu à peu le palais de Fontainebleau était devenu désert. Dans ses cours silencieuses on avait quelquefois encore l'oreille frappée par des bruits de voitures, on écoutait, et c'étaient des voitures qui s'en allaient. Napoléon assistait ainsi tout vivant à sa propre fin. Qui n'a vu souvent, à l'entrée de l'hiver, au milieu des campagnes déjà ravagées, un chêne puissant, étalant au loin ses rameaux sans verdure, et ayant à ses pieds les débris desséchés de sa riche végétation! Tout autour règnent le froid et le silence, et par intervalles on entend à peine le bruit léger d'une feuille qui tombe. L'arbre immobile et fier n'a plus que quelques feuilles jaunies prêtes à se détacher comme les autres, mais il n'en domine pas moins la plaine de sa tête sublime et dépouillée. Ainsi Napoléon voyait disparaître une à une les fidélités qui l'avaient suivi à travers les innombrables vicissitudes de sa vie. Il y en avait qui tenaient un jour, deux jours de plus, et qui expiraient au troisième. Toutes finissaient par arriver au terme. Il en était quelques-unes pourtant que rien n'avait pu ébranler. Drouot, l'improbation dans le cœur, la tristesse sur le front, le respect à la bouche, était demeuré auprès de son maître malheureux. Le général Bertrand avait suivi ce généreux exemple. Les ducs de Vicence et de Bassano étaient restés aussi. Le duc de Vicence n'était pas plus flatteur qu'autrefois, le duc de Bassano l'était presque davantage, et donnait ainsi de sa longue soumission une honorable excuse, en prouvant qu'elle tenait à une admiration de Napoléon, sincère, absolue, indépendante du temps et des événements. Napoléon, touché de son dévouement, lui adressa plus d'une fois ces paroles consolatrices : Bassano, ils prétendent que c'est vous qui m'avez empêché de faire la paix!... qu'en dites-vous?... Cette accusation doit

Avril 1814.

Fidélité du général Drouot, du général Bertrand, de MM. de Caulaincourt et de Bassano.

vous faire sourire, comme toutes celles qu'on me prodigue aujourd'hui... Et Napoléon lui avait autant de fois serré la main, avouant ainsi de la manière la plus noble qu'il était le seul coupable.

Cette longue agonie devait finir. Les commissaires des puissances étaient arrivés, et Napoléon les avait parfaitement accueillis, excepté le commissaire prussien, qui lui rappelait deux souvenirs pénibles : ses anciens torts envers la Prusse, et la conduite odieuse de l'armée prussienne envers nos provinces ravagées. Il l'avait traité avec politesse et froideur. Tout étant prêt dès le 18, Napoléon, mieux informé de ce qui s'était passé à Rambouillet entre sa femme et son beau-père, comprit que cette entrevue de laquelle il avait espéré quelque chose, moins pour lui que pour Marie-Louise et le Roi de Rome, n'aboutirait qu'à le priver de leur présence, et que ces êtres chéris, considérés non comme une famille, mais comme une partie des grandeurs du trône, lui seraient probablement enlevés avec le trône lui-même. Il en conçut un mouvement d'irritation fort vif, et un instant fut prêt à briser le traité du 11 avril, et à se précipiter dans de nouvelles aventures. Revenu bientôt à la raison et à la résignation, il se montra résolu à partir. Mais les ordres pour le gouverneur de l'île d'Elbe n'étant pas assez explicites, M. de Caulaincourt courut de nouveau à Paris pour les faire préciser. Enfin le 20 au matin, plus rien ne manquant, Napoléon se décida à quitter Fontainebleau. Le bataillon de sa garde destiné à le suivre à l'île d'Elbe était déjà en route. La garde elle-même était campée à Fontainebleau. Il

A. Sandoz del.

Horace Vernet pinxit.

Outhwaite sc.

voulut lui adresser ses adieux. Il la fit ranger en cercle autour de lui, dans la cour du château, puis, en présence de ses vieux soldats profondément émus, il prononça les paroles suivantes : « Soldats, vous mes vieux compagnons d'armes, que j'ai toujours trouvés sur le chemin de l'honneur, il faut enfin nous quitter. J'aurais pu rester plus longtemps au milieu de vous, mais il aurait fallu prolonger une lutte cruelle, ajouter peut-être la guerre civile à la guerre étrangère, et je n'ai pu me résoudre à déchirer plus longtemps le sein de la France. Jouissez du repos que vous avez si justement acquis, et soyez heureux. Quant à moi, ne me plaignez pas. Il me reste une mission, et c'est pour la remplir que je consens à vivre, c'est de raconter à la postérité les grandes choses que nous avons faites ensemble. Je voudrais vous serrer tous dans mes bras, mais laissez-moi embrasser ce drapeau qui vous représente.... — Alors attirant à lui le général Petit, qui portait le drapeau de la vieille garde, et qui était le modèle accompli de l'héroïsme modeste, il pressa sur sa poitrine le drapeau et le général, au milieu des cris et des larmes des assistants, puis il se jeta dans le fond de sa voiture, les yeux humides, et ayant attendri les commissaires eux-mêmes chargés de l'accompagner.

Son voyage se fit d'abord lentement. Le général Drouot ouvrait la marche dans une voiture. Napoléon suivait, ayant dans la sienne le général Bertrand ; les commissaires des puissances venaient ensuite. Pendant les premiers relais, des détachements à cheval de la garde accompagnèrent le cortége.

Avril 1814.

Ses adieux à sa garde.

Voyage de Napoléon.

Plus loin, les détachements manquant on marcha sans escorte. Dans la partie de la France qu'on traversait, et jusqu'au milieu du Bourbonnais, Napoléon fut accueilli par les acclamations du peuple, qui tout en maudissant la conscription et les droits réunis voyait en lui le héros malheureux et le vaillant défenseur du sol national. Tandis que la foule entourait sa voiture en criant : *Vive l'Empereur!* elle faisait entendre autour de celle des commissaires le cri : *A bas les étrangers!* Plusieurs fois Napoléon s'excusa auprès d'eux de manifestations qu'il ne dépendait pas de lui d'empêcher, mais qui prouvaient cependant qu'il n'était pas dans toute la France aussi impopulaire qu'on avait voulu le dire. En général il s'entretenait librement et doucement avec les fonctionnaires qu'il rencontrait sur la route, recevait leurs adieux, et leur faisait les siens, avec une parfaite tranquillité d'esprit.

Bientôt le voyage devint plus pénible. Aux environs de Moulins les cris de *Vive l'Empereur!* cessèrent, et ceux de *Vive le Roi! Vivent les Bourbons!* se firent entendre. Entre Moulins et Lyon, le peuple ne montra que de la curiosité, sans y ajouter aucun témoignage significatif. A Lyon Napoléon avait toujours compté beaucoup de partisans, sensibles à ce qu'il avait fait pour leur ville et pour leur industrie; néanmoins il y avait aussi une portion de la population qui professait des sentiments entièrement contraires. Afin d'éviter toute manifestation on traversa Lyon pendant la nuit. Pourtant quelques cris de *Vive l'Empereur!* accueillirent le cortége impérial. Mais ce furent les derniers. En traversant

PREMIÈRE ABDICATION.

Avril 1814.

Rencontre avec Augereau.

Valence Napoléon rencontra le maréchal Augereau qui venait de publier une proclamation indigne, rédigée, dit-on, par le duc d'Otrante, et se terminant par ces mots : « Soldats, vous êtes déliés de vos » serments; vous l'êtes par la nation en qui réside » la souveraineté; vous l'êtes encore, s'il était né- » cessaire, par l'abdication même d'un homme, » qui, après avoir immolé des millions de victimes » à sa cruelle ambition, *n'a pas su mourir en sol-* » *dat.* » Le pauvre Augereau l'avait su encore moins, et ne s'était pas exposé à mourir sur la Saône et le Rhône, où il avait contribué par sa faiblesse et son ineptie à ruiner les affaires de la France. Napoléon qui ne connaissait pas sa proclamation, mais qui connaissait sa triste campagne, ne lui fit cependant aucun reproche, l'accueillit avec une familiarité indulgente, et l'embrassa même en le quittant. En avançant vers le Midi les cris de *Vive le Roi!* se multiplièrent, et bientôt s'y ajoutèrent ceux-ci : *A bas le tyran! A mort le tyran!* — A Orange notamment, ces cris furent proférés avec violence. A Avignon, la population ameutée demandait avec emportement qu'on lui livrât *le Corse* pour le mettre en pièces et le précipiter dans le Rhône. Tandis qu'on traitait de la sorte le génie, coupable mais glorieux, dans lequel s'étaient longtemps personnifiées la prospérité et la grandeur de la France, on criait : *Vivent les alliés!* autour de la voiture des commissaires. Du reste cette faveur pour l'étranger était heureuse en ce moment, car sans la popularité dont jouissaient les représentants des puissances, Napoléon égorgé eût devancé dans les eaux du Rhône l'infortuné maréchal Brune. Il fallut en effet tous les efforts des commissaires, des autorités, de la gendarmerie, pour empêcher un horrible forfait. A Orgon, on annonçait un nombreux rassemblement de peuple, et des scènes plus violentes encore. Ces populations ardentes, exaspérées par la conscription, par les droits réunis, et par une longue privation de tout commerce, étaient royalistes en 1814, comme elles avaient été terroristes en 1793, et n'avaient besoin que d'une occasion pour se montrer aussi sanguinaires. Les commissaires, chargés d'une immense responsabilité, ne virent d'autre moyen d'échapper au péril que de faire prendre à Napoléon un déguisement, et on l'obligea de revêtir un uniforme étranger, afin qu'il parût être un des officiers composant le cortége. Cette humiliation, la plus douloureuse qu'il eût encore subie, avait été, on s'en souvient, présente à son esprit lorsqu'il avait avalé le poison préparé par le docteur Yvan; et pourtant toute douloureuse qu'elle était, on put bientôt reconnaître à quel point elle était nécessaire. Lorsqu'on eut atteint la petite ville d'Orgon, le peuple armé d'une potence, se présenta en demandant le tyran, et se jeta sur la voiture impériale pour l'ouvrir de force. Elle ne contenait que le général Bertrand, qui peut-être eût payé de sa vie la fureur excitée contre son maître, si M. de Schouvaloff se jetant à bas de sa voiture, et comme tous les Russes parlant très-bien le français, n'eût cherché à réveiller chez ces furieux les sentiments que devait inspirer un vaincu, un prisonnier. Au surplus son uniforme russe servit M. de

Schouvaloff plus que son langage, et il parvint à calmer les plus emportés. Pendant ce temps les voitures échappèrent au péril. Aux relais suivants les scènes de violence allèrent en diminuant, et elles cessèrent tout à fait en approchant de la mer.

Avril 1814.

Durant ces cruelles épreuves, Napoléon immobile, silencieux, affectant le plus souvent le mépris, ne put cependant demeurer toujours insensible aux cris répétés de la haine publique, et une fois enfin il fondit en larmes. Il se remit promptement, et tâcha de reprendre une hautaine impassibilité, sans pouvoir toutefois s'empêcher de sentir, à travers la bassesse de ces démonstrations, cette tardive mais infaillible justice des choses, qui serait odieuse à contempler si on ne la considérait que dans les vils instruments qu'elle emploie, mais qui paraît bientôt, si on élève la vue jusqu'à elle, aussi profonde que terriblement rémunératrice. Il ne reste aux grands esprits qui l'ont provoquée par leurs fautes, qu'un honneur, une consolation, c'est de la reconnaître, de la comprendre, et de se résigner à ses arrêts. Après avoir fait couler, non par méchanceté de cœur, mais par excès d'ambition, plus de sang que n'en versèrent les conquérants d'Asie, Napoléon sentait bien, sans le dire, qu'il s'était exposé à ces violentes manifestations de la multitude. Hélas! elle a souvent traîné dans une boue sanglante des sages, des héros vertueux, qui n'avaient mérité que ses hommages, et il faut bien avouer que si elle n'avait jamais été plus basse qu'en cette occasion, il lui était souvent arrivé d'être plus injuste!

Sa douleur.

Ce supplice fut terrible, mais heureusement court.

Napoléon trouva au golfe de Saint-Raphaël une frégate anglaise, l'*Undaunted*, que le colonel Campbell (commissaire pour l'Angleterre) avait fait préparer. Il s'embarqua le 28 avril pour l'île d'Elbe, et jeta l'ancre le 3 mai dans la rade de Porto-Ferrajo. Le lendemain 4 il débarqua au milieu des cris de joie d'une population qui était fière d'avoir pour souverain ce monarque tombé du plus grand des trônes, apportant, disait-on, d'immenses trésors, et devant combler l'île de bienfaits. Pour le dédommager des hommages de l'univers, il avait ainsi les applaudissements de quelques mille insulaires vivant de la pêche ou du travail des mines! Vaine et cruelle comédie des choses humaines! Napoléon, empereur du grand Empire qui s'était étendu de Rome à Lubeck, Napoléon était aujourd'hui le monarque applaudi de l'île d'Elbe!

CONCLUSION.

En voyant finir si désastreusement ce règne prodigieux, les réflexions se pressent en foule dans l'esprit, suggérées par la grandeur, l'abondance, le caractère étrange des événements! Recueillons-les avant de clore ce récit, pour notre instruction et pour celle des siècles à venir.

Le gouvernement républicain en 1795, ayant

cessé d'être sanguinaire sans cesser d'être persécuteur, avait imposé la paix à l'Espagne, à la Prusse, à l'Allemagne du Nord, et restait engagé dans une guerre traînante avec l'Autriche, obstinée avec l'Angleterre, guerre qu'il soutenait pour ainsi dire par habitude, au moyen de soldats admirables, de généraux excellents mais désunis, lorsque apparut tout à coup à l'armée des Alpes un jeune officier d'artillerie, de petite taille, de visage sauvage mais superbe, d'esprit singulier mais frappant, tour à tour taciturne ou prodigue de ses paroles, un moment disgracié par la République, et relégué alors dans les bureaux du Directoire dont il attira l'attention par des opinions justes et profondes sur chaque circonstance de la guerre, ce qui lui valut le commandement de Paris dans la journée du 13 vendémiaire, et bientôt le commandement des troupes d'Italie. Reparaissant au milieu d'elles comme général en chef, il imprima tout à coup aux événements un mouvement extraordinaire, franchit les Alpes dont on n'avait jamais fait que toucher le pied, envahit la Lombardie, y attira toute la guerre, vainquit l'une après l'autre les armées de l'Autriche, lassa sa constance, lui arracha la reconnaissance de nos conquêtes, la força de souscrire à des pertes immenses pour elle-même, donna ainsi la paix au continent, et à ses actes étonnants ajouta un langage entièrement nouveau par son originalité et sa grandeur, langage qu'on peut appeler l'éloquence militaire. Que ce jeune homme extraordinaire, apparaissant comme un météore sur cet horizon troublé et sanglant, n'y attirât pas tous les regards, et ne finît par les charmer, c'était impossible! La France eût-elle été de glace, ce qu'elle ne fut jamais, la France eût été séduite. Elle fut séduite en effet, et le monde avec elle.

Entre les puissances auxquelles la Révolution avait jeté le gant, une seule restait à vaincre, c'était l'Angleterre. Retirée sur son élément, inaccessible pour nous comme nous l'étions pour elle, on eût dit qu'elle ne pouvait être ni vaincue ni victorieuse. Le Directoire cherchant à occuper le conquérant de l'Italie, et le regardant comme le capitaine non-seulement le plus grand du siècle, mais le plus fécond en ressources, le chargea de surmonter la difficulté physique qui nous sépare de notre éternelle rivale. Le jeune Bonaparte, nommé général de l'armée de l'Océan, ne trouvant pas suffisants les apprêts qu'on avait faits pour franchir le Pas-de-Calais, et dominé par sa puissante imagination, voulut attaquer l'Angleterre en Orient. Il fit décider l'expédition d'Égypte, franchit sous les yeux mêmes de Nelson la Méditerranée avec cinq cents voiles, prit Malte en passant, descendit au pied de la colonne de Pompée, vainquit les Mameluks aux Pyramides, les janissaires à Aboukir, et devenu maître de l'Égypte, se livra pendant quelques mois à des rêves merveilleux qui embrassaient à la fois l'Orient et l'Occident. Tout à coup, en apprenant que par sa nature anarchique le Directoire s'était attiré de nouveau la guerre, et que grâce à son incapacité il la faisait mal, le général Bonaparte abandonna l'Égypte, traversa la mer une seconde fois, et, par sa subite apparition, surprit, ravit la France désolée. Il n'avait pas été plus prompt à désirer le pouvoir que la France à le lui offrir, car à le voir diriger la guerre, administrer les provinces conquises, manier en un mot toutes choses, elle avait reconnu en lui un chef d'empire autant qu'un grand capitaine. Devenu Premier Consul, il signa dans l'espace de deux ans la paix du continent à Lunéville, la paix des mers à Amiens, pacifia la Vendée, réconcilia l'Église avec la Révolution française, releva les autels, rétablit le calme en France et en Europe, et fit respirer le monde fatigué de douze ans d'agitations sanglantes. En récompense de tant de prodiges, revêtu en 1802 du pouvoir pour la durée de sa vie, il travaillait au milieu de l'admiration universelle à reconstituer la France et l'Europe !

Qui pouvait empêcher un tel homme de demeurer en repos, et de jouir paisiblement du bonheur qu'il avait procuré aux autres et à lui-même? Quelques esprits pénétrants, en voyant son activité dévorante, éprouvaient une sorte de terreur involontaire, mais la génération de cette époque se livrait à lui en toute confiance, et, en effet, à entendre ce jeune homme, il était difficile de mettre en doute sa profonde sagesse. Il ne ressortait pas des événements de cette terrible Révolution française un seul enseignement qui n'eût profondément pénétré dans son esprit, et n'y eût jeté une abondante lumière. Il ne parlait du régicide et de l'effusion du sang humain qu'avec horreur. Il jugeait extravagantes et odieuses les fureurs des partis, et avait voulu y mettre un terme en pacifiant la Vendée et en rappelant les émigrés. Il trouvait la prétention de la

Révolution française, de régler à elle seule les affaires de religion sans tenir aucun compte de l'autorité pontificale, tyrannique pour les consciences, dangereuse pour l'État, et après s'être entendu avec le Pape, il avait rouvert les églises, et assisté à la messe en présence des révolutionnaires courroucés. Il avait horreur du désordre financier, du papier-monnaie, de la banqueroute, et traitait avec mépris ces flatteurs de la populace qui avaient aboli les impôts indirects. En outre, la guerre qui était son art, sa gloire, sa puissance, il s'était attaché à la décrier dans des diatribes éloquentes contre M. Pitt, insérées au *Moniteur,* et disait qu'il voudrait bien qu'on envoyât M. Pitt et ses adhérents bivouaquer sur des champs de bataille ensanglantés, ou croiser jour et nuit au milieu des tempêtes de l'Océan, pour leur enseigner ce que c'était que la guerre. Enfin, il n'avait pas assez de raillerie pour les inventeurs de la République universelle, qui voulaient soumettre l'Europe à une seule puissance, et prétendaient de plus la constituer sur un type imaginaire tiré de leur cerveau! Qui donc avait quelque chose à enseigner à ce jeune homme que la Révolution française avait si bien instruit? Hélas! il était si sage, si bien pensant, quand il s'agissait de juger les passions des autres, mais quand il s'agirait de résister aux siennes, qu'adviendrait-il?

Pour le moment le jeune Consul n'avait rien à désirer, et ne laissait rien à désirer au monde. Son pouvoir était sans limites, en vertu non-seulement des lois, mais de l'adhésion universelle. Ce pouvoir il l'avait pour la vie, ce qui était bien suffisant pour un mari sans enfants, et il avait la faculté de choisir son successeur, ce qui lui permettait de régler l'avenir selon l'intérêt public, et selon ses propres affections. Quant à la France, elle avait, grâce à la Révolution et à lui, une position qu'elle n'avait jamais eue dans le monde, qu'elle ne devait point avoir, même quand elle commanderait de Cadix à Lubeck. Elle avait pour frontières les Alpes, le Rhin, l'Escaut, c'est-à-dire tout ce qu'elle pouvait souhaiter pour sa sûreté et pour sa puissance, car au delà il n'y avait que des acquisitions contre la nature et contre la vraie politique. Elle avait affranchi l'Italie jusqu'à l'Adige, en ayant soin de donner aux princes autrichiens autrefois apanagés dans ce pays, des dédommagements en Allemagne. Reconnaissant la nécessité de l'autorité pontificale d'après le dogme, sa haute utilité d'après la politique, elle avait rétabli le Pape qui lui devait la sûreté et le respect dont il jouissait, et qui attendait d'elle la restitution complète de ses États. Elle dédaignait sagement l'impuissante colère des Bourbons de Naples. Elle avait réglé l'état de la Suisse avec une raison admirable. Admettant à la fois de grands et de petits cantons, des cantons aristocratiques et des cantons démocratiques, parce qu'il y a des uns et des autres, les forçant à vivre en paix et en égalité, faisant cesser les sujétions de classes, les sujétions de territoire, appliquant en un mot dans les Alpes les principes de 1789, sans violenter la nature toujours invincible, elle avait donné dans l'acte de médiation le modèle de toutes les constitutions futures de la Suisse. C'est en Allemagne surtout que la profonde sagesse de la politique consulaire avait éclaté. Il y avait des princes allemands dépouillés de leurs États par la cession de la rive gauche du Rhin à la France; il y avait des princes autrichiens dépouillés de leur patrimoine par l'affranchissement de l'Italie. Le Premier Consul n'avait pas pensé qu'on pût laisser les uns et les autres sans dédommagement, et l'Allemagne sans organisation. La Révolution française avait déjà posé en France le principe des sécularisations par l'aliénation des biens ecclésiastiques, et c'était l'étendre à l'Allemagne, le lui faire reconnaître, que de s'en servir pour indemniser les princes dépossédés. Avec ce qui restait des États des archevêques de Trèves, de Mayence, de Cologne, avec ceux de quelques autres princes ecclésiastiques, le Premier Consul avait composé une masse d'indemnité, suffisante pour satisfaire toutes les familles princières en souffrance, et pour maintenir en Allemagne un sage équilibre. Après avoir savamment combiné les indemnités et les influences dans la Confédération, après avoir assuré des pensions convenables aux princes ecclésiastiques dépossédés, il avait mûrement arrêté son plan, et n'ayant pas alors la prétention d'écrire les traités avec son épée seule, il avait associé à son œuvre la Prusse par l'intérêt, la Russie par l'amour-propre, amené par ces diverses adhésions celle de l'Autriche, et accompli en faisant adopter le recez de la diète de 1803, un chef-d'œuvre de politique patiente et profonde. Ce recez, en effet, sans nous trop engager dans les affaires allemandes, faisait rentrer en Allemagne l'ordre, le calme, la résignation, et plaçait en nos mains la balance des intérêts germaniques. Il nous préparait surtout l'unique alliance alors désirable et possible, celle de la Prusse. La France était en ce moment si puissante, si redoutée, qu'avec l'alliance d'un seul des États du continent elle était assurée de la soumission des autres, et avec le continent soumis, l'Angleterre devait dévorer en silence son chagrin de voir sa rivale si grande. Or cette alliance on pouvait la trouver alors en Prusse, et seulement chez elle. L'Autriche ayant perdu les Pays-Bas, la Souabe, presque toute l'Italie, et les principautés ecclésiastiques qui formaient sa clientèle en Allemagne, était en Europe la grande victime de la Révolution française, et c'était là un mal inévitable. La politique conseillait de la ménager, de la dédommager même s'il était possible, mais ne permettait pas d'espérer en elle une amie, une alliée. La Russie ne pouvait donner son alliance qu'au prix de concessions funestes en Orient. Il fallait avec elle de la courtoisie sans intimité et presque sans affaires. Restait donc la Prusse, avec laquelle en effet il était aisé de s'entendre. Cette puissance, gorgée de biens d'Église, et ne demandant pas mieux que d'en avoir davantage, était devenue ce qu'en France on appelait un *acquéreur de biens nationaux*. En la respectant, en la favorisant, sans toutefois pousser l'Autriche à bout, on était certain de l'avoir avec soi. Son monarque prudent et honnête était ravi de la politique du Premier Consul, et recherchait son amitié. L'union avec la Prusse nous assurait dès lors la soumission du continent, et la résignation de la fière Angleterre. Le Premier Consul avait arraché à celle-ci, avec la paix d'Amiens, la reconnaissance de nos conquêtes, et de la plus difficile à lui faire supporter, celle d'Anvers. Il n'y avait plus avec elle qu'une difficulté à vaincre, c'était de nous faire pardonner, à force de ménagements, tant de grandeur acquise en quelques années, et on le pouvait, car les Anglais admiraient le Premier Consul avec toute la vivacité de l'engouement britannique, au moins égal à l'engouement parisien. Une flatterie de lui, en descendant de la hauteur de son génie comme du plus haut des trônes, était assurée de toucher vivement la fière Angleterre. Il était possible qu'on ne lui rendît pas toujours flatterie pour flatterie; mais qu'au faîte de la gloire où il était alors parvenu, quelques orateurs anglais, ou quelques journalistes émigrés essayassent de l'insulter, il pouvait bien n'en pas tenir compte, et laisser au monde, à la nation anglaise elle-même, le soin de le venger !

Restait une puissance, bien considérable jadis, bien déchue à cette époque, l'Espagne, demeurée sous le sceptre des Bourbons, mais tombée dans un tel état de décomposition, et dans cet état tellement prosternée aux pieds du Premier Consul, qu'il n'y avait pour la gouverner de Paris qu'un mot à dire au pauvre Charles IV, ou au misérable Godoy. En laissant même la décomposition s'achever, on devait la voir bientôt demander au Premier Consul, non-seulement une politique, ce qu'elle faisait déjà, mais un gouvernement, un roi peut-être !

Qu'avait-il donc à désirer, pour lui, pour la France, l'heureux mortel qui en était devenu le chef ? Rien, que d'être fidèle à cette politique, qui était celle de la force rendue supportable par la modération. Le vainqueur de Rivoli, des Pyramides, de Marengo, auteur aussi du Concordat, des traités de Lunéville et d'Amiens, de l'acte de la médiation suisse, du recez de la diète de 1803, du Code civil, du rappel des émigrés, avait plus de gloires diverses qu'aucun mortel n'en a jamais eu. Si un mérite pouvait manquer au faisceau de tous ses mérites, c'était peut-être de n'avoir pas donné la liberté à la France. Mais alors la peur de la liberté loin d'être un prétexte de la servilité, était un sentiment insurmontable. Pour la génération de 1800, la liberté c'était l'échafaud, le schisme, la guerre de la Vendée, la banqueroute, la confiscation. La seule liberté qu'il fallait alors à la France, c'était la modération d'un grand homme. Mais, hélas! la modération d'un grand homme, doté de tous les pouvoirs, fût-il en outre doté de tous les génies, n'est-elle pas de toutes les chimères révolutionnaires la plus chimérique?

La liberté même lorsqu'elle est hors de saison, n'en fait pas moins faute là où elle n'est point. Cet homme si admirable alors, par cela même qu'il pouvait tout, était au bord d'un abîme. A peine en effet la paix d'Amiens était-elle signée depuis quelques mois, et la joie de la paix un peu refroidie chez les Anglais, qu'il resta sous leurs yeux, éclatante comme une lumière importune, la grandeur de la France, malheureusement trop peu dissimulée dans la personne du Premier Consul. Quelques caresses à M. Fox, en visite à Paris, n'empêchèrent pas que le Premier Consul n'eût l'attitude du maître non-seulement des affaires de la France, mais des affaires de l'Europe. Son langage plein de génie et d'ambition offusquait l'orgueil des Anglais, son activité dévorante inquiétait leur repos. Il expédiait une armée à Saint-Domingue, ce qui était fort permis assurément, mais il envoyait publiquement le colonel Sébastiani en Turquie, le colonel Savary en Égypte, le général Decaen dans l'Inde, chargés de missions d'observation, qui pouvaient difficilement être prises pour des missions scientifiques. C'était plus qu'il n'en fallait pour éveiller les ombrages britanniques. A cette époque des émigrés, obstinément restés en Angleterre malgré la gloire et la clémence du Premier Consul, publiaient contre lui et sa famille des écrits que la réprobation universelle de l'Angleterre eût étouffés un an auparavant, qu'aujourd'hui sa jalousie imprudemment excitée accueillait avec complaisance, que ses lois ne permettaient pas d'interdire. C'était bien le cas du dédain, car quel sommet plus élevé que celui où était placé le Premier Consul, pour regarder de haut en bas les indignités de la calomnie? Hélas! il descendit de ce faîte glorieux pour écouter des pamphlétaires, et se livra à des emportements aussi violents qu'indignes de lui. L'outrager lui, le sage, le victorieux, quel crime irrémissible! Comme si dans tous les temps, dans tous les pays, libres ou non, on n'outrageait pas le génie, la vertu, la bienfaisance! Non, il fallait que des torrents de sang coulassent parce que des pamphlétaires injuriant tous les jours leur gouvernement, avaient insulté un étranger, grand homme sans doute, mais homme après tout, et de plus chef d'une nation rivale !

Dès cet instant le défi fut jeté entre le guerrier en qui s'était résumée la Révolution française, et le peuple anglais dont la jalousie avait été trop peu ménagée. Il suffisait de quelques jours pour que Malte fût évacuée, et, par une fatalité singulière, il fallut que dans ce moment où toutes les passions britanniques étaient excitées, le Premier Consul exerçant en Suisse sa bienfaisante dictature, envoyât une armée à Berne. Un ministère faible, humble serviteur des passions britanniques, y chercha un prétexte de suspendre l'évacuation de Malte. Si le Premier Consul eût pris patience, s'il eût insisté avec fermeté mais douceur, la frivolité du motif n'eût pas permis de différer longtemps l'évacuation solennellement promise de la grande forteresse méditerranéenne. Mais le Premier Consul éprouvant outre le sentiment de l'orgueil offensé, celui de la justice blessée, demanda qu'on exécutât les traités, car il n'était, disait-il, aucune puissance qui pût manquer impunément de parole à la France et à lui. Tout le monde se souvient de la scène tristement héroïque avec lord Whitworth, et de la rupture de la paix d'Amiens. Le Premier Consul jura dès lors de périr ou de punir l'Angleterre. Funeste serment ! Les émigrés, nous voulons parler des irréconciliables, ne se bornèrent pas à écrire, ils conspirèrent. Le Premier Consul avec son œil pénétrant découvrant les trames que sa police ne savait pas découvrir, frappa les conspirateurs, et croyant apercevoir parmi eux des princes, ne pouvant pas saisir ceux qui paraissaient les vrais coupables, alla en pleine Allemagne, sans s'inquiéter du droit des gens, arrêter le descendant des Condé! Il le fit fusiller sans pitié, et lui, le sévère improbateur du 21 janvier, égala autant qu'il put le régicide, et sembla éprouver une sorte de satisfaction de le commettre à la face de l'Europe, à son mépris, en la bravant! Le sage Consul était devenu tout à coup un furieux, ayant deux égarements : l'égarement de l'homme blessé qui ne respire que vengeance, l'égarement du victorieux bravant volontiers les ennemis qu'il est sûr de vaincre! Puis pour mieux braver ses adversaires, et satisfaire son ambition en même temps que sa colère, il posa la couronne impériale sur sa tête. L'Europe offensée et intimidée à la fois regarda d'un œil nouveau la France et son chef. Au bruit de la fusillade de Vincennes, la Prusse qui allait nouer avec la France une alliance formelle, recula, garda le silence, et renonça à une intimité qui cessait d'être honorable. L'Autriche, plus calculée, ne manifesta rien, mais profita de l'occasion pour ne plus observer de mesure dans l'exécution du recez de 1803. Le jeune empereur de Russie, Alexandre, honnête et plein d'honneur, osa seul, comme garant de la constitution germanique, demander une explication pour la violation du territoire badois. Napoléon lui répondit par une allusion injurieuse à la mort de Paul Ier. Le czar se tut, blessé au cœur, et avec la résolution de venger son outrage. Ainsi la Prusse glacée, l'Autriche encouragée dans ses excès, la Russie outragée, assistèrent dans ces dispositions aux débuts de notre lutte avec l'Angleterre.

Alors fut préparée l'expédition de Boulogne. Napoléon aurait pu organiser lentement sa marine, diriger des expéditions lointaines contre les colonies anglaises, et laissant tranquille le continent mal disposé mais intimidé, attendre que ses expéditions causassent de sensibles dommages à l'Angleterre, que nos corsaires désolassent son commerce, et qu'elle se fatiguât d'une guerre où nous pouvions peu contre elle, mais où elle ne pouvait rien contre nous, notre trafic étant alors purement continental. Mais ce génie puissant, le plus grand triomphateur de difficultés physiques qui ait peut-être existé, voulut prendre l'Angleterre corps à corps, et fit bien, car s'il était permis à quelqu'un de tenter le passage du détroit de Calais avec une nombreuse armée, c'était à lui sans aucun doute. Il joignait en effet au génie profond des combinaisons le génie foudroyant des batailles; il y joignait surtout le prestige qui fascine les soldats, qui déconcerte l'ennemi, et il pouvait, après avoir opéré le prodige de franchir le détroit, en opérer un second, celui de terminer la guerre d'un seul coup. Ses préparatifs, demeurés sans résultat, seront, pour les militaires et les administrateurs, des monuments immortels de l'esprit de ressource. Mais admirez la conséquence des caractères! Cet homme qui avait la plus grande des difficultés à vaincre, celle de passer la mer avec une armée de cent cinquante mille soldats, qui avait besoin par conséquent de la parfaite immobilité du continent, cet homme audacieux, étant allé prendre à Milan la couronne d'Italie, déclara de sa seule autorité que Gênes serait réunie à l'Empire. Sur-le-champ la coalition européenne fut formée de nouveau. La Russie, blessée au cœur par l'outrage qu'elle avait reçu du Premier Consul, mais offusquée aussi par les prétentions maritimes de l'Angleterre, avait songé à se poser en médiatrice, et n'avait pu se dispenser de demander l'évacuation de Malte. A la nouvelle de l'annexion de Gênes, elle ne demanda plus rien; elle se coalisa avec l'Angleterre et l'Autriche, mit ses armées en mouvement, et se promit d'entraîner la Prusse en passant, la Prusse que la prudence et la modération de son roi retenaient encore. Ainsi dès ce jour le sage pacificateur de 1803 était devenu le provocateur d'une guerre générale, uniquement pour n'avoir pas su maîtriser ses passions!

Mais cet homme était un homme de génie, comme Alexandre ou César, et la fortune pardonne beaucoup et longtemps au génie. Les menaces du continent n'avaient point interrompu les apprêts de sa grande expédition : la faute d'un amiral la fit échouer, et ce fut heureux, car s'il eût été embarqué au moment où l'armée autrichienne passait l'Inn, il eût été bien possible que, tandis qu'il se serait ouvert la route de Londres, l'armée autrichienne se fût ouvert celle de Paris. Quoi qu'il en soit, son expédition ajournée, il s'élança comme un lion qui d'un ennemi bondit sur un autre, courut en quelques jours de Boulogne à Ulm, d'Ulm à Austerlitz, accabla l'Autriche et la Russie, puis vit la Prusse, qui allait se joindre à l'Europe, tomber tremblante à ses pieds, et demander grâce au vainqueur de la coalition!

A partir de ce moment la guerre à l'Angleterre

s'était convertie en guerre au continent, et ce n'était certainement pas un malheur, si on savait se conduire politiquement aussi bien que militairement. Les puissances du continent, en prenant les armes pour l'Angleterre, nous fournissaient un champ de bataille qui nous manquait, un champ de bataille où nous trouvions Ulm et Austerlitz au lieu de Trafalgar. Il n'y avait donc pas à se plaindre. Mais après les avoir bien battues et convaincues de l'inanité de leurs efforts, il fallait se comporter à leur égard de manière qu'elles ne fussent pas tentées de recommencer; il fallait punir l'Autriche sans la désespérer, la consoler même de ses grands malheurs, si on pouvait lui procurer un dédommagement; il fallait laisser la Russie à sa confusion, à l'impuissance résultant des distances, sans lui rien demander ni lui rien accorder, et quant à la Prusse enfin, il fallait ne pas trop abuser de ses fautes, ne pas trop se railler de sa médiation manquée; il fallait lui montrer le danger de céder aux passions des coteries, se l'attacher définitivement en lui donnant quelques-unes des dépouilles opimes de la victoire, et puis revenir avec nos forces victorieuses vers l'Angleterre, privée désormais d'alliés, effrayée de son isolement, assaillie de nos corsaires, menacée d'une expédition formidable. La raison dit, et les faits prouvent qu'elle n'eût pas attendu qu'on eût traité avec ses alliés battus, pour traiter elle-même. On aurait eu la paix d'Amiens agrandie.

Après Ulm et Austerlitz, Napoléon se trouvait dans une position unique pour réaliser en Europe cette sage et profonde politique, qui aurait consisté à séparer le continent de l'Angleterre, et à forcer ainsi cette dernière à la paix. L'Autriche, habituée à lutter cinq ans, trois ans au moins contre nous, se voyant en deux mois envahie jusqu'à Vienne, et jusqu'à Brunn, perdant en un jour des armées entières, réduites à poser les armes comme celle de Mack, n'avait plus aucune idée de nous résister, à moins toutefois qu'on ne la poussât au dernier degré du désespoir. Le jeune empereur de Russie qui, à la tête des soldats de Souvarof, avait cru pouvoir jouer un rôle important et n'en avait joué qu'un fort humiliant, était tombé dans un abattement extrême. La Prusse qui, avec les deux cent mille soldats du grand Frédéric, était venue à Vienne pour dicter la loi, et nous trouvait en mesure de la dicter à tout le monde, était à la fois tremblante et presque ridicule. Qu'il eût été facile, séant, habile, d'être généreux envers de tels ennemis!

Sans doute on ne pouvait pas faire une amie de l'Autriche, et nous avons dit pourquoi ; mais en renonçant à en faire à cette époque l'alliée de la France, il ne fallait pas ajouter inutilement à ses chagrins, et les convertir en haine implacable. En dédommagement des Pays-Bas, de la Souabe, du Milanais, de la clientèle des États ecclésiastiques qu'elle avait perdus, on lui avait donné les États vénitiens. Les lui retirer était dur. Pourtant comme la guerre ne peut être un jeu qui ne coûte rien à ceux qui la suscitent, on conçoit qu'on lui reprît les États vénitiens, bien que le motif d'affranchir l'Italie ne pût être allégué décemment, depuis que nous avions pris le Piémont, et converti la Lombardie en apanage de la famille Bonaparte. Mais en ôtant Venise à l'Autriche, lui ôter encore Trieste, lui ôter l'Illyrie, comme le fit alors Napoléon, lui enlever tout débouché vers la mer, la réduire ainsi à étouffer au sein de son territoire continental, était une rigueur sans profit véritable pour nous, et qui ne pouvait que la désespérer. Ne pas même s'en tenir là, lui ravir de plus le Tyrol, le Vorarlberg, les restes de la Souabe, pour enrichir la Bavière, le Wurtemberg, Baden, petits et faux alliés qui devaient nous exploiter pour nous trahir, c'était la rendre implacable. A traiter les gens ainsi, il faut les tuer, et quand on ne peut pas les tuer, c'est se préparer des ennemis, qui, à la première occasion, vous égorgent par derrière, et qui en ont le droit.

Oter à l'Autriche les États vénitiens, seule consolation de toutes ses pertes, était dur, disons-nous, et cependant résultait presque inévitablement de la troisième coalition. La bonne politique eût consisté à lui trouver un dédommagement de cette inévitable rigueur. Il y en avait un facile alors, à la manière dont on traitait le monde, c'était de la pousser à l'orient, et de lui donner les provinces du Danube. Le sort de l'Europe dans ce cas eût été changé, car l'Autriche assise sur le Danube, son véritable siége, eût acquis plus qu'elle n'avait perdu, eût à jamais couvert Constantinople, eût à jamais été brouillée avec la Russie. Le procédé eût été dictatorial sans doute, mais puisqu'on devait un peu plus tard donner ces provinces à la Russie, mieux valait assurément en gratifier l'Autriche dès cette époque. La Russie l'eût trouvé mauvais, mais c'eût été sa punition de cette guerre. Quant aux Turcs, incapables de comprendre le bien qu'on leur faisait, on ne s'en serait guère occupé, et l'Autriche, qui cherchait à se dédommager n'importe où, à tel point qu'elle nous demandait le Hanovre pour les archiducs dépossédés, le Hanovre patrimoine de son amie l'Angleterre, l'Autriche eût certainement accepté les provinces danubiennes.

Loin de songer à l'indemniser, Napoléon ne songea qu'à la dépouiller, à la bafouer, à en faire la victime du temps plus encore que le temps ne l'exigeait. Il lui prit donc sans compensation, et indépendamment des États vénitiens, l'Illyrie, le Tyrol, le Vorarlberg, les restes de la Souabe. En général on punit pour ôter l'envie de recommencer, ici, loin d'en ôter l'envie, on en mettait la passion au cœur de l'Autriche. Quant à la Prusse, Napoléon n'eut qu'un sentiment, celui de se moquer d'elle. Assurément il y avait de quoi! M. d'Haugwitz, arrivant à Vienne au nom de son roi, que le czar avait entraîné à la guerre en y employant une noblesse étourdie, une reine belle et imprudente, M. d'Haugwitz arrivant la veille d'Austerlitz pour dicter la loi, et la recevant à genoux le lendemain, présentait un spectacle comique, comme le monde en offre quelquefois. Mais s'il est permis de rire des choses humaines, souvent risibles en effet, c'est quand on les regarde, ce n'est jamais quand on les dirige. Napoléon eut à la fois tous les caprices de la puissance : en faisant ce qui lui plaisait, il voulait de plus railler : c'était trop, cent fois trop!

L'Autriche en lui demandant le Hanovre pour ses

archiducs lui inspira l'idée, qu'il trouva piquante, de faire accepter aux alliés de l'Angleterre les dépouilles de l'Angleterre. Seulement, au lieu de donner le Hanovre à l'Autriche, il en fit don à la Prusse. La géographie pouvait être satisfaite, mais il s'en fallait que la politique le fût. Loin de se moquer de la Prusse il aurait dû au contraire compatir à sa fausse position. Elle avait toujours désiré le Hanovre avec ardeur, mais elle venait par la faute de la cour de s'associer aux passions européennes contre la France, et la forcer en ce moment d'accepter le Hanovre, c'était mettre en conflit dans son cœur profondément troublé, l'avidité et l'honneur, c'était la placer dès lors dans une situation cruelle. Sans doute c'est quelque chose, c'est même beaucoup que de satisfaire l'intérêt des hommes, ce n'est rien si on les humilie, car heureusement il y a dans le cœur humain autant d'orgueil que d'avidité. Enrichir la Prusse et la couvrir de confusion, ce n'était pas en faire une alliée, mais une ingrate, qui serait d'autant plus ingrate qu'elle serait plus honnête. Napoléon offrit le Hanovre à la Prusse l'épée sur la gorge. — Le Hanovre ou la guerre, sembla-t-il dire à M. d'Haugwitz, qui n'hésita pas, et qui préféra le Hanovre. Napoléon ne s'en tint pas là, et il lui fit payer ce don déjà si amer par le sacrifice du marquisat d'Anspach et du duché de Berg, de manière qu'il diminuait le don sans diminuer la honte. C'était de plus une grave imprudence, car c'était rendre la guerre interminable avec l'Angleterre. En effet, il était impossible que le vieux Georges III consentît jamais à céder le patrimoine de sa famille, et les rois anglais avaient alors dans la république monarchique d'Angleterre une influence qu'ils n'ont plus. M. d'Haugwitz, parti de Potsdam pour Schœnbrunn aux grands applaudissements de la cour, parti pour faire la loi à la France, et lui déclarer la guerre au profit de l'Angleterre, revint donc à Berlin après avoir reçu la loi, et en rapportant la plus belle des dépouilles britanniques. Quelle ne devait pas être l'agitation d'un roi honnête, d'une nation fière, d'une cour vaine et passionnée!

Ainsi Napoléon au lieu de tirer de son incomparable victoire d'Austerlitz la paix continentale et la paix maritime, double paix qu'il lui était facile de s'assurer en décourageant pour jamais ou en désintéressant les alliés de l'Angleterre, avait désolé les uns, humilié les autres, et laissé à tous une guerre désespérée comme seule ressource. Il avait même créé à la paix un obstacle invincible par le don du Hanovre à la Prusse.

Tout était donc faute dans les arrangements de Vienne en 1806, mais Napoléon ne se borna pas même à ces fautes déjà si graves. Revenu à Paris, une ivresse d'ambition, inconnue dans les temps modernes, envahit sa tête. Il songea dès lors à un empire immense, appuyé sur des royaumes vassaux, lequel dominerait l'Europe et s'appellerait d'un nom consacré par les Romains et par Charlemagne, Empire d'Occident. Napoléon avait déjà préparé deux royaumes vassaux, dans la république Cisalpine convertie en royaume d'Italie, et dans l'État de Naples ôté aux Bourbons pour le donner à son frère Joseph. Il y ajouta la Hollande convertie de république en monarchie, et attribuée à Louis Bonaparte. Mais ce n'était pas tout encore. L'Empire d'Occident pour être complet devait embrasser l'Allemagne. Napoléon s'y était créé pour alliés les princes de Bavière, de Wurtemberg, de Baden. Il leur abandonna les dépouilles de l'Autriche, de la Prusse, des princes ecclésiastiques non sécularisés, leur livra la noblesse immédiate, les fit rois, et leur demanda pour ses frères, ses enfants adoptifs et ses lieutenants, des princesses qu'ils livrèrent avec empressement. A ce même moment l'Allemagne qui n'était pas remise encore des bouleversements que le système des sécularisations y avait produits, chez laquelle restaient une foule de questions pendantes, tomba dans un état de désordre extraordinaire. Les princes souverains, demeurés électeurs ou devenus rois, pillaient les biens de la noblesse et de l'Église, ne payaient pas les pensions des princes ecclésiastiques dépossédés, et tous les opprimés, dans leur désespoir, invoquaient, non l'Autriche vaincue ou la Prusse frappée de ridicule, mais le maître unique des existences, c'est-à-dire Napoléon. De ce recours universel à lui, naquit l'idée d'une nouvelle confédération germanique, qui porterait le titre de Confédération du Rhin, et serait placée sous le protectorat de Napoléon. Elle se composa de la Bavière, du Wurtemberg, de Baden, de Nassau, et de tous les princes du midi de l'Allemagne. Ainsi l'Empereur d'Occident, médiateur de la Suisse, protecteur de la Confédération du Rhin, suzerain des royaumes de Naples, d'Italie, de Hollande, n'avait plus que l'Espagne à joindre à ces États vassaux, et il serait alors plus puissant que Charlemagne. Voilà jusqu'où était montée la fumée de l'orgueil dans le vaste cerveau de Napoléon.

En présence d'une pareille dislocation, François II ne pouvant conserver le titre d'Empereur d'Allemagne, abdiqua ce titre pour ne plus s'appeler qu'Empereur d'Autriche. C'était, après toutes ses pertes de territoire, la plus humiliante des dégradations à subir. La Prusse, chassée elle aussi de la vieille Confédération germanique, avait pour ressource de rattacher autour d'elle les princes du nord de l'Allemagne, et de se faire ainsi le chef d'une petite Allemagne réduite au tiers. Elle en demanda la permission qu'on lui accorda froidement, avec la secrète pensée de décourager ceux qui seraient tentés de se confédérer avec elle. C'étaient donc griefs sur griefs, et pour l'Autriche qu'il eût fallu punir sans la pousser au désespoir, et pour la Prusse qu'il eût fallu chercher à s'attacher en servant ses intérêts, et en ménageant son honneur. Enfin, c'était la plus illusoire de toutes les politiques que d'entrer à ce point dans les affaires germaniques. En effet dans le cours du moyen âge l'Allemagne, ne pouvant arriver à l'unité, s'était arrêtée à l'état fédératif. Tout en réservant leur indépendance, les États qui la composent s'étaient confédérés, pour se défendre contre leurs puissants voisins, et naturellement contre le plus puissant de tous, contre la France. A cela la France avait répondu par une politique tout aussi naturelle et tout aussi légitime. Profitant des jalousies allemandes, elle avait appuyé les petits princes contre les grands, et la Prusse contre l'Autriche. Mais de cette politique traditionnelle et légitime, aller jusqu'à créer une Confédération germanique qui ne serait pas germanique mais française, qui nous chargerait de toutes les affaires des Allemands, nous exposerait à toutes leurs haines, nous donnerait des alliés du jour destinés à être des traîtres du lendemain, était de la folie d'ambition, et rien de plus. Dans tout pays qui a une politique traditionnelle, il existe un but assigné par cette politique, et vers lequel on marche plus ou moins vite selon les temps. Faire à chaque époque un pas vers ce but, c'est marcher comme la nature des choses. En faire plus d'un est imprudent; les vouloir faire tous à la fois c'est se condamner certainement à manquer le but en le dépassant. Par le recez de 1803, Napoléon avait approché autant que possible du but de notre politique traditionnelle en Allemagne. Par la Confédération du Rhin, il l'avait désastreusement dépassé. Il était ainsi dans le droit international ce que les Jacobins avaient été dans le droit social. Ils avaient voulu refaire la société, il voulait refaire l'Europe. Ils y avaient employé la guillotine; il y employait le canon. Le moyen était infiniment moins odieux, et entouré d'ailleurs du prestige de la gloire. Il n'était guère plus sensé.

Tels étaient les fruits de la grande victoire d'Austerlitz. Malgré ces erreurs la victoire subsistait, éclatante, écrasante. La Russie profondément abattue, l'Angleterre effrayée de son isolement, souhaitaient la paix, et rien n'était plus facile que de la conclure avec ces deux puissances. Napoléon en laissa passer l'occasion, et mit ainsi le comble à ses fautes.

Au sujet des bouches du Cattaro que les Autrichiens avaient perfidement livrées aux Russes, au lieu de nous les remettre, le czar avait envoyé M. d'Oubril à Paris. L'Autriche, la Prusse, ayant directement traité leurs affaires avec la France, le czar renonçait à se mêler de ce qui les concernait. Mais il y avait deux familles souveraines dont la Russie s'était constituée la patronne, celle de Savoie et celle des Bourbons de Naples. La Russie aurait voulu la Sardaigne pour l'une, et la Sicile pour l'autre. A cette condition elle était prête à sanctionner tout ce que Napoléon avait fait. L'Angleterre avait passé des mains de M. Pitt aux mains de M. Fox. Le moment était des plus favorables pour conclure la paix maritime. M. Fox avait accrédité à Paris les lords Yarmouth et Lauderdale. L'Angleterre entendait garder Malte et le Cap, et moyennant cette concession elle nous laissait bouleverser l'Europe comme nous l'avions bouleversée, seulement elle aurait bien voulu aussi qu'on accordât la Sicile aux Bourbons de Naples, et la Sardaigne à la maison de Savoie. Ainsi le continent de l'Italie eût appartenu aux Bonaparte, auxquels il eût fourni des apanages, et les deux grandes îles italiennes, la Sardaigne et la Sicile, seraient devenues l'indemnité des vieilles familles dépossédées. A ce prix le grand Empire d'Occident tel qu'on l'avait constitué, eût été accepté par la Russie et surtout par l'Angleterre. C'était bien le cas de traiter sur de semblables bases, mais l'orgueil, et une faute d'habileté (genre de faute que Napoléon commettait rarement) empêchèrent ce prodigieux résultat.

Napoléon ne voulait traiter que séparément avec la Russie et l'Angleterre, pour mieux leur faire la loi. Elles s'y prêtèrent à un certain degré, par désir d'avoir la paix. M. d'Oubril négocia d'un côté, les lords Yarmouth et Lauderdale négocièrent de l'autre, mais en s'entendant secrètement. Napoléon, en effrayant M. d'Oubril, lui arracha la signature d'un traité séparé, qui, au lieu de la Sicile, attribuait aux Bourbons de Naples les Baléares qu'il se proposait d'obtenir de l'Espagne moyennant échange. Cette signature alarma l'Angleterre, et c'était le moment ou jamais de terminer avec elle, pendant qu'elle était effrayée de son isolement. Napoléon crut habile d'attendre les ratifications russes, se flattant de faire alors de l'Angleterre ce qu'il voudrait. Mais pendant qu'il attendait, M. Fox mourut; l'Angleterre obtint que les ratifications russes ne fussent pas données, et la paix fut ainsi manquée. Le calcul raffiné est permis, mais à la condition de réussir. Quand il échoue, il vaut à ceux qui se sont trompés le titre de renards pris au piége.

Cependant la paix n'était pas encore absolument impossible. En ce moment la fermentation prussienne, que Napoléon avait produite, était parvenue au comble. Placée entre l'honneur et le Hanovre, la Prusse était horriblement agitée, et en voulait cruellement à celui qui la mettait dans cette alternative. De plus il lui arriva coup sur coup deux nouvelles qui la poussèrent au désespoir. D'une part elle crut découvrir que la France décourageait secrètement les princes allemands du Nord de se confédérer avec elle, ce qui était vrai dans une certaine mesure, et ce que l'électeur de Hesse lui exagéra jusqu'à la calomnie; d'autre part elle apprit que pour avoir la paix maritime, Napoléon était prêt à rendre le Hanovre à la maison royale d'Angleterre. Il ne l'avait pas dit, mais laissé entendre, et en effet son intention était de s'adresser à la Prusse, de lui restituer Anspach et Berg, et de lui reprendre le Hanovre, en lui déclarant franchement que la paix du monde était à ce prix. Mais il avait eu le tort de différer cette franche ouverture. La Prusse se considéra comme jouée, bafouée, traitée en puissance de troisième ordre, et passa de l'agitation à la fureur. Napoléon la laissa dire et faire, ne crut pas de sa dignité de lui donner des explications qui auraient pu être parfaitement satisfaisantes, et comme elle montrait son épée, lui montra la sienne. Il était importuné d'entendre parler sans cesse des soldats du grand Frédéric qu'il n'avait pas vaincus, et la guerre de Prusse s'ensuivit. Naturellement l'Angleterre et la Russie furent de la partie, et la paix générale sur terre et sur mer que Napoléon aurait pu obtenir avec la reconnaissance de son titre impérial et de son immense empire, fut ajournée jusqu'à de nouveaux prodiges.

Le génie de Napoléon et la valeur de son armée étaient à leur apogée. En un mois il n'y eut plus ni armée ni monarchie prussiennes, et à l'aspect de la mer du Nord ses soldats s'écrièrent spontanément : *Vive l'Empereur d'Occident*[1] ! Leur enthousiasme

---

[1] Les lecteurs de cette histoire se souviennent sans doute qu'à l'épo-

avait deviné son ambition. Il en conçut une joie profonde, sans avouer du reste la passion secrète qu'il nourrissait pour ce beau titre. Les Russes s'étaient avancés au secours des Prussiens. Napoléon courut à eux, les rejeta au delà de la Vistule, et trouvant sur son chemin la Pologne, songea à la relever, sans se demander si on peut ressusciter les États plus facilement que les individus. Il était animé contre les Russes, et ne songeait qu'à leur causer les plus grands déplaisirs et les plus grands dommages. Il livra à Czarnowo, à Pultusk, de sanglantes batailles, fit à Eylau une première expérience de ce climat du Nord et de ce désespoir des peuples, devant lesquels il devait succomber plus tard, et, pendant un hiver passé sur la neige, opéra des prodiges d'habileté et d'énergie. Enfin le printemps venu, il livra et gagna la bataille de Friedland, la plus belle peut-être de tous les siècles par la promptitude et la profondeur des combinaisons, par la grandeur des conséquences. Alexandre tomba à ses pieds comme avaient fait François II et Frédéric-Guillaume, et le grand conquérant des temps modernes s'arrêta, car il avait senti à cette distance la terre manquer sous ses pas. Seul aux extrémités du continent, entouré d'États détruits, éprouvant pourtant le besoin de s'appuyer sur un allié quel qu'il fût, Napoléon imagina de s'appuyer sur son jeune ennemi vaincu. En effet l'alliance autrichienne, toujours impossible à cette époque, l'était devenue

que de la capitulation de Prenzlow les soldats de Lannes poussèrent ce cri à la vue de la mer du Nord, et que Lannes l'écrivit à Napoléon qui ne répondit rien.

davantage depuis les rigueurs qui avaient suivi Austerlitz; l'alliance prussienne avait été manquée, et il ne restait plus que l'alliance russe. Mobile par défaut de principes arrêtés, en présence d'un prince mobile par nature, Napoléon passa brusquement d'une politique à l'autre, en entraînant son jeune émule à sa suite. Il conçut alors le système de deux grands empires, un d'Occident qui serait le sien, un d'Orient qui serait celui d'Alexandre, le sien bien entendu devant dominer l'autre, lesquels décideraient de tout dans le monde. Il eut une entrevue sur le radeau de Tilsit avec le czar, le releva de sa chute, le flatta, l'enivra, et sortit de ce célèbre radeau avec l'alliance russe. Pourtant il eût fallu s'expliquer, et l'alliance devant reposer sur des complaisances réciproques, déterminer l'étendue de ces complaisances. Napoléon était pressé, Alexandre séduit, on s'embrassa, on se promit tout, mais on ne s'expliqua sur rien. Alexandre laissa voir le dessein de prendre la Finlande, à quoi Napoléon consentit, ayant de nombreuses raisons d'en vouloir à la Suède. De plus Alexandre laissa percer tous les désirs d'un jeune homme à l'égard de l'Orient. Au mot de Constantinople Napoléon bondit, puis se contint, et permit à son nouvel allié tous les rêves qu'il lui plut de concevoir. C'est sur de telles bases que dut reposer l'union des deux empires. On signa le traité de Tilsit. Napoléon enleva à la Prusse une moitié de ses États, et lui rendit l'autre moitié à la prière d'Alexandre. D'une partie des États prussiens et de quelques sacrifices demandés à Alexandre, Napoléon composa le grand-duché de Varsovie, fantôme agitateur pour les Polonais, alarmant pour les anciens copartageants, lequel fut donné au roi de Saxe. Avec le surplus des dépouilles prussiennes, et avec l'électorat de Hesse, Napoléon composa le royaume de Westphalie, destiné à son frère Jérôme. La Saxe, agrandie du grand-duché, et le nouveau royaume de Westphalie, durent faire partie de la Confédération du Rhin, qui s'étendit ainsi jusqu'à la Vistule. On ne pouvait certes accumuler plus de contre-sens. Une Allemagne sous un empereur français, comprenant un royaume français, celui de Westphalie, un duché français, celui de Berg (conféré à Murat), comprenant la Saxe agrandie sans l'avoir voulu, et la Pologne à moitié restaurée, ne comprenant ni la Prusse à demi détruite, ni l'Autriche que l'extension promise à la Russie sur le Danube achevait de désoler; aux deux extrémités de cette Allemagne si peu allemande deux empereurs, l'un de Russie, l'autre de France, se promettant une amitié inviolable pourvu que chacun des deux laissât faire à l'autre ce qui lui plairait, et se gardant bien de s'expliquer de peur de n'être pas d'accord, l'un notamment rêvant d'aller à Constantinople où son allié ne voulait pas le laisser aller, l'autre ayant commencé une Pologne que son allié ne voulait pas lui laisser achever; enfin, en dehors de ce chaos, l'Angleterre se promenant autour des deux empires alliés avec cent vaisseaux et deux cents frégates, l'Angleterre implacable, résolue de hâter la ruine de cet extravagant édifice, tel fut le système dit de Tilsit, imaginé au lendemain de l'immortelle victoire de

Friedland. Quel fruit politique d'un si beau triomphe militaire!

Assurément, si au milieu du torrent qui l'entraînait, Napoléon avait été capable de s'arrêter et de réfléchir, il aurait pu après Friedland, encore mieux qu'après Austerlitz, revenir d'un seul coup à la belle politique du Consulat, complétée, consolidée, et n'ayant qu'un inconvénient, celui d'être trop agrandie. Le continent, qu'on pouvait regarder déjà comme vaincu à Austerlitz, l'était définitivement et sans appel après Friedland. L'armée du grand Frédéric, toujours citée pour piquer l'orgueil du vainqueur de Marengo et d'Austerlitz, n'était plus. Les distances qui protégeaient la Russie, comme le détroit de Calais protégeait l'Angleterre, avaient été surmontées. Il ne restait nulle part une résistance imaginable sur le continent. De la hauteur de sa toute-puissance Napoléon pouvait relever la Prusse comme si elle n'avait pas été vaincue, en lui rendant la totalité de ses États moins le Hanovre consacré à payer la paix maritime. A ce prix il eût conquis tous les cœurs prussiens, même celui de la reine, même celui de Blucher, et la Prusse eût été dès lors une solide alliée, car, après la leçon d'Iéna, après l'acte de générosité qui l'aurait suivie, il n'y avait pas une suggestion anglaise, russe ou autrichienne, qui pût pénétrer dans ses oreilles ou dans son cœur. Napoléon, dans cette hypothèse, n'aurait rien demandé à Alexandre, si ce n'est de souffrir pour punition de sa défaite que les provinces danubiennes passassent à l'Autriche. Celle-ci, dédommagée, eût été à demi calmée. Enfin, s'il avait voulu pousser la sagesse au comble, Napoléon aurait pu reconstituer l'Allemagne, en la confédérant autour de la Prusse et de l'Autriche, habilement balancées l'une par l'autre, et, à défaut de ce grand effort de raison, il aurait pu, en conservant la ridicule Confédération du Rhin, ne pas faire de nouvelles victimes parmi les princes allemands, pardonner par exemple à l'électeur de Hesse, et permettre à la Prusse de confédérer l'Allemagne du Nord autour d'elle. A cette condition Napoléon eût été le vrai maître du continent, et l'Angleterre, définitivement isolée, lui eût demandé la paix à tout prix. Mais, nous le reconnaissons, c'est là un rêve! On ne s'arrête pas au milieu de tels entraînements! Napoléon emporté au gré des événements et de ses passions, renversant un État après l'autre, prenant, rejetant successivement les alliances, alla jusqu'au bord du Niémen ramasser l'alliance russe dans les boues de la Pologne, et revint la tête ivre d'orgueil, d'ambition, de gloire, laissant derrière lui la Prusse, l'Allemagne, l'Autriche désespérées, et croyant leur imposer par l'alliance de la Russie à laquelle il préparait une Pologne, et à laquelle il ne voulait donner ni Constantinople, ni même Bucharest et Yassy! Si on nous demande comment, avec un si grand génie guerrier et même politique, on arrive à commettre de telles erreurs, nous demanderons comment avec tant de talents et de sentiments généreux, la Révolution française en arriva aux folies sanguinaires de 1793, et nous dirons que c'est en mettant la raison de côté pour se livrer aux passions. Seulement il y aura pour Napoléon une excuse de moins, car un homme devrait être plus facile à contenir que la multitude. Malheureusement, l'exemple le prouve, un homme entraîné par l'orgueil, l'ambition, le sentiment de la victoire, ne sait guère plus se dominer que la multitude elle-même.

Au retour de Tilsit on joua une comédie dont on était convenu. La Russie, la Prusse et l'Autriche contraintes, s'unirent à la France pour déclarer à l'Angleterre que si elle n'écoutait pas la voix de ses anciens alliés, et refusait la paix, on lui ferait une guerre générale et acharnée, et surtout une guerre commerciale par la clôture des ports du continent. Et certainement, si on lui avait adressé une telle déclaration au nom de la Prusse rétablie par la générosité de Napoléon, de l'Autriche consolée par sa politique, et de la Russie dégoûtée par des défaites répétées de guerroyer pour autrui, l'Angleterre se serait rendue. Mais elle se rit d'une déclaration arrachée aux uns par la force, aux autres par une combinaison éphémère, et brava fièrement les menaces de cette prétendue coalition européenne. Toutefois le blocus continental commença. L'Angleterre avait frappé le continent d'interdit; Napoléon à son tour frappa la mer d'interdit, en fermant tous les ports européens, soit à l'Angleterre, soit à ceux qui se seraient soumis à ses lois maritimes. De tout ce qu'il avait imaginé dans cette campagne, c'était ce qu'il y avait de plus sérieux et de plus efficace. Cet interdit maintenu quelques années, l'Angleterre aurait été probablement amenée à céder. Malheureusement le blocus continental devait ajouter à l'exaspération des peuples obligés de se plier aux exigences de notre politique, et Napoléon allait lui-même préparer à l'Angleterre un immense dédommagement en lui livrant les colonies espagnoles.

L'une des causes qui avaient précipité la résolution de Napoléon à Tilsit, c'était l'Espagne. Le trône de Philippe V était resté aux Bourbons. Il était naturel que dans l'élan de son ambition, Napoléon songeât à se l'approprier. C'était le plus beau des trônes après celui de France à faire entrer dans les mains des Bonaparte, et le complément le plus indiqué de l'empire d'Occident. Ce grand empire, suzerain de Naples, de l'Italie, de la Suisse, de l'Allemagne, de la Hollande, devenant encore suzerain de l'Espagne, n'avait plus rien à désirer que la soumission des peuples à ce gigantesque édifice. Mais le prétexte pour une telle annexion n'était pas facile à trouver. Au nombre des bassesses qui déshonoraient alors la famille d'Espagne, on pouvait compter sa docilité envers Napoléon. Le bon Charles IV avait pour le héros du siècle une admiration, un dévouement sans bornes. La nation elle-même, enthousiaste du Premier Consul devenu empereur, semblait demander ses conseils pour les suivre. Comment à de telles gens répondre par la guerre? De plus il y avait en Espagne un peuple ardent, fier, neuf, et capable d'une résistance imprévue, qui pourrait bien n'être pas aisée à dompter. Sous l'impuissance apparente de la cour d'Espagne se cachaient donc des difficultés graves. Peut-être en sachant attendre, on eût trouvé la solution dans la corruption même de la cour d'Aranjuez. Un roi honnête, mais d'une faiblesse, d'une incapacité extrêmes, et telles qu'on les voit seulement à l'extinction des races, une reine impudique, un favori effronté déshonorant son maître, un mauvais fils voulant profiter de ces désordres pour hâter l'ouverture de la succession, et une nation indignée prête à tout pour se délivrer de ce spectacle odieux, offraient des chances à un voisin ambitieux et tout-puissant. Il était possible que la cour d'Espagne s'abîmât dans sa propre corruption, et demandât un roi à Napoléon. Déjà on lui avait demandé une reine pour être l'épouse de Ferdinand, et ce moyen moins direct de rattacher l'Espagne au grand Empire avait été mis à sa disposition. Mais Napoléon ne voulait rien d'indirect ni de différé. Il voulait tout entière et tout de suite la couronne d'Espagne. Il imagina une série de moyens qui aboutirent à une révolte universelle.

Il avait déjà envahi le Portugal sous prétexte de le fermer à l'Angleterre, et la famille de Bragance avait fui au Brésil. Ce fut pour lui un trait de lumière. Il imagina en accumulant les troupes sur la route de Lisbonne, avec tendance à prendre la route de Madrid, d'effrayer les Bourbons, de les faire fuir, et puis de les arrêter à Cadix. Grâce à cette machination la cour d'Espagne allait s'enfuir, et le complot réussir, quand le peuple espagnol indigné courut à Aranjuez, empêcha le départ, faillit égorger Godoy, et proclama Ferdinand VII qui accepta la couronne arrachée à son père. Napoléon dans cet acte dénaturé trouvant un nouveau thème, en place de celui que le peuple d'Aranjuez venait de lui enlever, attira le père et le fils à Bayonne, et les mit aux prises. Le père leva sa canne pour battre son fils devant Napoléon, qui poussa des cris d'indignation, prétendit qu'on lui avait manqué de respect, fit abdiquer le père pour incapacité, le fils pour indignité, et en présence de l'Europe révoltée de ce spectacle, de l'Espagne confondue et furieuse, osa mettre la couronne de Philippe V sur la tête de son frère Joseph, et transporta celle de Naples sur la tête faible et ambitieuse du pauvre Murat. Ainsi commença cette fatale guerre d'Espagne, qui consuma pendant six ans entiers les plus belles armées de la France, et prépara aux Anglais un champ de bataille inexpugnable.

Cette dernière faute commise, les conséquences se précipitèrent. Napoléon avait cru que quatre-vingt mille conscrits avec quelques officiers tirés des dépôts suffiraient pour mettre à la raison les Espagnols. Mais sous un tel climat, en présence d'une insurrection populaire qu'on ne pouvait pas vaincre avec des masses habilement maniées, et qu'on ne pouvait soumettre qu'avec des combats opiniâtres et quotidiens, ce n'étaient pas des conscrits qu'il aurait fallu. Baylen fut la première punition d'une grave erreur militaire et d'un coupable attentat politique. Ce premier acte de résistance au grand Empire émut l'Europe, et rendit l'espérance à des cœurs que la haine dévorait. Napoléon frappé du mouvement qui s'était manifesté dans les esprits depuis Séville jusqu'à Kœnigsberg, appela son allié Alexandre à Erfurt pour s'entendre avec lui, et fut obligé alors de sortir du vague de ses promesses magnifiques. Il en sortit en accordant les provinces danubiennes. C'était trop, mille fois trop, car c'était mettre les Russes aux portes de Constantinople. Alexandre, qui avait rêvé Constantinople, feignit d'être satisfait, parce qu'il voulait achever la conquête de la Finlande, et qu'il trouvait bon de prendre au moins les bords du Danube en attendant mieux. Napoléon et lui se quittèrent en s'embrassant, en se promettant de devenir beaux-frères, mais à moitié désenchantés de leur menteuse alliance. Rassuré par l'entrevue d'Erfurt, Napoléon mena en Espagne ses meilleures armées, celles devant lesquelles le continent avait succombé. C'était le moment attendu par l'Autriche et par tous les ressentiments allemands. Alors eut lieu une nouvelle levée de boucliers européenne, celle de 1809. Napoléon, après avoir chassé devant lui, mais non dompté les Espagnols qui fuyaient sans cesse, allait détruire l'armée anglaise de Moore qui ne savait pas fuir aussi vite, quand l'Autriche en passant l'Inn le rappela au nord. Il quitta Valladolid à franc étrier, en promettant que dans trois mois il n'y aurait plus d'Autriche, vola comme l'éclair à Paris, de Paris à Ratisbonne, et avec un tiers de vieux soldats restés sur le Danube, et deux tiers de conscrits levés à la hâte, opéra des prodiges à Ratisbonne, entra encore en vainqueur à Vienne, et contint toutes les insurrections allemandes prêtes à éclater.

Pourtant à la manière dont la victoire fut disputée à Essling d'abord, à Wagram ensuite, au frémissement de l'Allemagne et de l'Europe, Napoléon sentit quelques lueurs de vérité pénétrer dans son âme. Il comprit que le monde avait besoin de repos, et que s'il ne lui en donnait pas, il s'exposerait à un soulèvement général des peuples. Il prit donc certaines résolutions qui étaient le résultat de cette sagesse passagère. Il projeta de retirer ses troupes de l'Allemagne (des territoires du moins qui ne lui appartenaient pas), afin de diminuer l'exaspération générale; il résolut de terminer, en y mettant de la suite, les affaires d'Espagne qui offraient à l'Angleterre un prétexte et un moyen de perpétuer la guerre; il s'occupa de contraindre cette puissance à céder par l'interdiction absolue du commerce, et systématisa dans cette vue le blocus continental. Enfin il songea à se remarier, comme si en s'assurant des héritiers il avait assuré l'héritage, comme si la félicité impériale avait dû être la félicité des peuples!

Pourtant, si ces résolutions prises sous une sage inspiration eussent été sérieusement exécutées, il est possible que l'ordre de choses exorbitant que Napoléon prétendait établir, eût acquis de la consistance, peut-être même de la durée, du moins en tout ce qui ne contrariait pas invinciblement les sentiments et les intérêts des peuples. S'il eût réellement évacué l'Allemagne, employé en Espagne des moyens proportionnés à la difficulté de l'œuvre, et persévéré sans violence dans le blocus continental, il aurait probablement obtenu la paix maritime, ce qui eût fait cesser les principales souffrances des populations européennes, supprimé une grave cause de collision avec les États soumis au blocus continental, et enfin s'il eût couronné le tout d'un mariage qui eût été une véritable alliance, il aurait vraisemblablement consolidé un état de choses excessif, et l'eût perpétué dans ce qu'il n'avait pas d'absolument impossible. Mais le caractère, les habitudes prises conduisirent bientôt Napoléon à des résultats diamétralement contraires à ses velléités passagèrement pacifiques. Ainsi, en évacuant quelques parties de l'Allemagne, il accumula ses troupes de Brême à Hambourg, de Hambourg à Dantzig, sous le prétexte du blocus continental. Il fit mieux : pour plus de simplicité, il réunit à l'Empire la Hollande, Brême, Hambourg, Lubeck, et le duché d'Oldenbourg qui appartenait à la famille impériale russe. En même temps il réunit la Toscane et Rome à l'Empire. Le Pape lui avait résisté, il le fit enlever, conduire à Savone, puis à Fontainebleau, où il le détint respectueusement. Il fit exécuter depuis Séville jusqu'à Dantzig des saisies de marchandises, qui sans ajouter beaucoup à l'efficacité du blocus continental, ajoutèrent cruellement à l'irritation des peuples contre ce système. Tandis qu'il était si rigoureux dans l'exécution du blocus, surtout à l'égard de ceux que le blocus n'intéressait point, il y commettait lui-même les plus étranges infractions en permettant au commerce français de trafiquer avec l'Angleterre au moyen des licences, ce qui donnait au système un aspect intolérable, car la France semblait ne pas vouloir endurer les peines d'un régime imaginé pour elle seule. Quant à l'Espagne, dont il importait tant de terminer la guerre, Napoléon, s'abusant sur la difficulté, eut le tort ou de n'y pas envoyer des forces plus considérables, ou de n'y pas aller lui-même, car sa présence eût au moins permis de faire concourir les forces existantes à un résultat décisif. La guerre d'Espagne s'éternisa, aux dépens de l'armée française qui s'y épuisait, à la plus grande gloire des Anglais qui paraissaient seuls tenir le grand Empire en échec. Enfin, le mariage de Napoléon, qui aurait pu être comme un signal de paix, comme une espérance de repos pour l'Europe épuisée, au lieu de procurer une solide alliance, fut au contraire une occasion de rompre l'alliance russe, sur laquelle on avait fait reposer toute la politique impériale depuis Tilsit. C'était une princesse russe que Napoléon devait épouser, d'après ce qu'on s'était promis à Erfurt. Mais Alexandre qui, en se jetant dans notre alliance, s'y était jeté tout seul, car sa cour, sa nation, moins mobiles et moins rusées que lui, ne voyaient pas que s'il était inconséquent, il gagnait à son inconséquence la Finlande et la Bessarabie, Alexandre, pour disposer de sa sœur, avait besoin de quelques ménagements envers sa mère, et dès lors de quelques délais. Napoléon ne souffrant pas qu'on le fît attendre, abandonna brusquement cette négociation à peine commencée, et sans prendre la peine de se dégager, épousa une princesse autrichienne. L'Autriche s'était hâtée de la lui offrir, moins pour former des liens avec la France, que pour rompre les liens de la France avec la Russie, et il l'avait acceptée, parce qu'on lui avait fait attendre la princesse russe, parce que la princesse autrichienne était de plus noble extraction, parce qu'elle lui procurait un mariage comme les Bourbons en contractaient jadis. A partir de ce jour l'alliance avec la Russie, alliance fausse, mensongère, mais spécieuse, et par cela momentanément utile, était brisée. Napoléon était seul dans le monde avec son orgueil et son armée, armée admirable mais éparpillée de Cadix à Kowno.

Ainsi le résultat de ses vues pacifiques à la suite de Wagram était celui-ci : Réunion à l'Empire de la Hollande, des villes anséatiques, du duché d'Oldenbourg, de la Toscane, de Rome; captivité du Pape; rigueurs intolérables et infractions inexplicables dans l'exécution du blocus continental; prolongation indéfinie de la guerre d'Espagne; rupture de l'alliance russe, sans avoir acquis l'alliance de la cour d'Autriche, avec laquelle on avait contracté un mariage de vanité!

Telle était la situation de Napoléon en 1811, après douze années d'un règne absolu, soit comme Premier Consul, soit comme Empereur. Il fallait une solution. Se lassant de la chercher dans la Péninsule, depuis que Masséna avait été arrêté devant les lignes de Torrès-Védras, Napoléon s'occupa de la trouver ailleurs. L'Autriche, la Prusse, profondément soumises en apparence, le cœur ulcéré mais la tête basse, ne proféraient pas une parole qui ne fût une parole de déférence, et faisaient entendre tout au plus une prière si elles avaient quelque intérêt trop souffrant à défendre. La Russie, un peu moins humble, osait seule discuter avec le maître du continent, mais du ton le plus doux. On voyait qu'elle n'avait pas cessé de compter sur son éloignement géographique, bien qu'à Friedland elle eût senti qu'à la distance de la Seine au Niémen les coups de Napoléon étaient encore bien rudes. Elle se plaignait modérément de ce qu'on avait dépouillé son parent le duc d'Oldenbourg. Elle demandait que par une convention secrète on la rassurât sur l'avenir réservé au grand-duché de Varsovie, que Napoléon avait agrandi après Wagram, et qui n'était rien, ou devait être la Pologne. Enfin, elle résistait à la nouvelle forme donnée au blocus continental. Elle disait que chacun devait être libre d'établir chez soi les lois commerciales qu'il jugeait les meilleures; qu'elle avait promis de fermer les rivages russes au commerce britannique, et qu'elle tenait parole; qu'il entrait sans doute quelques bâtiments anglais sous le pavillon américain, mais qu'ils étaient infiniment peu nombreux, et qu'elle ne pouvait l'empêcher sans révolter ses peuples. Tout cela, on s'en souvient, était dit avec une modération infinie, et appuyé de raisonnements très-solides. Quant à l'outrage fait à la princesse russe, la Russie se taisait, mais de manière à prouver qu'elle l'avait vivement senti.

Ces objections indignèrent Napoléon. Lui avoir résisté, même sans bruit, même sans que le monde en sût rien, c'était à ses yeux avoir donné le signal de la révolte. De ce que quelqu'un, quelque part, opposait une objection à ses volontés arbitraires, il se tenait pour bravé. A la colère de l'orgueil se joignit chez lui un calcul. Achever la guerre d'Espagne en Espagne semblant difficile, et surtout long, les effets du blocus continental se faisant attendre, l'expédition de Boulogne étant depuis longtemps abandonnée, il crut qu'il fallait aller tout terminer sur les bords de la Dwina et du Dniéper. Il se figura que lorsque de Cadix à

Moscou il n'y aurait plus une ombre de résistance, et que la Russie serait réduite à l'état de la Prusse ou de l'Autriche, il aurait résolu la question européenne, que l'Angleterre à bout de constance se rendrait, que l'Empire français s'étendant de Rome à Amsterdam, d'Amsterdam à Lubeck, serait fondé, avec les royaumes d'Espagne, de Naples, d'Italie, de Westphalie, pour royaumes vassaux! Ainsi colère d'orgueil, calcul de finir au Nord ce qui ne finissait pas au Midi, telles furent les véritables et seules causes de la guerre de Russie.

Cette funeste entreprise fut tentée avec des moyens formidables, et commença à Dresde par un spectacle inouï de puissance d'un côté, de dépendance de l'autre, donné par Napoléon et les souverains du continent pendant un mois tout entier. Ceux-ci, plus ulcérés et plus humbles que jamais, se présentèrent devant leur maître l'humilité sur le front, la haine dans le cœur. Bien que Napoléon, loin d'avoir perdu de ses facultés comme capitaine, possédât au contraire ce que la plus grande expérience pouvait ajouter au plus grand génie, cependant l'art de la guerre lui-même avait perdu quelque chose sous l'influence de l'immensité et de la précipitation des entreprises. Dans tous les arts en effet, il arrive souvent qu'on fait mal en faisant trop. Les conceptions étaient plus vastes sans doute, l'exécution était moins parfaite. Dans la guerre de Russie notamment, le luxe introduit parmi nos généraux, les précautions imaginées contre un climat inconnu et redouté, avaient chargé l'armée d'équipages, embarrassants même à de faibles distances, accablants à des distances considérables. De plus le désir de pousser au nombre, l'habitude de tout terminer par un habile maniement des masses, avaient fait négliger la qualité des troupes. Un seul corps était resté modèle, celui du maréchal Davout, et deux cent mille hommes comme les siens eussent gagné la cause que perdirent les six cent mille transportés au delà du Niémen. Mais, singulier exemple des progrès de la bassesse sous le despotisme! on en voulait presque au maréchal Davout d'être demeuré si sévère, si correct dans la tenue de ses troupes, au milieu de la corruption générale. Ainsi l'art, parvenu à sa perfection théorique dans les conceptions de Napoléon, s'était quelque peu corrompu dans la pratique. La campagne de 1812 présenta l'image d'une expédition à la manière de Xerxès. Huit jours s'étaient à peine écoulés depuis le passage du Niémen, que deux cent mille hommes avaient déjà quitté les drapeaux, et donnaient le spectacle déplorable et contagieux d'une dissolution d'armée. Peut-être en s'arrêtant Napoléon aurait-il resserré ses rangs, consolidé sa base d'opération, et réussi à porter un coup mortel au colosse russe. Mais en présence de l'Europe attentive, sourdement et profondément haineuse, désirant notre ruine, il fallait un de ces prodiges sous lesquels Napoléon l'avait accoutumée à fléchir, comme Austerlitz, Iéna, Friedland. Napoléon courut après ce prodige jusqu'aux bords de la Moskowa, y trouva un prodige en effet dans la journée du 7 septembre 1812, mais un prodige de carnage, et rien de décisif, alla chercher du décisif jusqu'à Moscou même, y trouva du merveilleux, puis un sacrifice patriotique effroyable, l'incendie de Moscou, et resta ainsi tout un mois hésitant, incertain à l'extrémité du monde civilisé. Jamais assurément il ne montra plus de ténacité, d'esprit de combinaison, que dans les vingt et quelques jours passés et perdus à Moscou. Mais la constance épuisée de ses lieutenants manqua aux combinaisons par lesquelles il voulait sortir de l'abîme où il s'était jeté. Il fallut revenir. Le climat, la distance, agissant à la fois sur une armée accablée des fardeaux qu'elle portait avec elle, et qui comptait dans ses rangs trop d'étrangers, trop de jeunes gens, cette armée tomba en dissolution au milieu de l'immensité glacée de la Russie. Au début de la retraite Napoléon eut quelques jours de stupéfaction qui donnèrent à son caractère une apparence de défaillance, mais ce furent quelques jours perdus à contempler, à reconnaître son prodigieux changement de fortune. A la Bérézina son caractère reparut tout entier, et il ne faillit plus même à Waterloo. Ceux qui accusent ici le génie militaire de Napoléon commettent une erreur de jugement. Ce n'est pas au génie militaire de Napoléon qu'il faut s'en prendre, mais à cette volonté délirante, impatiente de tous les obstacles, qui des hommes voulant s'étendre à la nature, trouva dans la nature la résistance qu'elle ne trouvait plus dans les hommes, et succomba sous les éléments déchaînés. Ce n'est donc pas le militaire qui eut tort et fut puni par le résultat, c'est le despote à la façon des despotes d'Asie. Avec moins d'esprit qu'il n'en avait, et dans un autre siècle, Napoléon aurait peut-être comme

Xerxès fait fouetter la mer pour lui avoir désobéi. Pourtant on vit bien quelque chose qui rappelait cette extravagance, car pendant plusieurs mois ce fut un déchaînement inouï de ses écrivains contre le climat de la Russie, seule cause, affirmaient-ils, de tous nos malheurs. Ainsi la forme des choses change, mais la folie humaine persiste!

Napoléon désertant son armée, disent ses détracteurs, la quittant sans pitié, dira l'impartiale histoire, afin d'aller en préparer une autre, traversa l'Allemagne en secret, l'Allemagne plus stupéfaite que lui, et ayant besoin elle aussi de se reconnaître pour croire à son changement de fortune. Il eut le temps d'échapper et de ressaisir à Paris les rênes de l'Empire. La France consternée lui fournit avec un empressement où il n'entrait aucune indulgence pour ses erreurs, de quoi venger et relever nos armes. Il employa ces dernières ressources avec un génie militaire éprouvé et agrandi par le malheur. L'Allemagne soulevée avait tendu les mains à la Russie, et à l'union de l'Europe contre nous il ne manquait que l'Autriche. De la conduite qu'on tiendrait envers cette puissance allait dépendre le salut ou la ruine de la France. L'Autriche prit tout à coup une attitude aussi honorable qu'habile, à laquelle on n'avait pas même droit de s'attendre, et qu'on dut uniquement au ministre négociateur du mariage de Marie-Louise, lequel cherchait à ménager convenablement la transition de l'alliance à la guerre. Entre les peuples de l'Europe voulant que tous les opprimés s'unissent contre le commun oppresseur, et la France invoquant les liens du sang, l'Autriche se posa hardiment et franchement en arbitre. Elle demandait certes bien peu de chose, elle demandait qu'on renonçât à cette Allemagne française qualifiée de Confédération du Rhin, qu'on rendît à l'Allemagne ses ports indispensables, Lubeck, Hambourg, Brême, qu'on lui rendît à elle-même Trieste, qu'enfin on renonçât à cette fausse Pologne appelée grand-duché de Varsovie. A ce prix elle nous laissait la Westphalie, la Lombardie et Naples à titre de royaumes vassaux, la Hollande, le Piémont, la Toscane, les États romains constitués en départements français, et ne parlait pas de l'Espagne. Elle nous concédait donc deux fois plus que nous ne devions désirer, et deux fois plus que le fils de Napoléon n'aurait pu garder. Napoléon ne voulant pas croire que l'Autriche osât sérieusement se constituer arbitre entre lui et l'Europe, se flattant, depuis que la guerre s'était rapprochée du Rhin, de la soutenir victorieusement, se hâta pendant qu'on négociait de gagner deux batailles, celles de Lutzen et de Bautzen, où, sans cavalerie et avec une infanterie composée d'enfants, il battit les meilleures troupes de l'Europe; puis traitant l'Autriche en subalterne, ne tenant aucun compte de ses avis, même de ses prières, convaincu qu'il referait sa grandeur sans elle, malgré elle, il rompit l'armistice de Dresde, et recommença cette funeste lutte avec l'Europe entière, qu'il ouvrit par une des plus belles victoires de son règne, celle de Dresde, lutte dont il serait peut-être sorti victorieux s'il se fût borné à défendre la ligne de l'Elbe de Kœnigstein à Magdebourg. Mais dans la téméraire espérance de refaire d'un seul coup et tout entière son ancienne grandeur, il voulut étendre sa gauche jusqu'à Berlin, sa droite jusqu'aux environs de Breslau, afin d'intercepter les secours qu'on aurait pu envoyer de Prague à Berlin, et tandis que de sa personne il restait victorieux sur l'Elbe, il fut vaincu dans la personne de ses lieutenants, tant sur la route de Breslau que sur celle de Berlin, fut alors obligé de se concentrer, se concentra trop tard, perdit la ligne de l'Elbe, essaya de la reconquérir à Leipzig, et là, dans la plus grande action guerrière des siècles, lutta trois jours consécutifs sans perdre son champ de bataille. Mais réduit à battre en retraite, il fut atteint par un accident funeste, l'explosion du pont de Leipzig, accident fortuit en apparence, en réalité inévitable, car il résultait des proportions exorbitantes que Napoléon avait données à toutes choses. Il y perdit une partie de son armée, et ce déplorable accident lui valut, de la Saale au Rhin, une seconde retraite, moins longue mais presque aussi triste que celle de Russie. Le typhus acheva sur le Rhin cette armée que la France lui avait fournie pour réparer le désastre de 1812.

Une fois sur le Rhin, l'Autriche persistant dans sa prudence, fit offrir à Napoléon la paix aux conditions du traité de Lunéville, c'est-à-dire la France avec ses frontières naturelles. Il ne la refusa point, mais il exprima son acceptation avec une ambiguïté de langage qui tenait à la fois à l'orgueil et à la crainte de s'affaiblir par trop d'empressement à traiter : nouvelle faute qui, cette fois, était la suite presque inévitable des fautes antérieures. Mais l'Europe, qui avait tremblé à l'idée d'envahir la France, apprit bientôt en approchant combien Napoléon s'était aliéné les esprits; elle profita dès lors de l'ambiguïté de l'acceptation pour retirer ses offres, et marcha droit sur Paris. Napoléon, qui croyait avoir le temps de réunir des forces suffisantes, et se regardait comme invincible en deçà du Rhin, n'eut que les tristes restes de Leipzig pour tenir tête à l'Europe, c'est-à-dire 60 à 70 mille hommes, les uns épuisés, les autres enfants, contre 300 mille soldats aguerris. En ce moment on lui proposa encore la paix, mais avec la France de 1790. Ayant pour la première fois raison contre ses conseillers, au lieu du fol orgueil d'un conquérant asiatique déployant le noble orgueil du citoyen, comprenant que la France de 1790 serait mieux placée dans les mains des Bourbons que dans les siennes, il refusa les conditions de Châtillon, et n'ayant que des débris lutta jusqu'au dernier jour avec une énergie indomptable.

L'histoire, on peut le dire, ne présente pas deux fois le spectacle extraordinaire qu'il offrit pendant ces deux mois de février et mars 1814. En effet ses lieutenants assaillis par toutes les frontières se retirent en désordre, et arrivent à Châlons consternés. Il accourt, seul, sans autre renfort que lui-même, les rassure, les ranime, rend la confiance à ses soldats démoralisés, se précipite au-devant de l'invasion à Brienne, à la Rothière, s'y bat dans la proportion d'un contre quatre, et même contre cinq, étonne l'ennemi par la violence de ses coups, parvient ainsi à l'arrêter, profite alors de quelques jours de répit, conquis à la pointe de l'épée, pour munir de forces indispensables la Marne, l'Aube, la Seine, l'Yonne, conserve au centre une force suffisante pour courir au point le plus menacé, et là, comme le tigre à l'affût, attend une chance qu'il a entrevue dans les profondeurs de son génie, c'est que l'ennemi se divise entre les rivières qui coulent vers Paris. Cette prévision se trouvant justifiée, il court à Blucher séparé de Schwarzenberg, l'accable en quatre jours, revient ensuite sur Schwarzenberg séparé de Blucher, le met en fuite, le ramène des portes de Paris à celles de Troyes, voit alors l'ennemi lui offrir une dernière fois la paix, c'est-à-dire la couronne, refuse l'offre parce qu'elle ne comprend pas les limites naturelles, court de nouveau sur Blucher, l'enferme entre la Marne et l'Aisne, va le détruire pour jamais, et relever miraculeusement sa fortune, quand Soissons ouvre ses portes! Nullement troublé par ce changement soudain de fortune, il lutte à Craonne, à Laon, avec une ténacité indomptable, est près de ressaisir la victoire que Marmont lui fait perdre par une faute, se retire à demi vaincu sans être ébranlé, ne désespère pas encore, bien que la manœuvre de courir de Blucher à Schwarzenberg ne soit plus possible, parce qu'elle est trop prévue, parce qu'il n'a pas vaincu Blucher, parce qu'enfin on est trop près les uns des autres! Toujours inépuisable en ressources, il imagine alors de se porter sur les places pour y rallier les garnisons et s'établir sur les derrières de l'ennemi avec cent mille hommes. Avant d'exécuter cette marche audacieuse, il donne à Arcis-sur-Aube un coup dans le flanc de Schwarzenberg afin de l'attirer à lui, court ensuite vers Nancy, lorsque l'ennemi se décidant à marcher sur Paris, parvient à en forcer les portes. Napoléon y revient en toute hâte, trouve l'ennemi dispersé sur les deux rives de la Seine, s'apprête à l'accabler, quand ses lieutenants lui arrachent son épée, le punissant ainsi trop tard d'en avoir abusé, et lui, l'homme des guerres heureuses, termine sa carrière après avoir déployé toutes les ressources du caractère et du génie dans une guerre désespérée, où il ajoute à l'éclat, à l'audace, à la fécondité de ses premières campagnes, une qualité qu'il lui restait à déployer, et qu'il déploie jusqu'au prodige, la constance inébranlable dans le malheur!

Telle fut la carrière de Napoléon de son commencement à sa fin. Nous l'avons résumée en quelques pages pour la mieux faire saisir; résumons ce résumé pour en tirer les leçons profondes qu'il contient.

Au milieu de la France épuisée de sang, révoltée du spectacle auquel elle avait assisté pendant dix années, le général Bonaparte s'empara de la dictature au 18 brumaire, et ce ne fut là, quoi qu'on en dise, ni une faute ni un attentat. La dictature n'était pas alors une invention de la servilité, mais une nécessité sociale. La liberté, pour qu'elle soit possible, exige que, gouvernements, partis, individus, se laissent tout dire avec une patience inaltérable. C'est à peine s'ils en sont capables lorsque n'ayant rien de sérieux à se reprocher, ils n'ont à s'adresser que des calomnies. Mais lorsque les hommes du temps pouvaient justement s'accuser d'avoir tué, spolié, trahi, pactisé avec l'ennemi extérieur, les imaginer en face les uns des autres, discutant paisiblement les affaires publiques, est une pure illusion. Ce n'est donc pas d'avoir pris la dictature qu'il faut demander compte au général Bonaparte, mais d'en avoir usé comme il le fit de 1800 à 1814.

Lorsqu'en présence des affreux désordres d'une longue révolution, son génie, sensé autant qu'il était grand, s'appliquait à réparer les fautes d'autrui, il ne laissa rien à désirer. Il avait trouvé les Français acharnés les uns contre les autres, et il pacifia la Vendée, rappela les émigrés, leur rendit même une partie de leurs biens. Il avait trouvé le schisme établi et troublant toutes les âmes : il n'eut pas la prétention de le faire cesser avec son épée, il s'adressa respectueusement au chef spirituel de l'univers catholique qu'il avait rétabli sur son trône, le remplit de sa raison, l'amena à reconnaître les légitimes résultats de la Révolution française, obtint de lui notamment la consécration de la vente des biens d'Église, la déposition de l'ancien clergé et l'institution d'un clergé orthodoxe et nouveau, l'absolution des prêtres assermentés ou sortis des ordres, et, après une négociation de près d'une année, chef-d'œuvre d'adresse autant que de patience, composa de tous les rapports de l'État avec l'Église une admirable constitution, la seule de nos constitutions qui ait duré, le Concordat. La Révolution avait commencé nos lois civiles sous l'inspiration des passions les plus folles; il les reprit et les acheva sous l'inspiration du bon sens et de l'expérience des siècles. Il rétablit les impôts nécessaires, abolis par les complaisants de la multitude, organisa une comptabilité infaillible, créa une administration active, forte et probe. Au dehors fier, résolu, mais contenu, il sut se servir de la force en y joignant la persuasion. En Suisse, il opéra une seconde pacification de la Vendée, au moyen de l'acte de médiation, qui en changeant de nom, est resté la constitution définitive de la Suisse. Il reconstitua l'Allemagne bouleversée par la guerre en indemnisant les princes dépossédés avec les biens d'Église, et en rétablissant entre les confédérés un juste équilibre. Tenant ainsi d'une main équitable et ferme la balance des intérêts allemands, et la faisant légèrement pencher vers la Prusse sans révolter l'Autriche, il prépara l'alliance prussienne, seule possible alors, et en même temps suffisante. Après avoir ainsi au dedans comme au dehors opéré le bien praticable et désirable, admiré du monde, adoré de la France, il ne lui restait qu'à s'endormir au sein de cette gloire si pure, et à permettre au monde fatigué de s'endormir avec lui.

Vain rêve! cet homme qui avait si bien jugé, si bien réprimé les passions d'autrui, ne sut pas se contenir dès qu'on eut blessé les siennes. Des émigrés réfugiés à Londres l'insultèrent : l'Angleterre les laissa dire parce que d'après ses lois elle ne pouvait les en empêcher, et de plus elle les écouta parce qu'ils flattaient sa jalousie. Quel miracle qu'il en fût ainsi, et quelle raison de s'en étonner, de s'en irriter surtout! Mais ce héros, ce sage, que le monde admirait, ne se possédait déjà plus. Il demanda vengeance, et ne l'obtenant pas au gré de sa colère, il outragea l'ambassadeur de la Grande-Bretagne. Tandis qu'il n'aurait fallu que patienter quelques jours pour que l'Angleterre évacuât Malte, il rompit la paix d'Amiens, et mit ainsi Malte pour jamais dans les mains britanniques. Les émigrés qui l'avaient injurié conspirèrent contre sa vie, ayant malheureusement des princes pour confidents ou pour complices. Dans l'impuissance d'atteindre les uns et les autres, il alla sur le territoire neutre saisir un prince qui peut-être n'ignorait pas ces complots, mais qui n'y avait point trempé, et il le fit fusiller impitoyablement. L'Europe révoltée de cette violation de territoire réclama; il insulta l'Europe. Hélas! dans son âme bouleversée les passions avaient vaincu la raison, et les révolutions de cette âme puissante devenant celles du monde, la politique forte et contenue du Consulat fit place à la politique aveugle et désordonnée de l'Empire. Ce fut la première des grandes fautes du Premier Consul, et la plus décisive, car elle devint la source de toutes les autres.

Aux prises avec la Grande-Bretagne, le Premier Consul voulut la saisir corps à corps en traversant le détroit. Mais pour passer la mer avec sécurité il aurait fallu apaiser le continent, et il prit Gênes! Alors le continent éclata, et la guerre de maritime devint continentale, ce qui n'était pas à regretter, car on lui fournit ainsi l'occasion de battre l'Angleterre dans la personne de ses alliés, et de résoudre la question sur terre au lieu de la résoudre sur mer. Après avoir écrasé l'Autriche à Ulm et à Austerlitz, il renvoya chez elle la Russie battue et confuse, et couvrit de ridicule la Prusse accourue pour lui faire la loi. C'était le cas de revenir à la raison, et de se replacer dans la paix de Lunéville et d'Amiens consolidée et agrandie. En ne faisant subir à l'Autriche que les pertes inévitables, en la dédommageant même au besoin; en consolant la Prusse de l'embarras de sa position par des égards, par des dons qui ne la couvrissent pas de honte, en ne demandant rien à la Russie que de se tenir hors d'une querelle qui lui était étrangère, Napoléon aurait isolé l'Angleterre, l'aurait contrainte de traiter aux conditions qu'il voulait, et il serait rentré dans la politique consulaire avec son titre impérial universellement reconnu, avec quelques acquisitions de plus, inutiles sans doute, mais brillantes. Malheureusement au lieu de faire de ses triomphes d'Ulm et d'Austerlitz ce qu'ils étaient, ce qu'ils devaient être, le moyen de vaincre l'Angleterre par terre, il y chercha l'occasion de la monarchie universelle. Ce fut la seconde de ses grandes fautes et celle qui définitivement devait l'engager dans la voie de la politique follement conquérante. Alors on le vit coup sur coup prendre Naples pour son frère Joseph, la Lombardie pour son fils adoptif Eugène, la Hollande pour son frère Louis, destinés tous les trois à devenir rois vassaux du grand empire d'Occident, briser l'Allemagne qu'il avait reconstituée et qui était l'un de ses plus glorieux ouvrages, créer une Allemagne française sous le titre de Confédération du Rhin, une Allemagne dont la Prusse et l'Autriche étaient exclues, mettre la couronne des Césars sur sa tête, humilier la Prusse par le don du Hanovre! et cependant, il était si puissant à cette époque, qu'il n'avait pas encore rendu la paix impossible par ces excès, tant on la désirait avec lui pour ainsi dire à tout prix. La Russie lui avait envoyé M. d'Oubril, l'Angleterre lord Lauderdale, et elles ne demandaient d'autre satisfaction, après tant d'entreprises exorbitantes, que la Sicile pour la maison de Bourbon, la Sardaigne pour la maison de Savoie. Napoléon voulant traiter séparément avec l'une et avec l'autre, pour les mieux plier à ses volontés, manqua la paix avec toutes deux, la paix qui eût été la consécration de tout ce qu'il avait osé, refusa une simple explication à la Prusse, au sujet de la restitution du Hanovre à Georges III, et se retrouva rejeté dès lors dans la guerre universelle. Mais il avait les premiers soldats du monde, et il était le premier capitaine des temps modernes, peut-être même de tous les temps. On le vit en quelques mois anéantir l'armée prussienne à Iéna, et achever la destruction de l'armée russe à Friedland. A partir de ce jour, l'envie n'avait plus une seule piqûre à faire à son orgueil : elle ne pouvait plus lui opposer ni l'armée du grand Frédéric, évanouie en une journée, ni les distances qui devaient rendre la Russie invincible. C'était le cas, bien plus encore qu'après Austerlitz, de rentrer dans la vraie politique, de se servir de sa puissance sur le continent pour priver à jamais l'Angleterre d'alliés, en gratifiant par exemple l'Autriche des provinces danubiennes, en faisant de ce don à l'Autriche la seule punition de la Russie, en relevant la Prusse abattue, en lui rendant tout ce qu'elle avait perdu par son imprudence, en la comblant ainsi de surprise, de joie, de reconnaissance ; et certes avec l'Autriche consolée, avec la Prusse à jamais rattachée à la France, avec la Russie deux fois punie de son intervention imprudente, l'Angleterre isolée pour toujours eût rendu les armes, et l'Empire gigantesque déjà imaginé par Napoléon eût été consacré. Mais la cause qui l'avait fait sortir de la politique modérée de 1803, qui l'avait empêché d'y rentrer après Austerlitz, subsistait, et enivré d'orgueil, cherchant à systématiser ses fautes pour les excuser à ses propres yeux, supprimant de sa pensée, comme s'ils n'existaient pas, la plupart des États de l'Europe, il ne voulut plus voir que deux grands Empires, celui d'Occident et celui d'Orient, s'appuyant l'un sur l'autre, et, forts de cet appui, se permettant tous les excès de pouvoir sur le monde esclave. Ce fut la troisième des grandes fautes de Napoléon, car cette alliance russe, unique fondement désormais de sa politique, ne pouvait être qu'un mensonge ou un attentat contre l'Europe, un mensonge s'il voulait tout se permettre de son côté sans rien permettre à la Russie, un attentat contre l'Europe s'il ouvrait à son alliée la route de Constantinople. Hélas! emporté par le torrent de la conquête, il allait si vite, et réfléchissait si peu, qu'il ne s'était pas dit jusqu'où il laisserait la Russie s'avancer sur la route de Constantinople, et ce qu'il ferait de ce grand-duché de Varsovie, qui n'était rien s'il n'était la Pologne! Ce qu'il s'était dit, c'est qu'avec la complaisance de la Russie il résoudrait la question d'Espagne, et c'était désormais sa pensée dominante. L'Espagne restée aux Bourbons manquait seule à son vaste Empire, et il était pressé d'en faire l'un des royaumes vassaux de l'Occident.

L'Espagne soumise, honteuse de son état, lui demandant une politique, un gouvernement, une épouse, eût peut-être été amenée à lui demander un roi, à condition qu'il sût attendre. Mais il était devenu incapable de patience comme de modération, et il avait imaginé de faire fuir les Bourbons d'Aranjuez, pour les arrêter à Cadix. Le peuple espagnol s'étant opposé à leur fuite, il les avait attirés à Bayonne, avait précipité le père et le fils l'un sur l'autre, s'était autorisé de leurs divisions pour déclarer l'un incapable, l'autre indigne, et avait terminé cette sombre comédie par une usurpation qui révolta l'Europe, souleva l'Espagne, et fit de celle-ci une immense Vendée, au sein de laquelle un peuple neuf comme les Espagnols, un peuple opiniâtre comme les Anglais, nous suscitèrent une guerre sans fin! Cette faute fut la quatrième du règne impérial, et la plus grande assurément après celle d'être sorti de la politique modérée de 1803, car elle entraîna la ruine de l'armée française, seul appui de la dynastie des Bonaparte, depuis que Napoléon avait fait de son règne le règne de la force.

Baylen, nom funeste, Baylen fut la première punition de l'attentat de Bayonne. A l'aspect de paysans révoltés tenant tête à nos soldats et les forçant à capituler, on vit l'Europe abattue reprendre courage, et l'Autriche impatiente donner en 1809 le signal de la révolte générale. Napoléon privé de ses meilleurs soldats employés en Espagne, courut sur l'Autriche avec des conscrits, accomplit des prodiges à Ratisbonne, s'exposa à un grand danger à Essling par excès de précipitation, opéra de nouveaux prodiges à Wagram, et fit tomber ainsi cette première révolte européenne dont l'Autriche avait prématurément donné le signal.

Pourtant la terre avait tremblé sous les pieds de Napoléon, et quelques lumières avaient pénétré dans sa tête enivrée. Il avait senti le besoin d'apaiser l'Europe, et avait formé le projet d'évacuer l'Allemagne, d'appliquer le blocus continental avec persévérance, de terminer la guerre d'Espagne en s'occupant exclusivement de cette guerre, de réduire par ce double moyen l'Angleterre à la paix, de se reposer alors, de laisser reposer le monde, et de se marier pour donner un héritier à la monarchie universelle.

Avec ces vues pacifiques, Napoléon, en quinze mois, avait réuni à l'Empire, la Hollande, Brême, Hambourg, Lubeck, Oldenbourg, la Toscane, Rome, avait fait enlever le Pape, défendu aux commerçants du continent de communiquer avec les Anglais, tout en accordant aux commerçants français la faculté d'aller à Londres et d'en revenir au moyen des licences, épousé enfin une archiduchesse autrichienne, sans daigner se dégager avec la sœur d'Alexandre, parce qu'on la lui avait fait attendre, et terminé ainsi ce mensonge de l'alliance russe, qui avait valu à la Russie la Finlande, la Bessarabie, et à nous la faculté de nous perdre en Espagne!

Néanmoins le continent, quoique plein de haine, se soumettait sous l'impression de la bataille de Wagram. La Russie seule avait présenté quelques observations sur le territoire d'Oldenbourg enlevé à un prince de sa famille; sur la manière d'entendre le blocus continental, sur le grand-duché de Varsovie successivement augmenté jusqu'à devenir bientôt une Pologne. Là-dessus Napoléon trouvant trop longue la guerre d'Espagne, trop long le blocus continental, voulut s'enfoncer en Russie, s'imaginant que lorsqu'il aurait puni à cette distance une puissance qui avait osé élever la voix, il aurait terminé la terrible lutte entreprise avec le monde civilisé. Ce fut la cinquième de ses grandes fautes, et nous ne saurions dire à quel degré elle est plus ou moins grande que les précédentes, car on est embarrassé de prononcer entre elles, et de décider quelle est la plus grave, d'avoir rompu hors de propos la paix d'Amiens, d'avoir rêvé la monarchie universelle après Austerlitz, d'avoir après Friedland fondé sa politique sur l'alliance inexpliquée de la Russie, de s'être engagé en Espagne, ou d'être allé se précipiter sur la route de Moscou. Quoi qu'il en soit, il se fit suivre de six cent mille soldats, et entreprit cette fois de lutter contre les hommes et contre la nature. Mais la nature se défend mieux que les hommes, et elle résista en opposant tour à tour au vainqueur des Alpes la distance, les chaleurs, le froid, la disette. Et pourtant elle-même aurait pu être vaincue avec le temps! Mais du temps, Napoléon n'en avait pas. Le monde sourdement conjuré ne lui en laissait point, et il fallait qu'il fût vainqueur en une campagne. Il succomba alors dans une catastrophe qui sera la plus tragique des siècles.

La France désolée lui donna généreusement de quoi refaire sa grandeur et la nôtre, et il était près de la refaire après Lutzen et Bautzen, au delà même de ce qui était désirable, lorsque le fol espoir de la refaire tout entière et d'un seul coup lui fit commettre la sixième de ses grandes fautes, et la dernière parce qu'elle consomma sa ruine, celle de refuser les conditions de Prague, et d'étendre le rayon de ses opérations de Dresde à Berlin, tandis qu'en concentrant ses forces derrière l'Elbe il aurait pu se rendre inexpugnable. Contraint d'abandonner l'Allemagne, il reçut une dernière offre, celle de la frontière du Rhin, à quoi il eut le tort de faire une réponse ambiguë, par crainte de se montrer trop pressé de traiter, et tandis qu'il perdait un mois à s'expliquer, l'Europe usant de ce mois pour s'éclairer sur la situation de la France, retira son offre, et passa le Rhin. Napoléon alors employant à résister à des conditions humiliantes les talents, le caractère qu'il avait employés à se perdre, finit en grand homme un règne commencé en grand homme, mais vicié à son milieu par une ambition à la façon des conquérants d'Asie, règne étrange duquel on peut dire qu'il n'y a rien de plus parfait que le début, de plus extravagant que le milieu, de plus héroïque que la fin.

Ainsi cet homme grand et fatal, après avoir atteint la perfection pendant le Consulat, sort de la politique forte et modérée de 1803 à la première blessure faite à son orgueil, veut se jeter sur l'Angleterre, en est détourné par le continent qu'il a lui-même provoqué, le châtie cruellement, pourrait alors par un effort de générosité et de sagesse rentrer dans la vraie politique, une première fois à Austerlitz, une seconde fois à Friedland, mais tout-puissant sur le monde, profondément faible sur lui-même, il se lance dans le champ des chimères, rêve un vaste empire d'Occident qui doit embrasser l'Europe civilisée depuis la Pologne jusqu'à l'Espagne, pour s'aider à réaliser son rêve, flatte le rêve russe, reçoit cependant à Essling, à Wagram, un premier avertissement de l'Europe exaspérée, songe à en profiter, pourrait, avec de la modération, de la patience, consolider peut-être son chimérique empire, mais, incapable de patience autant que de modération, veut précipiter ce résultat, court en Russie, ne précipite que sa propre fin; pourrait, après Lutzen et Bautzen, sauver de sa grandeur plus qu'il n'est désirable d'en sauver, et pour n'avoir pas accepté à Prague cette transaction avec la fortune, tombe pour ne plus se relever! Tel est le règne en quelques mots.

Si, pour trouver le vrai sens de ce spectacle extraordinaire, nous reculons d'un pas en arrière, comme on fait devant un objet trop grand pour être jugé de près, si nous remontons à la Révolution française elle-même, alors tout s'explique, et nous voyons que c'est une des phases de cette immense révolution, phase tragique et prodigieuse comme les autres, et nous le reconnaissons à ce caractère essentiel du règne impérial : l'intempérance. De 1789 à 1800, nous assistons au premier emportement de la Révolution française; de 1800 à 1814, nous assistons à sa réaction sur elle-même, réaction dont l'Empire est la souveraine expression, et dans l'un comme dans l'autre le délire des passions est le trait essentiel. La Révolution française se lance dans le champ des réformes sociales avec le cœur plein de sentiments généreux, avec l'esprit plein d'idées grandes et fécondes, elle rencontre des obstacles, s'en étonne, s'en irrite, comme si le char de l'humanité en roulant sur cette terre ne devait pas y trouver de frottement, s'emporte, devient ivre et furieuse, verse en abondance le sang humain sur l'échafaud, révolte le monde, est elle-même révoltée de ses propres excès, et de ce sentiment naît un homme, grand comme elle, comme elle voulant le bien, le voulant ardemment, précipitamment, par tous les moyens, et le bien alors c'est de la faire reculer elle-même, de lui infliger démentis sur démentis, leçons sur leçons. Ah! quand il ne faut que donner des leçons à la Révolution française, Napoléon les lui donne admirables! Il condamne le régicide, la guerre civile, le schisme, la captivité du Pape, la république universelle, la fureur de la guerre, et rappelle les émigrés, remet le Pape à Rome, conclut le Concordat, accorde à l'Europe la paix de Lunéville et d'Amiens. Mais le monde n'est qu'obstacles, dans quelque sens qu'on marche, en avant ou en arrière. Au premier tort de ses adversaires, digne fils de sa mère, intempérant comme elle, n'admettant ni une résistance ni un délai, le sage Consul s'emporte, commet le régicide à Vincennes, rouvre le schisme, détient le Pape à Fontainebleau, retombe dans la guerre, cette fois générale et continue, à la république universelle substitue la monarchie universelle, et, phénomène de passion inouï, de même que la Révolution dont il n'est que le continuateur, le représentant, ou le fils, comme on voudra l'appeler, laisse après lui d'immenses calamités, de grands principes et une gloire éblouissante. Les calamités et la gloire sont pour la France, les principes pour le monde entier!

Si, après l'étonnement, l'admiration, l'effroi, qu'on éprouve devant ce spectacle, on veut en tirer une leçon profonde, une leçon à ne jamais oublier, il faut se dire, que, fût-on la plus belle, la plus généreuse des révolutions, fût-on le plus grand des hommes, se contenir est le premier devoir. Leçon banale, dira-t-on! oui, banale dans son énoncé, mais toujours neuve, à voir comment en profitent les générations en se succédant; leçon qu'il faut répéter sans cesse, et qui est, à elle seule, le résumé de la sagesse privée ou publique. En effet, l'élan ne manque jamais ni aux individus ni aux nations, surtout aux grandes nations et aux grands individus. Ce qui leur manque, c'est la retenue, la raison, le gouvernement d'eux-mêmes. Pour les hommes, privés ou publics, ordinaires ou extraordinaires, pour les nations, pour les révolutions surtout, qui ne sont le plus souvent qu'un élan irréfléchi vers le bien, se contenir est le secret pour être honnête, pour être habile, pour être heureux, pour réussir en un mot. Si on ne sait se contenir, c'est-à-dire se gouverner, on perd la cause que dans l'excès de son amour on a voulu faire triompher par la violence ou la précipitation! Ayons toujours trois exemples mémorables sous les yeux : la Convention a perdu la liberté, Napoléon la grandeur française, la maison de Bourbon la légitimité, c'est-à-dire ce qu'ils étaient spécialement chargés de faire triompher! Mais nous disons trop quand nous disons perdu, car les nobles choses ne sont jamais perdues en ce monde, elles ne sont que compromises.

Après avoir jugé le règne de Napoléon, il resterait à juger l'homme lui-même, comme militaire, politique, administrateur, législateur, penseur, écrivain, et à lui assigner sa place dans cette glorieuse famille où l'on compte Alexandre, Annibal, César, Charlemagne, Frédéric le Grand. Mais pour que le jugement fût complet, il faudrait que la carrière de l'homme fût terminée. Or elle ne l'est pas à l'île d'Elbe. La Providence réservait encore à Napoléon deux épreuves : elle devait le remettre en présence des puissances de l'Europe occupées à se partager nos dépouilles, et troublées dans ce partage par son retour de l'île d'Elbe; elle devait surtout le placer un moment en présence de la liberté renaissante. C'est le spectacle donné en 1815, pendant la période dite des *Cent Jours*, spectacle triste et tragique, qui nous reste à retracer. Après quoi nous pourrons juger l'homme tout entier, et après avoir jugé l'homme impartialement, notre tâche sera finie, et nous laisserons la postérité juger notre jugement lui-même, si elle daigne s'en occuper pour le reviser ou le confirmer.

FIN DU LIVRE CINQUANTE-TROISIÈME

ET DU TOME DIX-SEPTIÈME.

NOTE

SUR

LE MARIAGE DU PRINCE JÉRÔME BONAPARTE

(VOIR TOME VIII, PAGE 28.)

M. Jérôme-Napoléon Bonaparte, citoyen français, résidant aux États-Unis, à Baltimore, a fait aux éditeurs, à la date du 7 mai 1859, sommation d'insérer dans ce nouveau volume la note suivante, qu'ils croient de leur devoir d'insérer, n'étant pas juges d'une question d'état que les tribunaux seuls peuvent décider.

« C'est le 24 décembre 1803 que M. Jérôme Bonaparte, alors
» simple officier de marine au service de la République française,
» épousa mademoiselle Élisabeth Paterson, fille d'un honorable
» citoyen des États-Unis; ce mariage fut célébré à Baltimore par
» l'évêque de Baltimore, suivant le rite de la sainte Église catholi-
» que, et l'acte de célébration fut inscrit le même jour sur le re-
» gistre des mariages de la cathédrale de la ville de Baltimore.
» M. Jérôme Bonaparte, alors âgé de dix-neuf ans, avait dé-
» passé l'âge requis par la loi française pour contracter un ma-
» riage valable. (Art. 144 du Code civil.)
» Ce mariage n'était entaché d'aucune des nullités absolues
» prononcées par l'article 184 du même Code.
» Le père de M. Jérôme Bonaparte était décédé; sa mère,
» Mme Lætitia Bonaparte, survivait seule, son consentement
» n'était exigé pour la validité du mariage ni par la loi américaine
» ni par le droit canonique. Suivant la loi française, la nullité ré-
» sultant du défaut de consentement paternel ou maternel n'était
» point absolue; cette nullité n'ayant point été demandée dans
» l'année où le mariage a été connu de la dame sa mère. (Art. 183
» du Code civil.)
» Mme Lætitia n'a jamais demandé judiciairement que le ma-

» riage de son fils Jérôme fût déclaré nul ; au contraire, dans sa
» correspondance ultérieure, Mme Lætitia appelait son *cher fils*
» M. Jérôme-Napoléon Bonaparte, issu de ce mariage, et notam-
» ment, dans une lettre du 10 novembre 1829, elle le félicite de
» son mariage, et signe en ces termes : *Votre bien affectionnée*
» *mère.*

» Les princes Joseph et Louis Bonaparte l'ont de même toujours
» et par écrit qualifié du titre de leur neveu.

» En 1803, Napoléon Bonaparte partageait la dignité de Consul
» de la République avec deux autres citoyens français ; il n'était
» investi d'aucun des droits qui sont attribués aux chefs des mai-
» sons souveraines à l'égard des membres de leur famille qui ne
» peuvent se marier sans leur consentement. Le Premier Consul
» n'avait aucune autorité légale pour reconnaître ou *refuser de*
» *reconnaître* la validité du mariage de son frère.

» En 1805, le 24 mai, l'empereur Napoléon écrivait au pape
» Pie VII : « *Je désirerais une bulle de Votre Sainteté qui annulât*
» *ce mariage. Que Votre Sainteté veuille bien faire cela sans*
» *bruit ; ce ne sera que lorsque je saurai qu'elle veut le faire que*
» *je ferai faire la cassation civile.* »

» Le Saint Père répondit à l'Empereur par un bref fort déve-
» loppé sous la date du 27 juin 1805 ; on y lit : « Pour garder un
» secret impénétrable, nous nous sommes fait un honneur de sa-
» tisfaire avec la plus grande exactitude aux sollicitations de Votre
» Majesté ; c'est pourquoi nous avons évoqué entièrement à nous-
» même l'examen touchant le jugement sur le mariage en question.
» . . . . . *Il nous peine de ne trouver aucune raison qui puisse*
» *nous autoriser à porter notre jugement pour la nullité de ce*
» *mariage.* . . . . . Si nous usurpions une autorité que nous
» n'avons pas, nous nous rendrions coupable d'un *abus le plus*
» *abominable* de notre ministère sacré devant le tribunal de Dieu
» et devant l'Église entière. Votre Majesté même, dans sa justice,
» n'aimerait pas que nous prononçassions *un jugement contraire*
» *au témoignage de notre conscience* et aux principes invariables
» de l'Église. »

» Il importait peu, quant à la validité du mariage contracté
» en 1803 par le citoyen Jérôme Bonaparte, que ce mariage fût
» plus tard contraire au plus haut point aux desseins politiques de
» l'empereur des Français. »

TABLE DES MATIÈRES

CONTENUES

DANS LE TOME DIX-SEPTIÈME.

LIVRE CINQUANTE ET UNIÈME.

L'INVASION.

Désorganisation de l'armée française à son arrivée sur le Rhin. — Détresse de nos troupes en Italie et en Espagne. — Opérations du prince Eugène dans le Frioul pendant l'automne de 1813, et sa retraite sur l'Adige. — Opérations du maréchal Soult en Navarre, et ses efforts infructueux pour sauver Saint-Sébastien et Pampelune. — Retraite de ce maréchal sur la Nive et l'Adour. — Retraite du maréchal Suchet sur la Catalogne. — Déplorable situation de la France, où tout avait été disposé pour la conquête et rien pour la défense. — Soulèvement des esprits contre Napoléon parce qu'il n'avait point conclu la paix après les victoires de Lutzen et de Bautzen. — Les coalisés ignorent cette situation. — Effrayés à la seule idée de franchir le Rhin, ils songent à faire à Napoléon de nouvelles propositions de paix. — Les plus disposés à transiger sont l'empereur François et M. de Metternich. — Causes de leur disposition pacifique. — M. de Saint-Aignan, ministre de France à Weimar, se trouvant en ce moment à Francfort, est chargé de se rendre à Paris, et d'offrir la paix à Napoléon sur la base des frontières naturelles de la France. — Départ immédiat de M. de Saint-Aignan pour Paris. — Accueil qu'il reçoit. — Craignant de s'affaiblir par trop d'empressement à accepter les propositions de Francfort, Napoléon admet la réunion d'un congrès à Manheim, sans s'expliquer sur les bases de pacification proposées. — Premières occupations de Napoléon dès son retour à Paris. — Irritation du public contre M. de Bassano accusé d'avoir encouragé la politique de la guerre. — Son remplacement par M. de Caulaincourt. — Quelques autres changements moins importants dans le personnel administratif. — Levée de 600 mille hommes, et résolution d'ajouter des centimes additionnels à toutes les contributions. — Convocation immédiate du Sénat pour lui soumettre les levées d'hommes et d'impôts ordonnées par simple décret. — Emploi que Napoléon se propose de faire des ressources mises à sa disposition. — Il espère, si la coalition lui laisse l'hiver pour se préparer, pouvoir la rejeter au delà du Rhin. — Ses mesures pour conserver la Hollande et l'Italie. — Négociation secrète avec Ferdinand VII, et offre de lui rendre la liberté et le trône, à condition qu'il fera cesser la guerre, et refusera aux Anglais le territoire espagnol. — Traité de Valençay. — Envoi du duc de San-Carlos pour faire agréer ce traité aux Espagnols. — Conduite de Murat. — Son abattement bientôt suivi de l'ambition de devenir roi d'Italie. — Ses doubles menées à Vienne et à Paris. — Il demande à Napoléon de lui abandonner l'Italie. — Napoléon indigné veut d'abord lui exprimer les sentiments qu'il éprouve, et puis se borne à ne pas répondre. — Pendant que Napoléon s'occupe de ses préparatifs, M. de Metternich peu satisfait de la réponse évasive faite aux propositions de Francfort, demande qu'on s'explique formellement à leur sujet. — Napoléon se décide enfin à les accepter, consent à négocier sur la base des frontières naturelles, et réitère l'offre d'un congrès à Manheim. — Malheureusement pendant le mois qu'on a perdu tout a changé de face dans les conseils de la coalition. — État intérieur de la coalition. — Un parti violent, à la tête duquel se trouvent les Prussiens, voudrait qu'on poussât la guerre à outrance, qu'on détrônât Napoléon, et qu'on réduisît la France à ses frontières de 1790. — Ce parti désapprouve hautement les propositions de Francfort. — Alexandre flatte tous les partis pour les dominer. — L'Angleterre appuierait l'Autriche dans ses vues pacifiques, si un événement récent ne la portait à continuer la guerre. — En effet à l'approche des armées coalisées la Hollande s'est soulevée, et la Belgique menace de suivre cet exemple. — L'espérance d'ôter Anvers à la France décide dès lors l'Angleterre pour la continuation de la guerre, et pour le passage immédiat du Rhin. — L'Autriche, de son côté, entraînée par l'espérance de recouvrer l'Italie, finit par adhérer aux vues de l'Angleterre et par consentir à la continuation de la guerre. — On renonce aux propositions de Francfort, et on répond à M. de Caulaincourt qu'on communiquera aux puissances alliées son acceptation tardive des bases proposées, mais on évite de s'expliquer sur la continuation des hostilités. — Forces dont disposent les puissances pour le cas d'une reprise immédiate des opérations. — Elles ont pour les premiers mouvements 220 mille hommes, qu'au printemps elles doivent porter à 600 mille. — Elles se flattent que Napoléon n'en aura pas actuellement 100 mille à leur opposer. — Plans divers pour le passage du Rhin. — Les Prussiens veulent marcher directement sur Metz et Paris; les Autrichiens au contraire songent à remonter vers la Suisse, pour opérer une contre-révolution dans cette contrée, et isoler l'Italie de la France. — Le plan des Autrichiens prévaut. — Passage du Rhin à Bâle le 21 décembre 1813, et révolution en Suisse. — Abolition de l'acte de médiation. — Vains efforts de l'empereur Alexandre en faveur de la Suisse. — Marche de la coalition vers l'est de la France. — Arrivée de la grande armée coalisée à Langres, et du maréchal Blucher à Nancy. — Napoléon surpris par cette brusque invasion ne peut plus songer aux vastes préparatifs qu'il avait d'abord projetés, et se trouve presque réduit aux forces qui lui restaient à la fin de 1813. — Il reploie sur Paris les dépôts des régiments, et y fait verser à la hâte les conscrits tirés du centre et de l'ouest de la France. — Il crée à Paris des ateliers extraordinaires pour l'équipement des nouvelles recrues, et forme de ces recrues des divisions de réserve et des divisions de jeune garde. — Napoléon prescrit aux maréchaux Suchet et Soult de lui envoyer chacun un détachement de leur armée, et dirige celui du maréchal Suchet sur Lyon, celui du maréchal Soult sur Paris. — Napoléon envoie d'abord la vieille garde sous Mortier à Langres, la jeune sous Ney à Épinal, puis ordonne aux maréchaux Victor, Marmont, Macdonald, de se replier avec les débris des armées d'Allemagne sur les maréchaux Ney et Mortier dans les environs de Châlons, où il se propose de les rejoindre avec les troupes organisées à Paris. — Avant de quitter la capitale, Napoléon assemble le Corps législatif. — Communications au Sénat et au Corps législatif. — État d'esprit de ces deux assemblées. — Désir du Corps législatif de savoir ce qui s'est passé dans les dernières négociations. — Communications faites à ce corps. — Rapport de M. Lainé sur ces communications. — Ajournement du Corps législatif. — Violents reproches adressés par Napoléon aux membres de cette assemblée. — Tentative pour reprendre les négociations de Francfort. — Envoi de M. de Caulaincourt aux avant-postes des armées coalisées. — Réponse évasive de M. de Metternich, qui sans s'expliquer sur la reprise des négociations, déclare qu'on attend lord Castlereagh actuellement en route pour le quartier général des alliés. — Dernières mesures de Napoléon en quittant Paris. — Ses adieux à sa femme et à son fils qu'il ne devait plus revoir.

1 à 213

LIVRE CINQUANTE-DEUXIÈME.

BRIENNE ET MONTMIRAIL.

Arrivée de Napoléon à Châlons-sur-Marne le 25 janvier. — Abattement des maréchaux, et assurance de Napoléon. — Son plan de campagne. — Son projet de manœuvrer entre la Seine et la Marne, dans la conviction que les armées coalisées se diviseront pour suivre le cours de ces deux rivières. — Soupçonnant que le maréchal Blucher s'est porté sur l'Aube pour se réunir au prince de Schwarzenberg, il se décide à se jeter d'abord sur le général prussien. — Brillant combat de Brienne livré le 29 janvier. — Blucher est rejeté sur la Rothière avec une perte assez notable. — En ce moment les souverains réunis autour du prince de Schwarzenberg, délibèrent s'il faut s'arrêter à Langres, pour y négocier avant de pousser la guerre plus loin. — Arrivée de lord Castlereagh au camp des alliés. — Caractère et influence de ce personnage. — Les Prussiens par esprit de vengeance, Alexandre par orgueil blessé, veulent pousser la guerre à outrance. — Les Autrichiens désirent traiter avec Napoléon dès qu'on le pourra honorablement. — Lord Castlereagh vient renforcer ces derniers, à condition qu'on obligera la France à rentrer dans ses limites de 1790, et que lui ôtant la Belgique et la Hollande, on en formera un grand royaume pour la maison d'Orange. — Empressement de tous les partis à satisfaire l'Angleterre. — Lord Castlereagh ayant obtenu ce qu'il désirait, décide les cours alliées à l'ouverture d'un congrès à Châtillon, où l'on appelle M. de Caulaincourt pour lui offrir le retour de la France à ses anciennes limites. — La question politique étant résolue de la sorte, la question militaire se trouve résolue par l'engagement survenu entre Blucher et Napoléon. — Le prince de Schwarzenberg vient au secours du général prussien avec toute l'armée de Bohême. — Position de Napoléon ayant sa droite à l'Aube, son centre à la Rothière, sa gauche aux bois d'Ajou. — Sanglante bataille de la Rothière livrée le 1er février 1814, dans laquelle Napoléon, avec 32 mille hommes, tient tête toute une journée à 100 mille combattants. — Retraite en bon ordre sur Troyes le 2 février. — Position presque désespérée de Napoléon. — Replié sur Troyes, il n'a pas 50 mille hommes à opposer aux armées coalisées, qui peuvent en réunir 220 mille. — En proie aux sentiments les plus douloureux, il ne perd cependant pas courage, et fait ses dispositions dans la prévoyance d'une faute capitale de la part de l'ennemi. — Ses mesures pour l'évacuation de l'Italie, et pour l'appel à Paris d'une partie des armées qui défendent les Pyrénées. — Ordre de disputer Paris à outrance pendant qu'il manœuvrera, et d'en faire sortir sa femme et son fils. — Réunion du congrès de Châtillon. — Propositions outrageantes faites à M. de Caulaincourt, lesquelles consistent à ramener la France aux limites de 1790, en l'obligeant en outre de rester étrangère à tous les arrangements européens. — Douleur et désespoir de M. de Caulaincourt. — Pendant ce temps la faute militaire que Napoléon prévoyait s'accomplit. — Les coalisés se divisent en deux masses : l'une sous Blucher doit suivre la Marne, et déborder Napoléon par sa gauche, pour l'obliger à se replier sur Paris, tandis que l'autre, descendant la Seine, le poussera également sur Paris pour l'y accabler sous les forces réunies de la coalition. — Napoléon partant le 9 février au soir de Nogent avec la garde et le corps de Marmont, se porte sur Champaubert. — Il y trouve l'armée de Silésie divisée en quatre corps. — Combats de Champaubert, de Montmirail, de Château-Thierry, de Vauchamp, livrés les 10, 11, 12 et 14 février. — Napoléon fait 20 mille prisonniers à l'armée de Silésie, et lui tue 10 mille hommes, sans presque aucune perte de son côté. — A peine délivré de Blucher, il se rejette par Guignes sur Schwarzenberg qui avait franchi la Seine, et l'oblige à la repasser en désordre. — Combats de Nangis et de

Montereau les 18 et 19 février. — Pertes considérables des Russes, des Bavarois et des Wurtembergeois. — Un retard survenu à Montereau permet au corps de Colloredo, qu'on allait prendre tout entier, de se sauver. — Grands résultats obtenus en quelques jours par Napoléon. — Situation complétement changée. — Événements militaires en Belgique, à Lyon, en Italie, et sur la frontière d'Espagne. — Révocation des ordres envoyés au prince Eugène pour l'évacuation de l'Italie. — Renvoi de Ferdinand VII en Espagne, et du Pape en Italie. — La coalition, frappée de ses échecs, se décide à demander un armistice. — Envoi du prince Wenceslas de Liechtenstein à Napoléon. — Napoléon feint de le bien accueillir, mais résolu à poursuivre les coalisés sans relâche, se borne à une convention verbale pour l'occupation pacifique de la ville de Troyes. — Résultat inespéré de cette première période de la campagne. 214 à 386

LIVRE CINQUANTE-TROISIÈME.

PREMIÈRE ABDICATION.

État intérieur de Paris pendant les dernières opérations militaires de Napoléon. — Secrètes menées des partis. — Attitude de M. de Talleyrand; ses vues; envoi de M. de Vitrolles au camp des alliés. — Conférences de Lusigny; instructions données à M. de Flahaut relativement aux conditions de l'armistice. — Efforts tentés de notre part pour faire préjuger la question des frontières en traçant la ligne de séparation des armées. — Retraite du prince de Schwarzenberg jusqu'à Langres. — Grand conseil des coalisés. — Le parti de la guerre à outrance veut qu'on adjoigne les corps de Wintzingerode et de Bulow à l'armée de Blucher, afin de procurer à celui-ci les moyens de marcher sur Paris. — La difficulté d'ôter ces corps à Bernadotte levée extraordinairement par lord Castlereagh. — Ce dernier profite de cette occasion pour proposer le traité de Chaumont, qui lie la coalition pour vingt ans, et devient ainsi le fondement de la Sainte-Alliance. — Joie de Blucher et de son parti; sa marche pour rallier Bulow et Wintzingerode. — Danger du maréchal Mortier envoyé au delà de la Marne, et de Marmont laissé entre l'Aube et la Marne. — Ces deux maréchaux parviennent à se réunir, et à contenir Blucher pendant que Napoléon vole à leur secours. — Marche rapide de Napoléon sur Meaux. — Difficulté de passer la Marne. — Blucher, couvert par la Marne, veut accabler les deux maréchaux qui ont pris position derrière l'Ourcq. — Napoléon franchit la Marne, rallie les deux maréchaux, et se met à la poursuite de Blucher, qui est obligé de se retirer sur l'Aisne. — Situation presque désespérée de Blucher menacé d'être jeté dans l'Aisne par Napoléon. — La reddition de Soissons, qui livre aux alliés le pont de l'Aisne, sauve Blucher d'une destruction certaine, et lui procure un renfort de cinquante mille hommes par la réunion de Wintzingerode et de Bulow. — Situation critique de Napoléon et son impassible fermeté en présence de ce subit changement de fortune. — Première conception du projet de marcher sur les places fortes pour y rallier les garnisons, et tomber à la tête de cent mille hommes sur les derrières de l'ennemi. — Il est nécessaire auparavant d'aborder Blucher et de lui livrer bataille. — Napoléon enlève le pont de Berry-au-Bac, et passe l'Aisne avec cinquante mille hommes en présence des cent mille hommes de Blucher. — Dangers de la bataille qu'il faut livrer avec cinquante mille combattants contre cent mille. — Raisons qui décident Napoléon à enlever le plateau de Craonne pour se porter sur Laon par la route de Soissons. — Sanglante bataille de Craonne, livrée le 7 mars, dans laquelle Napoléon enlève les formidables positions de l'ennemi. — Après s'être emparé de la route de Soissons, Napoléon veut pénétrer dans la plaine de Laon pour achever la défaite de Blucher. — Nouvelle et plus sanglante bataille de Laon, livrée les 9 et 10 mars, et restée indécise par la faute de Marmont qui s'est laissé surprendre. — Napoléon est réduit à battre en retraite sur Soissons. — Son indomptable énergie dans une situation presque désespérée. — Le corps de Saint-Priest s'étant approché de lui, il fond sur ce corps qu'il met en pièces dans les environs de Reims, après en avoir tué le général. — Napoléon menacé d'être étouffé entre Blucher et Schwarzenberg, se résout à exécuter son grand projet de marcher sur les places, pour en rallier les garnisons et tomber sur les derrières des alliés. — Ses instructions pour la défense de Paris pendant son absence. — Consternation de cette capitale. — Le conseil de régence consulté veut qu'on accepte les propositions du congrès de Châtillon. — Indignation de Napoléon, qui menace d'enfermer à Vincennes Joseph et ceux qui parlent de se soumettre aux conditions de l'ennemi. — Événements qui se sont passés dans le Midi, et bataille d'Orthez, à la suite de laquelle le maréchal Soult s'est porté sur Toulouse, et a laissé Bordeaux découvert. — Entrée des Anglais dans Bordeaux, et proclamation des Bourbons dans cette ville le 12 mars. — Fâcheux retentissement de ces événements à Paris. — Napoléon en voyant l'effroi de la capitale, vers laquelle le prince de Schwarzenberg s'est sensiblement avancé, se décide, avant de marcher sur les places, à faire une apparition sur les derrières de Schwarzenberg pour le détourner de Paris en l'attirant à lui. — Mouvement de la Marne à la Seine, et passage de la Seine à Méry. — Napoléon se trouve à l'improviste en face de toute l'armée de Bohême. — Bataille d'Arcis-sur-Aube, livrée le 22 mars, dans laquelle vingt mille Français tiennent tête pendant une journée à quatre-vingt-dix mille Russes et Autrichiens. — Napoléon prend enfin le parti de repasser l'Aube et de se couvrir de cette rivière. — Il se porte sur Saint-Dizier dans l'espérance d'avoir attiré l'armée de Bohême à sa suite. — Son projet de s'avancer jusqu'à Nancy pour y rallier quarante à cinquante mille hommes des diverses garnisons. — En route il est rejoint par M. de Caulaincourt, lequel a été obligé de quitter le congrès de Châtillon par suite du refus d'admettre les propositions des alliés. — Fin du congrès de Châtillon et des conférences de Lusigny. — Napoléon n'a aucun regret de ce qu'il a fait, et ne désespère pas encore de sa fortune. — Pendant ce temps les armées de Silésie et de Bohême, entre lesquelles il a cessé de s'interposer, se sont réunies dans les plaines de Châlons, et délibèrent sur la marche à adopter. — Grand conseil des coalisés. — La raison militaire conseillerait de suivre Napoléon, la raison politique de le négliger, pour se porter sur Paris et y opérer une révolution. — Des lettres interceptées de l'Impératrice et des ministres décident la marche sur Paris. — Influence du comte Pozzo di Borgo en cette circonstance. — Mouvement des alliés vers la capitale. — Marmont et Mortier s'étant laissé couper de Napoléon, rencontrent l'armée entière des coalisés. — Triste journée de Fère-Champenoise. — Retraite des deux maréchaux. — Apparition de la grande armée coalisée sous les murs de Paris. — Incapacité du ministre de la guerre et incurie de Joseph, qui n'ont rien préparé pour la défense de la capitale. — Conseil de régence où l'on décide la retraite du gouvernement et de la cour à Blois. — Au lieu d'organiser une défense populaire dans l'intérieur de Paris, on a la folle idée de livrer bataille en dehors de ses murs. — Bataille de Paris livrée le 30 mars avec vingt-cinq mille Français contre cent soixante-dix mille coalisés. — Bravoure de Marmont et de Mortier. — Capitulation forcée de Paris. — M. de Talleyrand s'applique à rester dans Paris, et à s'emparer de l'esprit de Marmont. — Entrée des alliés dans la capitale; leurs ménagements; attitude à leur égard des diverses classes de la population. — Empressement des souverains auprès de M. de Talleyrand, qu'ils font en quelque sorte l'arbitre des destinées de la France. — Événements qui se passent à l'armée pendant la marche des coalisés sur Paris. — Brillant combat de Saint-Dizier; circonstance fortuite qui détrompe Napoléon, et lui apprend enfin qu'il n'est pas suivi par les alliés. — Le danger évident de la capitale et le cri de l'armée le décident à rebrousser chemin. — Son retour précipité. — Napoléon pour arriver plus tôt se sépare de ses troupes, et parvient à Fromenteau entre onze heures du soir et minuit, au moment même où l'on signait la capitulation de Paris. — Son désespoir, son irritation, sa promptitude à se remettre. — Tout à coup il forme le projet de se jeter sur les coalisés disséminés dans la capitale et partagés sur les deux rives de la Seine, mais comme il n'a pas encore son armée sous la main, il se propose de gagner en négociant les trois ou quatre jours dont il a besoin pour la ramener. — Il charge M. de Caulaincourt d'aller à Paris afin d'occuper Alexandre en négociant, et se retire à Fontainebleau dans l'intention d'y concentrer l'armée. — M. de Caulaincourt accepte la mission qui lui est donnée, mais avec la secrète résolution de signer la paix à tout prix. — Accueil fait par l'empereur Alexandre à M. de Caulaincourt. — Ce prince désarmé par le succès redevient le plus généreux des vainqueurs. — Cependant il ne promet rien, si ce n'est un traitement convenable pour la personne de Napoléon. — Les souverains alliés, moins l'empereur François retiré à Dijon, tiennent conseil chez M. de Talleyrand pour décider du gouvernement qu'il convient de donner à la France.— Principe de la légitimité heureusement exprimé et fortement soutenu par M. de Talleyrand. — Déclaration des souverains qu'ils ne traiteront plus avec Napoléon. — Convocation du Sénat, formation d'un gouvernement provisoire à la tête duquel se trouve M. de Talleyrand. — Joie des royalistes; leurs efforts pour faire proclamer immédiatement les Bourbons; voyage de M. de Vitrolles pour aller chercher le comte d'Artois. — M. de Talleyrand et quelques hommes éclairés dont il s'est entouré, modèrent le mouvement des royalistes, et veulent qu'on rédige une constitution, qui sera la condition expresse du retour des Bourbons. — Empressement d'Alexandre à entrer dans ces idées.—Déchéance de Napoléon prononcée le 3 avril, et rédaction par le Sénat d'une constitution à la fois monarchique et libérale. — Vains efforts de M. de Caulaincourt en faveur de Napoléon, soit auprès d'Alexandre, soit auprès du prince de Schwarzenberg. — On le renvoie à Fontainebleau pour persuader à Napoléon d'abdiquer; en même temps on cherche à détacher les chefs de l'armée. — D'après le conseil de M. de Talleyrand, toutes les tentatives de séduction sont dirigées sur le maréchal Marmont, qui forme à Essonne la tête de colonne de l'armée. — Événements à Fontainebleau pendant les événements de Paris. — Grands projets de Napoléon. — Sa conviction, s'il est secondé, d'écraser les alliés dans Paris. — Ses dispositions militaires et son extrême confiance dans Marmont qu'il a placé sur l'Essonne. — Réponses évasives qu'il fait à M. de Caulaincourt, et ses secrètes résolutions pour le lendemain. — Le lendemain, 4 avril, il assemble l'armée, et annonce la détermination de marcher sur Paris. — Enthousiasme des soldats et des officiers naguère abattus, et consternation des maréchaux. — Ceux-ci, se faisant les interprètes de tous les hommes fatigués, adressent à Napoléon de vives représentations. — Napoléon leur demande s'ils veulent vivre sous les Bourbons. — Sur leur réponse unanime qu'ils veulent vivre sous le Roi de Rome, il a l'idée de les envoyer à Paris avec M. de Caulaincourt pour obtenir la transmission de la couronne à son fils. — Tandis qu'il feint d'accepter cette transaction, il est toujours résolu à la grande bataille dans Paris, et en fait tous les préparatifs. — Départ des maréchaux Ney et Macdonald, avec M. de Caulaincourt, pour aller négocier la régence de Marie-Louise au prix de l'abdication de Napoléon. — Leur rencontre avec Marmont à Essonne. — Embarras de celui-ci qui leur avoue qu'il a traité secrètement avec le prince de Schwarzenberg, et promis de passer avec son corps d'armée du côté du gouvernement provisoire. — Sur leurs observations il retire la parole donnée au prince de Schwarzenberg, ordonne à ses généraux, qu'il avait mis dans sa confidence, de suspendre tout mouvement, et suit à Paris la députation chargée d'y négocier pour le Roi de Rome. — Entrevue des maréchaux avec l'empereur Alexandre. — Ce prince, un moment ébranlé, remet la décision au lendemain. — Pendant ce temps Napoléon ayant mandé Marmont à Fontainebleau pour préparer sa grande opération militaire, les généraux du 6ᵉ corps se croient découverts, quittent l'Essonne, et exécutent le projet suspendu de Marmont. — Cette nouvelle achève de décider les souverains alliés, et la cause du Roi de Rome est définitivement abandonnée. — M. de Caulaincourt renvoyé auprès de Napoléon pour obtenir son abdication pure et simple. — Napoléon, privé du corps de Marmont, et ne pouvant plus dès lors rien tenter de sérieux, prend le parti d'abdiquer. — Retour de M. de Caulaincourt à Paris et ses efforts pour obtenir un traitement convenable en faveur de Napoléon et de la famille impériale. — Générosité d'Alexandre. — M. de Caulaincourt obtient l'île d'Elbe pour Napoléon, le grand-duché de Parme pour Marie-Louise et le Roi de Rome, et des pensions pour tous les princes de la famille impériale. — Son retour à Fontainebleau. — Tentative de Napoléon pour se donner la mort. — Sa résignation. — Élévation de ses pensées et de son langage. — Constitution du Sénat, et entrée de M. le comte d'Artois dans Paris le 12 avril. — Enthousiasme et espérances des Parisiens. — Départ de Napoléon pour l'île d'Elbe. — Coup d'œil général sur les grandeurs et les fautes du règne impérial.   387 à 900

Note.   901

FIN DE LA TABLE DU DIX-SEPTIÈME VOLUME.